황금의 샘

2

석유가 탄생시킨 부와 권력
그리고 분쟁의 세계사

황금의 샘

2

대니얼 예긴 지음 | 김태유·허은녕 옮김

라의눈

"대니얼 예긴은 역사학자이며 지질학자인 동시에,
석유가 모든 사람들의 감성 깊은 곳,
부와 권력이란 욕구 아래 존재한다는 사실을 아는 심리학자다."

로버트 E. 마브로(Robert E. Mabro), 옥스퍼드에너지연구소 설립자

20세기와 21세기를 관통하는
석유를 중심으로 한 세계 정치 · 경제사

『황금의 샘』은 석유에 관한 책이 아니다.

에너지와 인간이, 에너지와 산업이, 그리고 에너지와 현대사회가 어떻게 관계를 맺어 왔는지 그 역사를 이야기 하고 있기 때문이다. 18세기 영국의 산업혁명이, 20세기 정보혁명이, 그리고 다가오는 이른바 4차 산업혁명이 모두 에너지의 문제와 떼려고 해도 뗄 수 없는 불가분의 관계라는 사실을 이 책은 분명히 알려주고 있다. 그래서 석유의 역사에 관한 책이지만 동시에 미래 인간 문명이 어떻게 발전해갈지를 알려주는 나침반 같은 책이다.

이 책의 원제는 'The Prize'로 '보상補償' 또는 '대가對價'라는 의미를 갖고 있다. 석유의 발견과 이용의 역사는 인간의 의지와 인내의 한계를 시험하는 과정이었던 동시에, 산업혁명의 해설서이자 문명의 발달에 관한 흥미로운 이야기이다. 그러나 무엇보다도 인류의 창의력과 기업의 생산력이 무한하다는 사실을 입증하는 무대이기도 하다. 성공한 개인은 엄청난 부를 축적했고, 석유를 지배한 국가는 승리와 번영이란 선물, The Prize를 받았다. 그러나 현대 물질문명의 초석인 석유는 야누스의 얼굴과도 같은 극단적인 양면성을 보여주었다. 석유는 인류가 처음으로 의식주의 부족과 노예와도 같은 노동에서 벗어나게 해준 반면, 환경 파괴와 지구 온난화라는 엄청난 대가를 지불하게 만들고 있다. 빛이 있으면 그림자가 생기게 마련이었던 것이다.

『황금의 샘』은 에너지에 관한 책이 아니다.

자본주의 사회의 필요악이라 일컬어지는 부의 집중과 이를 둘러싼 비즈니스 세계의 실상을 보여주고 있기 때문이다. 록펠러의 스탠더드오일Standard Oil 설립, 기업 확장, 독점회사의 횡포, 반독점법에 따른 기업 분해에 이르기까지, 세계 메이저 에너지 기업의 흥망사를 낱낱이 보여주면서 국가 경제와 기업 경영에 관해 다시 한 번 생각하게 해준다.

또한 『황금의 샘』은 근대 국제사회가 겪은 전쟁과 평화, 권모술수와 약육강식의 냉엄한 현실을 적나라하게 펼쳐놓는다. 1911년 제1차 세계대전 발발 직전의 상황에서 시작하여 엄청난 인명을 앗아간 1, 2차 세계대전과 1990년 걸프전의 발발 원인과 전개 과정, 승패의 분수령, 승패에 따른 세계 구도의 재편 과정은 영미가 주도하는 냉전체제와 중동지역의 분쟁으로 점철되어 온 근대 국제 정치사를 한눈에 보여주고 있다.

이 책은 광복과 한국전쟁, 경제개발계획과 석유 위기, 저유가低油價와 경제 도약 등 극심한 기복을 겪었던 우리나라 경제 발전사의 배경을 이해하는 데도 도움이 되는 국제정치와 경제에 관한 지표이기도 하다. 또한 전후 한강의 기적을 이루고 세계 10위권의 제조업과 정보통신산업 등 막강 산업군을 이끌고 있는 우리나라가 아직까지도 제대로 육성하지 못한 유일한 산업군인 에너지 산업이 어떻게 100년이 넘게 세계 경제의 선도 산업 역할을 해왔는지를 알려주는 산업 정책의 지침서이기도 하다.

그뿐만이 아니다. 『황금의 샘』은 기후변화로 대표되는 다양한 환경 문제들에 대해서도 원인과 발생 과정에 대한 폭넓은 이해를 제공함으로써, 이들의 해결 방안에 올바르게 접근할 수 있는 균형 잡힌 관점을 제공한다. 기후변화협약은 21세기 초반을 이끌어갈 주요 어젠다이다. 20세기 에너지와 관련된 정책의 중심에 '에너지의 안정적 공급'이라는 단 하나의 어젠다가 있었다면, 21세기에는 이와 맞먹는 중요도를 가진 '기후변화협약 대응'이라는 어젠다가 등장했다. 그러나 이 역시 눈을 들어 국제 정치와 경제라는 역사적 관점에서 바라보면, 이 또한 다른 형태의 '안정적 공급'을 의미한다는 사실을 간파할 수 있다.

미국의 에너지 정책이 바로 그 대표적인 사례이다. 21세기 들어 우리가 경험하고 있는 오바마 정부의 정책과 트럼프 정부의 에너지 정책의 차이는, 민주당과 공화당이라는 전통적으로 상이한 정책관에 기반하고 있기도 하지만, 에너지를 수입에 의존할 수밖에 없었던 나라가 확실하고 안정적인 공급원을 확보한 이후에 벌이는 국가 발전 방안의 거대한 축을 구성하는 두 가지 성분의 차이라고 인식하여야 한다. 오바마와 트럼프의 정책 모두 에너지의 '안정적 공급'이라는 목표를 달성한 나라의 지도자만이 내어놓을 수 있는 국가 발전 방안이기 때문이다. 이 모두가 미국의 셰일가스와 셰일오일 개발의 성공 때문이었다.

21세기에 들어서자마자 미국, 일본, EU 등은 장기 에너지 정책을 내어놓으며 에너지의 안정적인 확보 문제를 해결하기 위한 준비에 돌입하였다. 미국이 2001년, 영국과 러시아가 2002년, 일본은 2003년 등 대부분의 선진국들이 2001~2003년 사이에 국가 에너지 기본계획을 발표하였다. 신기한 것은 그때 국제 원유 가격이 배럴당 20달러 수준이었다는 것이다. 선진국들은 국제 유가 상승을 미리 예측하고 다가올 기후변화협약에 대비하여 중장기 에너지 대책을 수립했던 것이다. 그리고 십여 년이 지난 지금, 선진국들은 그때 세운 목표들을 대부분 달성하였다.

이러한 선진국 사례에서 눈여겨보아야 할 것은 정책의 목표가 단순히 에너지 안보 확보에만 국한되지 않고, 기후변화협약에 대한 대응이라는 문제도 해결하고자 하였다는 것이다. 즉, 국내에서 사용하는 에너지의 안정적인 확보 문제와 기후변화협상에 대응하기 위한 온실가스의 감축 문제를 '동시에' 해결하는 방안들을 선택하고 있다는 것이다. 또한 계획들은 기본적으로 자국이 보유한 자원을 적극 활용한다는 데 바탕을 두고 기술 개발과 산업 육성을 추구하고 있다. 에너지 자원의 안보 문제를 해결하는 기본 원칙에 충실한 것이다.

유럽은 이미 확보하고 있던 북해 유전과 프랑스의 원자력을 적극 활용하고, 여기에 에너지 절약과 풍력으로 대표되는 재생에너지라는 두 가지 새로운 축으로 OPEC에서의 석유 수입을 줄여 에너지 안보와 기후변화협약 대응 문제를 동시에 해결하고자 하였다. 대표적인 사례로 벨기에는 '50% 천연가스 +50% 풍력으로 자립하겠다'라는 정책을 발표하였는데, 이는 북해 유전의 가스와 프랑스의 원자력에 더하여 자국에 풍부한 바람wind 자원을 활용하자는 것이다. 독일의 경우 LEEN 등 에너지 절약 프로그램을 중심으로 기술 개발과 산업계 지원 정책을 진행하고 있다.

한편 미국은 2001년 9.11사태 직전에 세운 국가 에너지 정책의 기조에 따라 중동 진출, 해외 자원 개발, 원전 재개 등 공급 일변도의 정책을 추진하고 에너지 기술 개발을 지원해왔다. 결국 미국의 에너지 기업이 미국 내에 부존된 셰일가스와 셰일오일을 값싸게, 그리고 대량으로 생산할 수 있는 기술을 개발하는 바람에 역시 에너지의 안정적인 공급 문제와 기후변화협약 대응이라는 두 가지 문제를 동시에 해결하였다. 오바마 대통령은 곧바로 미국이 에너지 수입국에서 수출국으로 전환할 것을 선언하였고, 그때까지 100달러 선에서 꿈쩍도 않던 국제 유가는 곧바로 40달러 선으로 미끄러졌다.

『Physics for the Future President』(한국어판 제목은 '대통령을 위한 물리학')의 저자로 유명한 리처드 뮬러 미국 버클리대 물리학과 교수는 그의 에너지 분야 저서인 『Energy for the Future President』(한국어판 제목은 '대통령을 위한 에너지 강의')에서 미국의 셰일가스와 셰일오일 개발의 성공을 하늘에서 떨어진 축복windfall benefit이라 부르고 있다. 바로 이러한 축복이 가져온 여유를 바탕으로 오바마 대통령은 기후변화협약을 조인하면서 에너지 신기술에서 미국의 발전을 도모하였다면, 이제 트럼프 대통령은 그보다 더욱 전통적인, 바로 이 책 『황금의 샘』에서 찾을 수 있는 방법들로 미국의 경제 발전을 도모하고 있다. 미국은 이러한 에너지 안보의 여유와 기술 개발의 우월성을 바탕으로 자국의 셰일가스를 한국 등이 수입하도록 요구하거나 자국이 개발한 청정에너지 기술의 도입을 부추기고 있다. 온실가스를 발생시키는 대표적 사례로 꼽히는 냉매로 사용하는 물질 중 하나로서 한국, 중국, 대만, 일본 등 전자 산업이 발달한 아시아 국가들이 즐겨 사용하고 있는 NF3(삼불화질소) 대신, 미국은 다국적 기업 듀퐁이 개발한 HFO(수소불화올레핀)를 내어놓고는 국제 협상에서 이를 사용하도록 압박하고 있다. 기술에서, 산업에서, 기후변화협상에서, 겉으로는 대의명분을 내세우되 속으로는 국가적 이익을 우선하는 새로운 대결이 벌어지고 있는 것이다.

중국, 일본, 한국 등 동북아 3국은 많은 인구, 즉 높은 에너지 수요에 비하여 자국 내 에너지 공급원이 적어 원자력 발전 확대 정책으로 두 문제를 해결하고자 하였으나 일본의 후쿠시마 사태로 이도저도 못하게 되었다. 중국은 그나마 Sinopec China, Petro China 등 에너지 자원 개발 공기업을 세계 10위권 수준으로 육성하는 데 성공하였으며, 태양광 등 재생에너지 산업 역시 세계 최고 수준으로 성장시켰다. 안타깝게도 우리나라는 21세기 초반 선진국과 거의 동시에 해외 자원 개발과 신재생에너지 등의 정책을 수립하였으나 성과를 거두지 못하고 있다. 또한 2009년에 발표된 자발적 온실가스 감축 목표조차 제대로 이행하지 못하면서 지난 10년 동안 에너지 안보나 온실가스 감축 문제에 대하여 앞으로 나아가지 못하였다는 평가를 듣고 있었다. 김대중 정부의 '지속 가능한 발전', 이명박 정부의 '녹색 성장', 박근혜 정부의 '에너지 신산업'에 이르기까지 꾸준히 에너지 분야의 정책을 발표하고 있지만 국제사회의 평가는 매우 박하다.

세계에너지위원회WEC는 2016년 보고서에서 한국의 순위를 회원국 125개국 중 에너지 안보 72위, 환경 지속성 88위로 발표하였다. 그 이유는 불을 보듯 뻔하다. 에너지 분야가 산업으로 인식되기보다 공공재로 인식되고 있기 때문이다. 아직도 '전기세'라고 칭하는 사람이 많은 것이 그 증거이다. 또한 우리나라에 부존된 무연탄을 바탕으로 석탄 산업이 한때 대형 산업 중 하나였음을 기억하지 못하는 사람이 대다수란 사실도 그 증거이다.

석유 자원이 없는 우리나라는 1980년대 초반까지만 해도 무연탄으로 에너지 자립도 40% 이상을 유지했으나 1990년대 석탄 산업 합리화 이후 지금까지 5%를 넘지 못하고 있다. 게다가 석유 수입 세계 7위, 천연가스 수입 세계 2위라는 구매력purchasing power을 갖고 있지만, 국제적인 규모와 경쟁력을 갖춘 에너지 기업이 없어서 국제무대에서 정당한 목소리를 내지 못하고 있는 것이 현실이다. 우리나라처럼 부존자원이 없는 네덜란드는 로열더치 쉘이라는 세계 최대 에너지 기업을 보유하고 있고, 우리와 비슷한 처지인 중국과 일본이 국제적 경쟁력을 갖춘 대형 기업을 보유하고 있는 것과 크게 대비된다.

다가오는 4차 산업혁명도 에너지 문제를 먼저 해결하지 못하고서는 성공을 기대할 수 없다. 현재 예측되는 수준으로 인공지능과 빅데이터, 사물인터넷 등과 같은 4차 산업혁명의 주요 요소들의 사용이 확산된다면 2040년에는 현재 수준의 일백만 배에 달하는 정보량을 사용하게 될 것이라고 예측되고 있다. 문제는 이들 정보를 처리하려면 에너지가 필요하다는 것이다. 전문가들은 현재의 반도체로 이러한 정보량을 처리하기 위해서는 약 1027Joules의 에너지가 필요하다고 예측하고 있다(Jeong, et, al, (2016) 「Memristors for Energy-Efficient New Computing Paradigms」, Advanced Electronic Materials, DOI: 10.1002/aelm.201600090, Wiley-VCH). 이는 인류가 2040년에 공급이 가능할 것으로 예측되는 양의 백배가 넘는 양으로, 화력발전소 수억 개가 만들어내는 전력량과 맞먹는다. 한마디로 공급이 불가능한 규모인 것이다. 과연 인류는 4차 산업혁명을 맞이할 수 있을까? 알파고보다 뛰어난 인공지능 로봇을, 엄청난 전기요금을 지불하지 않고도 집집마다 둘 수 있는 시대가 올 수 있을까?

1차 산업혁명은 석탄이 없었다면 시작되지 못하였을 것이다. 또한 증기기관 덕분에 대량생산이 가능해진 석탄은 전 세계 어디에서나 구할 수 있는 인류 최초의 에너지원이 되었다. 석유는 곧바로 그 바통을 이어받았으며, 에디슨과 테슬러에서 시작한 전기는 20세기 들어와 아인슈타인이 시작한 원자력과 만나면서 주력 에너지원으로 등장하여 정보통신 혁명의 주요 에너지원이 되었다. 4차 산업혁명은 또 다른 새로운 에너지원의 개발을 요구하고, 또 다른 에너지 산업을 일으킬지도 모른다. 전 세계의 반도체 업계들은 이러한 문제를 맞이하여 에너지 절약형 반도체를 개발하는 데 노력을 경주하고 있다. 그러나 에너지 절약만으로는 궁극적 해결책이 되지 못한다는 것을 이미 모두가 알고 있다. 결국 더 많은 에너지가 공급되어야 하는 것이다. 그것도 온실가스의 추가적인 배출이 없이 말이다.

기후변화협약 대응의 핵심 역시, 기술 개발과 기업 경쟁력이다. 미국, 일본, 유럽의 선진국들은 이미 기술 개발과 산업 경쟁력 강화 정책에서 저만치 앞서나가고 있다. 반면 우리나라 에너지 분야 민간기업의 연구개발비 지출은 정부 연구개발비의 절반도 되지 못하는 실정이다. 집중적인 기술 개발과 해외 진출을 통해 에너지 산업의 국제 경쟁력을 확보하지 못한다면, 국내 시장의 경쟁 공정성과 효율성을 아무리 높인다 해도 경제 성장은 한계에 부딪힐 것임을 일깨워주고 있다.

국제 정세 역시 크게 요동치고 있다. 미국과 러시아의 관계가 변하고 있으며, 중국 역시 새로운 외교 질서의 구축에 들어갔다. 일대일로一帶一路, one belt one road로 대표되는 중국의 전략에 대비하여 한국과 일본은 북극항로北極航路, North Pole Route를 내걸고 있다. 북극해를 지나는 북극항로는 수에즈 운하를 경유하는 남방항로(중국이 제시한 一帶一路 중 一路)보다 거리가 짧아 항해 일수와 물류비를 크게 단축할 수 있다는 장점이 있다. 특히 우리나라 부산에서 북유럽까지 물류 운항 시간을 약 30% 단축할 수 있다. 지구 온난화로 인하여 2030년이면 북극항로를 사용할 수 있는 기간이 6개월 정도로 늘어나고 쇄빙선의 개발과 천연가스 추진 선박 등 북극 항해를 위한 기술 개발이 꾸준히 이루어지고 있으며, 무엇보다도 세계 각국에서 적극적으로 개발에 나서고 있다. 우리나라도 2010년부터 해양수산부를 중심으로 장기적 계획을 추진 중이다. 여기에 러시아에서부터의 천연가스 파이프라인 건설, 몽골에서부터의 전력망 구축 등을 통한 동북아 지역의 에너지 네트워크는 동북아 국가들의 안정적 에너지 공급 수준을 높여줌은 물론 지역의 평화지수를 높여줄 수 있는 사업으로 인식되고 있다.

중동의 정세 역시 매일 변하고 있다. IS 위기가 어느 정도 통제되자 다시 시아파와 수니파 간의 갈등 문제가, 즉 2차 석유 위기의 원인이었던 바로 그 문제가 다시금 수면 위로 올라오고 있다. 사우디와 이란 등 산유국이 행동을 개시하고 국제 원유 가격이 언제 다시 꿈틀거릴지 모르는 지금, 선진 각국이 첨단기술을 통해 비화석 에너지원의 개발에 매진하고 있는 지금, 『황금의 샘』은 앞으로 우리가 나아갈 방향을 정하는 데 최고의 지침서가 될 것이다.

이렇듯 이 책은 21세기 인류 사회가 맞닥뜨릴 미래의 문제들도 함께 다루고 있다. 다만 이러한 경제, 경영, 국제 정치, 사회, 환경 등의 모든 사건과 이슈들이 특히 20세기에 새롭게 등장한 석유로 인해, 그리고 석유를 중심으로 일어났기 때문에 이 책의 제목이 유전油田을 의미하는 『황금의 샘』이 된 것이다.

이번 증보판에서는 초판에서는 볼 수 없었던 1990년대 이후의 사건들에 대한 분석이 실려 있어 매우 흥미롭다. 걸프전의 영향 분석을 비롯해 21세기 초반의 신新고유가 시대, 미국의 군사력 우위에 바탕을 둔 외교 정책 및 중동의 정세 악화, 러시아와 중국의 대두, 지구 온난화에서 비롯한 기후변화협약 등에 대한 내용이 추가된 것이다.

이 책의 방대한 스케일, 역사적 자료와 사실의 정확성, 그리고 간명한 내용 전달 등은 역자를 매료시키기에 충분하였다. 석유를 주제로 정치, 경제, 사회, 문화 등 다방면에서 인류의 미래를 통찰할 수 있는 역사서이자 교양서라 할 수 있다. 책 속엔 광범위하고 다양한 정보와 디테일한 사건, 흥미로운 인물들이 끝없이 등장한다. 일반 독자도 흥미롭게 읽을 수 있도록 다양한 사례와 자료가 수록되어 한 번 책을 잡으면 손에서 놓지 못할 정도이다. 많은 활동으로 바쁜 와중에도, 이 책에 대한 애정을 담아 증보판을 발간한 저자 대니얼 예긴 씨에게 경의를 표한다.

자원경제학과 기술경제학 분야 연구와 교육에 몸담아온 역자들은 국내 독자들에게 『황금의 샘』 증보판을 꼭 소개해주고 싶다는 일념으로 이십여 년 만에 다시금 번역에 임했음을 밝혀둔다. 지나간 세월을 보여주는 문장들을 가급적 새로운 시대에 맞는 표현으로 바꾸려 노력하였으나 많은 부분이 여전히 미흡한 채로 남아 있다. 번역에 오류가 있다면 이는 오롯이 역자들의 책임이다.

이 책의 제작 과정에 큰 도움을 준 서울대학교 대학원생 및 관련 기관에 종사하고 있는 젊은 엘리트 박사들에게 고마움을 표한다. 또한 증보판이 발간되기까지 애써준 라의눈 편집부 여러분의 노고에도 감사드린다.

2017년 6월 관악에서

김태유, 허은녕

14

차례

Chapter 04

탄화수소
시대

THE
PRIZE

중심무대가
바뀌다

훗날 기업들이 '100인의 시대'라 부르는 시기가 있었다. 당시는 전쟁 중이었고, 사우디에서 일하는 미국 석유회사 직원은 100여 명으로 감축되었는데, 이는 세계 다른 지역에서도 마찬가지였다. 세계 열강들이 충돌하는 와중에 사우디의 석유 개발은 잊힌 듯 보였다. 1943년 말, 에버레트 리 드골리에가 이 '100인'에 합류했다. 전쟁이 끝나기를 기다렸을 뿐, 사우디아라비아를 결코 잊지 않았다는 확실한 징표였다.

20세기 초반 미국 가스산업을 성장시키는 데 드골리에만큼 기여한 인물은 없었다. 당대의 가장 두드러진 지질학자이며 기업가, 혁신가, 학자였던 그는 석유업계의 중요 부분을 거의 다 섭렵했다. 캔자스 주의 평범한 가정에서 태어나 오클라호마에서 성장한 드골리에는 라틴어가 싫어서 오클라호마 대학의 지질학과에 입학했는데 공교롭게도 이것이 그의 직업이 되어버렸다.

그는 1910년 학부 시절 멕시코에 갔는데, 그곳에서 엄청난 포트레로 델라노 4유정을 발견했다. 하루 11만 배럴의 석유가 생산됨으로써 멕시코 석유의 황금지대와 황금시대가 시작된 것이다. 이 유전은 당시까지 발견된 것 중 최대였고 '카우드레이&피어슨 석유재단'뿐 아니라 드골리에가 쌓은 독특한 명성의 바탕이 되었다.

그러나 이것은 시작에 불과했다. 드골리에는 석유 탐사에 지질학을 도입하는 일에 전념했다. 그는 석유산업 역사에서 가장 중요한 기술혁신인 진동계 개발을 선도했고, '다이너마이트광'이라 불릴 정도로 폭약을 선호했다. 스탠더드오일 뉴저지 지사의 한 핵심 지질학자는 드골리에를 칭송하며 "밤이나 낮이나 그의 마음속은 석유로 가득 차 있었다"라고 말했다. 드골리에는 카우드레이 재단을 대표하여 아메라다라는 회사를 설립했으며, 연이어 뉴저지의 유혹에도 불구하고 1930년대 말에 독자적으로 드골리에&맥나우튼사를 설립했다. 이 회사는 세계 굴지의 석유 엔지니어링 컨설팅 회사가 되었다. 은행이나 기타 투자가로부터 자금을 조달하기 위해, 석유 매장 가치를 산정하는 독립적인 방법을 만들었다는 점에서 가히 혁신적이었다.

드골리에는 40대 중반에 이미 백만장자였고 이후로도 수입이 연간 100만 달러에 달했다. 그는 돈 버는 일에 싫증이 나 돈의 상당 부분을 써버리기도 했다. 드골리에의 관심사는 석유와 돈만이 아니었다. 그는 텍사스 인스트루먼트사의 창립자였다. 칠레에 정통한 정평 있는 역사가였고, 희귀한 책들을 소장했다. 또한 거의 파산하려고 하는 「토요 문학 리뷰Saturday Review of Literature」지를 인수해 스스로 회장이 되었으나 회사의 정책에는 크게 관여하지 않았다.[1]

드골리에는 석유업계에서 친근하고 존경받는 인물이었으며 그의 말엔 무게감이 있었다. 그는 자수성가한 사람이어서 뉴딜정책을 위해서는 별 쓸모가 없었다. 그러나 전쟁이 발발하자, 워싱턴은 그를 불러 전시석유행정부의 해럴드 익스 수하의 수석 부관으로 임명했다. 그는 달갑지 않았으나 수락했다. 그의 임무는 전 미국의 석유 생산을 조직화 및 합리화 하는 것이었다. 1943년 그에게 특명이 주어졌다. 당시 중대하고 열띤 논쟁의 중심이 되었던 사우디와 기타 페르시아 만 국가들의 석유 잠재량을 산정하는 일이었다.

3년 전인 1940년, 드골리에는 텍사스의 청중들 앞에서 중동 석유에 대해 연설한 적이 있었다. "석유산업 역사상 이처럼 넓은 지역에 걸쳐 이처럼 멋진 유전이 개발된 적이 없습니다. 앞으로 20년 내에 이 지역은 전 세계에서 가장 중요한 유전지대가 될 것이라고 감히 예언할 수 있습니다." 1943년 드골리에는 바로 그 기회를 갖게 되었다. 그렇다 해도 그가 여행을 기대한 것은 아니었다. 그는 아내에게 이렇게 썼다. '먼 과거에는 미국인이 유전을 개발하기 위해 여행하는 것이 매우 중요하다고 생각했소. 그러나 그것은 불확실하고 불편하며 약간은 위험하기까지도 하다오. 나는 린드버그 같은 모험가가 아니니까 말이오.'

전쟁 중에 중동에 들어가는 것은 말처럼 쉬운 일이 아니었다. 첫 번째 기착지는 마이애미였는데 착륙 중에 비행기의 바퀴가 펑크 났다. 드골리에 일행은 군용기를 빌려 타고 카리브 해 상공을 지나 브라질과 아프리카를 거쳐 마침내 페르시아 만에 도착했다. 그들의 여정은 이라크와 이란의 유전지대를 경유하여 쿠웨이트, 바레인, 마지막으로 사우디아라비아에 들러 기존 유전과 기타 구조물들을 둘러보는 것이었다. 한 곳을 방문한 후 드골리에는 아내에게 이렇게 썼다. '지금까지 우리가 본 것이라고는 쓸모없는 땅뿐이었소. 사실 우리가 다녀온 곳에 비하면 텍사스는 정원이나 다름없다 할 것이오.'

드골리에는 자신에게 쏟아지는 의례적인 추파를 다루는 데 이골이 나 있었다. 그는 여정 동안 흥미로운 광경을 많이 목격했다. 그러나 그의 생각을 사로잡았던 것은 사막을 여행하면서 전문가적인 눈으로 감지했던 단서와 지도, 유정 보고서, 진동 시험에서 추출된 사실 등 지질에 관한 것이었다. 사우디의 세 개 지층은 이미 시추되어 매장량이 7억 5,000만 배럴로 평가되었다. 그러나 이와 유사한 지층을 확인해보니 매장량이 훨씬 많을 가능성이 있었다. 페르시아 만을 따라 위치한 다른 국가들도 마찬가지였다.

여행으로 겪는 육체적인 고통은 몇 배의 가치를 가져다주었다. 드골리에는 석유업자였고, 아라비아 반도의 황량한 사막은 그에게 전설 속의 황금 나라와 같았다. 그는 석유 역사상 전례 없이 중요한 것을 조사하고 있다는 사실을 인식하고 흥분에 휩싸였다. 일간 11만 배럴의 석유를 뿜어내는 유정을 발견한 적도 있었지만, 석유업계에 반세기를 몸담은 이래 이처럼 거대한 규모는 일찍이 본 적이 없었다. [2]

1944년 초 워싱턴으로 돌아온 드골리에는 이란, 이라크, 사우디, 쿠웨이트, 바레인, 카타르 지역에서 확인되었거나 추정되는 매장량은 약 250억 배럴이 될 것이라 보고했다. 이 중 사우디아라비아가 약 50억 배럴로 20%를 차지했다. 그는 보수적인 사람이어서, 은행 제출용 매장량 산정 때 사용했던 것과 동일한 기준을 미국 정부 제출용 '확인' 및 '추정' 매장량에 적용했다. 사실 그는 매장량이 훨씬 많을 것이라 믿어 의심치 않았다. 여행 결과, 그는 이 지역 매장량이 3,000억 배럴이며 사우디에만 1,000억 배럴이 매장되어 있다는, 다소 황당한 것처럼 들리는 추산을 했다. 그의 일행 중 한 사람은 국무부 관리들에게 이렇게 말했다. "이 지역에 매장된 석유는 역사를 통틀어 가장 거대한 횡재라 할 수 있습니다."

수치보다 더 중요한 것은 이와 같은 엄청난 석유 매장량에 대한 드골리에의 판단이었다. "세계 석유 생산의 중심이 멕시코 만과 카리브 해에서 페르시아 만으로 이동하고 있으며, 이 지역에서의 석유 생산이 확고하게 구축될 때까지 이동은 계속될 것으로 보입니다." 미국 석유산업의 근간이라 할 수 있는 드골리에의 이 말은 석유업계에서 미국의 지위가 후퇴하고 지배력의 종말을 고하는 신호와 같았다. 미국은 제2차 세계대전 중 연합국이 사용한 석유의 90%를 생산해야 했지만, 이것은 곧 세계의 석유 공급자로서 미국의 위상을 드러내는 것이었다. 미국이 수출국으로 남아 있을 날들은 얼마 남지 않았다. 그러나 드골리에의 말은 단순한 석유 문제 이상의 것이었다. 국제정치의 향방에 심각한 영향을 주게 될 석유산업의 극적인 방향 전환을 예고하고 있었다.[3]

연합국의 자금력

영국이 오랫동안 중동의 정치와 석유 생산에 적극적으로 개입해왔던 반면, 미국은 이 지역을 무시했던 경향이 있었다. 미국의 이런 신중함은 결국 중동의 석유 생산량이 많지 않았음을 반영한다. 1940년 이란과 이라크, 아라비아 반도를 포함한 전 지역은 세계 석유의 5% 미만을 생산한 데 비해 미국은 63%를 생산했다.

그러나 당시에도 '세계의 중심무대'가 변하고 있음을 알아본 사람이 있었다. 1941년 봄, 카속(캘리포니아-아라비안 스탠더드오일의 약칭)의 부사장인 제임스 테리 듀스는 드골리에에게 다음과 같은 서신을 전했다. "나는 페르시아 만을 더 세밀히 관찰하고 있습니다. 이 지역에서 우리가 갖고 있는 유전들은 동부 텍사스를 포함한 미국의 어떤 것과도 다른 색다른 체험입니다. 석유 매장량은 믿을 수 없을 정도여서 나는 수시로 눈을 비비고 시골의 농부처럼 '그런 짐승은 없어'라고 말하곤 합니다."

그러나 당시 러시아와 북아프리카에서는 여전히 추축국 열강들이 기세를 부리고 있었고 중동은 위태로웠다. 그리고 사우디에 머무는 미국인들은 감소했다. 그들은 개발에 몰두하는 것이 아니라 정반대로 유전들이 폭격당할 경우에 대비해 시멘트로 유정들을 봉합하거나, 독일군의 진격으로 '결단해야 할 경우' 유정을 파괴하는 방법을 계획하는 데 전념했다. 이런 이유로 쿠웨이트와 이란의 유정에는 마개가 설치되었고, 이 모든 계획은 영국과 미국 군대 및 정치 단체들과의 협력으로 이루어졌다.

그렇다 하더라도 미국의 사우디 및 중동 정책은 변하고 있었다. 10년 전인 1920년대보다 변화의 계기는 훨씬 많았다. 성지 순례가 다시 중단되었고 사우디는 새로운 재정 위기에 봉착했다. 이번엔 경제 침체가 아니라 전쟁이 순례자의 유입을 방해했다. 또한 가뭄과 흉작으로 사태는 더욱 악화되었다. 전통 산업인 장검과 단도 제조업, 가죽 세공업은 이 같은 손실을 메우기에 부족했다. 1941년까지 이븐 사우드 국왕은 다시 더 심각한 재정 위기에 봉착했다. 국왕은 냉엄한 현실을 직면해야 했다. 1942년 그는 한 미국인에게 이렇게 설명했다. "아랍인은 종교를 가지고 있지만 연합국은 자금을 가지고 있다."[4]

이븐 사우드 국왕은 영국과 카속, 카속의 미국 모회사인 캘리포니아 스탠더드와 텍사코에 다시 한 번 도움을 요청해야 했다. 석유회사들은 개발 자체가 제한된 상황에서 자금을 추가 투입하고 싶어 하지 않았으나, 채굴권을 상실할지도 모를 모험은 하고 싶지 않았다. 어쩌면 미국의 전시 원조 계획인 무기대여법으로 도움을 기대할 수도 있었다. 그러나 의회에서는 '민주적 우방'에만 그 적용을 제한하고 있었다. 불행하게도 사우디아라비아는 민주 국가가 아니라 왕국이었고, 영국 국왕과는 달리 이븐 사우드는 정확한 의미에서는 입헌군주도 아니었다. 결국 열띤 토론 끝에 루스벨트 대통령은 어떤 지원도 하지 않았다.

1941년 7월, 루스벨트는 측근에게 이렇게 지시했다. "사우디 국왕이 영국의 지원을 기대하고 있다고 전해주시오. 우리로서는 조금 어려운 일인 것 같소." 영국은 여러 가지 지원 이외에도 새로 주조한 동전을 약 200만 달러 제공하기로 했고, 보조금도 크게 증가시켰다. 미국의 석유업자들은 영국이 미국 원조의 수혜자임을 들어, 영국의 지원이 실제로는 미국의 간접 지원임을 이븐 사우드 국왕에게 확신시키려고 노력했다.[5]

석유가 부족하다!

1942년과 1943년 미국의 참전은 워싱턴을 사로잡았던 새로운 전망에 근거해 중동의 중요성을 재해석하게 했다. 석유는 전쟁에 필수적인 전략 물자로 인식되었고, 국력과 국제적인 지배력에 필수적인 요소였다. 추축국의 군사 전략에 포함된 단일 자원이 있다면 바로 석유였고, 추축국을 격퇴할 수 있는 유일한 자원 역시 석유였다. 미국은 전례 없는 자원을 쏟아부으며 전체 연합국의 전쟁을 거의 유일하게 지원했기 때문에 자원 부족에 대한 우려가 커지고 있었다. 제1차 세계대전 말기처럼 미국의 석유는 다시 비관적인 전망에 빠져들었다. 그리고 이런 비관론은 예전보다 빠른 속도로 진행되었다. 이렇게 만성적인 물자 부족이 계속된다면 미국의 안보와 장래는 어떻게 될 것인가?

1920년대 말과 1930년대 중반부터, 미국 내 기존 유전의 생산량이 늘어나고 새로운 유전의 발견 확률이 급격히 하락했다. 추가 발견은 더욱 어렵고 비용이 많이 들며 제한될 것이라는 전망이 우세했다. 신규 발견이 급격하게 감소하면서 전쟁의 연료 공급을 담당하는 사람들은 겁에 질렸다. 1943년 전시 석유행정부의 비축국장은 이렇게 말했다. "이익 체감의 법칙이 작용하고 있다. 신규 유전들이 형성되지 못하고 그 숫자가 궁극적으로 유한하므로 조만간 공급이 고갈될 날이 오게 될 것이다. 왜냐하면 미국으로서는 석유 발견의 황금시대가 역사 속으로 사라지고 있기 때문이다."[6]

내무장관인 해럴드 익스도 견해를 같이했다. 1943년 12월 그가 쓴 '우리는 석유가 부족하다'라는 제목의 글에 동감하지 않는 사람은 없었다. 그 글에서 익스는 불길한 경고를 했다. '만일 제3차 세계대전이 일어난다면 우리는 다른 나라의 석유로 싸워야 할 것이다. 미국은 더 이상 석유를 갖고 있지 않기 때문이다. 세계적 석유 제국을 상징했던 아메리카의 왕관은 이제 한쪽 눈 위까지 흘러내리고 있다.'

암울한 분석들로 인해, 단 한 가지 결론에 도달할 수밖에 없었다. 당시에는 미국의 석유가 항구를 빠져나가 모든 전선에 공급되고 있었지만, 미국은 순수한 석유 수입국으로 전락할 운명에 처해 있었고 이는 잠재적으로 안보에 심각한 의미를 가지고 있었다. 채굴 가능한 석유 매장량에 대한 전시의 비관적 전망은 소위 '보존 이론'을 불러일으켰다. 미국, 특히 미국 정부가 외국 석유 매장량을 통제하고 개발함으로써 국내 석유의 소모를 줄이고 미래를 위해 보존해 궁극적으로 미국의 안보를 확보한다는 내용이었다. 심지어는 사기업을 경영하는 공화당원들도 정부가 외국 석유 채굴권에 직접적으로 개입하기를 요청했다. 명망 있는 공화당 상원의원인 헨리 캐벗 로지는 "역사는 사적인 이해관계만으로는 국익을 적절하게 확보할 수 없다는 신념을 주었다"라고 말했다. 그렇다면 이런 외국의 석유 매장지는 어디에서 찾을 수 있을까? 해답은 한 가지였다. "모든 상황을 분석해 볼 때 눈길이 가는 곳이 있다. 바로 중동이다"라고 미 국무부의 경제 고문인 허버트 파이스는 말했다.[7]

늦은 감이 있지만 미국의 정책 입안자들은 중동이 중심이라는 결론에 도달했다. 제1차 세계대전 종결 이래 영국의 석유 정책을 이끌었던 것과 동일한 방향이다. 미국과 영국은 전시에는 협력하고 신뢰했지만 중동 문제에서만큼은 서로를 의심의 눈길로 보았던 것이 틀림없다. 영국은 미국이 중동에서 자신들을 몰아내고, 심지어 현재 자신들의 통제 아래 있는 매장량까지 부인하지 않을까 우려했다. 중동은 대영제국의 전략과 인도 통치를 위한 심장부로 여겨졌다. 이슬람 성지의 관리자로서의 이븐 사우드 국왕은, 세계 어느 곳보다 많은 이슬람교도가 사는 인도를 통치하는 영국에 매우 의미 있는 인물이었다. 또한 국왕은 유태인과 아랍인의 격렬한 투쟁으로 영국의 위임통치가 중단된 팔레스타인에서 궁지를 모면하려는 영국의 노력에 가장 중요한 요소이기도 했다.

전쟁 기간 동안 미국의 석유회사들과 정부가 우려한 것이 있다. 석유를 선취한 영국이 중동에서, 특히 사우디에서 미국 회사들을 배제하지나 않을까 하는 것이었다. 영국이 사우디아라비아에 살충제 관련 사절단을 파견하자, 카속은 그것이 비밀리에 석유 지질탐사를 하기 위한 허울에 불과하다고 확신했다. 해군부 차관인 윌리엄 불리트 역시 영국이 미국 회사들로부터 채굴권을 편취하여 독차지할 것이라고 경고했다.

사실 미국인들은 사우디에 대한 영국의 계획과 계획을 수행할 능력을 심하게 과장했다. 영국은 미국을 제거할 수 있는 위치에 있지 못했고, 오히려 안보와 재정적인 이유로 미국이 중동에 더 많이 개입해줄 것을 원했다. 실제로 이븐 사우드 국왕에 대한 지원을 줄일 방법을 찾고 있기까지 했다. 하지만 미국인들은 근심과 걱정으로 상처받고 있었다. 그들이 할 수 있는 일은 무엇이었을까?

첫째는 앵글로−페르시안 석유회사를 모델 삼아 중동 석유에 대한 직접 소유권을 얻는 것이었다. 두 번째는 영국과 타협하는 것이었다. 그리고 세 번째는 모든 문제를 민간인에게 떠맡기는 것이었다. 그러나 당시는 모든 것이 불확실한 전쟁 중이었다. 민간업자들도 자신들의 힘만으로 문제를 해결할 수 있다고 생각하지 않고 주저했다. 그들은 정부 지원을 원했고, 모든 문제는 다시 정부에 맡겨졌다.[8]

필사적인 확보 정책

아랍산 석유에 관여하는 민간 회사는 소칼과 텍사코 둘뿐이었다. 이들은 영국이 사우디 석유를 독차지할 방법을 모색하고, 소칼과 텍사코를 축출하기 위해 이븐 사우드 국왕의 재정을 좌지우지할 지위를 획득할 것을 우려했다.

우려는 또 있었다. 소칼과 텍사코는 사우디의 석유에 이미 많이 투자했거나 재정적으로 참여했지만, 앞으로 훨씬 더 많은 자금이 필요하고 자신들이 어마어마한 가치를 지닌 자원을 밟고 서 있다는 사실을 알고 있었다. 그러나 사우디아라비아는 독립국가가 된 지 20년밖에 되지 않았다. 과연 왕국과 석유 채굴권이 이븐 사우드 국왕 자신보다 더 오래 지속될 수 있을까?

미국 정부가 직접 개입하지 않으면서도 영국을 저지하고, 채굴권을 강화하며, 정치적 위험에 대항하고 이렇게나 가치 있는 자산을 보호할 수 있는 방법은 없을까? 바로 몇 년 전 멕시코는 거의 아무런 보상 없이 회사들의 채굴권을 국유화했다. 이처럼 민간 회사들을 축출하는 것과, 세계의 초강대국과 대결하는 것은 성격이 전혀 다른 문제였다. 사우디아라비아에 대한 미국 정부의 직접 개입은 '확보 정책'으로 알려졌다.

1943년 2월 중순, 소칼과 텍사코, 카속 사람들은 공손한 태도로 워싱턴의 미 국무부를 방문했다. 그들은 영국을 견제하고 전후에도 이 지역이 '순수한 미국계 기업만으로 유지될 수 있도록' 정부의 재정 지원을 촉구했다. 만약 워싱턴이 지원을 해준다면, 그들도 기꺼이 미국 정부를 위해 사우디 석유에 특별한 배려를 할 것이었다.

2월 16일, 정부 개입 정책의 강력한 옹호자인 해럴드 익스는 루스벨트 대통령과의 오찬 중에 그의 관심을 사우디 문제에 집중시키려고 전념했다. 내무장관 익스는 이렇게 말했다. "아마 사우디는 세계에서 가장 크고 풍부한 유정일 것입니다. 영국은 카속을 이용해 이곳에 발을 들여놓으려고 노력하고 있고, 석유가 있는 곳이면 어디든 놓치지 않습니다." 결국 루스벨트 대통령을 움직인 것은 석유회사 간부들의 탄원이 아니라 익스와 정부 관료들의 주장이었다. 이틀 후인 1943년 2월 18일, 루스벨트 대통령은 '사우디아라비아 문제가 우리로서는 조금 힘든 일'이라고 선언한 지 1년 반 만에, 무기대여법에 의거해 이븐 사우드 국왕에 대한 지원을 승인했다. 그 즉시 미 해군 석유국은, 석유의 심각한 부족이 임박했으므로 군사작전이 위협받게 될 것이라는 1944년 전망을 내놓았다. 군부의 전망은 미국 정부가 사우디아라비아로 향하게 하는 강력한 추가 요인으로 작용했다.[9]

무기대여법이라는 미명으로, 비록 민주적이지는 않지만 우호적인 정부에 재정 지원을 하는 것과, 외국 자원에 대해 직접 소유권을 획득하는 것은 전혀 별개의 문제였다. 그러나 이것은 정확하게 함께 이루어졌다. 영리한 익스 장관이 외국 석유에 대한 실질적인 소유권을 획득할 목적으로 설립한 정부 기업인 석유비축공사가 일정 부분 그 일을 맡았다. 미 육군과 해군도 강력하게 뒷받침해주었다. 다만 국무부만이 망설이고 있었을 뿐이다. 국무장관 헐은 루스벨트 대통령에게 '강력한 구설수'에 오를 것이 우려된다고 말했다. 그는 지난 전쟁 이후 회의석상의 분위기가 석유 냄새로 질식할 정도였음을 대통령에게 상기시켰다.

석유비축공사의 표적은 사우디아라비아였다. 1943년 6월, 익스 장관은 백악관에서 육군 장관인 헨리 스팀슨, 해군장관인 프랭크 녹스, 전시동원국장인 제임스 번스를 만났다. 그들은 국내 공급량의 급격한 감소에 경각심을 가지고 있었고, 극히 중요한 사우디아라비아의 유전에 대해 정부가 이권을 획득할 필요가 있다는 데 동의했다. 루스벨트 대통령은 7월 백악관의 한 회의에서 충격적인 결정을 확인했다. 회의에 참석했던 한 사람은 "토론은 유쾌하고 간단명료했으나 꼼꼼하지는 못했다. 대통령의 말과 고갯짓에서는 근동의 영토 문제를 다룰 때처럼, 어린아이처럼 즐거워하는 빛이 보였다"라고 말했다. 또 한 가지 중요한 것이 있었다. 카속의 지분이나 이권을 얼마나 획득해야 하는가? 이는 록펠러 자신에게도 혜택이 돌아갈 수 있는 문제였는데, 미국 정부의 '지분'은 100%보다 적어서는 안 된다는 결론이 내려졌다.

1943년 8월, 텍사코 및 소칼의 회장들과 로저스, 해리 C. 콜리어는 아무 의심 없이 내무부의 익스 장관실로 줄지어 들어갔다. 그들은 사우디 석유를 대가로 한 원조 문제를 토론할 것이라 생각했다. 그러나 익스 장관은 미국 정부가 텍사코와 소칼로부터 카속을 모두 매입하겠다는 제안을 내놓았다. 익스 장관은 이 제안이 문자 그대로 상대를 '숨도 쉬지 못할' 정도로 놀라게 한 데 만족했다. 해외에서 운영되는 정부 소유의 석유회사란 개념은 미국의 입장에서 특별한 출발점이 되었다. 또한 두 민간 회사의 지위가 바뀌게 될 것이었다. 텍사코의 로저스와 소칼의 콜리어는 엄청난 충격을 받았다는 말밖에는 하지 못했다. 그들은 지원을 기대했지, 흡수당하는 것은 생각지도 않고 있었다. 여기에 참석했던 사람들은 이렇게 말했다. "그들은 대구를 잡으러 갔다가 고래를 잡은 셈이다."[10]

많은 논의를 거친 후, 익스 장관은 영국 정부의 앵글로-이란 소유를 전례 삼아 제안 내용을 수정했다. 즉 지분을 100%에서 51%로 삭감한 것이다. 심지어 그는 앵글로-이란을 모델 삼아 아메리칸-아라비안 석유회사를 설립하자고 제안했다. 그러나 외국의 개입을 최소화하는 것을 목표로 하는 이븐 사우드 국왕에게 그러한 회사 이름은(그 명칭의 앞뒤 순서를 보더라도) 달갑게 받아들여지지 않을 것이라 생각하는 사람들이 상당수였다.

익스 장관은 두 회사와 협상을 진행하면서 쿠웨이트에 있는 걸프와도 이와 유사한 거래 가능성을 타진했다. 어쨌든 소칼 및 텍사코와의 계약이 성사되었다. 미국 정부는 4,000만 달러를 주고 카속의 3분의 1을 획득했고, 이 자금은 라스 타누라에 새로운 정유공장을 짓는 데 사용될 예정이었다. 또한 정부는 평화시에는 카속 생산량의 51%를, 전시에는 100%를 매입할 수 있는 권리를 갖게 되었다.

이리하여 미국의 석유사업 참여가 시작되었으며, 적어도 그렇게 보인 것이 사실이다. 그러나 미국의 석유업자들은 분노를 금치 못했다. 정부가 석유업계에 참여하는 것을 좋아할 석유회사는 없다. 정부는 두려운 경쟁자였고, 국내 석유보다 외국산 석유를 옹호할 것이 당연했으며, 이는 석유산업에 대한 통제의 첫걸음일 뿐 아니라 심지어 국유화의 시발점이 될 수도 있었다. 자영 석유회사들뿐 아니라, 사우디 석유에 관심을 갖고 선점하려고 했던 뉴저지 스탠더드와 소코니-배큠도 강력히 반대했다.

미국의 석유산업을 전쟁에 동원하는 데 힘써왔던 익스는 카속 쟁탈전 때문에 이런 노력이 손상되어서는 안 된다고 판단했다. 1943년 말, 익스 장관은 텍사코와 소칼에 대해 욕심이 많고 고집이 세다고 비난하면서 돌연 이 계획을 철회했다. 이로써 미국이 외국 석유를 직접 소유하려는 기도는 끝났다.[11]

그러나 익스는 여기에서 멈추지 않았다. 1944년 초, 미국 정부가 외국의 파이프라인 사업에 참여하는 방안을 생각해냈다. 그는 유럽으로 석유를 선적하기 위해, 사막을 가로질러 사우디와 쿠웨이트의 석유를 지중해로 운반할 파이프라인을 건설하고자 했다. 미국 정부가 석유비축공사를 통해 최고 1억 2,000만 달러를 지원하기로 소칼, 텍사코, 걸프와 합의했다. 이 계약의 일환으로 소칼, 텍사코, 걸프는 미군을 위해 석유 10억 배럴을 비축하고 시장가격보다 25% 할인하여 판매하기로 했다.

그러나 이 새로운 계획은 그해 겨울과 다음해 봄까지 많은 반대에 부딪쳤다. 의원들은 석유비축공사의 해체까지 요구했다. 허버트 파이스가 지적했듯이, 다른 회사들은 편파적인 경쟁 구도에 분노했다. 자영 석유업자들은 '국가 안보에 대한 위협'이며 '파쇼적인 발상'이라고 비난했다. 미국 자영석유업협회는 이 계획이 세계 석유시장에 살인적인 경쟁을 야기함으로써 국내 가격 하락과 국내 산업 파탄을 가져올 것이라 주장했다. 진보주의자들은 대기업을 이롭게 하고 독점을 조장할 것이라며 반대했고, 고립주의자들은 미국 정부가 문자 그대로 멀리 떨어진 중동의 모래 속을 파헤치는 것을 원치 않는다며 반대했다. 미국 합동참모본부는 이와 같은 파이프라인이 '군사적으로 필요한 긴급한 문제'라고 말한 바 있다.

그러나 D데이 이후 유럽에서의 종전이 가시화되기 시작하자 합동참모본부도 비준을 망설였다. 반대자들의 한 목소리는 효력을 발휘했고, 결국 익스장관의 짜증과 사퇴 위협에도 불구하고 정부의 파이프라인 계획은 흐지부지될 수밖에 없었고, 결국 완전히 사라졌다.[12]

석유 논쟁이 불붙다

결국 미국 정부는 사우디아라비아의 석유사업에 참여하지 않았다. 그러나 한 가지 방법이 남아 있었는데, 영국과 제휴해 세계 석유시장을 관리하는 것이었다. 두 나라 정부는 이미 상대방의 견해를 탐지하기 시작했다. 페르시아만의 석유가 독일의 수중에 들어가지 않도록 유정 상당수를 폐쇄하는 동안, 이 지역의 잠재성을 아는 사람들은 이 지역에서 생산될 석유가 향후 시장에 미치게 될 영향을 우려하기 시작했다. 전후 페르시아 만에서 값싼 석유가 유입되면 1930년대 초 텍사스 동부의 석유 분출만큼이나 시장을 불안하게 만들 것이다. 동시에 많은 미국인들은 미국 내 석유의 고갈을 우려했다. 그들은 미국이 전쟁 전의 규제를 타파하고, 특히 사우디를 위시한 중동에서 최대한 생산하는 데 목표를 두어야 한다는 견해를 갖고 있었다. 이런 방식은 공급선의 근본적인 변화를 가져오게 될 것이다. 유럽은 미국을 포함한 서반구가 아니라 중동에서 석유를 공급받을 수 있게 되고, 미국의 매장량은 미국 자체의 수요와 안보용으로 보전될 수 있다는 의미다.

영국은 영국대로 중동의 저돌적인 생산이 야기할 혼란을 크게 우려했다.

그들은 중동 산유국들의 증대하는 욕구를 만족시키기 위해 경쟁적인 생산 각축전을 벌이게 될 것을 경계했다. 만약 전쟁이 종결되기 전에 석유 문제를 해결하지 못한다면, 가격 하락으로 산유국 정부의 로열티 수입이 박탈되고 궁극적으로 이권의 안정성을 위협하는 파괴적인 공급 과잉 사태가 벌어질 것이다. 더구나 미국인들의 생각과는 달리, 영국은 여전히 중동의 석유 개발에 미국이 더 많이 참여해주기를 원했다. 영국의 참모총장이 말한 것처럼, 소련의 압력에 대항해 이 지역을 방어하는 데 미국이 지원할 가능성이 높아질 것이기 때문이었다. 영국 참모총장은 또한 이렇게 말했다. "미국 대륙의 자원은 전시에는 우리의 가장 안정된 공급원이므로 잘 보전하는 것이 우리에게 이익이 된다." 그러나 채굴에 대한 공동 통제가 두 나라에게 가장 유익하다는 점을 어떻게 미국인들에게 확신시킬 것인가?[13]

영국은 중동의 석유를 놓고 미국과 협상을 벌이기 위해 노력했다. 1943년 4월 앵글로-페르시안의 뉴욕 지사장인 바실 잭슨은, 전시석유행정부의 대외부장직을 맡기 위해 잠시 카속의 이사직을 떠나 있던 제임스 테리 듀스를 만났다. 잭슨은 세계 시장에 이처럼 막대한 물량의 석유가 유입된 것은 사상 초유의 일이라고 경고했다. 또한 그는 근동지방 석유에 관해서 석유회사 스스로 어떤 협약을 도출하는 것은 가능하지 않다고 말했다. 미국 회사들은 셔먼 독점금지법에 묶여 있었다. 전쟁이 끝나게 되면 너무 늦어서 조치를 취할 수 없게 될 것이다. 잭슨은 협약을 체결하지 못하면 '치열한 경쟁전'이 불가피하다는 결론을 내렸다.

듀스도 동의했다. 두 사람은 앞으로 전후 석유 질서를 형성하게 될 근본적인 문제를 인식하고 있었다. 석유 로열티는 조만간 걸프 국가들의 주요 수입원이 될 것이다. 산유국들은 석유회사들에 생산량을 늘리라는 압력과 협박을 가해서 로열티 수입을 증가시키려 할 것이 확실하다. 만약 모종의 종합 할당

시스템이 도출된다면 그 압력을 완화할 수 있다.

잭슨의 발언은 미국 정책 입안자들의 귀에도 들어갔다. 익스 장관은 루스벨트 대통령에게 그의 말을 전했다. "우리는 세계 다른 곳에서도 석유를 획득해야 합니다. 바로 지금이 석유를 찾으러 갈 때입니다. 석유에 관해 영국과 협의하지 못할 이유가 없다고 생각합니다." 그러나 불신의 골이 너무나 깊었기 때문에, 각각의 정부 내부에서 토론을 주선하는 문제에 대한 합의를 이끌어내는 것도 쉽지 않았다.

영국의 국새상서國璽尙書로 일하고 있던 언론계의 대부 비버브룩 경은 "중동의 석유를 논하기 위해 회의를 열자는 어떤 요구도 묵살해야 합니다. 석유는 전후 우리에게 남겨진 가장 큰 자산입니다. 우리는 우리의 마지막 자산을 미국인들과 나누자는 주장을 거절해야 합니다"라고 처칠에게 말했다.

그러나 영국 정부 내에는 미국을 포함시키는 계획을 공식화 하려고 집요하게 노력하는 사람들도 있었다. 1944년 2월 18일, 영국의 워싱턴 주재 대사인 할리팍스 경은 미국 국무부 차관과 거의 두 시간 동안 석유 문제에 대해 논쟁을 벌였다. 후에 할리팍스 경은 "미국인들이 우리를 지독하게 대우하고 있다"라는 내용의 전문을 본국에 보냈다. 미 국무부에서 있었던 토론에서 매우 당황했던 할리팍스 경은 즉시 루스벨트 대통령과의 개인 면담을 신청했고, 바로 그날 저녁 백악관으로 초빙되었다. 토론의 요지는 중동에 관한 것이었다. 루스벨트는 할리팍스 경의 우려와 분노를 달래기 위해 자신이 직접 손으로 스케치한 중동의 지도를 보여주었다. 그는 페르시아의 석유는 영국의 것이며, 이라크와 쿠웨이트의 석유는 공유하고, 사우디아라비아의 석유는 미국이 갖는다고 설명했다.[14]

루스벨트가 그린 지도는 긴장 완화에 충분한 도움이 되지 못했다. 게다가 지난 몇 주의 상황은 루스벨트 대통령과 처칠 수상 사이의 설전으로 비화되었다. 1944년 2월 20일, 할리팍스의 회의 결과를 보고 받고 몇 시간 후, 처칠 수상은 루스벨트 대통령에게 우려의 메시지를 보냈다. "석유 때문에 언쟁을 벌이는 것은 엄청난 합작사업과 우리의 희생에 나쁜 전조가 될 수 있습니다. 이곳에서는 우리 해군이 전적으로 의존하고 있는 중동의 석유 자산을 미국이 빼앗아가려 하고 있다는 우려의 목소리가 높습니다. 솔직히 말해서 우리가 밀려나고 있다고 느끼는 사람들이 많습니다."

루스벨트는 오히려 영국이 사우디 내 미국 회사들의 석유 이권에 눈독을 들이고 간섭하려 한다는 보고를 받았다는, 가시 돋친 응답을 보냈다. 처칠 수상이 제기한 또 하나의 신경질적인 메시지에 대해 루스벨트는 "이란과 이라크의 영국 유전에는 곁눈질을 하지 않을 테니 제발 걱정하지 마십시오"라고 덧붙였다. 처칠은 이렇게 회신했다. "우리는 미국이 사우디 내에 가지고 있는 이권이나 재산에 간섭할 생각이 없음을 확언하면서 호의에 보답하고 싶습니다. 그러나 영국이 영토에 관한 이익은 추구하지 않는다 할지라도, 적어도 영국 문제를 미국에 위탁하지 않은 한, 선의를 위해 최선을 다한 후 응당 영국에 귀속되는 어떠한 것도 포기할 수는 없습니다."

이러한 신랄한 의견 교환은 국제 정치에서 석유가 가지게 될 중요성에 대한 유언과도 같았다. 아무튼 두 사람은 설전을 중단하고 1944년 봄 워싱턴에서 가까스로 협상 테이블에 앉았다.

첫 번째 회의에서 국무부의 석유 고문은 협상의 주요 대상이 '부족한 양을 할당하자는 것이 아니라 남아도는 석유를 질서 있게 개발하고 질서 있게 분배하자는 것'이라고 현안을 설명했다. 바꾸어 말하면 미국의 전망과 관계없이, 세계적 관점에서 석유 생산량이 너무 많으며 '이것을 어떻게 조정할 것인가'가 문제였다. 중동 석유 상황에 관한 영국의 평가는 설득력이 있었다.[15]

쿼터제와 카르텔

1944년 7월, 미국의 경제적 야심을 의심하던 비버브룩 경이 최종 협정을 타협하기 위해 워싱턴에 왔다. 아람코로 복귀한 제임스 테리 듀스는 비버브룩의 도착에 관해 드골리에에게 다음과 같은 서신을 보냈다. "다시 싸움이 시작되었다고 생각합니다. 사자는 양으로 가장하는 것이 불가능할 경우, 절대로 양들과 함께 눕지 않는 법입니다."

워싱턴에 도착한 비버브룩은 어느 누구도 거론하고 싶어 하지 않는 거북한 문제를 제기했다. 당시 영국에서 추진 중이던 협약이 '악질적인 카르텔'이며, 영국을 희생시켜 미국 국내의 생산업자들을 보호하게 될 것이라고 사적으로 혹평한 것이다. 그러나 실제 워싱턴에서 벌어지고 있는 것은, 1920년대와 1930년대 말에 회사들 간에 체결되었던 아크나캐리 성 협약 및 후속 규제 협약들과 크게 다르지 않은 '현상유지AS-IS' 성격의 협정이라는 사실을 알고 얌전해졌다.

미국 측 협상자들은 즉각 이의를 제기했다. 협상자 중 하나는 화가 나서 이렇게 말했다. "현재 논의 중인 석유 협약은 '카르텔'이라는 표현과는 전혀 다른 기반에서 형성되었습니다. 이것은 질서 있는 개발과 건전한 엔지니어링 사업이라는 광범위한 원칙에 근거한 정부 간 상품 협약이며, 시장 수요에 부응하여 충분한 석유 공급 물량을 확보하는 데 목적이 있습니다."

비버브룩 경이 마음을 바꿀 정도로 설득되었는지는 분명하지 않다. 그러나 수일 후 앵글로-아메리칸 석유 협약이 완결되었고 1944년 8월 8일 조인되었다. 생산국을 포함한 모든 당사자의 '형평성'을 확보하는 데 목적이 있었다. 협약 내용에 따라 8명으로 구성된 국제석유위원회가 만들어져 세계 석유 수요를 예측하게 되었다. 또한 국제석유위원회는 가채 매장량, 건전한 엔지니어링 사업, 경제적 관련 요인, 생산국 및 소비국의 이해관계, 팽창하는 수요를 완전 충당할 목적과 같은 요소들을 기초로 각국의 권장 생산 쿼터를 할당하게 되었다. 또한 세계 석유산업의 개발 증진 방법을 양국 정부에 보고할 예정이었다. 이에 따라 양국 정부는 필요하고 타당할 경우에는 공인된 권고 사항을 실천하고 각국 국민의 활동이 이에 부합하도록 노력하기로 했다.[16]

영·미 석유협약은 사실상 아크나캐리의 '현상유지' 협약과 텍사스 철도위원회 등, 1920년대 말과 1930년대 초의 시장 경영과 직접 연관되어 있었다. 근본 목적은 수급 균형을 맞추고, 넘치는 공급을 조절하고, 과잉 공급으로 어려움에 처한 시장의 안정과 질서를 회복하는 것이었다. 이 협약은 당연히 루스벨트 행정부와 영국을 만족시켰지만, 미국의 자영 석유업자들과 국회의원들로부터 즉각 맹공을 받았다. 독립 석유업자들은 메이저 회사보다 더 큰 정치적 영향력을 가지고 있었고, 이들이 익스 장관이 제안한 아랍 파이프라인 계획을 좋아하지 않았다면 국내 석유 생산을 국제적 규제 아래 두게 되는 석유협약도 싫어할 것이 자명했다. 텍사스에서 선출된 위원으로 구성된 텍사스 철도위원회가 석유 생산 비율을 결정하는 것과, 영국과 루스벨트가 반반씩 임명한 위원회에서 결정하게 하는 것은 전혀 다른 문제였다. 무엇보다 미국 내 석유회사들은 대량의 값싼 중동 석유가 자신들의 유럽 시장을 빼앗고, 더 나아가 미국에 유입되어 가격을 떨어뜨릴지도 모른다는 두려움 때문에 협약에 반대했다. 독립 석유회사들은, 국제 석유회사들이 협약의 내용을 조작하여 세계 매장량과 시장에 대한 결정적인 지배력을 획득하고, 이러한 지배력을 바탕으로 독립업자들을 업계에서 몰아낼지도 모른다고 우려했다.[17]

메이저들 또한 다른 이유로 경계의 눈빛을 보냈다. 그들은 국제석유위원회와 협력할 경우, 장래에 가격 책정 및 생산 조작 등과 같은 반트러스트법 위반에 대해 법률적 공격을 받을 것을 우려했다. 1930년대 말, 그들은 익스 장관의 간청과 정부의 희망에 따라 시장을 안정화시키기 위한 조치를 취했지만,

결국 법무부에 의해 반트러스트법 위반 혐의로 기소되어 소위 메디슨 사건으로 알려진 재판정에 설 수밖에 없었다. 이 소송은 미국이 참전하게 됨으로써, 워싱턴의 필요에 의해 연기되었을 뿐이다. 메이저들은 이번엔 어떤 위험도 부담하려 하지 않았고, 무엇보다 반트러스트법 면제를 원했다.

이제 메이저와 독립업자를 가리지 않고 전 석유업계가 협약에 반대하는 것처럼 보였다. 익스 장관은 루스벨트에게 이렇게 불평했다. "석유업계는 아무 이유도 없이 협약을 집단 공격하고 있습니다. 마치 존재하지도 않는 유령을 보고 있는 듯합니다." 이 협약은 하나의 조약으로 상원에 제출되었지만 기각되어 불명예스럽게 사라질 것이 분명해졌다. 1945년 1월, 루스벨트 행정부는 이를 철회함으로써 반트러스트 문제와 기타 이슈들에 대처할 수 있었다. 곧이어 루스벨트 대통령과 보좌관들이 스탈린과 처칠을 만나기 위해 소련 크리미아의 얄타로 떠남에 따라 협약 개정을 위한 노력도 중단되었다. 그들의 목적은 전후 국제 질서의 기반을 구축하고 전후 세계에서 그들 세력권의 범위와 규모를 분할하는 것이었다.[18]

쌍둥이 형제

그런데 얄타 여행에서조차도 중동의 석유 문제를 떨쳐버릴 수 없었다. 얄타 회담이 끝난 2월 중순, 루스벨트 대통령과 보좌관들은 대통령 전용기인 성우聖牛, Sacred Cow를 타고 소련에서 이집트의 수에즈 운하로 날아가, 이 운하의 그레이트 비터 호수에 정박 중인 퀸시 호에 승선했다. 또 다른 미국 배인 머피 호는 이븐 사우드 국왕을 태우고 있었다.

사우디 국왕으로서는 이번이 두 번째 해외 여행이었다. 첫 번째 여행은 45년 전 아라비아 탈환을 위해 리야드를 공격하고자 쿠웨이트로 망명한 것이다.

그는 이틀 전 지다에서 일행 48명과 함께 머피 호에 승선했다. 일행에는 양 100마리도 포함되어 있었으나 협의를 거친 후 60일분의 식량을 감안하여 7마리로 줄였고, 냉동 고기가 머피 호에 선적되었다. 이븐 사우드 국왕은 함장실을 거절하고, 그 대신 갑판 위에 캔버스로 만든 텐트를 뱃머리 부분까지 연결하고 그 안에 아라비아 담요와 왕의 의자를 두고 잠을 청했다.

이븐 사우드 국왕이 루스벨트 대통령의 배로 옮겨 타자, 항상 줄담배를 피우던 루스벨트는 국왕의 종교적 가르침에 경의를 표하여 그의 면전에서는 담배를 피우지 않았다. 그러나 점심 식사를 하러 가는 도중에 루스벨트는 다른 승강기를 탔다. 대통령은 국왕을 다시 만날 때까지 담배 두 대를 피울 수 있도록 손수 비상 버튼을 눌러 승강기를 멈추게 했다. 두 사람은 총 다섯 시간의 매우 긴밀한 시간을 함께 보냈다. 루스벨트의 관심사는 팔레스타인에 유태인의 조국을 건설하는 것, 그리고 석유와 전후 중동의 배치에 관한 것이었다. 이에 대해 이븐 사우드 국왕은 그의 재임 기간 동안 끊임없는 위협이 되어온 영국의 세력에 대항하기 위해 전후에도 미국이 사우디에 지속적인 관심을 가져주기를 요청했다. 유태인의 조국 건설에 대한 루스벨트의 요청에 대해, 단호한 반시온주의자인 사우드 국왕은 전쟁에서 살아남은 유태인 난민들의 조국은 독일에 건설되어야 한다고 주장했다.

루스벨트와 이븐 사우드 국왕은 매우 사이가 좋았다. 한번은 사우드 국왕이 자신과 루스벨트는 나이가 비슷하고, 국민 복지에 대한 책임을 똑같이 지고 있고, 농업에 관심이 많고, 루스벨트는 소아마비로 휠체어에 앉아 있고 자신은 전쟁 중 부상으로 걷기도 어렵고 계단을 오를 수 없는 육체적 약점이 있기 때문에 '쌍둥이'라고 말한 적이 있었다.

"당신은 어떻게라도 걸을 수 있지만, 나는 어디든 휠체어에 의지해 갈 수밖에 없으니 당신이 더 운이 좋은 사람입니다"라고 루스벨트가 말했다. "그런

소리 마십시오. 당신이 더 행운아입니다. 당신의 휠체어는 당신이 원하는 곳 어디든지 가게 해주고 당신이 그곳에 갈 수 있다는 사실을 알고 있지만, 내 발은 믿을 수 없고 날이 갈수록 약해져갑니다"라고 국왕이 답변했다. "내 휠체어를 그렇게 칭찬하시는데 그렇다면 내 것과 쌍둥이인 휠체어를 하나 드리겠습니다. 이 배에는 휠체어가 두 대 있거든요." 루스벨트가 다시 대답했다. 그 휠체어는 너무 작아서 국왕과 같이 덩치가 큰 사람이 사용할 수는 없었다. 하지만 가장 가치 있는 기념품으로서 리야드의 국왕 아파트에 전시되어, 이븐 사우드 국왕을 자랑스럽게 했다.[19]

두 사람이 석유에 대해 어떤 이야기를 나누었는지에 대한 공식 기록은 전무한 실정이다. 이 자리에 참석했던 한 사람은 국왕과 대통령이 이 문제에 관해 오랜 시간 대화를 나누었다고 보고했다. 어떤 얘기를 했든 두 사람은 양국의 관계에서 석유가 가장 중요하다는 것을 알고 있었다. 「뉴욕 타임스」의 외신 기자인 슐츠버거는 이 점을 정확히 파악했다. 그레이트 비터 호에서의 회의 직후 그는 이렇게 썼다. "사우디아라비아의 엄청난 석유 매장량 그 자체만으로도, 미국에는 어떤 다른 나라보다 큰 외교적 중요성을 갖는다." 한편 처칠은 영국의 세력권 안에서 미국 대통령이 이집트의 파루크 왕이나 에티오피아의 셀라시에 왕 등의 군주들과 논의하는 모습에 감동하고 있을 수만은 없었다. 전하는 말에 따르면 처칠은 이 지역의 모든 외교관들에게 불이 나게 전화해서, 이들 군주들이 루스벨트를 만난 후 자신과도 만날 수 있도록 하지 못하면 죽음을 각오하라는 등의 협박을 했다고 한다. 처칠은 급히 중동으로 날아갔고, 루스벨트의 회동 3일 후 이집트 사막의 오아시스에 있는 호텔에서 이븐 사우드 국왕을 만나기 위해 차를 몰았다.

다시 한 번 흡연 문제가 대두되었고 이번에는 음주 문제까지 끼어들었다. 처칠과 사우디 국왕의 회동은 연회로 끝을 맺게 되어 있었다. 회동 전에 처칠은 국왕이 그의 면전에서는 흡연과 음주를 허락하지 않는다는 통보를 받았다. 처칠은 루스벨트처럼 타인의 편의를 잘 봐주는 사람이 아니었다. 처칠은 이렇게 말했다. "나는 주최자이다. 그가 종교 때문에 그런 말을 한다면, 내 종교에서는 모든 식사 전후와 필요하다면 식사 중 또는 식사 사이에도 흡연이나 음주를 하는 것이 절대적으로 신성한 의식으로 통한다고 말하겠다."

처칠의 특권의식과 고압적 주장은, 사우디와 중동에 대한 영국의 의도를 의심하고 있던 이븐 사우드를 확신시키는 데 도움이 되지 않았을 것이다. 또 다른 문제도 있었다. 처칠은 이븐 사우드에게 100파운드의 가치가 있는 작은 향수를 선물했다. 그런데 이븐 사우드 국왕은 처칠과 앤서니 이든에게 '아내'들을 위한 선물이라고 하면서 약 3,000파운드 가치의 다이아몬드와 진주, 그리고 자루에 다이아몬드가 박힌 칼과 의복 등을 제공했다. 상대의 선물에 당황한 처칠은 순간적으로 향수는 형식에 불과하다고 말하면서, 국왕에게 '세계에서 제일 좋은 자동차'를 주겠다고 약속했다. 처칠은 자신에게 그런 선물을 할 권한이 없음을 알았지만 일단 그렇게 말했다. 후에 롤스로이스 한 대가 국왕에게 인도되었고, 이것은 약 6,000파운드의 국고 부담으로 돌아왔다. 결국 선물받은 보석은 비밀에 붙인다는 전제하에 모두 매각되었다.[20]

비관론 vs. 낙관론

루스벨트는 오랜 여행에서 돌아왔지만 그의 보좌관들은 아직도 석유협약과 이와 관련된 독점 금지 문제에 대해 설전을 벌이고 있었다. 해럴드 익스는 루스벨트에게 새로 임명된 국무장관인 에드워드 스테티니우스와의 회동을 제안했다. 그러나 대통령은 오랜 여행으로 지쳐 있었고 휴식을 취할 예정이었다. 그는 스테티니우스 장관에게 이렇게 말했다. "해럴드가 제안한 회의는 내가 웜 스프링스에서 돌아오는 즉시 하는 것이 좋겠소. 그때 다시 한 번 말해주겠소?" 그러나 스테티니우스에게는 기회가 없었다. 루스벨트가 1945년 4월 12일 웜 스프링스에서 서거했기 때문이다.

새로 부임한 해리 트루먼 대통령 휘하에서 석유협약을 미국 내 사정에 적합하게 개정하기 위한 노력이 진행되었다. 당시까지 협약의 주요 후원자였던 익스는 1945년 8월 런던에서 영국과 재협상을 시작했다. 기존 협약에 존재했던 독소 조항들은 런던 회의에서 모두 제거되었다. 이 무렵 1944년 전 세계의 생산량 할당을 위해 설립된 국제석유위원회는 미국 국내 생산에 관여하는 것이 차단되었다. 당시 미국이 세계 총생산량의 3분의 2를 차지했던 점에 비추어보면, 세계 석유협약의 큰 부분이 누락된 것이나 다름없었다. 그러나 이것이 최선이었다. 영국의 동력부 장관은 재무부 장관에게 이렇게 말했다. "미국 상원에서 더 포괄적인 협약을 통과시키리라 기대할 수는 없습니다. 결국 협약을 거부하는 것보다 받아들이는 것이 좋을 것입니다."

한편 미국에서는 석유 매장량에 대한 비관론이 후퇴하기 시작했다. 1945년 상원 청문회에서 선 오일의 부사장이자 미국 석유연구소의 석유매장량위원회 의장인 에드거 퓨는 석유 부족에 대한 전망은 지질의 문제가 아니라 심리적인 것에 불과하다고 혹평했다. 전통적으로 퓨 가문은 석유가 고갈될 것이라는 경고를 무시해왔다고 말하면서, 상원의원들에게 국내 생산으로도 미국의 수요를 20년 이상 충당할 수 있음을 확신시켰다. "태양은 떠오르고 내일은 올 것입니다. 나는 낙관론자입니다"라고 그는 말했다.

1945년 독일과 일본의 항복으로 미국 석유에 대한 폭발적 수요가 사라졌고, 이에 따라 영국과 협약을 체결할 동기도 사라졌다. 1946년 2월 영·미 석유협약은 새로운 문제에 부딪혔다. 협약의 주요 후원자였던 해럴드 익스가 캘리포니아 석유업자인 에드윈 폴리의 해군부 차관 임명을 놓고 해리 트루먼 대통령과 언쟁을 벌인 것이다. 익스는 루스벨트 시절에도 자주 했듯이 사직서를 제출했다. 사직서는 장장 6장에 달하는 장문의 작별 인사였다. 후에 트루먼은 이렇게 말했다. "그것은 사직에 대한 위협으로 결국은 제멋대로 할 수 있다는 생각을 가진 사람에게나 받을 수 있는 편지였다."

익스는 실수를 범했다. 트루먼은 루스벨트가 아니었다. 그는 시원하고 기쁜 듯이 익스의 사직서를 수리했다. 익스는 그만이 처리할 수 있는 일들을 처리하기 위해 6주일의 유예 기간을 요청했지만, 트루먼은 책상을 치울 수 있도록 이틀을 주었다. 그는 국민들을 향해 "트루먼 대통령은 진실에 대한 의지가 부족하고, 절대 군주도 아니며, 소문에 들리는 태양신의 자손도 아니다"라고 마지막 넋두리를 했다. 뉴딜정책과 제2차 세계대전이 배출한 석유 황제는 이 말을 마지막으로 관직을 떠나 신문의 칼럼니스트라는 새로운 직업을 가지게 되었다.[21]

해럴드 익스 없이 영·미 석유협약의 미래를 기약할 수 있을까? 그러나 뜻밖에도 해군부 장관인 제임스 포레스탈의 지원이 시작되었다. 포레스탈은 전직 투자 전문 은행가로 추진력이 강하고 야심이 크며 정치적으로는 보수적인 사람이었다. 그는 미국이 소련과 지구전을 하기 위해서는 조직 정비가 필요하다고 결론을 내린 고위 정책 입안자 중 한 명이었다. 석유는 전후 세계의 안전을 위한 포레스탈 전략의 핵심 부분이었다. 그는 해군부가 공급 예측을 할 때 낙관적 입장에서 우를 범할 수는 없다면서 다음과 같이 덧붙였다. "미국이 누리고 있는 특권과 영향력은 부분적으로는 정부와 국민들이 국내외에 소유하고 있는 석유자원과 관련이 있다. 이런 소유분의 적극적 확대는 매우 바람직하다. 미 국무부는 미국의 석유를 중동의 석유로 대체하기 위한 계획을 구상해야 하며 '중재권'을 사용해 미국의 해외 석유 지분 확대를 증진하고, 페르시아 만과 같이 기존에 가지고 있는 지분을 보호해야 한다."

전쟁 종결 직전 연합국들 간에 마지막으로 개최된 포츠담 회의에서, 포레스탈은 신임 국무장관인 제임스 번즈에게 '사우디아라비아는 가장 중요한 문제'라고 지적했다. 1946년 초 해럴드 익스의 해고에 따른 즉각적 여파로, 포레스탈은 영·미 석유협약을 위해 지속적으로 싸우는 것이 유리하다는 것을 발견했다. 그는 번즈에게 이렇게 말했다. "나는 미국의 석유 매장량에 한계가 있다는 그의 의견에 동의한다. 나의 의견은 개인적으로 사업에 도움을 받았던 드골리에라는 엔지니어의 영향을 상당히 받은 것이다. 만약 언제라도 세계대전이 다시 일어난다면 우리가 중동에서 소유하고 있는 석유를 사용할 가능성은 희박하겠지만 당분간 중동의 매장량을 소모함으로써, 앞으로 15년 이내에 심각한 지경에 이를 수도 있는 우리의 매장량이 고갈되는 사태를 방지할 수 있다."[22]

그러나 포레스탈과 같은 의견을 가진 사람은 소수였다. 정부 내 모든 곳에서 협약에 대한 지지는 약해졌다. 실제로 익스가 사퇴한 직후 국무부 관리인 클레어 윌콕스는 「석유: 우리는 지금 무엇을 하고 있는가?」라는 제목의 논문을 썼다. 여기서 윌콕스는 협약이 실패하게 된 이유를 장황하게 열거하면서 "이 협약은 위험하거나 무용지물이거나 둘 중 하나에 해당된다. 만약 쿼터를 할당하고 최소 가격을 정하기 위한 카르텔 결성을 목적으로 한다면 이는 위험한 일이다. 만약 그런 목적으로 사용되지 않는다면 이것은 무용지물이다"라고 말했다.

윌콕스는 이 문제를 다음과 같이 요약해 트루먼 행정부에 보고했다. "익스는 대통령에게 자신이 이 아이를 병 속에서 키웠다고 말했습니다. 이제 그 고아가 우리들 현관 앞에 와 있습니다. 우리는 이 아이를 입양해야 합니까, 아니면 내쳐야 합니까?"

대답은 매우 간단했다. 이 석유협약은 정치적 지지를 거의 받지 못했다.

심지어 텍사스 주는 현지의 학교 교사들까지 동원해 반대했다. 그들은 수입 석유가 텍사스의 경제를 파탄시킬 것이라고 주장했다. 이제 이 아이는 내쳐질 운명이었다. 사태의 흐름과 이해관계가 정치적 모양새를 넘어섬으로써, 영·미 석유협약은 점점 부당하고 진부한 것이 되어갔다. 1947년 트루먼 행정부는 협약을 위한 모든 노력을 포기함으로써 협약은 무효가 되었다.

전시의 마지막 석유 구상인 석유협약이 눈앞에서 사라지는 와중에 다른 요소들이 크게 부상하고 있었다. 매장량과 발굴 비율에 대한 논쟁을 떠나, 미국은 국내 생산만으로는 더 이상 유지할 수 없음을 깨달았다. 그들은 순수한 석유 수입국으로 전락하고 있었고 앞으로 외국 석유에 대한 의존도가 심화될 전망이었다. 세계대전으로 인한 수요가 없어졌음에도 불구하고 '석유 확보'를 위해 계속 노력해야 했고, 미국과 유럽의 공기업, 사기업들은 중동 석유의 신속한 개발에 힘을 쏟았다.

석유회사들로서는 시장의 수요와 경쟁, 이윤을 갈망하는 산유국들의 수요 등 어떠한 압력도 지탱할 수 없었다. 전시의 협상자들이 막으려고 애썼던 모든 것이 현실화되었고, 전후의 석유산업은 과거 어느 때보다도 경쟁적이고 무질서하며 불안전해 보였다. 영·미 석유협약에서 제시했던 전례 없이 논쟁적인 이슈들을 사라졌다. 하지만 소위 중동과 전후 세계를 위한 '자체 구제 수단(앵글로-이란의 한 간부가 사용했던 용어)'을 도출하기 위해, 석유회사 스스로 기민하게 움직이기 시작했다.[23]

전후의
석유 질서

1945년 8월, 일본이 항복하고 24시간도 안 되어 미국에서는 휘발유 배급제가 해제되었다. 미국 전역에서는 수년간 조용했던 운전자들의 목소리가 귀청이 터질 정도로 커졌다. "가득 채워주세요!" 운전자들이 배급기록부를 집어던지고 길거리나 고속도로로 쏟아져 나오면서 자동차 홍수가 시작되었다. 미국인들은 또다시 자동차를 사랑하기 시작했고, 로맨스를 즐길 수 있는 수단을 갖게 되었다. 1945년 2,600만 대였던 자동차는 1950년 4,000만 대로 증가했다. 사실상 석유업계의 그 누구도 이와 같은 폭발적인 수요 증가를 준비하지 못했다. 1950년 미국의 휘발유 판매고는 1945년보다 42% 증가했고, 1950년에는 석유가 미국의 에너지 총수요 중 석탄을 앞지르게 되었다.

기대를 훨씬 넘어선 폭발적인 수요 증가에도 불구하고, 전후 석유 공급에 대한 비관적 전망은 한낱 기우에 불과했음을 실제로 경험하게 되었다. 규제조치가 해제되자 석유 발굴을 자극하는 가장 강력한 요소는 가격임이 입증되었다. 미국에서는 새로운 지역에서 생산이 시작되었고, 캐나다에서는 1947년 앨버타 주의 에드먼튼 부근에서 뉴저지의 제휴 회사인 임피리얼사가 시추에 성공함으로써 전후 석유 붐의 기폭제가 되었다. 수요와 생산의 증가에도 불구하고 1950년 미국의 확인 매장량은 1946년보다 21% 증가했다. 미국의 석유 매장량은 줄어들지 않았던 셈이다.

그러나 1947년에서 48년까지 석유 가용량은 부족했다. 원유 가격이 급등해 1948년에는 1945년 수준의 두 배가 되었다. 정치인들은 미국이 에너지 위기에 처해 있다고 공표하기에 이르렀다. 대형 석유회사들의 고의적 가격 담합은 비난을 면치 못했고, 의회는 석유업계가 저지른 20건 이상의 사기 및 공모 혐의에 대해 조사를 벌였다.

그러나 석유 부족의 원인은 명백했다. 전후 상황에 적응하기 위해서는 시간이 필요한데, 소비가 가공할 정도로 급증했기 때문이라는 것이 쉘사의 설명이다. 옥탄가 100인 전투기용 항공 연료가 아니라, 휘발유와 가정의 난방 연료처럼 민간 소비자들이 원하는 제품을 생산할 수 있는 정유소들을 재설계하기 위해서는 시간과 자금과 물자가 필요했다. 또한 전 세계적인 철강 부족 현상도 문제였다. 정유소 개조, 유조선 건조, 파이프라인 건설이 지연됨으로써 수송 부문의 병목현상을 야기했다. 유조선 몇 척이 해상에서 반파된 후로 미국의 연안경비대는 위기 대처 능력 강화를 목적으로 유조선 288척의 휴항을 명령했다. 따라서 1948년 초 유조선은 크게 부족했다. 당시 소매 물량이 크게 부족했던 석유회사들은 에너지 절약을 주창했다. 스탠더드사의 인디애나 지사는 자동차의 운행 횟수를 줄이고 급출발을 피하고 타이어 공기압을 높여 에너지 소비를 절감할 것을 촉구했다. 선 오일은 로웰 토머스가 진행하는 인기 방송 시간대에, 석유 절약을 위한 토막 상식을 전하는 광고를 내보내기도 했다.[1]

물량 부족은 석유의 대량 수입으로 이어졌다. 1947년까지 미국의 석유 수출은 수입을 초과했지만, 1948년 최초로 원유와 제품 수입이 수출을 초과했다. 전 세계의 공급자로서 미국의 역할은 더 이상 계속될 수 없었다. 이제 미국은 외국의 석유 여유분에 의존했고, '외국산 석유'라는 불길한 단어를 새로 사용하게 되었다.

아람코와 아랍 내의 위험 요인

이러한 변화는 에너지 안보라는 어려운 문제를 더욱 어렵게 만들었다. 소련과의 냉전이 진행되고 있는 상황에서 제2차 세계대전의 교훈과 점증하는 석유의 경제적 중요성, 중동 지역 자원의 규모는 미국과 영국 및 서유럽 국가들이 '석유의 접근로 보전이 안보의 초석'이라 생각하게 했다. 모든 외교 정책과 국제 경제 정책, 국가 안보, 기업의 관심이 석유 문제로 수렴되었다. 중동이 그 초점이 되었고, 이곳에서는 이미 여러 회사가 입지 강화를 위해 생산을 급속히 증대하고 신규 계획을 수립했다.

사우디아라비아의 개발은 소칼과 텍사코의 합작사인 아람코가 이끌었다. 그런데 아람코는 곧 곤경에 빠졌는데, 사우디 유전의 규모가 너무 커서 막대한 자본과 시장을 필요로 했기 때문에 자본가들이 반대한 것이다. 두 합작사 중 더 취약한 것은 소칼이었다. 텍사코는 1901년 스핀들탑 유전의 발견으로 급성장한 미국의 회사로, 전국 라디오 방송인 메트로폴리탄 오페라를 후원했다. 텍사코의 주유소에서 별을 가슴에 달고 기름을 넣어주던 사람들은 현대 미국 광고계의 친숙한 아이콘이 되었다. 이와는 대조적으로 소칼은 지방 회사여서 잘 알려지지 않았다. 제1차 세계대전 이래 소칼은 석유를 발굴하기 위해 세계 도처에서 수백만 달러를 소비했으나, 동인도와 바레인에서 소규모 생산에 성공하고 사우디에서 대규모 잠재 매장량을 확인한 것 외에는 노력의 대가를 받지 못했다. 소칼은 아라비아가 자신들에게 이권을 주리라고는 감히 상상도 못했다. 아랍은 소칼에 절호의 기회를 주었지만, 소칼의 회장인 해리 콜리어가 지적한 것처럼 그것은 기회인 동시에 엄청난 정치·경제적 위험성을 수반한 것이었다.

1946년 소칼은 아람코에 총 8,000만 달러를 투자했고 앞으로도 수천만 달러가 더 들어갈 예정이었다. 유럽 시장의 판로를 확보하기 위해 소칼과 텍사코는 페르시아 만에서 사막을 횡단하여 지중해에 이르는 파이프라인을 건설하고자 했다. 이는 해럴드 익스가 미국 정부에 재정 지원을 요청했던 파이프라인 계획과 근본적으로 동일했지만, 이제는 두 민간 회사가 1억 달러를 지불해야 할 상황이었다. 소칼은 더욱 어려운 문제에 부딪혔는데, 일단 유럽에 석유를 수송한다 하더라도 판매를 어떻게 하느냐는 것이었다. 유럽에 충분한 규모의 정유 및 판매 시스템을 구축하거나 매입하려면 막대한 비용이 들어야 함은 물론이고, 이미 자리 잡고 있는 현지의 경쟁자들과 사투를 벌여야 한다는 사실을 콜리어 회장은 잘 알고 있었다. 정치적 불안 요소는 위험을 가중시켰다. 이탈리아와 프랑스에서는 공산당이 연립정부를 대표했고, 점령지 독일의 미래는 심히 불확실했고, 영국에서는 노동당 정부가 경제적으로 중요한 거점들을 국영화하는 데 혈안이 되어 있었다.

그러나 잠재 매장량을 알고 있던 사우디 정부는 생산 압력을 가중함으로써 매장 규모에 상응하는 이익을 취하려 할 것이므로, 소칼로서는 높은 생산량을 유지할 수밖에 없었다. 만일 아람코가 이븐 사우드 국왕과 왕족들의 기대와 요구를 만족시키지 못한다면 이권은 언제라도 위험에 처할 수 있었다. 이것이 소칼의 최대 현안이었고 아람코는 무슨 수를 써서라도 유럽에 석유를 대량 판매해야만 했다. 그러나 아랍을 횡단하는 파이프라인이 유럽에 도달하기까지는 몇 개의 정치 집단을 통과해야 했는데, 그중 몇 개는 독립국가가 되기를 원하고 있었다. 미국의 지원으로 팔레스타인 땅에 유태인 국가가 건설될 예정이었는데, 이븐 사우드는 이에 가장 강력하게 반발한 사람 중 하나였다. 언제든 전쟁이 일어날 수 있고, 냉전 초기에는 소련의 침투와 파괴 공작에 취약했던 지역이었다.

사우디에서는 국왕에게 문제가 발생했는데, 이는 1943년 소칼와 텍사코의 회장들을 워싱턴으로 달려가게 했던 것과 유사한 문제였다. 60대 중반이 된 이븐 사우드 국왕은 한쪽 눈이 멀고 건강이 악화되었다. 왕국을 만들고 세력을 결집했던 것은 그의 개인적인 힘과 추진력이었다. 이러한 구심점이 사라지다면 어떤 상황이 야기될 것인가? 그는 45명의 아들을 두었고 이들 중 37명이 생존해 있다고 알려졌지만 이것이 안정의 요소가 될지 분쟁과 혼란을 야기하게 될지는 알 수 없었다. 그리고 정치적 문제가 발생할 경우 소칼은 미국 정부로부터 어떤 종류의 지원을 받을 수 있을까? 모든 위험을 감안할 때 소칼이 자구책을 추구하여 다른 방향에서 시장을 확보하려 할 것이라는 점이 명백해졌다. 아람코가 직면한 문제들에 대한 해답은 합작투자를 확대함으로써 위험을 분산하는 것이었다. 정치적으로 비중이 있는 다른 석유회사들과 연대하면 자본과 국제적인 경험, 그리고 특히 시장의 확대를 가져올 수 있었다. 또 한가지 필수조건이 있었다. 이븐 사우드 국왕은 아람코가 100% 미국계로 남아있을 것을 주장했고, 이 경우에도 스탠더드오일의 뉴저지와 소코니-배큠 두회사에만 자격을 부여했다. 소칼을 위해 이 문제를 처리했던 그윈 폴리스는 "이 회사들은 동반구에서 '우리가 거의 접근할 수 없는 시장'을 제공할 수 있었다"라고 회고했다.

참여 확대의 논리는 콜리어뿐 아니라 다른 석유업자들에게도 당분간은 명백한 것이었다. 정부 각 부처와 미 해군부 관리들은 '이권을 따내기에 충분한 시장을 가진' 회사들과 추가로 제휴함으로써 기득권을 유지할 수 있도록 아람코를 독려했다. 이런 거래 사실을 통보하자 국무부는 엄청난 관심을 기울였고 소칼은 이에 감동받았다. 워싱턴이 실제로 중개자의 역할을 했는지 여부를 떠나서, 참여 확대로 중동에서 증산이 이루어지면 서반부의 지원이 강화되고 이븐 사우드 국왕의 수익이 증대될 것이었다. 이는 이권을 자신의 수중에 두고자 한 미국의 기본 전략과 맞아떨어졌다. 1945년 해군부 장관이었던 제임스 포레스탈은 아랍의 유전을 채굴하는 기업의 국적이 미국이라면 어떤 회사든지 상관없다고 말했다. 1946년 봄, 소칼은 스탠더드오일 뉴저지와 협상을 개시했다.

뉴저지가 너무 성급했다고 말한다면 사태를 직시하지 못한 것이다. 뉴저지는 석유 부족에 직면해 있었고 유럽은 뉴저지의 가장 취약한 시장이었다. 뉴저지가 필요한 석유를 획득할 수 있는 방법은 무엇일까? 1920년대에 이라크 석유회사를 설립하게 만든 급작스러운 상황에도 불구하고 1946년 이라크의 생산량 중 뉴저지의 몫은 일산 총 9,300배럴로 극히 미미했다. 반면 쿠웨이트에서는 무한정한 물량의 값싼 석유가 생산되어 경쟁사들의 입지가 강해졌으므로, 뉴저지는 소칼과 텍사코가 유럽 시장에 침투할 것을 크게 우려했다. 뉴저지로서는 소칼의 제안을 결코 놓칠 수 없었던 것이다.

입회비 문제로 양측이 설전을 벌이는 동안, 소칼의 회장인 해리 콜리어는 뉴저지의 아람코 합류 계획에 대한 내부의 반대에 직면했다. 그동안 불모지에서 꽃을 피우는 일을 해왔던 소칼의 생산 부서는 보다 크고 강력한 제휴 회사에 통제권을 빼앗기는 것을 원하지 않았다. 소칼은 아라비아에 투자해왔으나 13년간 아무런 배당금도 지급받지 못했고 1946년에 와서야 이권에서 이익을 보기 시작했다. 그런데 이것을 뉴저지에 넘겨주어야 하는가? 사우디에서 아람코의 현장 운영을 담당하고 있는 소칼의 엔지니어, 제임스 맥퍼슨을 필두로 현장의 반대 목소리가 더욱 높아졌다. 그는 이권이 '금광'과 같다고 주장했다. 맥퍼슨은 아람코를 세계 석유업계에서 굴지의 독립 세력으로 키우고자 했다.

그는 직원들 앞에서 지구본을 가리키며 "이것이 우리의 석유시장이다"라고 말하곤 했다. 그는 또한 아람코가 세계에서 가장 큰 석유회사가 될 수밖에 없다고도 했다. 그러나 이제 그는 아람코와 소칼이 뉴저지의 생산 부서로 전락한 사실을 선언해야 할 처지가 되었다.

이와는 대조적으로 해리 콜리어는 아람코가 뉴저지의 판로를 통해 훨씬 많은 석유를 추가로 판매할 수 있으므로, 텍사코와 관계를 맺었을 때보다 훨씬 많은 부를 축적할 수 있을 것이라 믿었다. 더구나 소칼은 이 거래를 통해 투자액을 모두 회수할 수 있게 될 것이다. 콜리어는 강한 의지를 가진 고용주였고, '비즈니스계의 무서운 거물'이라는 명성을 거저 얻은 것이 아니었다. 그에게는 뉴저지와 관계를 맺는 것이 더 안전한 과정이었고, 뉴저지는 기꺼이 응할 태세가 되어 있었다. 결국 아람코는 세계 최대의 석유회사가 되지 못했으며 이에 대한 논쟁도 끝났다.[2]

적선의 제거

뉴저지의 아람코 가입 문제를 두고 토론이 진행되는 동안, 뉴저지는 소코니의 참여 가능성을 놓고 비공식 대화를 하고 있었다. 그러나 뉴저지와 소코니 모두 아람코에 가입하기 전에 가공할 만한 장애물 두 가지에 직면했다. 양사 모두 이라크 석유회사의 회원이라는 점, 그리고 칼루스트 굴벤키안이었다. 1920년대 온갖 실무적 어려움을 극복하고 이라크 석유회사의 조정안을 만드는 데 6년이 소비되었다. 조정안에는 1928년 칼루스트 굴벤키안이 지도 위에 직접 그렸다는 유명한 적선赤線과 이라크 석유회사 참가자들은 적선 내부 어디에서도 독자적으로 영업할 수 없다는 규정이 있었다. 사우디아라비아는 적선 안쪽에 있었고, IPC협정 제10조 '금기조항'은 뉴저지와 소코니가 쉘, 앵글로-이란, 프랑스 국영회사CFP, 그리고 굴벤키안과 함께하지 않는 한 아람코에 가입하는 것을 금지하고 있었다.

뉴저지와 소코니는 세계에서 가장 풍부한 유전지대에서 자신들이 통제할 수 없는 회사들로부터 겨우 11.875%씩의 지분을 받기 위해 구속되는 것을 원하지 않았기에, 당분간은 적선협정에서 벗어나기를 원했다. 1920년대 미국 정부는 이들이 협정을 체결하는 데 도움을 주었으나, 1940년대에는 그들이 협정에서 탈퇴하는 데 큰 도움을 주지 않을 것이라는 것이 확실했다.

당시 뉴저지와 소코니는 곤경에서 벗어날 또 다른 방법을 발견했다. 소코니의 한 간부는 이를 '폭탄'이라 불렀고, 후일 '결과적 불법의 원칙'이라고도 통칭되었다. 제2차 세계대전이 발발하자 영국 정부는 프랑스 국영회사, 프랑스 정부 협력자들과 함께 비시로 도주했다. 그곳에서 주이란 상무관으로 임명된 굴벤키안이 소유한 이라크 석유회사의 주식을 장악한 것이다. 영국 정부는 나치 점령 지역에 거주하고 있는 프랑스 국영회사와 굴벤키안이 '준 적군'으로 간주된다고 보았다. '결과적인 불법'의 원칙 아래서는 IPC협정 전체가 무효화되었다.

전쟁이 끝나자 이라크 석유회사의 주식은 프랑스 국영회사와 굴벤키안에게 반환되었다. 그러나 1946년 말, 뉴저지와 소코니는 '결과적 불법'의 개념을 열광적으로 받아들였다. 그들의 관점에서는 IPC협정이 더 이상 유효하지 않았으므로 새로운 협정을 협의해야 했다. 뉴저지와 소코니의 대표들은 적선을 포함한 구협정이 무효화되었다는 소식을 전하기 위해, 이라크 석유회사의 유럽 지역 회원사를 만나러 급히 런던으로 갔다. 그들은 작금의 국제 정세와 미국 법률에 비추어 '현명하지도 않고 불법적인' 적선 조항의 규제만 없다면 기꺼이 새로운 협정에 동참할 것이 분명했다. 미국 측은 앵글로-이란, 쉘, 프랑스 국영회사, 굴벤키안의 지주회사인 소위 P&I까지 4개 회사를 각각 만나 설

득해야 했다.[3]

앵글로-페르시안과 쉘은 상호 이익을 근거로 이 문제가 우호적으로 해결될 수 있음을 암시했다. 그러나 프랑스는 협상에 응할 기분이 아니었다. 그들은 협정 시효가 종료되었다는 미국의 주장을 무조건 거부했다. 중동의 석유 문제를 푸는 열쇠는 이라크 석유회사와 적선협정에 있었다. 그들은 프랑스 정부가 얻으려고 그렇게 열심히 투쟁했던 것을 양도할 생각이 없었다. 프랑스의 에너지 사정은 악화된 지 오래였다. 프랑스 정부의 수반이었던 드골 장군은 지질 사정을 논하거나 신에게 화를 낼 수는 없었지만 프랑스 국영회사, 석유 생산량이 매우 적은 것을 알고 분노했다고 전해진다.

칼루스트 굴벤키안은 협정을 폐기하려는 뉴저지와 소코니의 시도에 대해 "우리는 묵인하지 않을 것이다"라고 신속하고 대담하게 대응했다. 이라크 석유회사와 그 전신인 터키 석유회사는 그의 평생에 걸친 업적이면서 개인적으로는 위대한 기념비였다. 40년 전 이 회사의 설립을 주도한 그로서는 해체를 받아들이기 어려웠을 것이다. 전쟁 중에 비시를 떠난 굴벤키안은 1946년 리스본으로 이주했다. 그는 이제 포르투갈을 떠날 마음이 없었지만 변호사와 대리인들을 통해 적선협정 폐지를 저지하는 데 필요한 모든 조치를 하려고 했다. 미국의 협상 대표자들은 신세대였고, 월터 티글이 몸소 겪은 끝없는 분노를 경험한 적이 없었기 때문에 굴벤키안의 위협을 묵살했다. 소코니 회장인 해럴드 쉬츠는 "우리는 굴벤키안의 서명을 구걸할 필요가 없다"라고 낙관적으로 말했다. 자신의 법적 지위를 확신했던 그들은 아람코의 모회사인 텍사코 및 소칼과 협상을 추진하기로 결정했다.

그러나 뉴저지와 소코니가 직면해야 했던 위험은 이라크 석유회사와 적선협정에 대한 소송만이 아니었다. 4개 회사로 구성된 아람코가 미국의 반트러스트법을 위반하는 것은 아닐까? 이를 우려한 변호사들은 1911년의 기업 해체 법령을 다시 뒤적거리는 등 법석을 떨었다. 결국 거대 합작사업에 참여하게 될 4개 기업 중 셋은 록펠러 트러스트에서 갈라져 나온 회사들이었다. 그러나 변호사들은 '미국의 무역에 불합리한 규제는 부과되지 않을 것'이기 때문에, 제안된 합작사업은 새로운 법 해석에 따르더라도 반트러스트법이나 기업해체령을 위반하는 것이 아니라고 결론지었다. 결국 아람코는 미국 내의 석유사업에는 뛰어들지 않을 것이다. 소코니의 법률 고문이 크게 우려한 것은, 모종의 규제 조치가 없는 한 7개 회사들이 동반구뿐 아니라 서반구에서도 원유에 대한 막강한 지배권을 장시간 행사하는 것이 허용되지 않을 것이라는 점이었다. 그러나 그는 "이것은 추측이 가능한 정치 문제입니다. 우리의 임무는 현재 발효 중인 규칙 아래서 가능한 한 최선의 행동을 하는 것입니다"라고 덧붙였다.

그리고 최선의 행동이 추진되었다. 1946년 12월이 되자 4개 회사는 아람코를 확장한다는 일반 원칙에 합의했다. 굴벤키안의 대리인 한 사람이 즉각 항의했고, 소코니의 런던 주재 간부는 뉴욕에 있는 회장에게 확신을 심어주었다. "P&I사와 프랑스는 이 문제에 대해 얼토당토않은 이야기들을 늘어놓을 것이 분명합니다. 그러나 나는 그들이 자신들의 치부를 숨기기 위해 신중을 기할 것이라 생각합니다."[4]

그러나 프랑스는 조심성 같은 데는 부담을 느끼지 않았다. 1947년 1월, 매우 공공연하게 반격을 개시한 것이다. 워싱턴 주재 프랑스 대사는 미 국무부에 강력히 항의했고, 프랑스 관계 당국은 뉴저지의 통상 활동을 방해했다. 한편 런던에서는 프랑스 국영회사의 변호사들이, 뉴저지와 소코니가 계약을 위반했으며, 이 두 회사가 아람코에서 획득한 주식은 이라크 석유회사 회원사들을 위해 보관되어야 한다는 소송을 제기했다.

반트러스트에 대한 지속적 우려와 더불어 서유럽의 주요 우방이었던 프랑스와의 관계가 불편해지자, 미 국무부는 프랑스를 만족시키면서도 거대한 국제 석유회사들 간의 담합 의혹도 점검할 수 있는 대안 개발에 나섰다. 미 국무부에서 석유 문제에 관한 제언은 국제통상정책국장인 폴 니체가 담당하고 있었다. 니체는 뉴저지가 보유한 이라크 석유회사 주식을 소코니에 매각하여 지분 중복이 없는 별개의 그룹으로 만든 후, 독자적으로 아람코에 합류하도록 제안했다. 그렇게 되면 프랑스가 적선협정 아래서의 권리를 침해받고 있다고 주장할 수 없을 것이라는 것이 니체의 주장이었다. 그는 또한 이와 같은 정책이 "국제 석유회사들 간의 연계 협정의 증가를 억제하고, 미국 밖에서 미국 최대의 석유회사인 뉴저지와 소코니의 이해관계 통합을 지연시키게 될 것이다"라고 말했다. 두 회사는 이 제안에 대해 "실행 가능한 계획이 아니다"라고 대답했다. 미 국무부 차관인 딘 애치슨도 니체의 생각을 일축했다.[5]

또 한 사람, 이븐 사우드의 의견도 참고해야 했으므로 아람코의 중역들은 그를 만나기 위해 리야드로 갔다. 그들은 왕에게 4개 회사의 결합은 자연스러운 것이며, 왕국에도 더 많은 로열티를 지불하게 될 것이라고 설명했다. 그러나 국왕은 뉴저지와 소코니 모두 영국의 통제를 받아서는 안 된다는 점에만 관심이 있었다. 국왕은 새로운 회사가 순수하게 미국 기업인 것을 확신한 뒤에야 비로소 그 제안을 승인했다.

그런데 만약 프랑스가 법정에서 승리한다면 어떻게 될까?

그들은 아람코에 참여할 것을 주장하게 될 것이며, 앵글로-이란도 같은 주장을 할 것이다. 국왕은 그와 같은 상황이 절대 용납되지 않을 것임을 명백히 했으므로 계약은 이러한 우발적 상황을 고려해 재구성되어야 했다. 따라서 최종안에는 미국 회사들이 법률 소송에서 패배할 경우에 대비한 대응 장치도 마련되었다. 뉴저지와 소코니는 1억 200만 달러의 대여를 약속했고, 법적으로 안전하다면 이 돈을 동일한 가치의 주식으로 전환할 수 있도록 했다. 한편 뉴저지와 소코니는 이미 소유자가 된 것처럼 즉각 석유를 공급받을 수 있었다. 또한 아라비아 관통 파이프라인에도 공동 참여하게 되었다. 소칼과 텍사코도 석유 생산량에 대해 수년간 엄청난 금액을 지급받게 되었다. 그들은 수년간 아람코 생산량의 40%를 판매해 총 4억 7,000만 달러를 벌어들임으로써 초기 투자비를 모두 회수하고도 상당한 이익을 보았다. 더군다나 소칼의 그윈 폴리스가 후에 지적했듯이, 뉴저지와 소코니에 대한 판매 조건으로 아라비아 관통 파이프라인 건설에 드는 '엄청난 투자'의 부담도 덜게 되었다.

처음에 뉴저지와 소코니는 40%를 균등하게 나누려고 했다. 그러나 중동산 석유가 전적으로 안전하지 못하다는 점을 불안해했던 소코니의 회장은 베네수엘라에 더 많은 자본을 투자해야 한다고 주장했다. 몇 가지 상황을 고려한 후, 소코니는 일정량 이상의 석유는 불필요하며 낮은 지분도 좋다는 결론을 내렸다. 이에 따라 뉴저지가 30%, 소코니는 10%만을 가지게 되었다. 그러나 얼마 지나지 않아서 소코니는 후회하기 시작했다.

그래도 신경 쓰이는 것이 남아 있었다. 모든 회사의 집행 간부들은 미국 법무장관의 재확인을 받기 전까지 반트러스트법 때문에 마음의 부담을 느끼고 있었다. 법무장관은 즉시 "이 계약에는 어떤 법적 결함도 없으며 미국을 위해서 바람직할 것이다"라고 말했다. 그러나 그때 해리 콜리어의 우려를 입증이라도 하듯, 계약 전체에 영향을 미칠 수 있는 정치적 문제가 동부 지중해에서 표면화 되었다. 그리스에서 공산당이 주도한 폭동이 일어나고, 소련은 터키를 위협했다. 만약 영국이 중동에서의 전통적 역할을 포기한다면, 이 지역에서 공산 세력이 강화될 수 있었다. 1947년 3월 11일, 소코니의 이사들은 '중동에 영향을 미치는 문제들'을 논의했다. 그러나 낙관론이 지배적이어서 그들은 계약을 승인했다. 다음날인 3월 12일, 4개 미국 회사의 임원들은 회동을 갖고 역사적 문서에 서명했다. 마침내 사우디아라비아에서의 이권이 확정된 것이다.

3월 12일에는 또 다른 역사적 사건이 있었다. 해리 트루먼 대통령이 의회 합동회의 전에 연설하는 자리를 빌려, 그리스와 터키가 공산주의자들의 압력에 저항할 수 있도록 특별 지원을 해줄 것을 제안한 것이다. 냉전시대의 시작을 알린 이 연설은 트루먼 독트린의 기초가 되었고, 전후 미국 외교정책의 새 시대를 열었다.[6]

굴벤키안과의 재격돌

프랑스 국영회사의 소송은 아직 계류 중이었다. 그러나 프랑스는 미국과의 정치 일정에서 자신들이 얻어야 할 것들을 남겨놓고 있었다. 1947년 5월 이라크 석유회사에 대한 프랑스의 지위를 개선하는 협상이 이루어졌고, 그 대가로 프랑스 국영회사는 소송을 철회했다.

항상 그랬듯이 굴벤키안이 또 문제였다. 그는 리스본의 유서 깊은 아비즈 호텔 1층에 기거하면서 인색한 생활을 했다. 결코 자동차나 운전사를 두지 않았다. 매일 교외로 산책을 나갈 때는 택시 기사를 부르고 혹시 요금을 더 내게 될까봐 자동차 계기판을 검사하곤 했다. 영국의 한 관리는 이렇게 회고했다. "굴벤키안은 약속을 지키는 사람이라 할 수 있지만, 그에게 약속을 얻어내는 것은 어려웠다. 타협이란 그의 기질에 맞지 않는 것이었다." 그는 이렇게 덧붙였다. "자신의 재정 상태를 지키기 위한 굴벤키안의 생각은 세금과 결부되어 기묘한 형태를 갖게 되었고, 세금 회피는 그의 주요 활동 중 하나였다." 그는 이란 사절들과의 약속을 지킴으로써 프랑스와 포르투갈에서 소득세를 면할 수 있었다. 그가 파리에 소유한 저택의 재산세를 면하기 위해 집의 일부를 화랑으로 개조하기도 했다. 또한 파리의 리츠 호텔을 매각할 때는 방 하나를 자신에게 영구 임대해야 한다는 조건을 내세웠다. 자신이 항상 파리에 '체류 중'이라고 주장함으로써 프랑스로부터의 세금 부과를 피하기 위함이었다.

굴벤키안은 적선협정을 위한 투쟁을 벌이는 과정에서 타협을 싫어하는 성격과 강한 집중력, 분별력을 유감없이 발휘했다. 프랑스는 소송을 취하했지만, 굴벤키안은 필요한 경우 모든 사실을 대중 앞에 폭로할 생각이었다. 그가 영국 법원에 소송을 출원하자, 뉴저지와 소코니는 역소송으로 대응했다. 이 소송 사건은 여론을 집중시킴으로써, 굴벤키안이 뉴저지와 소코니를 상대로 공세를 취하는 데 도움이 되었다. 결국 법무부와 여론을 두려워한 것은 그가 아니라 미국 회사들이었다. 악명 높았던 그는 매우 언짢은 부작용을 감수해야 했다. 키가 작았던 굴벤키안은 아비즈 호텔 식당에 특별히 단상을 만들도록 주문해, 식사하면서 밖을 내다볼 수 있도록 했다. 리스본을 방문하는 관광객들에겐 투우장과 함께 '아비즈 호텔의 굴벤키안'을 보는 것이 관광의 필수 코스가 되었다. 그가 아무리 싫어해도 어쩔 수 없었다.

협상자들은 1년 이상 뉴욕과 런던, 리스본을 오가면서 타협을 모색했다. 젊은 석유업자와 변호사들이 칼루스트 굴벤키안을 다루는 것이 얼마나 짜증 나는 일인지 배울 기회가 온 것이다. 굴벤키안의 아들인 누바는 이렇게 말했다. "아버지는 결코 요구사항을 무리하게 강요하지 않습니다. 그는 자신의 주장을 하나씩 관철하고 그다음 주장을 제기합니다. 결국 모든 것을 얻어내거나, 적어도 즉각적으로 모든 요구사항을 제시했을 때보다 더 많은 것을 얻어냅니다." 굴벤키안의 망상에 가까운 의심 때문에 협상은 매우 어려웠다. 그는 회의에 직접 참가하지 않았다. 별도로 대리인 4명을 보내 다른 사람들에게는 비밀로 하고 독자적으로 서면 보고서를 제출하게 한 것이다. 그는 이런 방식으로 협상 상대를 분석했을 뿐 아니라, 자신의 협상 대리인들을 이중으로 점검할 수 있었다.

그러나 굴벤키안이 최종적으로 원했던 것은 무엇일까? 그가 아람코의 지분 획득을 목표로 했다고 의심하는 사람도 있었지만 그것은 불가능한 일이었다. 이븐 사우드가 절대로 허용하지 않을 것이기 때문이다. 굴벤키안은 소코니의 한 이사에게 그의 목표를 간단하게 설명했다. 가능한 한 유리하게 거래를 성립시키는 것은 그의 자존심 문제였다. 다시 말해 그는 가능한 한 많은 것을 얻어내고자 했다. 그와 같은 예술 애호가이면서, 석유 종사자가 아닌 유일한 미국인 한 명에게 굴벤키안은 이렇게 자세히 설명했다. 자신은 이미 엄청난 돈을 모았으므로 돈을 더 버는 것 자체는 별로 중요하지 않다는 것이다.

그는 20년 전 월터 티글을 지칭했던 아름다운 구조물을 창조하는 '건축가'로서뿐 아니라, 이해관계를 조절하고 경제 주체들을 조화시키는 '예술가'와 같은 맥락에서 자신을 평가하고 있었다. 그는 이런 사실에 기쁨을 느꼈다. 그가 평생 수집한 예술 작품들은 근래 개인의 컬렉션 중 가장 훌륭했다. 그는 자신의 소장품들을 '아이들'이라고 불렀고, 자신의 아들보다 더 아끼는 듯이 보였다. 그러나 그의 최대 걸작은 이라크 석유회사였다. 그에게는 이 회사가 건축학적으로 설계되었으며 라파엘로의 '아테네 학교'처럼 구성에 흠이 없었다. 굴벤키안은 자신이 라파엘로라면, 뉴저지나 소코니의 간부들은 르네상스 시대의 대작들을 모방하는 무명의 3류 작가라 생각한다고 명백히 밝혔다.[7]

런던의 한 법정에서 곧 시작될 불쾌한 싸움을 목전에 두고, 마침내 굴벤키안과의 협의가 이루어지는 듯 보였다. 석유 종사자들과 변호사의 행렬이 리스본으로 이동했다. 마침내 1948년 11월 초순, 법정 싸움이 개시될 예정인 월요일을 하루 앞둔 일요일에 새로운 합의가 이루어졌다. 그의 충직한 아들 누바는 축하 만찬 이후 오후 7시에 있을 조인식을 위해 아비즈 호텔의 객실을 예약했다.

7시 5분 전, 굴벤키안은 새로운 협정서에 한 가지가 포함되지 않았다고 발표했다. 방안에는 당황한 기운이 감돌았고 참석자들은 런던의 이사들에게 전보를 치면서 응답을 기다렸다. 아비즈 호텔에는 우울한 침묵만이 흘렀고 음식은 식어버렸다. 누바 굴벤키안은 참석자들을 식탁으로 불러 식사를 권했다. 하지만 만찬은 우울한 장례식 분위기였고, 12명이 샴페인 한 병을 마셨을 뿐이다. 축하할 일이 없었기 때문이다. 자정 무렵 런던에서 전보가 들어왔다. 굴벤키안의 최종 요구사항을 수용하라는 것이었다. 합의 내용이 다시 문서로 꾸며졌다. 새벽 1시 30분에 굴벤키안이 서명했고 서명된 협정서는 전세기 편으로 런던에 보내졌다. 관련 직원들은 당일 오후 런던에서 열릴 예정인 재판이 취소될 것이란 통보를 받았다. 리스본에서 대기 중이던 사람들은 그때서야 피곤한 몸을 이끌고 철야 카페에서 샌드위치와 값싼 포도주를 들며 자축했다.

1948년 11월, 이라크 석유회사를 재구성하는 조직 협정이 체결되고, 굴벤키안은 생산 증대와 기타 이익 외에도 추가로 석유를 할당받았다. 그는 이제 무시할 수 없는 영향력 있는 사람이 되었다. 협의 사항들은 복잡함 그 자체였다. 후에 이 회사의 회장으로 취임한 앵글로-이란의 한 간부는 이렇게 말했다. "우리는 이제 누구도 이 협정의 내용을 파악할 수 없게 만드는 데 성공했습니다." 이런 복잡함에는 장점이 있었다. 굴벤키안의 변호사가 말했듯이, 누구도 협의 내용을 이해할 수 없기 때문에 그것을 빌미로 소송을 제기할 수 없다는 것이다.

칼루스트 굴벤키안의 쇠고집이 꺾이고 이라크 석유회사의 조직 협정이 체결되자 적선협정은 무효가 되었으며 뉴저지와 소코니의 아람코 참가에 대한 법적 위협도 제거되었다. 길고도 고통스러운 투쟁 끝에 사우디아라비아에 입장할 허가를 받아낸 것이다. 참석자 하나는 이렇게 말했다. "이 거래에서 오고 간 대화 내용을 쌓는다면 달까지 갈 수 있을 것이다." 협상이 처음 개시되고 2

년 반이 지난 1948년 12월, 뉴저지와 소코니의 대여금이 지불됨에 따라 아람코 합병은 완결되었다. 사우디의 매장량에 부합하는 새로운 기업체가 탄생한 것이다. 협상이 완결됨으로써 아람코는 소칼, 텍사코, 뉴저지와 소코니가 소유하게 되었다. 즉 100% 미국계였다.

굴벤키안은 국제 석유회사들의 연합 세력에 대항해서 자신의 절묘한 창조물인 이라크 석유회사를 보존하고 이곳에서 자신의 위치를 지키는 데 또다시 성공했다. 그가 마지막 순간에 연출한 행동은 궁극적으로 수억 달러를 더 벌어들이기 위한 것이었다. 굴벤키안은 이라크 석유회사 참여자들과 끝없는 논쟁을 벌이며 유서를 쓰고 또 고쳐 쓰고 하면서 이후 6년간을 리스본에서 살았다. 그리고 7년이 지난 1955년, 85세를 일기로 타계했다. 막대한 재산, 엄청난 양의 예술 작품, 그리고 그의 유서와 부동산 약정을 둘러싼 끝없는 소송, 그는 세 가지 항구적인 유산을 남기고 떠났다.[8]

쿠웨이트산 석유와 걸프

또 다른 미국계 회사인 걸프는 중동에서 궁지에 몰려 있었다. 쿠웨이트 석유회사 지분의 절반을 소유했던 걸프는 특히 인도와 중동에서 공동 참여자인 앵글로-이란과 경쟁하는 데 제약을 받고 있었다. 걸프는 이 지역 외의 다른 어떤 곳에서 석유를 판매할 수 있을까? 걸프의 유럽 판매망은 급격하게 증가하는 쿠웨이트산 석유의 일부도 수용할 수 없을 정도로 규모가 작았다. 걸프의 사장 드레이크는 우선적으로 유럽 판로를 개척하기 위해 유럽으로 갔다. 걸프의 문제점에 대한 해답은 곧 명백해졌다. 바로 로열더치 쉘 그룹이었다. 이 그룹은 유럽을 위시한 동반구에서 두 개의 거대한 판매 조직 중 하나를 소유하고 있었다. 그리고 타 경쟁자들과는 다르게 중동의 석유에 거의 손을 뻗치지 못했다. 드레이크가 국무부에 설명했듯이, 원유가 풍부하고 시장이 부족한 걸프와 시장이 넓고 원유가 부족한 쉘 간의 거래는 의미 있는 일이었다.

두 회사는 독특한 구매 협정을 체결했다. 장기 계약을 통해 걸프의 쿠웨이트산 석유를 쉘의 정유소와 시장 시스템에 공급하는 비공식적 통합이었다. 최초 계약 기간은 10년이었으나 후에 23년으로 연장되었다. 계약 기간 중 생산된 총 석유량은 걸프가 확인한 쿠웨이트 매장량의 4분의 1에 해당하는 것으로 추산된다. 또한 걸프는 쉘이 동반구에서 필요로 하는 양의 30%를 공급했다. 그와 같이 길고 불확실한 기간 동안 고정가격을 정할 만큼 어리석은 사람은 없을 것이다. 두 회사는 '네트백Netback 가격'이라고 하는 혁신적 방안을 내놓았다. '최종 판매가격'에서 모든 부대비용을 공제하고 산출된 이윤을 반분하는 것이었다. 궁극적인 이윤을 계산하는 항목과 공식이 매우 복잡했기 때문에 170페이지가 되는 계약서의 반 이상을 차지했다.

사실상 걸프는 쉘 외의 대안이 없었다. 쿠웨이트의 생산은 급속도로 증가했고, 쿠웨이트 수장은 인접 국가들의 생산에 자극받아 자국의 증산을 독려했다. 이처럼 많은 석유를 흡수할 수 있는 시스템은 거의 없었다. 쉘의 시스템만이 유일한 것이었다. 더구나 계약에는 국무부의 승인을 확실하게 얻어낼 수 있는 요소가 있었다. 드레이크가 말한 바처럼, 걸프가 쿠웨이트 석유의 절반에 대해 가지고 있는 이권을 '전적으로 미국 소유'로 남겨놓을 수 있는 유일한 대안이었다. 처음에는 아람코, 이제는 걸프 및 쉘의 결합으로 미국은 중동에서의 석유 이익을 보호받았다. 쉘로서도 이 계약을 통해 쿠웨이트 총 생산량의 상당 부분에 대한 권리를 부여받을 수 있었다. 쉘은 장기 구매자 이상의 위치에 섰다. 외무부가 말한 대로, 정부의 입장에서 쉘은 사실상의 석유 이권 파트너였다.[9]

새로운 협상 무대, 이란

전후 세 번째로 큰 석유 협상의 무대는 이란이다. 1946년 여름과 초가을에 런던에서 있었던 적선협정 폐지에 관한 토론 과정에서, 뉴저지와 소코니의 대표들은 사적으로 앵글로-이란의 회장인 윌리엄 프레이저 경에게 이란산 원유의 장기계약 가능성을 타진했다. '윌리'는 기꺼이 수용했다. 걸프와 마찬가지로 앵글로-이란은 유럽에 대규모 정유소와 판매망을 구축할 수 있는 자금이 없었고, 값싸고 풍부한 아람코의 석유가 유입될 경우 유럽에서 축출될 것을 두려워했다.

앵글로-이란이 미국 회사들과 장기계약을 체결한 데는 정치적 이유도 있었다. 자신들의 입지를 강화하는 데 도움이 된다는 것이다. 이란은 소련으로부터 지속적인 압력을 받고 있었다. 제2차 세계대전이 끝나갈 무렵 소련은 이란에 석유 이권을 요구했으며, 전후 소련군은 이란 북부의 아제르바이잔을 계속 점령하고 있었다. 스탈린은 1946년 봄이 되어서야 철수했는데, 이것도 미국과 영국이 압력을 가했기 때문이다. 1946년 이란 위기라고 알려진 이 사건은 냉전시대 최초의 동·서 대립이었다.

소련이 군대를 철수하기 시작한 1946년 4월 초, 모스크바 주재 미국 대사는 심야에 스탈린과 독대했다. 대사는 다음과 같이 물었다. "소련이 원하는 것은 무엇이고, 어디까지 들어갈 예정입니까?"

"많이 들어가지는 않을 것이오." 소련의 독재자는 이란에 대한 영향력 확대를, 자신들의 석유 입지를 보호하기 위한 방어책이라고 설명했다. 그는 이렇게 말했다. "우리의 주요 공급원인 바쿠 유전은 이란 국경 근처에 위치해 있고 매우 취약하다고 생각하오." 40년 전 바쿠에서 혁명의 선봉에 섰던 스탈린은 "성냥 한 통을 가진 공작원 한 명도 우리에게 심각한 손실을 줄 수 있습니다. 우리는 석유 공급원이 위험에 처하도록 결코 좌시하지 않을 것입니다"라고 덧붙였다.

사실 스탈린은 이란 석유에 관심이 있었다. 1945년 소련의 석유 생산은 1941년의 60% 수준에 불과했다. 전쟁 중 소련은 미국산 석유 수입에서 트럭용 목탄 엔진에 이르기까지, 석유 부족에 대처하기 위해 필사적으로 모든 방법을 동원했다. 전쟁 직후, 스탈린은 당시 석유장관인 니콜라이 바이바코프에게 질문을 던졌다(니콜라이 바이바코프는 1985년 미하일 고르바초프에게 임무를 승계할 때까지, 20년간 소련 경제의 최고 책임자로 있었다). 항상 그랬듯이 스탈린은 바이바코프의 이름을 틀리게 발음하면서, 심각한 석유 사정에 비추어볼 때 소련이 앞으로 어떻게 해야 할지 알고 싶다고 말했다. 소련의 유전들이 크게 파괴되고 심하게 소모되어감에 따라 미래에 대한 전망은 어두웠다. 석유 없이 어떻게 경제를 재건할 수 있을까? 스탈린은 몇 배의 노력이 필요하다고 말했다.

이러한 목적에서 소련은 이란과의 합작 석유 개발 회사 설립을 요구했다. 소련이 이란에 얻고자 하는 것이 석유인 것은 분명하지만, 유일하고 가장 중요한 것이라고는 할 수 없었다. 1940년 소련 외상 몰로토프는 독·소 조약의 내용을 들면서 "바툼 남부 지역과 페르시아 만 방향의 바쿠는 소련이 열망하는 중심지임을 인식해야 한다"라고 천명했다. 이 지역은 다름 아닌 이란이었다. 스탈린은 이란에 자신의 영역을 구축하고 가능한 한 세력과 영향력을 팽창하려 했다. 스탈린이 이란과 페르시아 만으로 손길을 뻗친 데에는 150년을 이어온 러시아 외교정책의 전통적 목표가 내포되어 있다. 20세기 초, 영국은 같은 목표 아래서 러시아의 진출을 막기 위해 윌리엄 다아시 녹스의 1901년 이란 이권을 지지했다.

1946년 스탈린이 이란 북부에서 병력을 철수시킨 후에도, 소련은 계속해서 이 지역에서 특별한 위치를 점하려 했고, 소련－이란 합작 석유회사의 설립을 모색했다. 그러는 동안 공산당이 이끄는 튜데당은 중앙정부에 다양한 형태의 정치적 압력을 행사했다. 여기에는 앵글로−이란의 아바단 정유 단지에서의 총파업과 시위도 포함되었으며, 이 과정에서 몇 명이 사망했다. 이란은 불안정했고 정치 체제도 허약했기 때문에 내전이나 소련의 개입 가능성이 높아졌다.

미국과 영국 정부는 이란의 독립과 영토 보전을 위해 노력했다. 특히 영국은 단호했다. 어떤 대가를 치르더라도 앵글로−이란의 석유를 지켜야 했다. 이런 불확실성과 위험에 비추어 볼 때, 미국의 대기업이 이란산 석유와 직접적 이해관계를 맺는 것은 가치 있는 일이었다. 앵글로−이란, 그리고 미국의 두 회사인 뉴저지 및 소코니 간의 계약에는 정치적 및 상업적인 계산이 깔려 있었다. 1947년 9월, 이 세 회사는 20년 장기계약에 조인했다.[10]

아람코, 걸프−쉘, 앵글로−이란의 장기계약 등 대규모 계약 세 건이 완료되었다. 막대한 중동 석유를 유럽 시장으로 이동시키기는 구조, 자본 및 시장 체계가 자리를 잡은 것이다. 전후 세계에서 석유의 중심무대는 중동으로 이동했다. 그에 따른 결과는 관련 당사자 모두에게 중대한 변화를 초래했다.

유럽의 에너지 위기

중동의 석유는 전후 황폐화된 유럽을 복구하는 데 필수적이었다. 모든 것이 파괴되고 와해되었다. 유럽과 독일의 중심지에 위치한 직장은 거의 제 기능을 발휘하지 못했다. 유럽 전역에 걸쳐 식량과 원자재 공급이 크게 부족했고, 기존의 교역 형태와 조직이 무너졌으며, 인플레이션이 기승을 부렸고, 필요한 수입 물자를 사는 데 필요한 미국 달러의 부족은 심각했다. 1946년이 되자 유럽은 이미 심각한 에너지 위기에 처했고 특히 석탄 부족은 더욱 문제였

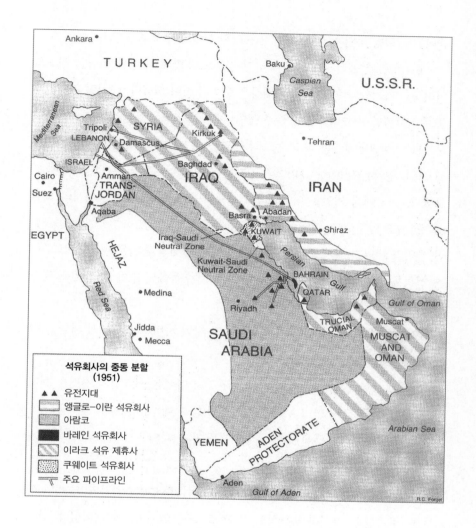

석유회사의 중동 분할
(1951)

▲ ▲ 유전지대
앵글로−이란 석유회사
아람코
바레인 석유회사
이라크 석유 제휴사
쿠웨이트 석유회사
주요 파이프라인

다. 또한 금세기 중 가장 길고 추웠던 겨울 날씨는 석유 부족 상황을 위기로 몰고 갔다. 영국에서는 윈저 부근의 템스 강이 얼어붙었다. 영국 전역에서 석탄 부족으로 발전소를 폐쇄해야 했고 산업 부문의 전력 공급도 대폭 줄이거나 완전 중단되었다. 실업률은 6배로 급증했고 영국의 산업 생산은 3주일이나 중단되었으며, 독일 폭격과 같은 것은 다시 실행할 수 없게 되었다.

예기치 못한 에너지 부족은 영국이 전쟁으로 황폐화 될 때와 같은 정도의 어려움을 가져왔다. 대영제국의 위상은 오히려 짐이 되었다. 이처럼 황량하고 춥고 심각했던 1947년 2월의 몇 주 동안, 애틀리의 노동당 정부는 팔레스타인 문제를 국제연합에 위탁하고 인도의 독립을 허용한다고 선언했다. 그리고 2월 21일, 영국은 더 이상 그리스의 경제를 지원해줄 여유가 없음을 미국에 통보했다. 미국에게 책임을 떠맡으라고 요구하면서, 근동 및 중동에서의 책임 인수까지도 암시했다. 그러나 상황은 더욱 악화되었다. 1947년 겨울의 극심한 추위와 에너지 위기로 야기된 유럽 전역의 경제적 혼란은 미국 달러의 부족 현상을 가속화함으로써, 유럽은 더 이상 필수품을 수입할 수 없었고 경제는 마비되었다.[11]

1947년 6월, 매사추세츠 주 케임브리지 시의 하버드 야드에서 파국을 막기 위한 최초의 조치가 취해졌다.

하버드 대학 졸업식에서 미 국무장관 조지 마셜은 서유럽의 경제를 재건하고 부활시킴으로써 달러 부족으로 야기된 틈을 메우는 대규모 외국 원조계획을 소개했다. '마셜 플랜'이라 알려진 유럽 재건 계획은 소련의 세력을 봉쇄하는 주요 요소가 되었다.

가장 먼저 해결해야 할 문제 중 하나는 유럽의 에너지 위기였다. 석탄 생산량이 부족할 뿐 아니라 생산성도 저조했고 노동 인력마저 와해되었다. 더구나 많은 나라에서 공산주의자들이 석탄 광부노조를 주도했다. 석유는 문제의 단편적 해결책에 불과했고, 산업용 보일러와 발전소의 석탄만 대체할 수 있었다. 석유는 분명히 유럽의 항공기, 자동차, 트럭들의 유일한 연료원이었다. 당시 미국 정부의 보고서에는 이렇게 기록되어 있었다. "석유 없이는 마셜 플랜이 기능을 발휘할 수 없다."

파리에서 유럽 재건 프로그램을 추진하던 사람들은 석유의 확보를 크게 우려하지 않았다. 그들은 단순히 석유회사들이 물량을 공급해줄 것을 믿었다. 그러나 석유는 수입되어야 했고, 바로 이것이 유일한 해결책이자 문제점이었다. 유럽 석유의 약 절반을 미국 회사들로부터 들여와야 했는데, 이것은 달러가 필요하다는 의미다. 유럽 국가 대부분의 달러 수지에서 가장 큰 단일 품목이 석유였다. 1948년 이후 4년간 지속될 마셜 플랜 원조금 중 20% 이상이 석유 수입과 그 부대시설에 쓰일 것으로 추산되었다.[12]

가격 또한 논쟁을 불러일으켰다. 유가가 1948년 전후 최고치를 기록하자, 유럽인들은 석유 구매로 인한 달러 유출에 대해 거침없이 말하기 시작했다. 영국의 외무장관인 어니스트 베빈은 미국 대사에게 이렇게 말했다. "미국인들이 유럽 원조에 동의하고도, 유가 인상 때문에 그들의 노력이 상당 부분 수포로 돌아가는 것은 매우 불행한 일입니다." 미국 회사들의 '달러 오일'과 영국 회사들의 '스털링 오일'이 얼마만큼 영국과 타 유럽 국가들에 유입될 것인지를 놓고 격렬한 논쟁이 벌어졌다. 특히 중동산 석유의 물량 증가와 가격이 경쟁을 통해 결정되고 있는지, 또는 더 인하될 수 있거나 인하되어야 하는지 여부를 놓고 격론이 벌어졌다. 격렬한 논쟁 끝에 중동산 석유는 미국의 걸프 만 표준가격 이하로 인하되었다. 이는 20년 전 아크나캐리 성의 가격 회의가 종말을 고하는 것이고, 전쟁 전 '현상유지' 체계의 마지막 흔적이 사라진 것이다.[13]

이런 모든 논쟁에도 불구하고 마셜 플랜이 가능해졌고, 유럽에서는 석탄에서 석유로 경제의 기반이 바뀌는 광범위한 변화가 이루어졌다는 것이 중요하다. 석탄산업 노동쟁의와 파업에 따른 공급 물량 부족은 이런 변화의 강력한 계기가 되었다.

영국의 재무장관인 휴 달톤은 마셜에게 이렇게 말했다. "더 많은 석유를 수입하는 것이 유쾌한 일은 아니지만 국가적으로 필요한 것입니다." 정부 시책 또한 발전소와 산업용 연료를 석유로 전환하도록 했는데, 중동에서 값싼 석유가 들어오면서 가격 면에서 석탄과 효과적으로 경쟁할 수 있었다. 산업 부문 수요에 있어서도, 언론에 환경 파괴의 주범으로 다뤄지는 석탄보다는 공급과 분배가 효율적으로 이루어지는 석유가 선호되는 것은 당연했다.

석유회사들은 산업과 가정 등 가능한 모든 분야에서 시장을 확보하려 노력했고, 특히 가정에서는 중앙난방 기술의 획기적 혁신을 이루었다. 쉘의 한 경영자는 "영국 사람들은 이제 춥게 지내는 것이 가치가 없는 일이며, 미국 및 캐나다 사촌들의 호의를 받아들이지 않을 이유가 없음을 깨닫기 시작했다"라고 말했다.

비록 그때까지는 유럽 경제가 석탄에 기반하고 있었지만 에너지 수요 증가에 따라 석유의 중요성은 점점 증대되었다. 바로 이 때문에 중동의 석유 생산량이 더욱 크게 느껴진 것이다. 1946년에는 유럽에 공급된 석유의 77%가 서반구에서 수입되었으나, 1951년에는 80%가 중동에서 수입될 것으로 예상되었다. 유럽의 수요와 중동 석유의 개발이 시기적으로 일치함으로써 강력하고도 적절한 조화가 이루어졌다.[14]

석유 운송 체계

급증하는 석유 물량을 시장까지 운반하는 것은 여전히 문제였다. 아람코와 모회사 4곳은 사우디산 석유를 지중해까지 운반할 아라비아 관통 파이프라인은 건설 중이었다. 그러나 몇 가지 장애물이 있었다. 대규모 사업에 필요한 파이프를 만들기 위해서는 미국 철강 총생산량의 상당 부분이 할당되어야 했는데, 공급이 부족한 철강은 미국 정부가 통제하고 있었다.

독립 석유업자들과 이들에게 동조하는 국회의원들은 값싼 외국 석유가 유입될 것을 우려해 철강 할당을 방해하려고 했다. 그러나 중동 석유가 마셜 플랜의 성공에 필수적이라는 견해를 가지고 있던 트루먼 행정부는 아라비아 관통 파이프라인 건설에 대대적인 지원을 했다. 미 국무부의 한 관리는 이 파이프라인이 없다면 유럽 복구 프로그램에 심각한 지장이 초래될 것이라고 경고했다.

또 다른 장애물은 파이프라인이 통과하는 국가들이었다. 특히 시리아를 위시한 모든 국가가 과다한 통행료를 요구했다. 당시는 팔레스타인의 분할과 이스라엘의 건국으로 미국과 아랍 국가들의 관계가 악화되고 있었으므로, 파이프라인의 통과는 고사하고 그 어떤 것도 낙관할 수 없었다. 이븐 사우드는 다른 아랍국 지도자들과 마찬가지로 시오니즘과 이스라엘에 대해 신랄하고 강경한 입장을 취했다. 그는 7세기부터 유태인과 아랍인이 원수였다고 말했다. 그는 미국이 유태인 국가를 지원할 경우 아랍 세계에 대한 미국의 이권이 치명타를 입게 될 것이며, 유태인 국가가 출현할 경우 아랍인들은 이 국가가 기근으로 죽을 때까지 봉쇄할 것이라고 트루먼 대통령에게 말했다. 1947년 이븐 사우드가 아람코의 다란 본부를 방문했을 때의 일이다. 그에게 오렌지를 대접하자 그는 혹시 팔레스타인산이 아닌지 물어보았다. 이스라엘의 키부츠 농장에서 생산된 것이 아니냐는 질문이었다. 그는 그 오렌지가 캘리포니아산임을 거듭 다짐받았다. 이븐 사우드는 유태인 국가에 반대하는 정책의 일환으로, 한 영국 관료가 소위 '트럼프 카드'라고 지칭한 모임을 가졌는데, 그는 아람코의 이권을 취소함으로써 미국을 응징할 수도 있었다고 한다. 이런 가능성에 대해, 관련 회사들뿐 아니라 미 국무부와 국방부도 놀라움을 금치 못했다.

그러나 이스라엘 건국은 추진되었다. 1947년 국제연합의 팔레스타인 임시위원회는 팔레스타인의 분리를 권고했다. 총회와 유태인위원회는 권고안에 찬성했으나, 아랍국들은 반대했다. 아랍의 '해방군'은 갈릴리를 점령하고 예루살렘을 공격했다. 팔레스타인에는 폭력이 난무했다. 1948년 이 사태에 당황한 영국이 위임통치를 포기하고 군대와 정부기관을 철수시킴으로써 팔레스타인은 무정부 상태가 되었다. 1948년 5월 14일, 유태민족국가위원회는 이스라엘의 건국을 선포했고 소련과 미국은 즉각 승인했다. 아랍연맹의 전면 공격이 개시됨으로써 제1차 아랍–이스라엘 전쟁이 시작되었다.

이스라엘의 건국 선언이 있은 지 며칠 후, 아람코의 제임스 테리 듀스는 마셜 국무장관에게 이븐 사우드의 말을 전했다. "상황에 따라서는 미국의 석유 이권에 대해 제재를 가할 수 있다. 내가 원해서가 아니라 아랍 여론의 압력이 너무나 크기 때문에 나로서도 거역할 수 없다." 그러나 미 국무부에서 급히 실시한 연구에 따르면, 거대한 매장량에도 불구하고 이란을 제외한 중동은 자유세계 석유 공급량의 단지 6%만을 차지하며, 이 정도의 소비량이 삭감되더라도 소비자들에게 큰 어려움은 주지 않는다는 것이었다.[15]

이븐 사우드는 분명히 이권을 취소할 수도 있었으나 상당한 위험을 감수해야 했다. 왜냐하면 아람코는 그가 가진 부의 유일한 원천이었고, 미국과의 관계 확대로 사우디의 영토 보전과 독립을 보장받아왔기 때문이다. 국왕은 항상 영국을 의심했다. 영국이 제1차 세계대전 직후에 그랬던 것처럼 이번에도 새로운 연합을 원조함으로써, 자신이 20년 전 메카에서 추방했던 하시미트가 영토의 서쪽 부분을 탈환해 권좌에 오르지나 않을까 우려한 것이다. 요르단의 하시미트 왕인 압둘라가 사우디 정부를 유태인의 팔레스타인 점령에 비유했다는 말을 듣고 이븐 사우드의 우려는 더욱 커졌다. 이븐 사우드에게는 하시미트가 유태인보다 더 두려운 적이었다. 또한 북쪽에서 가해지는 소련의 압력, 아랍권 내부에서는 공산주의자들의 활동 추세에 비추어 볼 때 소련과 공산주의자들은 더 큰 위협이 되었다.

1948년과 1949년 이러한 위협에 직면한 이븐 사우드는 미국과 영국, 사우디의 3자 간 방어조약 체결을 재촉했다. 사우디 주재 영국 공사는 연간 보고서에서 '이스라엘의 건국은 번복할 수 없는 현실이고 아랍인들 대부분도 그렇게 보고 있다. 사우디 정부도 시오니즘에 대한 공식적인 적대감을 유지하지만 이스라엘의 실제 존재는 묵인하고 있다'라고 썼다. 이븐 사우드는 민간 회사 4곳이 소유하고 있는 순수한 상업 기업인 아람코와 미국의 정부 정책을 구분할 수 있었다. 다른 아랍 국가들은 미국에 보복하고 아랍에 대한 동맹을 입증하기 위해서라도 미국의 이권을 취소해야 한다고 주장했지만, 이븐 사우드는 이렇게 답했다. "석유 로열티는, 유태인들의 주장에 대항하는 인접 아랍국들을 더 잘 지원하고 더 강한 국가로 만드는 데 도움을 줄 수 있다."

이리하여 유태인과 아랍이 팔레스타인에서 전쟁에 돌입했을 때에도 사우디에서는 석유 개발이 열광적으로 진행되었고 아라비아 관통 파이프라인 건설도 추진되었다. 1950년 9월에 완공된 파이프라인을 채우는 데 2개월이 추가로 소요되었다. 그해 11월에 지중해의 관문인 레바논의 시돈에 석유가 도착했고, 여기에서 유조선에 선적되어 유럽으로 향했다. 1,040마일에 이르는 파이프라인은 페르시아 만에서 수에즈 운하까지 7,200마일의 뱃길 항해를 대체했다. 파이프라인의 연간 처리량은, 페르시아 만에서 수에즈 운하를 경유하여 지중해까지, 유조선 60척을 운항해야 하는 양이었다.[16]

새로운 차원의 안보

1940년대 후반기, 정치와 경제의 밀접한 관계는 영국 및 미국 정부의 전략 목표에 영향을 미쳤다. 영국은 중동에서 철수했지만 결코 이곳에서 등을 돌릴 수 없었다. 그리스, 터키, 특히 이란 등 북쪽 교두보에 소련의 압력이 가해지고 있었다. 이란은 쿠웨이트와 이라크 다음으로, 영국의 주요 석유 공급 지역이었다. 군사 안보는 차치하더라도 앵글로-이란의 이익배당금은 영국 재무부의 주요 수입원이었다. 외무장관 베빈은 내각 국방위원회에서 "중동의 석유 없이는 영국이 목표로 하는 생활수준을 달성할 희망이 없다"라고 보고했다.

영국의 목표가 좁혀졌다면, 미국은 전망과 위상은 크게 확장되었다. 1941년 프랭클린 루스벨트 대통령은 사우디아라비아가 '저 멀리에' 있다고 말했지만, 이후 미국의 대통령들은 더 이상 그 의견에 동의하지 않을 것이다. 미국은 석유에 의존하는 사회로 변했고, 국내 생산만으로 더 이상 수요를 감당할 수 없었다. 두 차례의 전쟁을 통해, 석유는 국력을 구성하는 필수적이고 중심적인 존재임을 입증했다. 미국의 지도자와 정책 입안자들은 전후 세력 균형의 실체, 소련과의 대립, 세계 최강 대국이 된 미국의 위상 등을 반영한 훨씬 포괄적 개념에서 국가 안보를 바라보게 되었다.

사실상 소련의 팽창주의가 중동을 중심무대에 서게 했다. 미국에게는 이 지역의 석유자원이 서유럽의 독립만큼이나 필수적이었으므로, 서유럽 전체의 경제적 생존을 위해서라도 중동의 유전지대를 철의 장막 서쪽으로부터 보호하는 것이 중요했다. 군사 계획 입안자들은 전쟁 시에 유전들을 실제로 방어할 수 있는지에 대해 상당한 회의를 가지고 있었다. 이들에 대한 방어전략만큼이나 파괴에 대해서도 생각하고 있었던 것이다. 그러나 냉전시대에는 석유가 엄청난 가치를 지니게 될 터이므로, 이의 손실을 막기 위해 할 수 있는 것은 모두 해야 했다.

미국의 정책 입안자들은 사우디에 관심을 집중했다. 1948년 한 미국 관료는 이곳이 "외국 투자에 있어 가장 값진 경제적 혜택이 있는 곳이다"라고 말했다. 미국과 사우디는 이곳에서 새롭고 독특한 관계를 형성했다. 1950년 10월, 해리 트루먼 대통령은 이븐 사우드 국왕에게 다음과 같은 서신을 띄웠다. "본인은 과거 수차례에 걸쳐 각하와 맺었던 약속을 재확인하며 미국은 사우디아라비아의 독립과 영토 보전에 깊은 관심을 가지고 있음을 밝힙니다. 사우디 왕국에 대한 어떠한 위협에도 미국은 즉시 개입할 것입니다." 이 말은 정말 확실한 보증처럼 들렸다.

미국과 사우디 간의 특별한 관계는 상업적이고 전략적이면서, 동시에 공적이고 사적인 이해관계가 복잡하게 얽혀서 형성된 것이다. 둘의 관계는 정부 차원이나 아람코를 통해 이루어졌으며, 사우디아라비아의 석유 개발뿐 아니라 전반적 국가 개발을 위한 하나의 요소로 정착되었다. 이는 전통적 회교 전제주의인 '베두인 아랍'과 미국의 현대판 자본주의인 '텍사스 석유업자'의 불가능해 보이는 결합이었다. 그럼에도 이 관계는 그 후로 오랫동안 유지되었다.[17]

에너지 자립의 종말

전쟁이 발발할 경우 중동의 석유는 쉽게 보호할 수도 없으며, 미 합참의장의 말대로 적의 공작에 매우 취약한데, 장래에 분쟁이 발생할 경우 안정적 공급을 어떻게 확보할 수 있을까? 이 문제는 워싱턴 정가와 석유업계의 단골 토론 주제였다. 그중엔 평화 시에 더 많은 석유를 수입하여 국내 자원을 보존해야 한다고 주장하는 사람들도 있었다. 『석유산업에 대한 국가 정책』이란 저서로 유명한 예일 대학교 법과대 교수 유진 로스토가 대표적이다. 새로운 연방 기관인 국가안보자원위원회도 1948년 주요 정책 검토서에서 이와 유사한 주장을 했다. 중동 석유를 대량 수입하면 일간 100만 배럴의 서반구 석유를 아낄 수 있어, 사실상 가장 이상적인 석유 저장소인 지하에 군사적 비축이 가능해진다는 것이다.

많은 사람들은 전시 독일이 했던 것처럼 미국도 합성연료 시설을 만들어 콜로라도 산에 묻혀 있는 셰일층과 풍부한 천연가스에서 석유를 추출해야 한다고 주장했다. 그들은 곧 합성연료가 주요 에너지 자원이 될 수 있을 것이라 확신했다. 1948년 「뉴욕 타임스」에는 다음과 같은 기사가 실렸다. '지금 미국은 중대한 화학 혁명의 출발점에 서 있다. 10년 내에 대규모의 신산업이 일어나 우리를 외국 석유 의존에서 해방시켜줄 것이다. 석탄, 증기, 물에서도 휘발유를 생산하게 될 것이다.' 내무부는 석탄이나 셰일층에서 갤런당 11센트에 휘발유를 만들 수 있다고 낙관적으로 발표했다. 당시 휘발유 도매가격은 갤런당 12센트였다.

석유업계의 현실적이고 널리 퍼진 견해는, 기껏해야 가능성이 보이는 정도라는 것이다. 그럼에도 불구하고 냉전이 한창이던 1947년 말, 내무부는 맨해튼 프로젝트를 요청했다. 4~5년 내에 일간 200만 배럴의 합성연료 생산을 가능케 한다는, 100억 달러가 소요되는 거대한 프로그램이었다. 그런데 트루먼 행정부는 8,500만 달러만을 승인했다. 그리고 시간이 갈수록 합성연료의 생산 비용이 상승하여, 1951년 석탄에서 추출한 휘발유 가격은 재래식 휘발유 가격의 3.5배가 되었다. 합성연료를 쓸모없게 만든 것은 값싼 외국산 석유였다. 이후 합성연료는 긴급한 회생이 필요할 때까지, 거의 30년간 죽어지내게 되었다.[18]

전후 5년의 기술개발은 석유 탐사 및 생산에서 새로운 지평을 열었다. 더 깊이 시추할 수 있게 되어 생산량이 늘어났다. 더 혁신적인 것은 해상 생산 기술이었다. 1890년대까지만 해도 산타바버라 부근의 부두를 시추했지만 이 유전에서 일간 1~2배럴만이 생산되었을 뿐이다. 20세기 초 루이지애나와 베네수엘라에서는 호수 위에 고정 플랫폼을 설치하고 유정을 시추했다. 1930년대에는 시추업자들이 텍사스와 루이지애나 해변의 얕은 바다를 탐사했으나 거의 성공하지 못했다. 그들은 육지로부터 조금 떨어져서 탐사했을 뿐이다. 그러나 육지가 완전히 보이지 않는 멕시코 만의 심해에서 해상 시추를 하는 것은 완전히 다른 일이었다. 이는 새로운 산업의 시작을 의미했다. 오클라호마의 자영업자인 케르 맥기는 아주 큰 도박을 결심했다. 당시는 플랫폼을 설치하고, 위치를 조정하고, 바다 밑바닥을 시추하고 작업을 지원하는 기술이나 지식이 전무한 상태였다. 더구나 태풍을 포함한 날씨나 파고, 조류처럼 중요한 문제에 대한 지식이 원초적 단계이거나 전무했다.

케르 맥기의 경영진은 연안 개발 사업에서는 거대 회사들과의 경쟁에서 자신들이 관심받기가 어렵다고 생각했다. 하지만 멕시코 만 해상에서는 경쟁이 거의 없었다. 실제로 많은 회사들은 해상 개발이 한마디로 불가능하다고 생각했다. 전열을 가다듬은 케르 맥기는 1947년 10월 화창한 일요일 아침에 루이지애나 해안에서 10.5마일 떨어진 32광구를 시추하여 석유를 발견했다. 32광구의 유정 발견은 획기적인 사건이었으므로 곧 다른 회사들이 몰려들었다. 그럼에도 불구하고 해상 개발은 비용 문제로 인해 예상만큼 빨리 진척되지 못했다. 해상 유정은 동일한 깊이의 연안 유정에 비해 비용이 5배나 많이 들었다. 또한 대륙붕의 실질 소유 주체를 놓고 연방정부와 주들 간에 심한 분쟁이 야기됨으로써 개발이 지연되었다. 물론 그들이 실제로 노린 것은 세금 수익이었고, 이 문제는 1953년이 되어서야 해결되었다.[19]

합성연료는 매우 비싸고 해상 개발은 초기 단계라는 점을 감안할 때, 수입 석유를 대체할 수 있는 것이 있을까? 있었다. 지금까지 석유 생산의 부산물로서 무용하고 불편하다는 이유로 그냥 태워버렸던 천연가스였다. 이는 석유산업에서 파생된 고아였다. 천연가스는 생산량의 일부만이 남서 지역에서 사용되었다. 그러나 미국은 여전히 가스 매장량이 많았고 가정 난방이나 산업 부문에서 석유나 석탄을 충분히 대체할 수 있었다. 그러나 판매할 시장이 없었기 때문에 동일 규모의 석유 유정 가격의 15분의 1에 거래되었다.

천연가스를 사용하는 데는 복잡한 처리 공정이 필요하지 않았다. 문제는 수송이었다. 어떻게 많은 인구와 산업이 밀집되어 있는 북동부와 중서부 지역까지 가스를 운반할 것인가? 장거리라고 해봤자 겨우 150마일 정도를 의미했던 산업이 획기적 전기를 맞았다. 전 국토의 절반을 가로지르는 장거리 파이프라인의 건설이 시도된 것이다. 이제 국가 안보와 외국 석유 의존에 대한 우려만이 아니라 상업성에 대한 논의도 시급했다. 하원의 병사위원회는 국방장관 포레스탈에게 특권을 주면서, 천연가스 사용을 증대하는 것이 국내 석유소비를 줄이는 가장 신속하고도 저렴한 방법이므로, 철강은 우선적으로 천연가스 파이프라인용으로 공급되어야 한다고 발표했다.

1947년 전쟁 중에 남서부의 석유를 북동부로 수송하기 위해 크고 작은 파이프라인들이 만들어졌다. 이는 텍사스 동부 운송회사에 팔려 천연가스 파이프라인으로 용도가 변경되었다. 같은 해 남부 캘리포니아 가스의 전신인 퍼시픽 라이팅사가 추진한 프로젝트를 통해, 로스앤젤레스는 뉴멕시코와 서부 텍사스의 가스전들과 대구경 파이프로 연결되었다. 엘파소 천연가스El Paso Natural Gas가 소유한 이 파이프라인은 '최대 구경'의 파이프라인이었다. 1950년 주간 천연가스 이동 물량은 2.5TCF에 달했는데, 이는 1946년보다 2.5배 증가한 수치다. 천연가스의 추가 사용이 없었더라면 미국의 석유 수요는 일간 70만 배럴이 증가했을 것이다.

이때까지 중동 중심의 새로운 석유 질서가 확립되었고, 석유회사들은 이 질서 안에서 급증하는 수요를 충족하기 위해 황급히 움직였다. 1950년 미국의 석유 소비는 전년에 비해 12% 증가했다. 석유는 미국뿐 아니라 서유럽, 일본에서도 가장 선호하는 연료로 부상했으며, 20년간의 눈부신 경제 성장을 뒷받침한 에너지가 되었다. 새로운 정치·경제 현실에 부응하도록 만들어진 전후 석유 질서는 대성공을 거두었다. 사실 어떤 면에서는 지나칠 정도의 성공이었다. 1950년 전후 석유 수요 증가에 대처할 수 없을 것이라는 우려는 산업계의 기우에 불과했음이 명백해졌다. 상황은 오히려 정반대였다. 그해 6월 뉴저지의 보고서는 '앞으로는 중동의 원유가 뉴저지의 필요량을 크게 초과할 것으로 보인다'라고 밝혔다. 다른 메이저 회사들도 마찬가지 상황이었다. 뉴저지의 예측은 석유산업이 수년 만에 직면할 엄청난 공급 과잉의 일각에 불과했다. 한편 새로운 석유 질서가 거대한 이익을 창출하기 시작한 와중에도 이익의 분배를 놓고 치열한 싸움이 벌어지고 있었다.[20]

22

역사적인
50 대 50 거래

1950년 미국과 영국의 재무부 대표가 런던에서 회담을 가졌다. 회의석상에서 미국 대표는 사우디아라비아의 석유 정책 변화에 대해 이야기하면서 그 영향이 중동 전체에 미칠 것이라고 예측했다. 미국 대표는 "사우디 정부가 최근 아람코에 요구한 내용은 놀라울 따름이다. 생각할 수 있는 모든 것을 요구하고 있다"라고 털어놓았다. 여러 가지 측면의 요구가 있었지만 요점은 하나였다. 사우디아라비아는 석유 이권에 있어 더 많은 돈, 한층 더 유리한 거래 조건을 원하고 있었다.

이는 사우디에만 국한된 것이 아니었다. 1940년대 말부터 1950년대 초에 걸쳐 석유회사와 산유국 정부는 결제 조건을 둘러싸고 수차례 교섭했고 그 결과 전후 석유 질서가 만들어졌다. 문제의 핵심은 자원 경제학에서 사용되는 결코 쉽지 않은 용어, 즉 '렌트Rent'를 배분하는 데 있었다. 교섭의 성격은 나라마다 달랐지만 그 동기는 동일했다. 석유회사와 석유회사에 세금을 부과하는 소비국 정부들만 이익을 독점해서는 안 되고, 산유국에도 이익이 돌아가야 한다는 것이 산유국의 공통된 입장이었다. 그러나 돈 문제가 전부는 아니었다.

지배권도 똑같은 문제였다.

지주와 소작인

존 메이너드 케인스는 "어떠한 지적인 것에도 영향 받지 않았다고 믿는 실무적 유형의 인간이라도 대부분은 과거 경제학자의 노예다"라고 말한 적이 있다. 석유는 사업가뿐 아니라 국왕, 대통령, 수상, 독재자, 석유장관, 경제장관 등도 케인스가 말한 '실무적 인간'에 포함된다. 이븐 사우드를 필두로 당시의 지도자들, 그리고 그 후의 실력자들은 모두 데이비드 리카르도의 영향을 받고 있었다. 리카르도는 18세기 말부터 19세기 초에 걸쳐 영국의 주식 투자가로 성공한 학자였다(특히 웰링턴이 워털루 전투에서 나폴레옹을 격파했을 때 주식투자를 해 큰돈을 벌었다). 리카르도는 유태인이었지만 퀘이커 교도로 개종하여 하원의원이 되었고, 근대 경제학의 기초를 만든 사람 중 하나였다. 그의 학문적 라이벌이자 친구였던 토머스 맬서스는 애덤 스미스 이후 학계를 이끌었다.

리카르도가 생각했던 개념이 바로 산유국과 석유회사 간에 벌어진 경쟁의 요체였다. '렌트'라는 개념은 정상 이윤과는 약간 다른 의미를 가지고 있다. 리카르도는 곡물을 대상으로 렌트란 개념을 생각했지만, 이는 석유에도 똑같이 적용될 수 있었다. 그는 두 명의 지주를 예로 들었다. "한 사람은 비옥한 토지를, 다른 사람은 척박한 토지를 가지고 있다. 두 사람이 수확한 곡물은 동일한 가격으로 판매된다. 그러나 비옥한 토지를 가진 사람이 척박한 토지를 가진 사람보다 비용을 적게 부담한다. 척박한 토지를 가진 사람도 이윤을 얻지만, 비옥한 토지를 가진 사람은 그 이상의 이윤을 얻을 수 있다. 이런 추가적 이윤을 '렌트'라고 부른다. '렌트'는 토지의 비옥함 때문에 얻어졌다. 지주의 지혜나 노력과는 아무 관계 없이 자연적으로 주어진 유산에서 비롯된 것이다."

석유는 자연이 남긴 유산이다. 석유가 묻힌 땅 위에 거주하는 주민은 우연히 그곳에 정주하고 있을 뿐, 그들의 노력과는 전혀 관계가 없다. 유전이 발견된 지역을 지배하고 있던 정치 체제와도 관계가 없다. 그러나 유전이라고 하는 유산이 렌트를 발생시킨다. 렌트는 시장에서 형성되는 석유 가격에서 원가를 빼면 산출된다. 원가는 생산비, 수송비, 정제비, 판매 경비, 자본에 대한 약간의 보수 등으로 구성된다. 구체적인 예를 들어보자. 1940년대 말 석유는 배럴당 2달러 50센트였다. 텍사스에서 품질이 떨어지는 유전을 가진 생산업자의 이익은 배럴당 10센트에 지나지 않았다. 한편 중동에서는 생산 비용이 기껏해야 배럴당 25센트였고, 여기에다 수송비 등의 기타 비용이 배럴당 50센트였다. 여기에 텍사스 생산업자가 갖는 이익 10센트를 합하면 85센트가 된다. 판매 가격 2달러 50센트에서 이것을 빼면 1달러 65센트가 남는다. 이것이 1배럴당 '렌트'에 해당하는 것이다. 렌트 총액은 생산량이 많을수록 증가한다. 문제는 석유회사와 석유회사가 세금을 내는 소비국, 그리고 산유국의 3자가 이 렌트를 어떻게 분배하느냐는 것이다. 그러나 이런 기본적인 문제에 대한 합의는 없었다.

　3자의 요구는 모두 근거가 있었다. 산유국은 땅 밑에 있는 석유에 대해 주권을 가지고 있다. 그러나 그 석유는 외국 회사가 채굴했을 때 가치를 가진다. 회사는 자본을 잃게 될지도 모르는 위험을 감수하며 기술자를 고용하여 탐사하고, 발견된 유전에서 석유를 생산하여 시장에 내다 판다. 말하자면 산유국은 지주, 생산회사는 소작인인 셈이다. 소작인은 계약한 임대료를 지불한다. 만약 소작인이 위험을 감수하는 노력으로 보석을 찾게 되면 지주의 자산 가치는 증가하게 될 것이다. 이때 소작인이 최초의 임대료만 지불한다면 지주는 어떤 이익을 얻게 될까? 석유 경제학자 M. A. 아텔만은 이렇게 설명한다. "석유산업 내에서 가장 의견이 분분한 문제다. 발견된 유전이 가치 있을수록 지주의 불만은 커진다. 지주의 관점에서는 소작인의 이익이 사업을 계속하는 데 필요한 금액을 초과하므로, 렌트의 일부를 요구하게 된다. 그리고 일부 그것이 받아들여지면 더 많은 것을 요구할 것이다."[1]

전후戰後 렌트를 둘러싼 싸움은 경제 측면에 한정된 것이 아니었다. 정치적 싸움도 병행되었다. 지주, 즉 산유국의 투쟁에는 주권의 주장, 국가 건설의 요구, 외국인에 대한 저항의식 등이 혼재되어 있었다. 그들은 외국인이 조국을 착취하고 개발을 지연시키며, 번영을 저주하고 정치를 부패시켰다고 비난했다. 외국인들은 거만하며 주인처럼 행세하고 있다고 생각한 것이다. 그들의 눈에 '외국인'은 식민지주의 그 자체였다. 그들은 자신들의 '유일한 유산'을 고갈시키며 지주의 재산과 민족의 미래를 위험에 노출시키고 있다는 것이다.

물론 석유회사들은 완전히 다른 생각을 가지고 있었다. 그들은 투자를 하고, 성패를 살피며, 자금을 투입하는 등 많은 노력을 기울였다. 고생스럽게 지주와 계약을 성사시켜 권리를 획득함으로써 무無에서 부富를 창출했다. 위험을 무릅쓴 것에 대한 보상이 있어야 한다. 또한 빈 구멍만 뚫고 석유가 나오지 않은 것에 대한 보상도 이루어져야 한다. 그들은 탐욕적이고 믿을 수 없는 지주들의 덫에 걸려들었다고 생각했다. 그들은 오히려 자신들이 '약탈당하고 있다'고 호소했다.

또 다른 정치 측면에서도 싸움이 벌어졌다. 석유 소비국들은 모두 산업화가 이루어진 사회였으므로 석유자원의 확보는 전략적 가치를 가졌다. 석유는 경제를 지탱하고 성장을 촉진할 뿐 아니라 국가 전략상 핵심적인 요소였다. 또한 석유로 움직이는 국내 산업은 세수 증대의 중요한 원천이었다. 한편 산유국에게 석유는 권력, 영향력, 가치, 지위를 의미했고, 그것들은 과거에 누리지 못했던 것들이다. 소비국과의 교섭은 권력과 자존심이 걸린 싸움이었기에 그만큼 처절했다. 최초의 싸움은 베네수엘라에서 시작되었다.

베네수엘라의 석유자원

베네수엘라의 폭군 고메스 장군의 독재정치는 1935년까지 계속되었다. 독재를 저지하려는 시도는 모두 실패했고, 결국 그를 제거한 것은 질병이었다. 고메스 사후 남은 것은 극심한 혼란뿐이었다. 그는 베네수엘라를 자기 소유의 장원처럼 취급해 부를 축적했다. 주민의 대다수는 빈곤했다. 석유산업만이 발전했고 국가 경제가 모두 석유에 의존하고 있었다. 고메스 장군은 군부 내에 많은 반대 세력을 갖고 있었다. 군부는 대우 면에서 불만이 많았다. 급료와 지위가 낮았음은 말할 것도 없고, 병사들은 독재자 소유의 소를 관리하는 데 많은 시간을 보내야 했다.

'28세대'로 알려진 반정부 성향의 민주 좌파 그룹이 사람들의 이목을 집중시켰다. 이 그룹은 카라카스 대학의 학생들을 중심으로 결성되었는데, 1928년 고메스에게 반대해 반란을 일으켰다는 데서 '28세대'라는 명칭이 붙여졌다. 반란은 실패했고, 지도자는 교도소로 보내져 수족에 60파운드 무게의 쇠고랑을 차는 형벌을 받았다. 망명한 학생도 있었지만, 전염병이 창궐하는 오지의 정글로 보내져 도로 공사장에서 강제노동을 해야 했던 사람도 있었다. 이렇듯 28세대의 멤버 다수가 고메스 장군의 공포정치에 희생되었지만, 이 그룹에서 살아남은 사람들은 고메스 사후에 개혁파, 민주파, 사회주의파의 중심이 되어 베네수엘라 정계에 진출했다. 권력을 장악한 그들은 석유회사와 산유국 간의 관계를 변화시키려는 움직임의 주역이 되었다. 소작인과 지주의 관계를 재정립하고, 렌트를 재분배하는 방법을 찾기 시작한 것이다.

1930년대 말, 석유는 수출액의 90%를 차지한, 베네수엘라의 유일한 현금 수입원이었다. 이런 상황 아래서 고메스 장군의 후계자들은 산업계의 혼란을 수습하는 일에 착수했다. 우선 그들은 정부와 석유회사 간의 계약을 전면적으로 재검토했다. 물론 렌트의 재분배 문제도 포함되어 있었는데, 미국 정부가 이 움직임을 지원하는 역할을 맡았다. 제2차 세계대전 중 미국 정부는 멕시코의 석유산업 국유화에 자극받아, 베네수엘라의 석유 이권을 보호하고자 했다. 베네수엘라는 당시 미국의 가장 중요한 석유 공급원이었고 상황도 비교적 안정되어 있었다. 만약 멕시코와 같은 조짐이 보였다면, 미국 정부가 직접 개입해 전시의 전략품인 석유를 지킬 태세였다. 석유회사도 국유화의 위험을 피하고자 했다. 베네수엘라에서는 뉴저지 스탠더드와 쉘이 지배적 회사로 조업하고 있었다. 그들은 당시 세계에서 가장 중요한 석유자원을 확보하고 있었고, 이것을 잃는다는 것은 있을 수 없는 일로 생각했다. 베네수엘라산 석유는 원가가 낮았다. 뉴저지 스탠더드의 자회사인 크레올사가 모기업의 전체 생산량 중 절반을 생산하고 있었고 수입의 절반을 여기에서 얻었다.[2]

그러나 베네수엘라 정부의 렌트 재분배 움직임에 직면해, 뉴저지 스탠더드 내부는 의견이 첨예하게 대립했다. 과거 고메스 장군과 연결되어 있던 일부 전통주의자들은 베네수엘라 정부의 주장이든 미국 정부의 주장이든, 어떤 변화에도 회사가 반대하기를 원했다. 이들과 대립각을 세운 사람은 회사의 지질 담당자로서, 그 후 전무가 된 월리스 프랫이었다. 프랫은 남미에서의 오랜 경험으로 세계정세가 변하고 있음을 감지했다. 회사를 변화시키는 것이 장기적으로 이익을 지키는 데 도움이 된다고 생각한 것이다. 변화에 저항하면 결과적으로 더 큰 비용을 지불해야 하며, 신질서의 수립에 협조하지 않는다면 그것의 희생자가 될 것이라 판단했다. 이런 논쟁이 한창일 때, 뉴저지 스탠더드는 워싱턴에서 정치적으로 곤혹스러운 공격을 받고 있었다. 전쟁 전 나치의 이 게 파르벤과 관계가 있다는 비난과 새로운 반트러스트법을 위반했다고 몰아붙이는 사법부 때문이었다. 따라서 뉴저지 스탠더드는 공공정책과 정치 상황에 대한 대응 방법을 전환하지 않을 수 없었다. 그리고 그 변화는 미국 국내에만 해당되는 것이 아니었다. 루스벨트 정권은 미국 회사가 베네수엘라 정부의 정책에 비협조적인 태도를 취해 발생한 문제에 대해서는 지원해주지 않겠다는 방침을 분명히 했다.

뉴저지 스탠더드는 베네수엘라 내에서 자신의 지위를 상실할 위험을 감수할 수 없었다. 이것은 윌리스 프랫의 승리를 의미했다. 뉴저지 스탠더드는 아서 프라우드피트를 베네수엘라의 새로운 책임자로 임명했다. 이전부터 베네수엘라의 사회 개혁에 공감하고 정치 변화에도 관심을 가진 인물이었다. 그는 1930년대 멕시코에서 베네수엘라로 이주한 미국의 석유업자 중 한 사람으로, 멕시코에서 있었던 정부와 회사 간의 부패한 관계, 유전지대의 격렬한 노동쟁의 등을 똑똑히 기억하고 있었다. 그런 일들이 베네수엘라에서 발생해서는 안된다고 생각한 것이다.

베네수엘라와 미국 양국, 뉴저지 스탠더드와 쉘 양사의 관계자 전원은 사태의 해결을 바라고 있음이 분명했다. 국무차관 섬너 웰즈는 조속한 문제 해결을 위해 베네수엘라 정부에 컨설턴트를 고용하라고 충고했는데, 그가 추천한 사람들 중에는 전직 대통령의 아들인 허버트 후버 2세도 포함되어 있었다. 지질 전문가로 유명한 후버 2세는 베네수엘라 정부의 석유 교섭력을 강화하는 데 일익을 담당했다. 웰즈 국무차관은 영국 정부에 쉘에 대한 배려를 요청했다. 컨설턴트의 도움으로 '이익 반분(50:50)'의 새로운 원칙에 기초한 해결 방안이 만들어졌다. 석유산업 사상 획기적인 일이었다. 이런 기본 개념에 따라 베네수엘라 정부의 몫이 석유회사의 순이윤과 거의 동일한 수준이 되도록 각종 로열티와 세금 징수액을 높였다. 양자가 사실상 대등한 파트너가 되어 렌트를 반씩 나누어 가지게 된 것이다.

당시 뉴저지 스탠더드와 그들이 매수한 회사가 석유 이권을 입수한 경로에 대해 강한 의혹이 제기되었지만 새로운 거래 방식의 대가로 불문에 붙여졌다. 또한 석유회사가 이미 획득한 석유 이권에 대해서도 권리를 강화하고 기간을 연장하는 조치가 취해지고 새로운 석유 탐광의 기회도 보장되었다. 석유 회사는 얻은 것이 많은 거래였다.

민주사회주의를 표방하며 '28세대'의 잔존 인물들이 조직한 민주행동당은 그 법령을 비판했다. 법령의 문안대로 하면 베네수엘라의 지분은 50%에 미치지 못하는 결과를 낳을 것이라 비난하면서, 석유회사가 과거에 벌어들였던 것에 대해서도 보상해야 한다고 주장했다. 민주행동당의 석유 담당 대변인은 "석유회사가 충분한 보상을 하지 않으면 베네수엘라의 석유산업이 완전히 정화되었다고 볼 수 없다"라고 밝혔다. 그러나 의회는 1943년 3월 합의된 내용을 담은 새로운 석유 법안을 가결했으며, 민주행동당은 표결에서 기권했다.

메이저 회사들은 새로운 시스템 아래서 살아갈 채비를 갖추었다. 석유법이 가결된 후, 쉘의 중역 프레드릭 갓버는 베네수엘라 정부에 대해 "결국 그들이 추구하는 것은 돈이다. 바다 건너에 있는 우리의 미국 친구들이 추진하지 않았더라도 그들은 돈이 들어오면 그것이 어떤 돈이든 거부하지 않았을 것이다"라고 말했다. 그러나 메이저 회사와는 달리 베네수엘라에서 조업하고 있던 중소 석유회사들은 새로운 결정에 분노했다. 판트펙 석유회사Pantepec Oil Company의 사장인 윌리엄 F. 버클리는 국무장관에게 전보를 보내 새로운 석유법이 '큰 부담'이라고 비난했다. 이어서 그는 "국무부와 베네수엘라 정부의 압력으로 새로운 법이 통과되었다. 이를 시작으로 미국 석유회사의 권리에 대한 간섭과 선동이 점차 가중될 것이다"라고 덧붙였다. 그러나 버클리의 전보는 무시되었다.

2년이 지난 1945년, 베네수엘라 임시정권은 불만에 찬 젊은 장교들의 쿠데타로 전복되었다. 민주행동당이 젊은 장교들과 힘을 합쳤다. 그 후 군사 정권이 조직되어 로물로 베탄쿠르가 대통령에 취임했다.

그는 대학 시절 축구팀의 포워드로 활약했고, 그때부터 28세대의 지도자가 되어 두 차례의 망명 생활을 했다. 민주행동당의 서기장이 된 후, 쿠데타가 발생했을 때는 카라카스 시의회의 최고위원으로 일했다. 개발부 장관에 취임한 사람은 1943년의 석유법에 반대한 그룹의 지도자였던 페레스 알폰소였다. 그는 '이익 반분'의 원칙이 실제로는 60 대 40으로 석유회사에 유리한 것이라고 비판했다. 그는 세법을 개정하여 정부의 지분을 50%로 높였다. 뉴저지 스탠더드는 이 개혁안을 받아들였다. 뉴저지 스탠더드의 베네수엘라 주재 경영 책임자인 프라우드피트는 "소득세를 인상하는 개정안에 대해 반대할 적절한 이유가 없다"라고 국무부에 전했다. 1943년의 석유법과 알폰소의 개정안으로 렌트가 큰 폭으로 상승했고 생산도 증가되었다. 1948년 베네수엘라 정부의 총소득은 1942년의 6배로 증가했다.

페레스 알폰소는 전례 없는 또 다른 행동을 취했다. 즉 석유산업의 수직 계열 기업들에서도 수익을 얻고자 한 것이다. 그는 "베네수엘라가 수송, 정제, 판매의 이익을 흡수해야 한다"라고 말하며, 로열티의 일부를 돈이 아니라 석유로 받을 것을 주장했다. 정부는 로열티로 받은 석유를 세계 시장에 직접 내다 팔았다. 대통령 베탄쿠르는 "이것은 세계의 '터부'를 타파하는 획기적인 사건이다. 이제 베네수엘라는 직접 교섭을 통해 석유를 판매하는 나라로 전 세계에 알려질 것이다. 석유 판매를 둘러싸고 있던 은밀한 베일은 영구히 제거되었으며, 앵글로-색슨이 지배하던 권리와 독점이 불식되었다"라고 말했다.

멕시코 사태와는 아주 다르게, 메이저 석유회사는 렌트의 재분할에 적응했고 민주행동당과도 원만한 협조관계를 유지했다. 뉴저지 스탠더드 계열의 크레올은 베네수엘라인을 간부로 채용했고, 수년 후에는 사원의 90%가 베네수엘라인으로 채워졌다. 크레올 대표인 프라우드피트는 베네수엘라 정부를 위해 국무부에서 로비 활동을 전개했다. 그 무렵 「포춘」지는 크레올에 대해 '해외에 미국 자본과 노하우를 전파하는 가장 중요한 전진기지'라고 썼다.

베탄쿠르는 오래전부터 다국적 기업을 '자본주의의 하수인'이라 불렀다. 그러나 그와 동료들은 기본적으로 현실주의자들이었다. 석유는 베네수엘라 정부 수입의 60%를 제공하고 있었고 경제는 완전히 석유에 의존하고 있었다. 베탄쿠르는 "석유산업을 국유화한다는 것은 자살행위와 흡사하다"라고 말한 적이 있다. 국가의 목표는 국유화를 하지 않더라도 달성 가능했다. 베탄쿠르에 따르면, 1940년대 후반의 세제 개혁으로 베네수엘라 정부가 취할 수 있는 석유 1배럴당 지분율이 국유화를 이룬 멕시코보다 7%나 많았다. 또한 베네수엘라의 생산량은 멕시코의 6배였다.

베탄쿠르 정권 시절 이익 반분의 원칙은 확실히 지켜졌다. 그러나 좋은 시절도 지나갔다. 1947년 선거에서 민주행동당이 70%의 지지를 획득해 새로운 정부가 조직된 것이다. 그로부터 1년도 지나지 않은 1948년 11월, 군부가 쿠데타를 일으켜 정권을 탈취했다. 1945년에 쿠데타를 일으켰던 그룹이 주도했다.

석유 관계자가 1948년 11월의 쿠데타를 지지했다고 말하는 사람들도 있다. 윌리엄 F. 버클리가 그중 하나다. 그는 "베탄쿠르와 민주행동당 그룹이 축적된 달러 자금으로 서반구에서 소비에트 공산주의의 이익을 도모하고 있다. 미국의 자금이 미국을 반대하는 캠페인에 사용되고 있는 것이다"라고 설명했다. 그러나 메이저 석유회사는 다른 의견을 가지고 있었다. 아서 프라우드피트는 쿠데타 그룹의 침묵이 우려된다고 말했다. 석유회사와 민주적 정부가 쌓아온 안정된 관계를 위험에 빠뜨릴 수 있기 때문이었다.

베탄쿠르는 다양한 경로를 통해 현실적인 수완을 보였다. 존 F. 록펠러의 손자인 넬슨 A. 록펠러를 초청하여 국제기초경제연구소를 설립하기도 했다. 베네수엘라 개발 계획과 신규 사업 자금을 제공하는 계획을 수립하기 위해서였다. 넬슨 A. 록펠러는 미 국무부의 주재국 문제 담당 조정관을 막 사임한 상태였다.[3]

중립지대

지주와 소작인 관계에서 또 다른 전례를 타파한 사건이 발생했다. 미국에서 멀리 떨어진 중동에는 지주가 두 사람인 '중립지대'라 불린 지역이 있었다. 황량한 사막이 2,000제곱마일이나 펼쳐져 있는 지역으로, 1922년 영국이 쿠웨이트와 사우디아라비아의 국경을 확정할 때 형성되었다. 이곳을 오가던 베두인들에게는 국경의 개념이 없었으므로, 양국이 공동으로 이 지역의 주권을 가지기로 결정되었다. 모든 제도가 자신을 파괴할 씨앗을 배태하고 있다면 중립지대가 바로 그러했다. 결국 이 지역에서 전후 석유 질서의 종지부를 찍는 균열이 시작되었다.

제2차 세계대전이 끝난 후 미국 정부, 특히 국무부는 중동에서의 신규 석유 거래를 환영하면서 지원을 아끼지 않았다. 그러나 한 가지 우려가 있었다. 대형 거래로 발생하는 대규모 석유회사 간의 복잡한 이해관계가 경쟁 상황과 시장 지배에 영향을 주지 않을까 하는 것이었다. 소수의 회사가 지배적 역할을 하고, 미국 정부가 외부에서 지원한다는 인식을 주는 것을 우려한 것이다. 이는 카르텔처럼 비쳐 현지의 민족주의자와 공산주의자들에게 공격의 빌미를 줄 수도 있었다. 동시에 중동의 새로운 시스템은 미국 국내의 각종 그룹에도 비판과 반대 여론을 불러일으킬 수 있었다. 반트러스트 주창자, 대기업 비판자뿐만 아니라 메이저 각사와 외국 석유회사에 적의를 갖고 있던 국내의 독립계 석유업자도 비판에 가세할 것이 분명했다.

이러한 비판을 피하기 위해 미국 정부는 메이저와 그들의 컨소시엄을 견제하기로 했다. 중동 지역 석유 개발에 새로운 회사의 참여를 장려하는 놀라운 정책을 채택한 것이다. 이 정책이 국무부가 안고 있던 두 가지 정치적 우려도 해결해줄 것이라 기대했다. 중동 지역에 참여하는 회사가 늘어나면 석유 개발이 자극되고 산유국의 수입도 증대될 것이다. 이는 점차 중대성이 더해가는 목표였다. 또한 중동의 석유 생산량이 증가하면 소비자 가격이 하락할 것이라 생각했다. 렌트는 낮추지 않은 상태에서, 소비자 가격을 낮추고 산유국의 수입을 증가시키는 것은 애초에 양립할 수 없는 목표였다. 이를 실현할 방법은 많지 않았다.

1947년 국무부는 새로운 정책을 촉진하기 위해 미국의 석유회사에 안내문을 보냈다. 쿠웨이트가 중립지대의 석유자원 개발을 입찰에 붙일 가능성이 있으므로 미국 정부는 각사가 이 기회를 이용해주기 바란다는 내용이었다. 메이저 회사 몇 개는 위험하다고 판단했다. 그들이 입찰에 참여할 경우, 현재의 계약 이상으로 유리한 조건을 제시하지 않을 수 없는데, 그러면 관련된 다른 산유국을 자극하게 된다는 것이었다.

당시 미국의 새로운 정책에 정통하고 중동에 대해서도 해박한 랠프 데이비스라는 사람이 있었다. 그는 캘리포니아 스탠더드의 마케팅 담당 중역이었고, 전시에는 해럴드 익스 휘하의 전시석유관리국 차장직을 맡은 바 있다. 그 후 내무부에서 석유·천연가스국장을 역임하다가 당시에는 공직에서 물러나 있는 상태였다.

1947년 데이비스는 쿠웨이트의 중립지대 입찰에 참가하기 위해 컨소시엄을 조직했는데 여기에는 독립계 석유회사 중 유력한 필립스, 애쉬랜드, 싱클레어 등이 참가했다. 컨소시엄 명칭인 아민오일AMINOIL은 아메리컨 인디펜던트 오일 컴퍼니American Independent Oil Company, 즉 자신들의 통칭인 '미국 독립계 석유회사'의 약자였다. 데이비스는 파트너 회사들에게 지금부터 고난을 각오해야 한다고 말했다. 성공을 향해 돌진해야 할 것이며, 메이저 회사들과의 치열한 경쟁은 피할 수 없다는 사실을 주지시킨 것이다.

아민오일의 출발은 독특했다. 텍사스 유전의 용접 기사인 짐 브룩스가 쿠웨이트 수장의 비서와 알게 된 것이 계기가 된 것이다. 브룩스는 사우디아라비아에서 임무를 마치고 귀환하는 길에 카이로의 세퍼드 호텔에 묵게 되었다. 그런데 우연히 같은 호텔에 쿠웨이트 수장의 비서가 묵고 있었다. 비서는 수장의 명을 받고, 메이저에 속하지 않은 텍사스의 석유회사를 입찰에 참가시키기 위해 적당한 회사를 물색 중이었다. 용접 기사가 카우보이모자를 쓴 것을 보고 쉽게 대화가 이루어졌다. 비서는 곧바로 브룩스를 쿠웨이트의 다스만 궁전에 데려갔다. 용접 기사는 궁전의 펌프 시설을 수리해 물의 사용량을 90%나 절약할 수 있게 해줌으로써, 물이 부족한 국가로부터 큰 찬사를 받았다. 미국으로 돌아온 브룩스는 자신이 쿠웨이트 수장의 친구가 되었다는 이야기를 퍼뜨렸지만 그 말을 신뢰하는 사람은 별로 없었다. 하지만 아민오일은 그를 교섭단의 일원으로 참가시켰고 매우 긍정적인 효과를 얻을 수 있었다. 업계가 깜짝 놀랄 만한 좋은 조건으로, 중립지대의 석유 이권 입찰에서 승리한 것이다. 조건은 현금 750만 달러, 연간 로열티 62만 5,000달러, 이윤의 15%, 그리고 수장을 위한 100만 달러짜리 요트였다. 쿠웨이트의 중립지대는 이렇게 해결되었지만, 사우디아라비아 측의 중립지대는 아직 남아 있었다. 이것도 곧 분쟁의 표적이 되었다.[4]

게티의 대발견

미국의 경제 정책이 추구하는 목표 중 하나는 소유권을 분산해 부를 분산하는 것이었으나, 독립계 석유업자가 사우디아라비아의 중립지대 석유 이권을 획득하면서 거의 반대의 결과를 가져왔다. 석유사업가 장 폴 게티는(자신은 J. 폴 게티라고 불렀다) 석유 이권을 얻은 지 불과 8년 만에 미국 최고의 갑부가 되었다. 사업계에 입문할 때부터 내성적이며 허영심이 강하고 불안정해 보였던 게티는 돈에 굶주려 있었다. 그에게는 돈을 버는 타고난 재능이 있었다. 그는 "마을에는 최고의 호텔이 있고, 그 안에는 최고의 시설을 갖춘 방이 있다. 이곳에 누군가는 묵는다. 또 마을에는 값싼 호텔도 있고, 제일 값싼 호텔도 있다. 이곳에도 누군가는 묵는다"라고 말하면서, 자신은 그저 제일 좋은 호텔에 숙박하고자 할 따름이라고 했다.

게티는 항상 승리를 원했고 사람들에 대해 권력을 휘두르고자 했다. 일부 사람들의 눈에는 그가 자신에게 의지하고 자신을 신뢰한 사람들을 배신하는 것으로 비쳤다. 확실히 그는 굴벤키안만큼 신뢰하기 힘든 사람이었다. "거의 대부분의 사람은 자신의 부하에 의해 끌어내려진다. 어떤 부하라도 80% 정도는 신뢰할 수 있다. 하지만 나머지 20%는 신뢰할 수 없다"라는 것이 그의 지론이었다. 게티가 참지 못한 두 가지가 있었는데, 경쟁에서 지는 것과 권력을 나누어 가지는 것이었다. 그는 항상 권력자로 남아 있고자 했다. 그의 사업 파트너 중 한 사람은 이렇게 말했다. "나는 게티에게 완패했다. 천 번쯤 싸웠지만 결코 한 번도 이긴 적이 없다. 게티는 생각을 바꾸는 것을 치욕으로 생각했다. 그는 상대가 어떤 증거를 가지고 있어도 재고하는 법이 없었다. 어떤 방식이 십중팔구 유리하다고 해도 결코 양보하지 않았다. 이것은 원칙의 문제다." 그는 노름꾼이었지만 도박을 할 때는 신중하고 보수적이었다. 자신의 입장이 유리해진다면 무슨 짓이든 하려고 했다. "만약 내가 전형적인 도박을 원한다면 카지노를 사들일 것이다. 그래서 즐기기보다는 내 몫을 챙길 것이다." 게티의 말이다.

그의 부친은 미네소타의 보험회사 고문 변호사였다. 그는 악성 부채를 회수하기 위해 오클라호마로 간 것이 계기가 되어 석유사업에 뛰어들었고 백만장자가 되었다. 게티도 제1차 세계대전 무렵 부친과 함께 자신의 석유사업을 시작했다. 부친은 자신의 말이 곧 담보가 될 만큼 정직한 인물이었다. 그런데 아들은 석유업계에서 말하는 '부정 거래'에 가장 뛰어난 인물이었다. 그는 그것을 아주 교묘하게 즐기면서 행동에 옮겼다. 마치 예술과 같았다. 그는 자신의 승리, 사업, 그 외 모든 것에 몰입했다. 게티와 스파링을 한 적이 있던 권투선수 잭 뎀프시는 이런 말을 남겼다. "게티는 훌륭한 체격을 가진 타고난 싸움꾼으로 몸놀림도 빨랐다. 나는 그와 같은 집중력과 의지력을 가진 사람을 처음 보았다. 이건 비밀이지만, 아마 그는 내가 본 그 이상일 것이다."

게티는 젊은 시절부터 야성적인 로맨스와 성적 모험을 즐겼다. 특히 10대 소녀들에게 특별한 관심을 가지고 있었다. 결혼을 다섯 번 했는데, 그에게 결혼 맹세는 비밀 정사를 즐기는 일에 전혀 장애가 되지 않았다. 그는 그다지 조심성 없어 보이는 '미스터 바울'이라는 가명을 사용해 여자들을 만났다. 게티는 유럽 여행을 자주 떠났는데, 주위의 눈을 피해 동시에 두세 명의 여성과 떠들썩하니 즐길 수 있었기 때문이다. 그런 그도 일생에 한 번, 프랑스 여인과 진정한 사랑을 나누었다고 한다. 1913년 게티는 소아시아에 주재하던 러시아 영사 부인 마거리트 타라소를 콘스탄티노플에서 만났고 그 후 이스탄불 항구에서 헤어졌다. 그는 잠시 이별한다고 생각했지만 그 후 전쟁과 혁명의 소용돌이 속에서 영원히 소식이 두절되었다. 60년이 흐른 후, 그는 다섯 번에 걸친 결혼 생활에 대해서는 마치 법정에서 진술하듯 무표정하게 말했으나, 마담 타라소 이야기가 나오자 눈물을 글썽일 정도였다고 한다.

게티는 다른 것에도 열중했다. 『부자가 되는 방법(『플레이보이』지에 게재)』, 『석유사업의 역사』, 『18세기 유럽』, 그리고 미술품 수집에 관한 책 등 최소 7권의 책을 저술했다. 또한 세계 최대의 미술품 수집가 중 하나로 이름을 떨쳤다. 그는 여자 문제로 신문에 여러 번 오르내렸고 재판정에도 출두했다. 그러나 그는 자신에 사업에 여자들을 끌어들인 적은 없었다. 게티 자신도 이렇게 말했다. "사업에 가족을 끌어들이면 파산한 것이나 마찬가지다." 또 부인 중 한 사람에게 다음과 같이 분명히 밝혔다. "나는 석유를 생각할 때는 여자를 생각하지 않는다오."

게티는 항상 싼값에 파는 물건을 찾았다. 그의 사업 동료는 이렇게 말했다. "그에게는 그것이 하나의 사고방식이었다. 그는 가치가 있다고 판단한 것을 구입해 절대 팔지 않고 갖고 있었다." 그는 가치를 추구함에 있어서 시대의 조류에 역행하는 것도 서슴지 않았다. 1920년대에 그는 비싼 석유회사의 주식을 매입하기보다는 스스로 석유를 채굴하는 편이 훨씬 싸다고 생각했다. 그러나 1929년 대공황으로 주식 가격이 하락하자 방침을 바꾸었다. 석유 주식이 자산 가치에 크게 못 미치는 가격에 판매되고 있었기 때문이었다. 그는 주식시장에서 석유를 찾았다. 타이드워터 석유회사의 매입을 위한 싸움에 돌입한 것이다. 경쟁 상대는 뉴저지 스탠더드였다. 그의 난잡한 주식 매입 방식은 위험한 도박이었지만 방향은 옳았다. 그 주식은 게티가 1930년대에 재산을 축적하는 초석이 되었다.

게티는 물불을 가리지 않고 가장 낮은 가격, 할인된 가격을 찾았다. 대공황 때, 그는 종업원 전원을 해고한 다음 낮은 급료로 재고용하기도 했다. 1938년에는 뉴욕 5번가 피에르 호텔을 240만 달러에 매입했는데, 건설비용의 4분의 1에도 못 미치는 수준이었다. 같은 해 나치 독일이 오스트리아를 합병하고 몇 개월 후, 그는 빈에 있는 루이스 드 로스차일드 남작의 저택을 방문했다. 남작을 만나기 위해서가 아니었다. 남작은 나치 수용소에 있었다. 그의 목적은 저택에 있는 가구들이었다. 그는 그것이 곧 자신의 수중에 들어올 것이라 생각하고 베를린으로 급히 갔다. 그곳에서 친분이 있는 여성들을 통해, 히틀러의 친위대가 로스차일드의 가구를 어떻게 처리할 것인지 알아보았다. 결국 그는 마음에 드는 가구들을 생각도 못할 만큼 낮은 가격으로 입수할 수 있었다. 이런 그도 당시 세계정세에 공포를 느끼고 있었다. 그는 아내에게 자신이 캘리포니아에 대형 요트를 갖고 있다고 말했다. 공산주의자가 미국을 점령하면 요트를 타고 도망칠 수 있다는 것이었다.

1930년대 말이 되자 게티는 더욱 부유해졌다. 그는 대사가 되고 싶어서, 민주당과 정치가 여럿에게 상당액의 정치 자금을 제공했다. 전쟁이 발발하자 그는 해군에 자리를 구했다. 그러나 그의 희망은 이루어지지 않았다. 그가 나치 지도자와 교유하고 나치를 지지하고 있다는 정보를 입수한 FBI와 해군 정보부는 그를 스파이로 의심하고 있었다. 그 의심은 전쟁이 끝날 때까지 계속되었다. 정보 당국의 보고에는 황당한 것도 있었다. 예를 들면 그가 나치와 이탈리아의 스파이를 피에르 호텔의 종업원으로 고용하고 있다는 것 등이다. 그가 희망한 해군 직책은 '스파이 활동 의혹 때문에 거부되었다'라고 해군 정보당국의 보고에 기록되어 있다. 아무튼 그가 최후까지 독재자의 열렬한 팬이었던 것만은 확실했다.

게티는 제2차 세계대전 중 털사에서 자신의 석유회사 계열의 비행기 공장을 직접 경영했다. 그 무렵 그의 이상한 행동이 자주 눈에 띄었다. 독일군의 공습을 두려워해 콘크리트 방공호에 틀어박혀 공장 일을 지시했다. 식사 때는 한 입의 음식물을 33번 이상 씹었고 매일 저녁 자신의 속옷을 직접 세탁했다. 세탁소를 불신했기 때문이다. 당시 55세였던 그는 두 차례에 걸쳐 눈과 얼굴의 성형수술을 받았다. 게다가 머리는 기묘한 적갈색으로 염색했다. 이 모든 것들 때문에 마치 미라처럼 보였다.

세계대전이 끝날 무렵, 돈에 대한 넘치는 야망이 다시 고개를 들었다. 전후 미국인이 다시 도로로 쏟아져 나오자, 게티는 이동주택을 만들면 막대한 돈을 벌 수 있겠다고 생각했지만 곧 단념했다. 무엇보다 그가 가장 잘 아는 것은 석유산업이었다. 게티는 전부터 사우디아라비아 관할 중립지대의 석유 이권을 바라고 있었다. 그는 "세계 석유사업에서 무언가를 하려면 사우디에 근거를 가지고 있어야 한다"라고 말한 바 있다. 그는 지금이 기회라고 생각했다.

폴 게티의 퍼시픽 웨스턴 석유회사 로키 산맥 지구 책임자인 폴 월튼은 매사추세츠 공과대학 박사학위를 소지한 젊은 지질학자였다. 그는 1930년대 말 캘리포니아 스탠더드 소속으로 사우디에 파견된 경험이 있어 중동에 정통했다.

게티는 사우디아라비아와의 교섭에는 그가 적격이라고 생각하고, 월튼을 피에르 호텔로 불러 수일간 이야기를 나누었다. 월튼은 훗날 "당시 게티는 화가 난 듯, 그리고 합의할 수 없다는 듯이 찡그리면서, 반은 미친 것 같은 표정을 하고 있었다"라고 회고했다. 다른 사람이 자신과 자신의 돈에 접근하는 것을 막으려는 의도였을 것이다. 월튼은 게티가 난폭해 보이지만 사실은 대단한 이해력을 가졌다고 보았다. 둘의 대화는 잘 진행되었고, 게티는 거래의 상한선을 제시했다. 입찰의 시작 가격과 인상의 상한을 정한 것이다. 또한 월튼에게는 사우디아라비아에 가서 누구와도, 어떤 일에 대해서도 이야기하지 말라고 지시했다.

월튼은 지다로 가서 압둘 술레이만 재정장관과 만났다. 약 20년 전 소칼과의 최초 석유 이권 교섭을 담당한 인물이었다. 그는 DC-3형 비행기로 중립지대의 사막을 저공비행해보자고 월튼에게 권유했다. 하늘 위에서 본 지형은 믿어지지 않을 만큼 가능성으로 충만했다. 평원에 있는 약간 높은 구릉지를 보고 월튼은 흥분했다. 당시 최대 유전으로 알려진 쿠웨이트 부르칸 유전의 지형과 거의 흡사했기 때문이다.

월튼은 게티의 명령을 되새기며 주의 깊게 행동했다. 그는 지다의 호텔로 귀환했는데, 호텔 실내에 잠금장치가 없다는 이유로 서류 조각 하나도 호텔에 남겨두지 않았다. 게티에게 전보를 치지도 않았으며, 용건은 전부 손으로 직접 써서 항공우편으로 보냈다. 전보는 도중에 누설될 수 있다는 것이었다. 그는 지형으로 판단해 대규모 유전이 발견될 확률이 반반이라고 게티에게 보고했다. 그는 가능성이 매우 높다고 말하고 싶었지만 자제했다. 아픈 경험이 있었기 때문이다. 1938년 사우디아라비아에서 최초로 유전이 발견된 이래, 외관상 완벽하게 유전을 형성하고 있는 지질 구조라 판단한 두 곳에서 시추를 했지만 석유가 나오지 않았다. 반반이라는 확률은 로키 산맥에서의 채굴 경험에 비추어 볼 때 결코 나쁜 것이 아니었다. 이곳의 채굴 가능성은 10분의 1, 경우에 따라서는 20분의 1에 지나지 않았다.

월튼은 술레이만과 교섭을 시작했다. 교섭은 주로 지다에 있는 술레이만 자택의 현관에서 이루어졌다. 사우디아라비아는 돈이 필요했기에 금액은 더 높아졌다. 술레이만은 1933년처럼 거액의 보너스를 선불로 지급할 것을 요구했다. 게티의 지시로, 월튼은 850만 달러를 제시하며 거래를 시작했다. 그리고 최종적으로 선급금 950만 달러, 석유 발견과 무관하게 100만 달러의 보증금, 로열티 1배럴당 55센트로 거래가 성사되었다. 당시 계약으로서는 아주 높은 수준의 금액을 지불하는 것이었다. 월튼은 그 외에 직업훈련소, 주택, 학교, 모스크를 건설해주고, 사우디아라비아 군대에 석유 무상공급을 약속했다. 사실 술레이만의 요구는 이보다 훨씬 많았다. 석유 이권이 있는 지역을 지키는 사우디아라비아 군대의 유지비를 부담해달라고 요구한 것이다. 이란과 소련의 위협 때문이라는 것이다. 월튼은 국무장관 딘 애치슨이 결재한 전보를 사우디아라비아 정부에 보내, 미국의 민간 기업이 외국 군대에 자금을 제공하는 것은 법률 위반이라고 설명하면서 그러한 요구를 거부했다.

1948년 섣달 그믐날, 게티가 이권을 획득했다는 소식이 술레이만으로부터 월튼에게 전해졌다. 사실 술레이만은 게티의 신청서를 아민오일과 월스트리트의 한 기업에 넘겨, 게티의 조건보다 나은 제안을 한다면 석유 이권을 넘기겠다고 비밀리에 제안했다. 금액과 위험이 너무 크다는 이유로 두 회사는 포기했다. 물론 월튼의 입장에서는 그가 훌륭하게 흥정한 것이었다. 술레이만은 950만 달러까지 부른 후에는 더 이상 가격을 높이지 않았다. 피에르 호텔에서 게티가 월튼에게 말한 상한선 1,050만 달러보다는 낮은 금액이었다. 그러나 게티의 회사인 퍼시픽 웨스턴이 지불하기로 한 이 가격은, 알려져 있지 않은 불모지라는 점을 감안하면 전례 없이 높은 가격이었다.[5]

중립지대는 쿠웨이트와 사우디아라비아가 소위 '불가분의 2분의 1 이권'을 가지고 있는 지역이다. 전체 파이를 두 나라가 나누어 가지지 않으면 안 된다는 의미다. 그래서 석유 이권 소유자 각각은 상당한 정도로 공동작업을 해야 했다. 결과는 불행한 결혼 생활과 같았다. 아민오일과 게티의 퍼시픽 웨스턴의 관계는 그중에서도 최악이었다. 게티와 아민오일의 대표 랠프 데이비스는 전혀 타협하지 않았다. 퍼시픽 웨스턴은 한 사람의 회사였고, 아민오일은 구성원 전체의 찬성 없이는 움직일 수 없는 컨소시엄이었다.

아민오일이 지역 탐광의 주도권을 쥐고 있었는데 쉬운 일이 없었다. 비용을 절감하기 위해 악전고투했다. 그러나 아민오일이 아무리 절약해도 J. 폴 게티는 충분히 절약했다고 생각하지 않았다. 탐광 작업이 예상보다 길어졌고 비용도 많이 들었다. 미국 석유사업가들 사이에서 우려의 목소리가 높아갔다. 그럴 만도 했다. 석유 이권을 획득하고 5년 후인 1953년 초, 양 그룹의 지출은 3,000만 달러를 넘어섰다. 그러나 남은 것은 빈 구멍 5개뿐이었다. 게티는 여러 가지 방법으로 불안을 달래려 했다. 사업에서 나올 이익에 집중하거나 유럽 여행을 다닌 것이다. 자신이 소유한 렘브란트의 마르텐루텐 초상화를 연구하기도 했다. 1세기 전 젊은 존 D. 록펠러처럼 60세의 게티는 매일 저녁 자신의 수입과 지출을 계산하면서 우울한 기분을 달랬다. 수입란에는 수천 내지 수백만 단위로 파리에서 들어오는 금액이 쓰여 있었고, 지출란에는 신문 10센트, 버스 요금 5센트와 같은 잡다한 것들이 적혀 있었다. 미국으로 돌아온 그는 20년에 걸친 싸움이었던 타이드워터 석유의 경영권 인수에 성공했다. 또 루이 15세 시대의 희귀한 옻 탁자도 수중에 넣었다. 아서 머레이의 댄스 교실에 교습비 178달러를 내고 삼바와 지르박을 집중적으로 연습하기도 했다.

게티의 인내와 믿음이 점차 무너지고 있었다. 빈 구멍이 늘어나면서 경비 지출은 계속 증가했다. 손해를 보고 있었지만 사우디아라비아에 매년 100만 달러를 지불해야 했다. 그는 탐광 일에 넌더리가 난다고 말했다. 아민오일이 탐광하는 지역은 월튼이 비행기에서 본 약간 높은 구릉지가 아니었다. 게티는 이 지역에 6개의 유정을 채굴해야 한다고 주장했다. 물론 비용은 더 드는 것이 아니었다. 그는 이 유정에서 석유가 나오지 않는다면 철수할 기세였다. 그러나 그럴 필요가 없어졌다. 1953년 3월, 마침내 아민오일 팀이 석유를 발견한 것이다. 월튼이 유망하다고 한 지역이었다. 그리고 그것이 엄청나게 큰 발견이라는 것을 알게 되었다. 「포춘」지는 '거대한 것과 역사적인 것 사이에 있다고 말할 수 있는 대발견'이라고 썼다.

억만장자의 탄생

석유가 발견되고 얼마 후 게티는 처음으로 현장을 방문했다. 그는 이 여행에 앞서 '독습 아라비아어'라고 하는 테이프를 구입해 공부했다. 그는 아민오일과 공동으로 주최한 만찬회에서 아라비아어를 구사해 중립지대의 지질을 설명했다. 참석자는 쿠웨이트의 수장과 사우디아라비아의 사우드 국왕이었다. 이븐 사우드 국왕은 이미 세상을 떠났고, 아들 사우드가 뒤를 이었다. 게티의 라이벌인 아민오일의 랠프 데이비스는 중립지대에 한 번도 간 적이 없었다. 아민오일의 중역은 그가 '먼지와 오물 그리고 세균에 병적인 공포를 가지고 있었고', 언제나 이것을 이유로 집 안에 틀어박혀 있다고 말했다.

중립지대의 석유는 '찌꺼기 기름'이라 불린 중질유로 값이 저렴했다. 그러나 게티는 이를 이용해 미국과 유럽, 일본을 통합하는 대규모 석유사업 체제를 구축했다. 그는 관할하던 회사를 재편했다. 게티 석유를 상위 회사로 하고 자신은 게티 대제국의 유일한 감독관이 되었다. 1950년 말에 이르러 게티의 미국 내 휘발유 판매량은 7위였다. 1957년 「포춘」지는 게티가 미국에서 가장 부유하며 그의 재산은 미국에서 유일하게 1억 달러를 넘는다고 밝혔다. 그는 이 뉴스에 관심을 보이지 않았다. 그는 "은행에서 그것이 사실이라고 말해주었다. 하지만 세간에 알려지지 않았으면 했다"라고 말했다. 또한 "자신의 돈을 셀 수 있다면 억만장자라고 할 수 없다"라는 의미 있는 훈계를 덧붙였다. 그는 구두쇠 억만장자로 유명했다. 그는 런던 근교 서리의 서튼 플레이스에 72개의 방이 있는 튜더 왕조풍의 우아한 저택을 지어, 지방 지주로서 말년을 보냈다. 가격을 매길 수 없는 미술품과 골동품에 둘러싸여 지냈지만 객실에는 공중전화가 설치되어 있었다.

지질학자인 폴 월튼은 1948년 사우디아라비아에서 교섭을 진행하던 중에 아메바성 이질에 걸려 회복하는 데 3년이 걸렸다. 게티는 그에게 1,200달러의 보너스를 주었다. 건강을 회복한 월튼은 솔트레이크로 돌아와 프리랜서 지질 전문가로 활동했다. 중립지대의 조그만 구릉지를 발견하고 10년이 흐른 1960년대 초, 월튼은 런던을 방문해 게티에게 전화를 걸었다. 억만장자는 월튼을 서튼 플레이스로 초대했다. 70대의 게티는 건강체조의 효용에 대해 늘어놓았다. 그는 침실에 아령을 비치하고 하루도 거르지 않고 운동한다고 말하면서 시범도 보여주었다. 두 사람은 아민오일이 월튼이 보았던 구릉지를 채굴하지 않겠다고 거부했을 때 게티가 크게 화를 냈던 일을 회고했다. 그러나 결국 월튼과 게티가 정확했다는 것이 입증되었고 중립지대는 게티의 최대 자산이 되었다. 월튼은 "게티는 중립지대의 운영에 크게 만족해했다"라고 회상했다. 게티의 회사는 10억 달러에 이르는 추가 채굴 가능한 석유가 매장되어 있을 것으로 추정하고 있었다. 중립지대는 게티를 미국에서뿐 아니라 세계 제일의 부자로 만들었다. 그러나 유전을 발견한 월튼은 솔트레이크에서 석유 채굴을 둘러싼 평범한 거래를 계속했다. 1976년 폴 게티는 83세의 나이로 세상을 떠났다. 베드포드 공작은 장례식에서 "폴을 생각하면 항상 돈이 생각난다"라고 조사弔詞를 했는데 J. 폴 게티에게는 최고의 칭찬인 것이 확실했다.

1948년과 49년에 걸쳐 게티가 사우디아라비아와 맺은 이례적인 협정은 기존 메이저 회사들에는 엄청난 충격 그 자체였다. 더욱이 그것은 새로 진입한 독립계 석유회사가 체결한 것이었다. 게티가 사우디아라비아에 지불하기로 한 배럴당 55센트의 로열티는 다른 회사들의 로열티를 훨씬 상회하는 것으로, 기분 나쁜 압력이 되었다. 지금까지 아민오일은 쿠웨이트에 배럴당 35센트, 아람코는 사우디아라비아에 배럴당 33센트, 앵글로-이란은 이란에 배럴당 16.5센트, 이라크 석유는 이라크에 16.5센트, 쿠웨이트 석유는 쿠웨이트에 15센트의 로열티를 지불하고 있었다. 이라크 석유회사의 사장은 "55센트의 로열티는 미친 짓이며, 게티는 앞으로 이라크와 이란에서 일어날 복잡한 문제에 대해 책임져야 할 것"이라고 말했다. 또 영국의 외교관도 '악명 높은 퍼시픽 웨스턴의 이권 거래'를 강력히 비난했다.

독립계 석유업자의 진출을 가장 우려했던 사람은 칼루스트 굴벤키안이었다. 중동의 석유 이권 교섭에 통달한 사람으로서, 그는 뉴저지 스탠더드의 중역에게 다음과 같은 편지를 보냈다. "새로운 그룹은 중동 석유 개발의 경험이 없습니다. 그들은 현지 정부에 비현실적인 조건을 제시하고 있는데, 그 결과 현지 정부는 우리에게도 똑같은 조건을 요구할 것입니다. 결국 각지에서 골칫거리가 될 것입니다." 굴벤키안은 게티에게 개인적인 반감을 갖고 있었다. 자신이 반세기 동안 정성 들여 가꾼 중동의 포도밭이 아직 안정되지 않은 상태에서 미국인 졸부가 쳐들어왔다고 생각한 것이다. 더욱이 게티는 다른 분야에서도 굴벤키안에게 도전하고 있었다. 세계 제일의 미술품 수집가 자리였다.

굴벤키안은 경험이 풍부했고 교묘하게 살아남는 자의 통찰력을 갖고 있었다. 그는 "지금 중동의 각 나라 정부들은 정중하게 있지만 조만간 힘을 모아 우리에게 최대한의 압박을 가할 것이다. 국영화와 다른 분규의 소용돌이가 엄습할지 모른다는 데 우려를 금할 수 없다"라고 예언하며 주의를 환기시켰다.[6]

후퇴는 불가피하다

사우디아라비아산 석유에 대한 세계의 수요는 급격히 늘어나다가 1949년 들어 갑자기 정체되었다. 미국이 경기 하강기에 들어갔고 영국의 경제도 불황이었기 때문이다. 아람코의 생산량이 줄어들자 사우디아라비아 정부의 수입도 감소했다. 그러나 국왕과 왕국의 재정 지출은 급속히 팽창하면서 1930년대 초와 40년대 초의 경제 위기가 재현되었다. 병사와 관리들의 급료를 지불할 수 없었고, 부족분에 대한 보조금 지급도 중지되었다. 정부 금고에는 채무만 누적되고 있었다.

자금을 어디서 조달해야 할까? 아람코뿐이었다. 재무상 압둘 술레이만은 1933년 '잭' 필비의 도움으로, 초기 소칼의 석유 이권 교섭에 수완을 발휘한 경험이 있었다. 그러나 그는 현재 '회사가 얻고 있는 거대한 이익'이 사우디아라비아 정부에 분배되지 않는다면 석유 전 사업을 폐쇄할 것이라고 위협했다. 술레이만의 요구는 끝이 없어 보였다. 아람코는 사우디아라비아의 건설 계획에 자금을 대고, 사회복지기금에 출연하고, 신규 차관을 제공해야 했다. 아람코의 대표는 "요구를 하나 받아들이면 또 다른 요구를 해왔다"고 탄식했다. 사우디아라비아의 진정한 의도는 석유 이권의 재교섭, 즉 자신들이 갖는 렌트의 지분을 높이겠다는 것이었다. 사실 아람코는 큰 이익을 얻고 있었다. 사우디아라비아는 베네수엘라가 얻은 것을 자신들도 얻어야 한다고 생각했다.

이 무렵 베네수엘라 대표단은 카라카스에서 중동으로 날아가서 '이익 반분'의 새로운 협정에 대해 선전했다. 말로만 한 것이 아니라, 협정 내용을 특별히 아라비아어로 번역해 배포하기도 했다. 베네수엘라가 애타심에서 그런 행동을 한 것은 아니었다. 다른 이유가 있었다. 카라카스에서 로물로 베탄쿠르가 그간의 사정을 설명했다. "중동의 값싼 석유가 대량으로 출하되어 베네수엘라에 중대한 위협을 주고 있다. 중동의 석유 가격이 인상되면 베네수엘라에는 더없이 좋은데, 그렇게 하려면 중동 제국이 석유에 부과하는 세금을 높여야 한다." 미국 국무부의 석유 전문가는 "베네수엘라는 자신들의 사업을 위협하는 지역의 경쟁자인 중동에 이익 반분의 은총을 확대하려 하고 있다"라고 빈정거렸다.

그러나 베네수엘라 대표단은 이라크의 바스라까지는 갔지만 사우디아라비아에는 입국할 수 없었다. 베네수엘라가 국제연합에서 이스라엘을 지지하는 투표를 해서 사우디아라비아 정부의 태도가 경색되었기 때문이다. 그러나 이익 반분의 원칙은 국경을 넘었다. 사우디아라비아 관계자는 그 숫자를 보고 자신들의 협정과 너무나 차이가 나는 데 놀랐다. 1949년 아람코의 이익은 사우디아라비아 정부의 이권 수익의 3배에 달했다. 그중에서도 사우디아라비아를 놀라게 한 것은 미국의 세수稅收였다. 1949년 아람코는 미국 정부에 4,300만 달러의 세금을 납부했다. 이것은 사우디아라비아 정부에 지불한 로열티보다 400만 달러가 많은 액수다. 사우디아라비아 정부는 아람코의 수익, 미국 정부의 세수, 사우디아라비아 정부의 로열티 수익을 자신들이 정확히 알고 있다는 점을 분명히 했다. 아람코 대표는 "사우디 측이 불만을 갖고 있는 것은 분명하다"라고 말했다.

폴 게티가 중립지대의 석유 이권에 대해 제시한 조건은 회사가 더 많은 로열티를 지불할 수 있다는 증거였지만, 사우디아라비아는 목을 너무 조이지 않았다. 석유 이권에는 많은 돈이 소요되는 투자 계획이 있어야 했기 때문이다. 더욱이 아람코는 최근 시장에서 상황이 좋지 않았다. 사우디아라비아 정부는 추가 비용이라는 족쇄를 채울 경우, 아람코가 페르시아 연안의 다른 제국의 석유에 대해 경쟁력을 잃게 될 것을 우려했다. 사우디아라비아 정부는 아람코의 경쟁력을 해치지 않고 더 많은 돈을 얻어낼 수 있었다. 그들은 아람코 모르게 미국 법률 전문가를 고용해 조사를 시작했다. 조사 결과 미국의 세제 가운데 유리한 항목을 발견하고 크게 기뻐했다. '외국 세액 공제도foreign tax credit'라 불리는 것을 적용하면 아람코를 미국의 세제에서 벗어나게 할 수 있었다.

1918년에 제정된 이 법률에 의하면, 외국에서 활동하고 있는 미국 회사는 국외에서 납부한 세금을 국내 세액에서 공제할 수 있었다. 미국 회사의 해외 활동이 불리해지지 않게 하기 위해서였다. 단 로열티와 사업 활동 경비 등은 차감할 수 없었다. 소득에 대해 부과된 세금만이 대상이었다. 그러나 이것이 가장 중요했다. 1949년을 예로 들어보자. 사우디아라비아 정부가 아람코로부터 로열티 3,900만 달러 외에 세금도 3,900만 달러를 거둔다고 가정하면, 아람코는 미국 정부에 지불하는 4,300만 달러의 세금 중에서 사우디아라비아 정부에 지불한 3,900만 달러를 공제받을 수 있었다. 결국 아람코는 미국 재무부에 400만 달러만 지불하면 되고, 사우디아라비아는 로열티의 2배인 7,800만 달러를 얻게 되는 것이다. 아람코가 지불하는 세금의 총액은 변함이 없다. 지불 대상이 워싱턴에서 리야드로 바뀌는 것뿐이다. 리야드 측에서 생각하면 당연한 일이었다. 석유는 그들의 것이었기 때문이다.

사우디아라비아는 이 법 조항을 무기로 아람코에 압력을 가했다. 1950년 8월, 아람코는 현실을 직시하고 협정을 근본적으로 개정하는 교섭에 응했다. 국무부 역시 교섭을 강력히 지지했다. 1950년 6월, 한국전쟁이 발발하자 미국 정부는 소비에트 공산주의의 확장 정책이 중동의 안정과 석유 공급에 미치는 영향을 우려했다. 서구에 반대하는 민족주의도 저지해야 했다. 재무부의 수입은 감소했지만, 국무부는 사우디아라비아와 기타 산유국의 수입이 증가하기를 바랐다. 중동에 우호적인 정부를 유지하면서 지역의 불만을 무마할 필요가 있었다. 어떻게 해서든 사우디아라비아 내의 미국 석유회사의 지위를 유지할 필요성이 시급한 과제로 대두되었다.

멕시코가 미국과 영국계 석유회사를 국영화한 지 12년이 지났다. 멕시코의 사례는 산유국과 석유회사의 관계 악화가 어떤 사태로 치닫는지 보여주는 경고였다. 국무부의 정책 보고는 다음과 같이 결론을 내리고 있다. "회사의 철수가 불가피하다면 전체 관계자에게 가능한 한 이익을 남기고 질서를 유지하면서 철수해야 한다." 국무부 근동 문제 담당 차관보 조지 맥기는 이익 반분이 피할 수 없는 원칙이라 결론지었다. "사우디아라비아는 베네수엘라가 이익의 절반을 얻고 있음을 알고 있다. 그들이 그것을 원하지 않을 이유가 없다." 1950년 9월 18일, 국무부 회의에서 맥기는 중동에 진출해 있는 석유회사의 대표들에게 "지금은 펀치를 피해 뒤로 물러나 있을 때"라고 말했다.

그런데 아람코를 구성하는 4개의 모회사가 문제였다. 그들 중에는 강력하게 반대하는 의견도 있었다. 최초 협정의 조문에 소득세를 특히 금지하고 있는 것도 있었다. 그러나 계속된 회의에서 맥기는 타협이 필요하다고 설명했다. 아람코의 부사장은 이익 반분을 지지하면서 "심리적인 관점에서 본다면 반분은 공평하다. 사우디아라비아 사람들도 그렇게 생각할 것이다"라고 말했다. 모회사는 설득되었다. 교섭을 시작하고 한 달이 된 1950년 12월 30일, 아람코와 사우디아라비아 정부는 새로운 협정에 조인했다. 핵심은 베네수엘라와 같은 반분의 원칙이었다.

사우디아라비아는 일단 만족했지만, 미국 회사가 국내에서 세금을 면제받을 수 있을지 여부가 불안했다. '외국 세액 공제도'의 적용이 인정되고, 미국

내에서 내는 세금을 면제받는 것이 확정된 것은 1955년이었다. 국세청이 아람코의 1950년도 조세 환급을 조사하는 과정에서 결정된 것이다. 1957년 의회의 내국세 수입 과세 위원회도 이를 승인했다. 위원회는 세제 관련법과 외국 세액 공제도의 성립 과정, 사법 판단의 기록, 국세청의 형평성 판단에 기초해 승인했다고 밝혔다. 수년 후 미국 정부, 특히 국가안전보장위원회가 아람코에 특혜를 주기 위해 세법을 왜곡 적용했다는 주장이 나왔는데, 기록을 보면 사실과 다르다. 아람코에 대한 판단은 처음과 끝이 똑같았다.

그 후 거대한 세금 수입이 미국에서 사우디아라비아로 향했다. 1949년 미국 재무부는 아람코로부터 세금 4,300만 달러를 징수한 반면 사우디아라비아는 로열티로 3,900만 달러를 받았다. 1951년 신협정이 체결된 결과 렌트 분할이 완전히 바뀌었다. 그해 사우디아라비아는 아람코로부터 1억 100만 달러를 징수했고, 재무부는 600만 달러를 징수하는 데 그쳤다.[7]

사우디아라비아와 아람코 간에 맺어진 신협정의 영향은 인근 제국으로 파급되었다. 쿠웨이트 정부는 같은 내용의 협정을 주장했다. 걸프 석유는 이에 대응할 경우 일어날 반발을 우려했다. 걸프 석유의 회장인 J. F. 드레이크 대령은 미국 정부 고위 관리에게 "하루아침에 쿠웨이트를 잃을지도 모른다"라고 우려했다. 걸프 석유는 쿠웨이트 석유의 동업자인 앵글로-이란의 회장 윌리엄 프레이저 경의 완강한 반대를 무마하고, 쿠웨이트에도 이익의 절반을 주는 협정을 체결했다. 영국 국세청은 앵글로-이란의 세금을 면제하는 데 반대했지만, 내각의 반대에 직면해 적당한 면제 방법을 만들어냈다. 이라크에서도 1952년 이익 반분 협정이 체결되었다.

데이비드 리카르도가 생각했던 지주와 소작인의 관계에 새로운 기준이 성립되었다. 석유회사는 그 의의를 이해할 필요가 있었다. 뉴저지 내부에서는 여러 부서가 모여 이익 반분 협정에 대한 사내 지침서를 만들었다. 지침서는 멕시코의 석유산업 국유화 이후 많은 것을 배울 수 있었다고 밝히고 있다. "외국에서의 안정된 지위 확보는 법률과 계약을 준수하는 것, 혹은 지불하는 금액의 크기에 좌우되는 것이 아니다. 주재하는 국가의 정부와 여론이 우리와의 관계 전체를 받아들이고 있는가도 중요하다. 또 미국 정부와 여론이 그것을 공정하다고 판단하는지 여부도 중요하다. 만약 받아들여지지 않는다면 변화하지 않을 수 없다. 공정과 불공정은 계산되는 것이 아니며 감정이 결정하는 것이다." 석유회사의 운영에 종사하는 기술자와 실무자, 모험가에게는 다소 불만스러운 이야기일 수 있다. 그러나 그것이 현실이었다. "경험은 이익 반분의 원칙에 만족할 수 있다는 것을 보여주고 있다."

만족하든 않든 그것은 중요하지 않았다. 그러나 이것으로 렌트를 둘러싼 투쟁이 평화협정으로 영구히 대체된 것일까, 아니면 일시 휴전으로 무마된 것일까? 이것으로 석유회사는 민족주의, 주권의 주장, 산유국의 수입 증대 요구로부터 자신을 보호할 수 있는 입장을 얻은 것일까? 뉴저지 스탠더드의 간부에게 배포된 지침서는 이렇게 경고하고 있다.

"우리가 나누어 가질 수 없다면 모든 나라에서 설 자리가 없어질 것이다. 뉴저지는 반분의 개념을 수용하지 않을 수 없다. 50 대 50은 방어할 필요가 없는 좋은 조건이므로 공격하는 것은 곤란하다. 55 대 45, 60 대 40은 그러한 호소력을 갖지 못하며, 무제한으로 밀리는 후방 방어의 입장이 된다."

중동, 운명의 분수령

대영제국의 흥망을 기술한 역사가는 1950년 12월의 사우디아라비아와 아람코의 반분 협정이 혁명적인 것이었다고 말한다. 중동의 경제와 정치의 분수령을 이루는 협정으로, 영국이 인도와 파키스탄을 포기한 것에 조금도 뒤지지 않는 의의가 있다는 것이다. 미국 정부는 신협정이 사우디아라비아를 포함한 중동 제국에 시급하게 필요한 재정 수입을 증대해줌으로써 이 지역의 전후 석유 질서와 우호 정책을 유지하는 데 도움을 줄 것이라 기대했다. 걸려 있는 이권과 위험은 실로 엄청난 것이었다. 트루먼 독트린과 마셜 플랜에 의거해, 미국 정부가 지출하는 1달러에 대해서도 의회가 눈을 번뜩이던 때였다. 중동 제국이 석유회사에 세금을 거두어 재정 수입을 충당하는 것은, 미국 의회로부터 추가적인 해외 원조를 얻는 것보다 훨씬 효율적이었다. 더구나 50 대 50의 반분 협정은 심리적 효과도 기대할 수 있었다. 정치적이고 상징적인 측면에서 필요한 작업이 이루어진 것이다.

수년이 지난 후인 1974년, 국제 석유 문제가 긴박해졌다. 사우디-아람코 거래에 국무차관으로 관여했던 조지 맥기가 상원 청문회에 출석해, 1950년에 가까스로 해결했던 협정에 대해 증언했다. 한 의원이 외국 세액 공제도에 대해 이렇게 질문했다. "세액 공제도 적용은 재무부의 자금 수백만 달러를 의회의 승인 없이 행정부의 판단만으로 외국 정부에 넘겨준 것이 아닌가?"

맥기는 부정했다. "그것은 속임수가 아니었다. 당시 재무부와 의회와도 협의했고, 그 결정도 공개되었다. 이익 반분의 협정은 사우디아라비아와 맺기 7년 전에 이미 베네수엘라에서 체결된 것이었다"라고 말하면서, 의원의 질문에 중요한 포인트가 빠졌다고 주장했다. "석유 이권의 확보는 미국 자산의 확보와 같다. 이를 지키지 않는 행동을 취할 경우의 위험은 매우 크다. 우려되는 것은 이권을 잃는 것이다."[8]

사우디아라비아에서 아람코의 이권은 확실히 확보되었다. 그러나 사우디아라비아와의 이익 반분 협정이 체결되고 6개월 후인 1950년 12월, 인접 국가인 이란의 사태는 지주와 소작인의 관계가 결코 만족스럽게 해결되지 않았음을 보여주었다.

23

늙은 머시와
이란 쟁탈전

전 이란 국왕 레자 팔레비가 망명지인 남아프리카에서 사망했다는 소식
이 1944년 테헤란에 전해졌을 때, 왕위를 승계한 그의 아들은 절망적인 심정
이었다. 훗날 그는 '하늘이 무너지는 슬픔'이라고 표현했다. 모하메드 레자 팔
레비는 결단력과 뛰어난 신체 조건을 가진 페르시아의 카자흐인 여단 사령관
출신으로 20년대에 스스로 권력을 장악해 왕위에 올랐던 아버지를 존경했다.
레자 팔레비는 그 후 분쟁이 끊이지 않던 이란에 질서를 정착시키고 현대화를
추진했으며, 팔레비 부자의 위험한 적수였고 중세시대부터 권력 기반을 갖고
있던 물라Mullah(회교국의 율법학자)들을 복속시켰다.

아들 모하메드의 슬픔과 죄의식이 컸던 것은 비록 왕위를 찬탈한 것은 아
니지만, 아버지의 왕위 하야에 하나의 원인을 제공했다는 사실 때문이었다.
독일이 소련을 침공하고 두 달 후인 1941년 8월, 영국과 러시아인들은 이란
으로 군대를 이동시켜 아바단에 있는 정유 시설과, 페르시아 만에서 소련으로
연결되는 공급선을 보호하게 했다. 독일의 신속한 러시아 및 북아프리카 진출
에 놀란 연합국은 이란을 중심으로 양공작전이 벌어질 것을 두려워했다. 그들

은 나치에 호의와 동정을 표시해온 레자 국왕을 폐위하고, 당시 21세였던 그의 아들을 왕위에 즉위시켰다.

레자 국왕이 사망한 후, 모하메드 팔레비는 아버지의 기억에 사로잡혀 일생을 보내야 했다. 그는 레자 국왕만큼 해내기 위해 죽을 때까지 노력했고, 자신은 물론 세상 사람들도 아버지를 기준으로 그를 평가했다. 1948년 어느 날인가 모하메드 국왕은 "어제 여동생 아슈라프가 내게 사람인지 쥐인지 물었다"라고 한 방문객에게 토로했다. 그는 그 말을 하면서 웃었지만, 속으로는 심각하게 고뇌하고 있었던 것이 분명했다. 그는 아버지에 비해 약하고 결단력이 없고 능력이 부족하다는 평가를 받았다. 그는 항상 방관자적인 입장이었다. 6세에 프랑스 여성 가정교사에게 위탁되었고, 12세에는 스위스에 있는 학교에 다녔다. 그가 받은 교육과 경험은 이란 사회와 동떨어진 것이었다. 1950년 미국 대사는 "그는 동양 국가의 기준으로 볼 때 너무 서구화 되어 있는 것 같다"라고 말했다. 이런 이질감은 40년 동안이나 그를 따라다녔다.

그는 젊은 나이에, 자신만만하고 경험 많은 정치가들조차도 대응하기 어려운 음흉한 정치판에 끼어들게 되었다. 팔레비 왕조의 정통성에도 문제가 있었다. 이란에서는 그때까지도 국왕의 역할이 제대로 정립되어 있지 않았다. 이런 와중에 국왕은 이란 영토에 대한 소련의 압력, 영국의 경제적 침탈, 그리고 만성적인 외국 세력의 간섭에 대항해야 했다. 그는 계급과 지역과 종교 갈등, 근대화와 전통과의 대립 등 사방팔방 분열된 정치 상황 속에서 국왕의 권력을 확보하기 위해 고군분투했다. 게다가 과격한 아야톨라(회교 최고 지도자에 대한 존칭—옮긴이 주) 셰이예 카샤니가 이끄는 회교 원리주의자들도 도사리고 있었다. 그들은 현대문명의 수용, 외국인 고문의 고용, 여성들이 베일을 사용하지 않도록 한 레자 국왕의 조치에 분개하고 있었다. 다른 한편에는 공산주의자들과 튜데당이 존재를 드러냈다. 튜데당은 조직화가 잘된 좌경 단체로,

모스크바와 연결되어 있었다. 그 사이에는 개혁주의자, 민족주의자, 공화정주의자가 자리하고 있었는데, 모두가 정치 체제의 변혁을 바라고 있었다. 그뿐만 아니라 군 장교들도 그들대로 권력을 추구했다.

이란의 정치 상황은 혼돈과 환상이 지배했고, 사실에 대한 왜곡과 과장으로 인한 감정 대립이 비일비재했다. 독직과 부패는 의례적인 일상이 되었다. 영국의 대리 대사charge d'affaires(외교사절의 최하위 직급―옮긴이 주)는 테헤란 의회에서 벌어지고 있는 이런 상황을 함축해 "의원들은 뇌물을 바란다"라고 단도직입적으로 표현했다. 지방의 민족 및 부족 다수는 테헤란과 팔레비 왕조에 복속되는 것을 거부했다. 사실상 국왕 소유의 영토 중에서 분리운동이 일어나지 않은 곳이 없었다. 또한 1940년대 말, 이란은 경제 파탄으로 심한 빈곤과 어려움에 처해 있었다. 국가 전체가 절망감에 빠져 있었던 것이다.

이런 가운데 전 국민이 화합할 수 있는 대상은 외국인들, 특히 영국인에 대한 증오였다. 쇠락해가는 국가에 대해 그렇게 강한 증오심이 발현된 적은 결코 없었다. 영국은 이란의 국토를 지배·착취하는 초자연적인 악마로 규정되었다. 이란 정치가들은 정치 파벌에 관계없이 정적이나 반대자들을 비난할 때 영국의 첩자라고 매도했다. 가뭄, 흉작, 메뚜기떼의 재앙조차 영국인들의 사악한 음모 때문이라고 비난했다. 그러나 집중적인 증오의 대상은 현대화 된 외국 세력 침투의 상징인 앵글로―이란 석유회사였다. 앵글로―이란은 이란에서 가장 많은 인원을 고용한 사업체로, 이란 최대의 외화 수입원이었다.

앵글로―이란에 대한 증오심은 부분적으로 석유 이권 임대료에서 비롯되었다. 1945~50년간 앵글로―이란은 2억 5,000만 파운드의 수익을 올렸는데, 이에 비해 이란은 로열티로 9,000만 파운드를 받았을 뿐이다. 영국 정부가 앵글로―이란에서 받은 세금이 이란의 로열티보다 많았다. 설상가상으로 앵글로―이란의 배당 중 상당 부분이 대주주인 영국 정부에 돌아갔고, 앵글로―이란이 영국 해군에 대폭 할인된 가격으로 석유를 판매하고 있다는 소문이 돌면서 문제는 더욱 악화되었다. 그러나 이란으로서는 돈보다는 국민적 감정과 상징적 의미가 더 중요했다. 정치가들과 대중이 흥분하고 앵글로-이란에 대한 적의가 전국을 들끓었던 것이 바로 그 때문이었다. 국내 사정이 좋지 않은 시기에 취할 수 있는 최선의 방법은 이처럼 외국을 속죄양으로 삼는 것이었다.[1]

최후의 기회

제2차 세계대전 중 미국과 영국은 이란이 런던의 책임 아래 있다고 간주했다. 이란은 일차적으로 '영국의 무대'였던 것이다. 그러나 냉전 체제로 접어들게 되자 상황이 바뀌었다. 페르시아 만 석유의 안전에 대한 우려로, 이란은 미국 외교 정책상 초유의 관심 지역이 된 것이다. 1946년 소련 군대가 이란 북부에서 철수했지만, 1949년이 되면서 미국은 경제적·정치적으로 혼란이 심해지고 있는 이란이 소련의 희생물이 되지 않을까 노심초사했다.

이란에 대한 전망은 한층 더 불확실해졌다. 암살과 암살 미수 행위가 만연하면서 정치 상황은 더욱 혼돈의 상태에 빠졌다. 1949년 2월, 사진사로 위장한 이슬람 과격분자가 테헤란 대학을 방문한 국왕을 저격하려 했다. 그는 근접 거리에서 6발의 총알을 쏘았으나 국왕에게 가벼운 상처만을 입혔다. 국왕은 용기 있고 냉정한 태도로 대처했고, 후일 "암살을 기적적으로 모면한 것은 내 생명이 보호받고 있음을 입증한다"라고 말했다. 이 사건을 계기로 국왕은 자신의 입장과 국가에 대한 생각을 바꾸었다. 그는 계엄령을 선포하고 국왕으로서의 권위를 높이는 작업을 적극 추진했다. 그는 남아프리카에 매장되어 있던 아버지의 시신을 이란으로 이송해 국장을 치렀고, '대왕the Great'이라 부르게 했다. 한편으로는 자신이 지배하는 영토 각지에 말을 탄 레자 왕의 모습을 담은 거대한 동상들을 건립했다.

정치적 지배력을 강화하려는 국왕의 정책은 앵글로-이란 석유회사와의 재정적 연계를 재조정하려는 노력으로 나타났다. 이는 다른 석유 수출국에서 벌어지고 있는 상황과 유사했다. 소련의 야심을 두려워하던 미국은 영국과 앵글로-이란 석유회사가 이란에 지불하는 로열티를 올리도록 압력을 가했다. 미국이 입는 손실은 영국에 비해 훨씬 작았다. 미국 측 교섭 담당관은 국무부의 중동 및 아프리카 담당 차관보인 조지 맥기였다. 그는 당시 아람코와 사우디아라비아 정부 간의 이익을 50 대 50으로 나누는 새로운 협상을 진행 중이었다. 그는 앵글로-이란 석유회사와 이란의 수익 배분이 합당치 않다고 생각했다. 당연히 영국 관리들은 미국의 개입에 대해 강하게 반발했다. 영국 측은 1949년 당시 37세였던 맥기를 '유아기의 신동'이라고 냉소적으로 불렀고, 그들의 골치를 아프게 하는 원인 제공자로 간주했다. 그들은 맥기를 영국과 앵글로-이란 석유회사에 반대하는 인사로 생각했지만 그것은 사실이 아니었다. 옥스퍼드의 로즈 장학생이었던 시절, 맥기는 앵글로-이란 석유회사의 존 캐드먼 경의 딸들을 알게 되어 그의 별장을 방문한 적이 있었다. 당시 지구물리학 박사 과정에 있던 맥기는 앵글로-이란과 공동으로, 관심 시추 지역인 햄프셔에 적용할 지진 탐광법을 연구했고, 회사에서 이란 주재 지구물리 전문가로 일해 달라는 제의를 받았다. 맥기는 신중하게 생각한 후 그 제의를 거절했는데, 향수병에 걸려 미국으로 돌아가기를 원했기 때문이었다. 그는 후일 "나는 앵글로-이란 석유회사에 호감을 갖고 있었다"라고 말했다.

결국 그의 선택이 옳았음이 입증되었다. 제2차 세계대전 초기에 영국에서 돌아온 맥기는 루이지애나에서 막대한 규모의 유전을 발견함으로써, 부를 쌓고 자립 기반을 마련했으며 공인으로의 활동에 전념할 수 있는 여유가 생겼다. 그는 유명한 에버레트 드골리에의 딸과 결혼했고, 군대에 들어가기 전까지 드골리에가 소유한 석유 감정회사의 동업자로 일했다. 맥기는 친영주의적 색채를 감추려 하지 않았다(나중에 그는 영국식 영어를 말하는 단체의 회장이 되기도 했다). 그는 영국이 자기 한계에서 벗어나야 하며, 석유에 대한 19세기적 태도에 대해서는 특히 그래야 한다고 생각했다. 이런 맥기의 생각은 국무부 동료인 딘 애치슨의 견해를 반영하는 것이다. 딘 애치슨은 '앵글로-이란 석유회사와 영국 정부의 태도가 유별나면서 경직돼 있다'라고 비판했다.[2]

한편 영국 정부는 앵글로-이란 석유회사와 대립 관계에 있었는데, 미국은 그런 사실을 믿으려 들지 않았다. 영국은 앵글로-이란 석유회사 지분의 51%를 소유했지만, 그것 때문에 상호 애착이나 공감대가 있지는 않았다. 오히려 그 반대였다. '장관과 사장 사이의 내전'으로 불린, 눈에 보이지 않는 심한 암투가 있었던 것이다. 1946년 초 외무장관 어니스트 베빈은 "앵글로-이란이 사실상 국가 자본을 가진 민간 기업이며, 그 회사의 모든 활동이 영국 정부와 페르시아 사이의 관계에 다시 영향을 미친다"라고 불평했다. 그는 이어서 이렇게 덧붙였다. "정부가 대주주임에도 불구하고 외무장관인 내가 갖는 권한이나 영향력은 전혀 없다. 내가 알기로는 다른 부처도 마찬가지로 권한이 없다."

물론 회사 측의 생각은 전혀 달랐다. 앵글로-이란 석유회사는 원유 대부분을 이란에서 생산하고 있는, 세계에서 세 번째로 큰 원유 생산자였다. 그들은 이란이 현 여건에서 할 수 있는 가장 유리한 거래를 하고 있다고 생각했다. 1933년 협정에 의거해, 이란은 로열티뿐 아니라 앵글로-이란 석유회사의 전 세계 수익의 20%를 분배받고 있었다. 이는 다른 나라와 비교할 바 없이 좋은 조건이었다. 앵글로-이란은 수위 그룹에 속하는 국제 석유회사로서, 세계적 규모의 경영활동을 수행하고자 했다. 1914년 처칠의 지분 인수에서 의도했던 대로 앵글로-이란은 민간 회사처럼 운영되었다. 고위 간부들은 정치가와 공무원들의 개입이나 충고에 화를 냈고 그 모두를 거절했다. 관료들이 석유산업조차 이해하지 못하고, 이란에서 수행되는 사업이 어떤 모습을 갖추어야 하는지도 모르고 있다고 생각한 것이다. 앵글로─이란의 회장인 윌리엄 프레이저 경은 관료들을 '웨스트 엔드(고급 주택지)의 신사'라고 경멸적으로 불렀다. 그러나 회사에 대한 압력은 점점 심해져서, 1949년 여름 앵글로─이란은 1933년의 개정 이권 계약에 부속되는 보충 협정을 맺지 않을 수 없었다. 이 새로운 계약에는 로열티의 대폭 인상과 지불금의 일괄 결제 조항이 담겨 있었다.

앵글로─이란과 이란 정부가 협정을 체결했지만, 이란 정부는 의회의 반대를 두려워해 1950년 6월까지 거의 1년 동안 협정안을 의회에 제출하지 않았다. 의회의 석유위원회는 새 협정안에 대해 맹렬히 비난하고 이권 계약의 무효화를 주장하면서 앵글로─이란의 국유화를 요구했다. 친영 세력을 이끌던 정치가 한 명이 암살당했고, 겁을 먹은 수상은 조심이 최선이라 판단하고 수상직을 사임했다. 국왕은 육군 참모총장 알리 라즈마라 장군을 새 수상으로 지명했다. 세인트 시르에 있는 프랑스 육군사관학교를 졸업한 그는 마른 체격으로 젊은 '군인 중의 군인'이었다. 또한 야심가였고 냉혈 기질의 소유자였다. 라즈마라는 뇌물을 돌려준 전대미문의 행동으로 유명했다. 그는 국왕과 거리를 두면서 자신의 권위를 높여갔다. 미국과 영국에는 그가 마지막 기회로 보였다. 이란은 공산주의자의 파괴 공작과 소련의 직접적인 세력 팽창에 이전보다 훨씬 더 취약한 면을 보이고 있었다.

1950년 6월, 북한이 남한을 침공하면서 냉전 체제는 전쟁이 달아오르는 분위기로 바뀌었다. 이미 소련과 이란 군대 간의 국경 충돌이 있었다. 국무부에는 소련의 이란 침공에 대응하는 사안별 계획을 준비하라는 맥기의 긴급 지시가 하달되었다. 게다가 한국전쟁의 와중에서 이란의 석유는 중요성이 새롭게 부각되었다. 이란 석유는 중동 지역 생산의 40%를 점하고 있었고, 아바단

에 있는 앵글로-이란의 정유소는 동반구에 대한 주요 항공유 공급원이었기 때문이다.[3]

갑자기 이란 석유에 대한 가치가 높아지자, 미국 정부는 앵글로-이란을 재촉해 이란 정부가 빨리 승인할 수 있는 제안을 내놓도록 훨씬 더 강한 압력을 행사하라고 영국 정부에 재촉했다. 그러나 윌리엄 프레이저 경은 쉽게 양보하려 하지 않았다. 이란과의 수년에 걸친 거래 경험으로 그는 이란 정부 자체를 신뢰하지 않았고, 미국에 대한 감정도 좋지 않았다. 그는 테헤란에서 미국이 정치적 개입을 하고, 미국 석유회사(특히 아람코)들이 중동에서 활동함으로써 앵글로-이란 석유회사에 미치는 영향에 대해 불평했다.

프레이저는 앵글로-이란의 기초를 확립한 인물로, 어떤 조건에서도 만만찮은 적수였다. 그는 존 캐드먼 같은 외교적 수완을 가지고 있지는 않았지만 앵글로-이란을 자신의 방식대로 운영해온, 타협과는 거리가 먼 독재자였다. 앵글로-이란의 쿠웨이트 지역 동업자였던 걸프 회장은 프레이저의 지배력이 너무 완벽해서 회사의 경영 간부들은 '자신의 영혼이 자신의 것이 아니라고 말할 정도다'라고 평했다. 프레이저는 '완전한 스코틀랜드인'으로 알려져 있었다. 그의 아버지는 스코틀랜드 셰일오일 회사의 설립자였고, 앵글로-이란에 셰일오일을 판매했다. 프레이저와 함께 일한 적이 있는 동료는 "믿을 수 없는 거래가 다반사인 석유산업에서 그를 따를 자는 없었다"라고 말했다.

상대가 영국 정부일 때도 마찬가지였다. 프레이저는 대차대조표에도 나오지 않는 내용을 가지고 글래스고의 회계사를 욕하기도 했다. 그와 거래한 적이 있는 다른 영국 관리의 눈에는 프레이저가 완고하면서 소심한 늙은 구두쇠로 보였다. 많은 영국 고관들이 그를 제거하기 위해 궁리했지만, 그렇게 할 만한 힘이 없었다. 앵글로-이란의 수익이 영국 재무부와 영국 경제 전체에 미치는 영향력이야말로 프레이저가 반대자들에게 대항하는 큰 힘이었다.[4]

프레이저는 이란과의 협상을 우호적으로 진행하라는 영국 정부의 반복된 간청을 가차 없이 거절했고, 미국의 요구도 무시했다. 그러나 1950년 가을, 프레이저는 갑자기 심경의 변화를 일으켰다. 그는 이란에 더 많은 자금을 제공하고, 경제 개발과 교육사업을 지원하겠다는 말을 꺼냈다. 무엇 때문이었을까? 그가 갑자기 박애주의자로 변신한 것은 아니었다. '맥기 돌발 선언'으로 알려진 사우디아라비아와의 50 대 50 수익 배분 계약에 대해 듣고는 시급한 대응이 필요하다고 생각했기 때문이었다. 그러나 이미 때는 늦었다. 12월에 아람코와의 50 대 50 계약이 알려지자 라즈마라 수상은 보충 협정에 대한 지지를 철회했다.

마침내 앵글로−이란은 자체적으로 50 대 50 계약 조건을 들고 나왔다. 그러나 이제 그것으로도 충분치 않았다. 이란 내의 모든 반대 세력들이 악명 높은 앵글로−이란을 집중 공격했다. 그 세력의 주동자는 석유위원회 위원장이었던 노회한 모하메드 모사데그였다. 모사데그는 "이란의 왜곡된 현 상황의 원인은 앵글로−이란 석유회사다"라고 단언했다. 다른 의원은 이란의 석유산업을 앵글로−이란에 넘겨주기보다는 차라리 원자폭탄으로 파괴하는 편이 낫다고 극단적으로 말했다. 모든 의원들은 석유산업의 국영화와 앵글로−이란의 추방을 요구했다. 라즈마라 수상은 어찌할 바를 몰랐다. 1951년 3월 의회 연설에서 그는 국유화 반대를 주장했다. 그리고 4일 후, 테헤란 중심가에 있는 회교 사원에 들어가던 수상은 회교 과격분자로부터 '영국의 하수인을 사살하라'는 신성한 사명을 부여받은 젊은 목수에 의해 살해되었다.

라즈마라의 암살로 타협의 길을 찾던 세력들은 사기가 꺾이고, 국왕의 권위는 약해진 반면 반대파들의 목소리는 커졌다. 10일 후, 교육부 장관도 암살되었다. 의회는 석유산업 국유화에 관한 의안을 통과시켰으나, 즉각 실시되지는 않았다. 1951년 4월 28일, 의회는 국유화법을 시행하라는 민중들의 압도적 지지에 힘입어 앵글로–이란의 최고 반대 세력인 모사데그를 새로운 수상으로 선출했다. 국유화 법안은 국왕의 서명을 받아 5월 1일부로 효력이 발생했다. 이란에서 앵글로–이란의 시대는 막을 내렸다. 국유화 법령으로 앵글로–이란은 '전前 회사'로 지칭되었다. 영국 대사는 "앵글로–이란은 전 세계적으로 사업을 벌이고 있지만 법적으로는 폐지되었고 테헤란 정부는 그 존재를 인정하지 않는 입장을 취하게 되었다"라고 보고했다.

모사데그는 쿠지스탄 주지사를 코람샤흐르에 있는 앵글로–이란 본사에 파견했다. 지사는 도착하자마자 건물 앞에서 양 한 마리를 잡아 제물로 바치고 열광하는 군중들에게 이권이 무효화되었다고 선언했다. 이란에 있는 앵글로–이란의 시설은 회사가 생산하던 석유와 함께 이란 정부에 귀속되었다. 뒤이어 모사데그의 양아들이 식민주의 시대가 끝나고 번영의 시대가 도래했다는 감동적인 연설을 했다. 그는 흥분한 나머지 기절해 실려 나갔다. 새롭게 설립된 국영 석유회사의 경영진이 테헤란 대학의 공학부 학장인 메흐디 바자르간을 선두로 하여 아바단 정유단지에 모습을 나타냈다. 그들은 서류와 함께 '이란 국영 석유회사'라고 쓰인 대형 간판을 가지고 와서 사무실 건물 한쪽 벽에 걸었다. 이 성스러운 행사를 위해 양 20마리가 제물로 바쳐졌고 기쁨에 넘친 대규모 군중이 경영진을 환영했다. 그러나 양들이 제물로 바쳐졌지만 회사는 조업하지 못했다. 그 후 수개월 동안 이란 내의 앵글로–이란 시설은 미확정인 상태로 애매하게 남아 있었다.[5]

늙은 머시

모사데그는 그 후 2년 동안 펼쳐진 일들의 주역이 되었다. 그는 약 70세의 나이로 대머리에 긴 코, 빛나는 가느다란 눈, 왜소한 체격의 인물이었다. 그는 교활한 수단으로 외국의 석유회사, 미국 및 영국 정부, 국왕, 국내의 정적들을 주물렀지만, 그 자신은 모순투성이었다. 프랑스와 스위스에서 변호사 교육을 받은 국제적 인사였지만, 민족주의적 색채가 강해 외국인들을 싫어했고 특히 영국에 대해 거부감으로 가득 차 있었다. 전 왕조 시대, 국왕의 증손이었고 고관의 자제였던 모사데그는 광활한 영지를 소유한 귀족 계급이었다. 영지에는 그의 식솔 150세대가 거주하는 마을도 포함되어 있었지만, 그는 개혁, 공화주의와 민중운동을 주장하면서 도시민을 선동했다. 페르시아 대학에 정치학과를 개설한 교수 중 하나였던 그는 1906년 입헌혁명에 참가했고, 그 경험은 그의 생애에 지표가 되었다. 그는 제1차 세계대전 후 '제국저항위원회'라고 쓰인 고무인을 갖고 베르사유 평화조약에 참가하여 외국의 간섭, 특히 영국의 간섭으로 인한 페르시아의 실상을 호소하려 했다. 그는 발언 기회를 얻지 못했고, 그의 희망과 이상이 식민주의 세력에 의해 배척됨을 슬퍼하면서 고국으로 돌아왔다.

1920년대 모사데그는 여러 부처의 장관 직무를 수행했고, 레자 국왕이 페르시아를 독재하고 스스로 절대자가 되려는 움직임에 반대하는 세력을 이끌었다. 이런 활동 때문에 모사데그는 여러 차례 교도소에 들어가거나 자택에 구금되었다. 그는 투옥과 구금 기간 중에 아마추어적인 의학 공부와 동종 요법(건강체에 쓰면 그 증상과 비슷한 증상을 나타내는 약물을 환자에게 조금씩 투여하여 치료하는 방법)의 연구로 바빴다. 1941년 미국과 영국이 레자 국왕을 국외로 추방함에 따라 모사데그는 정치 무대로 돌아오게 되었다. 그는 재빨리 추종자를 규합했고, 오랜 투쟁 경력에 힘입어 이란의 국익에 헌신하고 외국의 지배에서 벗어나려는 '순수한 인물'로 자리 잡았다.

모사데그는 겸손한 듯하면서도 특이한 면이 있었다. 그는 자주 잠옷 차림으로 침대에 누워 국내외 인사들을 접견했다. 그는 현기증 때문에 많은 시간을 침대에서 보냈다. 경호원이 항상 주변에 있었는데, 그가 끊임없는 암살의 공포에서 벗어나지 못했음을 말해준다. 모사데그는 필요하다고 생각하면 그 것이 비록 과장되거나 비현실적이라 하더라도 무엇이든 말했다. 그렇게 강하 게 주장하더라도, 이후 자신의 말을 고쳤고 경우에 따라서는 아예 모든 것을 부정하기도 했다. 중요한 것은 그가 말하는 모든 것이 그의 두 가지 목표인 자 신의 정치적 입지 유지와 외국 세력, 특히 영국의 축출과 연관되어 있다는 것 이다. 그는 목표를 추구함에 있어, 정치를 연극적으로 연출하는 데 재능이 있 었다. 공식 석상에서 눈물을 쏟으며 탄식하거나, 연설이 절정에 달했을 때 정 신을 잃는 경우도 종종 있었다. 한번은 그가 감정이 끓는 연설을 하던 중 의회 의 마룻바닥에 쓰러졌다. 의사이기도 한 의원이 혼비백산 달려 나와, 모사데 그가 절명할까 봐 그의 팔을 잡고 맥박을 재었다. 그때 모사데그가 한쪽 눈을 살며시 뜨고 그 의원에게 윙크를 했다고 한다.

모사데그와 교섭에 임했던 미국 및 영국의 관리들은 그를 '머시Mossy'라고 불렀다. 외무장관인 앤서니 이든은 파자마와 철제 침대와 친한 '늙은 머시'가 전후 '신문 만화의 최초 소재'였다고 말했다. 그들 중 몇몇은 모사데그의 행동 에 분노했지만 또한 그에게 매료되기도 했다. 미국인들은 처음에 그를 합리 주의자이며 민족주의 지도자이고 기업 활동의 파트너로 인식하는 경향이 있 었다. 그는 소련의 위협과 개혁파에 대한 방패막이가 될 수도 있었지만, 모사 데그의 선택은 공산주의였다. 냉전에 대한 우려와 공포는 영국보다 미국이 더 강했다. 어떤 면에서 보더라도 워싱턴은 영국의 제국주의에 반대할 분명 한 이유가 있었다. 해리 트루먼 대통령은 앵글로–이란의 윌리엄 프레이저 경 을 '전형적인 19세기 식민지 착취자'라고 불렀다. 미국인들은 모사데그의 가 장 큰 문제가 이란 내의 정적들이란 사실을 영국인보다 잘 이해하고 있었다. 모사데그는 자신보다 더 민족주의적이고, 극단적이며, 원칙주의인 인사들을 항상 견제할 필요가 있었다. 그는 강대국들을 대충 상대하면서 결코 타협하려 하지 않았다. 결국 미국인들은 인내심을 잃었다. 모든 사태가 끝났을 때, 국무장관인 딘 애치슨은 모사데그가 '위대한 배우인 동시에 위대한 도박꾼'이라고 비꼬아 말했다.

영국은 미국과 다르게 사태가 돌아가는 것을 처음부터 더 정확하게 보았다. 그들은 모사데그와의 협상이 얼마나 어려운 일인지 미국이 모르고 있다고 생각했다. 영국 정부 인사 중 일부는 공산주의 위협이 과장되어 있다고 생각했다. 영국 의회 페르시아 특별위원회 간사인 피터 람스보담은 "회교도인 모사데그가 1951년 소련 편으로 방향을 선회할 리가 없었다"라고 말했다. 진짜 위협은 이란 내에 있는 기존 이권과 중동에서 발효 중인 정치·경제 협정들이었다. 일부 영국인들은 모사데그를 미친 사람이라 생각했다. 그런 사람과 할 수 있는 일이 무엇이겠는가? 영국 대사인 프란시스 세퍼드 경의 말을 빌자면, 모사데그는 교활하고 음흉하면서 비양심적인 인물이기 때문에 매우 경계할 필요가 있었다. 대사의 눈에 이란의 수상은 마치 '마차를 끄는 말'처럼 보였고, 아편 냄새를 풍기는 것처럼 느껴졌다. 그러나 확실하게 드러난 사실 중에서, 영국의 최고 기업인 앵글로-이란과 영국이란 국가 자체가 파자마를 입은 늙은이에게 놀아나게 되었다는 사실보다 영국을 더 분노케 한 것은 없었다.[6]

Y 계획

앵글로-이란의 국유화를 통해, 추악하고 신뢰성 없는 상대를 맞이한 영국은 시급히 대응책을 검토했다. 영국의 소중한 해외 자산과 최대 석유 공급원을 보존하기 위해서 어떤 조치라도 취해야 한다는 의견이 대두되었다. 그러나 무엇을 해야 할까? 내각은 Y 계획이라는 군사 개입 계획을 검토했다. 내륙의 유전은 거리상 쉽게 공략할 수 없지만, 세계에서 가장 큰 정유소가 있는 아바단 섬은 군사 개입의 최적 목표라고 결론 내린 것이다. 기습을 감행한다면 아바단은 쉽게 함락할 수 있을 것이다. 신속하고 강력한 무력시위는 영국의 권위를 충분히 회복시켜주고 상황을 바꾸어줄 것이라 판단되었다.

그러나 반대의 가능성도 있었다. 영국인들이 희생되고 인질이 발생할 것이 확실했다. 또한 미국 정부의 눈치도 봐야 했다. 영국이 남쪽 지역에서 군사행동을 하면, 소련이 북쪽에서 하는 행동에 정당성을 주게 되고, 결국 이란은 철의 장막 안에 들어갈지도 몰랐다. 군사행동에 대한 다른 장애물도 있었다. 당시 인도가 막 독립한 상태여서 인도 군대를 투입할 수 없었다. 또한 영국의 구태의연한 제국주의적 군사행동은 세계의 비난을 받을 것이다. 영국 자체의 힘도 상당히 약화되어 있었고, 국제수지의 악화로 전쟁을 지탱할 능력이 없었다. 군사 개입이 장기화 될 경우 경비 부담도 문제였다.

그러나 영국이 여기에서 굴복한다면 중동에서의 입지가 완전히 소멸될 것이라는 것이 내각 일부의 주장이었다. "만일 이란 문제를 어물쩍 넘어간다면, 이집트와 다른 중동 국가들도 고무되어 똑같은 행동을 취하게 될 것이다"라고 국방장관인 임마뉴엘 쉰웰이 주장했다. 다음 차례는 수에즈 운하의 국유화가 될 것이다. 내각 밖에서는 야당인 보수당 당수이며 제국의 오랜 수호자인 윈스턴 처칠이 수상 애틀리에게 자신의 생각을 이렇게 말했다. "카스피 해부터 페르시아 만에 이르는 그 광활한 지역의 중요성을 제대로 인식하지 못하는 미국의 태도에 충격받았소. 그 지역은 한국보다 더 중요하오." 처칠은 '석유 공급의 균형을 확보하는 것이 소련의 침략을 저지하는 중요한 요소'라고 강조했다. 외무장관인 허버트 모리슨은 '급하면 포기하는' 정책을 비난하면서 무력 사용을 주장했다. 아바단에 소재한 많은 영국인과 그 가족을 보호하고, 필요하면 철수시키기 위해 공수부대가 키프러스로 이동했다. 이러한 행동은 영국

이 Y 계획을 실행에 옮겨 쇠약해져가는 제국의 군사력을 시험하려는 것처럼 보였다.[7]

이상한 나라의 애버렐

영국의 군사행동 가능성은 워싱턴에 경종을 울렸다. 영국으로 인해 소련 군대는 그들이 원하는 대로 이란을 수중에 넣을 수 있을지도 몰랐다. 딘 애치슨은 서둘러 자신의 오랜 친구인 애버렐 해리만과 영국 대사를 만났다. 6월의 저녁, 애치슨은 포토맥 강이 내려다보이는 해리만의 자택 베란다에 앉아, 영국이 어리석고 위험해 보이는 행동을 자제해주길 바란다는 의견을 충분히 전달했다. 그는 영국과 이란을 중재하기 위해 해리만이 나서줄 것을 제안했다. 그 자리에 모인 모든 사람이 좋은 의견이라고 찬성했으나 해리만 자신은 반대했다. 그는 그런 임무를 맡는 것을 원치 않았으나, 결국 그 제안을 받아들였다.

키가 크고 위엄 있는 갑부였던 해리만은 공적인 활동을 위해 사업을 포기했었다. 그는 제2차 세계대전 초기에는 루스벨트의 특별 대리인으로 일했고, 그 후로는 모스크바와 영국 주재 대사, 상공장관 및 마셜 플랜의 유럽 주재 대사를 역임하면서 복잡하고 미묘한 문제들을 많이 다루었다. 그러나 이번 교섭처럼 별난 경우는 없었다. 그는 1951년 7월 중순 테헤란 공항에 도착했다. 그의 수행원은 통역가로 활동할 버몬 월터스(모사데그는 사업 교섭 시 프랑스어를 사용하고자 했다)와 월터 레비였다. 레비는 마셜 플랜의 석유 업무를 맡고 있었고, 얼마 전에 자기 소유의 자문회사를 설립했다.

영국은 마지못해 해리만의 중재 역할을 받아들였다. 그들은 레비를 더욱 경계했는데, 그는 미국 관리들에게 국제 석유에 관한 한 '최고 권위자'로 인정받고 있었다. 레비는 앵글로–이란의 권위가 너무 쇠락하여 이전의 상태로 돌아갈 수 없을 것이라는 견해를 솔직히 밝혔다. 또한 이미 일반화 된 미국의 생각이 무엇인지 설명했다. 만약 영국이 석유에 대한 입지를 되찾으려 한다면, 앵글로–이란의 존재를 위장하고 새로운 운영기구인 컨소시엄 형태로 그 회사의 존재를 희석해야 할 것이라 말했다. 컨소시엄을 구성하는 회사 중에는 미국 기업도 포함될 것이었다. 영국은 최고의 영국 기업을 '잡동사니 화化' 하는 그런 모욕적인 제안에 격노했다. 그들은 미국 기업이 이란 중심에 침투할 기회를 잡으려는 것이 컨소시엄 제안의 진짜 동기라고 의심했다. 영국의 의심은 테헤란에 들른 하원의원 존 F. 케네디가 영국 대사에게 '해결책이 나오지 않을 경우 미국 기업이 직접 뛰어들 것'을 표명함으로써 더욱 짙어졌다.

테헤란에서 해리만 일행은 국왕 소유의 궁전에 머물렀다. 대연회장의 벽면은 작은 유리 조각 수천 개로 장식되어 있어서 보석이 반짝이는 것 같은 효과를 주었다. 처음에는 그것이 고상하고 이국적으로 보였다. 해리만 일행은 두 달이라는 긴 시간 동안 그곳에 머무를 것이라 예상하지 못했다. 얼마 안 있어 그들은 그 장식에 싫증을 느꼈다. 해리만은 월터와 함께 모사데그를 만나기 위해 그의 자택으로 갔다. 그들이 묵던 방과는 대조적으로 자택은 수수했다. 수상은 침대에 누워 양손을 목 아래에 포개놓고 있었다. 두 개의 문이 의상실로 봉쇄되어 자객이 불시에 접근하기 어려운 구조였다. 해리만과 월터가 들어서자 모사데그는 환영의 뜻으로 손을 약하게 흔들었다. 그러고는 시간을 놓치지 않고 해리만에게 영국에 대해 어떻게 생각하는지 물었다. "당신들은 그들이 얼마나 교묘한지, 얼마나 사악한지 모르오. 그들이 손에 닿는 모든 것을 더럽히고 있다는 사실도 모르오"라고 모사데그가 말했다. 해리만은 동의하지 않았다. 그는 영국 대사로 근무한 적이 있었기 때문에 영국인들을 잘 알고 있었다. "영국인들은 착하기도 하고 악하기도 하지만 대부분은 중도적이라고 믿습니다"라고 그가 말했다.

모사데그는 앞으로 허리를 굽혀 해리만의 손을 잡은 채 미소를 머금을 뿐이었다. 회의가 끝날 즈음에 그는 자신의 사랑스러운 손자가 학교에 가기 위해 해외로 떠났다고 말했다. "어디로 갔습니까?"라고 해리만이 묻자 "물론 영국이죠. 더 좋은 곳은 없으니까요"라고 모사데그가 대답했다.

대화를 나누기 위해 그들은 묘한 형태로 자리를 잡았다. 모사데그는 침대 위에 앉거나 다리를 뻗고 있으면서 양손은 목 아래에 얹고 있었다. 월터는 침대 발치에 요가 하는 자세로 앉았고, 해리만은 침대를 마주 보면서 두 사람의 가운데 위치한 의자에 앉았다. 이런 자리 배치는 귀가 어두운 모사데그에 대한 배려였다. 월터 레비도 가끔 그들과 동석했는데, 이런 부자연스러운 모습이 연출되고 있는 회의에 전후 석유 질서의 운명과 중동의 정치적 향방이 달려 있었다. 실제와 환상 사이를 끝없이 오가는 회의 분위기 때문에, 월터는 교섭의 진행 방향을 알아볼 지침서로 활용하기 위해 『이상한 나라의 앨리스』를 워싱턴에 요청했다.

해리만은 레비의 도움을 받아 매일 모사데그에게 석유산업의 실제에 대한 교육을 실시했다. 해리만은 트루먼과 애치슨에게 보낸 전보에서 "모사데그의 꿈의 세계에서, 석유산업을 국유화하는 법안의 통과는 바로 수익성 높은 사업을 의미했고 그가 결정한 조건에 따라 모든 사람이 이란에 도움을 줄 것이라 기대했다"라고 설명했다. 해리만과 레비는 석유를 판매하려면 판로가 필요하다고 모사데그에게 설명했지만 소용이 없었다. 그들은 회사 이름이 '앵글로-이란'이라고 해서 그 회사 석유 전부를 이란에서 생산하는 것은 아니라고 말했다. 앵글로-이란의 수익은 다른 나라에서의 정제와 유통에서도 얻어지고 있었다. 모사데그는 원유 1배럴에서 얻어지는 전체 제품의 판매가보다 높은 금액을 1배럴당 수입으로 요구했다.

"모사데그 박사, 문제를 이해하기 쉽게 진행하려면 기본 원칙을 지켜야합니다"라고 해리만이 말했다. 모사데그는 해리만을 뚫어지게 바라보며 말했다. "무슨 원칙이오?" "부분이 합보다 커질 수는 없다는 것입니다." 모사데그는 해리만을 똑바로 응시한 채 프랑스어로 대답했다. "그것은 거짓이오." 해리만은 프랑스어를 몰랐지만 그 말의 의미를 간파했다. 그러나 믿을 수는 없었다. "거짓이 의미하는 것이 무엇입니까?" 해리만은 의심스럽다는 듯 물었다. "자, 여우를 생각해보시오." 모사데그가 말했다. "여우의 꼬리는 몸통보다 길지 않습니까!" 수상은 베개를 머리맡에 놓고 이리저리 굴리면서 박장대소했다.

그날 회의가 끝날 때쯤, 모사데그가 문제 해결의 틀에 동의하는 듯이 보인 경우가 몇 번 있었다. 그러나 다음날 아침, 미국인들이 다시 왔을 때 모사데그는 그 협의안에 동의할 수 없다고 말했다. 만약 합의했다면 그는 이란 정치계에서 살아남을 수 없었을 것이다. 모사데그에게는 석유시장이나 국제 정치보다, 국내 정계가 그의 행동을 어떻게 받아들이느냐 하는 문제와 좌·우파의 여러 정적들과 국왕 지지자들의 반응이 더 큰 문제였다. 특히 그는 외국과의 어떤 거래에도 반대하는 회교 과격분자들을 두려워했다. 라즈마라 장군이 회교 원리주의자들에게 살해당하고 몇 달이 안 되었을 때였다.

이런 공포가 모사데그의 행동을 억압하고 있음을 느낀 해리만은 우파 지도자인 아야톨라 카샤니를 만나러 갔다. 카샤니는 제2차 세계대전 중 추축국(독일, 이탈리아, 일본) 동조 혐의로 투옥된 적이 있었다. 카샤니 물라는 영국에 대해 무지했다. 그가 유일하게 알고 있는 것은 영국인들이 세상에서 가장 사악한 사람들이라는 것뿐이었다. 모든 외국인은 사악하므로 그에 걸맞게 다루어야 한다고 생각했다. 그는 수십 년 전 이란에 왔던 미국인 석유 관계자에 대한 이야기를 들려주었다. 그는 테헤란 거리에서 저격당해 급히 병원으로 이송되었는데, 병원에 난입한 군중에 의해 수술대에서 살해당했다. "그 의미가 무엇인지 이해합니까?" 아야톨라가 물었다. 해리만은 자신이 위협받고 있음을 즉각 알아차렸다. 그는 입술이 굳어졌지만 분노를 애써 자제했다. "나는 살아오면서 위험한 상황에 여러 번 직면했지만 쉽게 놀라지 않았습니다." 그는 가라앉은 목소리로 대답했다. "글쎄요." 아야톨라가 어깨를 들썩했다. "조심해서 나쁠 건 없겠지요."

아야톨라 카샤니는 모사데그를 친영파이며 가장 사악한 인물이라 몰아붙였다. "만약 모사데그가 양보한다면 그의 피가 라즈마라처럼 흐르게 될 것입니다." 카샤니는 타협이 안 되는 위험한 적수라는 데 의심의 여지가 없었다. 그러나 모사데그에겐 약간의 친근감이 느껴졌다. 그는 연극배우 같은 기질이 있었고, 사람을 즐겁게 해주며 고상한 면이 있었다. 해리만은 마주 대하고 있을 때를 제외하고는 그를 '머시'라 불렀다.[8]

해리만은 사태를 해결할 실낱같은 희망이 있다는 생각이 들었다. 바로 잠정 협정의 형식을 취하는 것이었다. 런던으로 돌아간 그는 특사를 파견해 교섭을 계속할 것을 정부에 건의했다. 영국은 사회주의자이며 백만장자인 리처드 스톡스를 특별 교섭가로 선택했고, 해리만은 그와 함께 테헤란으로 돌아갔다. 해리만은 자신만만했고, 이번 방문의 목적이 모사데그에게 '매력적인 제안'을 하는 것이라고 대담하게 공언했다.

영국의 연료·동력부 차관인 도널드 퍼거슨 경도 스톡스와 함께 테헤란 방문길에 올랐다. 퍼거슨은 앵글로-이란과 그 회사의 회장인 윌리엄 프레이저 경에 대해 시종일관 비판적이었고, 프레이저 경이 소심하고, 독재적인 기질이 있고, 정치의 큰 흐름을 인지하거나 분석하는 데 둔감하다고 생각했다. 또한 그는 앵글로-이란 문제를 해결할 가능성에 대해서도 의심쩍어했다. 이 문제에 영향을 받은 외국의 탐욕스러운 정부들이 자국에 있는 영국의 다른 자산을 국유화할지 모르고, 그럴 경우 영국에 아무런 대응책이 없음을 우려한 것이다. "페르시아의 땅 밑에서 석유를 발견하여 채취하고, 정유소를 건설하고, 30~40개국에 항만, 저장 탱크와 펌프, 육상 운송 및 철도용 탱크와 기타 유통 시설, 거대한 수송 선단을 구축하여 페르시아산 석유시장을 개발한 것은 영국 기업의 기술과 노력이었다"라고 그는 주장했다. 이런 이유로 도덕적 차원에서도 50 대 50의 수익 배분은 허튼소리라는 것이 밝혀져야 할 것이라고 생각했다.

여하튼 퍼거슨은 모사데그의 목표가 경제적으로 유리한 조건을 확보하는 데 있는 것이 아니라, 외국 회사인 앵글로−이란의 지배력을 페르시아에서 몰아내는 데 있다고 이해했다. 모사데그는 앵글로−이란이 과거 상태로 돌아가게 할 생각이 없었다. 게다가 지금은 자신이 부추겨온 민중 감정에 오히려 사로잡힌 꼴이었다. 그래서 두 번째 협상에서도 결정적 사안인 '누가 이란 내의 석유산업을 운영하고 통제할 것인지'를 합의하지 못했다. 스톡스 교섭단의 수석 협상 대표인 피터 람스보담은 "우리가 묵던 궁전의 정원에서 저녁때 열린 교섭은 「피가로의 결혼」 마지막 장면과 같았다"라고 회상했다. "알 수 없는 희미한 물체들이 장미 덤불 뒤에 숨어 있었다. 사람들은 각기 다른 사람의 언행을 염탐했고, 여기저기에 사람들이 몸을 감추고 있었다. 우리는 누구와 교섭해야 할지 알 수 없었고, 모사데그 역시 그랬다."

스톡스는 교섭 중단을 결정했다. 그가 이끄는 교섭단도, 오래전부터 교섭해온 해리만도 실패했다. 해리만은 "모사데그의 관심사는 영국과 싸우는 것 자체였다. 어떤 방식으로도 분쟁이 해결된다면 그것으로 그의 정치 생명은 끝났을 것이다"라고 결론 내렸다. 테헤란을 떠나는 비행기 안에서 해리만은 고통스러운 심정을 인정하지 않을 수 없었다. 그는 "나는 단지 실패에 익숙하지 않을 뿐이다"라고 말했다. 그는 '늙은 머시'와 같은 인물과는 거래해본 적이 없었다.[9]

사나이들이여, 용기를 내라!

한편 유전과 정유소는 조업 중단 상태였다. 영국은 출·입항 금지 조치를 발동해 '도둑맞은 이란 석유'를 선적할 경우 법적 조치를 취하겠다고 수송선 선주들을 위협했다. 이에 덧붙여 영국은 이란으로의 상품 수출을 금지했고, 잉글랜드 은행Bank of England은 이란과 관계되는 금융 및 통상 거래를 연기했다. 한마디로 국유화 조치에 경제적으로 대응한 것이다.

이란 의회는 이에 대항해 '태업과 방해 행위'를 하는 사람은 누구를 막론하고 사형에 처할 수 있는 법령을 통과시켰다. 앵글로−이란의 이란 지사장인 에릭 드레이크는 이러한 '태업 및 방해 행위'의 혐의가 있다는 내용의 편지를 받았다. 영국 대사의 충고를 들은 드레이크는 소형 비행기를 타고 서둘러 이란을 탈출했다. 그 후 그는 이라크 바스라에 있는 사무소에서 이란 내의 석유 조업을 지시했고, 곧이어 페르시아 만에 떠 있는 배 위로 사무소를 옮겼다. 수에즈에서 영국 해군 참모들과의 회의를 끝내고 그는 가명을 사용해 영국으로 귀환했다. 귀국 후 그는 돌연 영국 애틀리 내각의 초청을 받았다. 이에 대해 독재주의자인 윌리엄 프레이저 경은 분노했다. 프레이저 경 자신은 초청받지 못했고, 또한 자신도 너무 바쁜 나머지 드레이크를 만나지 못했기 때문이다. 사실 드레이크는 앵글로−이란의 현장 직원인 셈이었다. 프레이저의 분노에도 불구하고 드레이크는 회의에 참석하러 나섰다. 그는 대기 중인 기자들을 피하기 위해 건물 뒤편 정원에 있는 비밀 통로를 통해 다우닝가 10번지로 향했다. 각의에 간 드레이크는, 만일 영국이 아바단에 아무 조치도 취하지 않을 경우 수에즈 운하를 포함해 많은 것을 잃을 것이라고 말했다. 야당 당수인 윈스턴 처칠과의 만남도 이루어졌다. 각의에서의 토론 내용에 대해 물어본 윈스턴 처칠은 갑자기 화난 목소리로 말했다. "지금 권총을 갖고 있소?" 드레이크는 불법무기 소지자를 사형에 처하는 법률이 새로 제정되었기 때문에 권총을 이란 당국에 제출했다고 설명했다. 처칠은 "드레이크 씨, 당신은 총 한 자루로 한 사람의 생명을 끝장낼 수 있소. 나도 총을 갖고 있기에 그 사실을 잘 알고 있다오"라고 일깨워주었다.

해리만과 스톡스 교섭단이 교섭에 실패하자 영국 정부 내에서는 또다시 군대의 힘을 이용해 아바단 섬과 정유소를 점령하자는 논의가 있었다. 사실 비밀리에 군사행동에 대한 준비가 상당히 진행되어 있었다. 1951년 9월 작전이 시작되었다면 아바단 섬을 점령하는 데 12시간도 걸리지 않았을 것이다. 그러나 그것으로 얻는 것은 무엇일까? 이란 전체가 영국에 대항하지 않을까? 미국과 갈등이 생길 우려는 없을까? 어떤 경우를 상정해도 군사행동으로 인한 효과는 상쇄되었다. 애틀리는 각의에서 "만일 아바단에 남아 있는 영국인들이 추방된다면 그것은 영국에 모욕적 행위가 될 것입니다"라고 말했다. 그러나 영국 정부는 군사력을 행사하지 않기로 결정했다. 돌이켜 생각해보면, 위기 발생 후 초기 몇 개월 동안은 무력을 통해 위협해야 한다는 여론이 형성되었으나, 무력행사를 하지 않음으로써 중동에서 영국의 신뢰와 지위는 상실되기 시작했다.

1951년 9월 25일, 모사데그는 아바단에 남아 있던 영국인들에게 일주일 내에 철수하도록 시한을 주었다. 며칠 후 아야톨라 카샤니는 '영국 정부 증오의 날'이라는 특별 공휴일을 선포했다. 아바단의 정유 단지에서는 영국인 직원과 진료소의 간호사들이 노래와 촌극을 곁들인 저녁 오락 시간을 가졌다. 촌극의 제목은 '사나이들이여, 용기를 내라!'였다.

10월 4일 아침, 직원과 가족들은 사교장 역할을 하던 짐카나 클럽 앞에 모였다. 그들은 낚싯대, 테니스 라켓과 골프 가방을 휴대하고 있었다. 애완동물 대부분은 이미 폐기 처분되었지만 개를 데리고 나온 사람도 몇 명 있었다. 그들 중에는 석유회사 직원뿐 아니라 영빈관을 관리하던 용감한 여성도 있었다.

불과 3일 전, 그녀는 이란의 탱크가 정원 잔디를 짓밟고 들어오자 우산대를 흔들며 탱크부대 지휘관에게 항의한 끝에 탱크의 진입을 저지했다. 교구의 목사도 아바단 섬의 역사, 즉 아바단에서 태어나거나, 세례를 받았거나, 결혼했거나, 사망한 사람들의 기록이 남아 있는 작은 교회의 문을 걸어 잠그고 그들과 합류했다. 이라크의 바스라 항구까지 안전하게 데려다줄 영국 순양함 마우리티우스 호가 그들을 기다리고 있었다. 이란 해군 소속의 대형 보트가 순양함과 부두를 왕복하기 시작하자 순양함의 밴드는 이란 국가를 연주했다. 정오가 되어 모든 인원이 승선하자 마우리티우스 호는 바스라를 향해 천천히 출항했다. 밴드는 계속 음악을 연주하고 있었다. 그러나 이번에는 '부기 대령Colonel Bogey'이었다. 승선자들이 음악에 맞춰 노래를 부르기 시작하자, 마치 뜨거운 태양 아래에서 대합창제가 열린 듯했다. 그들은 근엄한 군대행진곡 중 공개되지 않은, 다소 통속적인 노래를 불렀다. 마치 항의하는 듯한 합창이 계속되는 가운데 영국은 단일 규모로 제일 큰 해외 기업이며 세계 최대의 정유소, 그리고 지금은 사실상 조업이 중단된 정유소와 작별을 고했다. 아바단 철수는 제2차 세계대전 후 6년간 대영제국의 기반 쇠퇴 중 가장 굴욕적인 사건이었다. 이로써 중동 지역 최초의 석유 이권이 최초로 무효화되었다.[10]

한바탕의 총격전

영국이 항구를 봉쇄하고, 이란 석유를 구입하는 정유소나 판매업자에게 법적 제재를 가하기 위해 철저하게 감시함에 따라 이란의 석유는 외국으로 한 방울도 유출되지 않았다. 그러나 이 봉쇄는 한국전쟁으로 석유가 절대적으로 필요한 중요한 시기에 세계 시장에 공급되는 석유 물량을 대폭 감소시키는 사태를 초래했다. 이로 인해 아시아의 일부 지역에서는 석유 배급제가 실시되었고, 수에즈 동쪽으로의 비행이 감편되었다. 미 국방부 석유국은 이란산 석유가 없을 경우 1951년 말경 세계 석유 수요가 공급을 초과할 것이라는 불길한 평가를 내놓았다.

긴급히 석유 부족을 메우기 위한 조치가 수립되었고, 제2차 세계대전 때와 같이 미국과 영국의 협조 체제를 바탕으로 시행되었다. 미국에서는 19개 석유회사가 모여, 1950년의 방위생산법과 반트러스트법의 면제 규정을 적용받아 석유 공급과 시설 사용을 공동으로 조정하는 위원회를 조직했다. 이 위원회는 영국에서 조직된 유사 단체와 공조 체제를 유지하여 세계 석유 공급의 부족이나 수급의 병목현상을 해소하는 기능을 수행했다. 동시에 그 석유회사들은 미국, 사우디아라비아, 쿠웨이트 및 이라크에서의 석유 생산량을 증가시켰다. 세계대전 이후의 석유 개발 움직임도 영국의 이란 항구 봉쇄 조치에 도움이 되어서 우려하던 공급 부족은 발생하지 않았다. 이란의 석유 생산이 1950년 일일 66만 6,000배럴에서 1952년 2만 배럴로 감소했지만, 세계 총생산은 1950년의 일일 1,090만 배럴에서 1952년 1,300만 배럴로 증가했다. 이 증가분은 1950년 이란이 생산한 석유의 3배가 넘는 물량이었다.[11]

영국의 이란 정책은 1951년 10월 노동당 내각이 물러나고 윈스턴 처칠이 이끄는 보수당이 들어섬에 따라 강경해졌다. 그때 처칠의 나이는 77세로, 모사데그보다 다섯 살이 많았다. 처칠은 "머리가 노쇠하여 예전처럼 돌아가지 않는다"라고 한탄했다. 그러나 이란의 국유화 조치에 대한 의견은 단호했다. 즉 노동당 내각이 너무 우유부단하고 유약하다는 것이다. 그는 트루먼에게 "내가 수상직에 있었다면 한바탕 총격전이 벌어졌을 것이지만 결코 이란에서 추방되지는 않았을 것이다"라고 말했다. 이렇게 해서 처칠은 앵글로-이란과 기이한 인연을 다시 맺게 되었다. 처칠은 37년 전 해군부 장관으로 있을 당시, 앵글로-페르시안 주식을 정부의 지분으로 인수했다. 그리고 이제 그 회사가 어려움을 겪는 시기에 다시 수상직에 올랐다. 그는 능력이 닿는 한, 앵글로-이란을 지키려 했을 것이다.

처칠 내각의 외무장관인 앤서니 이든 경은 다른 시각에서 이 문제에 관심을 갖고 있었다. 제1차 세계대전 후 옥스퍼드에서 동양언어학을 전공한 이든은 페르시아어에 뛰어난 실력을 보였고, 페르시아 문학의 아름다움에 심취해 있었다. 그는 졸업 후에도 페르시아와 관계를 유지하고 있었다. 1933년 외무차관으로 있던 그는 레자 국왕이 앵글로-페르시안과의 계약을 파기하려 했을 때 위기 해결에 중요한 역할을 담당했다. 8년 뒤인 1941년에는 영국 외무장관으로서, 레자 국왕이 나치에 접근할 것을 우려해 이란을 침공해 국왕을 해외로 추방했다. 그는 개인적으로 이란을 좋아했고 여행도 많이 했다. 1951년 그가 외무장관으로 복귀했을 때에도 페르시아 속담을 페르시아어로 기억하고 있었다. 그러나 그를 기다리고 있었던 것은 석유 국유화 조치와 아바단으로부터의 추방이 빚어낸 큰 위기 상황이었다. 그는 "중동 전역에서 영국의 권위가 약화되고 있다"라고 말했다. 위기로 인해 이든은 개인적으로도 곤경에 빠졌다. 재산 상당 부분을 앵글로-이란 주식에 투자했는데 주가가 급락했기 때문이다. 영국 정부도 주식을 소유하고 있었고 주식 소유에 따른 규칙이나 조건을 잘 알지 못했음에도 불구하고, 그는 최저가에 주식을 매도해버렸다. 이로써 그는 재산 증식의 기회를 잃었고, 시골 별장을 포함해 막대한 재산 손실을 입었다.

보수당이 집권하자 런던과 워싱턴의 기본적인 시각 차이는 더욱 명백해졌다. 미국은 모사데그가 물러나면 공산주의자들이 그 뒤를 이을 것이므로, 그를 돕는 것이 낫다고 생각하고 있었다. 반대로 영국은 모사데그가 퇴임하면 합리적 정권이 들어설 것이라 생각했으므로 정권 교체는 빠를수록 좋다고 주장했다. 영국은 이란 사태를 묵인하고 모사데그의 행위를 견제하지 않는다면 국유화와 외국 자산 접수가 유행병처럼 전 세계로 번져나갈 것이라 생각했다. 영국은 더 이상의 해외 자산이 위험에 처하도록 방치할 수 없었다. 연료·동력부 장관인 도널드 퍼거슨은 "공산주의로부터 이란을 방어하기 위해 모사데그를 내버려두어야 한다는 미국의 의견이 맞다 하더라도, 미국은 페르시아를 구할지 영국을 파멸시킬 것인지 선택해야 할 것이다"라고 말했다. 영국 정부 내에서도 해야 할 일과 비난해야 할 대상에 대해 많은 논의가 있었지만 모두 헛수고에 지나지 않았다. 심지어 논의 중에는 앵글로–이란에 대한 분노와 영국 관리들의 우둔함에 대한 비난도 있었다. 이든 자신도 앵글로–이란 회장인 윌리엄 프레이저 경이 무지몽매했다고 비난했다.[12]

1951년 가을, 영국의 아바단 철수 후 수주일이 지났을 때 모사데그는 이란의 어려운 사정을 유엔에 호소하기 위해 미국으로 갔다. 그는 워싱턴에 가서 트루먼과 애치슨을 만나 경제적 원조를 요청했다. 미국 정부는 이란의 안정을 원했지만, 여전히 모사데그가 원하는 것을 들어줄 준비는 되어 있지 않다. 모사데그는 그들에게 국토의 대부분이 사막인 자신의 나라가 빈곤에 시달리고 있다고 설명하기 시작했다. 그때 애치슨이 말을 가로막았다. "물론이죠. 텍사스처럼 석유는 풍부하죠!" 수상은 약간의 경제적 지원만을 얻어냈을 뿐이다. 그런데 국무차관보인 조지 맥기는 수상의 방문 기간 중 80시간에 걸친 회담 끝에 간신히 문제 해결의 윤곽을 그릴 수 있었다. 그 내용에는 로열더치 셸의 아바단 정유소 인수, 앵글로–이란과 이익 절반을 분배하는 특별 석유 구매 계약이 포함되어 있었다. 모사데그는 영국 석유 기술자들은 이란에서 활동할 수 없다는 보충 조건을 고집했다. 애치슨은 프랑스에서 앤서니 이든과 점심을 먹으면서 그 제안을 제시했다.

국무부에서 대기 중이던 맥기와 관련자들은 파리에서 걸려온 애치슨의 전화를 받았다. 모사데그의 모욕적인 보충 조건을 듣고 격노한 이든이 모든 제안을 단호하게 거절했다는 내용이었다. 기대가 컸던 맥기는 낙담했다. 이란의 석유 위기를 해결하려는 그의 노력은 실패로 돌아갔다. 그는 "나에게 그것은 세계의 종말과 같았다"라고 말했다. 모사데그도 그와 같은 고민을 했는지, 또는 실제로 협상 타결을 원했는지는 확실하지 않다. 미국을 떠나기 전날 밤, 모사데그는 한 미국인에게 이렇게 말했다. "광신적인 지지자들을 납득시켜야 하는 합의안을 가지고 돌아가는 것보다 빈손으로 가는 편이 내 입장을 강화할 수 있다." 아직도 트루먼 행정부는 '머시'와 문제를 해결할 수 있다는 희망을 버리지 않았다. 미국 국무부와 영국 외무부에서는 컨소시엄을 결성해 이란 석유산업의 경영권을 인수받자는 의견이 있었다. 또한 최종 해결이 될 때까지 세계은행The World Bank이 신탁 관리인으로서 이란의 석유 운영을 인수받게 하자는 기발한 계획도 있었다. 하지만 국유화와 석유 지배의 원칙을 약화시키는 이런 제안들은 이란의 무관심으로 실패했다.

1952년 초 몇 개월 동안에도 위기감은 계속되었다. 모사데그 정부는 석유를 판매할 수 없었으므로 돈이 고갈되고 경제 상황은 악화되었다. 어떤 것도 해결될 것 같지 않았다. 중요한 것은 모사데그가 외국인을 추방하고 국가 자산을 재차 확보한 역사적 위업을 달성한 국가 지도자라는 것이었다. 그는 미래 세대를 위해 석유를 땅속에 방치할 수도 있다고 주장했다. 테헤란 주재 미국 대사는 모사데그가 국왕에 대해 근본적으로 반감을 갖고 있다는 사실을 알아차렸다. 이런 반감은 '사기술로 왕위에 오른 신흥 전제군주의 유약한 아들'에 대해 오랜 전통을 가진 귀족 가계의 사람이 갖는 '남모르는 경멸'로 나타났다.

입헌주의자인 모사데그는 거리의 민중을 선동해 정책을 주무르는 초입헌적 수단을 동원했고, 이것이 독재 권력의 기초가 되었다. 반대파 지도자 중 한 사람은 "모사데그는 수상직에 부적합한 인물이다. 70세에 달한 그가 민중 선동가로 변신할 것이라고는 악몽에서조차 상상할 수 없었다. 그는 의회 주변에 자객을 배치해 공공연히 공포를 조성했다"라고 말했다. 모사데그는 정치에 새로운 혁신을 불러일으켰다. 그는 지지자를 모으기 위해 라디오를 이용한 중동 최초의 정치가였다. 그가 지지를 호소하면 수천에서 수만 명, 때때로 수십만 명의 군중이 열광적으로 거리에 몰려나와 구호를 외치고, 위협을 가하고, 반대파 신문사를 파괴했다. 국왕은 민중이 모사데그에게 보내는 지지에 무력감을 느꼈다. 그는 "내가 할 수 있는 것은 무엇인가? 나는 쓸모없는 인간이다"라고 미국 대사에게 한탄했다고 한다.[13]

아작스 작전

비슷한 시기에 애치슨은 이든을 만나고 있었다. 이든은 "기회를 보아 모사데그를 권력에서 몰아낼 필요가 있음을 국왕이 느끼도록 해야 할 것"이라고 말했다. 그러나 미국과 영국 모두 모사데그와의 외교를 포기하지 않았다. 트루먼은 처칠에게 이란 국유화법의 효력을 인정해달라고 요청했다. 그 법은 이란 사람들에게는 코란처럼 신성한 것이었다. 만일 이란이 공산주의 세력에 떨어진다면, 법적 정당성을 끝까지 지키는 것이 누구에게도 만족스럽지 못한 일이 될 것이다. 처칠은 모사데그에게 공동으로 제안할 것을 요구했다. "그는 파산과 혁명, 죽음 직전에 있다. 우리들은 그런 그와 교섭하고 있다. 그러나 나는 아직 그를 한 사람의 남자로 생각한다. 우리가 힘을 합하면 그를 설득할 수 있을 것이다."

트루먼은 어쩔 수 없이 공동 제안에 동의했다. 국유화한 재산의 보상을 구하는 중재안이었다. 그러나 많은 논의 끝에 모사데그는 그 제안도 거부했다. 앵글로─이란의 제안이라는 이유에서였다. 트루먼 정권의 임기가 만료될 즈음, 미국과 영국 모두 모사데그와의 협상에 손을 들었다. 1952년 말, 영국 정부는 이란 정부를 변화시키기 위해 공동 행동을 취할 가능성을 미국에 타진했다. 방법은 쿠데타였다. 미국은 아이젠하워가 정권을 인계받을 때까지 회신을 보류했다. 국무장관 존 포스터 덜레스와 그의 동생인 CIA 국장 앨런의 지원으로 제안에 대한 검토가 이루어졌다.

트루먼 정권과 아이젠하워 정권의 교체 시기에도 이란과 영국의 석유 분쟁 해결을 위한 또 다른 외교적 노력이 시도되었다. 그러나 그 어떤 것도 모사데그의 거부로 실패했다. 한편 이란의 사정은 훨씬 더 악화되었다. 국유화 조치 이전에는 외화 수입의 3분의 2와 정부 재정 수입의 절반을 석유 수출로 벌어들였다. 그러나 2년 동안 석유 수입이 전혀 없었고, 인플레이션이 만연해 경제는 붕괴되고 있었다. 국유화 이전보다 사정은 훨씬 안 좋았다. 법과 질서도 무너져 납치된 테헤란 경찰국장이 살해되는 사건이 발생하기도 했다. 설상가상으로 모사데그는 행정 능력이 거의 없었다. 그는 내각회의를 침실에서 주재했다.

1953년 초, 그는 계엄령 연장, 포고령에 의한 정치와 군 인사권 장악, 반대파에 대한 위협과 언론 통제, 상원제 폐지 및 하원 해산, 99%의 승리를 보장해주는 소련식 인민투표제 실시 등으로 더 많은 권력을 장악했다. 모사데그가 권력을 독점하여 '우민정치'를 하면서 튜데당으로의 집중이 심화되자, 한때 그를 지지했던 많은 민족주의자와 개혁론자들이 반감을 갖게 되었다. 종교 원리주의자들도 그의 권력 확장에 반대했다. 그들은 마침내 그를 이슬람의 적으로 간주했다. 일부 사람들은 그가 「타임」지 '올해의 인물'로 선정된 것을 두고 그가 미국의 앞잡이라는 증거라고 비난했다. 모사데그가 국왕을 제거하기 위한 계략을 준비하고 있다는 사실도 드러났다. 그는 소련과도 가까이 지냈고, 국왕은 이전보다 더욱 무력했다.

신임 테헤란 주재 소련 대사가 부임하면서 모사데그의 소련 편향은 더욱 불길한 징조를 보였다. 신임 소련 대사는 1948년 프라하 주재 대사로 근무했던 인물인데, 그가 근무하던 시기에 공산주의자들이 쿠데타를 일으켜 프라하의 권력을 장악했다. 러시아가 자신의 지하조직과 튜데당을 통해 이란에 정치적 통제를 가할 것임을 믿지 않는 사람은 없었다. 로마노프 왕조부터 볼셰비키에 이르기까지 이어져온 러시아의 오랜 목표가 마침내 눈앞에 다가온 것이다. 소련은 독일-소련 조약에서도 이란을 소련의 핵심적인 '야심 지역'으로 부각했다. 이제 이란은 매에게 잡힐 준비가 되어 있는 병아리 신세가 되었다.

워싱턴에서 열린 국가안전보장회의에서 국무장관 덜레스는 "이란은 곧 모사데그의 독재 체제가 될 것이고, 이어서 공산주의자가 정권을 장악하게 될 것이다"라고 발언했다. 그는 이어서 "막대한 자산이라고 할 수 있는 이란 석유를 자유세계가 상실하는 데 그치지 않고, 소련의 손에 들어가 그들의 석유 부족 문제를 해결해줄 것이다. 더욱 심각한 것은 만일 공산주의자가 이란 정권을 장악할 경우, 십중팔구 세계 석유 매장량의 60%를 보유하고 있는 중동의 다른 국가들도 공산주의로 물들게 될 것이다"라고 덧붙였다.

"상황을 바꿀 만한 효과적인 방법은 없소?"라고 아이젠하워 대통령이 질문했다. 물론 방법은 있었다. 당시에 영국의 외무장관 이든은 병이 들어 요양 중이었다. 그를 대신해 처칠이 외무부를 직접 지휘하여 모사데그 제거 계획을 승인했고 이어서 미국도 승인했다. 앨런 덜레스는 계획이 진행되고 있다고 대답했다. 국왕의 충성스러운 부하인 파즈롤라 자헤디 장군의 지휘로 모사데그 공격이 시작되었다. 형식적으로는 양국이 쿠데타를 지원하는 것이 아니라, 모사데그의 쿠데타를 징벌하려 하는 국왕과 자헤디의 반쿠데타 세력을 지원하는 것이었다.[14]

'아작스 작전'으로 명명된 이 계획의 야전 지휘는 CIA의 케미트 루스벨트에게 부여되었다. 그는 시어도어 루스벨트의 손자였다. 영국 정보기관인 M16도 이 작전을 지원했다. 1953년 7월 중순, '킴' 루스벨트는 이라크를 거쳐 오토바이를 타고 이란으로 들어갔다. 작전이 시작되기 전, 의심 많은 이란 국왕에게 그 계획의 실행성과 성공 가능성을 확신시킬 필요가 있었다. 그는 미국 정부가 모사데그의 비위를 맞추기 위해 애써왔다는 사실을 잘 알고 있었고, 혹시 모사데그가 영국의 앞잡이가 아닐까 의심했다. 루스벨트는 국왕의 의혹을 해소하기 위해 어느 날 밤늦게 자동차 천장에 모포를 깔고 그 속에 숨어 왕궁으로 잠입했다. 그는 국왕을 설득하는 데 성공했다.

아작스 작전은 1953년 8월 중순에 시작되었다. 작전 참가자에게는 암호명이 부여되었다. 국왕은 '보이 스카우트', 모사데그는 '늙은 바람둥이'였다. 암호명 중 하나는 '우측 이마에 상처 난 사나이'였는데, 이는 루스벨트가 국경을 넘어올 때 그의 여권을 검사했던 국경 수비대원의 인상에서 착안한 것이었다.

테헤란의 첩보요원 집에 머물면서 며칠 동안 지루한 시간을 보내야 했던 루스벨트는 'Lucky Be a Lady Tonight'이라는 노래를 부르고 또 불렀다. 당시 브로드웨이에서 히트하던 「Guys and Dolls」라는 뮤지컬에서 불린 노래였다. 작전의 주제가가 바로 그 노래였다.

그러나 처음부터 운이 없었다. 작전은 국왕이 모사데그를 해임하는 명령을 내리는 것으로 시작되도록 짜여 있었다. 그러나 명령서의 배달이 3일간 지연되었고, 그사이 모사데그는 지지자나 소련 정보기관을 통해 낌새를 알아차렸다. 그는 명령서를 가지고 온 관리를 체포하고 국왕을 추방하기 위한 행동을 개시했다. 자헤디 장군은 피신했고, 모사데그의 지지자와 튜데 당원들이 거리를 봉쇄했다. 그들은 테헤란 광장에 있는 국왕 부친의 동상을 파괴했다. 국왕은 비행기를 타고 바그다드로 피신했는데, 반反쿠데타 시도에 실패했으므로 테헤란으로 돌아갈 희망이 없었다. 그는 바그다드에 있는 미국 대사에게 "나는 대가족을 거느리고 있는데 이란 밖에는 재산이 없어 일자리를 구해야 할 거요"라고 한탄했다. 국왕은 로마로 이동했다. 그곳에서 그와 왕비는 엑셀시오르 호텔에 방을 빌려 머물렀다. 그들은 돈도 하인도 없었다. 상점을 둘러본 왕비는 돈이 없어 물건을 살 수 없었다. 국왕 부처는 호텔의 일반 식당에서 식사하고, 호텔에 진을 치고 있는 기자들을 통해 자신들과 관련된 뉴스를 전해 들었다. 엑셀시오르 호텔에서의 생활은 고통스럽고 지루했다.

8월 18일, 국무차관인 월터 베텔 스미스는 아이젠하워에게 아작스 작전이 실패했다고 보고했다. 그는 침울한 표정으로 "이란 사태에 대해 완전히 시각을 바꿔야 할 것입니다. 이란에서 무언가를 얻고자 한다면 모사데그에게 접근하지 않을 수가 없을지도 모릅니다"라고 덧붙였다. 그러나 다음날 아침, 테헤란의 흐름이 바뀌었다. 자헤디 장군은 기자회견을 열고 모사데그를 해임하는 국왕의 명령서 사본을 배포했다. 소규모로 시작된 국왕 지지 시위가 대규모 군중 시위로 변했다. 재주넘기를 하는 곡예사, 근육을 드러낸 레슬러, 철봉을 휘두르는 역도 선수들이 시위대를 선도했다. 규모가 커지면서 시위대는 시장을 벗어나 테헤란 시 중심으로 행진했고 모사데그에 대한 저주와 국왕에 대한 지지를 외쳤다. 갑자기 국왕의 사진이 여기저기에 나붙었다. 자동차들은 헤드라이트를 켜서 국왕에 대한 지지를 표시했다. 시가지에서 모사데그 지지 세력과 충돌했지만 이미 민심은 국왕 쪽으로 기울었다. 모사데그를 해임하고 자헤디를 후임으로 임명하는 국왕의 명령이 내려졌다. 군부의 중심 세력도 국왕을 지지했고, 시위를 진압하기 위해 출동한 군인과 경찰들도 시위에 가담했다. 모사데그는 정원의 담을 넘어 도망쳤고, 국왕 지지자들이 테헤란을 장악했다.

한편 로마의 엑셀시오르 호텔에서는 통신사 기자 한 명이 '테헤란발: 모사데그 타도. 친親국왕군이 테헤란 장악'이라는 뉴스 속보를 듣고 국왕에게 뛰어 올라갔다. 왕비는 눈물을 쏟았다. 국왕은 창백한 안색으로 "국민들이 나를 사랑하고 있음을 알았다"라고 말했다. 국왕은 테헤란으로 돌아갔다. 쿠데타 아닌 반反쿠데타가 성공적으로 끝난 것이다. 1953년 8월 말, 국왕은 다시 왕위에 오르고 신임 수상이 취임했으며, 모사데그는 체포되었다. 모사데그 지지자들이 부순 국왕 부친의 동상은 다시 건립되었다. [15]

그 후 몇 년 동안 미국–영국 작전의 진정한 의미에 대해 많은 논란이 있었다. 작전 비용은 10만 달러 이하였는가? 아니면 수백만 달러의 가치가 있었는가? 양대 서구 세력이 반쿠데타를 조직했는가? 아니면 단순히 윤활제 역할만 수행했는가? 모사데그의 시대는 완전히 끝났다. 지지 세력은 크게 약화되었고, 그는 좌익이나 우익의 한 부류에 속하는 처지로 전락했다. CIA와 M16은 촉진제 역할을 수행했다. 그들은 불확실한 시기에 재정과 병참을 지원하면서 모사데그의 반대 세력에게 힘을 실어주고 소규모 세력들의 연결 고리를 마련해주었다. 아작스 작전의 성공은 두 가지 요인 때문이었다. 국왕과 기존 체제에 대한 대중적 지지 확대와 권력을 독차지하려는 모사데그에 대한 혐오감 증대가 그것이다. 작전을 계획했던 한 인물은 "테헤란에 급박한 상황과 분위기를 연출하여, 사람들로 하여금 기존의 왕정과 모사데그가 제시하는 미지의 미래 중 하나를 선택하게 했다"라고 말했다. 물론 그렇다 하더라도 성공이 확정적이었던 것은 아니다. 케미트 루스벨트는 워싱턴으로 돌아가는 길에 아이젠하워에게 직접 작전이 성공했음을 보고했다. 아이젠하워는 일기에 '아작스 작전은 역사적 사실이라기보다는 싸구려 소설에 가깝다'라고 감탄조로 기록했다. [16]

석유 컨소시엄

국왕이 다시 권력을 잡게 됨으로써 이란산 석유의 생산이 재개되고 세계 시장으로 진출할 발판이 마련되었다. 그러나 구체적으로 어떻게 해야 할 것인가가 문제였다. 앵글로-이란은 힘을 잃고 있었다. 만약 앵글로-이란이 나서게 된다면 이란의 민족주의 감정에 불을 붙이는 꼴이 될 것이다. 연료·동력부의 한 관리는 영국 정부의 입장이 진퇴양난이라고 표현했다.

결국 워싱턴이 나섰다. 국무부는 허버트 후버 2세를 국무장관 덜레스의 특별 대리인으로 임명해, 앵글로-이란의 이권을 승계할 새로운 컨소시엄 구성에 대한 가능성을 타진했다. 후버는 전직 대통령의 아들이었고, 베네수엘라와 50 대 50 협정의 초안을 만드는 데도 기여한 유명한 석유 전문가였다. 그는 영국을 혐오했다. 그가 내놓은 해결안은 미국이 지금까지 견지하던 상식적 방안이었고, 영국 역시 고려해온 것이었다. 즉 컨소시엄을 구성해 다수의 회사를 참여시킴으로써 앵글로-이란의 존재가 부각되지 않게 한다는 것이다. 물론 참여 회사 대다수는 미국 기업이었다.

그러나 미국의 기업들, 특히 메이저 회사들은 이란 진출에 시큰둥해했다. 중동 지역 내 다른 국가에서의 석유 생산량이 빠르게 늘어나고 있었기 때문이다. 생산 증대로 많은 수입을 올리고 있던 아랍의 산유국들은 이란산 석유로 인해 자신의 생산량이나 수입이 줄어드는 것을 좋아하지 않았기에, 이란에 진출하는 석유회사는 그들의 반감을 사게 될지도 몰랐다. 아람코를 구성하는 4개 회사는 사우디아라비아만으로도 앞으로의 석유 수요에 충분히 대처할 수 있었다. 더구나 그들은 사우디에 대규모 투자를 하고 있었다. 불필요한 이란산 석유 때문에 새로운 투자를 할 이유가 전혀 없었다. 게다가 이란의 불안정한 정치 상황에서 누가 출혈을 각오하고 나서겠는가? 뉴저지 회사의 한 직원은 "수개월 투자한 모든 것을 잃지 않을 것이라는 보장이 없다. 이란 정부가 존속하느냐 못하느냐의 문제가 걸려 있었다"라고 말했다. 민족주의자들과 종교 원리주의자들의 영향력 때문에 정치적 위험은 사라질 수가 없었다. 캘리포니아 스탠더드의 대리인은 이란에 대한 소련의 계속적인 압력도 '어려운' 상황을 만들고 있다고 말했다.

미국 정부의 입장에서 보면, 협상에 참여하는 석유회사 직원들은 결코 호락호락한 상대가 아니었다. 1953년대 중반, 국무부의 고위 석유 전략가인 리처드 핑크하우저는 중동 석유를 오래 분석한 끝에 동료에게 이렇게 조언했다. "석유업계 인사들에게 성공적으로 접근하는 방법은 신중하고 예의 있게 대하는 것이다. 석유 담당 관리는 석유산업의 불안정한 면에 너무 민감한 반응을 보이는 것 같다. …… 감정, 자만, 충성, 의심이 이성적인 문제 해결을 어렵게 만들고 있다."

미국은 마지못해하는 석유업계 인사를 이란으로 보내 사태 해결을 도모하게 하는 외교적 노력을 시도했다. 런던의 지원을 받아 워싱턴이 대대적인 설득 공세를 펼친 것이다. "미국과 영국 정부가 등 떠밀지 않았다면 우리는 결코 다시 협상에 나가지 않았을 것이다"라고 뉴저지 회사의 중동 담당 조정역이 후일 밝혔다. 특히 국무부는 '만일 석유산업이 활기를 찾지 못하면 이란 경제는 붕괴되고 어떻게든 소련의 제물이 될 것'이라는 한 가지 주장만을 강조했다. 그렇게 되면 중동의 다른 지역, 특히 사우디아라비아, 쿠웨이트 및 이라크가 차례로 위협을 받게 되고 해당 국가 내의 석유 이권도 위태로워질 것이다. 소련이 이란산 석유를 세계 시장에 마구 내놓을 경우 경제적으로도 심각한 어려움이 올 것이다. 석유회사들은 공산주의의 위협 때문에 이란 석유산업에 참여하지 않을 수 없었다. 그러나 한 가지 좋은 점도 있었다. 미국 회사들이 이란 석유산업에 참여한다면, 완전한 통제는 아니더라도 이란의 생산량을 조절할 수 있게 되어 쿠웨이트와 사우디아라비아의 생산량과 균형을 맞출 수 있는 유리한 측면도 있었던 것이다.

허버트 후버 2세는 런던에 들러 윌리엄 프레이저 경에게, 대안이 없으므로 앵글로－이란이 결단해야 한다고 말했다. 그는 "바이올리니스트를 고용한 사람이 손님들을 무도회장으로 인도해야 한다"라고 표현했다. 1953년 12월, 프레이저는 컨소시엄 설립을 논의하기 위해 미국계 메이저 회사의 회장들에게 초청장을 보냈다. 그에게는 자신의 패배를 인정하는 굴욕적인 모양새였다. 미국 기업들도 그 초청이 달가운 것은 아니었다. 뉴저지의 부회장은 국무장관인 덜레스에게 "순수하게 경제적 관점에서 본다면 우리가 컨소시엄에 들어가서 얻을 이득이 없다. 다만 국가 안보라는 큰 이해관계가 걸려 있음을 인식하고 있고, 그 때문에 온갖 노력을 경주하고 있을 뿐이다"라고 말했다.[17]

그러나 뉴저지와 메이저 회사들이 그런 노력을 시작하기 전에 극복해야 할 장애물이 남아 있었다. 아주 귀찮은 문젯거리였다. 당시 미국은 반트러스트법에 대한 대규모 위반 행위를 제소하고 있었는데, 그 대상은 이란 진출을 위한 컨소시엄 구성을 요청받고 있는 바로 그 회사들이었다. 설상가상으로 미국 사법부는 해당 기업들이 '국제 석유카르텔', 즉 국무부가 이란에 추진하고 있는 그 사업 형태에 참여하고 있다는 혐의로 형사소송 제기를 서둘렀다. 상황은 혼란한 지경에 빠졌고, 석유회사들이 컨소시엄에 참여할 열의를 북돋워주지 못하는 쪽으로 진전되었다.

소송에 휘말린 석유카르텔

메이저 회사에 대한 모순적인, 또한 분열증적이기도 한 정책이 나온 것은 이번이 처음은 아니었다. 경우에 따라 워싱턴은 미국의 정치·경제적 이익, 전략적 목적, 국가적 복지 증진의 관점에서 메이저의 입장과 그들의 팽창을 옹호했다. 다른 한편으로는 탐욕스럽고 독점적이고 거만하고 비밀주의적이라는 비난과 공격이 거대 석유회사에 쏟아졌다. 그러나 미국의 정치·경제에 중대한 영향을 미칠 수 있는 두 가지 모순된 정책이 이렇게 첨예하게 대립한 적은 없었다.

법무부의 반트러스트 법률가들은 메이저들 간의 협력 관계를 매우 의심스럽게 봤다. 그들은 제2차 세계대전 중 해럴드 익스를 중심으로 석유 공급 협력 체계가 구축된 것이 이전의 석유카르텔이 되살아나는 것을 정부가 묵인해 준 결과에 지나지 않는다고 말했다. 또한 그들은 1940년대 후반 아람코와 다른 석유회사들 간의 협정도 혐오감을 갖고 바라보았다. 그들은 협정의 배후에 있을 록펠러의 손길을 찾으려 했다. 아람코의 합작투자에 대한 다른 해명, 즉 정치·경제적 리스크, 이권 개발, 파이프라인과 정유소 건설 및 판매망 구축을 위한 막대한 자금, 미국 정부의 보이지 않는 압력 등에는 귀를 기울이지도 않았던 것이다. 워싱턴에서 그 협정에 의혹을 갖고 있었던 것은 반트러스트 법률가들만이 아니었다. 1949년 연방통상위원회는 소환권을 사용해 회사 서류를 수집했고, 이미 알려져 있던 기업들 간의 국제적 이해관계에 대해 광범위하고 상세한 역사적 분석을 시도했다. 이는 지금까지도 산업에 대해 공부하는 학생들이 애용하는 탁월한 자료다.

연구는 '국제 석유카르텔'이라는 표제가 보여주듯이 명확한 관점을 갖고 있었다. 당시 국무부의 고위 석유 전문가 중 한 사람은 보고서가 '편향되고 비객관적인' 접근 방법으로 서술되었다고 평했다. 하지만 일반적으로는 그 보고서가 국제 석유 협정은 명백한 카르텔이라는 논제를 중심으로 복잡한 기업 간의 국제관계를 해명했다는 평을 받았다. 특히 보고서는 새로운 부분을 조명하고 있었다. '국제 석유카르텔'의 세계에서 석유회사들은 1930년대의 카르텔 지향적인 정부, 세계 각지의 독재 정권, 영국과 프랑스 정부, 석유 이권 수입을 늘리고 언제라도 석유 이권의 효력을 정지시킬 수 있는 산유국 정부 등 어떤 정부든 간에 정부의 의지와 요구에 따를 필요가 없다는 점이었다.

연방통상위원회의 보고에 국무부, 국방부, CIA 등 외교와 관련된 부처 모두가 놀랐다. 그들은 이 보고서가 중동과 그 밖의 지역에서 서방측의 입장을 약화하려는 세력에게 좋은 소재가 될 것이라고 생각했다. 백악관의 정보자문위원회는 '소련의 선전을 도와주고, 세계 도처로 뻗치고 있는 소련의 야심을 고무할 것'이라고 비판했다. 사실 보고서는 최악의 시점에 나왔다. 미국은 한국전쟁에 참전하고 있었고, 한편으로는 이란 위기를 해결하기 위해 고군분투하고 있었다. 연방통상위원회의 공격 대상이던 석유회사들은 전쟁 수행용 석유를 확보하고, 이란의 가동 중단으로 부족해진 공급을 메우기 위해 전력을 다하고 있었다. 트루먼 정권은 불행한 결과를 우려해 그 보고서를 비밀문서로 분류했다. 그러나 소문이 퍼지면서 보고서를 공개하라는 정치적 압력이 거세졌다. 특히 1952년 대통령 선거가 가까워오면서 압력은 더 커졌다. 트루먼은 보고서의 일부를 삭제하고 상원 소위원회에서 공표하도록 허락했는데 그 반향은 매우 컸다. 리야드와 카라카스에 있는 사람들까지 보고서를 읽었고, 바쿠의 라디오 방송 시간에 다루어지기도 했다.

보고서가 공식적으로 공표되기 수개월 전, 사법부의 한 간부는 연방통상위원회의 보고서를 읽고 '현상유지 음모As-Is Conspiracy'라는 죄명의 반트러스트 제소를 확실하게 진행하기로 결정했다. 사법부가 내린 석유카르텔에 대한 판결 중에는 상치되거나 잘못된 것도 많았다. 예를 들어 '현물시장'은 '사상 최고의 가격 수준'에 있었는데, 보고서의 내용으로는 명백히 '카르텔'의 음모 탓이었다. 이란의 조업 중단과 공급 부족 혹은 한국전쟁과 경제 호황, 어느 것과도 관련이 없었다. 사법부의 해석으로는 어느 외국 정부도 석유회사에 강요한 적이 없었고, 텍사스 철도위원회조차 그런 적이 없는 것으로 되어 있었다.

국무부로서는 그 보고서가 최악의 악재였다. 범법행위에 대한 조사가 장기화 될 경우, 사태는 훨씬 더 심각해질 것이며 대배심원은 석유회사들을 범죄자로 판정할 것이다. 사법부는 석유회사들을 조사하기 위해 외국 정부, 특히 중동 지역 국가들을 끌어들일 것이고 자신들의 공격을 정당화할 것이다. 만약 기소로 이어진다면 미국 석유회사들이 이란 위기를 해결하기 위해 나서지 못할 것이 뻔하다. 그럼에도 불구하고 1952년 6월, 트루먼 대통령은 사법부에 수사 개시를 지시하고, 대배심원의 선임과 서류 압수를 승인했다.

사법부는 쉘, 앵글로–이란, CFP(프랑스 석유) 등 외국 회사들도 조사했다. 그들은 이라크 석유회사의 참여사로서 증인 소환과 서류 제출을 요구받았다. 영국 정부는 미국의 이런 행위가 주권 침해이며 치외법권을 무시하는 것이라면서 분개했다. 영국이 보기에는 그런 제소 자체가 어리석은 짓이었다. 이란 위기의 해결을 더욱 복잡하게 만들 뿐 아니라 산유국들과의 관계를 악화시키고, 기본적인 서구의 전략과 정치·경제적 이익을 위태롭게 하는 것이기 때문이었다. 1952년 9월 각료 회의에서 외무장관 이든은 그 보고서가 '오래된 빵'이고 '마녀 사냥꾼의 작품'이라고 비난했다. 또한 그는 연방통상위원회의 보고서가 '국익에 매우 불리하게 작용할 것'이라고 덧붙였다. 영국 정부는 앵글로–이란과 쉘에 어떤 형태로든 협조하지 말 것을 지시했다. 네덜란드 정부도 로열더치 쉘 그룹의 로열더치 측에 비슷한 지시를 내렸다. 또 양국은 프랑스와 함께 국무부에 강력히 항의했다.

사법부는 반트러스트의 새로운 확대 해석에 기초하여 수사를 진행하고 있었다. 지금까지는 해외에서 기업이 카르텔 행위에 가담하고 있음이 확실하더라도 그 자체만으로는 셔먼 반트러스트법에 저촉되지 않았다. 그러나 새로운 해석으로는 미국 기업의 해외 활동이 국내 가격 혹은 미국의 다른 경제 부문에 영향을 미칠 경우 위법행위가 되었다.[18]

사법부의 공격을 받은 석유회사들은 국무부의 이란 진출 계획에 협조할 기분이 나지 않았다. 결국 워싱턴은 아람코 컨소시엄, 쿠웨이트 석유회사, 이라크 석유회사의 재건 및 뉴저지, 소코니, 앵글로-이란이 포함되는 장기계약 등 '대규모 석유 계약'을 장려했다. 1947년 국무부의 메모에 따르면, 그러한 계약들이 미국의 이익에 도움이 될 것이라 생각한 것이다. 국무부가 이란 컨소시엄에 참여하도록 석유회사들을 설득하는 것과 같은 관점에서, 사법부는 석유회사들의 그런 참여 행위에 대해 형사 기소를 준비하고 있었다. 석유회사들의 이란 컨소시엄 참여는 사법부의 더 큰 분노를 살 위험이 있었다. 국무장관 애치슨은 이번 사태가 이란뿐만 아니라 미국의 외교 전반에 미치는 영향을 우려해, 사법부가 제소를 단념하도록 강력한 압력을 가했다. 그는 국방장관 로버트 로베트와 합동참모본부 의장인 오마르 브래들리 장군 편에 서서, 사법장관인 제임스 멕그라너리를 만나 제소 철회를 요청했지만 아무 소용이 없었다. 제소 여부는 트루먼 대통령에게 달려 있었다.

그러나 시간이 없었다. 1952년 11월, 아이젠하워가 대통령으로 선출되고 트루먼 행정부의 임기는 얼마 남지 않았다. 대통령은 어떤 결정을 내려야 할까? 해리 트루먼은 석유에 대해 어느 정도 지식이 있었다. 젊은 시절 그는 미국 내 여러 주에서 동업자들과 함께 석유 시굴에 참여했지만 결국 성공하지 못하고 재산만 잃었다. 그는 보유하고 있던 임차 지역의 일부를 매각했는데, 공교롭게도 후일 그 지역에서 대규모 유전이 발견되었다. 훗날 트루먼은 자신과 동업자들이 석유 발견에 성공했다면 운명이 어떻게 바뀌었을지 생각해 보았다. 아마 대통령이 되는 것이 아니라 석유 부호가 되는 데 그쳤을 것이다. 트루먼은 메이저 회사에 대해 회의적이고 비판적이었다. 1942년 상원위원회 위원장으로 있을 때는 뉴저지 회사와 이 겐 파르벤의 전쟁 전 관계를 폭로하기도 했다. 그러나 트루먼이 아무리 대중의 감각에 잘 따르고, 옳고 그름을 가리는 판단력과 국내 정치를 훌륭히 이끌어가는 감각을 가졌다 하더라도, 이번 문제를 그런 식으로 해결하는 것은 매우 위험했다. 그는 이란 정세를 우려하고 있었다. 한번은 한국전쟁에 대해 토의하던 중, 트루먼이 지도 상의 이란을 짚으며 "우리들이 방심할 경우 그들이 큰 문제를 일으킬 지역은 바로 여기요. 그들은 바로 이란으로 침입할 것이며, 그다음은 중동 전체를 장악할 것이오"라고 측근에게 말했다. '그들'이란 바로 소련이었다.

1953년 1월 12일, 정권 교체를 2주도 채 남겨놓지 않은 시기에, 트루먼은 사법부 조사의 중단을 발표했다. 석유회사에 대한 제소는 민사소송으로 대체되었다. 1953년 4월, 아이젠하워 행정부는 미국 회사 5개에 대해 '미국의 각 주간州間 및 해외에서의 석유와 석유제품의 통상을 제한할 목적으로 위법적인 협력과 음모를 꾀했다'는 혐의로 민사소송을 제기했다. 수석 반트러스트법 검사인 엠머글릭에 의하면, 사법부의 형사사송 중단 방침은 2명의 대통령, 2명의 법무장관 혹은 대리인, 2명의 국방장관, 통합 참모본부 의장, CIA 국장, 현직 및 전직 각료들의 신중한 판단에 따른 것이었다.

새로운 정부의 결정을 이행하기 위해 국가안전보장회의는 사법장관에게 '중동에서 활동하는 서방측 석유회사에 반트러스트법을 적용할지 여부는 국가 안전보장이란 기준에 따라 정한다'라는 지침을 보냈다. 그러나 석유회사로서는 제소되지 않는다는 보장이 없는 한, 이란 컨소시엄에 참여하지 않을 것이 분명했다. 그런 보장이 있어야 행정부가 바뀌어도 형사소추를 면할 수 있기 때문이었다. 1945년 1월, 사법장관과 국가안전보장회의가 확실한 보장을 해주었다. 아이젠하워 행정부의 사법장관인 허버트 브라우넬은 "이란 컨소시엄 계획은 미국의 반트러스트법에 위배되는 것이 아니다"라고 단언했다.[19]

새로운 컨소시엄의 형성

이제 이란에서 운영될 컨소시엄을 위한 서방측 석유회사들의 새로운 노력이 시작되었다. 이는 다원적인 외교의 걸작이었다. 주인공들은 앵글로-이란 외에 아람코 동업자인 뉴저지와 소코니, 텍사코, 캘리포니아 스탠더드, 앵글로-이란과 쿠웨이트 동업자였던 걸프, 걸프와 쿠웨이트에서 제휴했던 쉘, 프랑스 회사인 CFP 등이었다. 물론 미국과 영국 정부도 깊숙이 관여했다. 7개 회사가 컨소시엄 참여자로 선정된 것은 그들이 다른 중동 지역에서 석유 생산 합작 투자 사업에 참여하고 있었고, 앵글로-이란과 함께 그 지역 석유 생산의 대부분을 책임지고 있었기 때문이다. 세계 석유시장에서 이란이 배제되었던 수년 동안 인근 국가들의 석유 생산은 급증했다. 이란의 수출 재개는 바로 그 지역의 폭발적 석유 생산을 억제해야 함을 의미했다. 7개 회사 모두가 석유 생산 억제에 확실히 따르게 할 유일한 방법은 새로 형성되는 컨소시엄의 지분을 배분해주는 것이었다.

이란 사태를 해결하기 전에 중동의 다른 산유국들을 설득할 필요가 있었다. 아람코 출자 회사들은 이븐 사우드 왕이 운명하기 직전에 그를 만나서, 왜 그들이 이란 석유사업에 참여하고 사우디의 생산을 줄이는지에 대해 설명했다. 만약 그들이 이란 석유사업에 참여하지 않는다면 중동 지역이 대혼란에 빠질 우려가 있어서 컨소시엄에 참여하는 것이라 밝힌 것이다. 결코 욕심 때문이 아니었다. 오히려 그들은 석유를 원하지 않았다. 이븐 사우드는 단지 정부의 요청이라는 정치적 이유에서 그들이 참여했다는 것을 이해했다. 지정학적인 면을 고려한다면 당연한 일이었다. 석유회사들이 이란에 진출하지 않는다면 이란은 공산화 될 것이고, 사우디도 그 영향에서 자유롭지 못할 것이다. 사우드 국왕은 아람코의 진출이 당연하다고 말했다. 그러나 그는 한 가지 중요한 경고를 했다. "어떤 경우에도 필요 이상으로 지나치게 일을 벌여서는 안

됩니다."

각 회사는 소규모 교섭 대표단을 편성해 테헤란에 보냈다. 인내가 요구되는, 페르시아인과의 또 다른 교섭이 시작되었다. 페르시아인과의 교섭은 그 초점과 개념, 목적이 항상 변질되어왔다. 모사데그가 권력에서 밀려나고 이란 관리들이 석유 수출을 재개하는 데 관심이 컸음에도 불구하고, 이란 교섭 대표들은 이란의 주권을 손상시키거나 경제적 이익을 희생하는 타협이 되지 않도록 세심하게 주의를 기울였다. 게다가 국왕과 협상 대표자들은 또 다른 폭동이 일어나 다시 국외로 추방되거나 그 이상의 사태가 일어날 것을 우려했다. 그래서 이란 측 교섭 대표들이 더 강경하고 끈질긴 태도를 보였다.

교섭에 지친 회사 측 대표들은 교섭단의 일부를 테헤란에 남겨놓은 채 런던으로 돌아갈 채비를 했다. 그들은 농담 삼아 남아 있을 교섭단을 '인질'이라고 불렀다. 1954년 6월, 뉴저지의 하워드 페이지가 교섭 재개를 위해 대표단을 이끌고 테헤란으로 다시 왔다. 페이지와 이란 재무장관은 1954년 9월 17일 마침내 컨소시엄과 이란 국영 석유회사 간의 협정안을 만들어냈다. 1954년 9월 29일, 국왕이 협정에 서명했다. 그 다음날은 영국이 '부기 대령'을 합창하면서 아바단 정유소에서 굴욕적으로 추방당한 지 3년이 되던 날이었는데, 아바단에서는 정반대의 의식이 거행되었다. 페이지와 이란 재무장관이 축사를 하는 동안, 정박해 있던 유조선에 석유가 선적되었다. 첫 번째 출항한 유조선은 앵글로-이란 소유의 브리티시 애드보케이트 호였다. 이로써 이란의 석유산업은 복원되었다.

컨소시엄 설립은 석유산업에 있어 의미가 큰 전환점이 되었다. 외국인이 소유한 석유 이권이 교섭과 상호 합의에 의해 산유국으로 되돌려진 최초의 사례였다. 멕시코의 경우가 일방적인 국유화 조치였다면, 이란에서는 관계자 모두가 석유자원은 원칙적으로 이란 소유라는 것을 인정했다. 새로운 계약은 이란 국영 석유회사가 이란 내의 석유자원과 시설을 소유하도록 되어 있었다. 그러나 실제로 컨소시엄이 하는 일에 대해서는 지시를 내릴 수 없었다. 이란 석유산업을 운영하고 생산된 석유를 구입하는 일은 계약대로 컨소시엄이 맡았다. 컨소시엄에 참여한 회사들은 각자 몫으로 분배되는 석유를 자신들의 독립 판매망을 통해 처분했다. 앵글로-이란은 비록 힘이 약해졌지만 아직도 컨소시엄의 40%를 소유한 대주주였다. 쉘은 14%, 5개 미국 메이저는 각각 8%씩, 그리고 CFP는 6%를 소유했다.

수개월 후 컨소시엄의 구성이 약간 바뀌었다. 미국 정부가 사전에 결정한 대로 미국 기업 각사의 지분 중 1%를 새로 만들어진 이리콘Iricon에 양도했다. 이리콘은 컨소시엄을 구성하는 작은 단위로서, 독립된 미국 기업 9개사로 구성되었다. 그중에는 필립스, 리치필드, 오하이오 스탠더드, 애쉬랜드 등도 있었다. 미국 정부는 반트러스트법을 피하려는 정치적인 목적으로 이들 회사의 참여를 강력 주장한 것이다. 그들이 새로 들어오지 않았다면 컨소시엄은 미국 내의 정치적 공격을 견딜 수 없었을 것이다. 하워드 페이지는 후에 농담 삼아 "반트러스트법이 언제나 화젯거리여서 독립계 회사를 참여시키는 것이 가장 좋은 무마책이었다"라고 말했다. 영국은 미국의 방침에 분개했다. 협상의 핵심 인물인 영국의 한 관리는 "우리는 무엇이 독립계 회사인지도 몰랐다. 그들이 평판 좋은 회사라고 생각하지 않았고, 오히려 그들 때문에 중동 계획이 도중에 망가질 것이라 생각했다. 그들과는 사업상의 거래를 할 가치가 없다고 생각했다"라고 회상했다. 하지만 영국은 미국의 주장을 받아들이는 것 외에 다른 방도가 없었다.

'작은 컨소시엄'은 모든 미국 기업들에 개방되었다. 회계법인인 프라이스 워터하우스가 실시하는 재정 능력 조사를 받고 승인을 받으면 되었다. 영국 정부의 분노를 무마하기 위해, 미국 국무부는 정부의 책임 아래 독립계 회사를 영입할 것이며, 신뢰할 수 있는 기업만을 가맹하도록 하겠다고 약속했다.

이란 컨소시엄의 설립으로 미국은 중동 지역의 석유와 정치 문제에서 단연 주역의 자리에 올라섰다. 그동안의 혼란으로 인한 이란의 석유 공급 문제는 예상외로 쉽게 해결되었지만 중동 석유에 대한 의존이 증가할 것이란 우려도 있었다. 국왕이 복위하고 몇 달 뒤, 테헤란 주재 미국 대사이며 전 중동 담당 국무차관보였던 로이 헨더슨도 이러한 우려를 표명했다. 모사데그가 사라졌다 해도 석유 공급의 확보 면에서 장기적 위험이 줄었다고 생각하지 않았던 것이다. 그는 1953년 이렇게 예언했다. "앞으로 언젠가는 중동 국가들이 단결해 석유 공급에 대한 통일된 정책을 마련할 것이며, 이로 인해 석유회사들은 엄청난 피해를 입게 될 것이다. 서방측이 중동 석유의 의존도를 늘려가는 것은 결국 유럽의 소비자들을 중동에 내맡기는 것과 다름없다."

석유회사들에 대한 반트러스트법 위반 제소는 그 후로도 계속되었다. 그러나 사법부 장관이 이란의 컨소시엄을 인정하게 되자 상류 부문(석유의 탐사, 개발, 생산 부문)에서의 공동생산은 반트러스트법 적용에서 제외되고, 아람코도 반트러스트법에 저촉되지 않게 되었다. 반트러스트법의 적용은 하류 부문(석유의 정제, 유통)으로 범위가 축소되었다. 그 결과 1960년대 초, 뉴저지와 소코니의 극동 지역 합작회사였던 스탠백이 해체되었다. 소칼과 텍사코가 공동 소유하고 있던 유럽의 칼텍스 하류 부문도 재정난으로 해체되었다. 그 후 계속해서 독립계 석유회사 및 국영 석유회사들이 세계 석유시장에 진출했다. 1968년 미국은 상류 부문에 반트러스트법 적용을 제외하던 방침을 철회했다. 그때까지 컨소시엄은 거의 15년간이나 이란에서 석유사업을 지속했다.

앵글로-이란은 이란의 혼란 속에서도 놀라울 정도로 잘 버텨서, 컨소시엄을 형성하는 과정에서 국유화된 회사 자산에 대한 보상을 요구했다. 윌리엄 프레이저 경은 혼란에 대한 반성은 하지 않고, 각종 회의에 참석해 집요하게 보상을 요구해서 기업이나 정부 측의 참석자를 분노케 했다. 하지만 그의 끈질긴 인내와 고집은 보상 받게 되었다. 그런데 그 보상은 이란이 아니라, 컨소시엄에 참가한 회사들이 제공했다. 이란에겐 보상 의무가 없다는 이란 국왕의 주장 때문이었다. 회사들은 앵글로−이란이 상실했다고 주장하는 권리의 60%를 보상하기로 하고 선금으로 9,000만 달러를 지급했다. 또한 나머지 5억 달러를 지급할 때까지 컨소시엄이 생산하는 모든 석유에 대해 1배럴당 10센트의 비율로 로열티를 지급하기로 했다. 국유화 조치가 공식적으로 인정되고 이란이 석유자원과 산업을 소유하게 되었음에도 불구하고, 컨소시엄 참여 기업들은 이란 정부가 아니라 앵글로−이란에 석유 권리의 대가를 지급했다. 로열더치 쉘의 고위급 이사인 존 로든은 "프레이저로서는 이제까지 체결해본 적이 없는 가장 훌륭한 계약 조건이었다. 그러나 실제로는 앵글로−이란이 팔 수 있는 것은 아무것도 없었다. 모든 것이 국유화되었다"라고 말했다.[20]

이란 위기 시 주역으로 활동했던 또 다른 고집쟁이 노인인 모사데그에게는 프레이저와 같은 혜택이 주어지지 않았다. 그는 국왕에 의해 재판에 회부되었고, 열변으로 자신을 변호했지만 결국 3년을 교도소에서 보내야 했다. 그는 가택에 구금된 채 동종요법을 연구하며 여생을 보냈다. 30년 전 국왕의 부친에 의해 가택 연금되었을 때와 비슷한 생활이었다. 한편 국왕은 석유 수입이 늘어나자 젊은 시절의 불안한 생활에서 벗어나 확고부동한 이란 국왕으로 자리 잡았고, 나아가 세계를 향한 야심을 가진 독선적인 군주로 변신했다.

24

수에즈로부터의
위기

　이집트의 사막을 뚫고 홍해와 지중해를 연결해주는 좁은 수로인, 총길이 1,000마일의 수에즈 운하는 19세기의 걸작 중 하나였다. 이 운하는 프랑스인 페르디난드 드 레셉스가 개인 사업으로 건설한 것으로, 이로 인해 그는 '위대한 기술자'로 칭송받았다. 사실 그는 기술자가 아니었다. 외교관, 실업가, 회사 설립자 등 다양한 직업을 갖고 있었고 그 분야에서 많은 업적을 남겼다. 그가 가진 재능은 그뿐이 아니었다. 그는 64세의 나이에 스물 남짓한 여자와 결혼해 12명의 자식을 두는 재주도 있었다.

　이 지역에 수로를 만드는 것에 대해서는 과거부터 많은 논의가 있었으나, 레셉스가 수에즈 운하회사를 창립할 때까지는 전문가들 사이에서도 그것이 거의 불가능하다는 생각이 팽배해 있었다. 수에즈 운하회사는 이집트로부터 운하 개발 권리를 획득한 후, 1859년 건설에 착수했다. 그리고 10년 후인 1869년, 마침내 운하가 완성되었다. 영국은 그 즉시 가치를 인정했다. 제국의 보석 '인도'로 가는 길이 현저히 단축되었던 것이다. 영국 황태자의 표현을 빌리자면 '인도로 통하는 고속도로'에 대해 전혀 지분을 가지지 못한 것이 아쉬

올 따름이었다. 1875년 생각지도 못한 일이 벌어졌다. 파산 상태에 직면한 이집트의 통치자 케디브가 국가 소유의 수에즈 운하 주식 44%를 경매에 붙였던 것이다. 영국 수상 벤저민 디즈레일리는 영국 로스차일드 은행에서 자금을 차입해 전광석화처럼 주식을 매입했다. 이로써 영국과 프랑스는 수에즈 운하회사를 공동으로 소유하게 되었다. 디즈레일리는 자신의 공적을 간결하면서도 역사에 길이 남을 표현으로 빅토리아 여왕에게 보고했다. "국왕 폐하, 운하는 우리의 것이 되었습니다."[1]

수에즈 운하는 인도로 가는 시간을 반으로 단축시켜 여행자와 사업가들에게 더할 나위 없는 선물이 되었다. 그러나 운하가 가지는 최고의 의의는 전략적인 면에 있었다. 운하는 영국과 인도, 극동을 연결해주는 대영제국의 주요 이동로이자 생명선이 되었다. '인도와의 연락선을 방위하는 것'이 영국의 안전 보장 전략의 근간이었고, 이 때문에 영국은 수에즈 운하 지대에 군대를 상주시키고 있었다. 제2차 세계대전 때에는 운하의 군사적 중요성이 한층 부각되었는데, 영국군은 운하를 지키기 위해 엘 알라메인에 포진하고 독일의 롬멜 군단을 맞아 싸웠다.

그러나 1948년 운하는 갑자기 전통적인 의의를 상실해버렸다. 그해 인도가 독립한 것이다. 따라서 인도 또는 영국의 방위를 위해 수에즈 운하를 지배한다는 논리는 근거를 잃게 되었다. 그런데 거의 같은 시기에 운하는 새로운 역할을 맡게 되었다. 운하는 '제국의 고속도로'에서 '석유의 공급로'로 역할이 바뀌었다. 당시 유럽으로의 공급이 증대되고 있던 페르시아 만 석유의 공급 통로가 된 것이다. 아프리카 남단 희망봉을 돌아갈 경우 사우샘프턴까지 1만 1,000마일에 달하던 수송 거리가 수에즈를 경유하면 6,500마일에 지나지 않았다. 1955년 운하를 통과하는 전체 화물량의 3분의 2가 석유였다. 또 유럽에서 소비되는 석유의 3분의 2가 수에즈 운하를 경유해 공급되었다. 운하 북쪽에 있는 아라비아 관통 파이프라인과 IPC(이라크 석유회사)의 파이프라인, 그리고 수에즈 운하는 전후 국제 석유산업의 혈관과 같은 역할을 담당했다. 그리고 서방 제국의 중동 의존이 심화되면서 그 중요성은 배가되었다.[2]

역할이 영웅을 만든다

영국은 이집트와 수에즈 운하를 75년간 지배해왔다. 처음에는 무력으로, 그 후에는 괴뢰정권을 차례로 교체해가며 정치·경제적 주도권을 행사했다. 한편 이집트에서는 오랫동안 반항적인 민족주의가 명맥을 유지해왔는데, 제2차 세계대전이 끝난 후 그런 경향은 한층 강화되었다.

1952년 일단의 군 간부들이 쿠데타에 성공해 사치와 향락에 빠져 있던 국왕 파룩을 추방했다. 리비에라로 망명한 국왕은 결코 낙담하지 않았고, 오히려 엄청나게 살이 찌고 많은 첩을 거느린 것으로 새로운 명성을 얻었다. 1954년 가말 압델 나세르 대령이 1952년에 발생한 쿠데타의 이름뿐인 지도자 모하메드 나기브 장군을 축출하고 명실공히 이집트의 독재자로 등장했다.

나세르는 우편국 직원을 아버지로 둔, 타고난 음모가였다. 그의 반영反英 투쟁은 쿠데타가 일어나기 10년 전, 제2차 세계대전의 소용돌이 속에서 시작되었다. 그때부터 나세르는 지하 전술에 맛을 들였다. 미국 중앙정보국의 비밀 보고서는 나세르에 대해 '그는 아이들처럼 음모 꾸미기를 좋아한다'라고 결론 내리고 있다. 국가원수가 된 후에도 이런 성향은 변하지 않았다.

그는 아랍 세계에 팽배한 새로운 민족주의 정신을 갈파하고 그것을 움직이는 데도 수완을 발휘했다. 모하메드 모사데그의 수법을 배워, 화려한 언변과 라디오를 이용한 민중 선동에도 능했다. 그의 말에 따라 수만, 수십만 민중이 거리로 뛰쳐나왔다. 그는 제3세계 신생 개발도상국 가운데 군 간부가 열광적인 민족주의자로 변신한 선례로 기록되었다.

　나세르는 이집트의 복권과 독립에 헌신한 민족주의자였지만, 국경을 넘어 북아프리카의 서쪽 끝에서 페르시아 만에 이르기까지, 아랍어를 구사하는 아랍 세계 전체를 대상으로 행동했다. 그의 라디오 방송국인 '아랍의 소리' 방송은 그의 열정 어린 연설을 중동 전역에 전파했다. 때때로 그는 서방과의 결별을 호소했고, 어떤 때는 인접한 아랍 제국을 위협했다. 가말 압델 나세르가 주도하는 범아랍주의와 새로운 아랍 세계의 창설, 아랍 세계를 지리적으로 갈라놓은 이스라엘의 제거, 중동 지역에서의 유태인 축출 등이 나세르 연설의 주된 내용이었다.

　뙤약볕 아래 수에즈 운하를 왕래하는 선박에는 예외 없이 외국인, 특히 프랑스인이나 영국인 선로 안내인이 승선하고 있었다. 나세르가 집권한 새로운 이집트에서는 그들이 걸친 청결한 양말, 반바지, 청량한 셔츠, 모자 등이 모두 19세기 식민주의의 상징으로 여겨졌다. 그러나 단순히 상징만이 문제가 아니었다. 모사데그 이전의 이란 석유 이권과 마찬가지로 운하 통행료 수입의 대부분이 대주주인 영국을 포함한 유럽인들의 주머니로 흘러 들어갔다. 만약 이집트가 운하에 대한 통제권을 확보할 수만 있다면, 경제 개발 경험보다는 선동적 민족주의 운동에 능숙한 새로운 지도자를 둔 가난한 나라 이집트의 새로운 수입원이 될 수 있었다.

　상황에 관계없이 운하에 대한 이권을 주장할 수 있는 기한이 얼마 남지 않았다. 협정에 의해 운하의 권리는 1968년까지 유효한 것으로 되어 있었지만, 영국의 영향력은 이미 감소하고 있었다. 영국은 1936년 앵글로-이집트 협약에 의해 운하 지대에 군사 기지와 대규모 보급 센터를 유지 중이었다. 영국의 철수를 조바심 내며 기다리던 이집트인들은 영국인에 대해 테러를 전개하고 살인, 납치 등을 포함한 협박을 시작했다. 영국은 이런 상황에서 중동 지역을 보호하기 위해 군사 기지를 유지하는 것이 별 의미가 없다고 판단했다. 1954년 외무장관 앤서니 이든은 수에즈 지대 주둔 영국군을 20개월 내에 철수시킨다는 내용의 교섭을 지시했다. 다음해 처칠에 이어 수상이 되기 두 달 전, 이든은 카이로를 방문해 아랍어로 아랍의 속담을 말해 나세르를 놀라게 했다. 처음에 영국은 이집트와 우호적인 협력관계를 유지할 수 있을 것이라는 희망을 가졌다. 그러나 나세르가 인근 독립국 수단을 합병하고 이집트 대국의 건설을 시작함에 따라 이 기대는 완전히 무너졌다.[3]

워싱턴은 나세르를 아주 관대하게 보고 있었다. 미국 정부와 의회 내부에는 유럽 제국이 한시바삐 과거 제국주의의 유산을 청산해야 한다는 생각과 함께 유럽의 식민지 정책에 대해 도의적 우위에 서려는 경향이 강했다. 제국주의의 유산은 서방 세계가 소련 공산주의와 대결할 때 커다란 장애가 된다는 것이 미국인들의 생각이었다. 수에즈 운하는 경제적인 면에서 의의가 있지만 가장 명백한 식민주의 잔재이기도 했다. 훗날 운하회사의 사장은 비통한 심정으로 "운하회사가 곰팡이 냄새 나는 19세기 식민지 시대의 통탄스러운 잔재로 비치고 있다"라고 말한 적이 있다.

1955년 가을, 런던뿐 아니라 워싱턴에서도 나세르에 대한 경계심이 고조되었다. 그가 무기 조달을 위해 소련 진영으로 기울고 있다는 것이 분명해졌기 때문이다. 이것이 소련의 영향력 확장을 의미하는 것은 아닐까? 수에즈 운하가 서방측의 석유와 해군의 이동에 장애가 될 소지는 없을까? 1956년 2월 초, 미 국무부는 석유 공급에 있어 상호 협력을 허용한 1950년 자주 협정 Voluntary Agreement 의 수정에 대해 석유회사에 타진했다. 본래 이 협정은 이란의 석유 공급에 장애가 발생할 경우에 대응하기 위한 것이었다. 그리고 이번에는 석유를 실은 유조선이 수에즈 운하를 통과하지 못하게 될 때, 이 협정을 적용해 석유회사와 정부가 협력하기 위한 것이었다. 그러나 석유회사들은 반트러스트법 위반을 우려했기 때문에 국무부의 상호 협력 제안은 실효성이 없어 보였다. 법무부가 반트러스트법 위반으로 석유회사를 추방하던 때이므로 법의 위력을 무시할 수 없었다. 그러나 석유회사들 역시 공급이 중단될 가능성을 우려하고 있었다. 1956년 4월, 뉴저지 스탠더드는 수에즈 운하가 폐쇄될 경우 페르시아 만의 석유를 어떻게 수송할 것인지 검토에 착수했다.

그 무렵 영국 외무장관 셀윈 로이드는 이집트를 방문해 나세르와 회담을 벌이고 있었다. 이 자리에서 로이드는 '운하는 중동의 석유 시설과 일체를 이루는 것으로 영국의 사활이 걸린 중요한 시설'이란 사실을 분명히 밝혔다. 이에 대해 나세르는 산유국은 석유 판매 이윤의 50%를 가지지만 이집트는 운하에서 얻어지는 이윤의 50%를 갖지 못하고 있다고 대답했다. 수에즈 운하가 석유 시설의 일부라면 산유국들과 마찬가지로 50 대 50의 이윤 분배 원칙이 적용되어야 한다고 단호히 주장한 것이다. 그러나 운하 협정의 내용은 전혀 바뀌지 않았다.

1955년이 저물어갈 무렵, 영국과 미국은 세계은행과 협력해 나일 강 상류의 아스완에 거대한 댐을 건설하는 데 필요한 자금을 제공할 의사를 밝혔다. 나세르를 회유하기 위함이었다. 이 프로젝트가 진행되고 아울러 2년 전 이든과 맺은 협정에 따라 1956년 6월 13일 잔류 영국군이 운하 지대에서 모두 철수하자 나세르는 매우 만족해했다. 그러나 나세르가 소련과 무기를 거래하자 워싱턴은 이집트에 대한 경계를 강화하면서 거리를 두기 시작했다. 나세르는 제한된 자금을 댐 건설에 사용하지 않고 소련에서 무기를 구입하는 데 충당했다. 더욱이 대규모 프로젝트를 수행함으로써 발생할 수 있는 경제적 어려움은 자금을 융자해준 나라에 대한 적대감과 비난으로 돌아올 우려가 있었다. 미국이 볼 때, 그런 장기 비용은 소련이 부담하게 하는 편이 나았다.

어쨌든 미국 내에서 이집트 지원에 반대하는 분위기가 고조되었다. 남부 출신 상원의원들은 세계 시장에서 이집트의 면화가 경쟁력을 갖게 되면 남부의 면제품 수출량이 감소할 것을 우려해 아스완 하이 댐 건설 계획에 반대했다. 이스라엘에 우호적인 의원들은 이스라엘에 적대적인 정부를 원조하는 데 열의가 없었다. 나세르가 '적성 중국'을 승인한 것도 미국 정부와 의회의 경계심을 불러일으킨 원인이 되었다. 상원의 공화당 의원단은 당시 '비동맹주의'의 기수로 등장한 두 사람, 즉 유고슬라비아의 티토와 이집트의 나세르 가운데 누구를 원조해야 할지 국무장관 덜레스에게 물었다. 덜레스는 티토를 선택했고, 아이젠하워도 이 결정을 지지했다. 영국 역시 이 결정에 동조했다. 1956년 7월 19일, 덜레스는 아스완 하이 댐 건설 지원 계획을 취소함으로써 이집트와 세계은행을 놀라게 했다.[4]

수에즈 운하 국유화

나세르는 격노했다. 모욕당했다고 생각한 그는 복수의 기회를 노렸다. 그는 운하의 통행료 수입을 아스완 하이 댐 건설비로 사용할 수 있다고 생각했다. 이는 자신의 나라 한가운데에 버티고 있는 증오스러운 식민주의 상징을 몰아내는 것이기도 했다. 1956년 7월 26일, 그는 알렉산드리아의 한 광장에서 연설했다. 소년 시절 그가 대영 투쟁에 처음 참가했던 바로 그 광장이었다. 이제 그는 이집트의 지도자 자격으로 운하 건설자의 이름 드 레셉스를 계속 들먹이며 비난했다. 그는 단순한 역사적 사실을 밝히고 있는 것이 아니었다. '드 레셉스'는 군사행동 개시를 지시하는 암호명이었다. 그의 연설이 끝나갈 무렵 이집트군이 수에즈 운하를 접수했다. 운하가 국유화된 것이다.

세계를 놀라게 한 대담한 행동이었다. 긴장이 급속히, 그리고 극적으로 고조되었다. 영국 재무장관 해럴드 맥밀런은 애독하던 빅토리아조 소설을 연상하게 하는 문체로 일기장에 이렇게 썼다. "어제 저녁부터 오늘 아침 사이, 내가 기억하고 있는 것 가운데 가장 황량하고 거친 돌풍이 불었다." 그때 카이로에 있는 나세르는 고조된 긴장을 풀기 위해, 시드 채리스 주연의 영화「라스베이거스에서 만나요」를 보러 영화관으로 갔다.

타협점을 모색하기 위한 외교적 노력이 3개월간 계속되었으나 별 성과를 거두지 못했다. 9월 중순, 영국인과 프랑스인 선로 안내인이 수에즈 운하회사의 명령으로 철수했다. 운하 가운데로 선박을 유도하는 선로 안내인의 임무가 고도의 기술이 필요하다고 생각하던 런던과 파리의 고위 관리들은, 이들 없이 이집트인만으로는 운하 운영이 불가능하다고 판단했다. 운하의 수로는 협소했고, 시나이 반도에서 강력한 회오리바람이 불고 있었다. 이집트 정부는 과거 수년간 자국민들을 훈련시켰고 국유화가 될 무렵 소련 진영에서 급파된 안내인의 협조를 얻어, 이집트인이 선박을 안내할 수 있게 된 것이다. 어쨌든 국유화된 운하는 정상적으로 운영되었다.[5]

긴장이 고조되고 있을 때, 영국과 프랑스 정부는 한 가지 사항을 분명히 했다. 양국은 운하의 운행, 특히 석유의 통과를 방해하는 어떠한 것도 원치 않는다는 것이다. 그러나 미국의 입장은 애매했다. 수개월간 영국과 프랑스뿐 아니라 미국 관리들에게조차 혼란스러운 것으로 비쳤을 정도다. 설상가상으로 개인적 감정과 의견 충돌로 인해 이든과 덜레스의 관계는 아주 불편한 상태였다. 두 사람이 회담을 마친 후, 이든의 수석 비서는 친구에게 보낸 편지에 이렇게 밝혔다. '덜레스의 말이 너무 느려 이든은 그의 얘기를 듣고 싶어 하지 않았다. 반면 이든은 우회적이고 애매한 표현들을 많이 써서, 변호사 출신인 덜레스가 정확하게 이해할 수 없었다." 아이젠하워의 일기에서도 문제의 일단을 살펴볼 수 있다. 덜레스가 설득력이 없으며, 때때로 그의 표현과 태도를 다른 사람들이 어떻게 받아들이는지 이해하지 못하는 것 같다고 적어놓은 것이다. 다른 미국인들처럼 덜레스의 눈에 이든은 오만하고 활기 없는 사람으로 보였다. 그러나 그들의 불협화음은 스타일 이상의 것으로, 그들 사이에는 또 다른 불만이 있었다. 이든과 덜레스는 2년 전 프랑스-인도차이나 전쟁에서 맞부딪친 적이 있었다. 이든은 외교적 측면을 강조했지만 덜레스는 평화적인 해결책에 별 관심이 없었다. 그런데 수에즈 운하 문제에서는 역할이 뒤바뀌었다.

1956년 8월 운하가 국유화되고 며칠 후, 덜레스는 영국과 프랑스 양국 외무장관에게 "나세르가 운하를 토해내게 할 방법을 강구해야 한다"라고 주장했다. 덜레스의 이 표현은 그 후 2개월간 이든의 귀에 크게 거슬리지 않았다. 그러나 미국은 영국의 입장에서는 비현실적으로 보이는, 심지어는 영국과 프랑스의 직접적 행동을 지연시키려는 몇 가지 외교 전략에 집착하고 있었다.

사실 미국의 정책은 덜레스가 아니라 아이젠하워가 결정했고, 아이젠하워는 위기가 발생한 이후 미국이 취해야 할 입장에 대해 추호의 의심도 없었다. 무력행사는 결코 정당화될 수 없다고 생각한 것이다. 영국과 프랑스가 무력행사를 할 수 없게 하는 것이 정책의 핵심이었다. 아이젠하워는 유럽 양국이 이집트에 지속 가능한 융통성 있는 정부를 세울 수 없다고 판단했다. 게다가 무력 사용은 아랍 제국뿐 아니라 개발도상국 전체를 서방 세계에 반대하는 세력으로 돌려세움으로써 소련의 손에 놀아나게 되는 것이라 생각했다. 익스의 말에 따르면 소련이 '세계 지도자'로 나서게 할 우려가 있었다. 아이젠하워는 이든에게 "나세르는 극적인 상황에서 두각을 나타내게 되오. 우리가 할 수 있는 최선의 일은 현재의 상황을 냉각시켜 극적인 구도를 만들지 않는 것이오"라고 말했다. 아이젠하워는 그의 고문에게 영국 측의 생각이 구시대적이며, 지금 나세르는 '백인 타도'라는 민중의 요구를 구체화하고 있다고 불평했다. 아이젠하워가 우려한 것은 이집트에 대한 공격으로 나세르가 개발도상국가의 영웅으로 등극하는 것이었다. 이는 중동 지역 아랍 지도자들의 세력을 약화시켜 결국 중동 석유의 공급을 위태롭게 할 수 있었기 때문이다. 이 때문에 아이젠하워는 영국에 무력 행동을 자제하라고 강경하게 촉구했다. 그와 측근들에게 미국의 정책은 명확했다. 그러나 사태의 진전을 보면, 미국의 정책이 영국과 프랑스에 결코 명확하게 전해지지 않았음을 알 수 있었다.

그러나 아이젠하워에게는 식민 지배 시대로 되돌아가는 데 미국이 간접적으로나마 관련되지 않았다는 점을 밝히는 것이 더 중요했다. 비록 전통적 동맹국인 영국과 프랑스와의 관계가 소원해질지 모르지만, 이집트를 둘러싼 상황은 오히려 미국이 개발도상국의 지지를 얻을 수 있는 기회였다. 나세르는 아이젠하워의 성명을 들은 후 농담조로 "그는 어느 편인가?"라고 측근에게 물었다.[6]

사실 또 하나의 요인이 있었다. 아이젠하워는 1956년 11월의 대선을 준비하고 있었다. 그는 취임 초 한국전쟁을 종식시킨 점을 상기시키며 평화의 사자로 선거운동에 다시 나섰다. 그는 국민을 놀라게 하고 자신의 선거운동에 위협이 될 군사적 위기를 가장 우려했다. 영국과 프랑스는 미국 대통령 선거 일정을 계산에 넣지 않는 커다란 실수를 저질렀다. 영국과 프랑스는 겉으로는 외교적 노력을 하면서 이면에서는 비밀 작업을 준비하고 있었다. 비록 준비가 충분치는 않았지만 양국은 운하 지대에 군사 개입을 계획하고 있었다. 영국은 여행 시즌 중에 대형 관광선을 징발하고 전투 부대의 수송을 위해 민간 운송 회사인 '픽포드 운송'까지 동원했다.[7]

교살당할 생각은 없다

영국과 프랑스 정부의 고위층들은 강력한 군사 개입 충동을 느꼈다. 프랑스는 북아프리카에서 자신들이 누리는 입지에 나세르가 위협이 된다고 보았다. 나세르가 2년 전부터 프랑스에 대항해 독립전쟁을 시작한 알제리 반군을 부추기고 있을 뿐 아니라 그들을 훈련하고 무기도 보급하고 있다고 판단한 것이다. 프랑스는 나세르의 코를 납작하게 해주고 동시에 자신들의 자금으로 건설된 수에즈 운하를 돌려받을 심산으로, 나세르에 대한 군사적 응징을 계획 중인 이스라엘과 군사 협력 관계를 강화했다. 나세르는 이스라엘과의 전쟁을 위해 군비도 보강하고 있었다. 그는 이스라엘에 대한 게릴라 공격을 지원하고, 이스라엘 남부의 에이라트 항을 봉쇄했다. 이 모두는 이스라엘에 대한 적대행위였다.

영국에게 운하가 중요한 이유는 무엇인가? 문제의 답은 석유다. 운하는 석유 공급의 경정맥이라 할 수 있었다. 이집트가 운하를 국유화하기 3개월 전인 1956년 4월, 스탈린이 죽은 후 소련 권력층의 핵심이 된 니콜라이 불가닌과 니키타 흐루쇼프가 런던을 방문했다. 그들과 회담을 하기 전, 이든은 회담에서 언급할 내용을 아이젠하워와 충분히 조율했다. 아이젠하워는 "석유 생산과 수송에 영향을 줄 어떤 조치도 곰에게 허용해서는 안 된다. 석유 생산과 수송은 서방측의 방위와 사활이 걸린 중요한 문제다"라고 말했다. 소련 지도자와의 회담에서 이든은 그들의 중동 개입에 대해 경고했다. 이든은 "나는 석유에 대해서 솔직히 말하지 않을 수 없다. 석유를 얻기 위해 투쟁해야 하기 때문이다"라고 말한 후, 이어서 "석유 없이는 살 수 없다. 우리는 교살당할 생각이 추호도 없다"라고 덧붙였다.[8]

나세르의 운하 점거로, 석유 부족 사태가 현실로 나타날 가능성이 높아졌다. 당시 영국은 국제수지 구조가 매우 취약했다. 더욱이 영국은 세계 최대 채

권국에서 최대 채무국으로 전락했다. 그들이 보유하고 있던 금과 달러는 3개월쯤 지탱할 수 있는 정도였다. 그동안 영국이 가지고 있던 중동 석유 이권은 외환 수입에 크게 기여하고 있었다. 그것을 잃게 될 경우, 영국 경제는 커다란 타격을 받게 될 것이다. 다시 말해 나세르의 승리는 모사데그가 이란에서 승리한 것과 같은 영향력을 가지는 것이었다. 또한 영국의 위신이 산산이 조각날 수 있었다. 당시 영국은 세계 각지에서 설 땅을 잃고 있던 시기였으므로 위신은 중요한 문제였다. 또한 나세르가 승리한다면 그 여세를 몰아 영국에 우호적인 중동 국가를 무너뜨리고 영국과 미국의 석유 지배권을 침식할 것이 분명했다. 이든은 '나세르가 서유럽으로의 석유 공급을 차단한다면 우리 모두 그의 희생물이 될 수 있는 위급한 상황에 처해 있다'라고 아이젠하워에게 경고했다.

이든의 우려는 석유와 경제에 관한 것뿐만이 아니었다. 소련이 중동의 빈 구역으로 대대적인 공세를 취할 가능성도 있었다. 이든에게 직접 석유 문제를 보고했던 외무부의 고위 관리는 "이든은 소련이 중동으로 세력을 확장하는 것을 크게 우려하고 있었다. 미국 또한 영국으로부터 중동을 인계받을 준비가 되어 있지 않았다. 따라서 소련의 확장을 막는 임무를 영국이 떠맡았다"라고 회상했다.

재무장관 해럴드 맥밀런은 석유 공급에 대한 위협과 그것의 위험한 영향에 대해 이든과 거의 같은 생각을 가지고 있었다. 그도 영국이 위험에 무방비 상태로 방치되어 있다고 느끼고 있었다. 그러나 그는 이든처럼 솔직하게 그런 우려를 표현하지 않았다. 수에즈 위기가 발생하고 2주일간 그는 공무 중에 제인 오스틴의『노생거 수도원』과『설득』, 디킨스의『우리 서로의 친구』, 조지 엘리엇의『성직자 생활의 풍경』,『미들마치』,『아담 비드』, 새커리의『허영의 시장』과 같은 19세기 소설과 다른 종류의 책들을 수천 페이지 읽었고, 다음 몇 주간은 처칠의 『영어권 국민의 역사』, 마키아벨리, 사보나롤라의 전기, C. P. 스노우의 신간 소설 등을 읽었다. 맥밀런은 "만약 그렇게 많은 책을 읽지 않았더라면 미쳤을 것이다"라고 말했다. 그는 이든의 암울한 전망을 누구보다 강력하게 지지하면서도 행동의 필요성을 강조했다. 그는 일기장에 이렇게 적었다. '정말이지 우리는 심각한 딜레마에 빠져 있다. 이집트에 강경한 행동을 취할 경우, 수에즈 운하의 폐쇄는 물론이고 레반트까지 연결되어 있는 파이프라인이 봉쇄될 것이다. 또 페르시아 만에서 반란이 일어나 석유 생산이 중지된다면 영국과 서유럽은 패배하는 것이다.' 맥밀런은 이어서 '만약 우리가 외교 교섭에 실패하고 나세르가 운하 협정을 폐기한다면, 그리고 중동 제국이 석유를 국유화한다면 우리는 또 패배하는 것이다. 그렇다면 어떻게 해야 할까? 단 하나의 기회에 도박을 거는 것 이상의 방법은 없는 것처럼 보인다. 그것은 강경 대응이다. 이를 통해 중동에 있는 우리의 우방국이 버틸 수 있고 적을 압도하며 석유를 지킬 수 있다. 그러나 그것은 힘든 결단을 필요로 한다"라고 자신의 의견을 피력했다.[9]

또 하나의 '라인란트'

위기에 대응하고 있는 동안, 이든과 맥밀런, 그들의 측근, 프랑스 수상 기모레와 동료들 모두는 과거의 강력한 기억에 사로잡혀 있었다. 그들에게 나세르는 소생한 무솔리니나 미숙한 히틀러로 보였다. 제2차 세계대전에서 추축국이 패배한 지 10년이 지난 이 시점에, 새로운 음모가이며 군중 선동가이자 독재자인 나세르가 세계무대에서 활보하기 시작했다고 생각한 것이다. 그들은 나세르가 군중을 선동하고 폭력에 호소하며 자신의 야심을 채우기 위해 전쟁을 기도하고 있다고 의심했다. 서방측 지도자들의 머릿속에는 두 개의 세계대전이 각인되어 있었다. 이든에 따르면, 외교 노력으로도 비극을 막지 못한 최초의 실패는 1914년으로 거슬러 올라간다. 그는 후일 "우리는 어느 정도 낙인이 찍힌 세대다. 나는 사라예보 암살 사건으로 발생한 사태로 낙인이 찍혀 있다"라고 고백했다. 당시의 협상 정책과 외교를 돌이켜보며, 이든은 "그때 기록을 보면 우리가 항상 한발 늦었다고 느끼게 된다. ······ 한발 늦는다는 것은 치명적인 일이다"라고 말했다.

각국 정부가 제때 대응하지 못해 실패한 더욱 강력한 기억은 1930년대의 사태였다. 1956년은 히틀러가 조약을 무시하고 라인란트를 재무장한 지 20년이 되는 해다. 1936년 당시 영국과 프랑스는 독일 독재자의 행동을 저지할 수도 있었다. 그렇게 했다면 히틀러는 활력과 위신을 잃고 실각했을 것이며, 수백만 명이 생명을 잃지 않았을 것이다. 그러나 당시 서방 세계는 행동을 취하지 않았다. 1938년에도 서방 제국들은 체코슬로바키아의 지원에 실패하고 대신 뮌헨의 히틀러에게 유화책을 썼다. 그때까지만 해도 히틀러를 저지하는 것이 가능했고, 제2차 세계대전의 대학살은 피할 수 있었다.

1938년 이든은 무솔리니와 히틀러에 대한 유화 정책에 반대해 외무장관직에서 물러났다. 이든은 1956년 여름부터 가을에 걸쳐 나세르가 히틀러의 확장 정책과 너무나도 유사한 길을 걷고 있다고 생각했다. 그에게 나세르의 『혁명의 철학』은 히틀러의 『나의 투쟁』과 같은 것이었다. 나세르도 대제국을 꿈꾸었다. 나세르는 그의 책에서 아랍은 석유의 힘을 이용해야 한다고 주장했다. '제국주의'에 대항하기 위해서는 '문명의 중추신경'인 석유를 이용해야 한다고 강조한 것이다. 또한 공업국의 기계와 도구는 단순한 철鐵에 지나지 않으며, 철鐵도 동력원이 없으면 생명을 부지하지 못한다고 주장했다. 이미 이든은 타협을 시도했다. 1954년 이든은 자신의 모든 것을 걸고 수에즈 운하에 주둔해 있던 영국군을 철수시켰다. 그리고 그 결정으로 인해 여당인 보수당 일부에게 격렬하게 비난받았다. 이든은 나세르에게 배신당했다고 느꼈다. 히틀러의 경우와 마찬가지로 나세르의 약속은 글로 기록한 종이쪽지에 지나지 않았다. 수에즈 운하의 점거는 국제협정 위반이며, 그것은 히틀러의 라인란트 출병과 뭐가 다른가? 나세르에 동조해 유화 정책을 편다면 제2의 뮌헨이 될 수도 있었다. 이든은 같은 실수를 두 번 다시 하고 싶지 않았다. 그의 형제 둘은 제1차 세계대전 중에 죽었고, 장남은 제2차 세계대전 중에 사망했다.

이든은 전쟁에서 죽은 수백만 명에 대해 책임감을 느꼈다. 1914년 서방 제국은 위기를 저지하지 못했다. 1930년대에도 결단이 부족해 히틀러를 저지하지 못했다. 만약 나세르에 대해 무력을 사용해야 한다면 지금이 적기였다. 프랑스 수상 모레는 전시에 독일 부헨발트의 강제수용소에 수감된 경험이 있는데, 그도 이든과 같은 생각이었다. 벨기에 외무장관 폴 헨리 스파크도 비슷한 생각을 가지고 있었다. 그는 위기 중 영국 외무장관에게 보낸 편지에 '지금 히틀러 시대 초기의 기억이 뇌리에 되살아나고 있소. 그때 우리는 너무나 값비싼 대가를 치렀소'라고 썼다.[10]

유럽과는 달리, 워싱턴에서는 이런 연상 작용이 힘을 발휘하지 못했다. 나세르에게 어떻게 대응할 것인가에 대한 합의점을 도출하지는 못했지만, 수에즈에서 전쟁이 발발할 경우 일어날 수 있는 서방 제국의 석유 위기에 대비한 긴급 계획을 준비하고 있었다. 아이젠하워는 중동사태대책위원회 설립을 승인하고 운하가 봉쇄될 경우 서유럽으로 석유를 공급하는 방법을 검토하게 했다. 법무부는 이 위원회의 계획에 덧붙여 석유회사에 적용되는 반트러스트법의 한정적인 면제 방침을 결정했다. 그러나 이런 조치는 물량을 할당하고, 공동의 공급에 필요한 석유 수요와 유조선, 그리고 다른 물류 자료와 정보를 교환하기 위해서는 많이 부족했다. 그럼에도 불구하고 중동사태대책위원회는 영국의 석유공급자문위원회 및 OEEC(유럽경제협력기구, OECD의 전신)와 위기대책에 관한 긴밀한 연락망을 구축했다.

석유회사들은 서유럽에서 필요한 석유의 대부분은 서반구의 증산, 즉 미국과 베네수엘라에 있는 방대한 양의 잉여 물량으로 충족될 수 있다고 생각했다. 7월의 마지막 날, 뉴저지 스탠더드오일은 4월에 발주한 수에즈 운하의 대안에 대한 조사 보고서를 받았다. 이 보고서는 대형 유조선보다 페르시아 만에서 이란, 터키를 경유하여 지중해로 연결되는 대구경 파이프라인의 건설을 권고했다. 파이프라인 건설에 드는 비용은 5억 달러로 추산되었다. 그러나 건설 기간 4년이 문제였다. 또한 며칠 후에 파이프라인에 지나치게 의존하는 것이 위험하다는 사실이 분명해졌다. 서방측에 대한 경고로, 시리아가 24시간 동안 아라비아 관통 파이프라인으로 흐르는 석유의 공급을 중단하는 사태가 발생한 것이다.

9월 아이젠하워는 이든에게 보낸 편지에서 '나세르를 실제보다 훨씬 중요한 인물로 만들' 위험이 있다고 주장했다. 이에 대해 영국 외무차관 이본 커크패트릭 경은 다음과 같은 격렬한 반론을 제기했다. "대통령이 옳기를 진심으로 바란다. 그러나 나는 대통령이 잘못 알고 있다고 확신한다. 나세르가 그의 위치를 확고히 하며 점차로 산유국들에 대한 통제권을 획득하는 동안 우리가 뒷짐만 지고 있다면 그는 우리를 파멸시킬 것이다. 우리의 정보에 따르면 그는 우리를 좌초시킬 마음을 먹고 있다. 만약 중동의 석유가 한두 해 동안 우리에게 공급되지 않는다면 우리의 금 보유고는 바닥날 것이며, 그렇게 되면 영국 화폐 통용 지역은 와해될 것이다. 그렇게 되면 독일은 물론이고 세계 다른 어떤 지역에도 군대를 파견할 여력을 잃게 될 것이다. 더욱이 우리나라를 지키기 위한 최소한의 방위비조차 지불할 수 있을지 의문이다. 자국을 방위하지 못하는 나라는 결국 소멸될 것이다."

수에즈 위기가 계속되던 9월, 아이젠하워가 평소 존경하던 텍사스 석유사업가 로버트 앤더슨이 대통령의 개인 특사로 비밀리에 사우디아라비아를 방문했다. 사우디가 나세르에게 압력을 넣음으로써 타협을 유도하는 것이 목적이었다. 리야드에 간 앤더슨은 사우드 국왕과 외무장관인 파이잘 황태자 앞에서, 미국은 석유보다 훨씬 값싸고 효율적인 대체 에너지원으로 사우디를 포함한 모든 중동 석유를 가치 없는 것으로 만들 수 있는 기술 혁신을 이루었다고 경고했다. 그리고 만약 운하가 위협의 수단이 된다면 미국은 이 기술을 유럽에 제공할 수도 있다고 말했다.

그러자 사우드 국왕은 "그 에너지란 것이 대체 무어냐"고 물었다. 앤더슨은 '원자력'이라고 대답했다. 원자력 에너지에 대해 약간의 지식을 갖고 있던 사우드 국왕과 파이잘 황태자는 눈도 깜짝하지 않았고 사우디 석유의 경쟁력에 대해 우려하는 눈치도 아니었다. 그들은 앤더슨의 경고를 무시했다. 한편 영국과 프랑스의 주요 정책 결정자들은 당시 유엔이 중심이 되어 위기를 외교적으로 해결하려는 움직임에 대해 아주 회의적이었다. 그들은 군사력만이 나세르를 움직일 수 있으며 나세르의 '라인란트'를 저지할 수 있다고 결론 내렸다.[11]

영국, 프랑스의 군사 대응

1956년 10월 24일, 영국과 프랑스 양국 외무장관, 외무부 관리, 군 지휘관이 파리 근교 세브레 별장에 모였다. 데이비드 벤 구리온, 모세 다얀, 시몬 페레스 등 이스라엘의 정부 수뇌부도 이 모임에 참석했다. 이들 3국은 다음과 같은 작전에 합의했다.

이스라엘은 이집트의 위협과 군사 압력에 대응하는 형식으로 시나이 반도의 무인 지대에서 수에즈 운하로 향하는 군사행동을 전개한다. 영국과 프랑스는 운하를 지킨다는 최후통첩을 발령한다. 전투가 계속될 경우에는 영국과 프랑스 양군이 운하 지대에 주둔해 수로를 지킨다. 영국과 프랑스의 최종 목적은 운하 문제의 해결이며, 가능하다면 그 과정에서 나세르를 축출한다.

이스라엘과 프랑스 간의 관계가 이스라엘과 영국 간의 관계보다 더욱 긴밀했다. 영국 관계자들은 이스라엘과 유태인을 강하게 혐오했다. 아랍과 아랍 문화에 관심이 많았고, 제2차 세계대전 중 비서에게 "당신에게만 하는 말이지만 나는 유태인보다 아랍인에 대해 더 큰 호감을 느낀다"라고 말했던 이든이 아랍 세계의 지도자로 자처하는 나세르와 전쟁 채비를 하고 있다는 사실은 아이러니가 아닐 수 없었다. 반면 재무장관 해럴드 맥밀런은 유태인은 개성이 강한 민족이라고 평가했다. 그러나 세브레 별장에서 영국 외무장관 셀윈 로이드와 그의 부하는 이스라엘 대표에 대해 경멸하는 듯한 태도를 취했다. 사실 지난 몇 주 동안 이스라엘과 요르단 간에 전쟁이 발발할 경우, 영국은 요르단을 지원할 것이라고 이스라엘에 경고하고 있었다. 프랑스가 세브레 회의에 이스라엘을 추가한 이유 중 하나는 이집트와의 싸움이 발생할 경우 영국과 이스라엘이 요르단 문제로 갈등을 빚는 것을 피할 수 있다는 계산에 따른 것이었다.[12]

세브레에서 비밀 합의가 이루어지기 하루 전, 이집트와 시리아가 합동군 사령부를 조직했고 이집트가 지휘를 맡았다. 그리고 다음날 요르단이 합동사령부에 합류했다. 주사위가 던져진 것이다. 이때 수에즈 위기를 한층 복잡하게 하는 드라마 같은 일이 발생했다. 세브레 회의가 벌어지던 10월 24일, 소련의 지배에 반대하는 민중 봉기를 탄압하기 위해 소련 군대가 헝가리의 부다페스트를 침공한 것이다.

이든의 건강 상태도 문제였다. 1953년 담낭 수술을 하면서 의사의 부주의로 담관이 손상되었는데, 재수술을 받아도 완치되지가 않았다. 이든은 종종

"내 몸에 인공 조직이 있다"라고 말했다. 그는 병세 때문에 흥분하면 환부에 통증을 느꼈다. 그 후 관계자가 밝힌 것과 같이 이런 몸 상태는 문자 그대로 서서히 마음을 좀먹었다. 설상가상으로 이든은 위의 통증을 멎게 하려고 진통제를 복용 중이었는데, 그 부작용을 억제하기 위해 흥분제(암페타민)까지 먹었다. 당시 약제의 상호작용과 부작용은 거의 알려져 있지 않았다. 이든은 흥분한 나머지 폭행 소동을 벌이기도 했다. 나세르가 수에즈 운하를 점거한 후, 이든의 약 복용량은 상당히 증가했다. 10월 초 실신해 병원에 입원했을 당시, 그의 체온은 41도까지 올라갔다. 10월의 대부분을 공무에 관여하지 않았지만 건강은 계속 악화돼 약의 복용량은 더욱 늘어났다. 가까운 사람들은 그의 성격이 변하고 있음을 분명히 알 수 있었다. 영국의 한 정보원은 다우닝가의 수상 관저에서 일하는 친구로부터 "수상은 정신이 몽롱하고 모든 것에 대해 신경질적이다"라는 말을 들었다. 이든은 관저의 영부인용 응접실에 앉아 영화 제작자인 알렉산더 코르다가 준 드가의 '목욕하는 소녀' 조각을 보면서 긴장과 악화된 건강 상태에서 벗어나려고 애썼다.[13]

이든만 병마로 고통받은 것이 아니었다. 아이젠하워도 1955년 심장마비를 겪었고 다음해 6월에는 회장염에 걸려 수술을 받았다. 수에즈 위기가 계속되는 가운데 대서양의 양측에 있던 지도자 두 명의 건강은 매우 나빠졌다. 그리고 또 한 사람이 이들에 합류했다.

수개월 동안 지지부진하던 상황이 급변하기 시작했다. 10월 29일 이스라엘이 세브레에서 합의한 대로 시나이 반도를 공격했고, 10월 30일 런던과 파리는 최후통첩을 내리고 운하 지대의 점거를 발표했다. 그리고 같은 날, 소련군은 개입하지 않을 것을 약속하고 부다페스트에서 철수했다. 다음날인 10월 31일, 영국 공군이 이집트 공군기지를 폭격했고, 이집트군은 황급히 시나이 반도를 거쳐 철수하기 시작했다. 수에즈 작전은 미국을 깜짝 놀라게 했다. 선거 캠페인 때문에 남부 지역을 순회하던 중 이 소식을 들은 아이젠하워는 격노했다. 이든이 그를 배신했고, 동맹국들은 그를 교묘하게 속인 것이다. 그들의 경솔한 행동이 소련과의 직접적인 충돌을 포함한 광범한 국제 위기를 초래할 수도 있었다. 그리고 그들은 미국이 코앞에 닥친 대통령 선거로 들끓고 있는 중에 그런 행동을 취했다.

아이젠하워는 다우닝가에 직접 전화를 걸어 이든에게 '원색적인 비난'을 퍼부었다. 최소한 아이젠하워는 자신이 그랬다고 생각했다. 하지만 아이젠하워가 이든이라고 생각하고 비난을 퍼부은 사람은 수상이 아니라 그의 보좌관이었다. 보좌관이 전화를 받자마자 상대를 확인하지도 않고 험한 말을 퍼부어 대다가, 정작 이든이 전화를 받기 전에 끊어 버린 것이다.

11월 3일, 이번에는 덜레스가 병원에 입원했고, 위암으로 위의 대부분을 절제했다. 위기에 대처해야 할 중요한 인물 3명이 모두 병고에 시달렸다. 3일 후, 덜레스가 전열에서 이탈하자 미국의 외교는 차관인 허버트 후버가 지휘했다. 그는 이란 컨소시엄 문제를 해결하는 수완을 발휘한 인물로, 런던에서는 그를 영국에 비우호적인 인물로 취급했다. 보급 지연, 어설픈 계획, 이든의 우유부단함과 같은 몇 가지 이유로 영국군과 프랑스군의 수에즈 운하 지대 주둔은 최후통첩 기간보다 며칠 늦춰졌다. 나세르는 가장 피해가 클 것으로 보이는 곳에서 재빨리 공세를 취했다. 바위와 시멘트, 오래된 맥주병들을 가득 실은 선박 수십 척을 운하에 침몰시켜 수로를 봉쇄함으로써, 영국군과 프랑스군이 확보하려고 했던 석유 공급을 차단한 것이다. 한편 시리아에서는 나세르의 지시를 받은 시리아의 기술자가 이라크 석유회사의 파이프라인 펌프 시설 작업을 보이콧함으로써 석유 공급이 감소했다.

나세르가 운하를 봉쇄할 경우 발생할 석유 공급 부족을 타개하기 위해 공동 계획을 수립하던 수개월 동안, 영국은 미국이 석유를 공급해줌으로써 아무 문제도 없을 것이라 생각했다. 그러나 이것은 영국이 미국 대통령 선거 일정을 간과한 것과 견줄 만큼 아주 잘못된 생각인 것으로 판명되었다. 아이젠하워 대통령은 모든 긴급 석유 지원책을 단호히 거부했다. 그는 보좌관에게 "나는 이 작전을 시작한 사람이 석유 문제도 스스로 해결해야 한다고 생각한다. 결국 자신의 석유는 자신이 마련해야 한다"라고 말했다. 석유는 워싱턴이 서유럽 동맹국을 단죄하고 압력을 가할 수 있는 무기였던 셈이다. 아이젠하워는 동맹국에 석유를 공급하기보다는 석유를 이용해 제재를 가하려고 했다.[14]

11월 5일, 이스라엘은 시나이 반도와 가자 일대의 지배권을 굳히고 티란 해협을 확보했다. 같은 날 영국군과 프랑스군은 운하 지대에 공습을 감행했다. 영국 유엔 대표부 외교관은 당시를 회상하면서 "나는 이든의 전화를 받았던 때를 기억한다. 그는 제1차 세계대전 당시의 아주 고상한 억양으로 '낙하산 부대가 투입되고 있다'라고 전했다. 화성에서 걸려온 전화처럼 아주 비현실적인 느낌이었다"라고 말했다. 하루 전엔 소련군이 부다페스트 시가로 재진입해 헝가리 봉기를 무력으로 진압했다. 헝가리 사건은 수에즈 위기와 동시에 일어났기 때문에 서방측은 민중 봉기와 소련의 개입에 제때 효과적으로 대응하지 못했다. 그 결과 소련은 약간의 당황함이나 자의식 없이 영국과 프랑스, 이스라엘 3국을 침략자라 싸잡아 비난했다. 또한 군사 개입도 불사할 것이며, 경우에 따라서는 런던과 파리에 핵 공격도 취할 수 있다고 위협했다. 아이젠하워는 소련이 핵 공격을 할 경우 파멸적인 반격을 받게 될 것이 '밤이 지나면 아침이 오는 것'만큼 명백하다고 역설했다.

당신이 윙크만 했다면

아이젠하워의 역설에도 불구하고 영국과 프랑스, 이스라엘에 대한 미국 정부의 분노는 전혀 수그러들지 않았다. 워싱턴은 여전히 군사행동을 인정하지 않았고, 영국과 프랑스는 이를 중단하지 않을 수 없었다. 11월 6일, 아이젠하워는 대통령 선거에서 상대방 후보인 애들라이 스티븐슨에게 압승을 거두었다. 같은 날, 영국과 프랑스는 현재 상태에서 정전하기로 합의했다. 그들은 그때까지 운하 지대에 겨우 발판을 마련한 정도에 지나지 않았다. 영국과 프랑스는 겨우 하루 동안 전쟁을 치렀고, 운하의 무제한적 사용이라는 목적은 이미 달성할 수 없었다. 그러나 워싱턴은 정전만으로는 충분하지 않다는 점을 분명히 했다. 군대를 철수시키라고 주장한 것이다. 이스라엘도 같은 생각이었다. 그러지 않을 경우 경제적 제재가 가해질 것이라 경고했다. 아이젠하워는 그의 고문에게 "아랍 세계의 분노가 우리를 향하지 않게 하는 것이 시급하다, 그렇지 않으면 전체 중동 지역으로부터의 석유 공급이 중단될 수 있다"라고 말했다.

미국의 지원이 끊어지는 즉시 유럽 전체가 석유 공급의 부족으로 고통받았다. 겨울로 접어들자 석유 재고는 겨우 7주분 정도에 불과했다. 운하와 파이프라인이 봉쇄되면서 유럽에 공급되는 석유는 예년의 4분의 1 수준이 되었다. 더욱이 사우디아라비아는 영국과 프랑스에 금수조치를 취했다. 쿠웨이트에서는 태업으로 국가 석유 공급 시스템이 멈춰 섰다. 미국이 영국과 프랑스에 대해 석유 금수조치를 고려하고 있다는 소식이 영국 내각의 이집트위원회에 전해지자, 재무장관 맥밀런은 손을 휘저으며 "금수조치라니 모든 것이 끝났다"라고 말했다.

11월 7일, 영국 정부는 석유 소비를 10% 감축하는 조치를 취했다. 이든이 하원에 들어서자 야당 의원들은 휘파람을 불며 야유를 퍼부었다. 나세르에 대해 강경 대처를 주장하던 그들이 갑자기 태도를 바꾸었고, 의회의 정부 비판 세력은 석유 배급 쿠폰이 발급된다면 쿠폰에 이든의 사진을 넣으라고 야유했다.

11월 9일, 아이젠하워는 유럽 지원을 논의하기 위해 국가안전보장위원회를 개최했다. 그는 회의에서 석유회사들의 협력을 구하는 방안을 제안했다. 웃음을 띤 아이젠하워는 '법무장관이 완고하기는 하지만' 국가안전보장을 위해 활동하고 있다는 증명서를 발급해 회사들을 반트러스트법으로부터 보호해줄 것이라 밝혔다. 만약 회사의 대표가 그런 프로그램에 참가했다는 이유로 수감된다면 어떻게 할 것인가를 묻자, 대통령은 웃으면서 자신이 직접 사면조치를 취할 것이라고 대답했다. 그는 이 모든 것이 단지 비상조치이며, 영국과 프랑스가 이집트에서 철수할 때까지는 어떤 비상 석유 공급 프로그램도 효력을 발휘하지 않을 것임을 분명히 했다. 유럽인들은 미국이 영국과 프랑스를 '지옥에 가두어' 단죄하려 한다고 불평했다. 한편 석유 부족 확대를 우려한 국제적 석유회사들도 중동비상대책위원회의 활동을 재개하라고 아이젠하워 정부에 요구했다. 그러나 석유회사의 간부 한 사람이 밝힌 것처럼 정부 측은 그 제안을 즉시 거절했다.

영국 경제는 또 다른 측면에서 취약성을 드러냈다. 영국의 국제수지는 불안정했으며, 수에즈에서 군사행동을 취하자 막대한 파운드화 유실이 시작되었다. 영국은 아이젠하워 정부의 지원 혹은 선동을 의심했다. 국제통화기금에 요청한 긴급지원도 미국의 요구로 거절했다. 워싱턴에 주재한 영국 대사관의 경제 담당 공사는 긴급 재정 지원을 요청했지만 "매번 벽돌담을 마주 대할 뿐이다"라고 런던에 보고했다. 그는 "미국인은 우리를 유모의 허락 없이 멋대로 행동해서는 안 된다는 것을 배워야 하는 철부지 아이 취급하기로 결정한 것 같다"라고 덧붙였다.[15]

11월 중반 들어 유엔 평화유지군이 이집트에 도착하기 시작했다. 그러나

아이젠하워 행정부는 지옥의 단죄를 끝내지 않을 것임을 시사했다. 중동비상
대책위원회는 영국과 프랑스 군대가 이집트에서 완전히 철수할 때까지 활동
하지 않을 것이라는 사실도 밝혔다. 석유 부족 사태가 점점 심각성을 더해갔
다. 아이젠하워는 나토 총사령관 이스마엘 경에게 편지를 보내 '현재 자유세
계가 안고 있는 슬픔'에 대해 이야기했다. 그는 "서유럽 국가들의 연료와 경제
난을 결코 좌시하지는 않을 것이지만 아랍 세계에 대한 적대적인 행위는 저지
되어야 한다"라고 재차 강조했다. 그는 "마지막 고려사항은 매우 미묘해서 공
개적으로 논의할 성질의 것이 아니다"라고 전했다. 이스마엘 장군은 아이젠
하워에게 답신을 보내 "내년 봄이면 연료 부족으로 나토군의 훈련이 어려워질
것이다"라고 은밀히 경고했다.

결국 11월 말, 런던과 파리는 수에즈에서 군대를 철수하기로 합의했고, 아
이젠하워는 중동비상대책위원회의 활동을 재개했다. 미국이 승리한 것이다.
그들은 이미 나세르로 인해 고통 받고 있는 영국과 프랑스에 패배의 부담과
굴욕을 안겨주었다. 이 모든 복잡한 사태에서 승리한 사람은 나세르뿐이었다.

그러나 11월 중순 영국과 프랑스 군대가 아직 이집트에 잔류하고 있는 가
운데, 영국 외무장관 셀윈 로이드가 월터 리드 병원에 입원해 있는 존 포스터
덜레스를 방문했다. 로이드는 그곳에서 아주 이상야릇한 대화가 이루어졌다
고 회고했다.

덜레스는 "셀윈, 왜 중단했소? 왜 계속 진격해 나세르를 제압하지 않았
소?"라고 로이드에게 물었다. 로이드는 당황했다. 덜레스는 영국과 프랑스의
행동을 저지하려고 모든 수단을 강구하고 효과적으로 군사행동을 저지한 바
로 그 나라의 국무장관이 아니던가? "이보게 포스터, 만약 당신이 윙크만 했
다면 우리는 그들을 처치해 버렸을 것이오"라고 로이드가 답했다. 덜레스는
그렇게 할 수 없었다고 말했다.[16]

서유럽 구조 작전

수에즈 운하가 봉쇄되고 1개월이 지난 12월 초, 서유럽 전역은 에너지 위기를 눈앞에 두고 있었다. 영국과 프랑스가 일을 그르친 결과였다. 결국 '석유 수송 작전Oil Lift'이라 이름 붙여진 비상 공급 계획이 발동되었다. 이는 서방 세계의 정부와 석유회사가 참여하는 공동 작전이었다.

중동의 석유 생산은 결코 중단된 적이 없었다. 문제는 수송이었다. 해결책은 다른 수송 수단을 마련하는 것이었다. 거리와 시간을 감안할 때, 페르시아 만에서 희망봉을 돌아 유럽으로 가는 항로보다 서반구에서 유럽으로 가는 항로가 석유를 두 배 더 많이 공급할 수 있었다. 비상대책위원회는 유조선 운항을 서반구와 유럽 사이의 항로에 집중했다. 서반구가 유럽으로의 석유 공급을 담당하던 1940년대 말의 상황이 재현된 것이다. 각 석유회사는 할당된 물량을 수송하기 위해 항로를 재조정했다. 이런 가운데 수송 물량을 맞바꾸기도 했다. 모두가 가장 신속하게, 그리고 가능한 한 효율적으로 석유를 수송하는 데 초점을 맞추었다. 유럽은 비상 공급 석유를 각국에 공정하게 배급하기 위해 상당한 노력을 기울였다. 이 비상 공급 작업을 '슈거볼'이라고 불렀다. OEEC가 석유 비상 그룹을 조직해 수에즈 위기 이전의 석유 소비량, 비축량, 지역 내 에너지 공급량을 기준으로 배분될 물량을 결정했다. 석유 수송 작전과 병행해 석유 배급제와 수요 억제 정책도 도입되었다. 예를 들어 벨기에는 일요일에 시민들의 자동차 운행을 금지했고, 프랑스는 석유회사의 판매량을 수에즈 위기 이전의 70%로 제한했다. 영국은 새로운 석유세를 도입해 휘발유와 중유의 가격을 인상했다. 그 결과 런던의 택시 요금도 인상되었다. 요금 인상분을 '수에즈 6펜스'라고 불렀는데 이 호칭은 오랫동안 인구에 회자되었다. 발전소는 연료를 석유에서 석탄으로 대체했다. 12월 말, 영국은 휘발유를 배급하고 있었다.

비록 유조선 운용이 가장 큰 문제였지만 석유 공급량 자체도 문제였다. 유럽의 수요를 충족하기 위해 서반구의 석유 생산량을 증가시켜야 할 것으로 판단하고, 현재 놀고 있는 유전을 많이 가지고 있는 미국을 주목했다. 국제 석유회사들은 추가 물량을 확보하기 위해 미국 각지를 찾아 헤맸다. 그러나 텍사스 철도위원회는 1957년 겨울 원유가 가장 필요한 시기에 증산을 허용하지 않고 유휴 유전을 폐쇄한 채로 두어 관계자들을 놀라게 했다. 결국 텍사스산 원유는 이용할 수 없게 되었다.

이러한 사태는 메이저와 독립계 석유 생산업자 간의 오랜 불화 때문이었다. 당시 뉴저지 스탠더드오일의 중역회의 메모는 그간의 사정을 잘 설명해주고 있다. 텍사스 철도위원회의 태도는 텍사스의 독립계 석유 생산업자들의 의견을 반영하고 있었는데 '그들의 관심은 온전히 자신들뿐'이었다는 것이다. 위원회가 우려한 것은 국내 원유와 휘발유 생산량이 증가한 후 유럽의 수요가 감소하게 되면 필시 가격이 하락할 것이라는 점이었다. 그들의 관점에서는 가격이 높은 편이 좋았다.

그러나 텍사스 철도위원회의 증산 거부는 빗발치는 비판을 불러왔다. 영국 석유회사의 에릭 드레이크는 그것을 '유럽의 재난'이라고 칭했다. 뉴저지 스탠더드오일의 유럽 지사 대표는 '파멸적' 결정이라고 하며, 그 결과 미국에서 유럽으로 공급되는 석유가 50% 정도 감소할 것이라고 밝혔다. 이든과 맥밀런도 위원회의 결정에 항의했다. 영국의 신문들도 지나치게 텍사스만을 생각하는 이상한 위원회를 강력 비난했다. 「데일리 메일」은 '텍사스의 현인들은 여분의 석유는 생산하지 않는다'라고 비꼬았다. 가능한 한 많은 석유를 제공하는 데 주저하지 않았던 덕망 있는 텍사스 철도위원회의 위원장 E. O. 톰슨 대령은 영국의 항의에 대해 "우리는 이미 당신들 나라에 대량의 석유를 제공했는데, 요구에 응하지 않은 부분에 대해서만 비난하고 있다. 영국은 우리를 속국으로 간주하고 있는 것이 틀림없다"라고 답했다.

텍사스 생산업자들이 메이저 회사와 시장으로부터 원하는 바를 얻자 분위기는 다소 개선되었다. 뉴저지 스탠더드오일의 텍사스 계열 회사가 원유 매입 가격을 배럴당 35센트 인상할 것이라고 밝혔고, 다른 회사들도 이에 따랐다. 그 결과 텍사스에서 추가로 원유를 확보할 수 있었다. 그러나 이번에는 석유 회사 측에서 들고일어나, 가격 인상을 공모했다며 맹렬히 비난했다. 공급 부족에 직면해 가격 상승은 두 가지 신호로 나타났다. 생산의 증가와 수요의 억제였다. 두 가지 모두 수에즈 위기가 고조되고 있는 가운데 반길 만한 것이었을 뿐 아니라 석유 수송 작전을 효과적으로 수행하는 데도 도움을 주었다. 그러나 석유는 아주 정치적인 성격을 갖고 있었으므로 가격 상승에 대한 비판이 거세게 일어났고, 의회는 공청회를 열기에 이르렀다. 공청회 기록은 2,800페이지에 달할 정도로 방대했다. 그리고 법무부는 29개 석유회사를 반트러스트법 위반 혐의로 조사했다. 이 사건은 1960년 연방판사가 무죄 판결을 내릴 때까지 계속되었다. 가격 상승에는 '경제적으로 정당한 이유가 있고', 정부가 제출한 증거도 '심증에 지나지 않는다'는 것이 무죄 판결의 이유였다.

석유 수송 작전은 조정과 보급을 솜씨 좋게 다루어야 하는 엄청난 작업이었다. 제2차 세계대전 중에 연합국 석유 보급 작전에 관여해서 유사한 경험이 있던 사람들이 이 작업을 담당했다. 관료 조직과 행정 기구가 갖는 복잡성의 폐해를 최소화해야 했으므로 각국 정부와 회사, 위원회는 가이드라인을 작성해 정보를 정리, 전달했고 계획이 정확하게 진행되고 있는지 확인했다. 혼란이 발생할 여지는 많았다. 그러나 석유 수송 작전은 성공했고, 마치 큰 노력 없이 이루어진 것처럼 보였다. 훗날 한 회사의 중역은 '버튼을 누르면 모든 것이 잘 진행될 것'이라고 생각하면 안 된다고 설명했다. 장래의 위기에 대비해 기억해둘 필요가 있음을 경고하는 말이었다.[17]

1957년 봄, 석유 위기가 거의 끝나가고 있었다. 석유 수송 작전은 예상외의 효과를 거두었다. 공급 중단된 물량의 90%가 보급되었다. 유럽에서는 수요 억제 정책과 따뜻한 겨울 날씨 덕분에 부족분이 얼마 되지 않았다. 그 후와 비교해 볼 때, 당시 유럽 경제는 석유 부족에 취약한 체질이 아니었다. 1956년 총에너지 소비 중 석유가 차지하는 비중은 약 20%였다. 변화는 진행되고 있었지만 당시의 유럽은 석탄 경제였다. 그러나 시간이 흐를수록 사정은 변해 갔다.

1957년 3월이 되자 이라크 석유 파이프라인이 부분 복구되었다. 그리고 4월, 수에즈 운하의 장애물이 제거되어 운행이 가능해졌다. 나세르의 승리였다. 운하는 이제 이집트의 것이 되었고 그들이 직접 운영했다. 수로 안내인도 이집트인이 맡았다. 그들은 영국인과 프랑스인처럼 눈에 띄는 복장을 하지 않았지만 능력을 갖추고 있었다. 페르시아 만 연안 산유국들은 운하가 재개되기를 바라고 있었다. 쿠웨이트는 석유를 수송할 능력이 부족해 생산을 반으로 줄였고, 그해 4월 미국 정부는 비상 석유 수송 작전을 중지했다. 5월 중순에는 영국 정부가 휘발유 배급제를 폐지했고 '영국 선박의 수에즈 운하 이용'을 허락했다. 이로써 수에즈 위기는 종지부를 찍었다.[18]

이든 경의 비극

"불가사의한 시기였다. 수에즈 위기의 몇 개월 동안 희극적인 요소가 많았으나 음모는 없었다. 사태는 심각한 비극이었는데, 이는 개인의 비극이었을 뿐 아니라 국가의 비극이었다." 수에즈 위기를 체험한 미국인 한 사람의 회상이다. 당시까지 탁월한 선견지명과 용기, 외교적 역량으로 평판이 높았으나, 나세르가 운하를 봉쇄하자 명성을 잃게 된 영국 수상 앤서니 이든(나세르도 그를 '이든 경'이라 부르며 존경했다)에게는 특별한 비극이었다. 오랜 세월 수상의 자리를 준비해온 이든은 위기의 기간 동안 감정적 압박에 짓눌려 있었다. 11월, 위기가 고조되는 중에 병세가 악화되자 제임스 본드의 창작자로 유명한 이안 플레밍이 빌려준 자메이카의 별장에서 요양했다. 그가 돌아왔을 때, 주치의는 건강 상태를 감안해 수상에서 물러나야 한다고 말했다. 그는 미래를 구상하며 수상 별장인 체커스에서 크리스마스와 새해를 조용히 보냈다. 당시 그는 친구에게 "후회하지는 않는다. 이번 사태를 1936년과 연결해 생각하는 사람이 거의 없다는 것이 이상하다. 둘은 아주 유사하다"라고 말했다. 1857년 1월 그는 수상직을 사임했다.

이든은 이웃인 11번지에 살고 있던 맥밀런을 10번지 수상 관저로 불러 사임 의사를 전했다. 충격을 받은 맥밀런은 일기장에 다음과 같이 기술했다. '그 슬픈 겨울의 오후에 그를 보았다. 그는 여전히 젊고 유쾌해 보였다. 1914년부터 1918년까지 전쟁에 젊음을 바친 우리 모두의 대표. …… 그 비참한 전쟁에서 살아남은 자들은 마치 의무를 맹세한 사람처럼 특별한 책임감을 느끼고 있다. 그러한 정신을 가지고 그와 나는 정계에 입문했다. 오랜 공직 생활을 거쳐 최고의 직을 맡았으나, 이제 불가사의하고 피할 수 없는 운명에 일격을 맞고 넘어졌다.' 맥밀런은 슬픔에 잠긴 채 11번지에 있는 재무장관 관저로 연결된 통로를 통해 돌아왔다. 다음날 아침, 그는 11번지에 걸려 있는 글래드스턴의 초상화 아래에서 영혼을 달래기 위해 조용히 『오만과 편견』을 읽고 있었다. 그때 갑자기 전화벨이 울렸다. 수상에 취임해야 하니 궁으로 들어오라는 연락이었다.

영국에게 수에즈 위기는 하나의 분수령이었다. 영국의 정치력과 국제적 지위가 하락하고 있었을 뿐 아니라 문화적으로도 급속히 쇠락해가고 있었다. 그러나 수에즈 위기가 영국의 쇠퇴를 예고한 것은 아니었다. 오히려 실제로 무슨 일이 진행되고 있는지 분명히 보여주는 계기가 되었을 뿐이다. 영국은 더 이상 열강이 아니었다. 두 차례의 전쟁에 따른 상처와 국내의 분열이 재정 상태를 악화시켰고 신뢰감과 정치적 의지력을 잃게 만들었다. 이든은 수에즈 위기에 제대로 대처했다고 믿었다. 수년 후 「런던 타임스」는 앤서니 이든에 대해 '그는 영국이 강대국이라고 믿은 마지막 수상이자, 영국이 더 이상 강대국이 아님이 드러나는 위기에 대처한 최초의 수상이었다'라고 썼다. 이것은 한 사람의 묘비명이면서 동시에 대영제국의 묘비명이기도 했다.[19]

파이프라인 vs. 유조선

수에즈 위기는 국제 석유산업에 여러 가지 생각할 거리를 제공했다. 운하가 다시 조업에 들어갔음에도 불구하고 석유회사들은 결코 안심할 수 없었다. 석유회사와 정부 간에 파이프라인의 건설에 대한 많은 논의가 있었다. 그러나 시리아가 이라크 석유회사의 파이프라인 가동을 저지한 일은 파이프라인이 얼마나 취약한지 보여주는 사례가 되었다. 무엇보다 시급하고 중요한 석유의 안전 공급에 대한 유일한 해답은 있을 수 없었다.

1956년 중요한 석유 공급 통로인 수에즈 운하에 관해 열띤 논의가 있을 당시에 한 가지 사실이 간과되었다. 만약 운하와 중동의 파이프라인이 취약한 구조라면 보다 안전한 대안, 즉 희망봉을 돌아오는 방법이 있었다. 이 대안이 경제적이며 실질적인 의미를 가지려면 더 많은 석유를 실을 수 있는 초대형 유조선이 필요했다. 그러나 물리적으로 그런 규모의 유조선을 건설하는 것은 불가능하다는 것이 일반적 견해였다. 하지만 일본 조선소들은 디젤 엔진 기술의 개선과 향상된 철강 재질을 이용해 그것이 사실이 아님을 입증했다. 셸의 이사인 존 로든은 "1956년 유조선 업계는 대형 유조선이 너무 비싸고 연료비가 많이 든다고 말하고 있었다. 나를 놀라게 한 것은 일본이 너무나 빨리 초대형 유조선을 만들었다는 사실이다"라고 말했다. 초대형 유조선은 경제적이었을 뿐만 아니라 안전했다. 영국의 영향력과 지위가 쇠락하고 가말 압델 나세르가 부상한 것과 함께 초대형 유조선의 등장은 수에즈 위기가 만들어낸 또 하나의 결과였다. 한 영국 관리의 말처럼, 유조선은 더 이상 정치적 위험에 의해 영향을 받지 않게 되었다.[20]

수에즈 위기와 분열의 끝

수에즈 위기로 인해 영국과 프랑스가 미국에 대해 가진 나쁜 감정은 그대로 남아 있었다. 미국 주재 영국 대사는 1957년 초 아이젠하워를 신랄하게 꼬집었다. "식민주의에 대한 견해, 국제연합과 그의 말이 갖는 정책적 효과에 대한 생각은 아주 유치하다. …… 그가 비록 가장 존경받을지는 모르지만 성격과 건강 문제 때문에 미국 역사상 가장 게으른 대통령이 되었다."

위기 중에 미국은 아랍 산유국과의 관계를 공고히 하기 위해 부심했다. 아이젠하워는 나세르를 대신해 '사우드 국왕을 중동의 중심인물이 되게 하는 데' 역점을 두었다. 그리고 '서유럽의 석유시장에 중동 석유가 다시 공급될 수 있도록' 산유국을 설득하는 일도 게을리하지 않았다. 이 외에도 미국은 중동에 안정된 친親서방 정권을 창출하는 것이 소련의 확장주의에 대한 방파제를 만드는 것이라 생각했다. 영국과 프랑스는 이런 전략 목표에 대해 공감했다. 그러나 문제는 목표가 아니라 수단이었다.[21]

대서양을 사이에 둔 양측은 수에즈 위기에 따른 분열상을 극복할 필요성을 인정하고 있었다. 영국의 새로운 수상으로 맥밀런이 취임한 것도 이런 분위기를 부추겼다. 그는 좀처럼 냉정을 잃지 않는 인물로 알려져 있었다. 하지만 그도 종종 '신경질적인 불안과 걱정'으로 고통을 겪었다. 그와 아이젠하워는 제2차 세계대전 중에 함께 일한 적이 있고, 이를 계기로 우정을 나누며 서로 깊이 존경하고 있었다. 이든의 후계자로 맥밀런이 천거되었을 때, 아이젠하워는 그를 '솔직하고 괜찮은 인물'이라 평했다. 맥밀런의 모친은 인디애나의 작은 마을 출신이었지만 그것이 그의 입지를 좁히지는 않았다. 맥밀런은 현실주의자였다. 수에즈 위기를 겪은 후, 그는 "우리 모두의 운명은 워싱턴의 지배자들 손에 달려 있다"라고 말했다. 그것은 명백한 사실이었다. 아이젠하워가 수상 취임 축하 인사를 전해오자 맥밀런은 "나는 앞으로 겪게 될 고통에 대해 환상을 가지고 있지 않다. 30년 동안의 의회 생활은 내 유머 감각을 앗아가지 않고 나를 더욱 단단하게 만들어주었다"라고 답했다.

물론 중동과 석유 문제는 미국과 악화된 관계와 더불어 그의 머리를 아프게 했다. 1957년 버뮤다의 미드 오션 골프 클럽에서 개최된 아이젠하워와 맥밀런 간의 회담을 시작으로 문제 해결을 위한 공식 절차가 시작되었다. 회의를 준비하는 중에도 맥밀런의 뇌리에는 석유 문제가 떠나지 않았다. 그는 중동 석유회사의 소재가 기재된 지도와 회사 간의 관계를 나타내는 계통도를 만드는 데 부심했다. 중동의 석유와 안전 보장의 상호관계가 회담의 주요 의제였다. 아이젠하워가 후에 밝힌 바와 같이 이 회담에서 석유와 관련된 솔직한 의견이 교환되었다. 그리고 초대형 유조선의 건설을 촉진하는 문제도 검토되었다. 수에즈 위기를 통해 모든 서방 제국들은 중동의 불안정한 면을 피부로 느끼게 되었다. 버뮤다 회담에서 영국은 쿠웨이트와 다른 페르시아 만 연안 제국들이 독립을 유지할 필요성이 있음을 강조했다. 이들 제국의 지배자들은 나세르파의 쿠데타에 저항할 힘이 없었다. 걸프 만의 안전 보장을 확보하기 위해 가능한 모든 노력을 기울여야 한다는 영국의 주장에 대해 양국은 의견 일치를 보았다. 맥밀런은 중동 석유는 '세계 최대의 포상'이라고 말하며 이 지역의 장기적인 평화와 번영을 위해 양국이 노력해야 한다고 강조했다. 또한 그는 양국이 전시에 협력했던 것처럼 '공통의 접근 방식'으로 이를 달성하자고 제의했다.

버뮤다 회담은 양국의 대립을 완화하는 데 기여했다. 아이젠하워와 맥밀런은 일주일에 한 번은 개인적인 서신을 자유롭게 쓰기로 약속했다. 양국은 중동에서 공동의 목표를 가지고 있었다. 그러나 수에즈 위기가 극적으로 보여 준 것과 같이, 향후 수년간 지배적인 힘을 발휘한 것은 영국이 아니라 미국이었다.

수에즈 위기가 있고 14년 후인 1970년, 영국 총선거에서 보수당이 승리해 에드워드 히스가 수상에 취임했다. 다우닝가 10번지의 수상 관저에서 개최된 만찬회 주빈은, 지금은 에본 경이라 불리는 이든이었다. 히스는 1956년 수에즈 위기 때, 이든의 휘하에서 원내총무를 맡았던 인물이다. 히스가 기지 넘치는 매력적인 연설을 하자 이든은 화답의 의미로 즉흥 연설을 했다. 그리고 북해의 지하에서 '석유 호수'를 발견하기 위해 힘쓰고 있는 사람들을 위해 기도하자고 제안했다. 또 다른 에너지 위기로 에드워드 히스가 퇴진하는 것을 막을 만큼 빨리 발견되지는 못했지만, 1970년 당시 북해에서는 탐사 작업이 진행되고 있었다. 만약 영국이 그런 호수의 존재에 대해 알았거나 예측할 수 있었다면 1956년의 사태는 어떻게 전개되었을까?[22]

25

코끼리를
찾아라!

　석유업계는 거대 유전을 '코끼리'라 불렀다. 1950년대 초, 중동에서 코끼리 수가 급증했다. 1953년 지질학자 에버레트 드골리에는 3개월 동안 코끼리를 무려 3개나 찾아낸 이라크 석유회사에 근무하는 친구 F. E. 웰링스에게 편지를 썼다. 경력이 많은 지질분석가였던 드골리에는 "중동은 미국 석유산업이 초창기에 빠져들었던 상황으로 급속히 변하고 있다. 즉 생산보다는 시장 판로가 문제다"라고 말했다. 그는 덧붙여서 당시 일류 석유 탐사 기술을 갖고 있던 자신의 회사가 사우디아라비아 정부의 요청으로 매장량에 대한 비밀 조사를 막 끝냈다고 말했다. 드골리에는 해럴드 익스의 의뢰에 따라 사우디를 처음 방문했던 1943년보다 많은 것을 알게 되었다. 그는 웰링스에게 "조사된 매장량은 천문학적 수치는 아니더라도 엄청난 물량임에는 틀림없다. 10억 배럴 정도의 수치 차이는 가용 매장량 계산에 큰 영향을 주지 못한다"라고 말했다.[1]

　10억 배럴이 아무 문제가 되지 않을 정도로 석유산업은 새로운 시대에 들어섰다. 1950년대 초부터 1960년대 말까지 세계 석유시장은 상상 밖의 급성장을 기록했다. 석유 종사자들은 이러한 성장 일변도의 소용돌이 속에 불가항력적으로 빨려 들어가고 있었다. 전쟁 직후에는 상상도 하지 못했을 정도로 소비가 증가했다. 그러나 석유시장의 급성장만큼 공급도 그 이상으로 성장했다. 세계 원유 시장의 생산량 증가는 엄청났다. 1948년 일일 생산량 870만 배럴에서 1972년에는 4,200만 배럴로 증가했다. 미국의 총 생산량이 일일 550만 배럴에서 950만 배럴로 성장하는 동안, 전 세계 생산에서 미국이 점유하는 비율은 64%에서 22%로 낮아졌다. 점유 비율이 낮아진 것은 중동의 생산이 급증했기 때문이다. 중동의 총생산은 일일 110만 배럴에서 1,820만 배럴로 거의 16배나 증가했다.

확인된 매장량은 더욱 극적으로 증가했다(확인 매장량이란 부존이 확실시되는 유전에서 경제적 생산이 가능한 특정 유층의 매장량을 말한다). 비공산권 국가의 확인 매장량은 1948년 620억 배럴에서 1972년에는 5,340억 배럴로 거의 9배나 증가했다. 같은 기간 동안 미국의 매장량은 210억 배럴에서 380억 배럴로 증가했다. 그러나 전 세계 매장량에 대한 비율은 34%에서 7%로 확연히 줄었다. 아프리카의 확인 매장량도 크게 증가했다. 그러나 가장 경이적인 증가를 보인 곳은 중동이었다. 중동의 매장량은 280억 배럴에서 3,670억 배럴로 크게 증가했다. 1948년부터 1972년까지 새로 발견된 자유세계 석유 매장량 중 70%가 중동에 속한다. 이런 엄청난 숫자는 석유 소비의 증가 속도만큼 새로운 매장 지역이 추가로 발견되고 있음을 의미했다. 1950년 석유산업계에서 추정한 가채연수는 19년이었다(가채연수는 현재의 확인 매장량을 현재의 연간 생산 물량으로 나눈 수치를 말한다). 소비 급증과 무차별적인 생산에도 불구하고 1972년의 가채연수는 35년으로 늘어났다.[2]

중동에서 '코끼리'의 숫자가 늘어나자 새로운 시장 참여자들이 생겨났고, 판매 경쟁은 더욱 치열해졌다. 판매 경쟁에서는 가격 인하가 최대의 무기였다. 석유회사들은 사업상 판단에 따라 가격 할인을 단행했다. 그러나 가격 인하는 산유국들의 민족주의에 불을 붙이는 계기가 되었다. 이미 중동은 수에즈에서 경험했던 나세르의 승리에 편승하여 민족주의 열기가 고조되고 있었다.

전후 석유산업의 질서는 두 가지 토대 위에 세워졌다. 하나는 중동에서 조업하는 대형 석유회사들 사이의 기본적 관계를 규정한 1940년대의 석유 협정들이다. 이들 협정은 석유의 신속한 개발에 필요한 설비를 추가하고, 매장량에 따라 판매 전략을 세워 생산과 연계함으로써 더 많은 수요 발생에 대비코자 한 것이었다. 또 다른 하나는 석유회사들과 산유국, 그리고 정부 간의 석유 이권 및 계약 관계였다. 이 계약들의 핵심은 이익 반분의 원칙이었다. 이 두 가지를 토대로 세계 석유 질서는 비교적 안정된 상태였다. 대형 석유회사와 소비국 정부들은 이익 반분 원칙을 따르지 않을 경우 발생할 결과를 우려하여 그것을 준수할 수밖에 없었다.

1954년 후반, 영국 내각의 중동석유위원회는 "이제 석유회사와 중동 국가들 간에 협력 관계를 규정하는 합리적인 기반이 세워졌다. …… 중동 산유국이 더 이상의 권리를 주장하면 석유 공급 체계에 커다란 손실이 가해질 것이다"라고 언급했다. 그러나 산유국 정부 입장에서 그것은 별개의 문제였다. 산유국들은 석유회사와 미국 및 영국 정부와의 관계가 틀어지지 않는 범위 안에서 가능한 한 많은 수입을 원했다.

이란 국왕의 생각도 그랬다. 1950년대 중반, 그는 자신이 인간 취급을 받고 있는지를 고심하며 세월을 보냈다. 그는 이미 '이란이 강대국이 되는 것은 운명'이라고 개인적으로 확신하고 있었다. 그의 야망과 욕심을 만족시키려면 더 많은 석유 수입이 필요했다. 그는 석유 이권에 관해 자주성을 강화하는 정책을 추구했고, 이를 통해 모사데그와의 굴욕적 싸움의 결과 등장한 컨소시엄의 힘을 제한하려 했다. 그러나 기본적인 이란의 외교관계와 안보를 뒤집을 수는 없었다. 그에게는 중재자가 필요했다. 그러나 컨소시엄에 참여하는 메이저 회사나 독립계 미국 기업의 관계자는 아니었다. 그럼 누가 적임자일까?

독자적인 석유 이론을 갖춘 이탈리아인 엔리코 마테이였다.[3]

나폴레옹의 환생

메이저 회사들의 조직은 관료화되어갔다. 특정 개인의 이미지를 반영하기 위해 보다 비대화 되고 복잡해지는 방향으로 정비되던 시기에, 엔리코 마테이는 이탈리아 국영 메이저 회사인 AGIP 설립을 결심했다. 그는 대담한 허세가이자 용병대장이었다. 마치 나폴레옹이 기업가로 환생한 듯한 인상을 주었다. 땅딸막하면서 매와 같이 날렵한 체격의 마테이는 16세기의 수도사 같은 모습이었다. 눈은 검고 음산했고, 눈썹은 활 모양이었다. 가는 머리카락은 빗질해서 머리 뒤로 넘겼다. 그는 의지가 강하고 독창적이었으며 꾀가 많았고 아울러 의심도 많았다. 그는 임기응변에 능했고, 내기와 위험을 즐겼다. 또한 자신의 조국과 자신의 회사 및 자신을 위한 목표를 달성하려는 강철 같은 책임감도 있었다.

엔리코 마테이는 북부 이탈리아에서 경찰의 아들로 태어났다. 품행이 좋지 않아 14세에 학교를 중퇴하고 가구회사에 입사했다. 30세 때는 밀라노에서 화학공장을 운영하기도 했다. 제2차 세계대전 중에는 그곳에서 기독교민주당계의 지하당원 지도자로 활동했다. 전후에는 탁월한 지도력과 정치적 능력 덕분에 북부 이탈리아에 남아 있던 AGIP의 경영을 맡게 되었다. AGIP는 그때만 해도 설립된 지 20년이 안 된 회사였다. 1920년대의 프랑스처럼 이탈리아는 국제 석유회사와 경쟁하기 위해 국영 석유회사를 설립했었다. 1930년대 중반 AGIP는 이탈리아 내에서 에소Esso, 셸과 거의 대등하게 시장을 점유하고 있었다. 그러나 이탈리아 밖에서는 시장을 갖고 있지 못했다. 마테이는 온갖 능력을 발휘해 AGIP의 확대에 착수했다. 그러나 자금이 없이는 불가능한 일이었고 전후 이탈리아는 자금 빈국 신세였다. 필요한 자금은 대규모 천연가스전이 개발된 북부 이탈리아의 포 밸리에서 조달되었다. 포 밸리의 자금으로 AGIP는 사세 확장과 해외 진출이 가능해졌다.

1953년 마테이는 야망을 실현하기 위해 여러 주州의 탄화수소 회사들을 모아 ENI라는 법인을 신설했다. ENI는 원유, 유조선, 주유소부터 부동산, 호텔, 유료 도로 및 비누에 이르기까지 36개 업종을 경영하는 자회사를 거느렸다. ENI는 정부의 통제를 받았지만, 여러 자회사들(AGIP 석유회사, SNAM 파이프라인 회사, 기타 회사)은 영리법인으로 자율적으로 경영했다. ENI 사장과 AGIP 사장, 다른 모든 운영회사들의 사장과 경영이사는 단 한 사람, 바로 엔리코 마테이였다. 1954년 로마 주재 미국 대사는 '이탈리아 경제 역사상 최초로 풍부한 자금을 가지고 효율적으로 경영하면서, 사장 외에는 책임이 없는 독특한 형태의 국영기업이 생겼다'라고 보고했다. 보고서는 'ENI의 미래는 엔리코 마테이 개인의 끝없는 야망에 의해 결정될 것이다'라고 기록하고 있다.

마테이는 점점 대중의 영웅이 되었고 이탈리아에서 가장 각광받는 인사가 되었다. 그는 전후 이탈리아의 과제인 반反파시즘, 국가의 재건과 부흥을 구체화했다. 그는 구舊세력의 지원 없이 자수성가한 '새로운 인물'의 출현을 상징했다. 마테이는 이탈리아 국민에게 안정된 석유 공급을 약속했다. 이탈리아는 자원 빈국이었다. 이탈리아는 석유가 전쟁의 역전패를 포함하여 모든 액운의 원인이라고 인식하고 있었다. 마테이는 최소한 에너지 부문만큼은 문제를 해결하려고 했다. 대중의 갈망을 치유하는 방법을 알고 있던 그는 국민의 자존심에 호소했다. AGIP는 이탈리아의 모든 도로 및 고속도로 변에, 외국 경쟁사의 것보다 크고 멋진 주유소를 건설했다. 그 주유소들은 자체 식당도 갖고 있었다.

마테이는 곧 이탈리아에서 가장 영향력이 큰 인사가 되었다. ENI는 일 지오르노 신문사를 소유했고, 우익에서 극좌익까지 여러 신문사의 재정을 지원했으며, 다른 정당의 정치가들만 아니라 기독교민주당에도 재정을 지원했다. 마테이는 정치가를 특별히 좋아하지 않았지만 필요할 때는 무한정으로 그들을 활용했다. 그는 '정부를 상대하는 것은 바늘을 삼키는 것과 같다'라고 불평한 적이 있다. 그는 짤막하고 지루하고 투박한 이탈리아 말을 사용했다. 정치가들의 우아하고 기교적인 말솜씨를 따라갈 수는 없었지만, 그에게는 강한 호소력과 자석처럼 강력하게 끌어당기는 힘이 있었다. 이 모든 것은 그칠 줄 모르는 열정에서 비롯된 것이었다. 몇 년 후 그의 참모 중 한 사람은 "그와 함께 일한다면 누구든 그를 위해 불속에라도 뛰어들 것이다. 하지만 왜 그렇게 되는지는 설명할 수 없다"라고 회상했다.

ENI가 성장해감에 따라 마테이의 자신감도 넘쳤다. 자신감이 마테이에게 손해를 입히는 경우도 있었다. 마테이가 로열더치 쉘의 경영이사인 존 로든과 함께 점심 식사를 하려고 런던에 온 적이 있었다. 구세력과 신세력, 전통 있는 대기업과 벼락출세한 자의 만남이었다. 로든의 아버지인 휴고는 로열더치 쉘의 창립자 중 한 사람이었다. 장신에 귀족적인 용모를 지닌 그의 아들 존은 금세기 중반까지 국제 석유업계의 대표적인 경영자였을 뿐 아니라 쉘의 유력한 대외 교섭가였다. 또한 성격 감정의 명인이었다. 당시 마테이는 쉘에게 양보를 얻어내려 하고 있었다. 회합의 이유도 바로 그것이었다.

로든은 "마테이는 매우 까다로운 사람으로 자만심이 강했다"라고 회상했다. 적어도 로든이나 쉘의 중역진에게 마테이는 그런 인상을 주었다. 로든은 식사가 시작될 즈음에 마테이에게 어떻게 석유업계에 들어오게 되었는지 질문했다. 마테이는 쉘의 간판 인물이 그런 질문을 한 데 기쁨을 감추지 않으며 점심 내내 자기의 과거를 떠들어댔다. 로든은 이렇게 밝혔다. "마테이는 마지막으로 후식을 먹을 때가 돼서야 우리에게 어떤 것을 요청했다. 그러나 우리는 요청을 받아들일 수 없었다. 그것으로 대화는 끝났다." 로든과 엔리코 마테이와의 만남은 이것으로 끝이 아니었다.[4]

마테이의 투쟁

마테이의 최대 목표는 ENI나 이탈리아가 앵글로색슨 계열의 회사와는 별도로 해외 석유 공급원을 갖는 것이었다. 그는 중동 원유에 대한 지분을 원했다. 마테이는 자신이 '카르텔'이라고 부른 석유 메이저들을 소리 높여 공격했다. 다각적인 공동사업으로 견고하게 결탁된 국제 석유 자본을 야유하는 의미에서 7인의 자매'라 불렀다. 그들은 아람코의 동맹 회사인 뉴저지 스탠더드오일(엑슨), 소코니-배큠(모빌), 캘리포니아 스탠더드(쉐브론), 텍사코와 쿠웨이트에서 공동사업을 전개했던 걸프, 로열더치 쉘, 영국 석유(BP, 1954년 앵글로-이란은 제1차 세계대전 중 매수한 자회사를 BP로 개칭했다)였다. 실제적으로는 CFP를 포함하여 8인의 자매라 할 수 있었다. CFP는 7인의 자매와 함께 이란 컨소시엄에도 속해 있었고 뉴저지, 소코니, BP, 로열더치 쉘 등과 함께 이라크 석유회사에도 소속되어 있었다. 그러나 CFP는 앵글로색슨의 범주에 들어가지 않았기에 마테이는 편의상 CFP를 제외했다. 메이저 회사들의 배타적 연합체 결성에 대한 마테이의 불평은 사실 자신이 그 그룹에 속하지 못해서였다.

마테이는 컨소시엄의 회원이 되려고 노력했다. 모사데그의 국유화 조치 이후 이란 석유에 대한 메이저들의 봉쇄 조치에 성실히 협력했으므로, 모사데그 정권 붕괴 후 영미 양국 정부와 석유회사가 결성한 이란 컨소시엄에 한 자리를 배정받아야 한다고 생각했다. 이라크 석유회사 회원사였던 프랑스는 새로운 이란 컨소시엄에 초청되었다. 미국의 9개 독립계 회사는 해외 석유 이권이 없고 이란에서 석유를 생산할 필요성도 없었지만, 미국의 반트러스트에 대한 관심으로 인해 참여가 가능했다. 그러나 자원이 거의 없어 중동에 의존하던 이탈리아는 배제되었다. 분노한 마테이는 다시 기회를 노리는 한편 복수를 꿈꿨다.

1956년 수에즈 위기로 기존 석유회사들이 수세에 몰리고 중동에서 영국의 영향력이 약화되자 마테이는 기회가 왔다고 생각했다. 그것은 권력의 공백을 의미했고, 마테이가 힘을 키울 수 있는 좋은 기회였다. 또한 그의 반식민주의 성향의 연설과 '제국주의'에 대한 공격은 산유국들의 민족주의 열기와 잘 조화되는 것이었다.[5]

마테이는 이란과 국왕을 향해 진지한 대화를 시도했다. 메이저 회사들이 공동사업을 통해 기업 간의 결합을 이루어내는 데 전문가라면, 마테이는 그들보다 한 수 위였다. 그는 이탈리아가 이란 석유에 접근하는 방법으로, 국왕에게 이탈리아의 공주를 시집보내는 묘안을 생각해냈다. 당시 국왕은 왕위를 이어받을 아들을 절실히 원하고 있었다. 또한 국왕은 컨소시엄에서 얻는 것보다 더 높은 비율의 석유 수입 배분이 필요했다. 모사데그가 남긴 유산인 국유화는 국왕에게 운신의 폭을 넓혀주었다. 다른 산유국은 아직도 서방의 회사들이 지하에 매장된 자원을 소유하고 있었다. 이와 대조적으로 이란 정부는 이란 내 석유자원을 모두 소유하고 있었다. 그러나 국왕은 석유자원을 통제하는 데 모사데그만큼 관심이 없었다.

마테이는 이런 상황을 이용해 1957년 봄과 여름에 걸쳐 이란과 전례 없는 협정을 체결했다. 그 협정은 이란의 새로운 지위와 국왕의 야망이 모두 고려된 것이어서, 국왕은 정부를 움직여 협정을 추진했다. 협정 조건에 의하면 국영 이란 석유회사는 ENI의 동업자인 동시에 지주권자地主權者이다. 결과적으로 이란이 이익의 75%를 가져가고 ENI가 25%를 갖는 것이 되어 50 대 50 협정이 깨졌다는 의미다. J. 폴 게티가 이미 경험했듯이 후발 참여자가 게임에 들어갈 때는 더 많은 비용을 치러야 했다.

국왕과 마테이 간의 새로운 협정 조건이 새어 나가면서 석유업계에 엄청난 파란이 일었다. 이란과 중동에 있던 기존 회사들은 깜짝 놀랐고 미국과 영국 정부도 마찬가지였다. 마테이는 도대체 왜 이런 일을 저질렀을까? 신협정이 컨소시엄 참여를 보장받기 위한 일종의 협박 수단인지 아닌지를 놓고 혼란이 가중되었다. 마테이는 은연중에 양보를 내비치고 있었다. 그는 아주 적은 것에 지나지 않는다고 중얼거리면서 이란 컨소시엄의 5%와 아람코의 10%를 요구했다. 그의 대담한 요구에 기업들은 충격을 받았다. 엔리코 마테이는 값싼 흥정을 할 생각이 없었다.[6]

마테이와 타협하자는 의견이 나왔다. 1957년 3월 영국의 관리는 "이탈리아가 어떤 방법으로든 중동 석유를 확보하려고 작정했다"라고 말했다. 이어서 그는 "석유회사들은 별로 달갑지 않겠지만, 내 의견으로는 이탈리아에 조금 양보하는 것이 이탈리아가 중동에서 난폭하게 행동하게 하는 것보다 좋지 않을까 한다. BP, 셸과 미국 기업들은 현명하게 판단해야 할 것이다"라고 덧붙였다. 그러나 그것은 소수 의견일 뿐이고, 전체적으로는 그런 생각을 비난했다. 다른 관리는 "마테이는 믿을 수 없는 사람이다. 그와 타협하려 한다는 움직임을 보임으로써 그의 과대망상을 부추기는 것이 우리가 바라는 바인지는 의문이다"라고 말했다. 실제로 마테이를 컨소시엄에 들어오게 해서는 안 된다는 의견이 일반적이었다. 그가 들어올 경우, 즉시 벨기에의 페트로피나가 들어오려고 시도할 것이며, 독일의 여러 석유회사들도 마찬가지 움직임을 보일 것이기 때문이다. 또 다른 회사도 동참할지 모른다. 근본적으로 마테이를 참여시키는 것은 불가능했다. 75 대 25의 이익 분배 계약을 중단시키는 설득만이 가능했다.

미국과 영국은 이란 정부와 국왕에게 50 대 50 원칙을 파기하는 것은 중동의 안보에 심각한 불균형을 초래할 것이며, 유럽 석유 공급의 안정을 위협하는 것이라 항의했다. 마테이의 개별 행동에 화가 난 이탈리아 외무차관은 통상적이지 않은 비밀 경로를 통해, 영국에 마테이와는 절대로 타협하지 말라는 충고를 전했다. 차관은 요구를 수용하려는 어떠한 움직임도 마테이가 알아차릴 것이며, 그것은 약자임을 표시하는 것이라 말했다.[7]

하지만 이 모든 반대는 아무 소용이 없었다. 1957년 8월, 마테이의 계약은 훨씬 더 진전되었고 그가 테헤란에 머물고 있다는 사실이 명백해졌다. 이란 주재 영국 대사는 "처음에 이탈리아 대사관은 그가 온 것을 비밀로 했다. 그러나 우리는 그가 여기에 있음을 확신했다. 그래서 어느 토요일 저녁, 대사가 말을 타고 걸 하크에 있는 하절기용 이탈리아 대사관에 갔던 것이다." 대사와 함께 있던 사람은 다름 아닌 마테이였다. 그는 대사와 함께 나무 그늘 아래에서 위스키와 소다수를 마시며 성공을 축하하고 있었다. 바로 이란과 협정을 체결한 날이었다. 그는 온화한 표정으로 거리낌없이 이야기했다. "AGIP 협정에 대해서는 어떠한 의혹도 없다. 아무튼 이제 석유는 우리 모두의 자산이다." 그는 이제 '중동中東'이 유럽 산업의 '중서中西'가 되어야 한다는 주제로 화제를 바꿨다. 후일 영국 대사는 조심스러운 말투로 "마테이는 큰 붓과 대담한 필치로 넓은 화폭을 채우고 있었다"라고 회상했다.

마테이는 친한 지인들에게 메이저들의 반응이 당혹스러웠다고 말했다. "그들이 우리에게 준 것은 이란의 작은 두 지역뿐인데, 모두가 난리를 치고 있다." 물론 그는 이유를 알고 있었다. 그러나 ENI와 이란의 동업 관계는 매끄럽게 진행되지 않았다. 계약 자체의 문제가 아니라 지질학적인 문제 때문이었다. 마테이에게 배정된 지역에서 상업성이 있는 석유가 발견되지 않았던 것이다. 결국 이란 진출은 이탈리아의 안정적 공급원을 확보하려는 마테이의 꿈을 이루어주지 못했다. 그러나 그의 야망 중에서 달성된 것도 있었다. 바로 50대 50 이익 배분 원칙을 파괴하고 '7인의 자매'가 갖고 있던 권력 기반을 약화시킨 것이다. 1957년 테헤란 주재 영국 대사는 "국왕과 각료들은 여러 가지 말장난으로 이런 사실을 모른 체했고, 이익 반분 원칙이 아직도 지켜지는 척하고 있다. 그러나 사실상 50 대 50은 거의 사문화되었고 그것을 막을 도리는 없다"라고 다소 체념한 듯이 보고했다.[8]

일본의 중동 진출

중동의 석유 협상 테이블에서 제 몫을 차지하고자 한 나라는 이탈리아만이 아니었다. 일본 역시 석유에 매우 민감할 수밖에 없었는데, 이는 일본의 과거 역사와 당시의 경제 상황에서 비롯되었다. 당시 일본은 고도의 경제 성장을 하면서 수입에 모든 것을 의존했다. 수에즈 위기에 한층 불안해진 일본은 석유의 안정적 공급을 원했다. 공공과 민간 부문 모두가 '아무리 석탄산업을 보호한다 하더라도 결국 수입 석유가 일본의 주요 연료가 될 것이다'라는 결론을 내리고 있었다. 그러나 일본으로 유입되는 대부분의 석유는 미국 및 영국의 메이저들이 관리하고 있었다. 즉 메이저 소유의 일본인 자회사나 합작투자를 통해 수입되었고, 겨우 몇 년 전 사업 재개가 인정된 일본의 독립계 정유회사와의 장기계약에 의해 수입되기도 했다.

1957년 봄, 수에즈 위기가 막 끝나고 마테이의 새로운 동업관계가 결성되는 동안, 일본 회사들로 구성된 컨소시엄이 중립지대의 해안을 탐사하기 위해 사우디와 쿠웨이트에서 석유 이권을 따내려 한다는 소식이 전해졌다. 그곳은 당시 쉘, BP, 걸프 및 뉴저지의 메이저 그룹들도 관심을 갖고 있는 지역이었기에 대담한 전략이 아닐 수 없었다. 그 계획은 일본개발은행의 직원이 이탈리아 기차여행을 하던 중 우연히 만난 일본인 사업가로부터 시작되었다. 그 사업가는 중동의 석유 개발에 대해 잘 알고 있는 인사와 접촉한 적이 있다고 말했다. 일본으로 돌아온 은행원은 아버지인 야마시타 다로에게 대화 내용을 전했다. 야마시타는 제2차 세계대전 이전, 만주에서 남만주철도 직원들을 위한 임대주택을 건설해 재산을 모은 기업가였다. 전쟁이 끝난 후, 그는 국내사업 외에 정치계와도 상당한 관계를 유지했다. 결국 야마시타는 아라비아 석유회사Arabian Oil Company라는 컨소시엄을 결성했다. 자금을 조달했고 일본 정부의 지원도 받았다. 참여 회사 모두가 석유산업에 뚜렷한 경험이 없었기 때문에 모든 일은 그때그때 적당히 처리해야 했다.

그러나 기존 석유회사와 서방 정부가 걱정한 것은 일본의 경험 부족이 아니었다. 오히려 일본이 석유사업에 참여하려는 일념 때문에 중요한 과실을 범하지 않을까 우려했다. 중요한 과실이란 영국 외무부 관리가 말했듯이 '50 대 50 원칙의 실질적인 파괴'였다. 마테이의 거래에서는 이란 국영 석유회사와 ENI의 '동업관계'라는 표현 때문에 50 대 50이 명목만이 유지되고 있었다. 만일 50 대 50이 최소한의 원칙으로도 지켜지지 않는다면, 석유 기업들과 산유국 정부 간의 안정적 관계를 유지시켜주는 다른 기반이 존재할 수 있을까? 기존 회사들만큼의 자금 능력을 지니지 못한 일본 기업에게 그 원칙을 준수하라고 한다면 어떻게 중동의 문을 열 수 있겠는가?[9]

일본의 첫 번째 협상 상대인 사우디는 거액의 전불금을 요구했다. 그러나 일본은 자본 빈국이었고 일본 컨소시엄도 지불 능력을 갖추지 못했다. 그때 사우디는 제시된 전불금을 깎아주는 대가로 일본의 이익 배분율을 50% 이하로 낮출 것을 제안했다. 밀고 당기는 협상 끝에 일본은 44%, 사우디는 56%를 차지하게 되었다. 여기에 덧붙여 사우디는 석유가 발견될 경우 회사의 주식 지분에 참여할 권리를 받았다.

거래 조건이 미국과 영국의 기업들로 퍼져나가자, 경보 벨이 울린 것처럼 난리가 났다. 중동의 모든 거래 구조가 위협받을 것이기 때문이다. 도대체 어떻게 대응해야 할 것인가? 일본에 항의할 것인가? 미국의 한 관리는 "외무부는 일본과 직접 접촉하는 것이 별로 도움이 되지 않을 것이라 생각했다. 일본인들은 그런 움직임을 그들이 현명했다는 암시로 받아들일 것이다. 그리고 아무런 의미도 없는 외교적 사과를 하더라도 50 대 50을 벗어난 계약을 고수할 것이다"라고 말했다.

일본 정부가 나서서 그 프로젝트를 철회하도록 설득할 수 있을까? 오히려 일본 내각은 그 사업을 추진해주었다. 사우디로서는 그 협정이 매우 만족스러웠다. 1957년 10월 초, 사우드 국왕은 쿠웨이트 수장에게 전보를 쳐서 "아라비아 석유와의 협정은 원칙 합의에 도달했다"라고 전했다. 아울러 그는 일본이 쿠웨이트의 초청을 기다리고 있다고 덧붙였다. 쿠웨이트 수장은 "우리 양국은 당연히 우리의 이익을 보호하는 데 신경을 써야 합니다. 신의 가호가 있어, 좋은 기업과 거래하려는 우리의 노력은 성공할 것입니다"라고 답신을 보냈다. 그 직후 쿠웨이트도 아라비아 석유회사와 거래를 체결했다. 쿠웨이트는 이익의 56%를 가진 사우디보다 1% 포인트 높은 57%를 갖게 되었다. 얼마 안되어 사우디도 이 불균형을 시정하여 57%를 갖게 되었다.

아라비아 석유는 1959년 7월 시추를 시작했고, 1960년 1월 첫 번째 유정을 발견했다. 이에 따라 사우디와 쿠웨이트는 아라비아 석유의 주식 10%를 획득했다. 아라비아 석유는 자체 판매망이 없었기 때문에, 일본 통상산업성은 그 사업을 국가적 사업으로 규정하고 일본 정유업자들에게 할당제로 석유를 인수하도록 했다. 석유 개발 기술이나 자금이 부족한 일본에서, 아라비아 석유는 그 후 당분간 독보적인 존재로 군립했다. 일본은 전후에 형성된 공급 체계인 메이저 중심의 공급에 의존하고 있었다. 이제 아라비아 석유는 일본의 독립적인 석유 공급원이 되었고, 1960년대 중반에는 일본 내 전체 공급량 중 거의 15%를 제공했다.[10]

미국도 해외로, 해외로!

국적이 어떻든 지금부터 중동의 석유 이권 쟁탈전에 참여하려면 더 많은 비용을 치러야 했고, 새로운 선례를 따라야 했다. 미국 기업도 마찬가지였다. 인디애나 스탠더드오일은 1932년 대공황 말기에 베네수엘라 유전을 뉴저지에 매각한 것을 오랫동안 후회해왔다. 1950년대 후반 인디애나는 미국 기업의 팽창주의 움직임에 편승해 세계 어느 곳이든지 수지맞는 사업 기회만 있다면 진출하기로 결심했다. 국내 사업에만 매달리는 것은 위험했기 때문이다.

1958년 이란과의 협정이 전격적으로 체결되었다. 거액의 전불금을 지급해야 하는 것 외에는, 마테이의 75 대 25 합작 투자 조건을 따랐다. 국왕은 방문객들에게 최근 왕비와 이혼한 것이 그녀가 왕위를 계승할 왕자를 낳지 못했기 때문이라고 말하곤 했다. 방문객들의 눈에 국왕은 이혼의 여파로 감정을 추스르지 못하는 사람처럼 보였다. "국왕은 예민하고 섬세한 분위기에 젖은 고독한 사람이었습니다. 친한 친구 하나 없고 친지도 없어 일에만 몰두하고 있었습니다." 인디애나 스탠더드오일에는 국왕의 명예욕과 메이저에 대한 투쟁 의지를 이용해 획기적 계약을 체결할 수 있는 절호의 기회였다.

인디애나는 이탈리아의 신규 참여 기업과는 달랐다. 역사와 전통을 가진 미국 기업이었고, 록펠러가 창립한 스탠더드오일의 가장 유력하고 기술적으로도 탁월한 후계 회사였다. 국왕은 협상의 중요성을 강조하기 위해, 인디애나의 회장 프랭크 프라이어에게 테헤란에서 개최되는 조인식에 직접 참석할 것을 요청했다. 국왕은 첫 번째 회의의 초두에 이례적 연설을 해서 프라이어를 당황하게 만들었다. "귀하도 알다시피 우리는 아랍 민족이 아닙니다. 우리는 아리아인이며, 귀하와 같은 인종입니다. 우리는 위대한 역사를 가지고 있으며 이에 대해 자랑스럽게 생각하고 있습니다"라고 말한 것이다. 인디애나 회장은 "아, 예. 알고 있습니다, 폐하"라고 대답했다.

국왕의 자긍심이 충족되자, 나머지 회의는 일사천리로 진행되어 협정은 즉각 체결되었다. ENI와는 달리, 인디애나는 페르시아 만의 하르그 섬 남쪽의 광대한 해저 유전을 시추하여 대량의 석유를 발견했다. 국왕의 비위를 맞추기 위해 그 유정의 이름은 고대 페르시아 왕의 이름을 딴 '다리우스'라 명명되었다. 그 후 국왕은 재혼했고 새 왕비는 왕자를 출산했다. 그의 '왕위 세습' 소망은 성취되었다.[11]

나세르의 급부상

국왕 혼자 메이저 석유회사들의 기존 질서에 대항해 국가 위신을 세우는 투쟁에 나선 것은 아니었다. 중동 전역에 걸쳐 민족주의 열기가 강해졌고, 그 추진력이 된 것이 나세르였다. 수에즈 위기는 나세르에게 대승리를 안겨주었고, 중동 국가들도 '제국주의' 기업이나 서방 정부에 대항해 승리할 수 있음을 보여주었다.

그는 모사데그의 치욕을 떨쳐냈다. 그의 연설은 기술 혁신의 산물인 값싼 트랜지스터라디오를 통해 아랍 세계의 빈곤한 대중에게 퍼져나갔다. 이제 그는 명실상부한 아랍의 영웅으로 부각되었다.

1958년 이집트는 아스완 댐 건설에 필요한 자금을 내기 꺼리던 소련을 구슬려 참여시키는 데 성공했다. 나세르의 명예는 한층 더 올라갔다. 같은 해, 나세르의 주장대로 시리아와 이집트가 합쳐 아랍연합공화국을 형성했다. 이는 범아랍주의라는 나세르의 꿈을 실현하는 첫 단계였다. 두 나라의 연합은 중동 석유의 수송 요지를 지배한다는 점에서 불길했다. 이집트에는 수에즈 운하가 있었고 시리아에는 사우디와 이라크의 파이프라인이 통과하고 있었다. 이론상으로는 나세르가 일방적으로 중동 석유 공급의 중단을 위협할 수 있는 위치를 점하게 된 것이다. 영국 대사의 표현대로 나세르의 '목 죄기'에 대처하기 위해 이라크 파이프라인을 페르시아 만에 건설하고, 페르시아 만에 위치한 파오에 수출 기지를 건설하자는 의견이 나왔다. 그러나 이라크를 포함한 그 지역의 상황은 나쁘다 못해 재앙의 상태에 있었다.

3년간 나세르는 이라크와 영국의 지원을 받는 하심 왕조에 대해 격렬한 선전 전략을 전개했다. 하심 왕조는 제1차 세계대전 후 영국이 바그다드에 새롭게 만든 왕조였다. 1958년 7월 쿠데타를 모의한 장교들은 병사들에게 거짓말을 퍼뜨렸다. 이스라엘로 가서 무기를 넘겨주라는 명령을 받았다는 얘기였다. 그것은 병사들이 반란에 가담하게 하기에 충분한 이유가 되었다. 쿠데타는 폭력과 만행으로 시작되었다. 군중들이 나세르의 초상화를 들고 거리로 쏟아져 나왔고, 이라크 왕조를 상징하는 개를 초주검 상태로 만들어 끌고 다녔다. 국왕 파이잘 2세는 왕궁으로 침입한 병사들에게 참수되었다. 왕자는 사살된 후 손발이 잘렸고, 잘린 손발은 대못에 박혀 시내로 끌려 다녔다. 왕자의 시신은 다른 관리들의 시신과 함께 거리를 끌려 다니다가 국방부 건물 발코니에 매달렸다. 친親서방 세력이었던 누리 에스-사이드 수상은 여장을 하고 도시를 빠져나가려다 발각되어, 그 자리에서 군중에게 살해당했다. 그의 시신도 거리를 끌려 다니다가 차에 의해 형체도 없이 뭉개져버렸다. 바그다드의 신정부는 이라크 석유회사의 거대한 석유 이권에 대해 대대적인 개정을 요구했다.

바그다드의 처참한 쿠데타 소식을 듣고 그 지역에 있던 다른 정부들은 소름 끼치는 전율을 느꼈다. 나세리즘이 중동의 패권을 장악하는 것은 기정사실처럼 보였다.[12]

석유는 떠오르는 아랍 민족주의의 최고 관심사였다. 1950년대 초반 이래 중동에서는 '아랍 석유 전문가'의 모임이나 접촉이 수없이 시도되었다. 초창기 주요 의제는 이스라엘에 대한 경제 제재였다. 신생 국가 이스라엘에 대한 석유 봉쇄부터 블랙리스트 공개, 협박 및 이권 몰수의 위협에 의한 국제 기업들에 대한 제재가 그 내용이었다. 그러나 시간이 갈수록 의제의 범위는 넓어졌다. 이집트는 석유 수출국이 아니었지만 나세르는 그 모임을 석유 정책 수립과 자신의 입지를 세우는 데 활용했다. 그는 주권 문제와 식민주의에 대한 투쟁을 무기로 여론을 결집했고 석유와 페르시아 만 연안국들에 대한 영향력을 확보했다. '못 가진 자'가 '가진 자'의 자금을 이용해 자신의 입지를 강화하는 것과 같았다. 1957년 봄, 이집트에서 열린 아랍석유전문가회의에서 대표들은 국내 정제 능력의 증강과 지중해로 가는 아랍 유조선단 및 파이프라인의 설치를 제안했다. 또한 중동 석유 생산을 관리해 수입을 증가시키고, 해외 석유 기업들의 힘에 맞설 수 있는 아랍 '국제기구' 혹은 '국제 컨소시엄'의 창설을 논의했다. 그들은 해외 석유 기업들과 경쟁하기 위해서는 전문가를 양성하고 기술을 집적해야 한다고 강조했다.

그 회담에서 민족주의의 수호와 투쟁의 목표가 메이저들을 넘어 서방 국가들로 확대되었다. 사우디의 압둘라 타리키가 단언했듯이 석유는 '아랍이 보유한 가장 강한 무기'였다. 대표들은 떠오르는 자신들의 세력을 자축이라도 하듯 이집트가 단독 관리하게 된 수에즈 운하를 첫 번째로 통과하는 유조선의 모습을 구경하기 위해 모였다. 중립지대 내에서 J. 폴 게티의 석유를 나르는 유조선이었다.[13]

컨소시엄이나 석유수출국기구에 대한 대표들의 논의는 시작 단계에 머물렀고, 아직은 아랍 세계만의 관심거리에 지나지 않았다. 그것을 실현하려면 다른 거대 산유국들, 특히 베네수엘라와 이란의 참여가 필요했다. 그리고 그 일에 촉매제 역할을 할 사람이 필요했다. 바로 후안 파블로 페레스 알폰소였다.

페레스 알폰소의 등장

1948년 50 대 50 원칙이 확립된 직후, 베네수엘라의 새로운 민주 정부가 군사 쿠데타에 의해 전복되고, 잔학하고 부패한 마르코스 페레스 히메네스 대령에게 통치권이 넘어갔다. 히메네스의 통치하에서 베네수엘라의 석유 생산은 급격히 증가하여 1957년에는 2배가 되었다. 히메네스에 대한 지지는 서서히 사라져 1958년 1월 정권이 붕괴되었고, 베네수엘라에 민주주의가 부활할 수 있는 길이 열렸다. 새로운 정부의 지도자 상당수는 1940년대 민주 정부 시대의 저명인사들로서, 히메네스 시대에는 감옥에 있거나 해외로 망명해 있었다. 새로운 대통령은 1945년 혁명군사평의회 의장이었던 로물로 베탄쿠르였다. 해외 망명생활 동안 그는 페레스 히메네스의 반대자로, 또한 국제 석유회사에 대한 강렬한 비판자로 활동했다. 석유회사들이 히메네스 독재정권과 긴밀한 관계를 유지하면서 베네수엘라 전체를 '석유 공장'으로 만들었기 때문이었다.

그러나 베탄쿠르와 동료들은 1948년 발생한 쿠데타에서 좋은 교훈을 얻었다. 민주 세력 사이에는 연대와 연합을 유지해야 하고, 다른 정당과 이해집단을 경원시해서는 안 된다는 것이었다. 처음 몇 년 동안 새 정부는 우익 및 공산주의 게릴라를 포함한 좌익의 공세에 대항해야 했다. 당시 베네수엘라에는 반미 감정이 높았는데, 아이젠하워 행정부가 페레스 히메네스에게 우호적이었기 때문이다. 실제로 1958년 베네수엘라를 방문했던 리처드 닉슨 부통령이 공항에서 카라카스 시내로 자동차 행진을 하는 도중 성난 군중에게 공격당해 위험한 상황에 처하기도 했다. 1960년에는 베탄쿠르 자신도 암살 기도로 인한 차량 폭파 사고로 심한 화상을 입었다.

1948년의 쿠데타가 너무나 생생하게 뇌리에 남아 있어, 그는 신중하게 일을 처리했다. 그가 아무리 석유회사들을 비난했다 하더라도 그들이 필요하다는 사실은 변함이 없었다. 베탄쿠르가 말한 대로 그와 동료들은 '비현실적인 망상가'가 아니었다. 베탄쿠르가 석유 문제에 관해 의지했던 인물은 후안 파블로 페레스 알폰소였다. 페레스 알폰소 역시 현실주의자였고, 주의 깊고 실무적으로 사물을 분석하는 사람이었지만 그 역시 근엄하고 자기만족형의 도덕가였다. 정치가라기보다 열정을 지닌 지식인이라고 할 수 있다. 그와 함께 일했던 베네수엘라인은 "그는 의지가 강한 남자였지만 말투가 부드러워 마치 수도사와 같았다"라고 말했다.

카라카스의 부유한 가정에서 태어난 페레스 알폰소는 볼티모어에 있는 존 스홉킨스 대학에서 의학을 전공하고 카라카스로 돌아와 법률을 전공했다. 그러나 그때 부친이 파산하는 바람에 페레스 알폰소는 큰 부담을 떠안게 되었다. 장남으로서 10형제를 책임져야 했기 때문이다. 이때의 경험은 그에게 큰 영향을 주었다. 절약과 계획이 그의 성격으로 자리 잡았던 것이다. 1932년에는 무능하고 부패한 카라카스 판사가 주재하는 결혼식을 거부하기도 했다. 그는 아내와 함께 지방으로 가서 지방 판사에게 부탁해 결혼식을 올렸다. 고메스 정권의 몰락 후, 페레스 알폰소는 베탄쿠르와 협력해 야당의 석유 전문가로 의회에 나갔다. 1945년부터는 혁명군사평의회 및 민주 정부에서 개발부 장관을 지냈다. 그는 1943년 제정된 법률 중에서 부적절한 것을 개정하는 작업에 착수했다. 베네수엘라가 이익의 50%를 확보하게 하고, 석유산업에 대한 통제력을 강화한 것이다.

1948년 11월 페레스 알폰소는 카라카스에 있는 미국 대사로부터 전화를 받았다. 대사는 쿠데타가 발생했으니 미국 대사관에서 그를 보호하겠다고 말했다. 페레스 알폰소는 잠시 생각한 뒤 제의를 거절하고 운명을 하늘에 맡긴 채 약속된 점심 식사를 위해 집으로 돌아갔다. 그는 체포되었고 민주 정부의 고관을 지냈다는 이유로 투옥되었다. 후일 그는 "나는 장관으로 너무 바쁜 일정을 보냈다. 수감 생활은 휴식을 주는 휴일과 같았다"라고 가족에게 농담 삼아 말했다. 그러나 그 말은 농담일 뿐이었다. 그는 감옥에서 혹독한 대우를 받았고 투옥 기간 일부는 독방에서 지내야 했다.

마침내 그에게 망명이 허용되었다. 정치에 혐오를 느낀 그는 베네수엘라를 떠나면서 가족에게 두 번 다시 공직 생활을 하지 않을 것을 약속했다. 그가 처음 은신한 곳은 워싱턴의 웨슬리 하이트 지역이었다. 그곳에서 그와 가족은 카라카스에 남겨놓은 집의 임대료로 근근이 생활했다. 그는 망명자들을 위한 신문에 기고하기도 하고 목공 일도 했다. 그러나 다른 어떤 일보다 석유산업에 대한 연구에 전념했다. 그는 정기적으로 의회도서관에 들어가서 「포브스」, 「포춘」, 「네이션」, 「오일&가스 저널」까지 미국 정기 구독지의 기사 전반을 신중히 탐구했다. 그는 특히 석유 가격이 배럴당 10센트였던 최악의 1930년대 초반, 미국 텍사스에서 석유 생산을 조정했던 텍사스 철도위원회에 관심을 갖고 연구했다. 워싱턴에서 몇 년을 보낸 알폰소 가족은 돈이 떨어지자 멕시코시티로 이주했다. 그가 멕시코로 이주한 또 다른 이유는 자녀들이 너무 미국화되어, 언젠가 고국으로 돌아가면 적응하지 못할까 봐 염려한 것이다.

1958년 독재정권이 붕괴되면서 귀국할 날이 다가왔다. 페레스 알폰소 부인은 그에게 다시는 공직에 나가지 말도록 간청했다. 그러나 베탄쿠르는 페레스 알폰소에게 광업부 장관으로 취임해달라고 요청했고 그는 승낙했다. 카라카스는 10년 전 망명할 당시와는 달리 석유 수입의 증대로 놀랄 정도로 풍요롭게 변해 있었다. 그는 이러한 풍요가 달갑지 않았다. 그는 석유에 의한 부는 자연과 정치의 산물이지, 열심히 일한 대가는 아니라고 생각했다.

이후 얼마 안 있어 이러한 생각을 확인해주는 상징적인 일이 일어났다. 멕시코에서 생활하던 중 그는 자금 부족으로 MG를 닮은 1950년형 영국제 싱거 자동차를 구입했었다. 그는 이 차를 소중하게 다뤘는데 몇 가지 안 되는 그의 취미 중 하나였다. 귀국할 때 그는 싱거 자동차를 배에 실어 고국으로 가져왔다. 그러나 자동차는 부두에 도착한 후 2개월간 방치되어 녹이 슬었다. 차가 도착했다고 말해준 사람이 없었기 때문이다. 마침내 차가 도착했다는 소식을 들은 페레스는 운전기사를 보내 차를 카라카스까지 가져오도록 했으나 오는 도중 고장을 일으켰다. 운전기사가 윤활유를 점검하지 않은 탓에 엔진오일이 다 소모된 것이다. 엔진은 완전히 타버렸고 자동차는 더 이상 움직이지 않았다. 결국 트럭으로 견인하여 교외에 있는 그의 집으로 가져왔지만 차 전체는 이미 부식되어 있었다.

그는 이 모든 일이 하늘의 계시라고 생각하고 정원에 있는 탁구대 옆에 차를 세워두었다. 녹이 슨 자동차는 부주의한 태도와 태만, 사치와 낭비 등 석유의 부유함이 국가에 미치는 위험을 상징하는 것이었다.

페레스 알폰소는 권력에 현혹되지 않겠다고 맹세한 후, 규율을 중시하고 검소하고 청렴한 공직 생활을 했다. 그는 정어리 샌드위치 도시락을 싸서 사무실로 갔다. 그는 새로운 직무와 관련된 석유산업의 구조를 잘 이해하고 있었고 명확한 목표를 갖고 업무에 임했다. 페레스 알폰소는 석유 이권 임대에 대한 정부의 지분을 늘렸을 뿐 아니라 석유회사가 갖고 있던 생산·판매에 관한 권한을 국가로 이전했다. 그는 "석유를 너무 싸게 파는 것은 새로운 유전을 개발하려는 의욕을 감소시키고 재생할 수 없는 자원을 조기에 소모시키는 결과를 초래하므로 소비자에게 이롭지 않다. 산유국의 석유는 국가의 자원이고 그 이익은 현재뿐만 아니라 미래 세대에도 귀속되어야 한다. 석유에서 나오는 부나 자원은 낭비되어서 안 되며, 그로 인한 수입은 폭넓게 국가 발전에 이용되어야 한다. 외국 회사가 아니라 자원을 소유한 국가가 생산이나 판매에 대해 결정권을 가져야 한다. 이 귀중한 자원의 잠재 가치를 인간이 마구 훼손해서는 안 된다"라고 주장했다.[14]

하지만 페레스 알폰소는 철저하게 상업적 판단에 따랐다. 그는 베네수엘라가 중동의 산유국과 긴밀한 이해관계에 있지만 그 나라들 역시 위험한 경쟁자라는 사실을 알고 있었다. 걸프 만의 원유 생산비가 배럴당 20센트인 데 비해 베네수엘라는 약 80센트가 소요되어, 생산 경쟁에서 불리할 수밖에 없었다. 이는 시장 지분을 잃을 수 있다는 우려를 안겨주었다. 베네수엘라는 중동 국가들을 설득해 석유회사들에 대한 석유세율을 올리게 함으로써 생산 가격을 인상하는 방안을 모색했다.

사실 페레스 알폰소가 베네수엘라의 입장을 강화하려고 시도했던 전략은 그가 망명 시절에 연구한 텍사스 철도위원회에 기반하고 있었다. 그는 위원회에 소속된 컨설턴트 한 사람을 고용하여 이익의 비례 산정 방법을 연구하게 했고, 이것을 베네수엘라에 어떻게 적용할지 조사했다. 그는 중동 산유국과 단순한 대화 이상을 시도할 때는, 텍사스 철도위원회의 경우처럼 세계적인 동맹을 형성해야 한다고 생각했다. 베네수엘라는 시장 지분을 유지하기 위해 중동에서의 생산 가격 상승을 지원하고, 생산 원가가 낮은 산유국들이 텍사스에서 사용된 것과 같은 국제적 할당제에 동의하도록 했다. 이와 같은 공동전선의 구축으로 값싼 중동 석유의 물량 공세에 타격을 입어왔던 베네수엘라의 석유산업을 보호할 수 있었다.

1959년 초, 아이젠하워 대통령은 미국 내 석유 생산업자를 보호하기 위해본의 아니게 수입 석유에 쿼터제를 적용했다. 이 결정에 가장 큰 피해를 본 나라는 베네수엘라였다. 베네수엘라 석유 수출의 40%를 미국이 점유하고 있었기 때문이다. 당시 미국은 인접 국가들을 달래기 위해 추가 조치를 취했는데, 국가 안보 차원에서 캐나다나 멕시코에서 육로로 들어오는 석유에는 쿼터제를 적용하지 않는다는 것이었다. 제2차 세계대전 당시 '대서양 전쟁'을 염두에 두고 있는 아이젠하워 행정부는 육상으로 들어오는 석유가 적으로부터 잠수함 공격을 받지 않기 때문에 더 안전하다고 말했다. 베네수엘라가 보기에는 미국이 캐나다 및 멕시코와의 마찰을 줄여보자는 의도에서 만든 단순한 구실에 불과했다. 격분한 페레스 알폰소는 "미국이 우리를 업신여기고 있다"라고 신랄하게 비난했고, 베네수엘라 정부는 격렬히 항의했다. 베네수엘라는 제2차 세계대전 중 대형 산유국으로 신뢰 있는 공급자 역할을 수행했다. 또한 앞으로도 전략적인 공급원 역할을 할 것이다. 미국의 석유회사를 국유화한 것은 베네수엘라가 아니라 멕시코였다. 왜 베네수엘라가 당해야 하는가?

　페레스 알폰소는 대단한 불만을 안고 워싱턴으로 갔는데, 이번에는 불안정한 생활을 타개하려는 정치적 망명자가 아니라 세계 유력 산유국의 광업부 장관으로서였다. 그는 석유회사가 아니라 정부가 운영하는 서반구 석유 수급 체계를 구축하자고 제안했다. 이를 근거로 베네수엘라는 한 국가로서 미국 시장의 일정 지분을 보장받고자 한 것이다. 어느 산유국에서 석유를 수입할지 결정하는 것은 더 이상 석유회사들의 특권이 될 수 없었다. 그의 주장은 틀리지 않았다. 페레스가 제안한 것은 각국에 일정량을 할당해주는 미국의 설탕 쿼터제와 동일했다. 하지만 석유는 설탕이 아니었다. 미국은 페레스 알폰소의 제안에 관심을 갖지 않았고 실제로 어떤 반응도 보이지 않았다. 카라카스의 새로운 민주 정권은 낙담했다. 페레스 알폰소는 이제 카이로에 희망을 걸게 되었다.[15]

복합적 인물, 압둘라 타리키

사우디아라비아의 압둘라 타리키는 사우디와 쿠웨이트 간을 왕래하는 대상隊商을 조직했던 낙타 소유주의 아들이었다. 그의 아버지는 아들이 가업을 계승하기를 바랐다. 그러나 타리키가 어릴 적부터 타고난 재능을 보이자 아버지는 그를 쿠웨이트에 있는 학교에 보냈다. 카이로에서 보낸 12년 동안, 그는 나세리즘의 원천이었던 민족주의에 심취했다. 그는 장학생으로 텍사스 대학에 유학하여 화학과 지질학을 전공했고, 텍사코에서 지질 전문가로 일했다. 그가 가진 미국에 대한 시각은 텍사스에서 형성되었다.

그곳에서 타리키는 멕시코 사람으로 오인되어 술집이나 다른 시설에서 쫓겨난 적이 여러 번 있었다. 그는 1948년 사우디아라비아로 귀국했다. 사실상 그는 미국에서 교육받은 최초의 사우디 기술 관료이자, 화학과 지리학을 전공한 최초의 사우디인이었다. 또한 그의 아내는 미국인이었다. 1955년 35세 때 타리키는 새로 창설된 석유광산국의 국장으로 임명되었다. 그는 아람코에서 나온 석유 통계를 왕족에게 전달하는 데 만족하지 않았다. 그는 미국인 변호사와 젊은 사우디 기술 관료인 히삼 나지르를 불러 전문가 팀을 구성하고, 아람코 석유 이권의 기초뿐 아니라 서방 석유회사들에 도전할 준비를 했다.

타리키는 기묘한 성향들이 조화를 이룬 인물이었다. 즉 나세르의 열렬한 지지자였을 뿐 아니라, 현대 사우디아라비아를 일으킨 왕가를 비난하는 아랍 민족주의자였고, 동시에 왕족에 봉사하는 신하이기도 했던 것이다. '붉은 수장'으로 알려진 타리키가 복잡한 사상에도 불구하고 지위를 유지했던 것은, 사우드 국왕과 그의 동생 파이잘 간에 벌어졌던 왕족 내부의 권력 투쟁 때문이었다. 말년의 이븐 사우드 국왕이 우려했던 것처럼, 변덕스러운 성격의 장남 사우드 국왕은 국가 외교 문제를 궁지에 몰아넣었으며 나약하고 결단력이 부족했고 낭비벽이 있었다. 대조적으로 파이잘은 철두철미하고 냉정하며 타

산적인 인물이어서, 사우드 국왕은 그에게 중요한 외교와 정치 안건을 처리하도록 위임했다. 그는 14세 때 영국을 공식 방문하기도 했다. 파이잘은 낭비를 막아야 한다고 주장했다. 나세르를 경시하는 사우드와는 달리 파이잘은 아랍국과 미국, 서구가 협력해야 한다고 생각했다. 왕족들이 권력 투쟁에 정신이 팔려 있었으므로, 타리키는 석유산업이라는 극히 중요한 분야에서 독단적으로 정책을 수행할 수 있었다.

처음에 타리키는 사우디의 석유 수입을 증대시키기 위해 석유 정제 및 판매 시설의 지배권을 확보하고자 노력했다. 그는 석유 소비국 내의 주유소까지도 수직적으로 통합하는 사우디 소유의 석유회사를 세우려고 했다. 그는 아람코의 전격적 국유화라는 아이디어를 제시하여 미국계 메이저들의 등줄기를 서늘케 했다. 하지만 1959년 초에 이르러 그의 전략은 크게 달라졌다. 국유화와 통합보다도 가격과 생산에 대한 통제가 더 중요하다고 결론 내린 것이다. 심경 변화의 가장 큰 이유는 석유 가격의 급락이었다.[16]

소련의 석유시장 재진입

1950년대 세계의 석유 수요는 증가했지만, 생산 능력은 그 이상으로 급속하게 발전했다. 항상 수익 증가를 추구해왔던 석유 수출국은 가격 인상이 아니라 판매 증대에 의해 그것을 실현하려 했다. 석유는 시장이 요구하는 물량 이상으로 공급되었다. 그 결과 석유회사들은 중동 석유의 판매 가격을 점점 더 낮출 수밖에 없었다. 이와 같은 가격 할인으로 인해 일정 수준에 머물러 있는 '공시가격'과 계속 하락세를 보이는 실제적인 '시장가격' 사이에 상당한 차이가 발생했다. 산유국이 가져가는 세금과 로열티의 계산 기준은 공시가격이었다. 예전에는 공시가격이 시장가격과 거의 일치한다고 인식되었고 실제로도 그랬다. 그러나 할인 폭이 늘어나면서 차이가 나기 시작했고, 그 폭은 점점 확대되었다.

공시가격은 산유국의 수익에 미치는 영향 때문에 쉽게 떨어지지 않았다. 이는 산유국이 공시가격에 기초해 이익의 50%를 계속 가져간다는 것을 의미했다. 1950년대 말까지 공시가격은 산유국의 수입을 계산하기 위한 기준으로만 의미가 있었다. 실제 가격으로 계산하면 산유국이 갖는 이익은 60% 내지 70%에 달했다. 즉 가격 인하의 모든 영향을 석유회사들이 흡수하는 동안 중동 산유국은 이익을 계속 유지했던 것이다. 1958년부터 가격 할인 문제는 더욱 심각해졌다. 미국에서 실시하는 수입 쿼터제는 미국 밖의 석유 과잉 물량이 세계 최대의 시장에 접근하는 길을 차단해버렸다. 따라서 과잉생산된 물량을 소화하기 위해서는 규모가 작은 시장을 개척해야 했다.

가격 인하가 계속되는 데는 훨씬 더 중요한 이유가 있었다. 소련의 석유시장 재진입 때문이다. 스탈린이 소련 석유산업의 취약성에 비통해 하던 것도 어느덧 12년 전의 일이 되어버렸다. 거액의 투자와 노력의 결실로 소련의 석유 생산은 이전보다 훨씬 증대되었다. 더욱이 새로 개척된 볼가-우랄 지역은 대규모 유전지대였다.

1955년부터 1960년 사이에 실제로 소련의 석유 생산은 2배나 증가했다. 1950년대 말까지 소련은 베네수엘라를 제치고 미국 다음으로 세계 제2위의 산유국이 되었다. 산유량은 중동 전체 생산의 약 5분의 3에 맞먹었다. 처음에는 소련산 석유 대부분이 소련연방 내에서 소비되었으나, 1955년 서방측에 적지 않은 규모로 수출을 재개했다. 1958년 이후부터는 수출이 급증해 세계 시장에서 큰 위치를 차지하게 되었다. CIA는 이를 두고 '세계 석유시장에서 무시할 수 없는 세력'이라고 표현했다. 소련은 서방의 중요한 석유 공급원이었던 19세기 러시아의 명예를 되찾을 준비를 갖추었다. 그들은 가능한 한 많은 공급선을 확보하려고 했고, 그렇게 하기 위해 가격 할인이 필수적이었다. 워싱턴에서는 이를 두고 '소련의 경제 공세'라고 불렀다. 1958년 각료회의에서 CIA 국장 앨런 덜레스는 "자유세계가 기존의 시장 질서를 바꾸려는 소련의 공세로 아주 위험한 상황에 직면해 있다"라고 경고했다.[17]

석유회사들이 소련의 도전에 맞서는 방법은 소련산 석유의 수입을 규제하는 것, 그리고 경쟁에 의한 대처, 즉 가격을 인하하는 것이었다. 석유회사는 진퇴양난에 빠졌다. 가격을 내리면 인하분 전액을 석유회사가 부담해야 했기 때문이다. 그들은 과연 공시가격을 인하할 수 있을까? 러시아와의 경쟁에 드는 부담을 산유국과 분담할 수 있을까? 1959년 초 공시가격이 인하되었다. BP가 최초로 배럴당 18센트를 인하했다. 약 10% 인하였다. 즉각 석유 수출국들의 비난이 빗발쳤다. 후안 파블로 페레스 알폰소와 압둘라 타리키는 분노를 참지 못했다. 펜대를 한 번 움직임으로써 일개 석유회사가 산유국들의 국가 재정 수입을 일방적으로 삭감해버렸다고 생각한 것이다. 석유 수출국들은 재빠르게 대응했다.

아랍석유회의

1959년 4월, 오랜만에 아랍석유회의가 카이로에서 개최될 예정이었다. 카이로가 개최지라는 것은 아랍 세계에 미치는 나세르의 주도권을 상징하는 것이었다. 타리키를 포함한 400여 명이 회의에 참석했다. 페레스 알폰소는 베네수엘라의 세법과 기타 아랍어로 번역된 석유 관련 법안을 휴대하고 수행원과 같이 옵서버 자격으로 참석했다. 그는 BP의 가격 인하와 베네수엘라산 석유를 제한한 미국의 새로운 쿼터 방식에 화가 나 있었다. 또한 서반구 석유 수급 체계에 대한 그의 구상이 워싱턴에서 일거에 거절된 것에 대해 아직도 마음상해 있었다.

유일한 불참국은 이라크였다. 아랍 세계에 나세리즘이 팽배하고 있음에도 불구하고 바그다드의 새로운 통치자들은 나세르에게 종속될 마음이 전혀 없었다. 그리고 유혈 쿠데타 직후 이라크는 이집트와 결별했다. 이라크는 아랍 석유회의가 카이로에서 열린다는 이유와, 석유 문제에 대한 결정권을 나세르에게 주지 않겠다는 구실로 공식적으로 회의에 불참했다.

회의 참석자들은 사전에 치밀하게 준비된 대량의 자료를 심의했다. 자료 대부분은 기술적 문제에 관한 것이었다. 그러나 회의 전날 BP가 공시가격 인하를 발표함으로써 회의장의 분위기가 바뀌었다. 주요 참가국은 분노에 싸여 이에 대한 대응책으로 공동 전선을 구축하는 방법을 모색했다. 국유화 문제가 거론될 것을 우려한 석유회사들은 옵서버를 보내 카이로 회의를 참관하게 했다. BP의 대표인 마이클 허버드는 "회의 내용을 보고 안심했다. 지금까지 정치 문제가 거론되지 않고 있어 성공적이라 할 수 있다"라고 BP 회장에게 보고했다. 그는 덧붙여서 아랍 생산국과 서방 대표단의 비공식 회의가 있었는데, '아주 우호적인 분위기'였다고 전했다. 서방측 석유산업의 기초가 무엇인지 모르는 것이 그 회의의 특징이었다. 또 다른 BP의 대표자는 그 회의가 아랍의 주요 국가 및 석유산업의 미래를 밝게 해줄 것이라고 보고했다. BP는 그 회의에서 독자적인 외교 활동을 시도했다. 허버드는 무대 뒤에서 취재하던 「주간 석유Petroleum Weekly」지의 여기자 완다 자블론스키에게 의뢰해 타리키와의 회담을 성사시키겠다고 회장에게 보고했다. 자블론스키는 "내 경험으로 판단해 볼 때 사우디아라비아와 경제 문제를 논의하는 것은 가능합니다"라고 말했다. 허버드는 "불행히도 우리는 수백만의 가난한 국민들이 있는 사우디아라비아에서의 생산량보다 인구가 수십만인 쿠웨이트의 석유 생산이 더 급격히 늘어난다는 불공평성에 대해 비난받게 될 것입니다"라고 답했다. 그는 "이 회담으로 합일점을 찾는 것은 불가능합니다"라고 덧붙였다. 서구의 석유업자가 "당신이 나만큼 이 업계에 종사하게 되면"이라는 말로 타리키와 회담을 시작했을 때 아람코 관계자들은 "그들은 사태를 해결하기보다는 더 힘들게 만들고 있다"라고 불평했다.[18]

석유 저널리스트, 완다 자블론스키

완다 자블론스키는 허버드가 생각했던 것보다 카이로에서 더 바쁘게 지냈다. 「주간석유」의 특파원이자 후에는 「주간석유정보Petroleum Intelligence Weekly」의 편집자로서 그녀는 당대에 가장 영향력 있는 석유 저널리스트였다. 머리 회전이 빨랐던 금발의 자블론스키는 어떤 상황에서나 대처할 수 있는 유럽식 처세술을 갖고 있었다. 그녀는 아이다 타벨의 결단력과 독립심을 가졌지만 석유업계의 비평가는 아니었고, 오히려 석유업계가 세계적으로 발전할 수 있는 정보 창구로서의 역할을 했다. 민족주의자와 기술자들로 구성된 남성 세계에서 재치 있는 언변과 당당한 태도로 독보적 입지를 개척한 그녀는 인터뷰 상대에게서 원하는 이야기를 들을 때까지 어떻게 파고들어야 하는지를 직감으로 알았다. 그녀는 석유업계의 주요 인물을 모두 알았다. 그녀는 정기적으로 석유회사나 정부를 화나게 하는 특집 기사를 실었다. 석유회사들은 때때로 잡지 구독을 대량으로 취소하기도 했다. 그녀는 그들에게 더한 수치감을 주어 재구독할 수밖에 없게 만들었다. 결국 석유업계에서 책임자의 위치에 있는 인물이라면 최종적인 정세 판단을 위해 그녀의 잡지를 보아야만 했다.

체코슬로바키아 태생인 자블론스키는 저명한 식물학자의 딸로 태어났다. 그녀의 부친은 지질학자로 변신해 폴란드 회사에 다녔는데, 이 회사는 나중에 모빌의 전신인 소코니－배큠에 합병되었다. 그의 업무는 소코니의 세계 시장에서 경쟁이 될 석유가 발견될 가능성이 있는지 지질학적 조사를 하는 것이었다. 자블론스키는 부친에게서 석유보다 식물에 관해 더 많은 것을 배웠다. 그녀가 알아맞추는 모든 식물에 대해 1페니씩 받기로 했기 때문이었다. 한번은 미국을 횡단하는 자동차 여행 중 100달러 이상을 받기도 했다. 그녀는 가끔 아버지가 일을 위해 세계 여행을 할 때 동행했다. 코넬 대학에 입학하기 전에 이미 뉴질랜드, 이집트, 잉글랜드, 모로코, 독일, 오스트리아, 텍사스에서 공부한 적이 있었고, 카이로에서 예루살렘까지 낙타를 타고 거의 한 달가량 여행한 경험도 있었다. 그녀는 "나는 약간 특별해요. 어디를 가든 잘 적응할 수 있습니다. 뉴욕만 빼고요"라고 말했다.

1956년 수에즈 위기 직후, 자블론스키는 취재를 위해 중동 12개국으로 출장을 떠났다. 리야드에서는 사우드 국왕을 인터뷰하기 위해 초대장을 놓고 다툼을 벌이기도 했다. 그녀는 뉴욕에 있는 동료에게 다음과 같은 편지를 보냈다. '내가 어제저녁 어디에 있었는지 맞혀봐. 사우디아라비아 국왕의 하렘(규방)에 있었어. 네가 마음대로 상상하기 전에 거기서 있었던 일을 알려줘야겠다. 장미향의 엽차를 마시고 연회에 가서 화려한 여자들만의 모임에도 참석했지. 네가 영화에서 본 것이나 『아라비안나이트』에서 읽은 것은 잊어버려. 그곳에는 그런 특별한 이야깃거리가 없었어. 물론 대가족이었지만 우리와 같은 평범하고 화목한 가정이었어. 모두에게 안부 전해줘. 완다로부터.' 그녀는 하렘을 지키던 시종에 대해서는 언급하지 않았다.

자블론스키는 사우드 국왕뿐 아니라 석유 이권과 관련해 '중동의 가장 중요한 인물'로 주목한 압둘라 타리키도 만났다. 그녀는 그를 "사명감 있는 젊은이였다"라고 평했다. 그녀는 사우디에서 사업을 하고 있는 미국 석유회사에 대한 타리키의 격렬한 비난을 상세하게 소개했다. 2년 후 두 번째 회견에서도 타리키는 미국 메이저 회사들에 대해 여전히 혹독하게 비평했다. 그녀는 아주 중요한 정보 하나를 그에게 넘겨주었다. "당신만큼 멋진 사람이 또 한 명 있다"라고 말한 것이다. 바로 후안 파블로 페레스 알폰소를 지칭하는 것이었다. 그리고 그들을 만나게 해주겠다는 약속도 했다.

1959년 카이로에서 아랍석유회의가 개최되던 때, 그녀는 약속을 지키기 위해 페레스 알폰소를 카이로 힐튼 호텔에 있는 자신의 방으로 초대했다. 거기서 그녀는 압둘라 타리키를 소개했다. 페레스 알폰소는 "당신에 대해 많이 전해 들었습니다"라고 말했다. 카이로 회의에 참석했던 페레스 알폰소의 진짜 업무가 시작된 것이다. 두 사람은 다른 주요 산유국의 대표단들과 비밀리에 회의를 갖자는 데 동의했다. 장소는 사우디 교외 마아디에 있는 요트 클럽이었다. 시즌이 끝나 클럽은 텅 비어 있었기에 외부에 노출되지 않고 모일 수 있었다. 마아디에서의 잇따른 회의는 철저한 경계 속에서 비밀리에 진행되었다. 나중에 이란 대표자는 "우리는 제임스 본드 같은 기분이었다"라고 말하기도 했다. 타리키와 페레스 알폰소, 그리고 쿠웨이트 대표가 주인공이었다. 이란 대표자는 정부를 대표한다는 위임을 받지 못해 옵서버 자격으로 참석했다. 또한 이라크 대표자는 이라크가 회의 불참을 선언했기 때문에 아랍연맹의 사무국원 자격으로 왔다. 이 모든 상황을 고려하면 공식 협정은 가능하지 않았다. 그러나 페레스 알폰소는 이런 장해를 피해나가는 방법을 알고 있었다. 그들은 정부에 권고하는 내용의 '신사협정'을 만들었다. 이란을 제외한 모든 대표단은 주저 없이 동의한다고 서명했다. 이란 대표자는 국왕의 재가 없이 동의한다는 것을 너무 두려워한 나머지 자취를 감추었다. 다른 대표자들이 그를 찾기 위해 카이로 경찰에 수색을 의뢰했고, 결국 그도 서명했다.

신사협정은 페레스 알폰소가 카라카스를 떠나기 전에 갖고 있던 구상을 반영한 것이다. 즉 산유국 정부가 석유 자문위원회를 설립하고, 가격 구조를 보호하며, 국영 석유회사를 설립한다는 내용이다. 협정은 50 대 50 원칙을 공식 파기하고, 적어도 60 대 40으로 분배율을 개정할 것을 산유국에 촉구했다. 그들은 산유국 내 정유소 건설, 하류 부문 진출, 안정적 시장 확보를 위한 통합, 정부 수입의 안정 확보 등도 주장했다. 비록 비밀리에 진행됐지만 신사협정은 석유산업의 역학적 구조를 변화시킨 초석이 되었다. 석유회사에 대항해 공동 전선을 형성한 첫 번째 시도였기 때문이다. 항상 그랬듯이 완다 자블론스키가 핵심적 역할을 담당했다. 그녀는 석유수출국기구OPEC로 발전할 동맹 기구의 설립에 중개인 역할을 수행했던 것이다.[19]

26

OPEC과
안전장치

석유의 과잉 공급 사태는 여전히 계속되었다. 소련이 가격 인하 및 구상 거래 등으로 서방에 대한 석유 판매에 박차를 가하며 적극적으로 시장을 공략한 결과, 상당한 수준의 공시가격 할인이 뒤따랐다. 당시는 냉전시대였다. 서방 국가들은 소련의 강력한 석유 판매 정책이 상업적 목적뿐 아니라 정치적 공세라고 믿었다. 즉 서유럽의 대소對蘇 의존 관계를 이끌어내고, 나토의 단합을 약화시키고, 중동에서 서방 석유의 지위를 붕괴하려는 의도가 숨겨져 있다고 생각한 것이다. 상원의원 케네스 키팅은 "러시아인은 세계 정복이란 목표에 경제 전쟁을 특히 잘 적용한다"라고 말하곤 했다. 또한 "소련의 거친 지도자인 흐루쇼프가 여러 번 우리를 매장시키려고 위협했다. 지금 우리가 그를 용납하면 우리를 석유의 바다에 빠뜨릴 것이 점점 더 확실해지고 있다"라고도 말했다.

확실히 소련은 아주 거친 경쟁자였다. 그들은 농산품과 산업용 장비를 구입하기 위해 달러와 다른 서방국의 화폐가 필요했다. 지금도 마찬가지지만 당시 석유 수출품은 그들이 서방에 판매할 수 있는 몇 안 되는 품목 중 하나였다. 단순한 경제적 조건만으로 소련의 석유 가격을 쉽게 제한할 수 없었다. 한 때 흑해 항구에는 중동 석유 공시가격의 반값에 러시아산 석유가 선적되었다. 석유업계는 중동 석유의 주시장인 서유럽에 러시아산 석유가 등장함으로써 상당한 매출 손실이 발생할 것을 우려했다. 서구 기업들은 러시아산 원유의 최대 구매자가 그들이 제일 싫어하는 이탈리아인 엔리코 마테이라는 사실을 알았을 때 크게 동요했다.[1]

1959년처럼 기업들이 전체 공급 과잉과 소련의 위협에 대처하는 유일한 방법은 가격 인하라는 경쟁적 대응이었다. 그런데 무슨 가격이냐가 문제였다. 만약 시장가격만 인하한다면 석유업체들이 전체 손실을 흡수해야 한다. 그렇다고 공시가격을 다시 인하하는 위험을 무릅쓰기도 힘들었다. 처음 공시가격을 인하했던 1959년 2월, 아랍석유회의는 분기탱천했고 이에 따라 신사협정이 만들어지기도 했다. 이제 다시 그렇게 대응한다면 어떤 사태가 발생할지 아무도 몰랐다.

직각자 vs. 계산척

카이로에서 아랍석유회의가 열리고 15개월이 지난 1960년 6월, 골치 아픈 공시가격 문제를 해결하기 위해 뉴저지 스탠더드오일의 이사회가 뉴욕에서 열렸다. 열띤 논쟁이 계속되었다. 뉴저지는 '잭'이라고 알려진 근엄한 몬로 래스본을 새로운 회장으로 맞았는데, 그의 인생은 미국 석유산업의 실질적인 교과서와 같았다. 그의 아버지와 삼촌은 서부 버지니아에 소재한 뉴저지 정제업자였다. 래스본 자신은 화공학을 전공했고, 제1차 세계대전 직후 배턴루지에 있는 뉴저지의 대형 정유소에서 일했다. 어느 뉴저지 주민의 말처럼 "그는 경험과 기술의 조화 속에서 정교함을 취하고, 그것을 과학으로 전환한 차세대 기술자"였다. 배턴루지 정유소의 부장으로 일하던 31세 때에는, 스탠더드오일에 반대하는 노선으로 공직에 출마한 루이지애나의 선동 정치가인 휴이 롱의 악의적 공격을 피하는 정치적 기술을 구사하기도 했다. 휴이 롱은 스탠더드오일에 대한 개인적 투쟁의 하나로, 중년의 아이다 타벨에게 그녀가 가진 『스탠더드오일의 역사』 절판본을 100달러에 넘기라고 제의했다고 한다.

래스본은 뉴저지의 최고 지위에 올랐다. 보스로서 그는 자신만만하고 현명하고 냉철했으므로 사소한 말에는 신경 쓰지 않았다. 동료들은 그를 직각자와 같은 엔지니어라고 평했다. 그의 최대 결점은 모든 경력이 미국 내에 국한되어 있다는 것이었다. 그는 외국 석유 생산자의 심리를 즉각적으로 포착하지 못했다. 휴이 롱을 상대하는 데는 석유 수출국의 민족 지도자들을 다루려고 궁리했던 것만큼 많은 준비가 필요하지 않았다. 그는 솔직히 공시가격의 추가 인하를 어떻게 받아들여야 할지 알지 못했다. 생산자와 협의하는 것조차 필요하지 않다고 느꼈던 그는 생산자들에게 인내심을 갖지 못했다. '돈은 빈곤한 나라와 빈곤한 사람들 대다수를 취하게 하는 술'이라고 말하기도 했다. 당시 뉴저지는 여러 개의 위원회에 의해 운영되었다. 자신들 스스로도 '위원회 회사'라고 불렀을 정도다. 위원회 시스템은 무모한 판단을 피하고, 문제점을 모든 면에서 신중하게 조사, 분석한다는 취지를 지니고 있었다. 래스본은 동료에게 "결정을 바꾸려면 엄청난 분량의 자료가 있어야 한다"라고 말했다. 공급 과잉 속에서 시장 확보라는 전략적 문제에 사로잡힌 래스본은 위원회를 압도해서 공시가격 인하를 강행하려 했다.[2]

뉴저지의 중동 협상 전문가로 이란의 컨소시엄에서 함께 일했던 하워드 페이지는 래스본의 의견에 단호히 반대했다. 뉴저지 이사회의 다른 이사들은, 래스본이 그 문제 혹은 반작용의 가능성을 완전히 이해하지 못했다고 생각했다. 그는 이 문제로 상당 기간 래스본과 의견 차이를 보였다. 페이지는 국제적 경험이 많았다. 그는 전시에 해럴드 익스 밑에서 미국과 영국 사이에 석유 공급망을 구축하는 것을 도왔고, 후에 뉴저지의 중동 조정관이 되었다. 페이지와 협상했던 사람들은 그가 매우 강인한 사람이라고 평했다. 그는 항상 계산척을 가지고 다니면서 마지막 0.5센트까지도 깎으려고 노력했다. 그는 통찰력이 있어서 다른 사람의 견해도 매우 잘 이해했다. 페이지는 중동 국가에 일고 있는 민족주의의 폭발적인 힘을 감지했는데 뉴저지의 다른 동료들, 특히 래스본이 그것을 모르는 것에 대해 우려했다.

페이지는 동료 이사들을 교육하기 위해, 중동에서 방금 돌아온 대담한 저널리스트 완다 자블론스키를 초청했다. 나중에 자블론스키와 이야기를 나눴던 영국 외교관의 보고서에 따르면, 그녀는 "중동 국가들은 서방에 대해 매우 심각한 적대감을 가지고 있고 모든 계층이 나세르를 거의 전폭적으로 지지하고 있다"라고 말했다고 한다. 산업 분야에서 이런 경향은 부재지주에 대한 강렬한 항의로 나타났다. 그녀는 아랍제국의 부를 빼앗아가는 외국 자본, 즉 국제 석유회사들을 통렬히 비난하는 소리를 많이 들었다. 아랍인들은 런던, 뉴욕, 피츠버그 등 멀리 떨어진 곳에 있는 석유회사의 최고 경영진이 중동 산유국의 경제적 운명을 통제하는 것에 분노했다. 자블론스키는 뉴저지의 이사들에게, 이라크 석유회사 및 아람코의 현재 조직이 그들이 상상도 하지 못했던 짧은 운명이 될지도 모른다고 말했다.

자블론스키와의 별도 회담에서 래스본은 민족주의의 힘에 대한 그녀의 견해에 대해 심한 이견을 드러냈다. 그는 그녀의 우려를 무시했다. 그는 막 중동에서 돌아왔기 때문에 중동의 사정을 나름대로 파악했다고 생각한 것이다. 그는 그녀에게 너무 부정적이라고 말했다. 자블론스키는 "잭, 당신은 결코 아랍 내부의 사정을 이해하지 못하니 당신 자신이나 돌보는 게 좋겠어요"라고 강하게 반박했다. 그녀는 이어서 "지금 당신은 극진한 대우를 받고 있지만 오래 못갈 터이니 그런 말은 삼가는 게 좋겠습니다"라고 말했다. 뉴저지의 이사회가 공시가격 인하에 대해 토론할 때, 페이지는 중동 국가의 수입을 감소시키는 그런 인하 정책에 반대했다. 일방적으로 결정하면 안 된다는 것이다. 다른 이사들도 정부와 논의해 동의를 구한 후 유가를 인하해야 한다는 페이지의 제안을 지지했다. 하지만 회장인 잭 래스본은 그 제안에 반대했다. 그는 페이지가 너무 아는 척한다며 무시해버렸다. 그는 뉴저지가 가격 인하에 앞장서야 한다고 주장하며 정부나 다른 누구와도 협의하지 않고 자기 방식대로 결정했다. 일은 그렇게 진행되었다.

1960년 8월 9일, 뉴저지는 수출국에 통고도 없이 중동산 원유의 공시가격을 배럴당 14센트까지, 약 7% 인하한다고 발표했다. 별다른 생각이 없는 회사나 상당한 경계심을 가진 회사나 모두 이에 따랐다. 쉘의 존 로든에게는 치명적 조치였다. 그는 "각국의 필수 산업을 시장의 힘에 맡길 수는 없다. 다른 요소들을 고려하고 아주 신중해야 했다"라고 말했다. 1959년에 공시가격을 인하한 경험이 있는 BP는 "유감을 금할 수 없다"라고 불만을 토로했다. 산유국의 반응은 '유감'을 훨씬 넘어서는 것이었다. 뉴저지 스탠더드오일이 갑자기 자신들의 수입을 줄여버렸기 때문이다. 게다가 그들의 재정 상태와 국가 위신을 상당히 손상시키는 결정을 아무런 협의도 없이 일방적으로 해버렸다. 그들은 분노했다. 후일 하워드 페이지는 "대혼란이 일어났다"라고 당시를 회고했다. 가격 인하를 반대했던 뉴저지의 한 이사는 공시가격 인하가 발표될 때 바그다드에 있었는데, 나중에 그는 "살아 돌아온 것이 기쁘다"라고 말했다.[3]

우리가 해냈다!

분개한 수출국들은 즉각 대응에 들어갔다. 공시가격을 인하한다는 스탠더드오일의 발표가 있고 몇 시간도 안 되어 압둘라 타리키는 후안 파블로 페레스 알폰소에게 전보를 친 후 그를 만나기 위해 급히 베이루트로 떠났다. "무슨 일인가?"라는 기자들의 질문에 그는 "기다리세요"라고만 대답했다. 타리키와 페레스 알폰소는 가능한 한 빨리 카이로 신사협정에 서명한 다른 산유국들이 다시 모이기를 바랐다. 분노와 격분의 소용돌이 속에서 이라크는 정치적 기회를 포착했다. 압둘 카림 카셈 혁명정부는 이라크가 중동 내에서 나세르의 질서에 종속되는 것을 원치 않았다. 공시가격 인하는 나세르가 여러 아랍위원회 및 아랍리그를 지배함으로써 석유 정책을 좌지우지해온 영향력에 정면 도전하는 것이었다. 이라크는 이번 사태를 비아랍 국가인 이란과 베네수엘라를 포함한 석유 수출국만의 새로운 조직을 설립하는 촉매제로 이용하고자 했다. 그렇게 하면 나세르 주도의 석유 정책을 고립시킬 수 있다고 생각한 것이다. 이라크는 새로운 조직이 이라크 석유회사와 같이 그들의 당면 문제를 해결해줄 수 있고, 그들에게 절대적으로 필요한 추가 수입을 제공해줄 것이라 기대했다. 이라크는 자신들의 지원 아래 있는 수출국들에게 바그다드에서 모이자는 초청장을 급히 보냈다.

카라카스에 있는 페레스 알폰소의 집무실에 이라크 정부의 전문이 도착하자 그는 매우 기뻐했다. 그가 그렇게 열렬히 주장했던 국제적인 '텍사스 연합'을 결성하는 것이었다. 그는 전문을 높이 들고 "해냈다! 우리가 해냈다!"라고 동료들에게 소리쳤다. 석유회사들은 일방적 공시가격 인하가 치명적인 실수였음을 즉시 깨달았다. 1960년 9월 8일, 쉘은 화해의 표시로 공시가격을 2~4센트 올리겠다고 제의했다. 그러나 너무 늦은 조치였다. 9월 10일, 석유 수출국 대표인 사우디아라비아, 베네수엘라, 쿠웨이트, 이라크, 이란이 바그다드에 모였다. 카타르는 옵서버로 참석했다. 회의의 전조는 그리 좋지 않았다. 페레스 알폰소는 새로운 민주 정부에 대항하는 쿠데타 시도 때문에 카라카스에서 출발을 연기해야 했다. 바그다드는 탱크와 무장 군인으로 가득 찼고, 새로운 혁명군은 쿠데타에 대비해 빈틈없는 경계를 취했다. 회의 기간 동안 무장 경호원이 각국 대표단을 호위했다.

9월 14일, 드디어 작업이 완료되었다. 국제 석유회사들에 대응하는 새로운 조직이 설립된 것이다. 바로 석유수출국기구OPEC다. 이 기구는 자신들의 목표가 유가를 지키는, 다시 말해 이전 수준까지 유가를 회복시키는 것임을 명백하게 밝혔다. 이제부터 회원국들은 석유회사들을 향해 국가 수입에 아주 심각한 영향을 끼치는 가격 문제에 대해 자신들과 협의하라고 주장할 수 있었다. 새로운 기구는 타리키와 페레스 알폰소의 꿈인 '텍사스 철도위원회'와 같은 세계적인 생산 조정 시스템을 필요로 했다. 그리고 만약 석유회사가 어떤 회원국을 제재하려고 한다면 연대 책임을 질 것을 확약했다.

OPEC 창설은 석유회사들이 공시가격 인하를 재고하고, 전격적으로 사과를 해야 할 이유가 되었다. 스탠더드오일의 대표는 몇 주 후에 열린 아랍석유 회의에서 "여러분이 우리가 취한 조치에 거부감을 느낀다면 반성하겠다. 앞으로는 크든 작든 어떤 조치에 대해 여러분이 동의하지 않는다면 이렇게 사과할 것이다"라고 비굴하게 말했다. 또한 그는 "우리가 취한 조치가 옳든 그르든, 여러분이 잘못되었다고 느끼거나 왜 그런 조치를 취했는지 이해하지 못한다면 그것은 우리의 실수다"라고 덧붙였다.

OPEC의 5개 창설 회원국이 세계 원유 수출의 80% 이상을 점하고 있었기 때문에 사과는 정중할 수밖에 없었다. 나중에 OPEC의 사무차장이 된 파드힐 알 찰라비는 "OPEC 창설은 석유 수출국의 권리에 대한 최초의 집단적 행동일 뿐 아니라, 천연자원을 국가가 통제하는 국제적 경제 관계가 시작된 전환점이다"라고 말했다. 하지만 모든 조치와 미사여구에도 불구하고 새로 창설된 OPEC은 그리 위협적이거나 당당해 보이지 않았다. 비굴한 사과를 하긴 했지만, 석유회사들은 그 기구를 그렇게 심각하게 생각하지는 않았다.

스탠더드오일의 하워드 페이지는 "우리는 그 기구에 큰 의미를 두지 않는다. 왜냐하면 그 기구가 임무를 제대로 수행하지 못할 것이라 판단하기 때문이다"라고 말했다. OPEC의 초대 사무총장인 이란 대표단의 파드 로하니는 석유회사들이 처음에는 OPEC의 존재를 부정하려 했다는 사실을 알았다. 서방 정부들 또한 크게 신경 쓰지 않았다. OPEC이 창설되고 두 달째인 1960년 2월, 중동 석유에 대한 CIA의 43페이지짜리 극비 보고서에서 이 새로운 기구에 대해서는 단 4줄만 언급되었을 뿐이다.[4]

1960년대의 OPEC

OPEC은 창설 초기에 단 두 가지 목적에만 주력했다. 첫째는 석유회사들이 일방적으로 주요 조치를 취할 때 조심하게 하는 것, 둘째는 석유업자들이 공시가격을 다시 내릴 수 없게 하는 것이었다. OPEC이 초기 10년 동안 별로 비중 있게 보이지 않았던 데는 많은 이유가 있었다. 이란을 제외한 모든 회원국에서, 지하에 매장된 석유자원이 이권자인 석유회사 소유였으므로 회원국의 통제가 제한적일 수밖에 없었다. 게다가 세계 석유시장은 공급 과잉 상태여서, 석유 수출국들은 서로가 경쟁자일 수밖에 없었고 회원국들은 수입에 절대적 영향을 미치는 석유회사들을 경원시 할 수 없었다.

1960년대 탈脫식민지화로 인해 신생 독립국이 늘어나고 제3세계의 부상이라는 새로운 논쟁거리가 발생했다. 1960년 OPEC 창설 당시 확고하고도 중요했던 산유국의 석유 소유권 문제는, 몇 년 후 석유회사들이 생산에 박차를 가해 수출국의 더 많은 요구를 채워주자 관심 밖으로 밀려났다. 거기에는 더 큰 정치적 요인도 있었다. 당시 사우디아라비아를 확고하게 통치하고 있던 파이잘 국왕은 형 사우드에 비해 서구 지향적이었다. 사우디아라비아와 이집트 간에 발발한 정치적 경쟁은 예멘에서 발생한 양국의 대리전쟁으로 극에 달했다. 중동 외에서는 베네수엘라가 미국과의 확고한 관계 유지에 관심을 두고 있었고, 케네디와 존슨 행정부가 주도하는 중남미 원조 계획의 주요 대상이 되었다. 미국의 지배력과 산유국 안보에 미치는 미국의 영향력을 포함한 국제 환경은 미국과 다른 서방 선진국들에 도전할 수 없는 상황을 만들었다.

OPEC 회원국들은 수입 증가라는 공통의 경제적 목표를 가졌지만, 정치적으로는 심각한 경쟁 관계에 놓여 있었다. 1961년 쿠웨이트가 영국에서 완전히 독립했을 때, 이라크는 이 작은 나라의 소유권을 주장했을 뿐만 아니라 침략하겠다고 위협을 가했다. 이라크는 영국이 쿠웨이트를 보호하기 위해 소규모 비행 중대를 파병한 후에야 후퇴했다. 이라크는 항의의 표시로 OPEC 회원 자격을 일시 포기하기도 했다. 거대한 두 생산자인 이란과 사우디아라비아는 이집트와 중동에 확산되는 민족주의와 나세르의 부상으로 그들의 왕권과 중동 내에서의 정치 지도력이 위협 당하고 있었다. 그러나 그럼에도 불구하고 서로를 우환거리로 여기며 시기했다. 이란 국왕은 가능한 한 빨리 수입이 늘어나기를 원했는데, 가격 인상이나 생산 감축이 아니라 더 많은 석유를 판매해야 달성할 수 있다고 믿었다. 또한 그는 자신의 야망을 실현하기 위해 이란이 유리한 지위를 유지하거나 되찾기를 원했다. "이란이 최대 생산자의 지위를 회복할 것이 틀림없으며, 국제 석유 비례 배분은 이론상으로는 좋으나 현실성이 없다"라는 것이 그의 말이다.[5]

사우디의 비례 배분 옹호자인 압둘라 타리키는 사우드 왕과 제휴했는데,

나중에 권력 투쟁에서 파이잘이 승리함으로써 잘못된 선택이 되어버렸다. 1962년 타리키는 석유장관에서 해임되고 내각의 젊은 법률 자문관인 아메드 자키 야마니로 대체되었다. 타리키는 국제 텍사스 철도위원회 같은 것을 구축하겠다는 데는 관심이 없었고, 그렇게 해서 OPEC과 멀어지게 되었다. 그는 15년간 유랑 생활을 하면서, 자문관으로서 다른 산유국에 조언하고, 저널리스트이자 논객으로서 아랍이 그들 자원에 대해 완전한 통제권을 확보해야 한다고 촉구했다. OPEC의 또 다른 대부 페레스 알폰소는 정치뿐 아니라 OPEC에 대해서도 환멸을 느꼈다. 장관이라는 직책과 많은 공무 여행에서 얻은 육체적 피로 또한 그를 지치게 했다. 그는 1963년 사임했다. 그는 자신의 임무가 석유 생산국들이 함께 이익을 도모하도록 하는 것이었으나, 더 이상 할 일이 없어졌다고 말했다. 사임하고 몇 주 동안, 그는 OPEC이 성과를 내지 못하고 베네수엘라의 이익 도모에 실패했다는 비난을 늘어놓았다. 그리고 집으로 돌아가 집과 정원을 가꾸며 독서와 저술, 철학 연구에 전념했다. 페레스는 더 이상 석유를 예찬하지 않았으며 오히려 '악마의 배설물'이라 불렀다. 그는 석유자원 낭비의 상징물로서 녹슨 싱거 자동차를 정원에 놓아두었다. 말년에 그의 관심은 자원 절약의 필요성과 산업사회에서 발생되는 오염 문제에 집중되었다. 1979년 죽기 전, 그는 "나는 원래 생태학자로서 조금도 변함이 없다. 이제 나는 더 이상 석유에 흥미가 없으며 지금은 꽃과 함께 살고 있다. 생태학적인 차원에서 OPEC은 없어져야 한다"라고 짧게 말했다.

석유회사들은 1960년대의 상당 기간 동안 OPEC과의 직접 협상을 피하려 했다. 메이저 회사의 한 경영자는 "이권은 우리가 소유하고 있었고, 이권 소재 국가와 교섭하는 것도 우리가 할 일이었다"라고 회상했다. 또 다른 경영자는 "1960년대 OPEC의 존재는 지엽적인 문제였다"라고 말했다. 세계 석유의 현안은 미국의 수입 쿼터 및 러시아의 석유 수출, 그리고 경쟁이었기 때문이다.

이런 주제들이 무역 신문의 칼럼, 석유 전문가의 머릿속, 정부 정책 입안자의 비망록을 채웠다. 이것들이 석유산업이 안고 있는 난제들이었다. 다각적이고 개략적으로 보았을 때 수요가 상당히 신장할 것이며, 공급 능력은 더 크게 신장할 것으로 예측되었다. 대규모 석유회사들의 힘에 도전하려는 OPEC의 기회는 사라졌거나 결코 오지 않을 것처럼 보였다.[6]

새로운 개척지

OPEC이 창설되자마자 회원국들은 세계 석유 수출에 대한 장악력을 상실했다. 1960년대에 전혀 새로운 산유 지역이 발견되고 이에 따른 공급량 증가로 시장은 깊은 수렁에 빠지게 되었다. 기존 석유 생산국 대부분이 OPEC의 회원국이 되는 동안, 새로운 산유국들이 기존 시장을 빼앗으려는 경쟁자로 들어왔다.

아프리카가 세계 석유의 '새로운 개척지'로 부상했다. 프랑스는 제1차 세계대전 후 발표된 정책들을 추구하면서, 아프리카 탐사에 주도적 역할을 했다. 당시 클레망소는 '석유는 대지의 피'라고 했고 아주 중요한 필수품이므로 외국 회사로부터 공급받는 소매업자에게 더 이상 의존해서는 안 된다고 주장했다. 프랑스가 강대국의 지위를 유지하려면 자체 소유의 석유자원이 있어야 했다. 제2차 세계대전이 끝나고 몇 개월 만에 샤를 드골은 프랑스 제국 내의 석유 공급원 개발에 주력하라고 지시했다. 적어도 프랑스 자체 소비량에 해당하는 석유 생산량을 확보하며 무역수지를 개선하고 국가 안보를 증진하는 것이 목표였다.

이미 프랑스 국영회사인 CFP는 이라크 석유회사와 중동에서의 입지를 구축하기 위해 애쓰고 있었다. 프랑스 정부는 석유조사국BRP 밑에 새로운 국영

회사 연합체를 구성해 그 밖의 지역에서 석유를 탐사하는 임무를 부여했다. 몇 년 후 서아프리카의 가봉에서 석유가 발견되었다. 모로코 주재 프랑스 고등판무관은 많은 회의론에도 불구하고, 북아프리카의 사하라에 석유가 있을 가능성을 주장했다. 소르본 대학의 저명한 지질학 교수는 "만약 사하라 사막에서 석유가 발견된다면 그 석유를 기꺼이 마시겠다"라고 말하며 석유 부존 가능성이 없다고 보았다. 북아프리카는 땅은 넓지만 개발하고자 하는 회사들의 경쟁률은 낮았다. 프랑스의 다른 국영 기업인 RAP가 탐사를 시작했고, 1956년 알제리에서 석유를 발견했다. 알제리인들은 사하라로 인해 프랑스가 흥분하고 있음을 알아차렸다. 처음 프랑스는 '앵글로색슨'의 세력권 밖에 있는 이곳의 석유자원을 독차지하려 했다(그렇지만 알제리 사업에는 쉘과 공동 참여하고 있었다). 그해 말에 발생한 수에즈 운하 위기는 석유와 정치에서 앵글로색슨(이 경우는 미국)에 의존하는 위험성을 다시 한 번 보여주었고, 사하라의 중요성을 높였다. 프랑스는 동맹국인 미국에 배신당했다고 느꼈다. 더욱이 그 위기는 프랑스의 자존심과 경제적 안정에 심각한 타격을 주었다. 정부의 경제위원회는 국제적인 탐사 활동, 특히 아프리카에서의 탐사에 한층 더 매진해달라고 요청했다. 위원회는 "공급원의 다변화가 프랑스의 필수적 안보 요건이다"라고 말했다.

이런 모든 여건이 알제리에서 새로운 유전을 발견하고, 급속한 성장을 이루도록 했다. 프랑스에서 사하라는 마법의 단어가 되었다. 외국 석유회사에 대한 의존과 외환 위기의 어려움에서 벗어나게 해주었기 때문이다. 사하라는 프랑스의 산업 재건을 가능하게 할 것이며, 전후 경제 기적이 일어난 독일의 루르에 필적하는 지역이 될 것이었다. 드골은 권좌에 복귀하기 1년 전인 1957년, 사하라 유전을 개인적으로 방문했다. 그는 사막 캠프에서 석유업자들에게 "여러분이 활동하는 이곳이 우리나라를 위해 중요한 발판이 될 것이며 우리의 모든 운명을 바꿀 수 있습니다"라고 말했다.

석유를 채취하는 것은 매우 어려웠다. 유전 지역은 사막의 오지로서, 물과 같은 생필품을 구하기 위해서 길도 없는 황폐한 땅을 가로질러 수백 마일을 트럭으로 달려야 했다. 유정이 발견된 지 2년째인 1958년, 프랑스로 수출할 최초의 석유가 사막에서 분출되었다. 그러나 사하라 석유에는 문제점이 하나 있었다. 알제리는 1954년에 시작된 독립 유혈전쟁의 와중에 있었던 것이다. 알제리의 반란군은 프랑스를 무시하고, 사하라를 알제리의 중요 지역으로 간주했다. 사하라 석유의 앞날이 평탄치만은 않은 것이다. 실제로 프랑스 일각에서는 알제리 독립 후 사하라 석유에 대한 우선권을 획득하기 위해, 앵글로색슨뿐 아니라 이탈리아의 마테이까지 반란군과 결탁하고 있다고 믿고 있었다.

그러나 프랑스의 밀어붙이기 정책은 계속됐다. 프랑스 정부에 소속되거나 통제를 받는 회사들은 1961년 프랑스 석유 총수요의 94%에 해당하는 양을 세계 도처에서 생산해냈다. 다음해 알제리는 공식적으로 독립했다. 그러나 드골과 알제리 간의 협상으로 체결된 에비앙 협정으로 사하라 석유에 대한 프랑스의 권리는 유지되었다. 그러나 알제리와의 거래 기간에 대해서는 언급이 없었다. 프랑스의 석유 입지를 강화하고 기존 메이저 회사와 효과적으로 경쟁하기 위해, RAP는 1965년 프랑스 내에서 대단위 가스 매장지를 개발한 BRP의 국영 기업체 연합과 합병했다. 연료 이사인 안드레 기라우드는 "우리는 국제적 상황에 현실적으로 적응하는 방법을 택했다"라고 설명했다. 합병회사의 이름은 석유 탐사 및 시추 기업Enterprise de Recherches et d'Activités Pétrolières이었는데 흔히 EIF-ERAP로 불렸고, 가솔린 상품명의 하나인 EIF로 더욱 단순화되었다. EIF는 알제리 기지를 건설하면서 대형 탐사 활동에 착수했다. 가장 큰 석유 메이저를 넘어 세계에서 가장 큰 산업 그룹의 하나가 된 것이다.

다른 지역에서도 생산이 증가하기 시작했는데, 대형 유전을 발견하고자 하는 열성적인 독립업자들에 의한 결과였다. 메이저 회사들 또한 신속하게 다른 지역으로 이동했다. 그들은 중동의 방대한 지분에도 불구하고 페르시아 만 주변국에서 발생할지 모르는 사태로 자신들이 인질이 되는 것을 피하기 위해 공급원을 다변화하고자 했다. 1957년 쉘의 경영이사가 말했던 것처럼 그들은 '모든 계란을 한 바구니에 담기'보다는 상업적으로 방어할 수 있는 입장이 되기를 원했다. 쉘과 영국 석유회사 간의 합작 사업을 통해 1937년 나이지리아 지역의 탐사로 시작되었는데 1956년 니제르 강의 습한 삼각주에서 유정을 발견하게 되었다. 그러나 세계 어느 지역도, 황폐한 사막에 위치한 리비아 왕국에서 펼쳐진 특별한 현상과 비교될 수는 없었다. 리비아의 유정은 세계 석유산업을 변신시켰고, 궁극적으로 세계 정치 구조의 변화를 가져왔다.[7]

리비아, 잭팟을 떠뜨리다

제2차 세계대전 동안 독일과 영국은 엄청난 사막 전투를 치렀다. 탱크 수천 대가 리비아의 자갈돌 위를 누빈 것이다. 만성적인 연료 부족에 처해 있던 롬멜의 군대가 대패한 곳도 이곳이었다. 연료 부족에 시달리면서도 양측은 세계에서 석유가 가장 많이 매장되어 있는 곳의 하나에서 불과 100마일 정도 떨어진 곳에서 전투를 벌이고 있다는 사실을 몰랐다.

제2차 세계대전 후 10년 동안 리비아는 군사적 요충지로 여겨졌는데, 동반구에 위치한 주요 미국 폭격기 기지인 휠러스 기지가 있었기 때문이다. 그 외에 리비아는 그리 주목받지 못했다. 인구가 희박한 이곳에서 국가란 형태를 만들기 위해 조금은 상이한 지방 세 곳이 얼기설기 결합되어 있었다. 허약한 정치 시스템의 최고 직책은 늙은 이드리스 왕이 맡았는데, 그는 국왕 자리에 별 미련이 없었다. 한때 사임을 고려했으나 사막 부족장들의 만류로 포기했다. 리비아는 가뭄과 메뚜기떼에 고통받아온 가난한 나라였다. 제2차 세계대전 후 수년 동안 대표적 수출품은 지폐를 만드는 데 사용되는 '나래새'란 식물과, 추축국과 연합군이 남기고 간 녹슨 트럭 및 탱크, 무기류에서 얻은 폐철 두 가지였다.

1950년대 중반이 되자 지질학자들은 이 나라에 석유가 있을지도 모른다고 추측하기 시작했다. 1955년 개발과 탐사 작업을 위해 만들어진 리비아 석유법은 페르시아 만 국가들이 시행하던 방대한 지역의 이권 배정 대신 소규모 이권 지역을 개발업자에게 제공하도록 했다. 이 법의 제정을 지휘한 리비아 석유장관은 "나는 리비아가 사우디아라비아, 쿠웨이트, 이라크처럼 시작하기를 원치 않으며 또한 우리나라가 한 석유회사의 수중에 들어가는 것을 바라지 않는다"라고 말했다. 리비아는 동반구의 다른 나라에서 석유를 생산하거나 이권을 갖지 않은 독립회사들에게 많은 이권을 주었다. 그들이 신속하게, 그리고 대량으로 생산하거나 탐사하는 것을 제한할 이유가 전혀 없었다. 이 법은 또 다른 이점을 제공했다. 리비아 정부의 이익 배분은 점점 의미가 없어지고, 공시가격보다 낮은 실제 판매 가격을 기준으로 고정되었다. 다른 지역에 비해 경쟁우위를 점함으로써 리비아 석유 생산을 극대화하려는 의도에서였다. 모든 조치의 핵심은 "우리는 빨리 석유가 발견되길 원한다"라는 리비아 석유장관의 말로 요약되었다.[8]

이권 분산 정책은 효과를 거두어, 1957년 제1차 협상 시 17개국이 전체 84개 이권지에 입찰했다. 리비아라는 거대한 괴물이 활동하기 시작한 것이다. 그러나 작업 조건은 상당히 불편했다. 리비아는 매우 낙후되어서 외부 세계와 전화도 할 수 없었다. 미국과 국제전화를 하려면 비행기를 타고 로마까지 가야 했다. 지질학자들은 전에 경험하지 못했던 장애물, 즉 제2차 세계대전 후 남아 있는 지뢰 300만 개 때문에 탐사 작업에 어려움을 겪었다. 지질학자와 석유 시추 종사자들은 종종 지뢰에 다치거나 죽음을 맞았다. 석유회사들은 지뢰를 제거하기 위해 지뢰 탐지 및 해체반을 구성했고, 롬멜 장군 휘하에서 지뢰를 설치했던 몇몇 독일인을 고용했다.

초기 탐사 결과는 실망스러웠고 실패로 인한 좌절감만 커졌다. 영국 석유회사는 철수하기 위해 창고 내 보급품, 임대주택, 종업원 주택 등을 처분하기 시작했다. 그런 와중에 1959년 4월, 지중해 남쪽 약 100마일 위치에 있는 젤텐이라는 작은 지역에서 뉴저지 스탠더드오일이 대형 유전을 발견했다. 미 국무부는 영국 외무부에 "리비아가 잭팟을 터뜨렸다"라고 한마디로 표현했다. 우연찮게도 뉴저지가 리비아를 막 포기하려 할 때였다. 뉴저지는 석유를 무한히 공급할 것처럼 보이는 아람코 이권의 30%를 소유했고, 이란 컨소시엄과 이라크 석유회사의 일원이기도 하며, 베네수엘라의 가장 큰 생산자이기도 했다. 비록 위험 요소가 매우 크지만, 리비아에서 석유를 확보한다는 것은 매우 중요한 이점이 될 것이다. 뉴저지의 세계 석유 생산 조정관이었던 M. A. 라이트는 "리비아에 발을 들여놓은 의도 중 하나는 중동에 대적할 수 있는 석유를 찾는 것이다. 다른 원유 공급원을 갖게 되면 사우디와의 관계에서도 유리한 입장을 가질 수 있다"라고 말했다. 게다가 뉴저지는 리비아의 정치적 위험이 페르시아 만 국가들이나 베네수엘라보다 크지 않다고 믿었다.

젤텐에서의 발견으로 탐사 활동이 가속화되었다. 1961년까지 10개의 유전이 발견되었고, 리비아는 석유 수출을 시작했다. 리비아산 원유는 최고 품질의 저유황 원유였다. 페르시아 만의 중질유로는 주로 연료유를 만들었다면, 리비아 원유는 휘발유와 여타 경질 제품 생산에 주로 사용되었다. 유럽의 자동차 운행 증가와 환경주의의 태동기에 맞아떨어지는 것이었다. 게다가 리비아는 석유 생산의 최적지였다. 중동 지역이 아니므로 수에즈 운하나 아프리카

혼horn을 돌 필요가 없었다. 리비아에서 지중해를 가로질러 이탈리아의 정유소 및 남부 프랑스 해안까지 가는 길은 빠르고 안전했다. 1965년 리비아는 세계 6위의 석유 수출국이 되었고 전체 석유 수출의 10%를 담당했다. 1960년대 말에는 하루에 300만 배럴 이상을 생산했는데, 1969년에는 실제 생산량이 사우디를 넘어섰다. 석유가 발견되지 않았던 10년 전에는 생각도 할 수 없던 업적이었다.[9]

그렇게 빠르고 예상치 못했던 발전으로, 리비아의 산업 환경은 부패에 물들기 시작했다. 모두가 뇌물을 바라는 것처럼 보였다. 한 석유회사 간부는 회사가 뇌물 때문에 죽을 지경이라고 불평했다. 그러나 뇌물을 받는 사람들은 더 많은 것을 바랐다. 미국의 소규모 독립계 회사로서 리비아에 상당한 석유 이권을 가지고 있던 옥시덴탈 석유의 지질학자 버드 레이드는 "지방의 청부인을 쓰다가는 돈을 사취당하게 된다"라고 말했다. 그는 이어서 "모든 계층에서 압력이 가해졌다. 만약 청부인의 처남이 세관의 관리라면 필요한 몇몇 장비가 갑자기 통관이 되지 않게 된다. 따라서 장비 반입을 원한다면 특정 운송업자나 계약업자와 일해야 한다"라고 덧붙였다. 특히 왕가의 일원들은 엄청나게 큰 뇌물을 받는 것으로 알려졌다. 한 왕실 고위층이 자동차 사고로 사망했을 때 "도대체 누구에게 뇌물을 주어야 하는지 알 수 없었다"라고 미국의 석유업자가 말했을 정도였다.

리비아산 석유의 대량공급은 유가에 급격한 영향을 미쳐 수에즈 사태 이후 시작되었던 유가 하강 국면을 더욱 심화시켰다. 리비아 석유는 소련 석유의 공급이 중단되는 곳을 채웠다. 리비아 원유의 절반 이상은 독립 석유 생산업자의 수중에 있었는데, 메이저와는 달리 자신들의 판로를 가지지 못했다. 또한 그들은 보호해야 할 다른 공급원이 없었으므로 생산을 제한해야 할 아무런 이유도 없었다. 그들은 국내 석유산업을 보호하기 위해 쿼터 시스템을 운영하는 미국 시장에 진입할 수 없었다. 경제적이나 지리적으로뿐 아니라 정치적으로 볼 때도, 리비아의 독립업자들은 유럽 단일 시장에 집중해야 했고, 낮은 가격으로라도 석유를 팔아야 했다. 치열한 경쟁의 결과로 1960년과 1969년 사이 석유의 시장가격은 배럴당 36센트로 22% 인하되었다. 인플레이션을 감안하면 인하율은 더욱 커서 40% 정도 하락한 셈이었다. "석유는 언제나, 어디서나, 누구라도 가장 싼값으로 구입할 수 있었다. 이렇게 경쟁적인 시장은 결코 본 적이 없고 시장의 위상은 땅에 떨어졌다"라고 뉴저지의 하워드 페이지는 회고했다.[10]

마테이의 최후 비행

메이저 회사와 석유산업 구조의 권위에 도전했던 엔리코 마테이는 어떻게 되었을까? 마테이는 ENI와 자회사 AGIP를 세계적인 기업으로 만들어서, 기존 석유회사뿐 아니라 미국 및 북대서양조약기구와도 맞섰다. 마테이가 값싼 소련 석유의 입찰에 참여했을 때 미국과 북대서양조약기구는 상당히 놀랐다. 그는 지중해에 본거지가 있는 파이프라인 시스템을 서쪽으로 향하는 소련 시스템과 연결하고, 그 과정에서 이탈리아의 파이프를 러시아산 석유와 교환하려 했다. 그러나 그는 뉴저지 스탠더드오일 및 다른 메이저 회사들과의 고통스러운 경쟁에서 타협을 도모하기도 했고, 새로운 미국 대통령 존 F. 케네디를 만나려고 미국 여행을 준비했었다. 미국 정부는 마테이와 석유회사들의 화해 노력을 지지했다. 1962년 4월 이탈리아 주재 미국 대사는 "앞으로의 논쟁거리를 최소화하기 위해서는 그의 손상된 자존심을 충분히 회복시켜야 한다"라고 말했다.

1962년 10월 27일, 마테이는 전용 제트기를 타고 시칠리아를 출발했다.

유일한 동승자는 곧 미국으로 떠날 예정인 이탈리아 거부巨富를 취재하고자 했던 「타임」지의 로마 지국장이었다. 그들의 목적지는 밀라노였으나 결코 갈 수가 없었다. 밀라노의 리네트 공항 활주로까지 7마일 정도를 남겨놓았을 때 엄청난 번개를 맞아 비행기가 추락한 것이다. 마테이에겐 적이 많았으므로 비행기 추락의 원인에 대해 많은 의혹이 제기되었다. 소련과의 석유 거래 때문에 서방 정보기관이 공작을 했다고 말하는 사람도 있었다. 또한 프랑스 비밀 군사 조직을 의심하는 사람도 있었다. 마테이가 알제리에서의 프랑스 식민주의에 대해 비판하고, 알제리 반군과 내통한 것에 대한 복수로 비행기를 폭파했다는 것이다. 그러나 그의 죽음은 최악의 기상 상태로 인한 사고였을 가능성이 더 컸다. 마테이는 성급하고 저돌적인 성격이었기에 지상에서 해야 할 중요한 일을 위해 태풍에도 불구하고 비행기 착륙을 시도했을 것이다. 그는 이전에도 밀라노의 악천후를 뚫고 비행하도록 조종사를 압박한 경우가 있었지만, 항상 무사했다. 이번에도 상당히 어려운 기상 조건을 개의치 않았을 것이다.

사고 당시 마테이는 56세였고 그의 제국은 최전성기였다. 그는 정복당하지 않는 불사신처럼 보였다. 「뉴욕 타임스」 국제면 칼럼니스트는 '이탈리아에서 마테이는 바티칸의 교황이나 로마에 있는 수상보다 더 중요한 인물'이라고 썼다. 그는 이탈리아의 기적으로 알려진 전후 부흥에 다른 어떤 사람보다 많은 업적을 남겼다. 후일 로마에 있는 ENI 본사 소재지는 피아자 엔리코 마테이로 이름 붙여졌고, ENI와 AGIP는 계속 성장하여 세력을 확장했다. 그러나 마테이와 함께 세계 최고의 석유회사인 ENI의 약탈 시대는 종말을 맞았다.[11]

새로운 경쟁자의 시장 진입

마테이는 떠났지만, 그가 시작한 혁명의 여파로 메이저의 세계 지배는 종식되고 있었다. 기존의 틀을 벗어나 석유산업의 구조는 계속 변화했다. 20세기 세계 석유의 역사는, 신규 참여자가 기존 질서에 지속적으로 참여하는 구조였다. 1950년대까지는 신규 참여자 대부분을 수용할 수 있을 것으로 보였고, 그들의 규모가 크든 작든 체제의 일부가 될 수 있었다. 그러나 그 가능성은 마테이가 이란과 계약을 체결했을 때, 그리고 일본이 중립지대의 해저 개발 이권을 따냈을 때인 1957년에 끝났다.

1960년대 리비아에서 벌어진 상황은 마테이가 시작한 혁명적 방식을 따랐고, 석유업계에 얼마나 큰 변화가 일어났는지 보여주는 표식이었다. 당시의 석유 개발 경쟁에는 많은 참여자가 뛰어들었고, 그들은 판이하게 다른 이해관계를 가지고 있었기에 '7인의 공주' 시대처럼 서로 협력할 수가 없었다. 참여자가 폭증한 데는 여러 이유가 있었다. 기술의 진보와 확산으로 지질학적 실패 위험이 줄어들었고, 탐사 및 생산 전문가를 구하기가 쉬워졌다. 산유국이나 산유국이 될 것이 예정된 정부는 신규 참여자나 독립업자의 참여에 유리한 이권 정책을 채택했다. 여행과 통신, 정보의 발달은 라틴아메리카와 중동, 아프리카를 더욱 가깝게 만들었다. 적어도 1950년대 중반까지 지속된 석유 투자의 높은 회수율은 계속된 투자로 이어졌다. 미국의 세법은 해외 투자에 대한 위험을 경감해주었다. 미국의 쿼터제 또한 회사들이 해외로 진출해 새로운 매장지를 찾도록 격려했다. 석유 생산국과 소비국 정부가 석유를 경제 성장의 원동력으로, 그리고 안보와 권력의 상징으로 간주하고 있는 동안 선진국의 석유 소비는 최고 수준에 도달했다.

여기에는 또 다른 요인이 있었는데 바로 세계 경제 및 서구 동맹 체제 속에서 부각된 미국의 지배력이었다. 민족주의와 공산주의의 예견된 위험에도 불구하고 미국의 영향력은 절대적이었고, 옛날 식민 제국시대의 권력을 대신하고 있었다. 미국의 군사력은 널리 인정받았고, 경제적 성공은 찬사와 부러움의 대상이었다. 달러화는 세계 최대의 화폐가 되었고, 미국은 다른 산업에 이어 석유 분야에서도 자본, 기술, 경영 기법이 유출·전수되는 주인공이었다. 또한 미국은 정치적으로도 위험을 통제할 수 있는 위치에 있었고 민간 기업들도 그에 호응했다.

석유 개발 참여자의 수는 특히 중동에서 획기적으로 늘어났다. 1946년엔 중동에서 9개 회사가 사업을 하고 있었는데 1956년에는 19개, 1970년에는 81개가 되었다. 그러나 이런 수치도 더 큰 확장의 일부에 지나지 않았다. 어떤 평가에 따르면 1953년과 1972년 사이, 350개 이상의 회사가 해외(미국 제외) 석유산업에 참여했거나 참여의 폭을 상당히 확장했다. 이런 신규 다국적 기업에는 미국의 대형 석유회사 15개, 미국의 중형 석유회사 20여 개, 미국의 대형 천연가스, 화학, 철강회사 10개, 비非미국계 회사 25개가 포함되었다. 메이저로 인정된 5개 회사를 포함해 겨우 6개의 미국인 회사가 해외 탐사 활동을 했던 전후 초기 상황과는 아주 달랐다. 1953년에는 가장 큰 회사 7개를 제외하고, 해외에 2억 배럴 정도의 확인 매장량을 소유한 민간 석유회사는 세계 어디에도 없었다. 하지만 1972년에는 새로운 다국적 기업 중 13개 이상의 회사가 20억 배럴 이상의 해외 유전을 소유했다. 자유세계 전체 생산량의 4분의 1인 1,120억 배럴의 확인 매장량을 '새로운 다국적 기업'이 소유했다. 1972년 그들은 일산 520만 배럴의 생산 능력을 갖추었다.

이렇게 참여자가 몰려들자 수입은 명백히 감소되었다. 1950년대 중반까지 석유산업은 해외 투자 부문에서 수익률이 높았다. 이를 놓고 혼란스러운 전후 시대에 접근하기 어려운 지역에 투자하는 위험에 대한 보상이라고 말하는 사람이 있었고, 대형 참여자들의 독점 때문이라고 말하는 사람도 있었다.

모사데그와 이란, 한국전쟁, 수에즈 등 일련의 사태는 20% 이상의 수익률 상승을 가져왔다. 그러나 1957년 수에즈 운하의 운행이 재개되자 격렬한 판로 경쟁으로 인해 가격과 수익이 떨어지기 시작했다. 그 후 1960년대를 거치면서 해외 석유 투자의 수익률은 11~13%로 떨어졌는데, 이는 제조업체의 수익률과 거의 같은 수준이었다. 석유 수출국은 전례 없이 많은 돈을 벌어들인 반면, 석유회사들은 더 이상 예전처럼 충분한 보상을 받지 못했다.[12]

이란과 사우디의 줄타기 곡예

세계적인 생산 경쟁은 중동의 양대 산유국인 이란과 사우디아라비아 사이의 경쟁을 격화시켰다. 전 세계 생산량의 팽창으로 대규모 회사들은 곤경에 빠졌다. 그들은 신규 참여자의 생산량까지 포함해 수요에 대한 공급 균형을 맞추어야 했는데, 그것은 세계 최대 매장지인 페르시아 만 지역에서의 제한 생산을 의미했다. 페르시아 만 지역의 생산량은 빨리 증가했지만, 그 지역의 정부가 원했던 만큼 또는 그 매장지의 잠재력만큼 빠르지는 않았다. 미국에서 텍사스 철도위원회가 석유 생산을 통제하고 관리하듯이 다른 나라에도 이와 유사한 기구가 있었다.

페르시아 만 주변의 대규모 석유 매장 지역은, 다른 지역의 생산량과 예측된 수요 사이의 차이를 채우는 데 필요한 물량만 생산할 수 있었다. 그리고 그 물량은 대형 석유회사들이 산출했다. 즉 페르시아 만 지역은 수요와 공급의 균형을 맞추는 통제 기능, 즉 안전장치로서 '공급 조정 지역'이라 할 수 있었다. 일부 석유 종사자들은 그곳을 '들끓는 가마솥'이라 불렀다. 그러나 생산 증가분의 할당, 특히 이란과 사우디아라비아 사이의 물량 조정은 쉬운 일이 아니었다. 원대한 야망을 품고 이미 공급량을 늘려가던 이란 국왕과, 석유 생산이나 그 외 어떤 것에서도 이란의 지도력을 인정하지 않으려는 사우디아라비아 양쪽을 모두 만족시키기 위해서는 상당한 노력과 수완이 필요했다.

두 나라 사이에는 많은 갈등 요인이 있었다. 사우디는 아랍 종족으로 수니파 회교국이었고, 이란은 아랍 종족이 아니며 시아파 회교국이었다. 양국은 중동 지역 및 산유국들의 지도자가 되기를 원했고, 영토 확장의 야망을 갖고 있었다. 그들은 석유 생산량을 두고 경쟁하면서 양국 간에 존재하는 근본적인 질투와 의심을 키워나갔다. 석유 생산은 바로 부富를 의미했고 부는 힘, 영향력, 존경이었기 때문이다.

이란과 사우디아라비아의 경쟁은 대형 회사들에게 엄청난 문제를 야기했다. 엑슨의 회장이 된 J. 케네스 자미손은 그것이 '줄타기 곡예'와 같다고 말했다. 걸려 있는 이해관계가 커서 회사들은 양국에서의 입지를 잃지 않으려 애썼다. 어떤 문제가 발생하면 네 개의 아람코 회사 즉 뉴저지, 모빌(소코니-배큠의 후신), 캘리포니아 스탠더드, 텍사코에 즉시 영향을 미쳤다. 사우디 이권을 위협하는 일은 아무것도 하지 말아야 했다. 뉴저지의 중동 담당 이사인 하워드 페이지는 "아람코의 입지를 구축하려면 사우디를 충분히 만족시켜야 한다. 이곳은 세계에서 가장 중요한 이권 지역이며, 우리는 결코 그것을 잃어서는 안 되기 때문이다"라고 말했다. 만약 사우디가 '생산량 할당이 이란에 편향적으로 이루어진다'라고 판단한다면, 석유 이권이 위태로워지는 것이다.

한편 이란은 중동 지역에서 잠재적인 지배력을 갖고 있었다. 항상 만족시킬 수 없다 할지라도 국왕을 잘 달래야 했다. 캘리포니아 스탠더드의 중동 조정관인 조지 파커스트는 "페르시아 만의 모든 국가를 만족시킬 만큼 충분한 원유를 뽑아낸 사람은 아무도 없었다"라고 말했다. 적당한 투자만 한다면 공급 가능성은 수요 수준을 쉽게 초과할 것이다. 공급을 늘릴 때는, 어떤 정부도 상대편이 더 가져간다고 느끼지 않는 방식으로 생산량을 할당해야 했다. 사우디아라비아의 이익은 이란에 불이익이 되고, 반대도 마찬가지였다. 뉴저지의 페이지는 "이것은 풍선과 같아, 한쪽을 누르면 반대쪽이 튀어나오게 된다. 우리가 양쪽의 요구를 모두 따른다면 큰 타격을 입을 것이다"라고 정리했다.

대형 석유회사들은 다양하고 대립적인 이해관계를 가지고 여러 국가에서 동업하고 있었고, 이것이 문제를 더욱 복잡하게 만들었다. 일부 회사는 필요 이상의 원유를 확보하고 있었고, 일부 회사는 원유가 부족한 상태였다. 페이지는 "사실 여러분이 해야 할 일은 동업자들과 하루 종일 협상하는 것이다. 그들은 항상 대립하고 있다"라고 말했다. 싸움을 더욱 악화시킨 것은 이란 컨소시엄에 참여하게 된 미국 독립업자들이었다. 그들은 다른 공급원이나 보호해야 할 다른 대규모 이권을 소유하지 않았다. 그래서 세계적인 상황을 염려하기보다는 가능한 한 이란에서 많은 석유를 얻는 데, 그리고 가능한 한 적극적으로 석유를 판매하는 데만 주력했다. 그들은 이란 원유를 더 많이 생산하도록 계속 밀어붙였고, 메이저 회사들은 그들이 국왕을 선동하고 있다고 의심했다. 이란의 생산이 늘어난다면 독립계 회사들은 더 많은 석유를 확보하겠지만, 메이저들은 사우디의 생산량을 줄이고 그 이유를 아메드 자키 야마니와 파이잘 국왕에게 설명해야 할 것이었다.

이란과 사우디아라비아 사이의 생산량 할당 문제는 엄밀히 말해 경제적인 문제가 아니었다. 두 나라 사이의 생산 원가 차이는 극히 적었다. 오히려 그것은 대부분 전략적이고 정치적인 결정이었다. 아람코 동업 회사 네 곳을 대신해서 하워드 페이지가 회사의 정책을 설명하는 책임을 맡고 있었다. 사우디의 석유장관 자키 야마니는 만만찮은 상대였다. 그는 페이지가 개인적으로 이란을 좋아하고 있음을 알았다. 야마니는 페이지가 사우디를 희생시켜 이란을 유리하게 한다는 의심을 거침없이 표현했다.[13]

이란과의 거래는 많은 어려움이 있었다. 1954년 컨소시엄 협정은 이란의 생산량이 적어도 전체 석유 생산 지역의 연평균 증가율만큼 증가해야 한다고 규정되어 있었다. 그러나 국왕은 자신이 석유회사에 현혹되었다고 믿었다. 1964년 백악관 오찬 때, 국왕은 린든 존슨에게 석유회사들이 아랍 산유국들을 차별 대우한다고 불평하고 OPEC은 아랍 제국주의의 도구가 되었다고 말했다. 국왕은 자신의 제국을 건설하기 위해, 그리고 중동 지역 최고 수출국의 자리를 되찾고자 모든 수단과 방법을 동원해 주변의 회사들을 끌어들였다. 심지어는 지정학적 기반에서 석유회사들에 압력을 가하기 위해 미국 국무부나 영국 외무부에까지 접근을 시도했다.

국왕은 10년 전 자신을 권좌에서 몰아내려고 한 역逆쿠데타를 처리하는 데 도움을 준 오랜 친구인 킴 루스벨트와의 회의에서 자신의 입장을 분명히 밝혔다. 국왕은 루스벨트에게 "미국이 나를 초등학생처럼 취급하는 데 넌더리가 난다"라고 말했다. 그리고 나세르의 침입에 대항해 싸운 것을 포함해서 그가 서방의 이익을 위해 한 일들을 열거했다. 그러나 자신이 얻은 것은 '무관심'과 '냉담'뿐이었으며 결국 미국은 우방보다는 적을 더 좋아한다고 덧붙였다. 그는 "이란과 미국의 관계가 끝나가고 있다"라고 경고했다. 자신의 주장을 납득시키기 위해 그는 러시아와의 관계 개선에 들어갔다. 모스크바와 가스 계약을 체결했고 이란의 물자 수입처를 서방에서 소련 쪽으로 바꾸겠다고 위협한 것이다.

국왕의 계책은 성공했다. 미국과 영국 정부는 이란의 요구에 최선을 다하라고 석유회사들을 다그쳤다. 이란 또한 생산량 증가를 위해 회사들에 압력을 가했다. 국왕을 만족시키기 위해 모든 종류의 조치가 취해졌다. 회사들은 특정한 해에 더 많이 생산하기 위해 양력을 이란력으로 바꾸기까지 했다. 국왕이 협상에서 실수를 해도 아무도 지적할 수가 없었다. 단순한 숫자상의 실수도 마찬가지였다. 1960년대 중반에 국왕은 추가적인 압력을 가해 자신이 원하던 것을 이루었다. 1957년에서 1970년 사이, 대략적으로 이란의 석유 생산은 사우디의 석유 생산보다 더 빠른 속도로 늘어났다. 이 기간에 이란의 석유 생산량은 총 387% 증가했다. 이에 비해 사우디아라비아는 258% 증가에 그쳤다. 그러나 사우디아라비아의 원래 생산량이 이란보다 많았으므로, 각각의 생산량은 1970년 5% 내의 차이를 나타냈다. 상황의 어려움에도 불구하고 높은 줄 위에서 균형을 잡는 행동은 성공적이었다.

그러나 이런 성공을 위해, 사우디 및 이란에서 활동하는 석유회사들은 제3자이자 급진적인 이라크에 상당한 빚을 지고 있었다. 이라크의 호의가 우연의 결과였다 해도 말이다. 1960년 초, 이라크는 칼루스트 굴벤키안이 설립한 회사인 이라크 석유회사IPC가 점유하던 이권 지역의 99.5%를 폐지하고 실제 석유가 생산되는 지역만 남겨두었다. IPC는 그 지역에서 새로운 탐사나 생산 노력을 중지했다. 실현 불가능한 할당 문제를 불러일으키면서 이란 및 사우디의 생산량 논쟁과 함께 불붙었던 이라크의 석유 생산은 60년대를 통해 아주 조금씩 증가했다.

이 기간 중 아라비아 반도 남동부 구석에 있는 오만이 매우 흥미로운 석유 투자지로 떠올랐다. 예상대로 뉴저지 스탠더드오일이 참여할 기회를 얻었다. 그러나 그 문제가 회사 집행위원회에 상정되었을 때 하워드 페이지는 반대 의견을 냈다. 사우디 및 이란과 상당히 많은 협상을 해본 페이지는 그들이 얼마나 분노할지 쉽게 예측할 수 있었다. 특히 뉴저지와 아람코가 인근 국가의 새로운 이권지에서 석유를 생산함으로써 사우디의 생산을 제한한다면 야마니가 그에게 무슨 말을 할 것인지 충분히 상상할 수 있었다. 그것은 '아람코 이권을 위협하는 어떠한 행위도 하지 말라'는 뉴저지의 가장 중요한 원칙에 확실히 배치되는 것이었다.

하지만 뉴저지의 생산 부서 사람들은 페이지에게 동의하지 않았다. 지질 전문가인 그들이 관여할 수 있는 것은 새로운 매장지를 찾고 개발하는 것이었다. 그들은 새로운 코끼리를 찾았다는 사실에 흥분했다. 오만에서 방금 돌아온 지질 전문가는 집행위원회에서 "나는 그곳에 100억 배럴 정도가 생산될 유전지대가 있다고 확신한다"라고 말했다. 페이지는 이렇게 반론했다. "우리가 석유를 얻으려 하지 않는다면 그곳에 투자할 수 있을지 몰라도 석유를 얻으려 한다면 투자할 수가 없다. 왜냐하면 아람코 이권을 잃을지도 모르기 때문이다." 이런 논리로 뉴저지는 오만에서 떠났다. 그러나 결과적으로 지질 전문가가 옳았다. 오만은 쉘을 앞세워 상당한 수준의 산유국이 되었다.[14]

미국의 독립 석유업자들

전 세계 소비자들은 베네수엘라 및 중동에서 값싼 석유를 들여오는 것을 환영했다. 선진국 정부도 약간은 주저했지만 마찬가지였다. 그러나 미국만은 예외였다. 값싼 외국산 석유의 유입은 더 이상 미국이 자체 유전을 개발해야 한다는 부담을 덜어주지 못했다. 적어도 미국 독립 생산업자들 입장에서 수입 석유의 증대는 오히려 국내 가격의 하락과 국내 석유산업에 해를 입히는 위험 요인이었다.

1949년 초, 댈러스 출신의 지질 전문가 텍스 윌리스는 상원의원 린든 B. 존슨에게 '텍사스 독립업자가 차지해야 할 20억 달러 상당의 시장을 잠식해 버린 외국산 석유에 대해 어떤 조치를 취할 것인가?'라는 질의서를 보냈다. 텍스 윌리스는 독립 석유업자들의 심정을 존슨이 이해하고 있는지 확인하고 싶었다. 그는 "몇몇 아라비아 왕자들을 위해, 그리고 뉴저지 스탠더드오일을 위해 텍사스의 모든 독립 석유업자를 파산시키는 것은 비정상이다"라고 말했다.

존슨과 석유 생산 주州 출신의 의원들은 텍스 윌리스의 이야기를 면밀히 듣고, 베네수엘라 및 중동 석유로부터 국내 석유산업을 어느 정도 보호해야 한다고 강력히 주장했다. 한때 존슨은 측근인 존 코넬리를 텍사스 주의원들과 함께 국무부로 보냈다. 그들은 냉담한 관리들에게 '선거 구민에게 만족스러운 답변을 하느냐 하지 못하느냐에 따라 재선출이 결정될 것'이란 인상을 줌으로써 압력을 가했다. 석유 생산 주의 대표들은 석유 수입을 국내 소비의 5% 이내로 제한하고, 배럴당 10.5센트인 석유 수입 관세를 1달러 5센트로 10배 인상하라고 요구했다. 그러나 해리 트루먼 대통령은 이에 비협조적으로 나왔다. 그는 한 의원에게 "석유업자의 이익을 위해 해외 무역을 축소하려는 사람들의 논리는 근본적으로 잘못되었다"라고 말했다.

한국전쟁이 끝나고 모사데그가 몰락함에 따라 이란 석유가 시장에 복귀했고, 석유 수입은 미국 내의 석유 및 석탄 시장을 더욱 잠식했다. 석탄 또는 석유를 생산하는 주는 수입을 제한하기 위해 가능성 없는 연합을 결성했다. 아이젠하워의 신新행정부가 하려던 마지막 조치 중 하나는 관세를 부과하거나 수입 석유를 할당하는 것이었다. 이는 더 자유로운 무역을 권장하고, 개도국과의 교역을 확장해 서방 진영 안에 끌어들이려는 의도였다. 이미 의회는 1955년 통상법에 '국가 안전 보장상의 개정'을 추가해 대통령에게 석유 수입을 제한하는 권한을 부여하자고 주장했다. 대통령이 국가 안보나 경제적 복지가 위협받는다고 판단할 때 석유 수입을 통제하게 하자는 것이었다. 아이젠하워는 이 새로운 권한을 사용하지 않으려 했다. 행정부는 강제적인 수입 제한 대신, 수입업자들의 자발적 제한을 요구했다. 수입 회사들에 편지를 보내거나 설득하는 등의 활동을 했지만, 중동 지역의 공급 능력 증가와 수입 석유의 가격 이점 때문에 별 효과가 없었다.

1956년의 수에즈 위기는 국가 안보에 대한 우려를 고조시켰고, 위기에 뒤

이은 가격 인하는 독립업자들의 불만을 증대시켰다. 그들은 관세나 쿼터에 의한 보호를 주장했다. 해외 유전을 갖고 있는 메이저 회사들은 그 불평에 참여하지 않았다. 여전히 보호주의를 반대해온 아이젠하워는 대안을 제시했다. 국가 안보 차원에서 비상시를 위한 석유 확보가 필요하다면 정부 비축을 충분히 늘려야 한다는 것이 그의 생각이었다. 그는 각료회의에서 소위 '구제안'이라는 것을 상기시켰다. 저가의 외국산 석유를 구입해 개발이 끝난 유정에 저장하는 것이었다. 아마 1944년 패튼 장군이 휘발유를 소진했을 때를 기억했던 것 같다. 석유 저장은 국내 석유산업을 회복시키지는 못하지만, 국가 안전 보장과 자유무역이라는 경제 정책과 조화될 수는 있었다. 그러나 아이젠하워는 그 아이디어에 대해 어떠한 지지도 얻을 수 없었다. 석유 수입과 안보에 관한 총체적 문제를 연구하라고 그가 임명한 특별위원회는 이 제안이 실행 불가능하다고 판단해 간단히 기각했다.[15]

국가 안보와 절묘한 균형

독립 석유업자들은 강제적인 규제가 곧 시행되기를 원했다. 그들은 석유 수입이 1954년 국내 생산의 15% 상당에서 1957년 19% 이상으로 계속 늘어나자 관세 부과 운동을 강화했다. 그해 6월 아이젠하워는 규제를 옹호하는 상원 의원 3명을 만나, 자신이 말하지 않았던 많은 고려 요인들을 밝혔다. 바로 국내 산업의 활력, 국방, 주정부의 세수税收, 미국 매장량 고갈, 국내산 석유 판매망이 확보되지 않은 상태에서의 탐사 촉진 및 그에 따른 국내 매장량 감소 등이었다. 한마디로 대통령은 "적절한 균형이 이루어져야 한다"라고 주장했다. 그 균형 달성을 목표로, 1957년 행정부는 더욱 확실한 자발적 통제 시스템을 채택했다. 이렇게 해서 정부는 비공식적으로 수입권을 할당하는 업무를 시작했다.

'자발적' 할당을 특별히 좋아하는 사람은 없었지만, 모두가 협력하면 제대로 기능을 발휘할 수 있었다. 그러나 결정적으로 몇몇 회사가 비협조적이었다. 이유는 명백했다. 외국산 석유에 의존하는 면이 커서 형평에 맞지 않게 불리했기 때문이다. 자발적 할당제가 메이저 회사들에만 적용되는 것은 아니었다. J. 폴 게티는 새로운 대형 정유소, 유조선 및 주유소를 만드는 6억 달러 규모의 확장 사업에 착수했는데, 그 모두는 쿠웨이트 중립지대에서의 신규 생산에 근거하고 있었다. 게티는 자발적 쿼터제를 무시하는 단순한 방법을 선택했다. 그 시스템을 선택하지 않는 것도 자유였다. 선 오일은 '자발적' 프로그램에 협조하는 것, 즉 가격을 유지하는 것이 반트러스트법에 저촉되지 않을까 염려했다. 바로 그때 일이 터졌다.

수에즈 위기 때 석유 부족을 염려했던 연방정부 내 다른 부서의 요구를 받아들인 사법부가 메이저들의 행위를 셔면 반트러스트법 위반으로 제소한 것이다. 선 오일의 사장인 로버트 던롭도 1930년대의 '메디슨 사례'를 기억했다. 그때 사법부는 내무부와 해럴드 익스가 장려한 시장 안정화 계획을 따르는 석유업자들을 반트러스트 행위로 기소했었다. 정부는 선 오일과 다른 회사들에게 어떤 보장을 해줄 수 있을까? 정부를 지원하는 계획처럼 보이는 소위 자발적 행동 시스템에 협력함으로써 나중에 반트러스트 혐의로 또다시 비난받지나 않을까?

자발적 규제가 시행되던 중인 1958년, 경기 침체가 시작되었다. 석유 수요가 급격히 떨어진 반면 석유 수입은 더욱 늘어났다. 강제적 통제를 시행하라는 정치적 압력을 더 이상 억제할 수 없게 된 것이다. 해외경제정책위원회의 의장인 클래런스 랜들은 덜레스 국무장관에게 화난 목소리로 "수입을 제한하기 위해 '국가 안보'를 들고 나왔던 사람들은 모두 제정신이 아니다"라고 말했다. 국가 안보가 염려되면 수입을 늘려 국내 매장량을 보호하는 것이 가장 좋은 방법이었다. 그는 "우리의 정책은 공급 물량을 빨리 소모시키는 것이 아니라 우리가 소유한 것을 보존하는 것이어야 한다"라고 말했다.

그러나 아이젠하워 행정부는 여전히 강제 쿼터제 시행을 주저했다. 덜레스는 법무장관 허버트 브라우넬과의 전화 통화에서 "국가 안보와 관련된 이 업무는 상당히 허식적이다"라고 불평했다. 그는 강제 통제를 요구하고 있는 텍사스인을 언급하면서 "그들이 하고자 하는 것은 가격을 올리고, 텍사스 유정의 생산을 늘리고, 가격이 오를 경우에만 가능한 새로운 시추를 가속화하는 것이다"라고 설명했다. 의회 내에서는 석유 생산 주州와 독립업자들의 이해관계가 강력하게 대두되었다. 의회 대변인인 샘 레이번은 텍사스 출신이었는데 그의 전기 작가는 '그에게 석유와 텍사스는 불가분의 관계였다'라고 기록했다. 상원의 다수당 당수인 린든 존슨 역시 텍사스 출신이었는데 선거구민에게 상당히 민감했다. 그는 이미 1940년에 부유한 텍사스 석유업자들로부터 민주당 정치인을 위한 자금을 조달하는 핵심 역할을 했다. 가장 강력한 상원의원 하나는 오클라호마 출신의 석유 갑부 로버트 커였다. 아이젠하워는 어떤 일이 일어나고 있는지 깨달았다. 마침내 그는 덜레스에게 "행정부가 어떤 조치를 취하지 않으면 의회가 취할 것 같다"라고 말하면서 대통령의 거부권 행사가 지지받을 수 있을지 염려했다.

자신이 처한 입장에 우울해하던 아이젠하워 대통령은 각료회의에서 분노를 토로했다. "세계 무역의 확대는 미국의 필수 조건이다. 그런데 미국 내 이해집단들은 이 조건에 상충하는 계획을 실현하라고 거의 저항할 수 없을 정도의 압력을 가해오고 있다"라고 비판한 것이다. 그럼에도 4일 후인 1959년 3월 10일, 아이젠하워는 미국으로 수입되는 석유에 강제적인 통제를 가하겠다고 발표했다. 쿼터제 논란 후, 만 10년 만에 미국은 공식적 통제를 채택했다.

이러한 통제는 전후 미국의 가장 중요하고도 영향력 있는 에너지 정책이 되었다. 아무튼 독립 석유업자는 환호했고, 메이저는 실망을 금치 못했다.[16]

독립 석유업자들의 영향력

쿼터제는 14년간 지속되었다. 아이젠하워 재임 중에는 수입 석유가 전체 소비의 9%를 초과하지 못했다. 1962년 케네디 행정부는 쿼터제를 약간 강화했다. 1960년 후반, 존슨 행정부는 유가를 인하하는 방편으로 쿼터제를 다소 완화하는 조치를 했는데, 이는 베트남 전쟁과 함께 시작된 인플레이션을 잡는 데 도움을 주었다. 그러나 근본적인 쿼터 시스템에는 변함이 없었다. 석유 수입 쿼터제는 단순한 것처럼 보이지만 실제로는 그렇지 않았다. 시간이 지남에 따라 쿼터 관리는 점점 더 복잡하고 미묘해졌다. 실제 알려진 바로는 강제적 석유 수입 프로그램 아래서 할당에 대한 계속적 분쟁, 문안 해석에 대한 논쟁, 제도의 허점에 대한 연구, 예외와 면제를 받기 위한 강도 높은 활동들이 이루어졌다. 시간이 흐름에 따라 이 프로그램에 점점 집착하게 되었고 그 결과 점점 왜곡되었다. 석유시장 자체는 활성화되지 않았지만 석유 수입권이나 석유 보유 권리란 시장은 활기차게 발전했다. 결과적으로 이런 형태는 일부 정유기업들이 타 기업을 매수하는 형태로 나타났다.

그러나 '멕시칸 메리고라운드' 혹은 '브론스빌 유턴'으로 알려진 것에 비할 만한 것은 없었다. 제2차 세계대전과 유-보트의 유조선 공격에 대한 생생한 기억 때문에, 그리고 쿼터제가 국가 안보와 직결된다는 믿음 때문에, 멕시코와 캐나다에서 육로를 이용해 미국으로 오는 석유는 유조선에 선적된 석유보다 더욱 안전하다고 간주되었고, 특혜와 예외가 인정되었다. 이는 멕시코 및 캐나다와의 정치적 관계에도 도움을 주었다. 그런데 여기서 짚고 넘어가야 할 것이 있다. 멕시코에서 오는 파이프라인은 없었고, 수백 마일 떨어진 멕시코의 생산지에서 석유를 트럭에 싣고 오지도 않았다. 멕시코 석유는 텍사스 브론스빌의 국경 도시까지 유조선으로 운송되었고, 거기서 트럭에 옮겨 실어졌다. 트럭은 다리를 건너 멕시코 국경 안으로 들어간 다음, 로터리를 돌아 다시 다리를 건너 브론스빌로 와서는 유조선에 재선적하여 북동쪽으로 운반되었다. 이렇게 육로로 운반함으로써, 법적으로 완벽한 면세 자격을 갖추었다.

존슨 행정부 때 한 관리는 쿼터제 프로그램을 '행정의 악몽'이라고 불렀다. 쿼터제는 광범위한 효과를 나타냈다. 이 프로그램이 의도했던 것처럼, 미국 국내의 석유 탐사 수준은 쿼터 프로그램이 없었을 때보다 더 높아졌다. 미국 석유회사들의 해외 투자는 캐나다 쪽으로 쏠렸는데, 캐나다가 미국 시장에 근접해 있었기 때문이다. 또한 미국 버진 군도나 푸에르토리코에 상당수의 정유 시설이 건설되었는데, 경제 개발 지역에 정유소를 설치하면 쿼터 시스템의 특별 예외로 인정되었기 때문이다. 마침내 이 프로그램은 세계 석유 무역에 중대한 자극제가 되었다. 석유회사들이 외국산 석유를 미국 내 자체 판매망으로 가져오지 못한다면, 미국 밖의 시장을 개발하고 찾아야 했기 때문이다.

쿼터제의 또 다른 결과로서 미국 내의 석유 가격이 높아졌다. 또한 텍사스 및 다른 주의 비례 할당 시스템에 의해 국내 가격이 안정화되었다. 미국 내에 강제 쿼터제가 도입되고 10년 동안은, 1930년대의 완전한 비례 할당과 가격 안정을 연상케 하기에 충분했다. 1959년 미국 생산지의 평균 가격이 배럴당 2.9달러, 10년 후인 1969년에는 2.94달러로 확실히 안정되었음을 알 수 있다. 그것은 동부 해안 시장의 중동산 석유보다 60~70% 비싼 수준이었다. 반면 미국 시장이 폐쇄되자 미국 이외에서의 석유 가격은 강제 통제로 인해 낮은 수준에 머물렀다.

면세, 복잡성, 행정의 악몽, 이 모든 것에도 불구하고 수입 쿼터제는 기본 목적을 달성했다. 즉 생산 원가가 싼 해외 석유로부터 국내 석유 생산을 충분히 보호했다. 1968년 미국의 원유 생산량은 강제 쿼터제가 처음 도입된 1959년보다 29% 증가했다. 이러한 보호 조치가 없었다면 미국의 생산량은 현상유지에 그치거나 감소했을 것이 확실했다. 석유회사들은 크든 작든 간에 강제 쿼터제를 채택했다. 메이저 회사들은 초기에 쿼터제에 대해 요란한 비판을 가했지만, 결국 해외 산업에서는 손해를 입고 그 대신 국내 사업의 이익을 보호할 수 있었다. 메이저들이 쿼터제에 협조적으로 돌아선 것은 세계 여타 지역의 석유 수요가 그들의 해외 생산을 흡수할 정도로 빠르게 늘어났기 때문이었다.

강제 프로그램은 또한 국제 석유회사에 하나의 교훈을 남겼다. 자신들이 비록 재무 능력이나 규모, 노하우를 가졌지만, 독립업자들은 정치적 영향력을 가졌다는 사실이다. 산유 지역 출신 상원의원과 하원의원들이 호응해준 대상도 바로 독립업자들이었다. 1960년대 중반, 루이지애나 출신의 상원의원 러셀 롱은 약간의 거북함을 무릅쓰고 메이저 석유회사의 경영진에게 조언했다. 그는 석유가 생산되는 주 출신 의원들이 국내 산업 쪽에 관심을 가지는 것은 "우리 국민에게 고용을 제공하고, 주정부의 수입원이 되고, 우리 경제에 필수적이기 때문이다"라고 설명했다. 롱은 석유회사 경영진들이 이 점을 숙고해주기 바랐다. "해외에서 석유를 생산하는 여러분들이 이 점을 알아주시기 바랍니다. 여러분의 해외 세액 공제, 해외 소모 공제 혹은 현지 종사자들에 대한 특별 세금 우대 조치에 대해 문제가 생길 경우, 여러분을 보호해줄 사람은 국내 석유 생산에 관심을 가지고 있는 바로 그 사람들입니다." 그는 자신의 말을 요약하는 의미에서 "건전한 국내 산업 유지가 여러분에게도 상당한 이익이 되니 여러분의 능력 안에서 모든 노력을 기울여주시기 바랍니다"라고 덧붙였다.[17]

국제 석유회사들은 마지못해 이 조언을 따랐다.

27

탄화수소
인간

국제 정치의 변혁, 제국주의 세력의 퇴조, 민족주의 의식의 고양에도 불구하고, 제2차 세계대전 이후 수십 년간 변함없는 추세를 유지하면서 오히려 급격히 증대되는 양상을 보인 것이 하나 있었다. 바로 석유 소비였다. 석유는 인류의 에너지원으로서 태양계 내의 태양과 같은 존재였다. 석유는 이미 알려진 바대로 연료로, 그리고 석유화학 제품의 원료로 사용되고 있었다. 석유는 승리자요, 이론의 여지가 없는 제왕이요, 무수한 플라스틱 제품을 거느린 지배자였다. 석유는 충실히 따르는 자에게 지나칠 정도의 부를 제공하는 관용도 베풀었다. 석유의 시대는 신뢰, 성장, 확대, 그리고 놀라운 경제 발전의 시기였다. 석유는 드라이브-인 문명으로 안내함으로써 그의 왕국을 변화시켰다. 바야흐로 '탄화수소 인간'의 시대가 도래한 것이다.

석유 소비, 폭증하다

1949년부터 1972년 사이, 세계 에너지 소비는 3배 정도 증가했다. 그러나 같은 기간 동안 5.5배나 증가한 석유 수요 증가에는 비길 바가 아니었다. 세계 도처에서 석유 수요는 엄청난 성장세를 기록했다. 1948년과 1972년 사이 미국의 석유 소비는 일일 580만 배럴에서 1,640만 배럴로 3배가 되었다. 그러나 다른 국가와 비교하면 증가 수준이 예외적으로 낮았다. 같은 기간 서유럽의 석유 수요는 일일 97만 배럴에서 1,410만 배럴로 15배 증가했고, 일본은 일일 3만 2,000배럴에서 440만 배럴로 137배 증가하는 경이적인 수치를 보였다. 전 세계의 석유 수요가 이렇게 증대된 이유는 무엇일까? 첫 번째 꼽을 수 있는 이유는 급격한 경제 성장과 그에 따른 소득 증가였다.

1960년대 말의 선진국 국민들은 불과 20년 전에는 상상도 할 수 없었던 생활 수준을 즐기고 있었다. 사람들은 여유 자금이 생기자 주택을 구입하고 가전제품과 난방기기, 에어컨을 사들였다. 자동차도 세대당 1대에서 2대로 늘어났다. 미국의 자동차는 1949년 4,500만 대에서 1972년 1억 1,900만 대로 증가했다. 미국을 제외한 나머지 나라들의 자동차는 1,890만 대에서 1억 6,100만 대로 더욱 놀라운 증가세를 보였다. 소비자의 직간접적인 욕구를 충족시키기 위해 공장은 확대생산 체제로 자동차와 전기기기 등 완제품을 생산했다. 이에 따라 공장의 석유 사용도 증가했다. 새로운 석유화학 산업의 탄생으로 석유와 천연가스는 플라스틱과 화학제품으로 바뀌었고, 플라스틱이 경제 전반에 이용되면서 기존 물질들을 대체하기 시작했다. 1967년 작 영화「졸업The Graduate」중에서, 한 노인이 자신의 미래를 결정하지 못한 젊은이에게 "플라스틱과 관련된 사업을 하면 성공할 수 있다"라고 말하는 장면이 있다. 그러나 당시에 그것은 현실로 나타나고 있었다.

1950년대와 1960년대에 걸쳐 석유 가격이 크게 하락한 것도 석유 소비의 팽창에 기여했다. 많은 국가들이 경제 성장과 산업 현대화를 달성하고, 사회 및 환경 목적을 이루기 위해 석유 사용을 권장했다. 석유시장이 급격히 팽창한 마지막 이유는 석유 수출국들이 판매 물량을 늘린 데 있었다. 석유 수출국들은 석유 이권을 부여받은 기업들에게 유화적 수단과 협박을 적절히 사용하면서 석유 생산을 종용했고, 이런 영향으로 석유회사들은 새로운 시장이 나타날 경우 저돌적으로 판로를 확보했다.

석유 생산, 비축, 소비 등 모든 석유 부문은 한 가지 공통점을 가지고 있었다. 계속적인 규모의 팽창이었다. 어느 면으로 보아도 석유산업은 거대한 공룡이 되어가고 있었다. 기반 시설 없는 생산과 소비의 성장은 있을 수 없었기 때문이다. 새로운 정제 시설이 건설되고, 시장 규모가 커지고, 규모의 경제에 맞추어 시설이 설계됨에 따라 성장은 가속화되었다. 신기술의 개발로 휘발유, 경유, 제트유 및 난방유 등 고부가가치 제품의 생산 수율이 원유 1배럴당 50% 수준에서 90%로 증대되었다. 그 결과 제트비행기, 디젤 기관차 및 트럭, 가정 석유 난방기구 등이 급속히 보급되었다. 유조선 수도 대폭 증가했고, 재래식 소형 유조선은 초대형 유조선으로 바뀌었다. 선진 공업국의 고속도로와 교차로에는 휘발유 주유소가 우후죽순으로 생겨났고, 시설도 점점 세련되어갔다. '큰 것이 더 좋다'는 논리가 석유산업을 지배했다. 석유 소비자도 그 논리에 점점 매료되었다. 미국의 자동차들은 대형 엔진을 장착하고 크롬 도금과 호사스러운 후부 날개로 장식되면서 길이와 폭이 점점 더 커졌다. 이런 자동차들은 휘발유 1갤런으로 8마일밖에 주행하지 못했다.[1]

저물어가는 석탄

제2차 세계대전 후 수십 년 동안 새로운 형태의 전쟁이 진행되고 있었다. 그러나 그런 내용은 일간신문의 1면에 보도되지 않았고, 경제신문의 여러 지면에서 암시적으로 드러나고 있었다. 석유 분야에서 탁월한 연구를 실행했던 폴 프랑켈은 이 전쟁을 '이동 전쟁War of Movement'이라 불렀다. 이 전쟁은 현대 산업사회의 역사적 변혁을 시사해주는 것이었다. 경제적으로, 정치적으로 엄청난 결과를 가져왔고 국제 관계, 사회 조직 및 일상생활에 큰 영향을 미쳤다. 바로 소비자의 마음과 돈을 쟁취하기 위한 석탄과 석유의 전쟁이었다.

석탄은 18세기부터 19세기에 걸쳐 산업혁명의 기수로 활약했다. 값싸고 풍부한 공급으로 석탄은 단연 제왕의 위치를 점했다. 19세기 경제학자 제본스는 석탄은 "타 상품과 비견할 수 없을 정도로 중요한 위치에 있다. 석탄은 국가를 지탱하며, 우리 생활 곳곳에 자리 잡고 있는 에너지 물질이다. 석탄이 있으면 어떤 어려운 일도 가능해지거나 쉬워진다. 석탄이 없으면 원시시대의 결핍 생활로 돌아가게 될 것이다"라고 서술했다. 석탄은 20세기의 절반 동안 제왕으로 군림했다. 그러나 제2차 세계대전 후 베네수엘라와 중동산 석유가 전 세계로 쏟아져 나오면서 석탄은 더 이상 옛날의 영광을 지속할 수가 없었다. 석유는 풍부했으며, 환경적으로 유리했고 취급하기도 쉽고 간편했다. 무엇보다 결정적으로 석탄보다 가격이 저렴했다. 석유의 사용으로 에너지 집약적 산업의 경쟁력이 높아졌다. 또한 주±에너지를 석유로 전환한 국가의 대외 경쟁력이 강해졌다.

석유의 물결은 처음 미국에 밀어닥쳤다. 자동차의 발달에도 불구하고 미국조차 20세기 중반까지 석탄 위주의 경제에서 벗어나지 못했다. 그러나 석탄산업의 비용 구조가 석유란 물결이 진입하도록 길을 터주었다. 석유 가격의 계속된 하락으로, 1달러로 구입할 수 있는 에너지로 비교했을 때 석유가 석탄보다 저렴해졌다. 석유로 전환된 데는 다른 이유도 있었다. 바로 미국 탄광의 노동쟁의였다. 미국 광산노조의 강성 지도자 존 루이스가 이끄는 노동쟁의는 연례행사였다. 루이스의 짙은 눈썹은 신문 풍자만화에 자주 등장했고, 그의 호전적인 발언은 석탄 소비자들의 신뢰에 금이 가게 했다. 그는 석탄 생산의 중단은 경제의 중단이라고 장담했다. 생산 라인이 지속적으로 가동될 수 있을지 걱정하는 제조업자들과, 겨울의 전력 수요 대처를 걱정하는 발전소 소장에게 루이스의 강성 발언과 광산노조의 호전성은 석탄 대체 물질을 찾는 강력한 유인으로 작용했다. 그 대체물질이 바로 석유였다. 석유는 노동쟁의에 의한 공급 장애의 위험이 없었다. 이에 따라 연료유의 경우 베네수엘라로부터 수입되는 비율이 높아졌다. 베네수엘라의 석유 관계자는 "우리는 카르카스 광장에 루이스의 동상을 세우기 위해 베네수엘라 전역에서 모금을 실시해야 할 것이다. 그는 베네수엘라 석유산업의 가장 위대한 공헌자이며 영웅으로 대접 받아야 한다"라고 말했다.[2]

유럽의 근본적 변화

유럽에서는 석탄의 사양화가 다소 다른 길을 걷고 있었다. 값싸고 공급이 풍부한 중동산 석유가 주요 요인으로 작용했다. 1947년에 일어난 전후 첫 번째 에너지 위기는 유럽의 심각한 석탄 부족 때문이었다. 그 후에도 영국은 석탄 부족의 악몽에 시달려야 했다. 석탄 부족을 두려워한 영국 정부는 임시방편으로 발전소의 연료를 석탄에서 석유로 전환하도록 했다. 그러나 석유는 임시방편용이 아니라 석탄의 강력한 경쟁 상대로 등장했다. 1956년 수에즈 위기로 영국과 유럽은 중동산 석유 공급의 안정성에 의구심을 갖게 되었다. 위기 직후 영국은 수입 석유에의 의존을 줄이기 위해 영국 최초의 원자력 에너지 프로그램을 추진하기로 결정했다. 그 계획에 대해 선진 공업국들과 논의했으며, 미래의 위기에 대비해 상업용 수요 이상의 재고, 즉 긴급 비축을 유지하자고 제안했다. 그러나 안정적 확보라는 논의는 곧 잊혔고, 유럽의 탈脫석탄화는 계속되었다.

석유가 석탄을 압도한 이유 중 하나는 환경 문제였다. 특히 영국에서 그러했다. 런던은 석탄에 의한 환경오염, 특히 가정의 개방식 연소에 의해 발생한 '살인적 안개'에 시달리고 있었다. 안개가 너무 짙은 나머지, 집으로 가는 길조차 찾을 수 없었던 운전자들은 집에서 몇 블록 떨어진 잔디밭으로 차를 몰기도 했다. 안개가 수그러질 때면 런던의 병원들은 급성 호흡기 질환에 걸린 환자들로 초만원을 이루었다. 이로 인해 가정 난방용으로 석탄을 사용해서는 안 되는 '무연 지역無煙地域'이 지정되었고, 의회에서는 석유 사용을 고무하는 '청정 대기법Clean Air Act'이 입법되었다. 하지만 석유로 전환하는 데 가장 큰 힘이 된 것은 가격이었다. 석유 가격은 계속 하락했으나 석탄 가격은 꿈쩍하지 않았다. 1958년 후로는 산업용 연료로 석유를 사용하는 것이 석탄보다 저렴했다. 각 가정은 석유에서 전력으로, 그 후에는 천연가스로 연료를 바꾸었다. 석탄산업은 '생활의 불'이라는 콘셉트의 대대적 광고 전략으로 대응했다. 그러나 이 모든 노력에도 불구하고 가정 난방용 에너지로서 석탄의 불씨는 식어가고 있었다.

석유가 갖는 경제적 이점에 반해 석탄산업은 비용, 혼란, 실업이라는 문제를 안고 있었다. 영국 정부는 이 둘의 균형을 맞추기 위해 국내 석탄산업을 보호하는 정책을 실시했다.

그러나 1960년대 중반 들어 영국은 자국의 국제 경쟁력을 유지하기 위해서는 석유 이용을 대폭 확대하지 않으면 안 된다는 결론에 도달했다. 이를 외면한다면 영국의 제조업은 값싼 석유를 사용하는 외국 기업들과의 경쟁에서 불리해질 것이다. 한 정부 관리는 "다른 선진 공업국들이 그랬던 것처럼 석유는 경제의 대동맥이며, 영향을 미치지 않는 곳이 없다"라고 석유 전환의 필연성을 설명했다.

서유럽에서도 같은 과정이 되풀이되었다. 1960년 프랑스는 공식적으로 석탄산업의 합리화와 축소를 추진하면서 석유로의 전환을 대대적으로 실시했다. 프랑스 정부는 석유가 산업 설비의 현대화에 이용된다는 점도 강조했다. 존 메이너드 케인스는 "독일제국은 석탄과 피에 의해서가 아니라 석탄과 철에 의해서 완성되었다"라고 말한 적이 있다. 그러나 독일 역시 저렴한 가격 때문에 석유로 전환했다. 연료의 전환은 극적으로 진행되었다. 1955년 석탄은 서유럽 에너지의 75%를, 석유는 23%를 차지했다. 1972년에는 석탄의 비중이 22%로 떨어지고 석유의 비중은 60%로 상승해 완전히 역전된 양상을 보였다.[3]

일본의 부흥

일본에서는 석유 전환이 다소 늦게 시작되었다. 일본의 에너지원 역시 석탄이었고, 제2차 세계대전 전과 전쟁 중에 군사용으로 우선 사용되었다. 석유는 소규모 물량이 민간 수송에 사용되었고, 그 외에는 조명으로 등유가 사용되고 있을 뿐이었다. 제2차 세계대전 말, 정유 시설을 비롯한 석유 기반 시설들은 거의 폐허가 되었다. 미 점령군이 일본에 석유 정제 시설의 재건을 허용한 것은 1949년이었다. 그것도 서방측 기업인 뉴저지, 소코니, 배큠, 쉘 및 걸프의 지도 감독을 받는다는 단서가 붙어 있었다. 점령 체제가 종료되면서 정치적 독립성을 되찾은 일본은 한국전쟁에 힘입어 놀랄 만한 경제 성장을 시작했다.

일본은 중화학공업의 급격한 성장을 토대로 초기 재건에 성공했다. 1956

년에 이미 "전후 재건 시대는 끝났다"라고 할 정도였다. 일본의 빈곤은 끝나고, 석탄에 의해 지속적 성장이 추진될 것으로 예상되었다. 1950년대 초 일본의 총에너지 소비 중 석탄이 50%를 차지한 반면, 석유는 7%에 불과했다. 석유의 비율은 신탄보다도 낮았다. 그러나 석유 가격이 계속 하락하자, 1960년대 초 일본 정부와 산업계는 석유에 승부를 걸어야 한다고 확신하게 되었다. 석유는 값이 쌀 뿐 아니라 노동 분규로 인한 경제적 위험을 피할 수 있었기 때문이다.

일본 경제에서 석유의 중요도가 높아지자, 일본 정부는 석유산업에 대한 외국의 영향력을 배제하려는 정책을 강구했다. 통산성은 자국 내 시장 확보를 위한 경쟁에서 독립계 일본 정유회사들이 외국 메이저 연계 회사를 앞설 수 있도록 석유산업의 구조를 개편했다. 이에 따라 일본의 독립계 회사들이 외국 합작회사들보다 신용이 높고, 일본 경제 목표에 잘 부합하면서, 일본의 정치 · 경제 체제와 조화를 이루는 것으로 평가되었다. 1962년에 제정된 새로운 석유업법에 따라 통산성은 석유 수입 허가와 판매량 할당의 권한을 갖게 되었다. 통산성은 이 권한을 이용해 독립계 기업을 지원하는 한편, 경쟁을 촉진하여 가능한 한 가격이 낮게 유지되도록 했다. 시장 확보를 위한 정유사들의 경쟁이 심화되면서 곧 가격 전쟁이 일어났다. 일본의 석유 경제 체제로의 전환은 급속히 진행되어, 마치 잃어버린 시간을 메우려는 듯한 인상을 주었다. 1960년대 후반, 일본 경제는 연 11%의 놀라운 성장을 지속했고 석유 수요는 이보다 더 높은 연 18%의 경이적인 증가세를 보였다. 1960년대 말, 총 에너지 소비 중 석유의 비중은 70%에 달했다. 1950년대 초의 7%에 비하면 엄청난 변화였다.

석유 수요의 증가는 일본 산업의 활기를 반영하는 것이기도 하지만, 자동차 혁명이라는 요인도 무시할 수 없었다. 1955년 일본의 자동차 생산은 6만

8,000대에 불과했다. 13년 후인 1968년에는 410만 대로 증가했고, 그중 85%가 내수용으로 판매되고 15%만이 수출되었다. 자동차가 급증하면서 휘발유 소비도 대폭 증가했다. 그러나 일본을 경제대국으로 끌어올린 자동차 수출 붐은 아직 시작되기 전이었다.

전후 세계에서 경제 성취도가 가장 높았던 국가는 일본과 독일이다. 양국은 패전 상태에서의 회복은 말할 것도 없고, 경제 성장 면에서도 경탄할 만한 업적을 이루었다. 양국의 성공 비결에 대해 경제사학자인 알프레드 챈들러는 "독일과 일본의 경제 기적은 우수한 정책 조정과 저렴한 석유 가격이 모태가 되었다"라고 간단하게 설명했다. 다른 국가들의 경우, 일본과 같은 '우수한 정책 조정'은 할 수 없었으나 풍부한 석유 공급에 의한 혜택은 받을 수 있었다. 1950~60년대의 경제 호황기에 누렸던 선진국들의 경제 성장은 저렴한 석유 가격에서 비롯되었고, 20년 동안 산업사회의 토대에 대변혁이 일어났다.

1949년에는 세계 에너지의 3분의 2가 석탄을 이용한 것이었는데, 1971년에는 석유와 천연가스가 세계 에너지의 3분의 2를 차지했다. 19세기 경제학자 제본스가 석탄에 대해 한 말이, 1세기 후에는 석유에 대한 정의가 되었다. 석유는 타 상품과 비견할 수 없을 정도로 중요했고, 국가를 유지하고 생활 전반에 자리 잡은 에너지 물질로 부상했다.[4]

유럽 시장 쟁탈전

석탄에서 석유로의 전환, 대중적 가격의 자동차 등장과 맞물린 급속한 경제 성장과 산업 발전으로 1950~60년대 유럽은 세계에서 경쟁이 가장 치열한 시장이 되었다. 미국은 자국 내로 수입되는 석유를 제한하는 보호무역주의적인 쿼터 정책을 실시했고, 이로 인해 해외로 진출한 미국의 석유 개발 회사들은 미국 이외의 시장을 확보해야 했다. 이들에게 유럽 시장은 최적이었다. 당시 석유 수출국들은 석유회사에 계속 증산 압력을 가하고 있었다. 걸프의 중역인 윌리엄 킹은 "매년 회사 중역이 쿠웨이트를 순례하듯 방문했고 매번 같은 일이 되풀이해서 벌어졌다"라고 말했다. 온갖 위협과 감언이설이 오고 가는 피곤한 협상이 벌어지곤 한 것이다. "쿠웨이트는 그들이 원하는 증산 물량을 우리에게 제시하고, 우리는 그 물량이 너무 많아 시장 확보가 곤란하다고 거절했다. 그러면 쿠웨이트는 이란이 이미 증산 중임을 지적했다. 결국 양국은 5~6% 증산에 합의하는 것으로 협상을 끝냈다."

증산된 석유를 어디에 출하할 것인가? 개발도상국 시장에 공급할 여지도 있긴 했다. 걸프는 한국에 비료공장을 건설해주고 정제 및 유통 시설 건설의 권리를 확보했고, 이데미츠 및 니혼 광산과 같은 일본 기업에 정유 시설을 건설하도록 자금을 융자해주는 한편, 그 담보로 장기 원유 구매 계약을 체결했다. 그러나 단연 최대의 시장은 유럽이었다. 유럽 시장에 참여하고 시장의 지분을 확대하는 데는 경제적 능력과 아울러 정치적 수완이 필요했다. 유럽은 미국보다 정부의 직간접적인 규제가 심했기 때문이다. 예를 들면, 땅을 매입해 주유소를 설치하는 일도 자유롭게 할 수 없었다. 정부가 주유소의 입지를 엄격히 제한하고 있었기 때문이다. 그 결과 입지를 확보하기 위해 엄청난 사술詐術이 동원되었다. "유럽에서의 경쟁은 회전되는 자금 규모만큼이나 치열했다. 회사 직원들은 앞에서는 정중하고 우호적인 언행을 사용했으나, 돌아서면 상대의 시장을 빼앗기 위해 노력했다." 윌리엄 킹의 말이다.

유럽 시장의 최대 지배자는 쉘이었다. 따라서 쉘은 방어적인 입장이었고, 경쟁력을 더 높이기 위한 연구를 계속해야 했다. 서독의 더치 쉘은 자사 영업 직원 220명이 '미국식의 적극적 판매 기법'으로 훈련되어 있다고 자랑했다. 뉴저지는 유럽 시장에서 자사의 명성에 걸맞은 지위를 확보하기 위해 훨씬 더 적극성을 띠어야 했다. 영국에서는 간혹 주유소 하나에 각각 다른 기업명이 부착된 주유기를 가진 경우가 있었다. 여섯 가지 상표의 제품을 판매하는 주유소도 있었다. 뉴저지는 이러한 복수 판매에 반대했다. 그들은 에소ESSO 휘발유만 판매하는 주유소를 희망했기에 이에 따르는 상당한 주유소를 확보했다. 뉴저지는 기계화가 진행 중이던 유럽의 농촌에서 농민들의 환심을 사기 위해 세계경작대회World Plowing Match를 후원하기도 했다. 유럽의 뉴저지 주유소는 미국식 전통을 따라 도로 지도와 여행 안내책자를 무료로 제공했다. 이는 유럽인과 더불어 증가 추세에 있던 미국 여행객을 고객으로 확보하려는 전략이었다. 미국인들은 어릴 때부터 이런 서비스가 당연한 권리라고 생각했다.

유럽 시장에서 경쟁 중인 골리앗들 틈새에는 생산에도 참여하면서 시장 쟁탈전을 벌이는 민첩한 다윗들도 많았다. 그들 가운데 가장 명성을 떨친 기업은 콘티넨털 석유회사였고, 이는 나중에 코노코Conoco로 개명되었다. 콘티넨털은 스탠더드오일 그룹에 속해 있던 로키마운틴 마케팅 회사Rocky Mountain Marketing Company와 오클라호마의 원유 생산·정제회사가 합병해서 1929년 설립되었다. 1947년 콘티넨털 이사회는 뉴저지 스탠더드오일의 세계적인 생산 조정관이었던 로나드 맥콜럼을 새 회장으로 임명했다. 맥콜럼은 콘티넨털의 북미 생산 체제를 구축하는 데 주력했으나, 곧 경쟁 면에서 불리하다는 사실을 깨달았다. 1940년대 말에는 저렴한 외국산 원유가 미국으로 쏟아져 들어와 시장을 잠식 중이었다.

반면 콘티넨털의 미국 내 생산은 텍사스, 오클라호마 및 기타 지역에서 생산 할당제에 규제받고 있었다. 맥콜럼은 콘티넨털의 해외 진출을 결정했다. 그 후 10년간 콘티넨털은 막대한 자금을 투입해 이집트 및 기타 아프리카 지역에서 석유 시굴 작업을 시도했지만 성공하지 못했다. 그러나 맥콜럼은 실망하거나 포기하지 않았다. 원유에 관한 한 '못 가진 자'보다는 '가진 자'가 되어야 한다는 확신을 갖고 있었기 때문이다. 그는 "가진 자가 되려면 대담한 투자로 가능한 한 많은 탐사 면적을 확보해야 한다. 그래야 한 번을 물어도 많이 물 수 있다"라고 말했다. "규모를 축소하면 적중률을 높일 수 있을 것처럼 보이지만, 실패하지 않으려면 가능한 한 많이 탐사하는 편이 낫다"라고 맥콜럼은 덧붙였다.

1950년대 중반 콘티넨털은 마라톤Marathon, 아메라다Amerada와 오아시스 그룹Oasis Group이라 불리는 합작회사를 만들고 리비아에서 대규모 유전 개발에 착수했다. 1959년 말 오아시스는 리비아에서 대규모 유전을 발견해 시추에 들어갔다. 그러나 바로 그때 워싱턴에서 맥콜럼의 전략을 뿌리째 잘라버리는 극적인 정책 변화가 이루어졌다. 새로운 수입 쿼터제가 발동됨에 따라, 콘티넨털이 계획했던 리비아산 원유의 미국 유입이 막혀버린 것이다. 할 수 없이 콘티넨털은 미국 외의 지역에서 석유 판로를 확보해야 했고, 그 지역은 세계에서 가장 경쟁이 치열한 시장인 서유럽을 의미했다.

처음에 콘티넨털은 유럽의 기존 메이저와 독립계 정유회사에 리비아산 석유를 판매했다. 콘티넨털의 한 중역은 "우리 제품은 신상품이었으므로 헤맬 수밖에 없었다"라고 회고했다. 그들은 시장 동향에 유연하게 대응하지 못했고, 구매자에게 상당한 가격을 할인해주어야 했다. 타 회사에 의존함으로써 발생하는 고전적 딜레마에 직면한 것이다. 20세기 초 윌리엄 멜론은 걸프를 정제에서 판매까지 일괄적으로 다루는 종합 석유회사로 탈바꿈시킴으로써, 스탠더드오일 혹은 다른 석유회사와의 계약에서 당당해질 수 있었다. 60년이 지나서 맥콜럼은 그와 똑같은 일을 하고 있었다.

1960년 초의 3년간, 콘티넨털은 가능하면 기존 회사를 매수하고 그러지 못할 경우 회사를 설립해서 서유럽과 영국에 독자적인 정제 및 판매망을 구축했다. 리비아산 원유는 품질이 좋아 휘발유 생산에 적합했고, 이는 콘티넨털

이 독자적인 주유소망을 구축하는 데 도움이 되었다. 또한 전략적으로 중요한 독립계 정유회사와는 장기계약을 체결했다. 영국에는 생산 효율성이 매우 좋은 정유 시설을 만들어 '제트유'라는 이름으로 저가격 휘발유를 생산, 판매했다. 맥콜럼이 해외 유전 개발을 시작하고 60년이 지난 1964년, 콘티넨털의 해외 생산 물량은 국내 물량을 넘어섰다. 드디어 세계 유수의 종합 석유회사로 변신한 것이다. 하지만 이것은 맥콜럼의 당초 계획에는 없었던 것이다. 독자적인 판매망을 가진 기업들이 늘어나면서 시장 경쟁은 더욱 치열해졌고, 석유 가격은 더욱 하락했다. 이들 석유회사의 성공은 산유국의 국민감정을 자극하기도 했다. 한마디로 석유회사들은 생산 계통의 맨 끝에 있는 유정과 펌프에서 가장 취약한 면을 갖고 있었던 셈이다.[5]

소비자 유인책

1950~60년대 미국에서는 자동차가 지위의 상징이었고, 소비자들은 크고 넓고 멋있는 차를 선호했다. 제2차 세계대전 중의 엄격한 절제와 배급제는 아득한 옛일이 되어버렸다. 정유 시설 등에 대한 막대한 투자와 석유 공급 물량 증가에 따라, 휘발유 공급자들 간에는 치열한 경쟁이 벌어졌고 그에 따라 가격도 하락했다.

미국 자동차 운전자들에게 이런 경쟁은 싫지 않은 일이었다. 그들은 '가격 전쟁'에 따른 혜택을 받고 있었다. 도로 모퉁이마다 주유소가 생겼고, 주유소 앞 도로변에는 자신들의 기름 값이 길 건너 주유소보다 0.5센트 싸다는 내용이 적힌 간판이 내걸렸다. 가격 전쟁은 대형 석유회사에 소속되어 있지 않은 독립계 주유소에서 시작되었다. 그들은 유통업자들 간에 전매가 이루어지는 2차 시장에서 이윤의 폭이 높은 값싼 휘발유를 수집했다. 가격 전쟁을 특히 싫어한 것은 메이저 회사들이었다. 약탈적인 가격 경쟁으로 상처 입는 편은 자신들이라는 것을 알고 있었기 때문이다. 그들은 마지못해 경쟁에 응하는 태도를 취했다. 하지만 그런 반대 입장에도 불구하고, 새로운 시장에 적극 참여할 필요가 있을 경우에는 스스로 가격 경쟁을 유발하기도 했다.

경쟁은 다른 형태로도 나타났다. 주유소에서 과거에는 받아보지 못했던 훌륭한 서비스를 받게 된 것이다. 타이어와 엔진오일 점검, 창문 닦기, 유리컵 제공 및 경품권 배부 등 운전자의 환심을 사기 위한 무료 서비스가 시행되었다. 1950년대 초에는 단골 고객을 확보하기 위해 신용카드 제도가 도입되었다. 텔레비전이라는 새로운 광고 매체를 통해 자신들 국적의 상표를 소개하면서 소비자의 애국심에 호소하기도 했다. 텍사코는 텔레비전에 '텍사코 스타 극장'을 방영하여 '메트로폴리탄 오페라' 라디오 방송 청취자 수를 능가하는 시청자를 확보하기도 했다. 방송에는 밀톤 벌리가 나와 "별이 그려진 제복을 입은 종업원에게 당신의 차를 맡겨주십시오"라고 수백만 시청자에게 호소하는 장면이 나왔다. 텍사코는 전국 48개 주의 주유소에 손님을 위한 휴게실을 설치했다고 자랑스럽게 선전했다.

그즈음 휘발유 첨가제에 대한 대소동이 벌어졌다. 어떤 브랜드의 제품이든 품질과 규격에 차이가 거의 없는 휘발유를 차별화하는 것이 첨가제의 목적이었다. 1950년대 중반의 18개월 동안, 상위 14개 회사 중 13개사가 새로운 고급 휘발유를 판매하기 시작했다. 그들은 터무니없는 광고로 자사의 제품이 뛰어나다고 주장했다. 최초의 수소폭탄 실험이 있었던 해에 리치필드는 자사의 휘발유에는 수소가 평화적으로 이용되고 있다는 대담한 광고를 내보냈다. 그러나 이 선전 문구는 당연한 말이었다. 휘발유를 포함한 모든 탄화수소 제품들은 수소 화합 분자들로 구성되어 있기 때문이다. 쉘은 자사의 점화플러그 오염 방지용 TCP(크실린산) 제품이 휘발유 31년 역사 중 최고의 제품이라고 선전했다. 싱클레어의 파워-엑스는 엔진 녹을 방지하는 약품이 첨가된 제품이었다. 시티즈 서비스 역시 'S-D프리미엄'이라는 5가지 약품을 첨가한 제품을 시판했다. 이러한 신제품들이 쏟아져 나올 때마다 회사들은 하나같이 그 제품이 수년간의 연구 결과라고 주장했다.

쉘은 TCP 발매로 1년 만에 판매고가 30%나 신장되었다. 다른 회사들도 팔짱만 끼고 있지는 않았다. 소코니-배큠은 자사 계열의 주유소에, TCP가 아무 효과도 없으며 오히려 엔진에 손상을 입힐 수도 있음을 경고하는 메모를 비밀리에 돌렸다. 소코니는 "우리 제품에 필적할 만한 제품은 없다"라고 주장하면서 자사의 모빌 휘발유가 '2배의 추진력'을 지니고 있다고 선전했다. 뉴저지 스탠더드오일은 TCP가 실제로 발생하지도 않는 점화플러그 오염을 방지해준다고 주장하는 쓸모없는 제품이라고 맹비난했다. 대신 뉴저지는 옥탄가를 높인 '토탈 파워'라는 제품을 발매했다. 여러 회사들이 서로 '진짜 휘발유'라고 하는 제품들을 쏟아내면서 소비자들은 '레귤러' 혹은 '스탠더드'라고 불리는 보통 휘발유를 살 것인지, 아니면 고옥탄가에 엄격한 시험을 거쳤다는 고급 휘발유를 살 것인지 선택을 해야 했다. 모빌은 얼마 후 '고에너지 휘발유'라는 다른 종류의 제품을 발매했는데, 정제 과정에서 저에너지 원자를 고에너지 원자로 전환했다는 주장이었다. 고성능 자동차를 운전하는 사람들은 단순히 출발할 때 다른 차보다 앞서나간다는 만족감을 얻기 위해 갤런당 몇 센트 더 비싼 고성능 연료를 사용하라고 강요받는 느낌이었다.

첨가제가 소비자의 마음을 사로잡는 유일한 방법은 아니었다. 1964년 영국에서는 휘발유 시장에 '새로운 바람'을 일으키기 위한 노력의 일환으로, 뉴저지가 '당신의 차에 호랑이를'이라는 슬로건을 내걸고 '에소 타이거' 휘발유를 발매했다. 타이거란 브랜드는 에소의 유럽 판매망을 통해 정착되면서 널리 알려졌다. 그러나 처음 미국에서 발매되었을 때는 그렇게 성공을 거두지 못했다. 뉴저지의 중역은 "인상이 좋은 호랑이가 아니다"라고 솔직히 자평했다. 타이거가 발매되고 5년쯤 지났을 때, 월트 디즈니 프로덕션에 근무한 적이 있는 한 젊은 화가가 호랑이 도안을 다시 만들었다. 이 새로운 도안의 호랑이는 친근하고 사랑스러웠으며 인간미까지 느껴졌기에 대단한 영업 실적으로 이어졌다. 물론 이것 또한 '수년간 연구'의 결과로 치부되었다. '당신의 차에 호랑이를'이라는 슬로건은 휘발유 판매에서 그 어떤 첨가제보다도 효과를 발휘했다. 에소 타이거의 인기와 판매 신장에 화가 난 쉘의 경영자는 자사의 전략 상품인 TCP를 '수고양이 오줌'이라는 애칭으로 부르기 시작했다.[6]

생활양식의 변화

석유는 모든 것을 바꾸어놓았다. 그중에서도 미국의 모습이 가장 극적으로 변했다. 석유가 충분하게 공급되면서 자동차 수가 늘어났고, 그로 인해 생활 방식이 극적으로 바뀌었다. 완전한 탄화수소 시대가 개막된 것이다. 미국인들을 중심 도시에 밀집하게 하는 데 일조했던 철도 등 공공 수송수단은 '자동차 홍수'에 밀려났고, 미국 전역에 교외 도시화(도시 근교의 발달 현상)가 확산되었다.

교외로의 이동 현상은 이미 1920년대에 시작되었지만 처음에는 대공황으로, 그다음에는 제2차 세계대전으로 15년간 정체에 빠져 있었다. 전쟁이 끝나면서 교외 도시화 현상이 재개되었는데, 1946년 레비트라는 건축업자가 뉴욕 시에서 25마일 떨어진 롱아일랜드의 햄스테드 마을에 4,000에이커에 달하는 토마토 농장 부지를 매입하면서부터 가시화되었다. 불도저가 땅을 고르고, 트럭들은 건축자재들을 싣고 와 60피트 간격으로 내려놓았다. 구역별로 사과, 체리, 상록수 등의 묘목이 식수되었다. 레비트 타운에는 1만 7,400채의 주택이 들어섰고, 인구는 8만 2,000명으로 늘어났다. 주택의 가격은 7,990달러에서 9,500달러 사이였다. 레비트 타운은 전후 교외 도시의 전형이 되었고, 불안정한 세계정세 속에서 미국의 이상을 실현하고 가치관을 보여주는 것이었다. 윌리엄 레비트는 "주택과 토지를 소유한 사람은 공산주의자가 될 수 없다. 공산주의자가 되기에는 많은 자산을 가졌기 때문이다"라고 말했다.

교외 도시화는 빠른 속도로 진행되었다. 단일 세대가 거주하는 주택은 1944년 11만 4,000채에서 1950년 170만 채로 증가했다. 부동산 개발업자는 마술 같은 솜씨로 토지를 분할하여 브로콜리와 시금치 농장, 목장, 사과 과수원, 아보카도와 오렌지 농장, 자두와 무화과 농장, 고층건물 단지, 운동장, 쓰레기장, 잡목림 지대, 황무지 지역으로 구분했다. 1945~1954년 사이 900만 명이 교외로 이동했고 그 후로도 수백만 명이 주거지를 옮겼다. 1950~1976년 사이 중심 도시에 거주하는 인구는 1,000만 명이 늘어난 데 반해, 교외 도시 인구는 8,500만 명이 늘어났다. 1976년에는 중심 도시에 거주하는 인구보다 교외에 거주하는 인구가 더 많아졌다. 한때는 교외의 건축물부터 교외 거주자의 가치관까지, 교외 도시에 관한 모든 것을 비판하는 풍조가 있었다. 그러나 교외 도시는 수백만 명에게 베이비붐 세대의 아기를 양육하기에 더 좋은 환경을 제공했다. 프라이버시, 자율성, 생활공간, 아이들을 위한 마당도 확보할 수 있었다. 더 좋은 시설의 학교도 있었고 안정성도 있었다. 교외 도시는 대공황과 세계대전을 치른 미국인들에게는 활력과 희망을 주는 안식처였다.

이런 추세 속에서 자동차는 필수품이 되었고, 넘치는 자동차로 인해 이전의 시골 풍경은 사라졌다. 낮은 건물들로 이루어진 스카이라인이 미국의 새로운 농촌 풍경이 되었고, 교외 주민들이 필요로 하는 시설들이 들어섰다. 넓은 주차장을 갖춘 쇼핑센터는 '소비자들의 메카'가 되었고, 소매업자에게는 최대의 판매 거점이었다. 1946년 미국 내의 쇼핑센터는 겨우 8개였다. 1949년 노스캐롤라이나의 롤리Raleigh에 최초의 대형 쇼핑센터가 건설되었는데, 1980년대 초에는 2만 개로 늘어났고 이들의 판매액이 전체 소매업 판매액의 3분의 2를 점했다. 1956년에는 실내에 모든 부대시설을 갖추고 온도 조절까지 가능한 쇼핑몰이 미니애폴리스에 등장했다.

'모텔'이라는 단어는 1926년 초 캘리포니아의 산 루이스 오 비스포에서 생겼는데, 그 후 미국의 고속도로 변 주유소 근처에 생겨난 숙박 시설이 그 이름으로 불리게 되었다. 그러나 휘발유 시대의 산물이라 할 수 있는 모텔은 처음에는 자랑스럽게 말할 수 있는 시설이 아니었다. 1940년 말 FBI 국장인 에드거 후버는 모텔이 '범죄의 온상'이며 '악과 타락의 소굴'이라고 경고했다. 모텔은 부정한 남녀가 만나는 장소로, 혹은 범죄자들의 은신처로 주로 사용되었다. 후버는 어떤 모텔의 방은 하루 저녁에 16번이나 성애 장소로 제공된 적이 있다고 밝히면서 정부에 '사랑 산업'의 위험성을 경고했다.

그러나 전후 미국인 가정들의 도로 여행이 증가하면서 모텔에 대한 인식도 달라져 필수 시설로 인식하게 되었다. 1952년에는 두 기업가가 멤피스에 '홀리데이 인'을 개업했고, 그 후 모텔은 전 지역에서 우후죽순으로 생겨났다. 긴 여행에 지친 아이들의 성화에 참을 수 없는 지경이 된 부모에게, 먼지투성이의 차창을 통해 먼 시야로 들어오는 '홀리데이 인'의 녹색 간판은 휴식과 구원을 의미하는 너무나도 반가운 등불이었다. 미국 어느 지역의 모텔에서도 쉽게 빈방을 구할 수 있었다. 그 방들에는 텔레비전, 낱개로 포장된 비누, 진동 마사지 침대 등이 있었고, 복도에는 빙과류와 청량음료 판매기가 설치되어 있었다.

근처 교외로 드라이브를 하든 장거리 여행을 하든, 사람들은 간단한 식사를 해야 했고 이에 따라 식당의 성격도 변했다. 1921년 댈러스에 미국 최초의 드라이브 인 레스토랑인 로이스 하일레이스 피그 스탠드가 문을 열었다.

51
2차 세계대전 당시 아돌프
히틀러의 세계 정복 계획의 핵심은
석유였다. 그의 소련 침공 야망은
코카서스의 석유자원 고갈로
좌절되었다.

52
기동 전술의 1인자인 롬멜 장군은 코카서스로
침입한 독일군과 합류하기 위해 북아프리카로
진격했다. 나중에 전황이 불리해지자
그는 아내에게 보낸 편지에서 '휘발유 부족이
나를 울리고 있다'라고 썼다.

53-54
1937년 마그데부르그 합성연료 공장의 개소식(사진 왼쪽). 전시 독일의 총 석유 공급량 중 절반 이상은 합성연료였다.
3천 개의 폭탄이 투하되어 파괴된 공장(사진 오른쪽).

55

석유는 일본의 극동 전략에서도 중요한 위치를 차지했다. 이소로쿠 야마모토 제독은 동인도제도로 석유를 구하러 갈 때 일본군의 측면을 방어하기 위해 진주만 공격을 계획했다.

56

진주만의 축소 모형 건설을 포함해서, 진주만 공격 준비에 꼬박 1년이 걸렸다.

57

태평양에서 미국의 전략은 일본으로의 석유 공급을 중단하는 것이었다. 사진은 미 잠수함의 어뢰 공격을 받은 후 침몰하고 있는 일본 유조선.

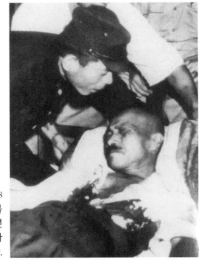

58

1941년 육군대장 도조 히데끼는 미국의 석유 수출 금지를 일본의 진주만 공격에 대한 이유로 삼았다. 그는 1945년 석유가 완전 고갈되면서 일본이 패하자 자살을 기도하였으나 미수에 그쳤다.

59
승리가 확실시 되던 1944년 9월,
처칠과 루스벨트는 퀘벡에서 만남을
가졌다. 미국의 풍부한 석유는
유럽에서도, 태평양에서도 전투를
승리로 이끈 결정적 요인이었다.

60
루즈벨트 대통령의 내무장관 해럴드 익스는
미국의 석유 정책을 10년 동안 지배하였으며,
제2차 세계대전 당시에는 '석유의 황제'라 불리었다.

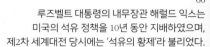

61
최고 사령관 아이젠하워와 함께한 조지 패튼 장군.
프랑스에서 퇴각하는 독일군을 추격하던 탱크 군단의 연료가
떨어지자, 패튼 장군은 비통하게 말했다. "내가 휘발유만
조금 훔칠 수 있다면 이 전쟁을 이길 수 있을 텐데."

62
런던의 '펌프 걸'.
남자들이 전장에 나가자 미국에서처럼 런던에서도
여성들이 주유소 등에서 주요 직업을 대신했다.

63

1945년 수에즈 운하의 미국 선상에서
루스벨트 대통령과 만나고 있는 이븐 사우드 국왕.
중동의 풍부한 석유자원이 막 알려지기 시작하였다.

64
다시 행복한 시절이 돌아왔다. 미국에서 전쟁의 승리란 휘발유 배급 제도의 종료를 의미했다.

65-66
1940년 말, FBI 국장인 에드거 후버는 모텔이 악의 온상이며 사랑 산업의 장소로 제공되고 있다고 경고했다. 전후 미국에서는 여행 인구가 늘어나면서 모텔도 여행객을 위한 숙박 장소로 정당한 평가를 받게 되었다.

67
1955년, 선견지명이 있던 밀크셰이크 제조기 세일즈맨이 시카고 외곽의 디플레인스에 맥도날드 1호점을 오픈했다.

68

1950년대 드라이브 인 문화는 미국 생활의 중심이 되었다.
결혼한 사람의 40%가 자동차에서 프로포즈를 받았다.

69
석유와 석유화학 제품에 의해 탄화수소 시대가 시작되었다.
1957년 런던에 있는 쉘 본사 옥상에서
플라스틱 훌라후프를 돌리고 있는 쉘의 여직원들.

70
1950년대 자동차를 가진 사람들은 자동차의 꼬리 날개 장식에 마음을 빼앗겼다.
그것이 아무리 휘발유를 많이 잡아먹어도 문제가 아니었다.

71

이란 수상 모하메드 모사데그는 1951년 영국 석유회사를 국영화하여 전후 첫 번째 석유 위기를 유발했다.
하지만 해금된 정치 세력들의 통제에 실패했다.

72

'아랍어 독습' 테이프로 공부했던 폴 게티가 사막에서 사우드 왕과
만나고 있다. 이 만남 직전에 발견한 유정으로 게티는 억만장자가 됐다.

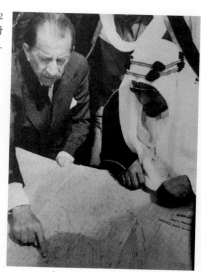

73

미국 국무부의 '신동(神童)' 조지 맥기. 1950년 중동의 생산자들과
이익을 반분하도록 함으로써 석유회사들이 완전 국유화되는 것을
면하게 해주었다.

74
전후 두 번째 석유 위기의 계기가 된
1950년 수에즈 운하 국유화 조치 직전에
자리를 함께한 나세르와 앤서니 이든.

75
아이젠하워 미국 대통령과
국무장관 존 포스터 덜레스.
영국과 프랑스의 수에즈 침공에
격노한 아이젠하워는 두 나라에
대한 석유 비상 공급을 끊었다.

76

1957년, 알제리에서 발견된 새로운 유전을 방문하고 있는
드골 장군. 드골은 이 자리에서 "이 일은 우리의 운명 전부를
바꿀 수 있다"라고 선언했다. 프랑스는 오랫동안 자신만의
독립된 석유 공급을 추구해왔다.

77
1957년 이탈리아의 거물, 엔리코 마테이(사진 왼쪽)는
이란 국왕(사진 오른쪽)과 거래함으로써
주요 국제 석유회사들의 공분을 샀다.

78
1956년 아부다비의 수장 샤크부와 만나고 있는
용감한 석유 저널리스트, 완다 자블론스키.

79
뉴저지의 회장인 래스본이 호랑이 꼬리를 들고 서 있다.
1960년에 그는 소련의 석유 판매 급증에 대항해서
일방적으로 석유 가격을 인하했다. 그 결과 생겨난
것이 OPEC이다.

80-81
OPEC의 창시자. 사우디의 초대 석유 장관으로
'붉은 수장'이라 불리었던 압둘라 타리키와
베네수엘라 석유장관 후안 파블로 페레스 알폰소.

82

미국 석유업자와 협상 중인 사우디아라비아의
파이잘 국왕과 아메드 자키 야마니 석유장관.

83

아먼드 해머 박사는 리비아에서 발견한
석유자원에 힘입어, 파산지경이던
소형 석유회사를 거대한 옥시덴탈로
탈바꿈시켰다.

84
1973년 제4차 중동전쟁으로 휘발유 가격이 인상되자 미국인들은 휘발유를 구입하기 위해 줄을 서야 했다.
이와 똑같은 일이 이란 국왕이 권좌에서 물러났을 때인 1979년에도 일어났다.

85
1974년의 청문회에서 헨리 잭슨 상원의원이 절치부심하는 석유회사
CEO들에게 선서를 시키고 있다. 그리고 나서 석유회사 CEO들은
'터무니없는 이익'을 취한 혐의로 기소되었다.

86
1973년 석유 금수조치 후 '에너지 절약 의상'의 모델이 된
일본 수상 오히라 마사요시. 비록 의상은 유행하지 못했지만,
에너지 절약은 확실하게 이루어졌다.

87

리처드 닉슨에 대한 마지막 환호.
제4차 중동전쟁의 여파 속에서 1974년 6월
카이로 거리에서 군중들로부터 환호를
받았다. 두 달 후 그는 워터게이트
사건으로 대통령직을 사임하였으며,
이로 인해 1973년 석유 위기에 대한
미국의 대응은 빈약해질 수밖에 없었다.

88
멕시코 만의 석유시추선 갑판에 서 있는
지미 카터 대통령과 에너지장관
제임스 슐레진저. 카터는 미국이 직면한
에너지 문제를 '사실상 전쟁에 버금가는
것'이라 밝힌 바 있다.

89
건설 승인을 얻는 데 5년이 걸린 알래스카 파이프라인.

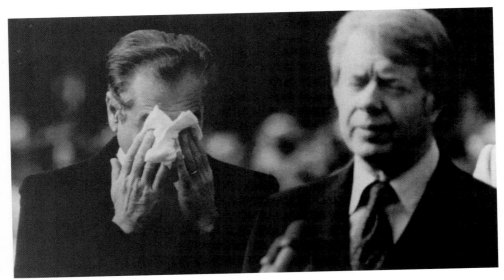

90
1978년 지미 카터 미국 대통령이 백악관에서 이란 국왕을 영접했을 때, 두 사람의 눈에서는 눈물이 흘렀다.
시위 군중을 해산시키기 위한 최루 가스 때문이었다.

91
국왕이 실각하자 1979년 2월
해외 망명지에서 돌아온 호메이니는
테헤란에서 열렬한 환호를 받았다.

92
뉴욕 상품거래소에서는 활발한 거래가
이루어졌는데 1983년 이후 국제 유가를
결정짓는 중심지가 되었다.

93
1983년 12월 걸프 회장 지미 리와 악수를
나누고 있는 데사의 분 피켄스(사진 왼쪽).
그는 1980년대 최대 기업 합병 중 하나인
걸프에 대한 매수 전략을 펴고 있었다.

94
1989년 3월 24일 금요일 자정 직후, 유조선
발데스 호가 알래스카의 프린스 윌리엄
사운드에서 좌초되어 24만 배럴의 석유가
유출되었다. 이로 인해 환경보호 운동이 한층
고조되었다.

95-96
1956년 새로운 석유 시굴 장치 완성을 기념하는 행사에
참석하고 있는 자파타 오프쇼어의 사장인 석유업자
조지 H. W. 부시와 그의 아들 조지 W. 부시.
30년 뒤인 1986년 HW 부시는 부통령으로서
사우디의 파드 국왕을 만났으며,
1990년에는 대통령으로서 이란의 쿠웨이트 침공과
중동 석유 문제로 사담 후세인과 대결했다.

97
냉전 체제 후 첫 번째 석유 위기를 야기한
이라크 독재자 사담 후세인.

1948년에는 맥도날드 형제가 캘리포니아 버나디노에 있는 그들의 레스토랑에 조립식 조리법을 도입하면서 종업원의 수와 메뉴의 종류를 획기적으로 줄였다. 그러나 본격적으로 패스트푸드 시대가 시작된 것은 1954년 레이 크록이라는 밀크셰이크 제조기 판매인이 맥도날드 형제의 사업에 참여하면서부터다. 이듬해, 시카고 교외에 맥도날드라는 간판을 단 첫 번째 점포가 개설되었고, 이후 패스트푸드의 역사는 알려진 바와 같다.

미국은 드라이브 인 사회로 변모했다. 캘리포니아 주의 오렌지카운티에는 세계에서 가장 큰 드라이브 인 교회가 있어서 차를 탄 채로 예배를 볼 수 있었고, 텍사스의 한 대학에서는 드라이브 인 등록 창구를 통해 수강 신청을 할 수 있었다. 대형 화면에 영화를 상영하는 드라이브 인 극장은 10대 관객의 대표적인 연애 장소로 인식되었다. 매년 초가을, 자동차 전시장에서 벌어지는 신모델 발표회는 국가적 행사가 되었다. 사람들은 곡선형의 범퍼, 크롬 도금 부위의 확대, 긴 꼬리 날개 등등 디트로이트의 최신 기술에 감탄사를 연발했다. 꼬리 날개는 복잡한 후미등을 달기 위해 필요했다(현재 후미등은 자동차 후면에 장착된다). 이따금 '화려한 꼬리 날개 장식이 자동차 운행 시 안정성을 높여준다'는 주장도 있었다. 어떤 학자는 자동차가 공중에서 움직일 경우에만 그런 효과를 낼 수 있다고 주장했다. 하지만 자동차는 공중에서 움직이는 것이 아니었다. 자동차는 지면을 고속으로 질주하면서 사람들을 가정과 직장으로 옮겨주고, 많이 움직여야 하는 영업 직종의 사람들에게는 이동하는 사무실이 되었다.

미국인 가정의 90%가 자동차 여행으로 휴가를 보냈다. 1964년에는 주유소에서 50억 번째의 도로 지도책을 받은 운 좋은 운전자도 있었다. 임시 면허를 따고 본 면허를 따는 과정은 10대들이 반드시 거쳐야 하는 통과의례가 되었다. 자신의 자동차를 갖는 것이 성인이 되었고 독립할 수 있다는 상징적 의미로 해석되었다. 또한 자동차는 데이트를 즐기고, 연인 관계와 사랑을 유지하고, 결혼을 서약하는 중요한 장소가 되었다. 1960년대에 행해진 한 조사에 따르면, 미국에서 결혼한 부부의 40%가 자동차에서 프로포즈를 받은 것으로 나타났다.

이러한 새로운 생활 방식에서 동맥과 정맥의 역할을 한 것이 도로와 고속도로였다. 여러 가지 형태로 도로 건설을 추진하는 정책이 추진되었다. 1947년 캘리포니아 주에서는 휘발유세 인상과 함께 로스앤젤레스 주변의 고속도로 건설이 본격적으로 시작되었다. 그 프로젝트에는 각 고속도로들을 연결해 하나의 거대 수송망을 만드는 교차로 건설도 포함되어 있었다. 같은 해, 대륙의 반대편에 있는 뉴저지 주지사인 알프레드 드리스콜은 취임 연설에서 뉴저지 주에 위대한 사회를 건설한다는 구상을 제시했다. 주를 관통하는 자동차 전용도로를 건설하여 전후 골칫거리였던 혼잡과 교통 체증을 해소하고, 뉴저지 주를 횡단하는 시간을 한 시간 반으로 줄인다는 계획이었다. 뉴저지 주의 미래를 위해 자동차 전용도로의 건설보다 더 중요한 것은 없다고 드리스콜은 확신했다.

1949년 대단한 열기와 흥분 속에서 공사가 시작되었다. 자동차 전용도로는 '기적의 도로' 또는 '미래의 고속도로'라는 찬사를 받았다. 당시는 환경영향평가나 개발 반대 소송이 없었다. 단지 중요한 사업은 신속하게 처리한다는 생각뿐이었다. 처음 계획에서 마지막 요금 정산소 건설까지의 전 공사 과정이 2년이 못 되어 완료되었다. 개통식을 축하하는 의미로 조찬이 제공되었는데, 그 식사는 미국 고속도로 요식 업계의 거장인 하워드 존슨의 지시대로 조리된 것이었다.

뉴저지 턴파이크 자동차 전용도로는 미국뿐 아니라 세계적으로도 차량 이용이 가장 많은 유료 도로가 되었다. 휴게소에는 월트 휘트먼, 토머스 에디슨,

돌리 메디슨, 빈스 롬바르디 등의 이름이 붙여졌고, 오렌지색 타일로 치장된 하워드 존슨 레스토랑도 있었다. 도로 개통식에서 드리스콜 주지사는 "턴파이크로 인해 광고탑과 핫도그 가판점과 폐품 하치장에 가려 보이지 않던 뉴저지의 참다운 모습이 드러나게 되었다. 이제 운전자들은 뉴저지 본연의 아름다움을 볼 수 있을 것이다"라고 말했다. 그러나 그와 의견을 같이하는 사람은 소수에 불과했다. 코네티컷 주의 메리트 파크웨이, 뉴욕의 타코닉 파크웨이 등 다른 자동차 전용도로들은 훨씬 더 아름다운 경관을 갖고 있었다. "도로 주변의 지저분한 모습을 완전히 가리는 것은 어려운 일이다. 하지만 뉴저지 턴파이크는 훌륭히 해낼 수 있을 것이다"라는 소수의 의견도 있었다. 하지만 턴파이크는 아름다운 경관을 위해서가 아니라 지역 간을 신속히 이동해야 하는 탄화수소 시대의 인간에게 신속성과 편리성을 제공하기 위해 건설되었다. 그리고 그 도로는 증가 일로에 있는 미로형 도로망에서 유일한 지름길이었다.

1919년 드와이트 아이젠하워 대위는 자동차로 미 대륙을 횡단하는 행군을 지휘했다. 하지만 자동차가 달릴 만한 도로가 없었다. 그때의 경험이 자동차 도로 건설의 기반이 되었다. 37년 후인 1956년, 대통령이 된 아이젠하워는 전장 4만 1,000마일에 달하는 주간州間 고속도로 건설안에 서명했다(후에 4만 2,500마일로 확장됨). 연방정부가 건설비의 90%를 부담했고, 재원은 휘발유세로 적립된 고속도로 기금에서 충당되었다. 자동차 제조업자, 주정부, 트럭 운송업자, 자동차 판매업자, 석유회사, 고무제품회사, 상인조합, 부동산 개발업자 등 고속도로 건설과 관계된 단체들은 '고속도로 로비'로 알려진 강력한 연대를 통해 이 계획의 추진을 적극 지원했다. 압력단체 중에는 미국주차장연합회도 있었는데, 이들은 자동차들이 아무리 먼 거리를 운행하더라도 결국은 여행을 끝내고 주차해야 한다는 논리에서 이해관계를 갖고 있었다.

아이젠하워가 주간 고속도로를 추진한 데에는 몇 가지 이유가 있었다. 안전성, 교통 체증 완화, 비효율적인 도로 수송 체계에 의한 낭비 해소, 냉전에 대비한 민방위 체제의 정비 등이었다. "미국 도시가 원폭 공격을 받을 경우 정비된 도로가 있다면 긴급 대피가 가능하다"라고 그는 말했다. 고속도로 건설 계획은 어마어마한 것이었고, 아이젠하워는 고속도로의 건설 규모를 자랑스럽게 생각하며 이렇게 말했다. "전체 포장 구간의 면적은 미국 전체 자동차의 3분의 2를 주차할 수 있는 정도다. 공사에 투입되는 콘크리트는 후버 댐을 80개 세우거나, 달까지 가는 보도를 6개 만들 수 있는 분량이다. 불도저와 포크레인이 파내야 할 흙과 바위는 코네티컷 주를 2피트 깊이로 묻을 만한 분량이다. 제2차 세계대전 후 미국의 모습을 이 정도로 바꾼 단일 사업은 없었다." 그러나 이런 표현조차도 다소 자제된 수준이었다. 한편 끝없이 연결된 고속도로망을 통해 이동하는 여행자 수와 화물의 규모가 점점 확대됨에 따라 공공 수송과 철도는 수송 경쟁에서 패배자가 될 수밖에 없었다. 무엇이든 클수록, 길수록, 넓을수록 좋았던 팽창 추구 시대의 당연한 귀결이었다.

석유는 거실에서도 생활의 일부가 되었다. 6,000만 명 이상의 미국인이 매주 「베버리 힐빌리즈」라는 시트콤을 즐겼다. 이 프로그램은 1962년 방송되자마자 큰 인기를 얻어 수년간 최고의 시청률을 기록했다. 미국 외에서도 수백만 명이 시청한 이 시트콤은 후터빌 남부 산간 마을의 집 정원에서 석유가 발견되어 하루아침에 거부가 된 클램페츠 가족이 베버리힐즈에 있는 고급 주택으로 이사한다는 내용을 다룬 것이다. 때 묻지 않은 순박한 가족이 대도시 생활에 적응해가는 과정이 수많은 웃음거리의 소재가 되었다. 시청자들은 방송에서 석유 거부로 등장한 주인공들을 좋아했을 뿐 아니라, 프로그램의 주제가도 무척 사랑했다.

이리 와서 제드라는 사람의 이야기를 들어보아요.

가난한 산촌 사람으로 어렵게 가족을 부양하던 그는

어느 날 먹을 것을 한꺼번에 손에 쥐었어요.

땅에서 석유가 쏟아졌을 때죠.

석유는 검은 황금, 텍사스의 차※

「베버리 힐빌리즈」는 뜻밖의 행운을 소재로 한 코미디였다. 석유는 클램페츠 가족에게 '검은 황금'이었지만, 일반 소비자 입장에서도 공업화 사회를 풍요롭게 하는 '검은 황금'이었다. 그러나 아직도 한 가지 의문이 쫓아다니고 있었다. 탄화수소 시대의 사람들이 의지하고 있는 석유의 흐름은 과연 얼마나 믿을 만한가? 위험은 없는가?[7]

악몽의 재연

이집트의 나세르는 자신의 의지를 관철하는 데 필요한 석유를 갖고 있지는 않았지만, 군사력은 갖고 있었다. 1960년대에 그는 아랍 세계에서 실추된 명예를 되찾고자 했다. 그는 1956년의 전쟁에서 승리한 이스라엘에 복수를 벼르고 있었고, 항상 이스라엘 타도를 주장해왔다. 1956년의 전쟁에서 수에즈 운하의 국유화라는 실질적인 승리를 거둔 나세르는 자신감에 넘쳐 있었다. 또한 그는 시리아를 의식하지 않을 수 없었다. 시리아는 이스라엘에 대한 테러 행위를 지원해주고 있었고, 나세르는 자신이 무력한 동맹자로 보이는 것이 싫었다. 1967년 5월, 나세르는 수에즈 위기의 종결 이후 이집트에 잔류해 있던 국제연합 감시군에게 퇴거를 명령했다. 그리고 아카바 만의 봉쇄를 지시하고 이스라엘이 에이라트 항을 통해 석유를 수입하는 것을 차단했다. 또한 시나이 반도로 이집트 군대를 진격시켰다. 요르단의 후세인 국왕은 무력 충돌이 발생할 경우 요르단군을 이집트 지휘 체제에 속하도록 조치했다. 이집트로부터 병력과 군수품이 요르단으로 공수되었다. 다른 아랍 국가들도 이집트로 군대를 보내거나 보낼 준비를 했다. 6월 4일, 이라크가 새로운 요르단−이집트 군사협정에 참여했다. 아랍 연합군이 이스라엘 국경을 포위하자 이스라엘인들은 올가미가 목을 죄어 들어오는 듯한 느낌을 받았다.

다음날인 6월 5일 아침 8시경, 이스라엘은 아랍군에 선제공격으로 대응했다. 이로써 제3차 중동 전쟁인 '6일전쟁'이 시작되었다. 이스라엘은 초전에 이집트와 다른 아랍 적성국들의 공군을 지상에서 격멸했다. 제공권을 확보한 이스라엘은 아랍군을 쉽게 밀어냈다. 말이 6일전쟁이지, 그 결과는 3일 만에 결정된 꼴이 되었다. 시나이 반도의 이집트군은 전멸하다시피 했다. 6월 8일 이스라엘군은 시나이 반도를 횡단하여 이집트군 물자의 80%를 파괴한 후, 수에즈 운하의 동쪽 언덕까지 진격했다. 그 후 수일에 걸쳐 정전협정이 체결되었고 아랍군은 이스라엘에 시나이 반도, 예루살렘과 요르단 서안 지구 및 골란 고원을 넘겨주었다.[8]

아랍 국가들 간에는 석유를 무기로 활용하자는 논의가 10년 이상이나 진행되어왔다. 이제 그 기회가 왔다. 전쟁이 발발한 다음날인 6월 6일, 아랍국의 석유장관들은 이스라엘에 우호적인 국가에 대한 석유 수출 금지를 공식적으로 요청하고 나왔다. 이에 따라 사우디아라비아, 쿠웨이트, 이라크, 리비아 및 알제리가 미국, 영국에 대한 석유 수출을 금지했고, 서독에 대해서도 수출 제한 조치가 취해졌다. 6월 7일 아메드 자키 야마니는 아람코 회사에 "지난밤 열린 회의에서 채택된 각료회의 결정에 따라 미국 및 영국에 공급되는 석유의 선적을 금합니다. 이 조치는 엄격히 시행되어야 하며, 만일 석유가 한 방울이라도 이들 양국에 공급되는 경우 귀 회사는 엄중 문책을 받을 것입니다"라고 통보했다.

석유 수출국들이 고의적으로 자신들의 주 수입원을 차단한 이유는 무엇일까? 일부 국가는 유전 노동자의 파업, 폭동, 사보타주 등 자국 내의 불안정한 상황과 정치적으로 타격을 입은 나세르의 대중 선동 우려 때문에 그런 결정을 내렸다. 최악의 혼란 상황에 처한 국가는 리비아였다. 그곳에서는 외국계 석유회사의 사무실과 직원들이 군중의 습격을 받았다. 서방측 종업원들과 가족들을 대피시키기 위한 계획에 따라 휠러스 공항에서는 30분마다 비행기가 이륙했다. 사우디아라비아와 쿠웨이트에서는 생산 또한 파업과 사보타주로 중단되었다.

6월 8일, 아랍국으로부터의 석유 공급은 60% 감소했고 사우디아라비아와 리비아의 수출은 완전 중단되었다. 아바단에 있는 대규모 이란 정유소는 이라크 도선사들이 샤트알-아랍 수로에서 작업을 거부함으로써 조업이 중단되었다. 중동 석유의 공급 부족은 일일 600만 배럴에 달했다. 석유 수출 중단뿐 아니라, 1956년처럼 이라크 및 사우디아라비아에서 지중해로 통하는 파이프라인과 수에즈 운하가 폐쇄되었기 때문에 수송은 대혼란에 빠졌다. 6월 27일 미국 내무성의 차관보는 다음과 같이 의견을 피력했다. "1956~57년의 수에즈 봉쇄 때보다 더 심각한 위기다. 당시에는 북쪽의 이라크를 제외한 다른 메이저들은 조업을 중단하지 않았고, 문제는 오직 수송로였다. 지금은 서유럽 석유의 4분의 3이 중동과 북아프리카의 아랍 지역에서 공급되고 있고, 그중 절반이 생산 중단 상태에 있다. 따라서 유럽은 심각한 석유 부족에 직면하게 될 것이다."[9]

상황은 6월 말과 7월 초에 더욱 악화되었고, 우연히 나이지리아에서는 내전이 발발했다. 신흥 유전지대가 집중되어 있는 나이지리아 동부는 중앙정부에 석유 수입의 배분을 늘려달라고 요청했고 나이지리아 정부는 이를 일언지하에 거절했다. 석유 수익 분배에 대한 갈등의 내면에는 뿌리 깊은 종교적, 인종적 갈등이 자리 잡고 있었다. 동부 지역은 나이지리아로부터 분리 독립을 선언하고 나라 이름을 '비아프라'로 정했다. 나이지리아 정부는 비아프라의 석유 수출을 봉쇄했다. 그 결과 아랍국의 석유 수출 중단으로 위기에 처해 있던 세계 석유시장에 일일 50만 배럴의 공급이 추가로 감소되었다.

당시 베트남 전쟁에 신경 쓰는 것만으로도 힘에 부친 미국은 6일전쟁에 대해 미묘한 정책을 구사했다. 존슨 대통령은 맥조지 번디를 의장으로 한 특별위원회를 설치했는데, 케네디가 쿠바의 미사일 위기 시 활용했던 위원회를 모델로 하고 있었다. 번디 위원회는 많은 시간을 수에즈 운하 폐쇄에 대한 대응책에 허비했다. 한편으로 석유회사들에는 긴급 조치를 취하도록 지시가 내려졌다. 워싱턴의 내무부는 한국전쟁 이래로 갖게 된 권한을 이용해 외국 석유공급위원회의 활동을 재개시켰다. 필요하다면 회사들이 공동으로 석유 공급을 관리할 수 있고, 유럽으로의 석유 공급을 유지하기 위해 반트러스트법의 적용을 일시 정지할 수도 있었다. 이 위원회는 1951~53년 이란의 국유화 위기 때와 1956~57년 수에즈 위기 때 활동했던 이력이 있다. 두 번의 위기에서 위원회 고문으로 활약했던 변호사는 "악몽이 되풀이되는 것 같다"라고 말했다.

이러한 작업이 성공하기 위해서는 선진국으로 구성된 경제협력개발기구 OECD의 석유위원회가 위기 시 비상사태를 선포해야 하고, 1956년처럼 '수에즈 시스템'을 발동하여 서방 국가들 간의 분배를 조정하는 등의 전제조건이 갖춰져야 했다. 그러나 미국이 이런 조치를 요구하자 OECD 국가 대부분은 스스로 석유 공급을 조정할 수 있다고 자신하며 미국의 요구를 거절했다. 미국 정부로서는 충격이었다. OECD가 비상사태 임박을 선포하지 않으면, 미국 사법부는 석유회사들의 협력을 가능케 하는 반트러스트법의 일시 정지를 결정할 수 없었다. OECD의 비상사태 선언이 없을 경우 미국 회사들과 외국 회사들 간의 정보 교환(석유의 배분을 말한다)이 불가능하다는 미국의 경고가 천명되자, OECD는 비로소 만장일치로 '비상사태의 위협'이 존재하고 있다는 안을 채택했다(프랑스, 독일, 터키는 표결에서 기권함). 이에 따라 미국과 기타 국가들의 정책 조정이 가능하게 되었다.

유조선과 수송이 다시 큰 문제로 등장했다. 기존의 석유 공급 체계를 대대적으로 변경하지 않으면 안 되었다. 비아랍 산유국이 수출하는 석유는 금수조치를 당하고 있는 국가들에 공급되었다(미국은 걸프 해안에서 동부 해안으로 수송로를 바꾸었다). 반면 미국, 영국 및 독일로 수출되던 아랍산 석유는 다른 국가들로 충당되었다. 수에즈 운하와 지중해 파이프라인의 봉쇄로 1956년처럼 희망봉을 우회하는 장거리 여행을 해야 했고 이에 따라 유조선 수요가 폭증했다. BP는 수송 체계를 재조정하는 것이 너무 복잡해 컴퓨터 사용을 포기하고 수작업을 동원했다. 그러나 장거리 항해의 문제점은 1956년의 수에즈 위기 이후 개발되어온 '초대형 유조선'의 등장으로 예상보다 쉽게 해결되었다. 수에즈 위기가 발생한 지 6년이 지난 1967년, 1956년의 규모보다 5배나 더 큰 초대형 유조선이 만들어졌다. 일본이 건조한 초대형 유조선 6척은 적재 중량이 30만 톤급이고 1956년의 유조선보다 7배나 길었다. 이 선박들은 페르시아 만과 유럽을 왕래하는 임무에 투입되었다.

엄청난 걱정과 불안에도 불구하고 문제는 예상보다 심각하지 않았다. 아랍 국가들의 국내 문제가 진정되고 다시 석유 생산에 들어가면서 생산 감소분은 일일 150만 배럴로 회복되었다. 이 물량은 금수조치가 내려진 미국, 영국, 독일의 세 나라에 공급되던 물량과 같았다. 부족한 150만 배럴은 우선 급한 대로 비축물량으로 메울 수 있었고, 장기적으로는 다른 국가들에 의한 추가 생산으로 충당되었다. 7년 전인 1960년, 미국 국가안전보장회의는 중동에서 석유 공급이 안 될 때, 유럽의 석유 공급 안정을 보장해줄 수 있는 것은 생산 중지 상태인 미국 유전들이라고 언급했다. 그리고 그 가설은 1967년 현실로 나타났다. 국가안전보장회의의 정책은 미국 정부 내의 일부 인사와, 생산 할당제를 원하는 텍사스 독립계 회사들의 지지를 받았다. 즉시 생산에 들어갈 수 있는 휴업 상태의 유전에 매장된 석유 물량은 막대했다(실제 매장량은 공식적으로 알려진 물량보다 적을 수도 있다). 텍사스 철도위원회와 관련 기관들의 협력으로 미국의 증산 물량은 일일 100만 배럴에 달했다. 베네수엘라는 일일 40만 배럴, 이란은 20만 배럴을 증산했다. 인도네시아도 단계적으로 생산을 늘려갔다.[10]

6일전쟁이 끝나고 한 달 뒤인 1967년 7월, '아랍의 석유 무기화'와 '적대국가에 대한 석유 공급'이 원활해졌다. 외국석유공급위원회는 정보 전달과 자문 역할을 수행했다. 석유회사들 간의 공동 작업을 위한 공식적인 긴급 조치나 반트러스트법의 면제 조치는 필요가 없었다. 국제적 석유회사들은 독자적으로 사태에 대처해나갔다. 가장 큰 손실을 입은 쪽은 금수조치를 내린 국가들이었다. 그들은 막대한 석유 수익을 포기했지만 아무 효과도 얻지 못했다. 게다가 그들은 전비戰費 부담과 함께 이집트 및 이스라엘 접경 국가들로부터 지속적인 원조를 요청받고 있었다. 야마니는 이런 상황에서 금수조치가 얼마나 효과가 있는지 공개적으로 의문을 제기했다. 그러나 모두가 그의 의견에 동조하지는 않았다. 이라크는 3개월간 전면적인 금수조치를 단행하여 서방 세계에 교훈을 남겨야 한다고 주장했지만 이라크에 동조하는 아랍 국가는 하나도 없었다. 1967년 8월 말, 카르툼에서 열린 아랍 정상회담에서 나세르는 이집트가 파멸 상태에 있고 절대적으로 자금이 필요하다고 호소했다. 당시 나세르는 쿠데타를 계획 중이던 군 장교 150명을 카이로에 감금한 후 그 회의에 참석하고 있었다. 회의에 참석한 정상들은 석유 증산과 석유 수익의 증대 외에는 방법이 없다고 결론 내렸다. 그것은 아랍이 취할 수 있는 가장 바람직한 전략이었다. 9월 초 미국, 영국, 독일에 대한 금수조치가 해제되었다.

이제 석유 부족의 위험은 완전히 사라졌다. 아랍제국은 그때까지의 생산 감소분을 보충하고 시장점유율을 확보하기 위해 증산에 들어갔다. 그 결과 8월의 아랍제국 생산량은 개전 전인 5월보다 8% 증가했다. 아랍제국의 증산량은 나이지리아 내전에 의한 공급 감소분의 두 배에 달했다. 석유 공급 장애는 다소 쉽게 해결되었지만, 만일 많은 석유 수출 국가들의 생산이 전면 중단되거나 시장 상황이 상이했더라면 사태는 더욱 심각한 지경에 빠졌을지 모른다.

미국 내무부는 위기관리를 주제로 한 보고서에서 두 가지 교훈을 지적했다. 공급원 다양화와 수송 능력 확충이었다. 항상 생산 확대를 외치던 이란 국왕은 위기 이후 워싱턴에서 정책을 수립하는 사람들의 관심을 끌고 석유회사와 계속되는 싸움판에서 그들의 후원을 얻을 수 있는 기발한 아이디어를 생각해냈다. 미국이 전략 비축용으로 수입하는 석유의 특별 쿼터를 이란이 배정받아야 한다는 것이었다. 이 방법으로 미국은 석유 공급의 안정성과 신축성을 확보하게 될 것이며, 이란은 새로운 시장을 갖게 될 것이다. 그러나 이 기발한 생각이 실천에 옮겨지기 전에 다른 석유 위기가 발생했다.

1967년 가을에는 6일전쟁 후에 발생한 전 세계적인 증산을 통해, 단기적으로 공급이 수요를 초과하는 양상이 나타났다. 10월 「월스트리트 저널」에는 '중동 전쟁에 따른 석유 부족 위기가 이제 공급 과잉의 위기로 전환'이라는 제목의 톱기사가 게재되었다. 세계적 석유 잡지인 「오일 & 가스 저널」은 새로운 위기, 즉 '공급 과잉'의 위기를 이미 경고했다. 경제계 인사들의 걱정거리는 공급 확보가 아니라 공급 과잉에 대한 대처였다. 1956년 수에즈 위기 이후, 1950년대 말의 공급 과잉 사태가 얼마나 심각한 것이었는지에 대한 기억이 되살아났다. 그때의 사태로 미국의 석유 수입에 쿼터제가 도입되었고, 공시가격이 인하되었으며, OPEC(석유수출국기구)이 결성되었다. 또다시 운명의 추는 부족에서 과잉으로 움직이고 있었고, 이러한 진자振子 운동은 모두가 경험한 바 있었다.[11]

불길한 예언자

6일전쟁은 '석유 공급의 안정성'을 확인한 계기가 되었다. 탄화수소 인간들은 확실한 의식 없이 석유를 사용해왔다. 석유는 현대 인간의 생활을 결정하는 중요한 요인이었지만, 너무 쉽게 너무 풍부한 양을 얻을 수 있었기 때문에 석유에 대해 아무 생각이 없었다. 석유는 어디에나 있고, 풍족하게 공급되며 값도 저렴했다. 마치 물처럼 넘쳐났다. 공급 과잉은 거의 20년이나 계속되었고 이런 상황이 영원히 계속되리라는 것이 일반적인 관념이었다. 석유산업에 종사하는 사람들의 생각도 다를 바 없었다. 1968년 말 캘리포니아 스탠더드오일이 발간한 보고서는 '석유는 대규모 공급 과잉 상태다. 시장의 수요를 초과하는 지역에서도 생산을 지속하라는 압력은 계속될 것이다'라고 예측했다. 소비자들 역시 석유 저가격 체제가 계속될 것이라 예상했다. 그들은 값싼 석유가 어떤 환경에 의해 결정된 것이 아니라 천부의 권리인 것처럼 인식해왔다. 그들의 주된 관심은 갤런당 2센트를 아끼기 위해 몇 블록 떨어진 주유소에 가야 할지 말지에 대한 것이었다.

바람직하지 못한 사태에 의문을 제기한 이단자나 회의론자들도 있었지만 극히 소수에 불과했다. 독일 태생의 경제학자 슈마허는 그중 한 사람이었다. 그는 옥스퍼드 대학에서 독일 로즈 장학생으로 수학했고, 콜롬비아 대학에 진학해 학업을 계속했다. 1930년대 말, 그는 영국으로 영구 이주했고, 한때 런던의 「이코노미스트」와 「타임」 잡지의 작가로 활동했다. 그는 1950년 전쟁 이후 국영화된 국영 석탄위원회의 경제 고문이 되었다. 그의 이름은 그 자리에 있는 20년 동안 거의 알려지지 않았지만, 슈마허는 폭넓은 지성을 가진 인물이었다. 그는 불교에 심취해 있었고, 선진국에서 이전되는 비싼 공업화 프로젝트를 대체할 수 있는 개도국용 중간 기술 개발에 매진하고 있었다.

석탄위원회의 경제 고문으로서 슈마허는 석탄산업 보호라는 특별한 임무를 맡았다. 그는 석유와의 치열한 경쟁에서 석탄산업이 취할 대응책을 마련해야 했다. 누가 시장 경쟁의 패배자가 될 것인지에 대해서 그도 이견이 없었다. 결론은 필연적이었기 때문이다. 단지 석탄이 너무 쉽게 석유에게 제왕의 자리를 내주는 것이 안타까울 따름이었다. 후에 그는 환경론자들에게 높은 평가를 받게 되지만, 당시는 석유보다 공해가 심한 석탄을 옹호했다. 그가 석탄을 옹호한 논리의 핵심은 20여 년 후 후학들의 관심거리가 될 자원 고갈의 문제였고, 공해와는 관련이 없었다.

"에너지 대체 물질은 존재하지 않는다." 1964년 슈마허는 19세기의 경제학자이며 석탄 옹호론자인 제본스의 생각과 똑같은 발언을 했다. "현대 문명은 석유를 기초로 만들어졌다. 비록 석유가 다른 상품처럼 매매된다 하더라도 본질적인 면에서는 차이가 있다. 공기, 물, 땅과 같이 다른 모든 상품들을 구성하는 기본 요소인 것이다." 슈마허는 세계 에너지 수요를 충족하려면 석탄을 사용해야 한다고 적극 주장했다. 석유는 한정된 자원이므로 무절제하게 사용해서는 안 된다는 것이 그의 생각이었다. 또한 그는 매장량이 줄어들고 산유국들이 차지하려는 몫이 점점 커짐에 따라 석유 가격이 계속 낮은 수준에 머물러 있지는 않을 것이라 생각했다. 그는 중동 석유에 대한 의존을 더욱 우려했다. "가장 풍부한, 그리고 가장 값싼 자원이 세계에서 가장 불안정한 몇몇 국가에 몰려 있다. 이런 불안정한 상황에서는 장기적 시각보다 현재에 최선이 되는 것만을 추구하게 된다."

낙관주의가 지배하던 시대에 슈마허의 비관적 장기 전망은 납득할 수 없는 것이었다. 그는 경제적 면에서 그 위험을 설명했다. "빠른 소비 증가와 저가격으로 세계 석유 공급은 앞으로 20년을 버티지 못할 것이다." 그는 더욱 추상적인 말로 경고의 메시지를 보낸 적도 있었다. 그는 저명한 옥스퍼드 교수의 말을 인용해 "가까운 장래에, 우리의 손에 의해 연료의 황혼기가 결정될 것이다"라고 주장한 것이다.

그러나 그의 주장은 공허한 메아리에 지나지 않았다. 석유는 여전히 공급 과잉의 상태에 있었고, 슈마허는 무심한 여론을 한탄했다. 1970년 슈마허는 한편으로는 좌절감에, 또 한편으로는 석유와의 싸움에서 자신이 할 수 있는 모든 것을 했다는 생각에 석탄위원회를 사임했다. 그가 위원회에 재임한 20년 동안, 석유는 구시대의 제왕인 석탄으로부터 왕관을 물려받았고 공업사회의 종주권宗主權을 획득했다. 슈마허는 사퇴하면서 "병아리가 제 둥지를 찾아 돌아왔다"라고 말했다. 당시 그는 화를 잘 내고 파티를 즐기지 않는다는 이유로 흥을 깨는 인물로 인식되었다. 그는 탄화수소 시대의 계율과 '큰 것이 더 좋다'라는 세태를 반박하는 책을 출간했다. 오래지 않아 그가 흥이나 깨는 사람이 아니라 예언자임을 인정하게 하는 사건이 발생했다.[12]

Chapter 05

주도권
쟁탈전

THE
PRIZE

산유국과
석유회사의 대결

페르시아 제국의 수도였던 페르세폴리스는 기원전 330년 알렉산더 대왕에게 함락되어 약탈당한 이후 2,000년 넘게 인적이 끊긴 폐허로 버려져 있었다. 그러나 이 도시는 20세기 후반에 들어 눈부시게 재건되었다. 1971년 황폐해진 옛터 위에 초대형 텐트 3개, 그보다 작은 텐트 59개가 세워졌다. 이 행사는 이란 국왕이 2,500년 전 페르시아제국의 창건을 기념하기 위해 개최한 것인데, 「타임」지는 '사상 최대의 충격적인 일 중 하나'라고 논평한 바 있다.

행사에는 소련 대통령, 미국 부통령, 유고슬라비아의 티토 원수元首, 각국 국왕 20명, 왕비 5명, 왕자 및 공주 21명, 기타 14개국의 대통령, 미국 외 3개국의 부통령, 외무장관 2명 등이 귀빈으로 참석했다. 행사 순서 중에는 국왕이 제국의 창건자인 퀴로스 대왕의 혼백과 영적인 대화를 나누고, 죽은 지 수천 년이 된 대왕의 전통과 업적을 계승할 것을 서약하는 행사도 포함되었다. 보석과 훈장으로 치장한 귀빈들은 버스를 타고 페르세폴리스 위쪽 언덕으로 올라가서, 알렉산더에 의한 페르세폴리스 파괴를 극적으로 부각해주는 별빛 아래에서 아름다운 연회를 즐겼다.

이란 정부는 이 기념식을 준비하면서, 영국으로부터 외교상 매우 중요한 사안에 관한 극비의 조언을 긴급하게 얻고자 했다. 대거 참석한 귀빈들의 좌석을 어떤 식으로 배치할 것인가 하는 문제였다. 자칫 잘못하면 참석자들의 비위를 거스를 수 있었다. 런던 외무부 의전과에서는 어떤 사람도 팔레비가家의 주요 인물에게서 너무 멀리 떨어져 앉지 않도록, 물결 모양으로 특수 제작된 테이블을 마련하는 독창적 계획을 착안했다.

자신의 위세를 과시하기 위해 이란 국왕은 엘리자베스 2세를 초대했다. 하지만 테헤란 주재 영국 대사는 여왕이 이미 다른 나라와 약속이 되어 있음을 통보하는 달갑지 않은 일을 해야 했다. 그런데 그 '다른' 곳이 하필이면 이란과 접해 있는 터키였으니, 이란 국왕은 화가 날 수밖에 없었다. 더욱이 여왕이 올 수 없다면 찰스 왕자를 보내달라는 요청까지 받아들여지지 않았다. 그는 북해의 어느 구축함에서 해군으로 복무하는 중이었다. 페르세폴리스의 행사는 그저 하나의 파티가 아니라 2,500년에 한 번 있는 기념식이었다. 또한 이란 국왕은 영국제 치프틴 탱크를 주문하려는 참이었는데, 이는 영국의 국제 수지에 결정적으로 중요한 문제였다. 그래서 런던 측은 필립 공과 앤 공주의 방문을 제안했다. 국왕은 응낙했으나 완전히 기분이 풀린 것은 아니었다.

이 행사의 음식은 파리의 맥심이 맡았다. 165명의 요리사와 제빵사, 웨이터들이 파리에서 날아와 요리를 만들고 서빙까지 했는데 아주 훌륭했다고 한다. 식사와 함께 포도주 2만 5,000병도 프랑스에서 비행기로 공수되었다(모든 준비가 너무 프랑스식이어서 프랑스 대통령 퐁피두가 그 행사에 참석하지 않았다는 점이 오히려 이상해 보였다. 그는 개인적으로 "내가 간다면 그 사람들이 나를 웨이터장으로 만들어버릴 거요"라고 이유를 설명했다). 이 엄청난 행사에 든 돈은 대략 100만~200만 달러로 짐작되었다. 누군가가 그런 낭비를 문제 삼자 국왕은 분을 참지 못했다. "도대체 뭐가 불만인가?"라고 되물었다. "50여 개국의 국가 원수들을 위해 연회 몇 번 여는 게 뭐가 문제인가? 그들에게 빵과 무를 대접할 수는 없는 일 아닌가? 이란 왕실이 아직도 맥심에 돈을 치를 수 있다는 걸 고맙게 여기게나."

페르세폴리스 행사가 끝난 후, 영국은 국왕을 달래고 양국의 긴장을 완화하기 위해 그를 영국으로 초청했다. 로열 애스컷Ascot 경마대회를 즐기며 영국 왕실과 윈저 성에서 주말을 보내도록 한 것이다. 이 방문은 아주 성공적이었다. 단 하나의 문제는 국왕이 여왕과의 작별 기념으로 승마를 하려고 했을 때 일어났다. 그들이 말에 오르기 불과 몇 시간 전에야, 이란 남성인 국왕은 암말이나 거세마去勢馬는 타지 않고 종마種馬만을 탄다는 사실을 알게 된 것이다. 소름 돋는 순간이었다. 종마를 구할 수 없었던 것이다. 영국 사람들 사이에 절망감이 퍼져나가던 바로 그때, 앤 공주가 종마를 한 마리 갖고 있다는 사실을 여왕이 기억해냈다. 그러나 다시 한 번 소름 끼치게도 그 말의 이름이 '코사크'라는 점이 지적되었다. 국왕은 1920년대 정권을 장악했던 코사크 여단 장교의 아들이었다. 국왕이 부왕에 대해 아주 민감하고, 영국이 그 부왕을 폐위하는 데 했던 역할과 국왕이 영국에 대해 갖고 있는 전반적인 의심을 고려할 때, 그런 이름을 가진 말을 타라고 하는 것은 문제가 있었다. 국왕이 이를 또 하나의 뻔뻔한 모욕이며 야비하게 깔보는 행위라고 받아들여도 좋다는 것과 같았다. 결국 말의 이름을 숨긴 상태에서 국왕은 코사크를 탔고, 주말의 나머지 부분은 순조롭게 지나갔다. 엘리자베스 여왕과 필립 공, 이란 국왕과 왕비는 무개마차를 타고 애스컷 경주 코스를 돌았고, 그 후 국왕은 여왕에게 보낸 편지에서 '나의 사랑하는 사촌'이라고 썼다. 영국은 다시 환심을 사게 되었다.

국왕이 페르세폴리스에서 그처럼 거창한 기념식을 치른 목적은 자신을 신神에 의해 지명된 자, 즉 퀴로스 대왕의 계승자로 확고히 하는 데 있었다. 영국 여왕의 초대는 그의 지위를 여왕과 똑같은 높이로 만들어주었다. 그는 더 이상 꼭두각시, 장기판의 졸^卒, 왕좌에 임명된 자가 아니었다. 이제 그는 엄청난 부와 권력, 자부심을 갖고 중동과 국제무대에서 중요한 역할을 담당할 주인공이 되었다.[1]

영국과 미국의 후퇴

전후^{戰後}의 중동 석유 질서는 미국과 영국의 지배력 아래에서 형성되고 유지되었다. 1960년대 후반, 양국의 정치적 힘은 퇴조했고 이는 석유 질서의 정치적 기반 역시 약화되었음을 의미했다. 미국은 월남의 실패로, 수년 동안 돈은 돈대로 들고 인기가 떨어져 진창에 빠진 신세가 되었다. 동시에 세계 곳곳에서 반미주의가 풍미하고 이는 제국주의, 신^新식민주의, 경제적 착취에 대한 비판으로 연결되었다. 미국인들 스스로도 월남전 자체는 물론 '월남의 교훈'에 대해 심각하게 분열되었는데, 그 교훈은 결국 세계에서 미국이 견지해야 할 역할의 범위와 성격을 둘러싼 것이었다. 그러나 개발도상국의 일부 사람들에게 월남의 교훈은 아주 다르게 받아들여졌다. 즉 미국에 도전할 때 무릅써야 하는 위험과 비용이 과거에 비해 아주 낮아졌다는 교훈이었다. 확실히 과거 모사데그가 무릅써야 했던 높은 위험과는 거리가 멀었다. 반면 얻는 것은 상당했다.

영국에 비하면, 미국은 중동 진출에 있어 신참이었다. 영국은 1800년대 초반에 그 해역에 출몰하던 해적들을 평정하고, 페르시아 만의 아라비아 쪽 해안에 걸쳐 있는 여러 회교국 군주들 사이의 오래된 해전^{海戰} 상태를 휴전으로 이끌던 때부터 페르시아 만에 관여하고 있었다. 영국인들은 그 대가로 이들 여러 '휴전 조인국'들의 독립과 유지를 보장해주는 것으로 발전한 협약들을 통해, 평화를 유지하는 책임을 떠맡게 되었다. 19세기 말과 20세기 초에는 이와 흡사한 조약·협정들이 바레인, 쿠웨이트, 카타르에까지 퍼져나갔다. 그러나 1960년대 영국은 경제 불황에 빠졌다. 전후 영국의 최대 과제는 '대영제국을 어떻게 청산할 것인가'로 귀착되었다. 대영제국이 백기를 든 곳은, 아라비아 반도의 남쪽 끝에 있는 아덴이라는 항구 도시였다. 아덴은 온전히 영국이 만들어낸 도시로, 페르시아 만에서 시작되는 석유 유통로에 전략적으로 자리 잡은, 세계에서 가장 혼잡한 항구 중 하나였다. 이제 그 도시는 무정부 상태가 되었다. 영국인 총독이 철수할 때 군악대는 '모든 것이 이전과는 같지 않네'라는 곡을 연주했는데, 실제 상황도 그랬다. 영국이 철수하면서, 아덴은 엄격한 마르크스-레닌주의 국가인 남예멘에 병합되었다. 그 후 1968년 1월 초, 국제수지 위기에 대한 대응으로 해럴드 윌슨 국무총리는 '영국은 수에즈 동쪽에 대한 방위 임무를 그만두겠다'라고 선언했다. 영국은 1971년까지 페르시아 만에서 군사력을 완전히 철수할 것이며, 이는 19세기의 팍스 브리태니커와 대영제국 통치권의 마지막 주요 흔적을 없애는 일이 될 것이었다.

페르시아 만의 군주와 지도자들은 윌슨 정부의 이 같은 결정에 크게 당황했다. 불과 3개월 전에 그들은 영국 외무부를 통해 그들이 페르시아 만에서 떠날 의사가 없음을 재차 확인받았다. 군주들은 영국에 계속 남아달라고 사정했다. 두바이의 지도자는 "누가 영국인들에게 떠나라고 했는가?"라고 말했다. 바레인 국왕은 그보다는 약간 무뚝뚝하게 말했다. "영국에 윈스턴 처칠 같은 사람이 또 있다면 얼마나 좋을까. …… 예전의 강하던 영국은 이제 없어. 우리나 다른 나라 모두가 영국이 페르시아 만에 계속 머물기 바란다는 것을 잘 알 텐데."

페르시아 만에서 영국의 위상을 지켜주었던 것은 6,000여 명의 지상군과 공군 지원 부대였다. 이를 유지하는 데는 연간 1,200만 파운드(非 스털링)가 들었다. 영국의 석유회사들이 그 지역에 해놓은 엄청난 투자를 생각해보면 얼마 안 되는 액수의 보험료라 볼 수 있다. 석유회사들은 기업의 수입으로 영국의 국제수지에 아주 긍정적 영향을 미침과 동시에 정부의 재정 수입에도 크게 기여하고 있었다. 회교국 왕들 중에는 영국 군대를 그 지역에 유지하기 위해서라면 그 1,200만 파운드를 기꺼이 부담하겠다고 하는 사람도 있었다. 국방부 장관 데니스 힐리는 이런 의견에 대해 "영국 군대를 자기 주변에 두고 싶어 하는 사람들의 용병이 될 수는 없다"라고 치부했다. 그러나 일부 사람들이 지적했듯이, 그런 '상계相計 지불 방식'은 이미 서독과 홍콩에 영국 병력을 주둔시키는 데 적용되고 있었다. 그러나 힐리를 움직인 것은 경제적 필요성만이 아니었다. 중동의 민족주의가 성장하는 것을 보고 중동에 군사력을 유지하는 것이 '정치적으로 현명하지 못하다'는 생각을 굳히게 된 것이다.

영국은 아랍에미리트 연방의 설립을 지원했는데, 이는 작은 나라들 몇 개를 하나로 묶음으로써 그들에게 방위 수단을 제공하려는 의도였다. 그 과업이 끝나자, 영국은 1971년 완전히 짐을 싸서 페르시아 만을 떠났다. 이는 제2차 세계대전 이후 페르시아 만의 가장 근본적 변화이면서, 그 지역에서 1세기 이상 지속되어온 안보 체계의 종식을 의미하는 것이었다. 따라서 자유세계에서 필요로 하는 석유 중 32%를 공급하고, 당시 석유 보유량의 58%를 차지하는 지역에 위험한 힘의 공백이 생겼다.

이란 국왕은 지난달 페르세폴리스 행사를 통해 보여주었듯이, 그 공백 상태를 메우려고 열심이었다. 그는 "페르시아 만의 안전을 보장하는 일을 이란이 아니라면 누가 해낼 수 있겠는가?"라고 말했다. 미국인들에게는 영국이 철수하는 것이 유쾌하지 않았지만, 영국이 없다면 국왕이 있었다. 아무튼 이때는 미국의 힘에 정치적, 경제적 제약들이 가해지던 시기였다. 미국은 자국에 우호적인 지역의 강대국들을 지역 경찰로 삼는 '닉슨 독트린'을 발동했고, 그 역할에는 국왕이 적격이었다. 1953년 국왕이 왕권을 되찾고 몇 달 후, 닉슨과 국왕의 첫 만남이 성사되었는데 닉슨은 국왕을 높이 평가했다. 닉슨은 당시 아이젠하워 대통령에게 "국왕은 점점 거물이 되고 있습니다. 국왕이 이끌면 모든 게 더 나아질 것입니다"라고 말했다.

닉슨은 1962년 주지사 선거에 패배하고 세계 일주 여행을 떠났다. 국왕은 그를 따뜻하게 맞아준 몇 안 되는 국가 지도자 중 하나였다. 닉슨은 실의에 빠졌던 시절에 받은 호의를 결코 잊지 않았다. 1970년대 초반이 되자, 국왕은 이란뿐 아니라 주변 지역에서 지도력을 행사하려 했고, 닉슨 행정부는 그를 지원했다. 이 사실은 제대로 인식되지 않았지만, 당시에는 다른 뚜렷한 대안이 없었다. 소련의 대규모 군대가 인접한 이라크로 흘러 들어오고 있었고, 이라크는 이라크대로 페르시아 만과 석유에 대한 주도권을 장악하려는 오랜 야심을 갖고 있었다. 바로 이때부터 아주 다른 안보 체계가 페르시아 만을 지배하게 되었다.[2]

20년 공급 초과의 종언

1970년대 세계 석유에도 극적인 변화가 있었다. 수요가 공급을 따라잡게 되어 20년 동안 계속되었던 공급 초과 상태가 끝난 것이다. 그 결과 중동과 북아프리카 의존도는 급속히 증대되었다. 1960년대 말과 1970년대 초는 산업국가들 대부분이 급속한 경제 성장을 이룬 시기였고, 어떤 해에는 눈에 띄는 호황을 보이기도 했다. 이런 성장세는 석유에 기초를 둔 것이다. 자유세계의 석유 수요는 1960년대의 일일 1,900만 배럴에서 1972년에는 일일 4,400만 배럴로 증가했다. 공장과 발전소, 가정, 자동차가 갈수록 많은 양의 석유제품들을 소비하면서, 전 세계에 걸쳐 석유 소비는 예상을 벗어나 크게 증가했다. 미국에서는 자동차 운행 거리가 길어졌을 뿐 아니라 차체車體는 갈수록 무거워지고 더 많은 '추가 부품', 예를 들어 에어컨 같은 것들을 부착하고 다니게 됨으로써 휘발유 사용량이 늘어났다. 1960년대와 1970년대 초의 저렴한 석유 가격은 연비가 좋은 자동차에 대한 유인誘因이 없음을 의미했다.

이 시기는 또한 미국 내의 석유산업에 분수령이 되었다. 잉여 능력이 없어진 것이다. 동부 텍사스 유전의 대드 조이너, 그리고 해럴드 익스까지 거슬러 올라가 수십 년간 텍사스 철도위원회, 오클라호마 회사위원회, 루이지애나 보전위원회, 그리고 기타 주들에서 비슷한 기구들이 생산을 통제해왔다. 이 기구들은 산출량을 미리 배정하고, 석유 보전을 위해 생산 능력보다 훨씬 낮은 생산량을 유지하고, 잠재적인 초과 공급 상황이 되도록 가격을 관리했다. 의도한 바는 아니었지만 이런 노력들로 인해, 미국과 전체 서방 세계는 위기 상황에서 동원할 수 있는 안전 보유량, 즉 비상용 생산 용량을 소유하게 되었다. 제2차 세계대전과 같이 아주 큰 위기든, 1951년, 1956년, 1967년과 같이 제한된 위기든 마찬가지였다.

그러나 수요 증가, 낮은 가격으로 인한 저조한 투자, 상대적으로 낮은 유전 발견 확률, 수입 물량 억제 등으로 생산을 제한할 필요가 사라졌다. 이제는 미국에서 생산되는 석유 모두를 구매하려는 욕구가 있었다. 1957년에서 1963년까지, 미국의 초과 생산 용량은 일일 400만 배럴에 달했다. 1970년에는 일일 100만 배럴의 여유만 남게 되었는데, 그 수치조차 과대평가되었을 가능성이 있다. 1970년에는 미국의 석유 생산량이 일일 1,130만 배럴에 달했다. 이때를 정점으로 산출량은 감소하기 시작했다. 1971년 3월, 텍사스 철도위원회는 사반세기 만에 처음으로 생산 능력의 100%로 생산하는 것을 허가했다. 위원회의 의장은 "이는 역사적 사건이라고 생각한다"라고 말했다. 그는 이어서 "마치 저주와 같이 역사적이고 슬픈 사건이다. 텍사스의 유전은 필요할 때 깨어나서 제 임무를 다하는 믿음직한 노전사老戰士와 같았다. 그 노전사는 이제 더 이상 깨어날 수 없는 상태가 된 것이다"라고 덧붙였다.

소비가 계속 상승하면서, 미국은 수요를 충족하기 위해 세계 석유시장에 의지해야 했다. 아이젠하워가 설정했던 수입량 제한이 완화되었고, 순수입 물량은 1967년 일일 220만 배럴에서 1973년에는 일일 600만 배럴로 급증했다. 전체 석유 소비량에서 수입분이 차지하는 비율은 같은 기간 동안 19%에서 36%로 상승했다.

미국의 초과 생산 능력이 사라진 것은 중대한 의미를 가졌다. 서방 세계가 의지해왔던 '안전 여유분'이 사라졌음을 의미하기 때문이다. 1968년 11월 미국 국무부는 파리에서 열린 OECD 회의에서, 미국의 생산 능력이 곧 한계에 달할 것이라고 유럽 각국 정부들에 말했다. 위급한 상황이 와도 안전장치가 없다는 의미다. 회의 참석자들은 경악했다. 당시는 1967년 OPEC이 금수조치를 시도한 지 1년밖에 안 된 때였고, 중동은 더 이상 안정적이지 못했다.

사실 날이 갈수록 중동에 대한 석유 의존도가 높아진다는 사실에는 위험이 도사리고 있었다. 인도네시아와 나이지리아(후자의 경우 내전이 종식된 1970년 초부터)가 새로운 산유국이 되었지만, 중동의 생산량에 비하면 미미한 양이었다. 1960년에서 1970년에 이르는 동안, 자유세계의 석유 수요는 일일 2,100만 배럴이나 증가했다. 같은 기간 중동의 생산량은(북아프리카 포함) 일일 1,300만 배럴 증가했다. 엄청난 소비 증가분의 3분의 2를 중동에서 충족한 것이다.[3]

석유와 환경 문제

또 하나의 중요한 변화가 산업국가 내부에서 일어나고 있었다. 환경에 대한, 그리고 인간과 환경과의 관계에 대한 관점이 변하고 있었다. 그것은 석유의 수요를 증대하면서도 사용을 규제해야 한다는 역설적 효과를 가져왔다. 1960년대부터 미국과 기타 국가에서 환경 문제는 정치적 위상을 성공적으로 확보하게 되었다. 전 세계가 석탄보다 오염이 덜한 석유 에너지로 전환하려 노력했고, 이는 석유 수요 증대에 중대한 기여를 했다. 1965년 뉴욕 시장은 뉴욕 시에서 석탄을 없애버리겠다고 언명했다. 1966년 추수감사절, 뉴욕의 대기오염은 심각했다. 시 전체가 스모그로 휩싸였고, 이로 인해 석탄 사용이 규제되었다. 그 후 2년도 안 되어, 뉴욕 시에 연료를 조달하는 회사인 콘솔리데이티드 에디슨은 연료를 석유로 전환했다. 1967년에는 맑은 공기를 보장해주는 법안이 찬성 88, 반대 3으로 미 상원을 통과했다.

1970년에는 환경 영향 평가에 대한 연방 입법이 이루어졌다. 주요한 신규 사업들을 시작하기 전에 그것이 초래할 수 있는 환경 영향을 미리 추정하고, 작업의 착수 허가를 내리기 전에 그 추정치를 고려하게 한 것이다. 같은 해에 뉴욕 시 5번가에서는 '지구의 날'을 기념하기 위해 10만 명 규모의 사람들이 시가행진을 벌였다.

『성장의 한계: 인류의 곤경에 대한 로마 클럽 프로젝트 보고서』에 대한 대중들의 열렬한 반응이야말로 환경 문제에 대한 새로운 인식을 가장 극명하게 보여주고 있었다. 1972년에 발간된 이 책은 '만약 기본적인 지표 몇 가지, 즉 공해, 산업화, 환경오염, 식량 생산, 에너지 소비, 자원 소모(석유와 천연가스 포함)의 추세가 둔화되지 않고 그대로 이어진다면 현재의 산업 문명은 유지가 불가능하고 100년 안에 지구는 성장의 한계에 도달하게 된다는 것'을 논증하고 있다. 이 연구는 자원 소진뿐 아니라 탄화수소 연료가 환경에 미치는 영향, 대기 중의 이산화탄소 축적, 지구 온난화 등을 경고하고 있다. 이는 미래 어느 시점에 위기가 닥쳐올지 알 수 없다는 종합적인 경고였다.

연구 자체도 결정적인 시점에 일반에게 알려졌다. 높은 인플레이션과 그보다 더 높은 자원 소비를 동반한 세계적 경제 호황이, 미국의 석유 비축분 감소와 석유 수입 증가, 전 세계 에너지 소비의 급증과 동시에 발생했던 것이다. 게다가 환경에 대한 새로운 인식으로 산업국들이 공공정책을 재구성하기 시작했고, 기업들도 경영 전략의 변화를 불가피한 것으로 받아들이기 시작하던 때였다. 선 오일 담당자의 말을 빌리자면 "에너지 업체들에는 새로운 게임을 의미하는 것"이었다.

'성장의 한계'는 에너지와 환경에 대한 토론에서 하나의 지표가 되었다. 이러한 논의는 1970년대 광범위하게 퍼진 임박한 자원 고갈에 대한 공포와 비관주의를 구성한 주요 요인이 되었고, 석유 수출입국들은 그에 따라 정책을 결정했다.

환경주의가 에너지 사용에 미친 영향은 다면적이었다. 석탄을 기피하는 추세가 가속되었고 청정 연료로 인식되던 석유에 대한 의존도가 높아졌다. 원자력은 탄화수소의 연소 문제를 극복하는 환경 문제의 개선책이라고 알려졌다. 새로운 석유 자원을 찾는 노력도 계속되었다. 1960년대 말까지는 캘리포니아 근해에서 대형 유전이 발견되리란 기대가 커져갔다. 19세기 말 이전에 산타바바라 근처의 부두들에서 최초의 수중 탐사가 이루어졌던 바로 그 지역이다. 그로부터 70년 이상이 흘러서, 석유 탐사 장비들이 남캘리포니아 해안을 따라 설치되고 있었다. 그런데 1969년 1월, 산타바바라 연안 유정 탐사 작업 중 예기치 못했던 변이變異 지층을 만나게 되었다. 해도海圖에도 없는 균열층에서 6,000배럴로 추정되는 석유가 스며 나와 해변으로 방울져 올라왔다. 무겁고 끈끈한 원유가 하나의 층을 이뤄 연안으로 밀려들어, 30마일에 걸친 해변을 오염시켰다. 그러자 정치적 입장을 불문하고 우려의 소리가 전국적으로 들끓었다. 닉슨 행정부는 캘리포니아 연안 개발을 일시 중지하라고 명했고, 이것은 사실상 개발 중지를 의미했다. 석유에 대한 요구가 아무리 크다 해도, 이 유출 사건은 환경적으로 민감한 기타 지역들의 에너지 개발에 대한 반대를 증폭했다. 그 지역들 중에는 북미에서 가장 가능성이 클 뿐 아니라, 미국의 석유 생산 감소를 막고 점점 심화되는 중동에의 의존을 상쇄해줄 것이라 기대되는 알래스카도 포함되어 있었다.[4]

알래스카의 코끼리

워런 하딩 대통령은 1923년에 이미 알래스카의 북극해 연안에 해군 석유 비축고를 설치했다. 이후 석유 투기자들이 그 지역 주변을 돌아다녔다고 한다. 1956년 수에즈 위기 이후, 쉘과 뉴저지 스탠더드오일이 알래스카 탐사에 착수했으나, 당시로서는 최고의 시추 비용을 투자한 보람도 없이 석유를 발견하지 못한 채 1959년 작업이 중단되었다.

이 지역에 관심을 가진 또 하나의 회사는 BP였다. 이란 내 모사데그의 영향과 수에즈 운하 위기의 여파 속에서, BP는 중동 의존 상태를 벗어나려고 눈에 불을 켜고 있었다. 수에즈 위기 1년 후인 1957년 BP는 생산원 다변화를, 그것도 특히 서반구에서 추구하겠다는 전략적 결정을 내렸다. 여기에는 영국 정부의 강력한 지원이 있었다. '영국의 석유회사들은 서유럽과 동반구 대부분에 걸친 사업을 유지함에 있어 주로 의지하고 있는 중동 석유가 불안정하다는 사실을 잘 인식하고 있습니다.' 1958년 해럴드 맥밀런 총리가 호주의 로버트 멘지 총리에게 쓴 사적인 편지는 이렇게 이어진다. '그 회사들은 중동 의존도를 낮추기 위해 자신들이 어떤 조치를 취하든, 대영제국 정부는 정치적 및 경제적 이유로 환영하리라는 것을 잘 알고 있습니다. 특히 BP는 석유 공급의 기반을 넓혀야 할 나름의 영업상 이유들을 갖고 있습니다. 이들은 수에즈 위기로 인해 다른 어떤 국제적 석유회사들보다 심각한 타격을 입었고, 이제 가능한 모든 수단을 동원해 중동의 공급이 멈출 경우 자사가 갖게 될 약점을 줄이려고 하고 있습니다."

중동 의존도를 줄일 묘책을 BP에 제시한 것은 싱클레어 오일이었다. 묘책은 바로 알래스카 합작 탐사였다. 그러나 두 회사는 알래스카의 최북단 동토인 노스슬로프에 시추공을 6개 연속해서 파고도 석유를 발견하지 못하자 사업을 중단했다. 걸프 오일도 알래스카에 약간의 관심을 보였다. 실패한 전례에도 불구하고, 걸프의 탐사 기술자 몇 명은 용감하게도 지층은 가능성이 있으므로 노스슬로프에서 탐사를 시도해야 한다고 주장했다. 최고 경영층은 그 요청을 검토하는 것조차 강력히 거부했다. 한 중역은 "배럴당 5달러는 들 것이다. 그리고 우리 생애에 석유 가격이 배럴당 5달러가 되는 일은 절대로 없을 것이다"라고 잘라 말했다.

당시 또 하나의 회사가 알래스카를 조사하고 있었는데, 캘리포니아에 기반을 둔 독립회사인 리치필드였다. 이 회사는 사실상 접근이 불가능한 노스슬로프의 두꺼운 해양 침전층에 관심이 있었다. 1964년 뉴저지는 알래스카에 다시 들어가기로 결정했다. 자회사인 험블이 500만 달러가 넘는 지불액과 계약금을 내고 리치필드의 공동 투자자가 된 것이다. 1965년 새로운 합작 사업체는 노스슬로프의 프루드호 만※ 구조의 3분의 2에 해당하는 지역의 탐사 허가를 얻어냈다. 이 지역에서 허가를 받은 또 하나의 주요 사업자는 BP−싱클레어였다.

같은 해, 리치필드는 애틀랜틱 리파이닝사와 합작하여 애틀랜틱 리치필드를 설립했는데 이는 나중에 아르코가 되었다. 이 합병회사는 로버트 O. 앤더슨이 경영했다. 앤더슨은 놀랄 만큼 여유 있고 격식이 없었으며 약간은 멍청한 듯한 인상을 주었다. 하지만 최후의 위대한 석유 탐사 투기자, 20세기의 석유 대★사업가에게 어울리는 결단력과 집중력을 가진 사람이었다. 앤더슨의 아버지는 시카고의 은행가였다. 그는 1930년대에 다른 은행가들은 전혀 하려고 하지 않던 일, 즉 텍사스와 오클라호마의 독립 석유 사업가들에게 대부해주는 일을 전문으로 했다. 젊은 앤더슨은 시카고 대학 근처에서 성장했다. 그는 시카고 대학이 『위대한 책들Great Books』 교육으로 전성기를 누리던 시절에 그 대학을 1년간 다녔고, 철학 교수가 되겠다고 생각한 적도 있었다. 그러나 캠퍼스에서 본 학자들보다는 아버지의 고객인 석유 사업가들이 훨씬 더 그의 마음을 사로잡았다. 그는 1942년 뉴멕시코로 가서 일일 1,500배럴을 생산하는 석유 정제회사를 인수했다. 그는 곧 탐사 사업으로 옮아갔고, 그 분야에서 유명한 독립 사업가 중 하나가 되었다. 그는 록펠러나 디터딩과 마찬가지로 천부적인 속셈 능력을 갖고 있었다. 젊은 시절에는 주판, 후에는 휴대용 전자계산기와 겨루어 이길 정도였고, 회의석상에서 소수점이 틀리면 고쳐주기도 했다. "나는 속셈 능력에 대해 특별히 의식해본 적이 없다. 이 능력이 있으면 좋은 점은, 많은 것을 내던져놓고 일을 계속 해나갈 수 있다는 것이다"라고 그는 말했다.

이후 몇 년에 걸쳐, 앤더슨은 폭넓고 다양한 관심을 가진 인물이며 석유산업 부문에 정통한 독보적 존재였음이 밝혀졌다. 그는 다양한 아이디어에 관심을 가졌고 사회과학 교수들과도 격의 없이 사귀었다. 또한 가치, 통치, 사회적 변화 같은 주제에도 호기심을 표하며 테크놀로지와 휴머니즘, 환경, 아리스토텔레스 등의 다양한 주제를 놓고 토론을 벌이는 사업가들의 세미나를 좋아했다. 많은 성공을 거두었음에도 불구하고 그는 결코 전형적인 석유 사업가의 모습을 따르지 않았다. 그는 동업자들 사이에서 괴짜로 여겨지는 것을 결코 싫어하지 않았다. 그러나 그는 진정한 의미의 석유사업 투기자였고, 원유와 지하 매장물을 그 어떤 것보다도 열렬히 신봉했다. 그는 그것을 '산업의 핵심'이라고 주장했다. 그는 "누누이 말했지만, 실망을 무릅쓰지 않고서는 이 사업을 해서는 안 된다는 것이 교훈이다. 왜냐하면 시추의 90%는 실패로 끝나기 때문이다. 정기적으로 실패라는 것을 감수하지 않으면 안 된다"라고 말했다. 앤더슨에게 중요한 것은 나머지 10%였다. 그것이 그를 부자로 만들어주었고, 미국 제일의 개인 토지 소유자가 되게 해주었기 때문이다.

그러나 1966년의 겨울 알래스카는 '90%의 실패'란 범주에서 끝나는 듯 보였다. 험블의 참가로 아르코는 알래스카 노스슬로프로부터 남방 6마일 되는 곳에 많은 돈을 들여서 유정 하나를 뚫었다. 그러나 석유는 없었다. 노스슬로프의 프루드호 만에서 또 하나의 시추가 계획되어 있었는데 과연 계획대로 진행할지에 대해 많은 논의가 있었다. 이 일은 앤더슨에게 달려 있었다. 모두가 그의 결정을 기다렸다. 그는 탐험과 석유를 신봉하는 사람이었다. 하지만 아르코의 실패는 BP와 싱클레어가 시추공 6개에서 실패한 뒤에 이어진 것이었고, 앤더슨도 돈을 잃기 위해 석유사업을 하는 것은 아니었다. 그는 계획대로 진행하라고 했지만 그다지 자신이 있었던 것은 아니었다. 단지 시추 장비가 이미 알래스카에 있었다는 점, 그리고 그 장비를 6마일만 이동시키면 된다는 점이 결정의 이유였다. 후일 그는 "능동적으로 진행했다기보다는, 이미 계획된 시추를 취소하지 않는다는 쪽이었다"라고 회고했다.

1967년 봄, 아르코와 험블은 실패할 경우 마지막 시추공이 될 것이 확실한 구멍을 파기 시작했다. 프루드호 만 제1광구였다. 1967년 12월 26일, 진동음을 듣고 인부 40명이 시추정 주위로 몰려들었다. 그들은 영하 30도의 강추위를 이기기 위해 두꺼운 옷으로 꽁꽁 싸매고서 30노트 강풍 속에서 어렵게 몸을 지탱하고 있었다. 진동음은 점점 더 커졌다. 천연가스가 끓어오르는 소리였다. 한 지질 전문가에게는 마치 점보제트기가 머리 위로 날아가는 소리로 들렸다. 강풍을 뚫고, 파이프에서 천연가스의 불길이 보란 듯이 30피트 높이로 곧장 솟구쳐 올랐다. 석유를 발견한 것이다. 1968년 중반에는 그 시추공에서 7마일 떨어진 곳에 뚫은 시추공이 세계적 수준의 유전임이 밝혀졌다. 그야 말로 코끼리였다. 석유 기술회사 드골리에&맥노튼은 프루드호 만에 100억 배 럴 정도의 매장량이 있을 것으로 추정했다. 비록 앤더슨이 큰 확신 없이 시추 결정을 했을지라도, 그것은 그가 석유 사업가로서 내린 가장 멋진 결정이 되 었다. 프루드호 만은 북미에서 발견된 최대 유전으로, 1930년대에 유가를 폭 락시켰던 대드 조이너의 이스트 텍사스 유전보다 1.5배 큰 것이었다.

석유의 공급이 부족한 상황이었기에, 프루드호 만이 가격 구조를 왜곡하 지는 않겠지만 분명 미국의 석유 수입을 크게 둔화시키고 세계 석유 수급의 긴장 상태를 극적으로 완화할 잠재력을 갖고 있었다. 총생산량은 곧 일일 200 만 배럴 이상이 될 것으로 추정되었다. 이는 사우디아라비아의 가와르 유전, 쿠웨이트의 부르간 유전에 이은 세계에서 세 번째로 큰 유전이 등장했음을 의 미했다. 처음에 아르코와 뉴저지, 뉴저지의 자회사 험블은 3년 안에 유전이 정상 조업에 이를 것으로 전망했다. 만약 노스슬로프에 대한 관리 구조가 단 순화되면 개발 속도는 더 빨라질 것으로 보였다. 아르코는 싱클레어를 콘글로 머리트 걸프&웨스턴의 손아귀에서 적시에 인수하는 데 성공했다. 당시 미국 에서 있었던 합병 중 최대 규모였다. 이리하여 노스슬로프의 3대 회사는 아르 코, 뉴저지, BP가 되었다. 이 합병을 통해 아르코는 미국에서 일곱 번째로 큰 석유회사가 되었다.

개발하는 데 큰 장애가 된 것은 고립된 북부 지방의 물리적 환경이었다. 접근이 거의 불가능하고, 날씨는 혹독하고, 무섭도록 적대적인 곳이었다. 어 떤 지질 전문가는 "일하기에는 정말 험악하고 불결하며 일말의 여유도 없는 땅"이라고 평했다. 여태껏 석유가 나온 그 어떤 지역과도 달랐다. 이런 환경에 맞는 기술은 존재하지 않았다. 툰드라 지층은 두께가 몇 피트나 되어서, 겨울 에 기온이 영하 65도로 떨어질 때면 콘크리트처럼 단단해졌다. 그러다 여름이 되면 녹아서 스펀지 대평원이 되었다. 툰드라를 가로지르는 길은 전혀 없었고, 툰드라 밑으로는 만년빙萬年氷이 자리 잡고 있어 종종 그 두께가 1,000피트에 이르기도 했다. 보통의 철제 봉을 만년빙에 박아 넣으려 하면 음료수 빨대처럼 부스러져버리곤 했다.

이 장애를 극복해낼 수 있다고 해도, 어떻게 석유를 시장까지 운송할 것이냐 하는 어려운 문제가 남아 있었다. 얼어붙은 북극해를 넘어 대서양까지 쇄빙 유조차를 운행하는 방안이 진지하게 검토되었다. 또 다른 안으로는 모노레일, 알래스카 관통 8차선 고속도로를 왕복하는 트럭 수송단도 있었다(그러나 이 경우 미국에 있는 트럭 거의 전부가 필요했다). 저명한 핵물리학자는 핵잠수함 유조선단을 북극의 얼음 아래로 보내 핵폭발을 일으킨 후, 폭발로 만들어진 그린란드의 해저 항구로 운항하는 방안을 제시했다. 보잉과 록히드사는 점보 제트 유조선 비행기라는 아이디어를 냈다.

결국 파이프라인을 설치하기로 결정되었다. 그러나 경로가 문제였다. 한 가지 제안은 알래스카를 종단하는 경로였다. 즉 유전 남쪽의 발데즈 항구까지 800마일의 파이프라인을 건설하고, 항구에서 유조선에 실어 환경 문제에 민감한 프린스 윌리엄 해협을 통과해 시장에 내놓자는 것이다. 또 다른 안은 파이프라인을 끝까지 이어가자는 것이었다. 즉 알래스카로부터 동쪽으로는 캐나다까지, 남쪽으로는 미국의 시카고 근처까지 파이프라인을 설치하자는 제안이었다. 알래스카 종단 경로에 반대하는 사람들은 유조선 사고로 인해 유출 사고를 겪게 될 것을 우려했다. 그들은 캐나다를 통과하는 길이 환경 측면에서도 안전하고, 알래스카산 천연가스의 파이프라인 비용도 절감할 수 있다고 주장했다. 그러나 알래스카 종단 경로를 선택하면 경로 전체가 '미국 내의 길'이 되므로 보다 안전하다는 장점이 있고, 추후의 가변적 상황에 대비해서도 이점이 있었다. 즉 알래스카산 석유는 미국으로도 일본으로도 갈 수 있었다.

그리고 석유 사업가들은 단 두 개의 정부, 즉 양쪽 모두 미국 정부인 주정부와 연방정부만 상대하면 됐다. 만약 캐나다 경로를 선택한다면 오타와의 캐나다 연방정부, 네 개의 주 및 지방 관할구들, 캐나다의 환경주의자들과 추가적으로 미국 내 주정부 몇 곳을 상대해야 했다. 게다가 캐나다 정부는 캐나다 종단 파이프라인에 반대하는 듯한 입장을 취했다. 이 모든 점들 외에도 고려 요인이 한 가지 더 있었다. 알래스카 종단 파이프라인이 캐나다 경로를 택하는 것보다 훨씬 빨리 건설될 수 있다는 점이었다. 결국 알래스카 종단 안이 채택되었다.

파이프라인 건설은 수많은 기술상의 문제들을 불러왔고 이를 해결하려면 대단한 혁신과 창의성이 요구되었다. 예를 들어 땅에서 나올 때 석유의 온도는 160도인데, 영하 수십 도인 만년빙을 지나는 파이프라인 속으로 들어가야 한다. 만약 파이프라인이 수분이 많은 만년빙 지역의 지표를 통과한다면 그 지역이 진창이 되어버리거나 파이프라인을 지지해주는 받침대가 부러져버릴 수도 있었다. 예상되는 난관에도 불구하고, 알래스카 종단 파이프라인을 놓기 위해 조직된 그룹은 서둘러 48인치 파이프 50만 톤 분량을 일본에서 사들였다. 그들은 미국 공장들이 가동될 때까지 기다릴 시간이 없다고 생각했다. 그러나 그 생각은 틀렸다. 파이프라인 사업은 시작도 하기 전에 중단되었던 것이다.

사업이 지연된 것은 에스키모와 기타 알래스카 원주민들의 항의, 합작회사들 간의 의견 불일치 때문이었다. 그러나 완전히 중단된 것은 전혀 다른 이유에서였다. 1970년 환경주의자들이 이끌어낸 연방법원의 금지 명령이 바로 그것이다. 1969년 산타바바라 석유 유출 사건에 자극 받아 새롭게 형성된 다양한 환경주의 운동은 알래스카 파이프라인을 저지하는 일에 결집되었다. 환경주의자 중 일부는 석유회사들이 충분한 연구, 이해, 기술, 혹은 배려 없이

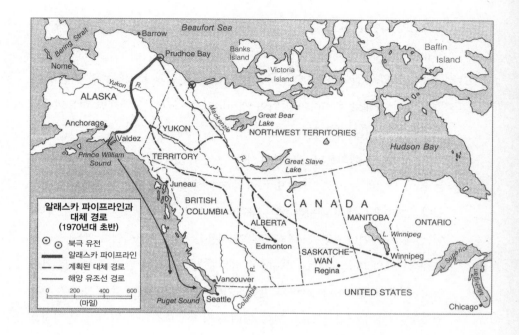

알래스카 파이프라인과
대체 경로
(1970년대 초반)

⊙ ⊙ 북극 유전
━━ 알래스카 파이프라인
--- 계획된 대체 경로
── 해양 유조선 경로

0   200   400   600
(마일)

너무 빨리 일을 추진하고 있으며 파이프라인 건설 계획이 조잡하다고 주장했다. 한 번의 사고로도 환경 파괴 사태가 초래된다는 것이었다. 사실 환경적으로 보자면 캐나다 통과 경로가 덜 위험했다. 그들은 일을 진척시키기 전에, 미국 정부가 에너지 보존을 위한 계획을 수립해야 한다고 주장했다. 다른 환경론자들은 대체 불가능한 자연과 유일무이한 환경이 손상되거나 파괴될 것이므로 그 사업은 절대 해서는 안 된다고 주장했다. 알래스카산 석유는 필요치 않았다.

그러나 개발에 열중하고 있는 회사들은 그런 반대쯤은 이겨낼 수 있다는 확신을 갖고 있었다. 7,500만 달러어치의 캐터필러 트럭과 트레일러들을 유콘 강 기슭에 집결시키고, 도로를 만들고 파이프를 깔 준비를 갖추었다. 그러나 트럭과 트랙터, 쌓아놓은 파이프들은 5년간 그 자리에 있게 되었다. 파이프라인에 대한 금지 명령은 계속 유효한 상태였다. 1972년에는 알래스카에서 석유를 들여올 수 있을 것이라 생각했는데 그것은 요원해지고, 대신 미국의 외국산 석유 수입이 증가했다. 유콘 강 기슭의 트럭과 트랙터들의 엔진을 작동 가능한 상태로 유지하며 작업이 개시되기를 기다리는 데에만 석유회사들은 수백만 달러를 써야 했다.

알래스카와 캘리포니아 연안이 새로운 석유 공급지로는 매우 문제가 많다는 것이 분명해진 바로 그때, 또 하나의 가능성 높은 대안이 북해에서 발견되었다. 그러나 북해의 개발은 매우 불확실했다. 북해의 환경은 가혹하고 변덕이 심해서, 거기에 드는 노력의 규모와 비용은 엄청날 것이었다. 알래스카의 노스슬로프와 마찬가지로, 북해에서 석유를 생산하려면 완전히 새로운 기술과 긴 시간이 필요했다. 게다가 알래스카와 북해는 또 하나의 공통점을 갖고 있었다. 석유가 물리적으로는 매우 어려운 지역에 매장되어 있지만, 정치적으로는 안정적인 지역이라는 것이다. 그렇지만 노스슬로프와 북해 모두 갈수록 심각해지는 세계적인 공급과 수요의 불균형 해소를 위한 해결책이 되지는 못했다. 그것은 세계의 석유 수요를 충족시켜줄 수 있는 추가 공급지는 중동뿐이라는 의미였다.[5]

닥터 해머

1970년 8월 30일 새벽, 프랑스제 팔콘 전세기 한 대가 리비아 상공으로 들어섰다. 비행기는 곧 트리폴리 공항에 착륙했다. 제트기의 문이 열리자, 작달막하면서 단단한 체구의를 가진, 이제 막 72세가 된 남자가 새벽빛에 모습을 드러냈다. 그는 수심에 차 있었다. 너무도 걱정이 되어서 로스앤젤레스에서 거의 논스톱으로 날아왔고 도중에 토리노에서 제트기를 갈아탈 동안만 땅을 밟았다. 그는 리비아에 있는 자기 회사의 석유 이권, 즉 자신이 '빛나는 별'이라고 불렀던 것을 잃게 될까 봐 두려워했다. 그는 늘 그랬던 것처럼 자신감을 가지려고 애썼다. 그는 평생 동안 거래를 성사시키는 일을 해왔고, 자신이 말했듯이 "계약이 체결되지 않는 것보다 더 나쁜 것은 없다"를 교리나 신조처럼 굳게 믿고 있었다.

그는 옥시덴탈 페트롤리움의 회장인 아먼드 해머 박사였다. 거래 계약 협상에 관한 한, 금세기에는 그와 겨룰 만한 사람이 없었다. 그는 1898년 뉴욕의 한 유태인 가정에서 태어났는데, 이 가정은 흑해 연안의 오데사에서 이주했다. 그의 부유한 삼촌 하나는 오데사에서 포드 대리점을 운영했다. 19세기의 오데사는 무역 중심지로서 서방 사업가들이 중동의 상인들을 만나는 곳이었다. 오데사는 아먼드 해머의 핏속에 면면히 흐르고 있었다. 그의 아버지 줄리우스 해머는 내과 의사이면서 약 제조업자였지만 또한 좌파이기도 했다. 그는 1907년 유럽에서 레닌을 만난 적이 있고, 미국 공산당 창립자 중 한 사람이었다. 아먼드는 부친과는 달리 사회주의자의 경향을 갖고 있지 않았다. 오히려 돈 버는 것, 그리고 협상과 거래를 하는 것에 흥미를 가졌다. 한마디로 자본주의자였다.

1921년 의대를 갓 졸업한 해머는 러시아로 떠났다. 그는 투쟁으로 상처 입은 나라를 위한 구급 의약품을 가지고 가는 동시에, 소련이 해머 가족의 의약 사업에 대해 갚아야 할 돈 15만 달러를 모으려고 했다. 그는 부친의 연줄을 통해 레닌을 알게 되었는데, 당시 레닌은 황폐해진 러시아 경제를 되살리기 위해 약간의 경쟁을 용인하고 부르주아 서방국과의 무역을 장려하고 있었다. 레닌은 해머에게 특별한 호의를 베풀었고 스탈린에게 그를 소개했다. "해머는 미국의 비즈니스 세계로 이끌어주는 작은 길이며, 우리는 모든 방법을 써서 그 길을 이용해야 한다"라고 그를 추천한 것이다. 그리하여 해머는 동생 빅터와 러시아에 머물면서 레닌의 신경제 정책NEP 아래서 석면 전매업자, 포드의 트랙터와 기타 제품 대리 판매인, 연필 전매 사업자 등으로 활약했다. 시베리아에서 모피 사냥꾼까지 고용해 자기 소유의 모피점을 운영하기도 했다. 그러나 1920년대 말 스탈린이 집권하자, 변화의 물결을 읽은 해머는 짐을 챙겼다. 그와 빅터는 러시아 예술품들을 한 무더기 가지고 나와 미국의 여러 백화점에서 팔았다. 그 후에도 해머는 맥주통과 버번위스키부터 황소의 정액精液에 이르기까지, 여러 사업에서 수백만 달러를 벌어들였다.

1956년 58세가 된 그가 로스앤젤레스에 온 것은, 다른 많은 사람들과 마찬가지로 은퇴하기 위해서였다. 그는 이제 유명한 예술 전시관의 소유자 겸 수집가였다. 그는 세금을 피하기 위해 석유에 조금 투자했고, 재미 삼아 '옥시덴탈'이라는 이름의 거의 파산 지경에 이른 회사를 하나 사들였다. 그는 석유업에 대해서는 아무것도 몰랐다. 그러나 옥시덴탈은 1961년 캘리포니아에서 회사 설립 이후 최초로 큰 유전을 발견했다. 뛰어난 사업 수완가인 해머는 다른 회사 몇 개를 더 사들였고, 1966년이 되었을 때 옥시덴탈의 매출은 거의 7억 달러가 되었다.

교묘한 수완과 뛰어난 타이밍으로, 해머는 옥시덴탈을 세계 최대의 에너지 회사 중 하나로 키웠다. 그에게는 일반적인 지시 계통이 통하지 않았다. 세계 어디에 있거나 때를 가리지 않고 전화를 걸어대면서 현대판 마커스 새뮤얼처럼 일을 척척 추진해나갔다. 그의 정치적 연줄을 따라올 사람이 없었고, 필요한 곳으로 파고드는 능력은 막을 수가 없었다. 그의 자산도 굉장했다. 어떤 협상 상대자가 말했듯 해머는 '아버지 같고 아주 다정한 사람'으로 보여서 언제나 에피소드를 만들면서 긴장 상태를 깨뜨리곤 했다. 하지만 자신이 원하는 것이 있을 때는 겁날 정도로 진지했다. 그는 자신의 이익을 추구하면서도 다른 사람들이 듣고 싶어 하는 말을 들려주는 굉장한 재주가 있었다. 자신이 해머의 법정 상속자라고 착각했던 많은 사람들은 훗날 '해머는 세상에서 가장 위대한 배우'라고 신랄하게 비난했다.

해머는 니키타 흐루쇼프 치하의 소련과 새롭게 계약을 맺었고, 나중에는 소련 서기장 5명과 미국 대통령 7명 사이의 중개자가 되었다. 그가 크렘린에 접근하는 네트워크는 독보적이었다. 그는 고르바초프와도 만났는데, 고르바초프가 태어나기 10년 전에 죽은 레닌에 대해서, 남에게 들은 이야기가 아니라 자신이 보고 들은 이야기를 할 수 있는 유일한 사람이었다. 1990년, 해머는 92세의 나이에도 불구하고 여전히 옥시덴탈의 현역 회장이었고 충성스러운 주주들은 그를 칭송하기를 멈추지 않았다. 그는 진정 위대한 석유 모험가인 록펠러, 새뮤얼, 디터딩, 굴벤키안, 게티, 마테이 같은 사람들의 정통을 이은 사람이었다. 그는 또한 시대에 뒤떨어진 인물이었고, 예전의 사략선私拍船(정부로부터 교전국의 선박을 공격할 수 있는 권한을 인정받은 민간 소유의 무장 선박—옮긴이 주) 선장과 닮았으며, 다음 거래를 찾아 회사 전용 제트기로 세계를 여행하는 '오데사 상인'의 정신을 가진 사람이었다. 그러나 그를 세계적 거대 사업가로 만들어준 것은 리비아에서의 거래였다.[6]

1965년 옥시덴탈이 2차 입찰에서 석유 이권을 따낸 것은 리비아 석유 개발 붐이 상당히 진전된 때였다. 해머의 감독 아래 옥시덴탈은 양피지에 응찰가를 쓴 다음 리비아의 국기 색깔인 빨간색, 검은색, 녹색 리본에 싸서 제시함으로써, 다른 119개 경쟁자들과는 확연히 구별되도록 했다. 옥시덴탈은 이드리스 왕의 고향과 왕의 아버지가 묻혀 있는 사막의 오아시스에 농장을 건설해주겠다고도 약속했다. 또한 해머는 왕에게 금으로 만든 체스 세트를 선물했다. 옥시덴탈은 이권을 따내는 데 도움을 줄 수 있는 사람들에게 특별 소개료를 지불하기도 했다.

옥시덴탈이 따낸 광구는 102번과 103번으로 서트Sirte 분지盆地 내 2,000평방마일에 걸쳐 있었다. 그곳은 황량하고 자갈투성이인 데다 햇볕이 무섭게 내리쬐는 사막이었으며 지중해 해안에서 100마일 이상 떨어져 있었다. 일찍이 해머는 "이 세상에서 가장 견디기 어려운 것은 석유가 나오지 않는 유정이다"라고 말했는데, 처음 이 지역의 시추공에서는 석유가 전혀 나오지 않았다. 게다가 비용은 비용대로 많이 들었다. 옥시덴탈의 이사회는 '해머의 바보짓'에 대해 크게 불평하기 시작했다. 리비아는 거물들이나 놀 수 있는 곳이었지만 해머는 고집을 꺾지 않았다.

그러나 고집을 부린 보람이 있었다. 1966년 가을, 옥시덴탈은 102번 광구에서 석유를 발견했다. 그러나 그곳에서 서쪽으로 40마일 떨어진 103번 광구에서 11월에 발견된 양에 비하면 보잘것없었다. 103번 광구는 나중에 이드리스 유전으로 명명되었다. 이전에 이권을 샀다가 반납했던 모빌 오일이 베이스캠프로 사용했던 지대 바로 아래를 시추해 석유를 발견한 것이다. 처음 유정에서는 일일 4만 3,000배럴이 나왔고, 다음 유정에서는 일일 7만 5,000배럴이라는 굉장한 양이 나왔다. 옥시덴탈은 세계에서 가장 풍부한 유전을 만난 것이다. 대기업 모빌도 놓친 것을 이 작은 캘리포니아 회사가 발견할 수 있었던 것은 새로 개발된 지진地震 관련 기술 때문이었다. 석유가 나오자 해머는 "정말 굉장하다. 우리는 이제 거물이 되었다"라고 탄성을 질렀다고 한다.

1967년에 또 다른 행운이 찾아왔다. 6일전쟁으로 수에즈 운하가 폐쇄되었고, 리비아 석유가 더욱 중요해진 것이다. 리비아의 석유 붐은 이제 광란의 상태가 되었다. 석유 전문 기술 업체인 드골리에&맥노튼은 당시까지의 발견을 근거로, 옥시덴탈이 독자적으로 채유 가능한 30억 배럴의 매장량을 갖고 있다고 추정했다. 이는 같은 시기 알래스카의 노스슬로프에서 발견된 매장량의 거의 3분의 1에 해당하는 것이었다. 그러나 알래스카에서는 할 수 없었던 일, 즉 파이프라인 건설이 리비아에서는 가능했다. 사막 지역에 130마일의 파이프라인을 건설하는 데 보통 3년이 걸리지만, 공사를 서두른 결과 1년도 채 안되어 완공되었고, 옥시덴탈은 사실상 이권을 손에 넣은 지 2년도 안 되어서 유럽에 석유를 실어 나를 수 있었다. 그리고 얼마 지나지 않아 리비아에서 일일 80만 배럴 이상 생산하게 되었다. 옥시덴탈 페트롤리움은 무無에서 시작해 세계 6대 석유 생산 회사가 되었으며, 계약과 하류 부문 매입을 통해 경쟁이 치열한 유럽 시장을 파고들었다.

그러나 갑작스럽게 탄생한 이 거인은, 오로지 리비아에 의존한다는 큰 취약점을 갖고 있었다. 나이 든 이드리스 왕은 오래갈 수 없었다. 해머는 사업 다변화를 위해 미국의 중요 석탄 생산 회사인 아일랜드 크리크 코울Island Creek Coal을 인수하려 했다. 그러나 타결이 이루어지기 직전, 아일랜드 크리크의 사장 윌리엄 볼라노는 리비아의 정치적 전망을 조사해봐야겠다는 의견을 밝혔다. 볼라노는 국무부, 체이스맨해튼 은행, 씨티 은행 등에 있는 사람들에게 조언을 구했는데 그들의 대답은 한결같았다. 앞으로 5~6년간은 리비아의 정치적 안정이 가능하고, 왕의 사후에는 질서 있는 권력 승계가 이루어질 것이라는 의견이었다. 그래서 합병 사업은 계속 추진되었다. 그때가 1968년이었는데, 얼마 안 있어 전문가들의 의견이 엄청나게 잘못된 것임이 밝혀졌다.[7]

리비아에서의 짜내기

1969년 8월 31일에서 9월 1일로 넘어가는 밤, 침실에서 잠을 자던 리비아군 고위 장교는 하급 장교의 갑작스러운 재촉에 깨어났다. 그는 하급 장교에게 너무 빨리 왔다고 말했다. 쿠데타는 며칠 후로 예정되어 있었던 것이다. 고위 장교에게는 안된 일이었지만 이것은 다른 쿠데타였다. 수개월 동안 여러 그룹의 장교와 정치인들이 이드리스 왕의 비틀거리는 정권을 전복할 준비를 하는 동안, 리비아 군부는 음모로 들끓고 있었다. 카리스마 넘치는 무아마르 알-카다피가 이끄는 일단의 급진파 청년 장교들이 다른 모든 그룹을 제압해버렸는데, 그들보다 불과 3, 4일 후에 쿠데타를 일으킬 계획을 갖고 있던 청년 장교들도 있었다. 사실 9월 1일 쿠데타에 참여한 군인들 중에는 누가 쿠데타의 지도자인지도 모르거나 아예 쿠데타인 줄도 모르고 참여한 사람들도 많았다.

카다피와 동료들은 10년 전부터, 즉 중학교에 다니던 10대 시절부터 가말 압델 나세르와 그의 책 『혁명의 철학』, 그리고 그의 라디오 방송국인 「아랍의 소리」에 감동받아서 모의를 시작했다. 그들은 나세르를 기준으로 자신들의 인생과 가치를 결정했다. 또한 권력에 이르는 길은 직접적인 정당 정치가 아니라 나세르가 취했던 길, 즉 사관학교를 통해서 하기로 결심했다.

어떤 예리한 관찰자가 말했듯이, 카다피의 머릿속에는 나세르의 혁명적 교리가 '모하메드 시대의 이슬람 사상'과 혼합되어 있었다. 그 혁명 그룹은 나세르와 나세르의 아랍 통일 비전에 완전히 사로잡혀 있었으므로, 적절한 시기가 되면 나세르의 외피外皮를 쓰려고 했다. 나세르와 같이 타고난 모사謀士이면서도 괴짜에 표변하기 쉬운 성격, 조울증처럼 격변하는 감정을 가진 카다피는 자신을 아랍 세계의 지도자로서뿐 아니라 아랍 세계의 화신化身으로 만들고자 했다. 그래서 그는 끊임없이 이스라엘, 시오니즘, 다른 아랍 국가들, 그리고 서방 세계에 대항할 음모와 작전을 폈다. 거대한 석유 매장량을 소유한 그는 전 세계에서 활동하는 많은 테러리스트 그룹에게 재정 후원자, 회계 담당자 역할을 했다.

9월의 쿠데타가 성공한 후, 카다피의 새로운 혁명지휘평의회가 행한 첫 번째 사업 중에는 리비아 내의 영국과 미국의 군사기지를 폐쇄하고 이탈리아인들을 내모는 것이 포함되어 있었다. 또한 카다피는 리비아 내의 모든 가톨릭교회를 폐쇄하면서 십자가를 제거하고 교회 물품을 경매하라고 명령했다. 1969년 12월, 역逆쿠데타 기도가 불발되면서 카다피는 더욱 확고하게 권력을 장악했다. 드디어 석유산업에 손을 뻗칠 준비가 된 것이다. 1970년 1월, 평의회의 관리들은 석유의 공시가격 인상을 요구하는 것으로 공격을 시작했다. 카다피는 리비아에서 활동하는 21개 석유회사의 책임자들에게, 자신이 원하는 것을 얻기 위해서 필요하다면 생산 정지를 시킬 수도 있다고 경고했다. 그는 "리비아 국민들은 석유 없이도 5,000년간 살아왔다. 정당한 권리를 얻기 위해서 몇 년은 더 석유 없이 살 수 있다"라고 말했다.

가장 먼저 에소-리비아에 압력이 가해졌다. 군사정부는 배럴당 43센트의 공시가격 인상을 요구했다. 에소-리비아의 책임자는 "그 당시에 43센트란, 맙소사, 정말 말도 안 되는 것이었죠"라고 회고했다. 에소는 5센트를 제안했고, 다른 회사들도 움직이지 않았다. 뉴저지와 다른 메이저 회사들은 대부분 대체 석유 생산지를 갖고 있었으므로 리비아가 원하는 대로 하지 않았다. 리비아는 리비아 외에는 대안이 없는 옥시덴탈로 목표를 바꾸었다. 그들은 그 회사의 약점을 알고 있었다. 한 리비아인이 설명했듯이 옥시덴탈은 모든 계란을 한 바구니에 넣어두고 있었던 것이다. 1970년 늦은 봄, 옥시덴탈은 회사의 핏줄과도 같은 생산량을 일일 80만 배럴에서 50만 배럴 정도로 줄일 것을 명령받았다. 명령을 듣지 않으면 리비아 경찰이 나서서 생산을 정지시키고 회사를 수색하고 이사들을 골탕 먹였다. 생산량 감축과 골탕 먹이기는 다른 회사에도 가해졌지만, 옥시덴탈이 집중 목표가 되었다.

카다피 정권은 아주 좋은 타이밍에 그 작전을 개시했다. 리비아는 유럽에 30%의 석유를 공급하고 있었고, 수에즈 운하는 여전히 폐쇄된 상태였기 때문이다. 1970년 5월, 시리아 안에 있는 아라비아 관통 파이프라인이 트랙터에 의해 파손되는 일이 생겼다. 사우디아라비아가 지중해로 통하는 파이프라인을 통해 수출하는, 일일 50만 배럴의 석유 공급이 막힌 것이다. 즉각 유조선 수송 부담률이 세 배가 되었다. 석유가 부족한 것이 아니라 수송 능력이 부족했다. 이로 인해 지중해 건너 바로 유럽 시장과 마주하고 있는 리비아는 중요한 위치를 점하게 되었다. 리비아인들은 이점을 이용하는 데 주저하지 않았다. 리비아의 감산은 시장의 긴장 상황을 극적으로 고조시켰다. 아라비아 관통 파이프라인이 끊긴 시점부터 리비아의 감산이 이루어지기까지, 일일 총 130만 배럴이 돌연 시장에서 자취를 감추었다. 리비아의 청년 장교들이 석유와 관련된 전략을 백지 상태에서 운영한 것은 아니었다. 급진적이고 반서구적인 석유 민족주의자이자, 사우디의 석유장관직에서 8년 전 해임된 압둘라 타리키가 이제 트리폴리로 와서 혁명 정부의 자문 역할을 하고 있었다.

압박이 가중되면서 해머는 초조해졌다. 그는 이집트로 가서 카다피가 숭배하는 영웅인 나세르 대통령에게, 그의 '제자'와의 문제를 중재해달라고 요청했다. 석유 생산을 감축하면 이집트 육군에 대한 리비아의 지원이 위태로워질 수 있다는 점을 우려한 나세르는, 너무 심하게 하지 말라고 카다피에게 충고했다. 국유화와 외국인 기술자 추방으로 비싼 대가를 지불했던 이집트의 실수를 되풀이하지 말라고 한 것이다. 하지만 카다피는 충고를 귀담아듣지 않았다.

해머는 카다피에게 맞서다가 국유화 될 경우, 옥시덴탈에게 지불되는 비용으로 석유를 공급해줄 다른 회사를 물색했으나 성공하지 못했다. 엑슨의 회장인 케네스 제미슨을 만났지만 해머가 원하는 수준에 못 미치는 조건으로도 석유를 얻을 수 없었다. 해머는 비통해했지만, 제미슨으로서는 해머의 요청을 진지하게 받아들일 수 없었다.

해머의 고위급 자문은 사석에서 이렇게 밝혔다. "제미슨이 해머의 제안을 거절한 것은 너무나 당연하다. 세계에서 가장 큰 회사인 엑슨의 회장이 동토에서 원대한 구상을 가지고 온, 그리고 교분도 없었던 '예술품 중개인'을 만난 것이었다."

필사적으로 다른 석유 공급원을 찾아 헤매던 해머는 또 하나의 큰 구상을 하게 되었다. 텍사스에 있는 린든 존슨 대농장의 만찬에서, 그는 맥도널 더글러스의 공군기와 이란의 석유를 맞거래하는 중개자가 되고자 했지만, 이 시도도 실패로 돌아갔다. 1970년 8월, 더 이상 대책이 없었던 해머는 리비아에 있는 경영 책임자 조지 윌리엄슨에게서 긴급 전화를 받았다. 리비아가 옥시덴탈 석유를 국유화하려 한다는 경고였다. 그는 곧장 트리폴리의 밤하늘을 가로질러 날아왔다.

리비아 측의 협상 책임자는 부총리인 압텔 사람 아메드 얄루드였다. 그는 청교도적인 카다피보다는 재미있는 사람이라 생각되었지만 협상에 임할 때는 냉혹했다. 한번은 텍사코와 캘리포니아 스탠더드의 대표들과 논쟁을 벌이던 중, 기분이 나빠지자 제안서를 공처럼 말아서 그들의 면전에 던져버린 일도 있을 정도였다. 경기관총을 어깨에 메고 석유회사 이사들이 모여 있는 방으로 달려 들어간 적도 있었다. 해머와의 첫 번째 협상에서 얄루드는 핫롤과 커피를 권한 후, 자신의 혁대를 풀어 45구경 리볼버 권총을 해머 바로 앞에 내려놓았다. 해머는 겉으로는 미소 지었지만 상당히 당황했다. 총을 사이에 두고 협상을 벌이기는 처음이었던 것이다.

해머는 하루하루 힘든 협상을 이어나갔다. 그는 매일 밤 리츠 호텔에 있는 자신의 방에서 보안장비를 갖춘 전화로 로스앤젤레스에 있는 이사회에 보고하기 위해 파리로 다시 날아갔다. 이런 비행기 통근에는 또 하나의 이유가 있었다. 얄루드가 쫓겨난 왕 이드리스가 쓰던 궁전을 제공하겠다고 했으나, 해머는 더 오래 머물도록 '감금'당할까 봐 두려워했다. 하지만 해머도 어느 정도 경계를 늦추기는 했다. 첫날, 그는 리비아인들이 그의 전용기를 억류할지 모른다는 생각에 프랑스의 제트기를 전세 내서 트리폴리에 왔다. 그 후로는 약간 마음을 놓았는지, 코르크 벽체의 침실이 딸린 자신의 전용기 '걸프스트림 2호'를 이용해 파리를 왕복했다. 그는 새벽 2시에 파리에 도착해서 새벽 6시면 다시 떠났다. 그는 어떤 상황에서도 잠을 자는 능력이 있었는데, 비행기 안에서 이 능력을 최대한 발휘했다.

협의가 이어지는 동안, 밖에 있는 군중들은 쿠데타 1주년을 기념하여 정권에 반대하는 사람들을 죽이라고 노래해대고 있었다. 드디어 해머와 알루드가 악수를 해야 할 시점에 이르렀다. 그들이 원칙에 합의하고 계약에 서명할 준비를 하던 중, 계약 형태를 둘러싸고 갑자기 일이 꼬이게 되었다. 이를 수상하게 여긴 해머는 계약을 마무리하는 일을 조지 윌리엄슨에게 맡기고 리비아를 떠났다. 다음날 해머는 파리에서 편히 쉬면서, 마지막 타협안에 서명이 이루어졌다는 소식을 들었다. 리비아인들은 로열티와 세금 20% 증액이란 성과를 얻어냈고, 옥시덴탈은 계속 리비아에 남아 사업할 수 있게 되었다. 주저하던 다른 회사들도 9월 말까지는 모두 승복했다. 리비아인들은 앞으로 5년간 새로운 계약을 엄수하겠노라고 약속했다.

그러나 공시가격의 30% 인상과 리비아가 챙기는 이윤이 50%에서 55%로 증액되었다는 것보다 훨씬 중요한 일이 발생했다. 리비아의 계약은 산유국 정부와 석유회사 사이의 역학 관계를 결정적으로 역전시켜버렸다. 석유 수출국에는 리비아가 거둔 승리가 아주 고무적이었다. 석유의 실질적 가격 하락을 순식간에 반전시켰으며, 동시에 석유 수출국들이 주권과 주도권 장악을 위한 행동을 다시 추진하도록 자극한 것이다. 10년 전, OPEC 설립과 함께 시작되었으나 한동안 정체 상태에 있었던 움직임에 불을 붙인 것이다. 석유회사의 입장에서는 후퇴의 시작이었다. 뉴저지의 리비아 담당 이사는 이 새로운 계약의 의미를 다음과 같이 압축했다. "우리가 이전에 알던 방식의 석유산업은 이제 더 이상 존재하지 않을 것이다." 옥시덴탈의 조지 윌리엄슨은 그 변화가 얼마나 클 것인지 예감하고 있었다. 마지막 서류에 서명하면서 그는 동료 경영인에게 이렇게 말했다. "서방 세계에서 트랙터나 트럭 또는 자동차를 모는 사람들은 누구나 이 계약에 영향을 받을 걸세." 서명 후, 윌리엄슨과 동료들은 리비아인들과 함께 앉아서 술 없는 나라에서는 제일 좋은 음료인 오렌지 소다수를 마시며 불확실한 미래에 대해 깊은 생각에 잠겼다.[8]

개구리 뛰기

1970년 11월, 리비아의 겁 없는 청년 장교들에게 뒤질세라, 이란의 국왕은 오래된 50 대 50의 벽을 무너뜨리고 컨소시엄 회사들로부터 55%의 이윤을 차지하는 데 성공했다. 회사들은 다른 페르시아 만 주변 국가들에도 55%를 제안할 수밖에 없다고 결정했다. 이리하여 개구리 뛰기 경주가 시작되었다. 베네수엘라는 이윤의 60%를 차지하고, 석유 가격도 협상 없이 일방적으로 올릴 수 있는 법안을 도입했다. OPEC 회의에서는 55%를 국가의 최소 이윤 분배 몫으로 추인하고, 자신들의 요구를 듣지 않는 회사에는 석유 공급을 끊어버리겠다고 결정했다. 또한 석유회사들은 OPEC을 하나의 대상으로 놓고 협상하면 안 되며, 수출국 지역별 그룹과 협상해야 한다고 주장했다. 1971년 초 리비아는 이란을 능가하는 새로운 요구를 내놓았다. 석유회사들이 공동전선을 형성한 후 확실히 밀고나가지 않는다면, 이런 식의 '경주'는 끝없이 이어질 것이 확실했다.

쉘 운송무역회사의 회장 데이비드 바란은 가장 앞서서 공동전선을 주창했다. 그는 "우리가 보기에는 산사태가 터진 것과 진배없는 상황이다. 공동 대응하지 않으면 회사들은 하나하나 뿌리가 뽑혀버릴 것이다"라고 말했다. 바란의 촉구로 공동 대처 방안이 마련되었다. 석유회사들이 하나로 뭉쳐서 OPEC을 낱낱의 국가가 아닌 하나의 그룹으로 보고 협상한다는 것이었다. 석유회사들은 산유국의 무차별적 요구 사항이 경쟁적으로 분출되는 것을 막을 수 있기를 바랐다. 미국 법무부로부터 독점 금지 예외를 인정받은 후, 석유회사들은 하나의 '공동전선Front Uni'을 만드는 데 착수했는데 1920년대에 소련에 대항하기 위해 만들었던 것을 떠올리게 했다. 그러나 이제는 훨씬 많은 관련자들이 얽혀 있어서 상황은 훨씬 복잡했다. 새로운 공동전선은 자유세계 석유 생산의 5분의 4를 점하는 24개 회사로 이루어져 있었다. 이 회사들은 리비아에 대한 안전망까지 만들었다. 즉 어떤 회사가 카다피 정부에 맞서다 생산 감축을 당하게 되면 다른 회사들이 그 보충분을 대준다는 비밀 약속이다. 이 약속은 해머가 6개월 전 엑슨과 체결하려다가 실패했던 것을 제도화한 것이다. 리비아 주재 미국 석유 담당관인 제임스 플랙의 말을 빌리자면, 대형 석유기업들과 독립 기업들 사이의 '휴전'이 이루어진 것을 의미했다.

1971년 1월 15일, 석유회사들은 석유 산유국들과의 '일괄 협정'을 요구하는 서한을 OPEC에 보냈다. OPEC 측에서 원하는 대로 개별 수출국이나 수출국 그룹들과 협상하는 것이 아니라, OPEC 전체를 한 묶음으로 놓고 협상하겠다는 것이 목표였다. 그렇게 하지 않으면 석유회사들은 끊임없는 개구리 뛰기식 가격에 시달릴 수밖에 없었던 것이다.

그러나 국왕은 석유회사들의 '일괄 협정'을 단호히 거부했다. 왜냐하면 '온건국'들은 '강경국'인 리비아와 베네수엘라를 통제할 수 없었기 때문이다. 대신 국왕은 회사들이 합리적으로 페르시아 만 국가들과 각개로 협상한다면, 5년간 준수되는 안정적 협약을 해주겠다고 약속했다. 그는 덧붙여 "만약 석유회사들이 허튼수작을 하려 든다면 페르시아 만 전체가 봉쇄되고 한 방울의 석유도 흘러나가지 않을 것이다"라고 말했다.

협상은 테헤란에서 열렸는데, 엑슨의 중동 책임 이사 조지 피어시와 BP의 이사이자 변호사인 스트라달몬드 경이 '공동전선'의 대표가 되었다. 스트라달몬드 경은 상냥하고 온화한 사람이었다. 그는 쿠웨이트의 석유 장관을 외모에 빗대 '시무룩이'라고 부르며 장난치기 좋아했다. 사실 그는 윌리엄 프레이저의 아들이었다. 윌리엄 프레이저는 모사데그 사건 당시 BP의 회장이었고 이란에서는 인기가 없는 인물이었다. 스트라달몬드 경은 혼란스러워하는 이란인들에게 "나는 내 아버지와 다른 사람이다"라고 말해야 한다고 생각했다. 석유 회사들은 자신들이 국왕과 힘겨루기를 하던 미국 정부를 도와주었다고 생각했다. 그러나 테헤란에 도착하자마자 피어시와 스트라달몬드 경은 워싱턴 측이 국왕의 입장을 묵인했음을 알게 되었다. 이 두 석유 사업가는 어안이 벙벙했고 매우 분노했다. 피어시는 "덕분에 모든 연습이 아주 바보짓이 되고 말았다"라고 말했다.

1월 19일, 피어시와 스트라달몬드 경은 OPEC의 페르시아 만 위원회와 회동했다. 이 위원회의 구성원은 이란 재무장관 얌시드 아무제가(코넬 대학과 워싱턴 대학에서 공부함), 사우디아라비아의 석유장관 자키 야마니(뉴욕 대학과 하버드 법과 대학원에서 잠시 공부함), 이라크의 석유장관 사둔 하마디(위스콘신 대학 출신의 농업경제학 박사)였다. 이 세 장관은 자신의 주장을 굽힐 줄 몰랐다. 그들은 페르시아 만 국가들의 석유 가격만 논의하려 했고, 나머지 OPEC 국가에 대해서는 논의를 거부했다. 게다가 국왕은 석유회사들을 비난했고, 회사들이 자신의 입장에 동의하지 않는다면 금수조치를 하겠다고 을러댔다. 국왕은 모사데그의 망령을 불러내기도 했다. "1951년의 조건은 더 이상 존재하지 않는다"라고 엄하게 경고한 것이다. 그는 이어서 "이란 사람들은 결코 담요를 뒤집어쓰지도, 바리케이드 친 방에 틀어박혀 있지도 않을 것이므로 '일괄 협상'을 하겠다는 계획은 농담 아니면 헛된 노력이다"라고 덧붙였다.

테헤란 협상의 첫 번째 단계에서는 아무런 결론도 나지 않았다. 야마니는 사석에서 피어시에게 "당신이 들었던 것, 즉 산유국 간에 금수조치에 관한 논의가 있었다는 것은 사실이다"라고 경고했다. 게다가 사우디와 기타 페르시아 만 산유국들이 금수조치를 지지하는 것도 사실이라고 밝혔다. 피어시는 충격을 받았다. 사우디는 전쟁 시기를 제외하고는 금수조치를 한 적이 없었다. 그는 파이잘 왕도 이 방침을 지지하는지 질문했다. 야마니는 "그렇다. 그리고 국왕의 지지도 받고 있다"라고 답했다. 피어시는 야마니에게 금수조치를 취하지 말 것을 강력히 촉구했다. "당신은 OPEC을 제대로 모르는 것 같습니다"라고 운을 뗀 야마니는 이렇게 덧붙였다. "나는 보조를 맞출 수밖에 없습니다."9

회사들은 정말 내키지 않았지만 일괄 협상 방식을 포기하지 않을 수 없다는 결론을 내렸다. 대안이 없었던 것이다. 그들은 협상을 분리해서 진행하기로 의견을 모았다. 일괄 협상을 고집하는 한, 협상은 타결될 수 없었다. 산유국들은 무조건 자신들의 뜻대로 가격을 결정하려 했다. 석유회사 입장에서는 비록 형식적일 뿐이라 하더라도, 산유국들이 자기들 마음대로 결정하는 것이 아니라 회사 측과 협상한다는 원칙을 만들어야 했다.

그리하여 협상 두 건이 이루어졌다. 하나는 테헤란에서, 또 하나는 트리폴리에서였다. 1971년 2월 14일, 석유회사들은 테헤란에서 백기를 들었다. 새로운 협약은 50 대 50 원칙을 무용지물로 만들었다. 50 대 50 원칙은 20년 동안 신성시되며 임무를 다하고 역사 속으로 사라졌다. 새로운 합의는 산유국 정부의 최소 몫을 55%로 정하고 석유 1배럴의 가격을 35센트 인상하는 한편, 앞으로 매년 인상한다는 약속을 덧붙였다. 수출국들은 향후 5년간은 이미 합의한 것 이상으로 인상하지 않겠다고 서약했다. 테헤란 협약은 하나의 분수령이 되었다. 회사에서 산유국으로 주도권이 넘어간 것이다. 한 OPEC 관리는

"우리로서는 진정한 전환점이었다"라고 말했다. 스위스 세인트 모리츠에서 막 돌아온 국왕은 협약을 경하하며 이렇게 말했다. "테헤란 협약 이후 OPEC이 힘을 쓰기 시작했다. 어떤 일이 있더라도 개구리 뛰기는 없을 것이다." 쉘의 회장인 데이비드 바란은 더 훌륭한 예언자였다. "의심할 나위 없이 구매자가 유리한 시장은 이제 끝났다"라고 말한 것이다.

이제 협상의 다른 반쪽, 즉 지중해 연안 지역에서도 가격 협상이 진행되어야 할 시점이었다. 지중해 위원회에는 리비아, 알제리는 물론이고 사우디아라비아와 이라크도 포함되어 있었는데, 이 두 나라에서 생산된 석유가 파이프라인을 타고 지중해로 오기 때문이었다. 테헤란 협약 며칠 후 트리폴리에서 논의가 시작되었는데, 리비아의 얄루드 소령이 아랍 측의 절대적인 대표자였다. 얄루드는 이제는 널리 알려진 수법인 호령하는 듯한 위협, 협박, 혁명적인 설교, 그리고 금수조치와 국유화란 위협을 구사했다. 1971년 4월 2일 협약이 발표되었는데 석유 가격이 90센트 인상되었다. 테헤란 협약을 보고 예측했던 것보다 훨씬 높은 수치였다. 리비아 정부는 석유 수입收入을 거의 50%나 늘리게 된 것이다. 국왕은 격노했다. 그는 다시 한 번 개구리 뛰기를 당한 것이다.[10]

소유권 참여, 혹은 가톨릭교도의 결혼

산유국들이 테헤란과 트리폴리 협약에서 밝힌 5년간 변치 않겠다는 맹세는 환상임이 드러났다. OPEC이 1979년대 초 달러의 평가절하에 대한 보상 조치로 공식가격을 올리려고 하자 새로운 전쟁이 시작되었다. 그러나 곧 그보다 더 중요한 분쟁이 일어나 공식가격 인상은 관심에서 멀어졌다. 이 분쟁은 석유회사와 산유국의 관계를 극적으로 변화시키는 것이었다. 바로 '소유권 참여', 즉 석유 수출국이 자국 내의 석유자원에 대한 부분 소유권을 취득하는 문제였다. 이 싸움에서 석유 수출국이 이긴다면 석유산업은 뿌리부터 새로이 편성되고, 관련 당사자들의 역할도 근본적으로 변화될 것이다.

미국 밖에서의 석유사업은 대부분 석유 이권에 근거를 두었고, 석유 이권의 역사는 1901년 윌리엄 녹스 다아시의 다소 무모한 페르시아 진출까지 거슬러 올라간다. 이권 제도 아래서, 석유회사들은 소유자와 계약함으로써 석유 탐사와 생산의 권리를 얻었다. 석유 이권 지역은 다아시가 페르시아에서 받았던 48만 평방마일만큼 크기도 했지만, 옥시덴탈이 리비아로부터 받은 2,000 평방마일처럼 작기도 했다. 그러나 이제 석유 수출국들의 석유 이권 제도는 과거의 일이 되었고 식민주의와 제국주의 시절의 잔재일 뿐이었다. 거기다 탈식민화, 자결주의, 민족주의의 새로운 시대에는 전혀 어울리지 않았다. 석유 수출국들은 단순한 세금 징수자이기를 원치 않았다. 그것은 더 많은 렌트를 뜯어내는 문제가 아니었다. 그들에게는 자국의 천연자원에 대한 주권이 더 중요했다. 모든 것이 여기에 근거해 판단되었다.

몇몇 수출국 정부는 전면적인 국유화의 길을 택하기도 했다. 볼셰비키 혁명 이후의 러시아, 멕시코, 이란 등이 그러했다. 협상으로 획득한 부분적 소유인 '참여'라는 개념은 국유화와 전면 소유에 대한 대안으로 고안된 것이다. 석유는 국가적 자존심과 힘의 상징이기도 했지만, 하나의 사업이기도 했다. 전면적 국유화는 국제 석유회사와의 관계를 단절시킴으로써 석유 생산 국가가 직접 석유 판매까지 떠맡아야 함을 의미했다. 중동에 대량의 석유 매장량을 갖게 되어 난처한 지경에 빠진 독립회사처럼 '석유를 어떻게 처분해야 할 것인가'라는 새로운 문제를 안게 될 것이고, 반대로 석유회사들은 가장 저렴한 석유를 구하기 위해 자유롭게 돌아다닐 것이다. 왜냐하면 국유화된 상태에서 기업의 이윤은 생산이 아니라 시장의 판매에서 나오게 되기 때문이다.

1969년 야마니는 직접적인 국유화에 대해 경고하면서 "석유의 생산과 판매를 동시에 하는 입장이 되면 산유국인 우리는 생산 경쟁에 빠져들게 될 것이다"라고 말했다. 만약 가격이 떨어지는 상황이 오면, 산유국들은 각자 책정된 이윤을 달성하기 위해 석유시장에 더 많은 양의 석유를 내놓음으로써 가격구조는 급격하게 붕괴될 것이다. 그 비용과 위험은 경제적 측면만 있는 것이 아니었다. 야마니는 이렇게 주장했다. "재정적인 불안정성은 불가피하게 정치적 불안정으로 이어질 것이다. 대형 석유회사를 몰아내기보다 그들과 소유권 합작을 하는 방식으로 참가하는 것이 수출국의 목적을 달성하면서도 가격을 유지해오던 체제를 보존하는 길이다." 그는 소유권 참여를 통해 '가톨릭에서의 결혼과 같이 풀어버릴 수 없는' 결속 관계가 만들어질 것이라고 말했다.

소유권 참여는 사우디아라비아의 상황에 잘 들어맞았다. 그것은 석유 질서를 급격히, 근본적으로 뒤집기보다는 점진적으로 변화시키는 것을 의미했다. 그러나 다른 수출국들은 점진적 소유권 참여를 불만족스러워했다. 알제리는 협상하는 흉내도 내지 않은 채, 국가가 독립하기 10년 전부터 있었던 프랑스 석유회사의 소유권 51%를 차지해버렸다. 베네수엘라는 모든 석유 이권의 만료 시기인 1980년대 초반이 되면, 이권이 자동으로 정부로 귀속되게 하는 법안을 통과시켰다.

OPEC도 소유권 참여를 요구하면서, 만약 만족스럽지 못할 경우에는 '공동 행동', 즉 감산을 단행하겠다고 위협했다. 야마니가 OPEC 측의 책임자가 되었고 회사들에 대한 압력은 커졌다. 1971년 말 영국이 페르시아 만에서 철수하면서, 이란은 호르무즈 해협 가까이 있는 작은 섬 몇 개를 손에 넣었다. 비非아랍 세력이 아랍 영역을 장악했다는 사실은 아랍권 내의 호전 세력들에게 크나큰 모욕이었다. 이러한 모욕적 행위를 '공모'한 영국을 벌하기 위해 2,400마일이나 떨어진 리비아는 자국 내 BP의 소유분을 국유화했다. 이라크는 자국 내 이라크 석유회사의 마지막 남은 부분, 즉 1920년대에 발견된 유전 중 최대 규모이며 굴벤키안이 메이저와 벌였던 쟁탈전의 대상이자 이라크 석유 생산의 대부분을 차지하는 키르쿠크 이권을 국유화했다. 야마니는 "국유화는 전 세계적인 추세이고 사우디만 그 추세를 거스를 수 없다"라고 경고했다. 그는 이어서 "석유회사들은 이 점을 인식하고 협상에서 가능한 한 많은 것을 얻을 수 있는 조건을 끌어내야 한다"라고 덧붙였다.

그런데 어떤 협약이든 그에 선행하는 근본적인 문제 몇 가지가 선결되어야 했다. 그중에는 가치 산정이라는 문제가 있었다. 예를 들어 선택된 회계 방식에 의하면, 쿠웨이트 석유회사의 25%는 6,000만 달러에서 10억 달러 사이의 어떤 값이라도 매겨질 수 있었다. 이럴 경우 양측은 새로운 회계 개념, 즉 인플레이션과 오차 요인들을 포함하는 '최근 장부 가격'을 창안해냄으로써 합의에 이르렀다. 그리고 1972년 10월, 페르시아 만 국가들과 석유회사들 간에 '소유권 참여 협약'이 마침내 체결되었다. 현재 25%의 참여 비율에서 1983년까지 51%에 이르도록 한 것이 그 내용이었다. 그러나 OPEC의 협약 체결에도 불구하고, 여타 OPEC 국가들에서는 야마니가 기대했던 것만큼 협정이 인기를 끌지 못했다. 알제리, 리비아, 이란은 협정을 실행하지 않았다. 쿠웨이트의 석유장관은 협약에 찬성했으나 쿠웨이트 의회가 거부함에 따라 협정을 적용할 수 없었다.

아람코는 결국 사우디아라비아와 소유권 참여에 합의했는데, 그렇게 하지 않을 경우 전면적 국유화의 가능성이 있었기 때문이다. 엑슨 회장은 이 협약으로 인해, 미래의 보다 안정적인 관계를 기대할 수 있다고 말했다. 그러나 다른 사람들은 그렇게 확신하지 못했다. 석유회사 이사회가 존 맥클로이의 주재하에 뉴욕에서 열렸는데, 여기서 아람코는 소유권 참여에 합의하기로 한 자사의 결정을 공표했다. 계속된 토론 끝에, 맥클로이는 리비아에서 활동하는 독립 석유회사 벙커 헌트의 이사인 에드 권의 의견을 물었다. 흥분한 권은 페르시아 만에서 이루어지는 어떤 양보도 리비아로 하여금 더 큰 요구를 하도록 북돋는 것일 뿐이라고 했다. 그는 방금 들은 아람코의 계획이 옷장 속에 걸린 두 해골 이야기를 생각나게 한다고 덧붙였다. 한 해골이 다른 해골에게 "우리가 어쩌다가 여기 들어왔지?" 하자, 다른 해골이 "몰라, 그러나 우리에게 조금이라도 용기가 있다면 여기서 빠져나갈 수 있을 텐데⋯⋯"라고 대답했다는 것이다. 맥클로이가 "휴회를 선언합니다"라고 소리치자 모두가 자리를 떠났다.

야마니와 아람코의 협상 이후, 리비아는 이탈리아 국영 석유회사인 ENI 경영권의 50%를 인수했고, 다음에는 벙커 헌트의 지분을 모두 몰수하려고 했다. 우간다의 야만적인 독재자 이디 아민 다다와 함께 선 카다피는 벙커 헌트를 인수함으로써 미국의 '차갑고 건방진 얼굴'에 '일격'을 가했다고 자랑스럽게 말했다. 그러고는 계속해서 해머의 옥시덴탈 페트롤리움을 포함하여 리비아에서 활동 중인 회사들의 지분 51%를 국유화해나갔다

국왕은 사우디아라비아보다 더 좋은 거래를 하기 위해 노력했다. 그러나 이란에는 소유권 참여가 적절하지 않았다. 1951년의 국유화를 통해 이란은 이미 석유 시설들을 소유하고 있었다. 그러나 석유산업을 운용하는 주체는 국영 이란 석유회사NIOC가 아니라, 1954년에 조직된 컨소시엄이었다. 국왕은 야마니가 만들어낸 협약을 통해 높은 생산고와 재정적 균형을 이룰 뿐 아니라, 더 많은 통제력을 행사하려고 고집을 부렸다. 그리고 그는 원하던 것을 얻었다. NIOC는 소유자이면서 경영자도 되었다. 1954년 컨소시엄에 참여한 회사들은 새로운 회사를 설립하고 NIOC의 계약자로 활동함으로써, 이전의 컨소시엄을 대체했다. NIOC는 공식적인 경영자로 인정받은 최초의 국영 석유회사가 된 것이다. NIOC를 세계 유수의 석유회사로 만들려는 국왕의 입장에서는 상당히 상징적인 승리였고, 자신과의 싸움에서 승리한 것이기도 했다.

그는 이제 최고 전성기를 구가하게 되었다. 국왕은 "마침내 해냈다. 우리 산업의 경영을 외국인들이 통제했던 72년의 역사는 끝났다"라고 선언했다.[11]

불길한 예감

소유권 참여를 통해서든 전면적 국유화에 의해서든, 석유회사를 강력하게 통제하게 되면서 수출국들은 가격보다 더 큰 힘을 얻었다. 얼마 전까지만 해도 수입을 올리기 위해 더 많은 석유를 시장에 내놓아 가격을 하락시켰던 데 반해, 이제는 더 높은 가격을 유지하고자 했다. 그들의 새로운 접근 방식은 팽팽한 수급 균형에 근거한 것이었다. 테헤란과 트리폴리에서 만들어진 새로운 체제 아래에서, 가격은 회사와 산유국 간의 협상 대상이었고 산유국들이 유가를 끌어올리는 데 있어 주도권을 가졌다. 회사들은 새로운 공동전선을 구축할 능력이 없었다. 각 회사의 모국 정부도 사정은 마찬가지였다. 사실 석유 소비국들의 정부는 회사들이 수출국에 맞서는 일을 지원하려고 나서지 않았다. 그들은 신경 쓸 다른 일들이 많았다. 석유 가격은 우선순위가 높은 문제가 아니었다. 일부 사람들은 가격 상승이 어떤 경우에도 정당화될 수 있으며, 환경 보존과 새로운 에너지 개발에 자극이 될 것이라고까지 생각했다.

그러나 서방 정부들이 이런 반응을 보인 데는 다른 이유가 있었다. 영국과 미국에게는 이란과 사우디아라비아에 맞서기보다 협조를 구하고, 그 나라들이 보다 많은 소득을 올리는 것을 방해하지 않아야 할 동기가 있었다. 1970년대 초반까지 이란과 사우디아라비아는 급진적 반역 세력의 제압을 지원해달라는 오만의 요청에 주의를 기울인 채 지역 경찰의 입장을 취하고 있었다. 그들의 군비 구입은 급속히 늘어나고 있었고, 이는 상승하는 석유 가격과 페르시아 만의 새로운 안보 체계라는 상호관계를 보여주는 것이었다.

정치와 개인들의 성향은 논외로 하고라도, 1970년대 초반에 나타난 수급 상황은 아주 중요한 메시지를 말해주고 있었다. 즉 값싼 석유는 경제 성장을 위해서는 축복이었으나 계속 유지될 수는 없었다. 수요가 계속 증가할 수는 없으므로, 새로운 공급원이 개발되어야 했다. 하지만 그것은 잠재적 공급 능력이 사라진다는 것을 의미했다. 무엇인가 변화가 필요했는데, 그 무엇이란 바로 가격이었다. 그러나 방법과 시기가 문제였다. 어떤 이들은 그와 같은 결정적 변화가 오는 시기는, 테헤란과 트리폴리 협약이 만료되는 1976년이 될 것이라고 생각했다. 그러나 수급 상황은 이미 매우 팽팽한 상태였다.

물론 중동 지역에서 채굴 가능한 매장량은 엄청나지만, 구득求得 생산량은 그보다 실제 수요에 가깝게 조절되고 있었다. 1970년까지 미국 외부에 일일 300만 배럴의 초과 생산 능력이 존재했고, 대부분은 중동에 집중되어 있었다. 1973년까지 추가 생산 능력은, 순전히 물리적인 단위로 보았을 때 절반으로 줄어들었다. 즉 일일 150만 배럴로 떨어졌으며, 이는 총수요의 약 3%에 해당되었다. 그동안 몇몇 중동 국가는 쿠웨이트와 리비아의 주도로 산출량 감축을 제도화하고 있었다. 1973년까지 실제적으로 '구득 가능'하다고 볼 수 있는 잉여 생산 능력은 다 합쳐봐야 일일 50만 배럴에 불과했다. 이는 자유세계 석유 소비량의 단 1%에 불과했다. 정치적인 요소는 고려하지 않더라도, 석유뿐 아니라 대부분 산업에서 99%의 이용률과 1%의 여유분이란 대단히 위험스러운 수급 상황이다. 게다가 정치적 요인이 그 위험을 증대시키고 있었다.

이 모든 상황은 미래에 어떤 의미를 가질 것인가? 제임스 플랙은 불길한 예감으로 이 사태를 바라보았다. 그는 10년 전 OPEC 설립 당시 바그다드의 미국 대사관 직원이었고, 현재는 트리폴리에 있는 미국 대사관의 석유 담당관이다. 1970년 11월 말, 그는 자신의 생각을 정리해 국무부로 보냈다. 일단의 장교들이 트리폴리에서 군사 쿠데타를 일으킨 지 15개월이 지났고, 바로 그

청년 장교들이 석유 가격 책정에서도 쿠데타를 일으킨 지 거의 3개월이 지난 시점이었다. 플랙은 리비아가 옥시덴탈, 에소, 셸, 그리고 기타 석유회사들과 다투는 동안 매일 보고하느라 바빴지만, 이제는 조금 물러서서 바라볼 여유가 있었다.

날씨는 서늘해지고 바람도 다소 불었다. 지중해에서는 스콜이 몰려오고 있었고, 소금과 바다 냄새가 코를 찌르는 듯 대기에 배어들었다. 끊임없는 불안, 더 나아가 공포가 리비아 내의 서방 사회에 자리 잡고 있었다. 감금되고 추방된 사람들에 대한 소문이 끊임없이 나돌았고, 회사 직원과 서방 외교관들은 보안요원이 자신들의 뒤를 밟고 있다는 사실을 눈치챘다. 그들은 대부분 하얀 폭스바겐 비틀을 타고 다녔기 때문에 백미러로 쉽게 알아볼 수 있었다.

플랙은 워싱턴 행정부가 말하고 싶던 바를 수주에 걸쳐 글로 완성했다. 그는 자신이 보낸 문건이 무시당하지 않도록 문제를 과장하지 않았다. 옥시덴탈 사무실과 작은 길 하나를 맞대고 있는 그의 사무실 창문을 통해, 평상시와 다름없이 기사들이 설계 테이블에 앉아 일하는 모습을 볼 수 있었다. 그러나 플랙은 모든 것이 바뀌었음을 알고 있었다. 워싱턴이나 런던에 있는 사람들 모두가 깨닫지 못했지만, 석유에서 옛날 게임은 끝나버렸다. 12월에 워싱턴으로 보낸 마지막 보고서에서, 플랙은 리비아에서 일어났던 일로 인해 산유국들이 '분열 상태를 극복하고 생산 조절과 가격 인상을 위해 협조할' 가능성이 매우 높아졌다고 주장했다.

그러나 그것은 가격만의 문제가 아니라 권력의 문제이기도 했다. 그는 "서방의 산업국가들이 에너지원으로서 석유에 의존하는 정도가 노출되었고, 석유 가격을 올리기 위한 압력 수단으로서 공급 조절이 갖는 실용성이 극적으로 드러났다"라고 말했다. 플랙의 견해에 따르면, 석유회사들과 마찬가지로 미국과 우방국들은 정치적으로나 지식으로나 '석유 공급 상황에서 변화된 역학 관계에 대처할 준비'가 되어 있지 못했다. 무엇보다도 1967년에는 '석유 무기' 란 개념이 작동하지 않았지만, 지금은 아랍권의 석유를 무기로 사용하자는 주장의 논거가 강화된 상태였다.

그는 한 가지 포인트를 덧붙였다. "역사를 통해 자원의 흐름에 대한 통제는 전략적 중요성을 가졌다. 중동 국가들은 중요한 에너지원에 대한 통제권을 주장함으로써 오래전에 잃어버렸던 서방에 대한 발언권을 되찾게 될 것이다." 플랙은 자신이 현 상황을 유지하자고 주장하는 것이 아님을 강조했다. 그것은 이미 불가능했다. 중요한 것은 세상이 어떻게 바뀌고 있는지를 이해하고 그에 대비하는 것이었다. 가장 큰 죄악은 주의를 기울이지 않는 것이다. 플랙의 글에 깊은 인상을 받은 미국 대사는 그 주장에 무게를 더하기 위해 자신의 이름으로 그 글을 워싱턴에 보냈다. 그러나 플랙이 알기로는 워싱턴에 있는 그 누구도 이 메시지에 신경 쓰지 않았다. 그는 그 글에 대해 한마디의 회답도 받지 못했다.[12]

29

석유,
무기가 되다

    1973년 10월 6일, 이날은 유태교 최고의 신성한 축제일인 속죄일이었다. 시계가 오후 2시를 가리킬 무렵, 이집트군 제트기 222대가 일제히 발진했다. 공격 목표는 수에즈 운하 동안_{東岸}과 시나이 반도에 위치한 이스라엘 군사령부와 군사기지였다. 수분 후 국경 전역에 걸쳐 3,000문이 넘는 야포가 불을 뿜었다. 같은 시각, 시리아군 전투기가 이스라엘 북부 국경 지대에서 공격을 개시했고, 이어 대포 700문이 일제히 포문을 열어 포탄을 퍼부었다.

    제4차 중동전쟁, 소위 '10월전쟁'이 발발한 것이다. 그 전쟁은 중동 전쟁 중에서도 가장 파괴적인 격전이었고 엄청나게 큰 파장을 일으켰다. 양 진영의 무기는 초강대국인 미국과 소련이 공급했다. 그러나 가장 강력한 무기는 중동만의 특성인 '석유'였다. 석유는 생산 삭감과 금수조치라는 형태로 무기화되었다. 헨리 키신저의 말을 빌리자면, 이것이 전후 세계의 질서를 돌이킬 수 없게 바꾸어버렸다.

    금수조치는 전쟁 자체와 마찬가지로 전 세계에 경악과 충격을 안겨주었다. 그러나 과거를 보나 현재의 여러 측면을 보나 실수할 수 없는 확실한 방법이었다. 1973년에 이르러 석유는 세계 산업 경제의 활력소가 되었고, 채굴되는 즉시 남김없이 송출되었다. 당시 산유국과 석유회사 간의 불화는 계속해서 원만히 해결되었던 반면, 수급 사정은 제2차 세계대전 이후 가장 긴박한 상황으로 치닫고 있었다. 어떤 이유로든 약간의 추가적인 수요 압박만 있어도 세계적인 위기가 닥칠 상황이었다.

쿼터제에서 할당제로

1969년 리처드 닉슨이 이끄는 새 행정부가 들어서자, 미국 내에서 석유와 에너지가 정치적인 문제로 부각되기 시작했다. 제일의 관심사는 석유 수입량의 급격한 증가였다. 10년 전 아이젠하워 대통령이 마지못해 성사시켰던 '강제적 석유 수입 계획'은 긴장이 고조되면서 실행에 많은 어려움을 겪고 있었고, 아울러 석유회사 간에 그리고 지역 간에 격렬한 논쟁과 갈등을 유발했다. 이 법률의 허점과 예외조항은 이를 이용해 돈을 벌 방법을 아는 사람에게 너무나 또렷하게 보였고 아주 매력적이었다. 닉슨은 노동부 장관 조지 슐츠가 지휘하는 석유 수입 통제에 관한 대통령 자문위원회를 구성해, 이들로 하여금 쿼터 프로그램을 검토하고 이를 기초로 수정안을 만들게 했다. 석유를 소비하는 주州, 공익사업자, 석유화학 회사 등 석유 소비자를 대표하는 정치가들은 낮은 가격의 석유를 공급받기 위해 규제 완화를 희망했다. 개별 석유 사업자들은 세계 석유시장 가격보다 높은 가격을 보장해주는 쿼터제의 고수를 원했다. 10년 전에는 메이저 회사들이 쿼터제에 반대했지만 이 무렵에는 대체로 이 제도에 순응했고 만족하고 있었다. 쿼터제 덕분에 국내에서 생산한 석유의 가격을 보호받을 수 있었고, 국외에서는 외국 석유를 처리할 유통 조직을 만들 수 있었다. 그들 중 다수는 제도가 변경될지 모른다는 가능성에 놀라 반론을 제기했다.

이런 상황에서 조지 슐츠의 위원회는 쿼터제를 전면 폐지하고 그것을 대체할 수 있는 관세제도를 제안했다. 행정명령에 의해 할당할 필요 없이, 이 제도를 통해 석유 수급 조절을 시장의 기능에 맡긴다는 것이었다. 정계의 반응은 격렬했을 뿐 아니라 부정적이었다. 미국의 석유 및 가스 산업은 이미 심각한 경기 하강 국면에 들어 있었다. 유전 굴착용 리그(굴삭 장치)의 수는 1955년 이래 꾸준히 감소하고 있었고, 1970~1971년 중에는 1950년대 중반의 3분의 1 수준에 지나지 않는 최저치를 기록하고 있었다. 석유 수입 증가에 불안을 느낀 의원 수백 명은 슐츠의 보고서를 국내 석유산업에 대한 위협으로 간주하고 이를 비난하는 서신을 행정부에 보냈다. 약삭빠른 닉슨은 보고서를 치워버리고 쿼터제를 존속시켰다.

물론 이러한 조치는 쿼터제의 해체를 갈구했던 사람들을 실망시켰다. 미국 내 석유 소비자들만 실망한 것이 아니었다. 이란 국왕도 닉슨에게 서신을 보내 '이란의 안정 보장과 경제 발전을 위해서는 쿼터제라는 장벽을 없애고 미국에 더 많은 석유를 직접 판매할 수 있어야 한다'라고 주장했다. 닉슨 행정부는 더 많은 생산과 수입收入의 증대를 요구하는 이란의 주장에 어느 정도 동조했는데, 한 백악관 고문의 말을 빌리자면 영국의 철군撤軍에 따른 '힘의 공백' 때문이었다. 그러나 미국 행정부는 수입 제한을 철폐하지 않았고, 국왕을 기쁘게 해주지도 못했다. 그 후 닉슨은 다음과 같은 내용의 서신을 국왕에게 보냈다. "미국에 이란산 석유를 더 많이 판매할 방법을 찾지 못한 데 대한 당신의 실망은 이해할 수 있다. 우리가 성공할 수 없었던 것은 국내 석유 수입 정책이 매우 복잡한 문제점을 안고 있기 때문이다." 닉슨은 개인적인 해명 조치로 특별위원회의 보고서 한 부를 국왕에게 보냈다.[1]

그러나 당시 미국 에너지 공급 시스템 전체에서 정치적으로 우려되는 명백한 징후가 나타나고 있었다. 30년 이래 가장 추웠던 1969~1970년 겨울, 석유와 가스의 공급 부족 사태가 발생한 것이다. 발전용 연료를 석탄에서 석유로 전환함에 따라, 그해 겨울 리비아와 나이지리아에서 수입하는 저유황 석유에 대한 수요가 급격히 증가했다. 여름 들어서는 발전 능력의 한계로 애틀랜틱 연안 지역에 전압 저하 사태가 발생했다. 한편 팽창하는 수요에 대응해 끊임없이 추가 생산을 함으로써 미국 내의 잉여 석유 생산 시설이 사라졌다.

1970년대 초, 만성화된 공급 부족으로 '에너지 위기'라는 문구가 미국 정치 용어의 하나로 부상했다. 문제의 핵심은 모든 형태의 에너지원에 대한 수요가 급속히 증가한다는 것이었다.

1971년 닉슨이 전면적 물가 통제 프로그램의 일부로 시행한 석유 가격 통제는 국내의 생산 의욕을 꺾은 반면 소비를 부추겼다. 시장 변화를 반영하지 못하는 가격 규제 시스템으로 인해 천연가스 공급도 압박을 받고 있었다. 인위적으로 낮춘 가격 때문에 생산이 위축되었고 에너지 절약 의식도 약해졌다. 많은 지역에서 발전 시설이 풀가동하고 있었고 전압 저하 내지는 정전 사태가 우려되었다. 전력 회사는 문제의 해결책으로 새로운 원전 시설을 서둘러 발주했다. 전력 수요의 증가, 석유 가격 상승 전망, 석탄에 대한 환경 규제 등이 발전용 연료로 원자력을 선택하도록 부추겼다.

1973년 1월, 석유 수요가 계속해서 증가하자 독립계 석유업자들은 원유 공급에 어려움을 느꼈고 여름철의 휘발유 파동이 예상되었다. 4월이 되자 닉슨은 에너지에 관한 첫 번째 성명이자 아주 중대한 정책을 발표했다. 석유 쿼터제의 폐지를 선언한 것이다. 쿼터제의 보호하에서조차도 국내 생산만으로는 미국인이 게걸스럽게 소비하는 물량을 충족할 수 없었기 때문이다. 의회의 압력에 대응해, 닉슨 행정부는 쿼터제를 철폐한 후 곧바로 독립계 석유 정제업자와 유통업자들에게 공급을 보장해주는 '자발적' 할당제를 도입했다. 쿼터제에서 할당제로 제도가 변경된 것은 상황이 어떻게 변했는지를 단적으로 보여주었다. 쿼터제는 잉여 공급량을 통제 및 관리하는 것이 목적이었던 반면, 할당제는 부족한 공급량을 배분하려는 노력의 일환이었다.

늑대가 나타났다!

에너지 문제가 중대한 정치 문제가 되고 있던 당시, 국무부의 고위 석유 전문가이자 키가 크고 근엄한 외모의 외교관인 제임스 아킨스가 에너지 문제를 해결하기 위해 백악관에 파견되었다. 최근 그는 국무부의 대외비 프로젝트로 석유 문제를 연구해왔는데, 세계 석유산업은 '구매자 시장의 마지막 단계를 넘어섰다'는 것이 그의 결론이었다. 또한 그는 "늦어도 1975년까지는 영구적인 판매자 시장이 될 것이며, 주요 산유국 중 한 나라가 생산을 삭감할 경우 석유 위기가 발생할 가능성이 있다"라고 덧붙였다. 이제는 에너지 문제에 관해 '끝없이' 연구를 계속하는 시대는 지났다고 언급하며, 미국은 소비를 억제하고 국내 생산을 증가시키며 '안정된 공급원'으로부터 수입을 추진해야 한다고도 밝혔다. 그는 이런 조치들이 '비용도 들고 불평을 유발할 것'이라고 서술했다. 어떠한 조치도 취해진 적이 없었기 때문에 국민들의 불평과 비용의 상승이 어느 정도일지 짐작할 수 없었다. 실제로는 수입이 급증하면서 정반대의 일이 일어나고 있었다.

닉슨이 쿼터제를 폐지한 1973년 4월, 이제는 백악관에서 일하고 있는 아킨스는 증대하는 에너지 위기에 대처하는 여러 가지 제안을 담은 극비 보고서를 작성했다. 보고서 내용 중에는 석탄 이용 확대, 합성연료 개발, 휘발유세를 포함한 단계적 에너지 절약, 탄화수소를 능가하는 연료를 찾기 위한 연구개발비의 대폭 증가 등이 포함되어 있었다. 그의 제안은 회의적인 사람들의 눈총을 받았다. 닉슨의 고문인 존 에릭만은 "에너지 절약은 공화당의 논리가 아니다"라고 그에게 공개적으로 발언했다. 같은 달, 아킨스는 자신의 우려를 담은 논문을 「포린 어페어foreign Affairs」지에 발표했다. 논문의 제목인 '석유 위기─이번에는 진짜 늑대가 나타났다'는 정치·경제 관계자들의 눈에 쉽게 띄었다. 이 논문은 널리 읽혔지만 논란의 대상이 되었고, 아킨스의 의견은 폭넓은 지지는커녕 동조도 얻지 못했다. 「포린 어페어」지의 라이벌로 등장한 「포린 폴리시Foreign Policy」지는 곧바로 '석유는 정말 부족한가?'라는 제목의 논문을 게재했다. 이 논문은 '세계의 에너지 위기 혹은 에너지 부족은 픽션이다'라고 단언하고 아킨스가 국무부, 석유 수출업자, 석유회사의 첨병이 되었다고 넌지시 비난했다. 아킨스에 의해 경고의 깃발이 높이 올라갔지만, 그것에 대한 어떠한 반응도 없었다. 미국 국내에서뿐 아니라 그들과 협력해 예방 조치를 강구해야 할 선진 공업국들에서도 의견 수렴은 없었다.[2]

이제 미국은 석유 수입에 대한 통제가 없어짐으로써, 석유시장의 갈급한 구성원이 되었다. 미국은 다른 석유 소비국들과 함께 중동에 석유를 요구하는 데 동참했다. 쿼터제를 폐지하는 것 외에는 달리 선택의 여지가 없었다. 그러나 쿼터제의 폐지는 이미 과열된 시장에 더 큰 새로운 요구가 추가됨을 의미했다. 석유회사들은 살 수 있는 한 모든 것을 샀다. 걸프사의 공급 및 무역 부문 책임자는 "우리 회사는 원유를 많이 가지고 있지만, 그래도 해외로 나가 석유를 매입하지 않을 수 없다고 생각한다. 다각 경영의 필요성 때문이다"라고 말했다. 미국의 수입량은 1970년에 하루 320만 배럴이었는데 1972년에는 450만 배럴로 증가했고, 1973년 여름에는 620만 배럴로 다시 늘어났다. 독립계 정유회사들도 석유 가격을 경쟁적으로 높이는 광기를 보이는 집단에 합류했다. 1973년 8월 업계지인 「페트롤리움 인텔리전스 위클리」는 '미국, 유럽, 일본 기업의 광적인 매입으로 원유 가격은 천정부지로 치솟았다'라고 보도했다.

세계 전역의 수요가 한정된 공급량을 놓고 경합했기 때문에 시장가격은 공식가격을 상회했다. 이는 20년간에 걸친 과잉생산 시대의 종언을 고하는 결정적인 변화였다. 오랫동안 시장가격은 만성적인 과잉 생산을 반영해 공식 가격을 하회했고, 이것은 기업과 정부 간의 관계를 불편하게 만들었다. 그러나 상황은 역전되었다. 수출국들도 이 새로운 파도에 편승하고자 했다. 공식 가격과 시장가격의 차익이 기업에 흡수되는 것을 손 놓고 보지는 않았다.

산유국 측은 곧바로 상승한 가격보다 더 많은 것을 얻기 위해 자국의 생산 참여나 재매입 협정의 개정을 요구했다. 리비아는 유난히 강경했다. 카다피가 주도했던 쿠데타의 4주기 기념일인 1973년 9월 1일, 리비아는 아직 회수하지 못했던 조업 시설의 51%를 국유화했다. 닉슨 대통령은 이에 대해 직접 나서서 경고했다. "모사데그가 오래전에 경험했던 것처럼, 시장을 확보하지 못한 석유는 국가에 아무런 이득이 되지 못한다"라고 말한 것이다. 그러나 강경한 경고도 효과가 없었다. 모사데그와 카다피의 차이점은 단순히 20년의 세월만이 아니었다. 거기에는 시장 상황의 극적인 변화라는 요소가 개입되어 있었다. 모사데그가 앵글로-이란 석유회사를 국유화했던 시기에는 중동 각지에서 새로운 산유 시설이 계속 개발되고 있었다. 그러나 1973년은 달랐다. 잉여 시설은 사라졌으며 시장은 분명히 존재하는데 그것도 굶주린 시장이었다. 리비아는 환경적 측면에서도 문제 없는 자국의 저유황유를 팔아치우는 데 별 어려움이 없었다.

OPEC의 급진파인 이라크, 알제리, 리비아는 소위 신성시되던 테헤란 협정과 트리폴리 협정의 개정을 강력하게 요구했다. 1973년 늦은 봄부터 여름까지, 다른 산유국들도 시장에서 가격이 급등하는 것을 보고 같은 견해를 가지게 되었다. 그들은 심화되고 있는 인플레이션과 달러화의 하락을 지적했고, 무엇보다도 국제 시장에서 실제로 형성되고 있는 석유 가격을 근거로 들었다.

1970년부터 1973년 사이에 원유의 시장가격은 배로 증가했다. 산유국의 배럴당 수입이 계속 증가했을 뿐 아니라, 시장의 가열로 석유회사들의 수입도 증가했다. 석유회사의 수입 증가는 수출국들의 목표와 이념에 첨예하게 배치되는 것이었다. 왜냐하면 석유회사들이 차지하는 몫의 크기가 증가하기는커녕 감소할 것으로 예상했었기 때문이다.

1973년 7월 야마니는 아람코의 사장에게 "1971년 테헤란 협정에 기초한 가격 시스템은 이제 부적절하다"라고 말했다. 그해 9월 야마니는 테헤란 협정에 바치는 조사弔辭를 작성했다. "이 협정은 이미 사멸했거나 사멸하고 있다"라고 선언하고, 만약 기업이 새로운 가격 협정의 제정에 협력하지 않는다면 "우리는 우리의 의지로 우리의 권리를 행사할 것이다"라고 덧붙인 것이다. 석유 경제의 변화와 함께 그것을 둘러싼 정치 판도도 변하고 있었다. 그것도 극적인 변화였다.[3]

사다트의 도박

1970년 나세르가 죽고 안와르 사다트가 권좌에 올랐다. 대부분의 사람들은 그를 하잘것없는 인물로 보았고 단 몇 달, 아니 단 몇 주도 정권을 유지하지 못할 것이라고 생각했다. 이집트의 새로운 대통령은 상당히 과소평가되고 있었다. 사다트는 후에 "나세르가 남긴 유산은 비참한 상태였다"라고 회고했다. 그가 물려받은 나라는 범아랍주의라는 숭고한 미명하에 실제로는 정치적·도덕적으로 피폐한 파산 상태였다. 1956년 수에즈 위기에서 승리하면서 고양된 야망과 자신감은 1967년 제3차 중동전쟁의 패배와 함께 바람처럼 날아가버렸고, 경제적으로도 파산 지경에 이르렀다. 사다트는 애틀랜틱에서 페르시아 만에 이르는 아랍 연합국을 이끌겠다는 야망이 없었다. 그는 이집트

국수주의자였다. 범아랍주의에는 신경 쓰지 않았고 오로지 이집트의 부흥에만 관심이 있었다. 이집트는 국민총생산의 20%를 군사비로 지출했다(이스라엘은 이에 조금 못 미치는 18%를 지출했다). 이런 상황에서 이집트가 어떻게 경제발전을 추구할 수 있었겠는가?

사다트는 이스라엘과 벌이고 있는 갈등의 굴레에서 벗어나, 교착상태에 빠진 외교를 복구하려 했다. 그는 안정을 원했다. 그러나 몇 년간의 결실 없는 협상과 논의가 있은 후, 이스라엘이 수에즈 운하 동쪽을 점령하고 있는 한 그런 외교적 노력이 별 의미가 없다는 결론에 도달했다. 이스라엘은 협상에 임할 별다른 동기가 없었고, 그는 그렇게 나약하고 굴욕적인 위치에서 협상을 진행할 수 없었다. 특히 시나이 반도 전체가 이스라엘의 수중에 있는 상황에서는 더욱 그러했다. 그는 무엇인가 중요한 일을 벌여야 했다. 국내적으로 자신의 입지를 강화하고, 국제적으로 스스로 행동을 취할 수 있음을 보여주어야 했다. 그는 친소親蘇 성향의 이집트인들을 축출하고, 1972년 7월에는 거만한 소련군 고문관과 2만 명에 이르는 소련 군인들을 추방했다. 그런데도 소련으로부터의 군수품 공급은 계속되었다. 여전히 사다트는 서방측, 특히 미국으로부터 기대했던 반응을 얻지 못했다.

1972년이 끝나갈 무렵, 사다트는 자신의 운명을 건 결정을 내렸다. 전쟁을 벌이기로 한 것이다. 그가 정치적 목적을 달성할 수 있는 유일한 길이었다. 후에 키신저는 "정말 알 수 없는 것은 사람의 마음이다"라고 말하면서 다음과 같이 덧붙였다. "사다트의 목적은 영토를 얻는 것이 아니었다. 그에겐 얼어붙은 쌍방의 태도를 변화시킬 수 있는 위기가 필요했다. 전쟁이란 충격을 통해, 이스라엘이 군사적으로 우위를 갖고 이집트가 굴욕으로 치를 떨고 있는 동안에는 결코 얻을 수 없는 융통성을 쌍방이 갖게 될 것이라 여겼다. 간단히 말해 그의 목적은 심리적이고 외교적인 것이었다. 결코 군사적인 것이 아니었다."

사다트의 결정은 상당히 계산적이었다. '전쟁은 수단을 바꾸어 정치를 계속하는 것'이라는 클라우스비츠의 금언을 가슴에 새기며 움직이고 있었다. 그는 동시에 심오한 운명론에 근거해 결정을 내렸다. 그는 자신이 도박을 벌이고 있음을 알았다. 그가 전쟁의 가능성을 넌지시 비치고 통상적인 방법으로 언급했지만 이를 진지하게 여긴 사람은 아무도 없었다. 특히 상대인 이스라엘은 더욱 그랬다. 1973년 4월, 사다트와 시리아의 대통령 하페즈 알 아사드는 이집트와 시리아의 연합 공격 계획을 짜기 시작했다. 사다트는 전쟁 준비에 관한 모든 것을 철저히 비밀에 붙였다. 이집트와 시리아의 고위 간부 외에 그가 정보를 알려준 단 한 사람은 사우디아라비아의 파이잘 왕이었다. 이는 다가올 분쟁에서 석유가 핵심적 위치를 차지하게 될 것임을 의미했다.[4]

파이잘 왕의 변심

1950년대 이후부터 아랍 세계의 국가들은 이스라엘을 전멸시키는 것부터 영토를 포기하게 하는 것에 이르기까지 여러 가지 목표를 달성하기 위해, 애매하게 정의된 '석유의 무기화'를 논의해왔다. 아랍은 무진장한 석유를 가지고 있었지만 그들만 석유를 가진 것이 아니었기 때문에, 석유를 무기로 사용하려는 움직임에는 항상 제약이 따랐다. 미국 내의 텍사스, 루이지애나, 오클라호마 등이 세계 시장에 신속히 석유를 공급할 수 있었다. 그러나 미국의 가동률이 생산 능력의 100%에 이르게 됨에 따라, 업계의 강자였던 미국은 더 이상 석유의 무기화에 대항할 수 없게 되었다.

1970년대 초반 석유시장이 수급 압박을 받게 되자, 아랍 세계의 여러 국가들은 경제적·정치적 목표를 달성하기 위해 석유를 무기로 사용하자고 목소리를 높였다. 하지만 사우디아라비아의 파이잘 국왕은 그 행렬에 가담하지 않았다. 다른 아랍의 지도자들 못지않게 그 역시 이스라엘과 시온주의Zionism를 혐오했으며, 시온주의자들과 공산주의자들이 중동을 전복할 음모를 꾸미고 있다고 확신했다. 그는 가말 압델 나세르와 닉슨에게, 이스라엘인들이 팔레스타인 과격파 테러리스트들에게 자금을 대주고 있다고 말했다. 그러나 파이잘은 석유를 무기로 사용하는 것을 애써 반대했다. 1972년 여름, 사다트가 정치적 목적을 위해 석유의 공급 조작을 요구하자 그는 즉시 강력한 반대 의사를 표명했다. 그것은 무익할 뿐 아니라 "그러한 생각을 가지는 것조차 매우 위험하다"라고 힘주어 말했다. 결코 정치와 석유를 연계해서는 안 된다는 것이었다. 그것은 사우디아라비아가 1967년의 제3차 중동전쟁 중에 얻은 교훈이었다. 전쟁 중에 수출량을 줄였지만 자신의 세입과 시장을 잃었을 뿐, 하등의 효과가 없었다. 1985년까지는 미국이 페르시아 만의 석유가 없어도 잘 지낼 수 있기 때문에 어떠한 정책에도 눈 하나 깜짝하지 않을 것이라고 파이잘은 확신했다. 그는 "이러한 제안은 배제되어야 한다. 현재 시점에서 논한다는 것은 전혀 의미가 없다"라고 강조했다.

파이잘이 신중한 태도를 취한 데에는 경제적·정치적 이유가 있었다. 아라비아 반도에는 이미 공산주의 국가가 수립되었다. 바로 얼마 전까지 아덴 항 상공에 영국기가 휘날렸던 남예멘이다. 또한 반도의 여러 곳에서 공산 게릴라가 활동하고 있었다. 리비아에서 군부 쿠데타로 군주제가 전복되고 수단에 민간 정부가 수립된 1969년, 사우디아라비아에서도 일부 공군 장교들의 음모가 발각되었다. 파이잘은 아랍 세계에 과격한 사상이 만연하는 것을 두려워했다. 그러한 사상은 왕권의 정통성을 위협할 수 있었다. 국왕은 이런 사정으로 사다트의 제안을 거절했고, 경제적·전략적으로 미국과 밀접한 관계를 유지하는 것이 왕국의 번영뿐 아니라 안전 보장을 위해 필수불가결하다는 것을 잘 알고 있었다. 자신의 생존에 중요한 역할을 하는 국가에 적대행위를 취하는 것은 바람직한 행동이 아니었다. 그러나 1973년에 접어들자 파이잘도 마음이 변하기 시작했다. 어찌된 것일까?

그 답의 일부는 시장에서 얻을 수 있었다. 예상했던 것보다 빨리 중동산 석유가 세계 석유시장에서 최후의 공급원이 되었다. 특히 사우디아라비아는 미국을 포함한 모든 국가의 한계 공급자가 되었다. 미국은 일반적인 예측과는 달리 1985년이 아니라 1973년에 이미 페르시아 만의 석유에 의존하게 되었고, 사우디아라비아는 과거에 텍사스가 가졌던 지위를 차지했다. 사막의 왕국은 이제 전 세계에 공급되는 석유의 수급을 조절하는 국가가 되었다. 미국은 유사시에 동맹국에 석유를 공급하기 위해 산유량을 증가시킬 여력이 없다는 취약성을 드러냈다. 석유 수급 사정은 사우디아라비아에 한층 강력한 힘을 부여하는 쪽으로 움직이고 있었다. 세계 석유 수출에서 차지하는 비중이 1960년의 13%에서 1973년 21%로 급격히 늘어났고 그 비중은 계속해서 높아가고 있었다. 1973년 7월의 평균 생산량인 일일 840만 배럴은 전해 7월의 540만 배럴에서 62% 늘어난 것인데 그 수치는 계속 증가했다. 아람코는 풀가동 중이었다. 실제 예측을 크게 상회하는 수요의 급증에 대응하기 위해 맹렬한 속도로 생산을 확대하고 있었다. 만약 어떤 사태가 발생한다면, 사우디아라비아는 유전의 피폐를 방지하고 생산 능력을 보강하기 위해 생산량을 줄여야 할 것이라 말하는 이들도 있었다.

더욱이 사우디아라비아 국내에서는 이제 쓰고 남을 만큼의 돈이 있다고 생각하는 사람들이 늘어갔다. 두 차례에 걸친 미국 달러화의 평가절하는 사우디아라비아를 포함해 달러를 많이 보유한 국가들의 외환 가치를 갑작스럽게 떨어뜨렸다. 리비아와 쿠웨이트는 생산량을 줄였다. 쿠웨이트 석유상은 "우리의 양식이며 힘인 석유를 내년이면 가치가 더 떨어질 화폐와 바꿀 이유가 어디 있는가?"라고 자조하듯 말했다. 일부 사우디 사람들은 자신들도 생산량을 줄여야 한다고 주장했다.

날이 갈수록 시장 상황의 변화는 아랍의 석유 무기화에 힘을 보태주었다. 그런데 이런 시장의 변화가 정치적 변혁과 우연히 맞아떨어졌다. 파이잘은 전통적인 체제를 와해하려는 과격한 범아랍주의자인 나세르를 경원시했지만, 나세르를 이은 사다트는 성향이 달랐다. 그는 나세르가 남긴 유산을 해체하려는 이집트 민족주의자였다. 사다트는 이슬람 국제회의기구를 통해 사우디 사람들과 가까워졌다. 파이잘은 나세르가 소련과 맺은 숨막히는 결속에서 벗어나려고 애쓰는 사다트에게 연민을 느꼈다. 사우디의 지원이 없다면 사다트는 다시 소련에 손을 벌려야 할지 모른다. 그러면 소련은 이를 중동 지역에 영향력을 확대할 기회로 여길 것이며, 이런 상황 전개는 사우디아라비아의 이익에 정확히 배치되는 것이었다. 1973년 봄 무렵, 사다트는 파이잘에게 압력을 가했다. 이스라엘과 서방에 대항하는 이집트를 지원하는 차원에서 석유 무기화를 고려해달라고 한 것이다. 파이잘은 국내뿐 아니라 아랍 세계의 압력이 점차 증가하는 것을 느꼈다. 그는 당장 최전선인 아랍 국가와 팔레스타인을 지원하지 않을 수 없었다. 그러지 않으면 그들의 석유 자산이 게릴라들의 주요 목표가 될 위험에 처해 있었다. 그러한 취약성을 보여주듯 1973년 봄, 시돈에 있는 아라비아 관통 파이프라인 터미널에 무장 괴한이 난입해 탱크 한 대가 파괴되고 다수가 부상당하는 사건이 발생했다. 며칠 후 파이프라인이 파괴되는 사건도 일어났다. 또한 사우디아라비아 내에 있는 공급관을 파괴하는 테러 행위를 포함해 다수의 사건이 일어났다.

이러한 정치·경제적 상황이 파이잘의 마음을 바꾸어놓았다. 사우디는 증가하는 수요를 충족하기 위해 생산 능력을 증대하지 않을 것이며, 미국이 이스라엘과 손을 끊고 아랍의 의견을 받아들이지 않는다면 어떠한 형태로든 아랍의 석유를 무기화할 것이라고 경고하면서, 자신들의 견해를 밝히는 캠페인을 전개했다. 1973년 5월 초, 국왕이 직접 아람코의 중역들을 만났다. 그는 자신이 충실한 미국의 친구라고 말하면서 "미국이 최근 중동에서 일어나는 사건들을 해결하기 위해 무엇인가를 해야 하는 위치에 있다"라고 주장했다.

후에 아람코 사장은 "그는 보통 때와 달리 솔직했고, 이 지역에서 시온주의 및 그것과 결탁한 공산주의가 미국의 이익을 배제하려 하고 있다고 강조했다"라고 술회했다. 그에 따르면 파이잘은 "중동 내에서 사우디아라비아를 제외하고는 미국이 안전하게 이익을 얻을 수 있는 곳이 없다. 아랍의 친구이며 이 지역에서 이익을 얻고 있는 미국과 미국의 기업들은, 미국 정부의 태도를 바꾸기 위해 긴급히 조치를 취해야 한다"라고 밝혔다. 아람코의 사장은 "이스라엘의 정책과 행동에 대한 단순한 거부 표시가 현재와 같은 반미 감정을 개선하는 데 도움을 줄 수 있을 것이다"라고 말하면서 "파이잘 국왕의 언급은 '극히 긴급을 요하는' 요청이었다"라고 덧붙였다.

계산이 빠른 아람코 간부에게는 다행스럽게도 그 모임에서 석유 얘기는 나오지 않았다. 하지만 그 문제는 몇 주 지나지 않아 명백하게 대두되었다. 아람코 모회사의 간부가 제네바의 인터콘티넨털 호텔에서 야마니를 만나게 되었다. 야마니는 파리와 카이로를 여행 중인 국왕이 그 호텔에 묵고 있음을 알리며, 국왕을 공식적으로 접견할 의향이 있는지 물었다. 물론 아람코의 간부는 초청을 환영했다. 야마니는 국왕이 카이로에서 '불편한 시간'을 보냈다고 말해주었다. 사다트가 정치적 지원을 강화하라고 강한 압력을 가했다는 것이다. 국왕은 회사의 간부를 만난 자리에서 "시간이 지날수록 중동에서 미국이 얻을 수 있는 이익이 줄어들고 있다. 미국이 사우디아라비아를 긍정적으로 지원하지 않음으로써, 아랍 우호국들 사이에서 사우디아라비아는 외톨이가 될 위기에 처해 있다"라고 말했다. 파이잘의 태도는 단호했다. 그는 결코 그러한 고립 사태를 원치 않았다. 그는 석유회사 간부에게 "당신들은 모든 것을 잃게 될 것이다"라고 말했다.

아람코의 간부는 파이잘이 말하는 것의 의미를 의심치 않았다. 후에 한 간부는 "석유 이권이 명백히 위기에 처해 있었다"라고 밝혔다. 그들은 미국의 언론을 비난했고 그들 스스로가 음모론에 취약하다고 지적했다. 석유회사 간부들이 느낀 대로 취해야 할 행동은 명백했다. "우리가 해야 할 일은 첫째, 이 지역에서 얻을 수 있는 진정한 이익을 미국 대중에게 알리는 것이고(그들은 언론 통제에 의해 호도되고 있었다) 둘째, 정부 지도자들에게도 신속히 알리는 것이다."

몇 주일 후, 회사의 중역들은 워싱턴에 있는 백악관, 국무부, 국방부를 방문해 "행동을 취하지 않으면 모든 것을 잃게 될 것이다"라는 파이잘의 경고를 전했다. 그들의 의견에 관심을 가진 사람들은 있었지만 전적으로 받아들이지는 않는 것 같았다. 정부 관리들은 거기에 문제가 있다고 인식했지만, "그것이 발생하는 것을 막기 위해 신속한 행동이 요구되며 이미 진행 중인 것과는 다른 수단이 필요하다"는 점 또한 밝혔다. 그들은 사우디가 과거 나세르 시절보다 더 큰 압력을 받고 있다고 보았다. 당시 사우디가 압력을 잘 견뎌냈듯이 지금도 성공적으로 압력을 이겨낼 수 있을 것이라고 판단했다. 어쨌든 워싱턴에서 석유회사 간부들은 미국이 단기적으로 취할 수 있는 것이라곤 없다는 말을 들었다. 몇몇 사람들은 국왕이 늑대도 없는데 '늑대가 있다'라고 외치고 있다고 생각했다. 미국 고위 관리 한 사람이 제네바 회동에서의 파이잘의 발언을 '내국용'이라고 하자, 석유회사 간부는 그 모임에 '사우디'에서 온 사람은 하나도 없었다고 반박했다.

텍사코, 쉐브론, 모빌 세 회사는 공개적으로 미국의 중동 정책 수정을 요구했다. 엑슨의 중동 담당 책임자로 있다가 은퇴한 하워드 페이지도 거기에 포함되었다. 그런데 갑자기 파이잘이 스스로 미국 언론에 모습을 드러냈다.

언론들은 분명 '통제되어' 있긴 했지만 부지런히 그에게 대응해주었다. 그는 「워싱턴 포스트」, 「크리스천 사이언스 모니터」, 「뉴스위크」지, NBC 텔레비전 등과 차례로 인터뷰를 가졌는데 그의 메시지는 매번 같았다. "우리는 미국에 대한 석유 수출 감량을 원치 않는다. 하지만 미국이 시온주의를 지원하고 아랍 세계에 적대적인 태도를 취한다면 미국에 석유를 계속 공급하기가 어려워질 것이고, 미국과 우호적 관계를 유지하는 것조차 어려울 것이다."[5]

신경질적인 지도자

1973년 6월, 리처드 닉슨은 소련 서기장 레오니트 브레즈네프를 캘리포니아 주 새크라멘토에 있는 자신의 저택에 초청해 정상회담을 가졌다. 마지막 날 저녁, 회담을 마치고 두 사람이 헤어진 후 예상치 못한 일이 벌어졌다. 심기가 불편해 잠을 이루지 못하던 브레즈네프가 갑자기 닉슨에게 예정에 없던 회합을 요구한 것이다. 명백하게 외교적 관례에 어긋나는 것이었지만 닉슨은 비서진의 연락을 받고 잠에서 깼다. 닉슨은 괴이한 생각이 들었지만, 한밤중에 어두컴컴한 태평양이 시야에 들어오는 자신의 서재에서 브레즈네프를 만났다. 작은 화롯불 앞에서 브레즈네프는 장장 3시간 가까이 격앙된 어조로 "중동은 폭발 직전이고 조만간 전쟁이 발발할 것"이라고 역설했다. 그는 전쟁을 피할 유일한 방법이 새로운 외교적 발의를 하는 것이라고 주장했다. 브레즈네프는 소련이 무기를 제공하는 사다트와 아사드의 의도를 세세하게는 아니더라도 개략적으로 알고 있으며, 그 결과는 새로운 미국-소련 간의 긴장 완화를 위협할 것이라고 닉슨에게 말했다 그러나 닉슨과 안보 담당 보좌관 헨리 키신저는 브레즈네프의 이상한 발언을 무시했다. 진정한 경고라기보다는 중동 문제를 소련에 유리한 상황으로 해결하려는 강압적인 술책이라 생각했기 때문이다.

1973년 8월, 사다트는 사전 연락도 없이 파이잘을 만나기 위해 리야드로 갔다. 사다트는 매우 중요한 뉴스를 가지고 있었다. 그는 이스라엘과의 전쟁을 생각하고 있다고 파이잘에게 말했다. 전쟁은 기습공격으로 시작될 것이며, 사우디아라비아의 지지와 지원이 필요하다고도 했다. 파이잘은 암묵적으로 사다트의 전쟁 놀음에 5억 달러를 지원하기로 약속하면서, 석유 무기화를 강력하게 시사했다. 그는 이렇게 말한 것으로 알려졌다. "그러나 시간이 필요하다. 겨우 2~3일 정도의 전쟁을 위해 석유를 무기로 사용하는 것은 원치 않는다. 우리는 세계의 여론이 움직일 만큼 충분한 시간 동안 지속되는 전쟁을 원한다."

사다트의 계획이 파이잘에게 미친 영향은 아주 명백하게 드러났다. 일주일도 채 지나지 않은 8월 27일 야마니는 아람코의 중역에게 "파이잘이 갑자기 아람코의 생산, 시설 확장 계획, 생산의 중단이 소비국(특히 미국)에 미치는 영향 등에 관해 상세한 내용을 정례적으로 보고하게 했다"라고 말했다. 당시 파이잘은 아람코의 생산을 일일 200만 배럴 정도 줄이면 어떠한 효과가 있는지 물었다. 야마니는 "이는 완전히 새로운 양상이다. 국왕이 이렇게 세세한 일에 신경 쓴 적은 결코 없었다"라고 설명했다.

야마니의 어조에는 경고의 의미가 담겨 있었다. 닉슨이 사우디아라비아의 심각한 의도를 이해하지 못하는 데는 몇 가지 요인이 있다면서 이렇게 주장했다. "그래서 국왕이 미국의 의혹을 해소하기 위해 인터뷰를 하거나 공개 성명을 발표해왔다. 우리나라의 통치 구조와 그것이 어떻게 움직이고 있는지 잘 알고 있는 사람이라면 석유 감산 결정이 한 사람, 즉 국왕에 의해 이루어지며 어떤 사람의 동의도 구하지 않고 그 같은 결정을 할 수 있음을 이해할 수 있을 것이다. 국왕은 미국의 정책을 바꾸기 위해 석유 무기화를 결정할 수 있는 유일한 사람이다. 파이잘은 무언가 중요한 일을 해야 할 개인적인 의무감을 느끼고 있고, 석유가 효과적인 무기라는 것을 잘 알고 있다." 또한 야마니는 "국왕은 아랍의 지도자들과 여론, 특히 사다트에게 지속적인 압력을 받아서 자제력을 잃고 있다"라고 말하며 국왕의 신경이 아주 날카로워져 있다는 말도 잊지 않았다.

사방으로부터의 압력

1973년 9월, 공급의 안정성과 긴박한 에너지 위기에 관한 이야기가 널리 퍼지고 있었다. 「중동경제학술조사Middle East Economic Survey」지는 '석유 상황: 사방으로부터의 압력'이라는 표제의 특집기사를 실었다. 같은 달, 다국적 석유회사와 닉슨 행정부는 리비아가 메이저들의 석유 생산을 모두 중단시킬지 모른다는 우려에 대해 논의를 거듭하고 있었다. 수많은 논의를 거친 후, 미국 행정부는 국내에 공급이 한정된 일부 석유제품에 대해 강제 할당제를 도입하기로 결정했다.

파이잘은 미국이 이스라엘에 대한 '간단한 거부 의사'만 표현하는 것만으로도 석유를 무기화하려는 상황을 위축시킬 수 있을 것이라고 석유회사들에게 말했다. 사실 그런 거부의 표시가 어느 정도 있긴 했다. 미국 국무차관 조셉 시스코는 이스라엘 텔레비전과의 대담에서 이렇게 밝혔다. "모든 면에서 우리의 이익과 이스라엘의 이익이 유사하지만, 이스라엘과 동일하다는 의미는 아니다. 미국의 관심은 지역 내에 있는 한 국가에 한정되지 않는다. …… 미국 내에 관심이 고조되고 있는 문제가 있는데, 예를 들자면 에너지다. 현재 상황에서 이것을 무시하는 것은 매우 무모하다고 생각한다." 방송 대담자가 시스코 차관에게 "아랍의 산유국이 가까운 장래에(특히 1980년대 들어 미국에 대해) 석유를 정치적 무기로 이용할 것이라 보는가?"라고 묻자, 그는 "나는 천리안을 갖고 있지 않다"라고 대답했다. 그러나 그는 "아랍 세계 내에는 석유와 정치를 연계하라는 목소리들이 명백히 존재하고 있다"라고 덧붙였다.

미국의 '거부' 의사는 훨씬 고위층에서도 흘러나왔다. 닉슨의 기자회견 석상에서 '아랍 국가들이 중동 정책의 변화를 강요하는 수단으로 석유를 이용할 것인가?'라는 질문이 나왔다. 닉슨은 "그것은 주요한 관심사다. 미국을 포함한 모든 소비국이 영향을 받게 될 것이다. 그 점에서는 우리 모두 한 배를 탄 것이다"라고 대답했다. 이어서 그는 이스라엘과 아랍 세계 양쪽에 비난의 화살을 돌렸다. "이스라엘은 먼지가 가라앉을 때까지 기다릴 수 없고, 아랍 역시 중동 지역에서 먼지가 가라앉을 때까지 기다릴 수 없다. 양측 모두 잘못이 있다. 양측은 협상을 시작해야 한다. 이것이 우리의 입장이다. …… 성공적인 협상으로 얻을 수 있는 보상 중 하나는 석유 압력이 줄어드는 것이다."

모든 주요 소비국이 그런 압력을 느끼고 있었다. 9월 독일 정부는 마침내 공급의 안정성에 초점을 맞춘 첫 번째 에너지 프로그램을 발표했다. 국무장관 울프 랜츠케는 OECD 제국의 잉여 공급 시설이 줄어들고 있다는 미국의 주장에 자극받아 자국의 석유 사정을 우려하게 되었는데, 가장 열렬한 석유 프로그램 지지자가 되었다. 그는 후일 "내게는 그것이 출발점이었다. 그 후 독일의 에너지 정책에 눈을 돌리기 시작했다. 석탄 문제를 해결하는 방법을 찾는 것이 아니라, 공급의 안정성을 우리의 정책에 어떻게 흡수하느냐 하는 것이 중요했다. 매우 성가신 일이었다. 기반을 마련하고 사람들을 설득하는 데 5년이 걸렸다. 사람들은 에너지 공급은 큰 문제가 되지 않는다는 뿌리 깊은 정치적 신념을 가지고 있었다"라고 밝혔다.

같은 달, 일본에서는 통산성 산하에 새로 설립된 에너지 자원청이 전반적인 석유 공급의 불안정성에 대해 설명하고 긴급 시의 대응책 마련이 필요하다고 강조하는 에너지 백서를 발간했다. 대외 의존과 에너지 취약성이라는 관점에서, 일본의 맹렬한 석유 수요 증가가 의미하는 바가 무엇인지에 대해 관심이 고조되어온 결과였다. 국내 석유 수요의 대부분을 직·간접적으로 국제 석유회사에서 공급받아오던 일본의 정부 관료들과 석유업계는 힘의 핵심이 석유회사에서 산유국으로 빠르게 이전되고 있음을 감지할 수 있었다. 1973년 9월, 백서는 '지금까지 국제 석유회사가 운영하던 석유 공급 시스템이 무너지고 있다'라고 분명하게 지적했다. 이는 일본의 입장에서 '1960년대처럼 수동적으로 국제 정세에 대응하는 것은 더 이상 용납되지 않는다'는 것을 의미했다.

그 무렵 일본의 외교 정책에 새로운 경향이 나타났고, 이는 이후 미국과 일본의 협력관계에 굳건히 정착되었다. 바로 '자원 외교'라고 불리는 것이다. 석유자원의 확보를 보장하는 방식으로 외교의 방향을 재조정하는 것을 의미했다. 이 외교 정책을 최일선에서 추진했던 이가 통산성 장관인 나카소네 야스히로(후에 수상이 됨)였다. 그는 "일본은 어쩔 수 없이 독자적 입장을 취하지 않을 수 없다. 맹목적으로 따르는 것은 시대착오다"라고 주장했다. 더 이상 따라다녀서는 안 될 대상은 바로 미국이었다. 1973년 나카소네는 '산유국의 입장을 두둔하는' 새로운 지원 정책을 표방했다. 그때는 이미 일본 일각에서 에너지 위기에 대한 우려의 소리가 자리 잡고 있었다. 전년도 겨울에는 등유와 휘발유 부족 사태를 겪었고, 1973년 여름에는 미국과 같이 전압 저하의 기미도 보였다. 에너지와 관련된 거의 모든 일본 정책 입안자들은 「석유 위기: 이제 진짜 늑대가 나타났다」라는 제목의 아킨스 논문을 읽고 깊은 감동을 받는 것 같았다. 남은 문제는 '시점'이었다. 9월 26일, 수상 다나카 가쿠에이는 텔레비전 인터뷰에서 "에너지 위기와 관련해 10년 내에 석유 위기가 도래할 것이 명백하다"라고 밝혔다.

그런데 10년보다는 10일이 더 정답에 가까웠을 수 있다. 바로 그때, 안와르 사다트가 전쟁의 카운트다운을 시작하고 있었기 때문이다.[6]

더 이상 협상할 것이 없다

1973년 중순, 비엔나 회의에서 OPEC 회원국들은 석유회사들에 새로운 협정을 맺자고 요구했다. 테헤란 협정과 트리폴리 협정은 사장되었다. OPEC 회원국들은 시장가격 상승으로 석유회사들이 거두어들이고 있던, 소위 말하는 '뜻밖의 횡재에 가까운 이윤'을 자신들이 회수하기로 결정했다. 야마니가 이끄는 실무팀은 10월 8일 석유회사 대표들을 비엔나로 초청해 회합을 가졌다.

석유회사들은 하나의 그룹을 형성해 교섭에 임하기 위해, 반트러스트 법에 위배되지 않음을 확인해주는 허가서를 다시 한 번 법무부에 신청해야 했다. 석유회사 측이 공동으로 선임한 변호사는 덕망 있는 존 J. 맥클로이였다. 그는 석유회사와 법무부 사이에서, 그리고 의심 많은 법무부와 걱정 많은 국무부 사이에서 전력을 다해 외교전을 펼친 끝에, 9월 21일 공동 협상을 허가해달라고 워싱턴에 요구했다. 법무부와의 열띤 논쟁이 벌어진 회의석상에서 맥클로이는 과거로 거슬러올라가 로버트 케네디까지 거명하면서, 대외 관계를 포함한 어려운 문제에 대처하기 위해 기업들이 합동 전략을 펴는 것을 허가했던 전임 장관들의 이름을 열거했다. "만약 법무부가 허가해주지 않는다면 법무부는 협상에 임할 회사를 개별적으로 선정할 책임이 있다"라고 그는 말했다. 엑슨의 사장인 케네스 제미슨은 "불안정한 아랍 세계에 대적하기 위해 산업이 협동하는 것은 불가피하다"라고 말하며 힘을 보탰다. 법무장관은 당면한 정치 위기와 무관한 매사추세츠 공과대학 교수의 저서를 인용하면서, 석유 가격의 앙등을 초래한 것은 시장의 상황이나 그것을 조작하려는 OPEC

이 아니라 거대 통합 기업들의 음모라고 주장했다. 제미슨은 불신이 가득 찬 눈초리로 상대방을 주시했다. 그러나 비엔나 회의가 개최되기 3일 전인 10월 5일, 마침내 반트러스트국局은 마지못해 공동 협상에 필요한 허가서를 맥클로이의 고객들에게 전달했다.

지난봄에는 중동에서 군사 충돌의 우려가 있다는 소문이 워싱턴 정가에 퍼져 있었지만 여름이 지나갈 무렵 일소되었고, 수개월 동안 미국 정보망 대부분은 전쟁이 일어나지 않을 것이라고 낙관하고 있었다. 미국이 보기에 전쟁은 어불성설이었다. 이스라엘로서는 전쟁을 시작할 이유가 없었고, 1967년과 같이 과감하게 선제공격을 할 입장도 아니었다. 이스라엘의 군사적 우위를 인정하는 아랍이 이스라엘에 심각한 타격을 주지도 못할 전쟁을 고려하고 있다는 정보는 합리적으로 보이지 않았다. 전쟁의 가능성을 계속 부정한 이스라엘도 미국의 상황 판단에 큰 영향을 주었다. 모든 일이 그렇듯이 예외는 있는 법이다. 9월 하순, 국가안전보장국은 갑작스럽게 군사행동의 징후가 농후해졌고 중동에서 전쟁이 곧 벌어질지 모른다고 보고했지만 경고는 묵살되었다.

10월 5일, 소련은 돌연 시리아와 이집트에서 주재원들의 가족을 철수시켰다. 이런 징후는 중요했지만 이 또한 무시되었다. 그날 백악관에 제출된 CIA 분석 보고서는 '이제까지 벌어진 군사행동 준비 상황을 볼 때, 어느 쪽도 전쟁을 일으킬 의도가 있는 것으로 보이지 않는다'라고 말하고 있다. 10월 5일 오후 5시 30분, 백악관에 보고된 최신 이스라엘 정보 역시 '두 집단(이집트와 시리아)이 군사적 공격을 가할 가능성은 극히 희박하다는 것이 이스라엘의 판단이다'라고 되어 있다. 미국 전체의 정보 부문을 대표하는 감시위원회는 정세의 변화와 전망을 검토한 후, 전쟁 가능성이 없다고 보고했다.

같은 날, 워싱턴은 늦은 오후였지만 중동은 이미 어둠이 깔린 밤 시간이 되었다. 이스라엘에서는 유태교에서 가장 신성시하는 속죄일 축제가 시작되어 나라 전체가 그에 정신이 팔려 있었다. 그 무렵 리야드에서는 OPEC에 파견되는 사우디 대표단이 비엔나를 향해 출발했다. 그들은 기내에서 가격, 인플레이션, 회사의 이윤, 유종 간의 경질도 차이 등과 같은 여러 가지 기술적 문제들을 검토하면서 시간을 보냈다. 10월 6일 비엔나에 도착한 후, 그들은 이집트와 시리아가 이스라엘을 기습했다는 극적인 뉴스를 접했다. 그리고 미국 동부 시간으로 그날 아침, 잠에서 깬 미국 정부의 고위 관리와 석유회사 간부들은 중동에 전쟁이 발발했다는 것을 알게 되었다.

비엔나에 파견된 OPEC 회원국 대표단은 크게 동요했다. 석유회사 간부들이 회의장에 도착했을 때, 아랍 대표들은 흥분한 상태로 신문 기사와 사진을 돌려 읽고 있었다. 아랍이 전쟁에서 승리를 거둔 것에 그들이 활력을 얻고 자신감을 가지게 되었음은 의심의 여지가 없었다. 석유회사 측은 신경이 날카로워졌다. 이제 가격 문제를 협상할 때 수세에 몰리게 되었고, 석유는 당장 어떤 형태로든 무기화될 수 있었다. 이란의 석유상은 석유회사 대표들이 "전전긍긍하고 있었다"라고 말했다. 그는 한층 심오한 무언가를 감지한 듯 "그들은 기력을 잃었다"라고 덧붙였다.

중동에서 전쟁이 벌어지는 가운데 협상이 진행되었다. 석유회사 측은 공식가격을 배럴당 45센트 정도 높여서 15% 인상안을 제시했다. 석유 수출국으로서는 정말이지 우스꽝스럽기 짝이 없는 아주 부적절한 제안이었다. 그들은 100% 인상을 요구했다. 즉 배럴당 3달러씩 인상해야 한다는 입장이었다. 양측의 간극은 엄청났다. 엑슨의 조지 피어시와 쉘의 앙드레 베나드가 이끄는 석유회사 협상 대표단은 유럽과 미국에 있는 사장들에게 물어보지 않고 선뜻 대답할 수 없었다. 과연 이 협상을 계속할 수 있을까? 그들은 앞으로 어떤 새로운 제안을 내놓을 수 있을까? 런던과 뉴욕에서 온 답신은, 최소한 당분간은 '어떤 것도 내줄 수 없다'는 것이었다. 입장 차이가 너무 커서, 석유회사들은 우선 정부와 협의를 하지 않고는 감히 그 차이를 줄이기 위한 협상을 이어갈 수가 없었다. 이 협상이 서방 선진국 경제에 어떤 영향을 줄 것인가? 소비자에게 얼마만큼 전가할 수 있을까? 더욱이 석유회사들은 OPEC의 요구를 너무 쉽게 받아주었다고 비난받은 적이 있었다. 더구나 이번 결정은 그들 자신들이 감당하기에는 너무나 중대하고 정치적인 것이었다. 각지의 석유회사 수뇌부들은 피어시와 베나드에게 더 이상 협상을 진행하지 말고, 서방 선진국 정부의 자문을 구할 수 있는 시간을 벌기 위해 회의 연기를 요청하라고 지시했다. 10월 9일부터 10월 11일 사이에 미국, 일본, 서유럽 6개국 정부의 의견을 타진하는 과정이 진행되었다. 답은 하나같이 석유 수출국의 요구가 과하다는 것이었다. 그리고 석유회사들은 OPEC이 실제로 받아들일 수준까지 양보하는 모습을 절대 보여서는 안 된다고 생각했다.

전쟁이 발발한 지 6일째 되는 10월 12일 새벽, 피어시와 베나드는 인터콘티넨털 호텔에 묵고 있던 야마니 석유장관을 만나러 갔다. 자신들이 추가 제안을 할 수 없는 상황임을 설명하고 2주간의 시간을 요청한 것이다. 야마니는 아무 말도 하지 않았다. 그는 피어시에게 줄 콜라를 주문한 다음, 라임을 얇게 썰어 콜라에 짜 넣었다. 야마니는 콜라를 피어시에게 건넸지만, 피어시와 베나드는 그 대가로 줄 만한 것을 가지고 있지 못했다. 이윽고 야마니는 "그들이 좋아하지 않을 것이오"라고 입을 열었다. 그는 바그다드로 전화를 걸어 아랍어로 무언가를 열심히 설명한 다음, 두 명의 석유회사 대표에게 이렇게 말했다. "그들은 당신네를 극히 혐오하고 있소."

야마니는 같은 호텔에 있는 쿠웨이트 대표단에게 전화를 걸었다. 쿠웨이트 석유장관이 잠옷 바람으로 나타났고 열띤 대화가 이어졌다. 야마니는 비행기 시간표를 보았다. 더 이상 논의할 것이 남아 있지 않았던 것이다. 어둠이 가시지 않은 새벽녘에 불시에 이루어진 회담은 그렇게 끝났다. 돌아가려던 조지 피어시는 '앞으로 어떻게 될 것 같은지'를 야마니에게 물었다. 그는 "라디오에 귀를 기울이시오"라고 대답했다.[7]

사다트의 기습

아랍이 속죄일을 디데이로 잡은 것은 그때가 바로 이스라엘군의 전투 태세가 가장 부실할 것이라 판단했기 때문이다. 이스라엘의 방위 전략은 실전에 투입 가능한 예비군을 신속히 동원하고 적소에 배치할 때 효과를 발휘할 수 있었다. 속죄일은 이러한 대응을 취하기 가장 어려운 날일 것이다. 온 나라가 명상, 자기 성찰, 자기반성, 기도 때문에 정신이 없었다. 더욱이 사다트는 전략적인 기습을 노려 최후까지 공격을 눈치채지 못하게 하려고 상당한 노력을 기울였다. 사다트는 공격을 개시하기 전에 최소 두 번 정도 일부러 전쟁을 일으킬 것 같은 제스처를 취했다. 이스라엘은 막대한 비용과 재정 압박을 받고 군대를 동원했으나 두 번 다 허탕이었다. 이것은 사다트가 바라던 바였다. 두 번의 가짜 공격으로 이스라엘은 의심과 자만에 빠졌다. 사실 이스라엘군의 고위 간부는 1973년 5월의 불필요한 군대 동원으로 인해 공개적으로 비판받았다. 시리아와 연계된 테러 조직인 아사드도 이스라엘을 속이는 데 일조했다. 아사드가 모스크바에서 비엔나로 날아온 소련 망명인 몇 명을 납치한 사건을 일으켰고, 이스라엘 수상 골다 메이어는 이 위기를 타개하기 위해 오스트리아로 갔다. 결국 10월까지 이 문제가 이스라엘 수뇌부의 관심을 독차지하고 있었다.

그러나 임박한 공격에 대한 명백한 조짐이 있었지만, 미국인들과 마찬가지로 이스라엘인들도 이를 무시했다. 공격이 있기 수주 전, 시리아에 있던 한 정보원이 시리아의 전투 명령을 포함한 놀랄 만큼 정확한 정보를 미국에 제공했다. 그러나 그 정보는 서로 반대되는 정보 수백 가지 사이에 끼어 있다가 나중에야 확인되었다. 시리아에서는 아사드가 광대한 묘지터를 마련하라는 명령을 내렸는데, 이것도 불길한 조짐이었다. 10월 3일, 미국 안전보장위원회의 한 위원이 이집트의 대규모 군대 이동에 대해 CIA 관리에게 질문하자 이렇게 대답했다. "과거 영국군이 이집트에 주둔하고 있을 때, 이 시기에 가을 군사훈련을 실시하곤 했습니다. 이집트도 군사훈련을 실시하고 있을 것입니다."

이집트 병원의 침대가 갑자기 텅 비었다는 보고에 관심을 가진 일부 관리가 있었지만, 그것도 군사훈련의 일환으로 간주되어 별다른 관심을 끌지 못하고 무시되었다. 10월 1일과 3일에는 젊은 이스라엘 장교가 전쟁 임박을 암시하는 이집트군의 움직임에 대해 보고했지만 이 역시 무시되었다. 이스라엘군과 이스라엘의 정보기관은 전쟁의 발발에 필요한 조건에 관한 독특한 견해인 '개념'에 사로잡혀 있었다. 그들의 개념은 현재 상황에서 이집트가 공세를 취하는 것을 배제하고 있었다. 그러던 중 이집트에서 활동 중이던 이스라엘 정보원이 10월 1일 긴급 신호를 보냈다. 그는 허겁지겁 이집트를 빠져나와 정보를 보고해야 할 유럽에 들이닥쳤다. 그가 말한 사실은 더 이상 의심의 여지가 없었다. 그러나 이해할 수 없게도 이 경고를 텔아비브로 전송하는 데 하루가 지체되었다. 이미 너무 늦었던 것이다.

이스라엘과 마찬가지로 미국도 사다트의 생각을 읽지 못한 점, 그의 입장에서 문제를 바라보지 못한 점, 그가 말한 것을 진지하게 다루지 않은 점 등의 근본적인 실수를 저질렀다. 이런 실수가 태도와 개념이 중요한 정보를 확인하고 정확히 분석하는 것을 방해했다. 후일 키신저는 1973년 10월이 되어서야 사다트가 단순히 말뿐인 인물이 아니라 행동파라는 사실을 알게 되었다고 말했다. 사다트의 도박은 성공적이었다. 아랍의 공격이 이스라엘에 준 충격은 22년 전 일본이 진주만을 기습했을 때 미국이 받은 충격과 거의 맞먹는 것이었다. 그 후 이스라엘은 자신들이 어떻게 그렇게 무방비 상태로 있었는지 자문했다. 전쟁에 대한 정보들은 모두 명백했다. 하지만 교묘한 속임수가 섞인 상반된 정보의 교란 작용 때문에 쉽사리 무시되었다. 특히 이러한 일들은 자기만족과 과신이 만연되었을 때 더 심해지는 법이다.

전쟁 발발 9시간 30분 전, 마침내 이스라엘이 기습공격에 대한 확증을 잡았을 때, 그들은 무력한 상태였다. 이번은 1967년과 달랐다. 그들은 먼저 공격할 수 없었다. 또한 치명적인 잘못된 정보 때문에, 그들은 전쟁이 실제 발생 시각보다 4시간 늦게 일어날 것이라 생각했다. 어쨌든 그들은 준비가 되어 있지 않았다. 공격이 시작되고 며칠 동안 이스라엘은 수세에 몰려 정신을 차리지 못하면서 처참한 피해를 입은 반면, 이집트와 시리아는 대승을 거두었다.[8]

세 번째 사원이 무너지고 있다

전쟁이 발발하자, 미국의 제일 목표는 즉각 중재에 나서 휴전을 성사시키는 것이었다. 교전국들을 전쟁 전의 국경선까지 물러나게 하고, 이후 외교적인 해결책을 모색하기 위해 온갖 노력을 경주하고자 했다. 미국은 직접 개입하지 않는 것을 최우선으로 했다. 그들은 소련으로부터 무기를 받고 있는 아랍에 대항해 지나치게 노골적으로 이스라엘을 지원하는 것을 원치 않았다. 또한 이스라엘의 군사적 우위를 믿었기에 그럴 일은 없을 것이라 생각했다. 미국은 이스라엘의 패배를 좌시하지는 않을 것이다. 하지만 한 고위 관리의 말처럼 '이스라엘이 이기면서 그 과정에서 약간 다치는 것'이 최상의 결과였다. 이런 결과가 협상을 용이하게 만들어줄 것으로 판단했기 때문이다.

그러나 이스라엘은 두 번째의 큰 오산(첫 번째 오산은 전쟁이 일어나지 않을 것이라는 예측)으로 단순히 약간 다치는 것 이상의 심각한 사태에 직면했다. 이스라엘은 1967년의 경험에 비추어, 3주 정도 버틸 수 있는 군수품만 있으면 충분하다고 생각했다. 이스라엘의 관점에서 1967년의 전쟁은 훨씬 쉬웠다. 당시 이스라엘은 군사적으로 우위를 점하고 있었고, 기습공격이라는 이점을 활용했다. 이제 그들은 소련에서 풍부한 무기를 공급받은 이집트와 시리아에 공격당해 수세에 몰렸고, 예상했던 것 이상의 속도로 물자를 쏟아부어야 했다. 이러한 소요 물자의 잘못된 예측은 이스라엘을 심각한 상태로 몰고 갔다. 또한 이것은 세계 석유시장에 엄청난 변화를 몰고 왔다.

기습공격이 있은 지 이틀 후인 10월 8일 월요일, 미국 행정부는 '표식이 없는 이스라엘 비행기를 이용해 군수물자를 공급할 수 있다'고 이스라엘 측에 통고했다. 그것으로 충분하다고 생각한 것이다. 그러나 이스라엘은 초기 기습에 타격을 받아 헤매고 있었다. 이스라엘 국방장관 모세 다이언은 골다 메이어 수상에게 "세 번째 사원이 무너지고 있다"라고 말하면서, 닉슨에게 친서를 보내 "이스라엘은 압도당하고 있고 조만간 무너지게 될지 모른다"라고 경고하라고 촉구했다. 10월 9일 미국은 이스라엘군이 심각한 곤경에 처해 있으며 군수물자가 아주 부족한 실정임을 알게 되었다. 10월 10일 소련은 퇴각하기 시작한 시리아군에 전쟁 물자를 재충전해주었고, 이집트에도 물자를 재공급했다. 소련은 공수부대를 투입했고 다른 아랍 국가들이 전쟁에 참여하도록 부추겼다. 그때 미국은 표식이 없는 이스라엘 수송기를 이용해 추가적인 군수물자를 이스라엘로 운반하는 것을 논의하기 시작했다. 동시에 국무부는 이스라엘에 군수물자를 수송하기 위해 미국 국적 상선의 대여를 알아보고 있었다. 키신저는 그런 방법이 비교적 눈에 덜 띄고 미국과 이스라엘의 밀착 관계를 숨길 수 있다고 생각했다. 키신저는 후일 "우리는 아랍 국가들의 자존심을 해쳐서는 안 된다는 점을 의식하고 있었다"라고 말한 적이 있다. 그러나 소련의 물자 재공급 규모는 막대했다. 10월 11일 화요일, 미국은 물자의 재공급이 없으면 이스라엘이 전쟁에서 패배할 수 있다는 사실을 알게 되었다. 키신저와 닉슨으로서는 미국의 우방이 소련군에게 패하는 것을 용납할 수 없었다.

10월 12일 금요일, 닉슨은 두 개의 사신私信을 받았다. 첫 번째 편지는 아람코 소속 4개 회사인 엑슨, 모빌, 텍사코, 캘리포니아 스탠더드의 사장이 존 맥클로이를 통해 긴급히 보낸 것이었다. 그들은 비엔나에서 OPEC 대표들이 요구하고 있는 공식가격 100% 인상은 "받아들일 수 없다"라고 말한 바 있다. 그러나 동시에 "현재 자유세계에서 석유산업은 기본적으로 잉여 능력이 없고 넓게 개방된 상태에서 운영되기 때문에 어느 정도는 가격 인상이 정당화될 수 있다"는 의견이었다. 하지만 그들이 진짜 하고 싶은 이야기는 따로 있었다. 만약 미국이 이스라엘에 대해 군사 지원을 강화한다면 '심각한 석유 공급 위기를 발생시킬 수 있는' 보복 차원의 '눈덩이 효과'가 있을 것이란 경고였다. 추가적인 경고도 있었다. '중동에서 미국의 입지가 심각한 손상을 입고 있는 와중에 일본, 유럽, 소련이 이러한 공백을 메우고 있는데 이는 미국의 경제와 안전에 심각한 위협이 되고 있다'라는 것이다.

두 번째 편지는 이스라엘 수상 골다 메이어가 보낸 것이었다. 그녀는 이스라엘의 존립과 이스라엘 국민들의 생명이 경각에 달려 있다고 썼다. 이스라엘의 군수품이 며칠 내로 바닥을 드러낼 것이란 사실을 키신저가 알게 된 금요일 한밤중에야, 그녀의 경고가 심각하다는 것이 확인되었다. 게다가 키신저는 국방장관 제임스 슐레진저로부터 상선을 빌리려는 모든 노력이 수포로 돌아갔다는 보고를 받았다. 항공편을 이용하려면 아랍의 금수조치와 테러 행위를 감수해야 했다. 그리고 무엇보다 미국은 자국의 비행기를 전쟁 지역에 보낼 엄두를 내지 못했다. 미국 정부가 그런 작업을 하기 위해서는 대통령이 국가비상사태를 발동해야 했다. 슐레진저는 키신저에게 "그곳에 군수품을 공급하려면 미국 비행기를 이용하는 수밖에 없다. 선택의 여지가 없다. 미국 비행기가 없으면 새로운 공급은 불가능하다"라고 말했다.

키신저는 동의하지 않을 수 없었다. 그는 슐레진저에게 '미국 공군기는 어둠이 내린 시간에 착륙해 군수품을 내려놓고 동이 트기 전에 이륙해야 한다'는 조건을 이스라엘에 다짐 받으라고 요청했다. 눈에 띄지 않는다면 군수품 재공급은 비밀에 붙일 수 있었다. 10월 13일 토요일 아침, 날이 밝기 전에 슐레진저는 이스라엘의 약속을 받았다. 그 후 로키 산맥과 중서부 주에서 델라웨어에 있는 공군기지로 육군 공수부대가 물자를 날랐다. 그러나 미국 비행기는 이스라엘에 가는 도중에 재급유를 받아야만 했다. 토요일 아침 미국은 포르투갈 정부에 미군 비행기가 아조레스에서 급유받을 수 있게 해달라고 요청했다. 닉슨이 직접 나서 단호하게 압력을 가해 허가를 받아낸 것이었다.

워싱턴은 비밀리에 일이 진행되기를 원했지만, 비밀을 지키기 위해 자연 현상까지 통제할 수는 없었다. 아조레스에 있는 라제스 공항에 세찬 바람이 불어 거대한 C-5A기가 착륙할 수 없었던 것이다. 그들은 군수품을 그대로 실은 채 델라웨어 기지로 돌아올 수밖에 없었다. 오후 늦게까지 바람이 멎지 않았다. 이것은 한나절 동안 작전이 지연되는 것을 의미했다. 결국 C-5A기는 일요일 밤의 어둠을 이용할 수 없었다. 대신 일요일 대낮에 소음을 내며 날아갔다. 10월 14일 비행기에 새겨진 커다란 흰색 별이 모든 이의 눈에 띄었다. 이제 미국은 정직한 중재자가 아니라 이스라엘의 연합국이란 사실이 드러나게 된 것이다. 소련의 재공급에 대응하기 위한 것이라고 변명했지만 도움이 되지 않았다. 미국이 이 원조 작전을 비밀에 붙이기 위해 혼신의 노력을 기울였다는 사실을 모른 채, 아랍의 지도자들은 이것이 극적이고 아주 명백한 지원의 징표라고 간주했다.

이스라엘은 시나이에 있는 주요 거점이 함락당하기 바로 직전에 이집트의 공격을 중단시키는 데 성공했다. 10월 15일 이스라엘은 처음으로 이집트에 성공적인 반격을 가했다. 한편 10월 14일 OPEC은 비엔나에서 석유회사와의 협상이 결렬되었다고 선언했다.

걸프 지역 OPEC 회원국들은 쿠웨이트 시에서 만나 석유 가격 문제를 재검토하겠다는 계획을 세웠다. 그러나 협상이 결렬된 후에도 비엔나에 남아 있던 대표단들은 자신들이 난처한 입장에 빠졌음을 알게 되었다. 전쟁으로 인해 중동으로 가는 모든 비행기의 운항이 취소된 것이다. 대표단은 쿠웨이트에서 예정된 모임을 할 수 없을 것처럼 보였다. 그런데 마침 노선 하나가 운항 중이었다. 제네바를 거쳐 쿠웨이트 시에 잠시 기착하는 인도 항공이었다. 10월 15일 저녁, 대표단은 공항으로 달려가 서둘러 비행기에 올랐다.

10월 16일 걸프 지역 국가(아랍 국가 5개와 이란)의 대표들은 쿠웨이트 시에서 만나, 비엔나의 아마니 숙소에서 끝내지 못한 논의를 이어갔다. 그들은 석유회사의 답변을 더 이상 기다릴 태세가 아니었다. 그들은 조치를 취했다. 공식가격을 배럴당 70센트 인상된 5.11달러로 높여, 광분하고 있는 현물시장의 가격과 비슷한 수준으로 만든 것이다. 이러한 행위는 두 가지 중요한 의미를 내포했다. 하나는 가격 인상 자체이고, 다른 하나는 가격이 일방적으로 결정되었다는 것이다.

수출국이 석유회사와 협상하는 것은 이제 옛일이 되었다. 이제 수출국이 석유 가격을 결정했다. 석유회사가 일방적으로 가격을 결정하고 수출국은 기껏해야 거부권을 가지던 체제에서 수출국이 전적으로 주도권을 지니는 새로운 체제로의 전환이 완료된 것이다. 가격 결정이 된 후, 야마니는 쿠웨이트 시에 있던 다른 대표단의 한 사람에게 "내가 오랫동안 기다려왔던 그 순간이다. 우리는 우리의 상품에 대한 주인이 되었다"라고 말했다.

석유 수출국들은 가격 인상 폭에 대해 분노에 찬 불평을 들을 것을 각오하고 있었다. 석유 소비국 정부는 석유 소매가격의 66%를 세금으로 회수하고 있는 데 반해, 자신들은 6%밖에 얻지 못하고 있다는 것이 그들의 주장이었다. 이란 석유장관인 얌시드 아무제가는 시장 상황에 맞게 가격을 조정한 것뿐이며, 앞으로도 소비자가 기꺼이 지불하고자 하는 가격에 맞출 것이라고 말했다. 야마니가 엑슨의 조지 피어시에게 라디오를 통해 들으라고 충고한 것이 바로 역사적인 10월 16일의 가격 결정이었다. 그러나 피어시는 신문을 통해 이 사실을 접했다.

만약 OPEC 회원국들이 일방적으로 석유 가격을 결정할 수 있다면, 다음에는 무엇을 하려 들까? 그리고 전쟁터에서는 무슨 일이 벌어질까? 다음날인 10월 17일, 백악관에서 닉슨은 안전 보장 담당 선임 고문들에게 그의 우려를 표명했다. "어느 누구도 문제의 핵심, 즉 석유와 우리의 전략적 위치에 대해 정확하게 파악하고 있지 않다"라고 불평한 것이다. 같은 날 쿠웨이트 시에서는 닉슨의 진술에 역사적 의미가 부여되고 있었다. 이란 석유장관은 회의가 끝난 후 자리를 떴으나, 다른 아랍 국가 석유장관들은 자신들만의 비밀 회담을 위해 다시 모였다. 회담의 주제는 석유의 무기화였다.

쿠웨이트 석유장관은 "현재의 분위기는 1967년에 비해 훨씬 양호하다"라고 선언했다.[9]

석유 금수조치

사우디아라비아가 정확히 어떻게 나올 것인가 하는 의문은 남아 있었다. 사다트의 성가신 요청에도 불구하고, 파이잘은 워싱턴과의 사전 접촉 없이 미국에 적대적 행동을 취하는 것을 꺼렸다. 10월 16일 그는 닉슨에게 편지를 보내, 만약 미국이 계속해서 이스라엘을 지원한다면 사우디와의 관계가 냉각될 것이라고 경고했다.

10월 17일 석유장관들이 쿠웨이트 시에서 회합을 갖고 있던 시각에 아랍 외무장관 4명이 키신저를 만나고 있었다. 그 후 그들은 키신저가 배석한 가운데 닉슨 대통령을 만나기로 되어 있었다. 키신저가 "신사답고 현명하다"라고 평한 사우디 외무장관 오마르 사카프를 필두로 그들은 회담장으로 향했다. 회담은 부드러운 분위기에서 진행되었고 약간의 공감대가 형성되는 듯했다. 닉슨은 그들에게 '1967년에 설정된 국경선까지 이스라엘이 물러나야 한다'는 내용의 유엔 결의안 242호에 위배되지 않는 범위 내에서 종전終戰을 추구하겠다고 약속했다. 사우디 외무장관은 이스라엘이 1967년의 국경선으로 물러난다면 존립할 권리가 있음을 인정하는 듯했다. 키신저는 미국의 군수물자 재공급이 반反아랍 차원에서 취해진 조치라기보다는 미국과 소련 간의 문제라고 설명했다. 미국은 소련의 물자 공급에 대응해야 했다. 또한 키신저는 중동 지역을 이전의 상태로 되돌려놓기는 곤란하기 때문에, 미국은 전쟁이 끝난 후 적극적으로 외교적 중재 역할을 맡아 평화 정착을 위해 노력하겠다고 덧붙였다.

닉슨은 사카프에게 최종적으로 약속했다. 즉 헨리 키신저가 중재자로 나선다는 것이었다. 닉슨은 이것이 성공을 확실히 보장해주는 것이라고 판단한 것 같았다. 그는 사카프와 다른 외무장관들에게 키신저가 유태인 출신임에도 불구하고 "결코 유태인의 압력에 굴하지 않을 것이다"라고 확언했다. 그리고 닉슨은 이렇게 덧붙였다. "키신저가 유태인 출신의 미국인이라는 사실이 당신들의 신경을 거슬리게 할 수 있음을 이해한다. 유태인 출신도 훌륭한 미국 시민일 수 있고, 키신저 역시 그렇다. 그는 당신들과 함께 일할 것이다." 대통령의 불필요한 언사에 키신저는 당혹감과 분노를 느꼈다. 사카프로서도 난감했지만 "우리는 모두 셈족이다"라면서 닉슨의 말을 천연덕스럽게 받아넘겼다. 대담을 마친 외무장관들은 백악관의 로즈 가든으로 자리를 옮겼다. 그곳에서 기자들에게 대담이 매우 건설적이고 우호적이었다고 밝힐 참이었다. 기자들의 표현에 따르면, 그들은 시종 웃는 얼굴로 품위를 유지하며 서로를 칭찬했다. 그 후 키신저는 참모들에게 "석유에 대한 언급이 전혀 없어 놀랐고, 아랍이 미국에 대항하기 위해 석유를 무기화할 것 같지는 않았다"라고 말했다.

그러나 그것은 정확히 쿠웨이트 시에 있던 아랍 석유장관들이 심사숙고하던 주제였다. 1973년 초, 사다트는 무심코 한 혼잣말에서 석유 무기화를 거론하고 있었다. 그 무렵부터 사다트의 촉구로 이집트와 다른 아랍 국가들에서 온 전문가들이 미국 내에 점증하는 에너지 위기를 고려하면서 석유를 무기화하는 계획을 수립하기 시작했다. 쿠웨이트 시에 모인 아랍 대표단은 10월 17일의 모임 전에 최소한 그 개념에 익숙해 있었다. 그러나 과격한 이라크는 다른 생각을 가지고 있었다. 이라크 대표단장은 아랍 국가들이 미국을 분노의 대상으로 삼아야 한다고 촉구했다. 아랍 내 미국계 사업의 국유화, 미국계 은행에서의 자산 인출, 미국과 친이스라엘 국가에 대한 석유 금수조치 등에 동참하라고 요구한 것이다. 회의의 의장인 알제리 대표는 실행 가능성이 없다는 이유로 그 제안을 기각했다. 국왕의 지시를 받은 야마니는 미국에 대한 전면적인 경제 전쟁 선언에 거부감을 표시했다. 관계된 국가들에 어떤 영향을 미칠지 매우 불확실하다는 것이 반대의 이유였다. 화가 난 이라크 대표단은 회의장을 박차고 나갔고 전체 금수 계획에 참여하지 않았다.

대신 아랍 석유장관들은 금수조치에 합의했다. 9월 대비 5% 생산량을 삭감하고, 목적이 달성될 때까지 매월 5%씩 계속 삭감한다는 내용이었다. 단 '우호적인 국가'에는 기존의 석유 공급량 수준을 유지하기로 했다. 또 참석했던 9개국 석유장관들은 '합의에 이른 회원국들은 점진적인 감축을 통해 미국에 대한 석유 공급을 중단한다'는 목표 아래 '미국에 대한 석유 공급을 가장 많이 줄일 것'을 권고하는 비밀 결의를 채택했다. 몇몇 국가들은 5%가 아니라

10% 삭감에서 시작해야 한다는 의견을 냈다. 규모야 어쨌든 생산량의 삭감이 금수조치보다는 효과적이었다. 1956년과 1967년 위기 때처럼 석유는 항상 유통되고 있었기 때문이다. 생산 삭감은 절대 공급량을 줄일 것이 확실했다. 전체적인 계획은 빈틈이 없었다. 월 단위의 삭감과 소비국 간의 차등은 석유 수입국에 큰 영향을 미쳤다. 수입국 내부뿐 아니라 수입국들 간에 불확실성과 긴장, 경쟁의식 등을 극대화한 것이다. 그들은 계획의 시작 단계부터 산업 국가들을 이간질하는 것을 목표로 삼았다.

10월 16일과 10월 17일, 쿠웨이트 시에서의 두 번에 걸친 모임은 공식적으로는 관련이 없었다. OPEC이 유일한 가격 결정자로 부상한 것은 오랫동안 있어왔던 움직임의 논리적인 연장에 불과했다. 석유를 무기로 사용하자는 결정은 별도의 경로를 통해 이루어졌다. 「미들 이스트 이코노믹 서베이」지는 '새로운 아랍—이스라엘 전쟁이 아랍 가격 협상자들의 결의를 강화해줄 것이라는 것은 쉽게 지적할 수 있다'라고 했다. 그리고 중대한 의미를 내포한 압축된 표현으로 '아마 생산량의 감축은 공교롭게도 석유 가격을 더욱 상승시키는 데 기여하게 될 것이다'라고 덧붙였다.

쿠웨이트 시에서의 모임이 있은 후, 사태는 급박하게 전개되었다. 10월 18일 닉슨은 각료들을 만났다. 닉슨은 그 자리에서 "싸움이 장기화될 가능성이 높아지고 소련이 대량의 물자 재공급을 시작했음이 명백해지면, 이스라엘에 불리하게 작용하는 소련의 행동을 방지하기 위해 우리는 행동을 취해야 한다"라고 말했다. 그는 "지난 주말 우리는 이스라엘에 대한 물자 재공급과 관련된 프로그램의 추진에 착수했다"라고 덧붙였다. 닉슨은 전날 사카프와 몇몇 사람을 만나 나눈 이야기도 공개했다. "어제 아랍 외무장관들을 만나 '우리는 종전終戰을 원하며 UN 결의 242호에 기초해 평화 협상을 추진해야 한다'는 점을 분명히 했다. 우리의 재공급에 대한 아랍의 반응은 진정되었고, 우리는 그들과의 충돌을 피하면서 이 상태가 지속되기를 희망한다."

다음날인 10월 19일, 닉슨은 이스라엘에 대한 22억 달러의 군사 원조를 공개적으로 제안했다. 하루 혹은 이틀 전에 결정된 사항이었다. 그 발표는 사전에 몇몇 아랍 국가들에 전해졌기에 그들은 별다른 놀라움을 표시하지 않았다. 미국의 군사 원조는 이스라엘과 이집트 어느 쪽도 우위를 유지하면서 전쟁을 끝낼 수 없으므로, 양측이 협상 테이블에 앉을 명분을 제공한다는 전략적 의미를 갖고 있었다. 그러나 같은 날, 리비아는 미국으로 가는 모든 석유 공급선을 차단했다고 발표했다. 10월 20일 토요일 새벽 두 시, 키신저는 전쟁을 종료시킬 방안을 강구하기 위해 모스크바로 떠났다. 그러나 그는 기내에서 충격적인 뉴스를 접했다. 이스라엘 원조에 대한 보복으로 사우디아라비아가 점진적 삭감안을 철회했다는 것이다. 이는 미국에 대한 전면적 공급 중단을 의미했다. 다른 아랍 국가들은 이미 했거나 하고 있는 일이었다. 정말로, 석유가 하나의 무기로 전쟁에 개입한 것이다. 키신저의 말을 빌리자면 '정치적인 공갈'이었다. 30년간 지속되어온 전후 석유 질서가 종말을 고했다.

금수조치는 갑작스럽게 찾아왔다. 아람코 석유회사의 고위 중역은 "금수의 가능성은 거의 생각조차 하지 않던 것이다"라고 밝혔다. 그리고 "만약 전쟁이 터져 미국이 이스라엘 측에 선다면 아랍 국가에서 조업하던 미국 회사들은 국유화될 수밖에 없다고 생각한다"라고 덧붙였다. 거의 20년간 아랍 세계가 논의해온 '석유의 무기화', 실패로 끝난 1967년의 시도, 1971년 테헤란 협상 시에 있었던 금수조치의 위협, 1973년 초 사다트의 '오일 옵션' 공개와 같이 가까이에서 접할 수 있었던 증거에도 불구하고, 미국 정부는 금수조치에 대해 거의 관심을 기울이지 않았다. 파이잘이 사다트와 어떤 대화를 나눴든, 그리고 사다트가 무엇을 얻어냈든, 파이잘과 보수적 아랍 지도층은 자신들의 안전에 크게 기여하고 있는 미국을 직접적으로 적대시하는 행동을 꺼렸다. 그들은 미국이 이스라엘에 물자를 제공하지 않았다면 오히려 놀라거나 큰 충격을 받았을지도 모른다. 생산량 삭감을 촉구하고 미국에 금수조치를 취하게 한 것은, 아조레스에 있는 라제스 공군기지의 돌풍 때문에 공개된 물자 재공급과 22억 달러에 상당하는 원조였다. 몇몇 아랍 지도자들은 자신들이 아무런 행동도 취하지 않을 경우 길거리의 폭도들에 의해 통치 기반이 붕괴될지도 모른다고 생각했다. 이스라엘에 대한 지원이 공개됨으로써, 강경파 아랍 국가들이 미국에 행동을 취할 충분한 구실이 생긴 것이다.

10월 20일의 충격적인 사건은 금수조치 자체만으로 끝난 것이 아니었다. 일요일 아침 모스크바에 도착한 키신저는 전날 밤 워싱턴에서 보내온 전보를 보았다. 워터게이트 추문을 조사하도록 특별검사로 임명된 아치발드 콕스를 닉슨이 해임했다는 소식이었다. 이는 닉슨의 대통령직 수행에 결정적 영향을 미친 '토요일 밤의 대학살'로 알려졌다. 아치발드 콕스는 대통령의 비밀 녹음 테이프를 제출하라고 명령했다. 이 테이프는 대통령과 상원 간의 싸움에서 핵심적인 증거가 되는 것으로, 닉슨이 불법적인 행위에 얼마나 관여했는지 밝힐 수 있었다. 콕스의 파면 직후 이에 항의하는 의미로, 검사총장 엘리어트 리처드슨과 검사차장 윌리엄 러켈스하우스가 사표를 제출했다. 백악관 수석 보조관 알렉산더 헤이그는 키신저와의 통화에서 "온 사방이 야단법석이다"라고 전했다.[10]

삼류 도둑질

중동에서 격전이 계속되고 석유시장이 혼란에 빠져 있는 와중에, 한 주요 인사는 다른 문제로 경황이 없었다. 닉슨은 스스로 '삼류 도둑질'이라 부른 사건에 깊이 연루되어 있었다. 그리고 그 사건은 대통령 자신이 문제의 핵심이 된 전대미문의 워터게이트 스캔들로 확대되었다. 미국은 티포트 돔 사건 이후 이런 사태를 본 적이 없었다. 10월 전쟁 중에 워터게이트 사건의 전모가 밝혀 지고, 나라가 온통 그것에 정신이 팔려 있었다. 전쟁, 금수조치, 미국의 능력, 미국의 관점 등이 상호작용하면서, 세계를 무대로 펼쳐지는 드라마에 이상하 고도 초현실적인 분위기를 만들어냈다. 10월 9일, 필사적이던 골다 메이어는 워싱턴으로 가서 도움을 요청하고 싶다는 신호를 보냈다. 그때 닉슨은 부통령 스피로 애그뉴의 해임을 고려하고 있었다. 애그뉴는 컨설턴트로서 일할 수 있 도록 도움을 요청하는 한편, 내국 세무청 Internal Revenue Service 이 넥타이를 사려 고 지불한 돈까지 추적하고 있다고 불평했다.

10월 12일 이스라엘이 전쟁에 패배할 수도 있다는 사실을 전혀 인식하지 못한 채 물자 재공급 방법을 계획하고 있던 고위 관리는, 키신저가 '무시무시 한 의식儀式'이라고 부른 것에 참여하기 위해 백악관으로 갔다. 그 자리에서 닉 슨은 제럴드 포드에게 부통령 자리를 제시했다. 그 후 몇 주 동안 닉슨은 일시 적으로 '자신의 위기'에서 벗어나 '세계적인 위기'에 대응할 수 있었지만, 미국 의 정책을 통제한 것은 헨리 키신저였다. 그는 국가안전보장 특별 보조관이면 서, 국무장관에 임명되었다. 키신저의 본거지는 두 군데다. 첫 번째는 하버드 국제문제연구소였는데 이 기관은 하버드 셈어계係 박물관에서 빌린 공터에 건물을 짓고 닉슨의 경쟁자였던 넬슨 록펠러에게 자문역을 맡겼다. 소년 시절 에 미국으로 날아온 이 전직 교수는 독일에서 피난 온 유태인이었다. 한때 그 의 야망은 공인회계사가 되겠다는 소박한 것이었으나, 이제는 워터게이트 사 건으로 미국 정부를 대표하는 인물이 되었다. 키신저의 공적인 위상은 신뢰를 잃은 대통령이 만들어놓은 공백을 채우기 위해 지나치게 확대되었다. 그는 미 국에 대한 신뢰감이 심각하게 도전받고 있을 때 워싱턴 정가, 언론계, 세계 각 국의 정부들 사이에서 권위와 연속성의 상징으로 부각되었다.

너무 많은 것이 요동치고 있었다. 언론 매체와 여론은 과중한 충격에 짓눌려 있었다. 워터게이트 사건과 대통령의 곤경은 중동과 석유 문제에 직접적이고도 중요한 결과를 가져왔다. 만약 강력한 대통령이 이집트와 이스라엘 간의 대화를 위해 영향력을 행사했다면 사다트는 전쟁을 선택하지 않았을지도 모른다. 결단력이 있는 대통령이라면 에너지 문제를 해결할 수 있었을지도 모른다. 전쟁이 시작되자 닉슨은 과도하게 신경을 곤두세웠다. 신뢰감의 상실로 인해 교전국과 석유 수출국들의 명백한 경제 전쟁을 통제하고 소련을 대적하는 데 필요한 지도력을 발휘할 수 없었던 것이다. 외국의 지도자들은 어찌 보면 의식(儀式) 같고, 기묘하고 비극적이며 스릴 넘치는 미국의 정치와 대통령을 옭아매는 이상한 사건을 이해할 수 없었다.

워터게이트 사건은 1970년대의 에너지 문제에도 영향을 주었다. 금수조치와 토요일의 대학살, 워터게이트와 10월전쟁, 우연히도 일치하는 이들 사건은 논리적으로 연결되어 있다는 느낌을 준다. 이들은 모호하고 신비스럽게 얽혀 있었다. 이런 인상은 음모설을 조장하고, 에너지 문제에 대한 합리적인 반응을 가로막는 깊고 지속적인 의심으로 남게 되었다. 키신저가 유럽과 일본에 대한 미국의 경제적 지위를 개선하기 위해 석유 위기를 조작했다고 주장하는 사람들도 있었다. 또 일부는 닉슨이 워터게이트 사건에 대한 관심을 돌리기 위해 고의적으로 전쟁을 유발하고 금수를 장려했다고도 주장했다. 석유 금수조치와 석유회사의 불법적인 선거자금(대통령 재선을 위한 위원회가 불법으로 갈취한 현금의 일부)은 공공의 여론에 섞여 들어가 석유회사에 대한 전통적인 불신을 확산시켰다. 10월전쟁, 금수조치, 에너지 위기 등 모든 것이 탐욕적인 석유회사에 의해 만들어진 것이며, 이들에 의해 교묘하게 조작되었다고 생각하게 만들었다. 이런 인식들은 10월전쟁이나 닉슨 대통령보다 훨씬 오랫동안 남아 있었다.

야마니의 경고

토요일 밤의 대학살 다음날인 10월 21일 오후, 야마니는 아람코의 사장 프랭크 정거스를 리야드에서 만났다. 며칠 전 사우디아라비아가 아람코에 요구해 받아낸 석유 수출량과 대상지에 대한 컴퓨터 자료를 이용해, 야마니는 사우디가 부과할 예정인 삭감량과 금수에 관한 기본 원칙을 설명했다. 그는 시스템 관리가 매우 복잡할 것이란 사실을 인정했다. 그러나 사우디아라비아는 "아람코가 그것을 통제하는지 지켜볼 것이며, 이 기본 원칙을 무시한다면 응분의 대가를 치르게 될 것이다"라고 밝혔다. 그런 연후에 야마니는 운영상의 세부적인 질문에서 벗어나 정거스에게 약간 철학적인 질문을 던졌다. 현재 일어나고 있는 일에 대해 놀랐는지 물은 것이다. 정거스는 "감량 규모가 예상보다 훨씬 크다는 점을 제외하고는" 별로 놀랍지 않다고 대답했다.

그러자 야마니는 '이러한 조치가 소기의 성과를 거두지 못할 경우 취하게 될 후속 조치에 대해 놀랄 것인지'에 대해 뼈 있는 질문을 던졌다. "아니요. 놀라지 않을 겁니다"라고 정거스가 대답했다. 이전에 야마니와 나눈 대화와 다른 정보에 기초해, 후속 조치라는 것이 외교 관계의 단절은 아니더라도 '미국 이권의 완전한 국유화'란 것을 짐작할 수 있었기 때문이다. 이는 야마니가 정거스에게 마지막으로 남긴 불길한 말에서도 유추할 수 있었다. "후속 조치는 현재의 조치에 강도를 높인 것 정도는 아닐 것이오."

한편 모스크바에서는 키신저와 러시아 관리들이 종전終戰 계획을 마무리했다. 그러나 다음 며칠간 그들은 계획을 추진하는 과정에서 뜻하지 않은 심각한 난관에 부딪쳤다. 이스라엘과 이집트가 종전을 준수할 것처럼 보이지 않았던 것이다. 게다가 이집트의 제3군단이 포획되거나 전멸할 절박한 위기에 놓여 있었다. 그러자 브레즈네프는 닉슨에게 간략하고 선동적인 서신을 보냈다. 소련은 제3군단이 전멸하는 것을 원치 않는다는 내용이었다. 만약 그러한 일이 일어난다면 소련은 중동 국가들의 신뢰를 잃을 것이고, 키신저의 말에 따르면 "브레즈네프 자신은 바보 천치처럼 보일 것이 틀림없다"는 것이다. 브레즈네프는 양측을 분리하기 위해 미·소 합동군이 개입해야 한다고 주장했다. 만약 미국이 협력하지 않으면 소련 단독으로 개입할 것이라고 밝혔다. 서신에는 "나는 곧장 명령을 내릴 것이다"라고 협박조로 써 있었다. 그의 협박은 진지하게 받아들여졌다. 소련의 공수부대가 경계 체제에 돌입한 것으로 알려졌고, 지중해에 있던 소련 군함들은 군사작전 체제를 갖춘 듯이 보였다. 가장 우려되던 일도 벌어졌다. 다르다넬스 해협을 통해 지중해로 가는 소련 수송기에서, 핵무기에서 누출된 것으로 보이는 중성자가 탐지된 것이다. 목적지는 이집트일까?

한밤중에 서둘러 긴급회의가 소집되었고, 미국 안전보장이사회 고위 관료 6명이 백악관의 상황실에 모였다. 닉슨은 알렉산더 헤이그의 충고로 회의에 참석하지 않았다. 헤이그는 키신저에게 "대통령의 심기가 매우 불편해 회의에 참석하지 못한다"라고 말했다. 일부 참석자는 닉슨이 참석하지 않는다는 사실에 놀랐다. 그들은 일단 브레즈네프의 서신을 꼼꼼하게 검토했다. 소련의 직접적인 군사 개입은 참을 수 없는 일이었다. 이는 국제 질서를 뒤흔들어놓을 수도 있었다. 브레즈네프가 워터게이트 사건으로 약화된 대통령의 권위를 이용할 수 있을 것이라 생각하는 것을 막아야 했다. 경계해야 할 또 다른 신호도 있었다. 지난 몇 시간 동안 미국의 정보망은 이집트와 시리아에 무기를 공급하던 소련 군용기의 움직임을 놓쳐버렸다. 현재 그 비행기가 무엇을 하고 있는지 아무도 몰랐다. 시나이 반도까지 공수부대를 수송하기 위해 소련 기지로 가고 있는 중인지도 몰랐다.

백악관 상황실에 모여 있던 관리들은 위기가 증폭되었다는 결론을 내렸다. 미국은 브레즈네프의 도전에 결연하게 대응해야 했다. 군사력에는 군사력으로 맞서야 했다. 미군은 데프콘3 상태에 돌입했는데, 한때는 그보다 더 심각한 상황이 벌어졌다. 10월 25일 아침, 전 세계적인 핵전쟁의 위기에 직면한 것이다. 미국과 소련은 서로 직접적인 공세를 취하고 있었는데, 이는 쿠바 봉쇄 사건 이후 발생한 적이 없는 심각한 상황이었다. 오판에 따른 핵전쟁이 발발할 수도 있는 상황이었다. 긴장감이 좀처럼 해소되지 않은 채 시간이 흘러갔다.

그러나 다음날 중동에서 포성이 멎었다. 이집트의 제3군단은 군수품을 공급받았고 휴전이 효력을 발휘했다. 그제야 핵전쟁에 대한 경계가 해제되었다. 이틀 후 이집트와 이스라엘의 군 대표들은 사반세기 만에 처음으로 직접 대화를 나누기 위해 한 자리에 모였다. 한편 이집트와 미국은 새로운 대화의 길을 텄다. 이 모든 것이 1년 전 사다트가 도박판을 벌여 얻으려고 작정했던 목표들이었다. 핵무기라는 무서운 칼은 칼집에 도로 들어갔지만, 아랍은 계속해서 석유라는 무기를 휘둘렀다. 석유 금수조치는 그대로 유지되었고, 이는 10월 전쟁을 능가하는 광범위한 영향력을 행사했다.[11]

30

사활을 건
입찰

금수조치를 시작으로 세계 석유업계는 새로운 국면을 맞이했다. 전쟁을 야전 사령관에게만 떠맡길 수 없는 것과 마찬가지로, 석유도 석유업자에게 일임하기에는 너무나 중요한 사안이 되었다. 이제 석유는 각국의 대통령이나 수상들뿐 아니라 외무·내무·동자부 장관들, 상·하원 의원들, 독재자와 전제주의자들, 운동권과 학자들의 관심사가 되었다. 특히 1973년 전까지만 하더라도 석유뿐 아니라 국제 경제에 문외한이었던 헨리 키신저도 마찬가지였다. 스스로도 인정한 것처럼 그 전까지 키신저의 관심사는 정치와 책략뿐이었다.

금수조치가 있고 몇 개월 뒤, 그는 측근들에게 이렇게 말했다. "석유 이야기는 꺼내지도 마시오. 석유와 코카콜라가 다를 게 뭐가 있습니까? 나는 도무지 이해할 수 없습니다." 그럼에도 불구하고 일단 석유 무기화가 시작되자 이를 종식하기 위해 그는 누구보다 적극적인 외교 노력을 기울였다.

금수조치와 손실

'아랍 석유 금수조치'는 두 가지 구성 요소를 포함하고 있었다. 첫 번째는 시장 전반에 영향을 미치는 것으로, 초기 감산 이후 매달 추가로 5%씩 줄이는 단계적 생산 규제였다. 두 번째는 석유 수출의 완전 금지로, 처음에는 미국과 네덜란드 두 나라에 대해서만 취해지다가 결국 포르투갈, 남아프리카, 로디지아로 확대되었다.

두 번째 조치는 묘한 방향으로 전개되었다. 금수조치의 대상이 된 몇 개국을 보호하는 임무를 수행하던 제6함대를 포함해, 동반구의 미국 군대로까지 확대된 것이다. 정유회사들은 이러한 감산의 결과 발생하는 석유의 부족분을 다른 데서 보충할 수 있다는 '암시'를 보냈다고 생각했을지 모른다. 그러나 미 국방부는 이와 같은 암시를 미처 알아차리지 못하고 분노했다. 미국 의회도 마찬가지여서, 미 국방부에 대한 차별을 범법 행위로 규정한 법률 수정 조항을 급히 통과시켰다. 그러는 동안 미국에 대한 석유 공급이 재개되었다.

1973년 11월 초, 최초의 석유 무기화 결정이 내려진 지 불과 2주일이 지난 후였다. 아랍의 석유장관들은 감산 규모를 전면적으로 확대하기로 결정했다. 그러나 '실제로 어느 정도 감산할 것인가'가 문제로 남아 있었다. 11월 초순의 아랍 석유 생산량은 일일 2,080만 배럴이었다. 석유 금수조치가 절정에 달했던 12월에는 일일 1,580만 배럴만 생산함으로써, 시장 공급 물량은 일일 500만 배럴이 감소되었다. 당시 미국에는 이에 대처할 여유 능력이 전혀 없었다. 6년 전인 1967년의 6일전쟁 때 여실하게 증명되었던 석유와 정치의 중대한 역학 관계에 큰 변화가 생기게 된 것이다. 미국의 석유 여유 능력은 전후 에너지 위기 때뿐 아니라 제2차 세계대전 중에도 서구의 에너지 여유분 확보에 가장 중요한 요소였다. 이제 미국은 세계 석유시장에 영향력을 행사할 중요한 능력을 상실한 것이다. 이란을 필두로 한 산유국들은 생산량을 일일 총 60만 배럴까지 증산할 수 있었다. 미국에 대해 전면적인 경제 전쟁을 벌이자는 이라크의 제안은 아랍의 다른 산유국들에 의해 거부되었다. 하지만 이라크는 오히려 생산량을 늘림으로써 막대한 이윤을 남겼다. 자국의 정책을 해명하기에 급급했던 이라크의 사담 후세인은 사우디아라비아와 쿠웨이트 정부를 향해 '미국 정부 및 독점기업과 손잡은 반동적인 지배 집단'이라 매도했다. 또한 유럽과 일본에 대한 석유 공급 감축은 이들을 사악한 미국의 손아귀에 던져버리는 것이나 마찬가지라고 비난하기도 했다.

비아랍 지역에서의 생산 증가로 12월만 해도 일일 440만 배럴의 순공급 손실을 본 것이나 다름없었다. 이는 2개월 전 자유세계에서 소비되었던 일일 총 5,080만 배럴의 약 9%에 해당하는 양으로, 얼핏 보기에는 그다지 큰 손실 같지 않았다. 하지만 전 세계 석유 교역량의 14%에 해당했다. 또한 세계 석유 소비가 연간 7.5%씩 급증하자 심각한 부족 현상이 야기되었다. 상황이 이런데도 손실의 범위와 규모를 파악하는 데는 상당한 시간이 소요되었다. 감산이 되면서 손실을 확대 해석하려는 경향이 커졌고 석유 공급량에 대한 불확실성은 더욱 가중되었다. 이런 혼란은 모두가 감정의 노예가 된 상태에서 서로 모순된 단편적 정보를 접하고, 기존 공급 경로가 와해됨으로써 생긴 것이다. 의문에 대한 해답을 얻지 못하게 되자 공포와 불안이 증폭되었다. 과연 매달 추가 감산이 실시될까? 금수조치가 다른 국가로 확대될까? 아랍 국가들은 '중립국'과 '우호국', 또는 '특혜국' 리스트에 오른 국가들에게 더 많은 석유를 공급함으로써 그들의 우호적 행동을 보상할까? 여기에 속하지 못한 국가들은 더욱 심한 응징을 받을까?

또 한 가지, 굉장히 불확실한 사항이 있었다. 나중에 분석한 결과, 석유 수출국들은 이윤을 염두에 두고 있었다. 1967년 그들이 금수조치를 철회했던 것은 총수입 감소 때문이었다. 이러한 교훈을 알고 있던 파이잘 국왕은 적어도 1972년까지는 석유 무기화를 주저했다. 그러나 배럴당 가격이 폭등하자, 산유국들은 물량을 감산하면서도 여전히 총수입을 늘릴 수 있게 되었다. 즉 적게 팔고 더 많이 남기는 것이다. 그들이 수입에 눈이 멀어 영구적인 감산을 결정하고 부족한 석유를 다시는 시장에 내놓지 않을지도 모를 일이었다. 그렇게 되면 만성적인 공급 부족과 지속적인 불안, 높은 가격 상승 현상이 일어나게 될 것이다.[1]

석유 공황

1973년 말의 석유 공황으로 야기된 유가 폭등은 가장 끔찍한 악몽 중 하나일 것이다. 이런 공황 상태는 전쟁과 폭력, 공급 감축, 금수조치, 물량 부족, 소비자들의 절박한 수요, 추가 감산에 대한 강박관념, 아랍 국가들이 영원히 증산하지 않으리라는 추측에 기인한 것이었다. 공포와 불안이 만연하자, 석유 회사와 소비자들은 현재뿐 아니라 불확실한 미래의 부족분을 보충하기 위해 미친 듯이 추가 공급 물량 확보에 나섰다. 충동구매는 다시 추가 수요를 발생시켰다. 실제로 구매자들은 석유를 확보하기 위해 사투를 벌였다. 추가 공급원을 확보하지 못한 어느 민간 정유업자는 이렇게 말했다. "우리는 석유만을 위해 입찰에 나서는 것이 아닙니다. 우리의 사활을 걸고 입찰에 참여하는 것입니다."

상황이 이러니 가격은 더욱 치솟았다. 10월 16일의 협정에 따르면 이란산 석유의 공식가격은 배럴당 5.40달러였다. 그러나 11월이 되자 나이지리아산 석유가 16달러에 팔리기 시작했다. 12월 중순, 이란은 시장을 시험해본다는 의미에서 경매 방식을 도입하기로 했다. 경매 결과, 10월 16일의 가격보다 엄청나게 높은 배럴당 17달러라는 가격이 형성되었다. 소문이 무성한 가운데 교묘하게 조작된 상태에서 실시된 나이지리아산 석유 경매에서는 놀랄 만한 일이 발생했다. 석유 구매 경험이 전혀 없고 공급 물량 확보에 급급한 데다 80개 이상의 회사들과 입찰 경쟁을 벌이던 일본의 한 무역회사가 배럴당 22.60달러의 입찰가를 제시한 것이다. 결국 그 무역회사는 구매할 상대를 찾지 못해 거래가 성사되지는 않았지만, 당시 누구도 이 사실을 알지 못했다. 더 높은 입찰 가격을 제시한 회사도 있었다는 기록도 남아 있다.

금수조치는 선진 공업국가들의 사회 곳곳에 충격을 던져주었다. 로마 클럽이 예측한 비관적 전망이 실현되는 것처럼 보였다. 결국 슈마허가 예언자가 된 셈이다. 엄청난 석유 수요 증가와 중동 지역 의존도의 심화에 대한 위험성을 경고했던 그의 예언은 타당했음이 입증되었다. 수십 년의 무명 시절 끝에 슈마허는 1973년 『작은 것이 아름답다Small is Beautiful』라는 저서를 발간함으로써, 1950년대와 1960년대를 지배했던 무제한 성장주의와 '더 큰 것이 더 좋다Bigger is better'라는 철학에 반기를 들었던 사람들의 대변자로 우뚝 서게 되었다. 과거의 석탄왕이자 에너지 예언자였던 그는 이제 당대를 대표하는 인물이 되었다. 슈마허의 다른 저서인 『더 적은 것이 더 많은 것이다Less is more』는 금수조치 이후 환경운동의 캐치프레이즈가 되었고 그는 세계적인 명사로 자리 잡았다. 엘리자베스 여왕은 그에게 작위를 수여하고 버킹검 궁으로 초대하여 오찬을 함께했으며, 필립 왕자도 그와 만찬을 가질 정도였다. "이제 파티는 끝났습니다." 슈마허는 세상을 향해 이렇게 선언한 후 반문했다. "그런데 그 파티는 누구를 위한 것이었습니까?"

결핍의 시대가 도래했다. 온통 경제 성장 둔화와 불황, 인플레이션 같은 우울한 전망들뿐이었다. 국제 금융 체계도 극도의 혼란을 예고했다. 개발도상국 대부분이 상당한 경기 후퇴를 겪을 것이 확실해지자, 전후 사회적 접착제 역할을 해왔던 지속적 경제 성장의 상실이 산업 민주주의 국가에 끼치게 될 정치적 영향을 비관하게 되었다. 경제 문제가 장기화되면, 전쟁 기간 중 끔찍한 결과를 야기했던 국내 분쟁이 재현되지나 않을까? 더구나 세계 최강국이며 국제 질서의 보증인인 미국이 이제는 몇몇 소국에 굴욕을 당하고 수세에 몰려 있지 않은가? 이제 국제 체제도 붕괴될 것인가? 서구의 쇠퇴는 필연적으로 세계적 무질서를 가져올지도 몰랐다. 소비자는 소비자대로 물가 상승과 생활 방식의 혼란을 걱정하기 시작했다. 그들은 한 시대의 종말이 임박했다고 생각했다.

석유 금수가 서부 유럽인들과 일본인들의 정서에 미친 영향은 대단했다. 그들은 즉각 전후의 쓰라린 내핍 생활을 다시 하게 되었다. 1950년대와 60년대에 이룩한 그들의 경제적 업적이 하루아침에 흔들렸다. 공급 물량 할당을 담당했던 서독의 경제 부처에는 절망적 고민에 빠진 산업계의 요청이 쇄도했다. 최대 호황을 누리고 있던 제당 업계에서 가장 먼저 전문이 들어왔다. 제당 업계는 24시간만 연료 공급이 중단되어도, 모든 기계 작동이 중지되어 설탕이 튜브 안에서 굳어버린다. 독일의 제당 산업이 가동을 멈출 경우, 시장 공급이 영원히 불가능해질 것이므로 경제 부처는 신속하게 제당 공장에 충분한 양의 석유를 할당해주었다.

일본은 금수조치로 더욱 파괴적인 충격을 받았다. 강력한 경제 성장과 더불어 구축된 신념이 일시에 흔들렸다. 과거의 두려움이 물밀듯 밀려든 것이다. 헌신적인 노력에도 불구하고 '다시 가난해지는 것은 아닐까' 하고 자문했다. 금수조치에 따른 두려움 때문에 19세기 말과 20세기 초에 일본 정부를 뒤흔들었던 격렬한 '쌀 폭동'을 연상시키는 생필품 파동이 시작되었다. 택시 기사들은 격렬한 시위를 벌였고, 가정주부들은 세제나 화장지를 비축하는 데 혈안이 되었다. 어떤 주부는 2년분을 비축하기도 했다. 일본에서는 석유 부족이 화장지 부족 현상을 일으켰다. 정부의 통제가 없었다면 화장지 가격은 석유

가격처럼 4배 가까이 올랐을 것이다.

미국에서는 석유 감축이 자원의 풍족함에 대한 오랜 믿음과 확신을 근본적으로 흔들었다. 미국은 1973년 10월까지 단 한 방울의 석유도 수입하지 않았는데 국민 대부분은 이 사실조차 모르고 있었다. 그러나 미국의 운전자들은 이유도 모른 채 휘발유 소매가격이 40%씩이나 무자비하게 오르는 것을 목격해야 했다. 휘발유 가격의 인상만큼 가시적이고 즉각적이며 노골적인 효과를 불러오는 것은 없었다. 운전자들은 기름 탱크를 채우기 위해 조개껍질 버리듯 돈을 써야 했고 매일 휘발유 가격을 올리는 주유소 옆을 지나가야 했다. 연방에너지청의 존 사우힐이 발표한 '일시적 공급 감축조치'('휘발유 구입 행렬'로 더 잘 알려짐)가 임박함에 따라 소비자들은 공급 부족을 피부로 느낄 수 있었다.

'휘발유 구입 행렬'은 금수조치로 인한 미국의 고통을 가장 단적으로 드러내는 상징이었다. 미국은 시장의 긴장이 고조됨에 따라 금수조치 직전에 할당제도를 도입했다. 미국 전역에 공급 물량을 고르게 배분하는 것이다. 그러나 이 제도는 기존 휘발유 공급 지역에서 휘발유가 필요한 지역으로 공급 물량이 이동하는 것을 어렵게 만들었다. 각종 보도와 소문이 만연하자, 미국인들은 예전처럼 세제나 화장지가 아닌 휘발유 자체에 대한 공황을 겪게 되었다. 연료가 거의 바닥날 때까지 차를 몰던 운전자들은 이제는 기름 탱크가 조금만 비어도 서둘러 채우려 했고, 이로 인해 주유소들마다 '휘발유 구입 행렬'은 더욱 길어졌다. 그러나 당시에는 휘발유 확보가 불확실했기 때문에 운전자들의 이런 행동은 오히려 사려 깊은 것이었다. 자동차 번호를 짝수와 홀수로 나눠, 평일에만 2부제 판매를 하는 주유소도 있었다. 운전자들이 차의 시동을 켜놓은 채 한두 시간 기다리는 바람에, 구입하려는 연료보다 더 많은 연료를 소비하기도 했다. 미국 도처의 주유소들은 '금일 휘발유 매진'이라는 팻말을 내걸었다. 과거 석유의 과잉 공급 시기에 할인 경쟁을 벌이던 때와는 정반대의 현상이었다. 금수조치에 따른 물량 부족은 과거와의 갑작스러운 단절을 의미했으며, 미국의 미래에 대해 확신할 수 없게 만들었다.[2]

쇠고기 가격

닉슨 대통령은 이와 같은 확신을 회복하기 위해 노력했다. 11월 초, 에너지 문제를 다룬 각료 회의에서 한 각료가 공공건물의 소등을 제안했다. "그렇게 된다면 경찰 수를 더 늘려야 하지 않겠소?"라고 대통령은 현실적인 문제를 지적했다. 그의 의중에는 보다 중요하고 포괄적인 것이 있었다. 1973년 11월 7일, 닉슨 대통령은 불안해하는 국민에게 에너지에 관한 중대한 교서를 발표했다. 교서의 광범위한 제안 중에는 난방기 이용 자제와 카풀 권장, 환경 규제 완화는 물론 공공단체가 석탄에서 석유로 연료를 전환하는 것을 중단시키고, 에너지연구개발청을 설립하는 것이 포함되었다. 그는 '독립 계획'이라는 국민적인 사업을 주창하면서 다음과 같이 선언했다.

"맨해튼 계획 때처럼 단호한 마음가짐과 아폴로 계획의 정신을 계승하여 1970년대 말까지 외국의 에너지원에 의존하지 않고 우리의 에너지 수요를 충당할 수 있는 잠재력을 개발하는 것을 국가적 목표로 세우고자 합니다." 그러나 그의 야심만만한 계획에는 장애물이 많이 있었다. 우선 그 계획을 실천하기 위해서는 기술 개발과 막대한 자금, 새로운 환경보호주의 노선으로부터의 급선회가 필요했다. 참모들은 1980년까지 에너지 독립 목표를 달성하기는 불가능하므로 공표하지 말 것을 제안했다. 그러나 그는 에너지는 하나의 위기일 뿐 아니라 중대한 정치적 현안이라는 이유로 이런 제안을 일축했다.

닉슨 대통령은 금수조치 이전부터 재직한 에너지 부처의 노장 존 러브를 해임하고 그 자리에 재무부 차관보인 윌리엄 사이먼을 내정했다. 대통령은 각의에서 사이먼의 위상을 독일의 제3제국 당시 군수통제권을 휘둘렀던 알베르트 슈페어에 비유했다. 슈페어에게 독일 관료주의를 단절할 수 있는 권한이 주어지지 않았다면 독일은 훨씬 빨리 패전했을 것이라는 것이 닉슨의 설명이었다. 사이먼은 이와 같은 비유에 다소 당황했다. 닉슨은 또한 사이먼이 '절대적 권위'를 부여받게 될 것이라고 말했다. 그러나 말 많고 분파적인 워싱턴 정가에서 전권을 가지는 것은 불가능했다. 에너지 부처의 일인자가 된 사이먼은 거의 24시간 내내 국회 전문위원회와 분과위원회의 끝없는 청문회에 시달려야 했다. 그는 청문회의 소환에 응하기 위해 회의장에서 뛰어나오며, 부지사들과의 대화를 마무리짓기 위해 뒷걸음질을 쳐야 했다. 그리고 자신의 승용차로 돌아오자 머리를 치며 쥐어뜯었다. 사이먼은 상처 난 머리를 꿰매야 했지만, 전문위의 의장이 청문회를 연기할 수 없다고 함으로써, 다섯 시간 내내 머리에서 피를 흘리며 조사에 응해야 했다. 휘발유 품귀 현상이 벌어지던 당시에는 모든 이해 당사자들의 감정이 첨예하게 대립되었으므로, 사이먼의 아내는 남편 이름으로 된 신용카드를 사용하지 않았다.

휘발유 배급제를 실시하라는 원성이 계속되었으나 미 행정부는 이를 못 들은 척했다. 원성이 더욱 높아지자 닉슨 대통령은 배급권을 인쇄하여 보관하도록 지시했다. "그것으로 사람들의 입을 봉할 수 있겠지"라고 대통령은 말했다. 그의 행정부는 계속해서 정책과 프로그램들을 개발했지만 닉슨 자신은 위기에 신중히 대처하기를 원했다. 그의 측근인 로이 애쉬는 대통령에게 대단히 신중해야 한다는 충고의 쪽지를 보냈다. '앞으로 한두 달 동안 실제적이고 즉각적인 석유 부족과 이에 편승한 언론들의 히스테리적인 공세에 의연하게 대처하셔서, 불필요하고 비생산적인 에너지 정책을 낭비하는 일이 없어야 합니다. 모르긴 해도 몇 달만 지나면 에너지 위기는 현재 우리가 쇠고기 가격을 바라보듯 일상적인 행정 문제가 될 것이며, 대통령직을 건 위기로까지 비화되지는 않을 것입니다.' 이 쪽지에 대해 닉슨 대통령은 단 두 마디로 응답했다. "당신의 견해는 전적으로 지당합니다. 그리고 매우 일리가 있습니다." 그러나 일반 대중의 시각은 그렇지 않았다. 휘발유 가격은 쇠고기 가격보다 훨씬 중요하고, 미국인들의 생존권이 걸린 문제로 보였던 것이다.

누구를 원망할 것인가? 많은 사람들은 금수조치와 석유 품귀, 그리고 이에 따른 가격 인상의 책임이 석유업계에 있다고 생각했다. 석유업계 다음으로 닉슨 행정부가 주요한 증오 대상이 되었다. 12월 초, 여론 분석가인 대니얼 안켈로비치는 재무부 차관 조지 슐츠의 부탁으로, 대중 사이에 만연하고 있는 '공포의 초기 증세'에 관한 메모를 '대통령 수신'으로 알렉산더 헤이그에게 보냈다. 메모에는 다음과 같은 내용이 적혀 있었다. '국민들은 미국의 에너지가 고갈되지나 않을까 두려워하고 있으며 오보로 인한 불신, 혼란과 공포가 대중 사이에 확고하게 형성되고 있습니다." 이런 상황에는 워터게이트 사건, 불공정하게 가격을 인상하고 있다고 간주되는 석유업계에 대한 불신, 사업에 대한 전반적인 자신감 결여, 그리고 닉슨 행정부가 '대기업과 너무 유착되어 있다는 믿음'이 깔려 있었다. 안켈로비치는 '워터게이트 사건으로 인해 미국의 현실에 대한 비관적인 분위기가 확산되었다'라고 전했는데, 그 직접적인 결과로 '국가의 미래'에 대한 대중의 신뢰도가 1973년 5월 62%에서 1973년 11월 말 27%로 급락했다.

분명히 약화된 행정부를 위해 무언가를 적극적으로 해야 할 필요성이 증대되었지만, 워터게이트 사건은 석유 위기에 대처하려는 닉슨 대통령의 모든 노력에 찬물을 끼얹었고, 일반 대중뿐만 아니라 정책 입안자들의 관심까지도 앗아갔다. 미 국무부의 연료 및 에너지국의 국장이었던 스티븐 보스월드는 다음과 같이 회고했다. "워터게이트 사건으로 모든 감각이 마비되었다. 국회는 워터게이트 사건으로 넋이 빠져 있었고, 집행 간부들은 곤경에 처해 있었으며, 백악관은 다그치기만 했다. 대리인 자격으로는 어떠한 정치적 결단도 내리기가 힘들었다. 워싱턴에는 헨리 키신저 외에 실질적인 정책 결정을 내릴 수 있는 기관이 없었다."

키신저 자신도 언급했듯이 워터게이트 사건은 '머리가 아홉 달린 괴물'과 같았다. 그는 이 괴물을 이길 수 있는 유일한 사람처럼 비쳤다. 그는 석유를 포함한 대외 정책과 워터게이트 사건을 분리하려고 노력했지만, 국내 에너지 정책에는 그러한 행운이 찾아오지 않았다. 1973년 11월, 한 백악관 관리가 행정부의 에너지 정책 발표에 대해 헤이그와 격론을 벌였다. 그는 닉슨의 백악관 비밀 도청 테이프가 연방 판사 존 시리카에게 제출된 사실을 언급하여 다음과 같이 말했다. "나는 월요일의 뉴스 홍수로 도청 테이프 사건을 덮어버리고 싶은 욕구를 충분히 이해할 수 있다. 그러나 어떠한 조치로 그 문제가 덮일 것이라 생각한다면 우리는 우리 자신을 기만하는 것이다." 몇 주일 후 백악관의 로이 애쉬는 대통령의 에너지 관련 정책이 어느 요일에 보도되더라도 좋은 평을 얻지 못할 것이라고 덧붙였다. 그는 "어떠한 사건으로도 워터게이트를 덮어버릴 수는 없다"라고 말했다. 주변 사람들의 눈에 닉슨은 워터게이트 사건과 새로운 폭로로부터 국민들의 시선을 돌리기 위해 석유 및 중동과 관련하여 무언가 '획기적인' 정치적 사건을 찾고 있는 것처럼 보였다. 만약 그것이 실제로 닉슨의 전략이었다면 실패였다.[3]

차별 없는 고통

전 세계가 극도의 분노와 의심으로 동요하는 상황에서, 각국 정부나 석유 회사들은 부족한 석유 공급 물량을 어떻게 분배할 것인가? 몇몇 회사는 석유 공급의 불안정성을 경고해왔다. 미국 회사들, 특히 아람코 제휴 회사에는 아랍과 이스라엘의 분쟁이 가장 큰 문제였다. 미국이 이스라엘을 포기하거나 적어도 지원을 대폭 줄이기만 하더라도 정상을 회복할 것처럼 보였다. 이런 문제 해결 방식에 대해, 이스라엘은 비타협적이었지만 아랍 국가들은 그렇지 않았다. 유럽의 회사들에게 이 문제는 다른 양상을 띠었다. 경직된 수급 균형은 본래부터 불안정하고 위험한 것이었다. 선진국들은 세계의 가장 불안정한 지역에 과도하게 의존했다. 진정한 해결책은 석유 수요 증가를 완화하고 그러는 사이에 공식적인 에너지 안전 조치들이 자리 잡게 하는 것이었다. 로열더치 쉘은 석유 공급 사정이 극도의 위험에 처해 있으며 '석유 쟁탈' 사태를 야기할 수도 있다고 경고하는 대외비의 핑크북을 정부 지도자들에게 배포했다. 미국 회사들과는 달리, 쉘은 위기 시 공급 배분에 대한 각 국가 간의 합의 운동을 전개하고, 실제로 자체 기획팀에서 이러한 시스템 운용에 관한 윤곽을 잡고 있었다.

1956년과 1967년에 있었던 것처럼, 구미 국가들 간에도 1973년 10월 이전에 배분 계획에 관한 토론이 있었다. 그러나 각국 정부는 자신들의 수요와 형편에 맞는 시스템을 고집했다. 게다가 실제로 위기가 닥치기 전까지 문제는 너무 복잡했고 이해관계와 위험에 대한 동의가 거의 이루어지지 않은 데다 동기 또한 불충분했다. 미국 정치의 측면에서도 이와 같은 조정 문제는 지나친 논쟁을 야기할 우려가 있었다. 따라서 거의 어떤 준비도 되어 있지 않은 상태였다. 1973년 6월, 선진국들은 '여러 가지 대안을 개발하고 검토하기 위한 비공식 운영위원회'를 설립하는 데 동의했다. 위기가 닥칠 때까지 그들이 할 수 있었던 것은 고작 이 정도에 불과했다. 모든 것이 불확실하고, 미국과 유럽의 관계가 삐걱거리고, 아랍 국가들이 서구 동맹국들을 분열시키기 위해 기민하게 움직이고 있는 위기 상황에서 이 같은 기구가 신속하게 설립될 수는 없었다. EEC 회원국들 간에는 위기 시 배분에 관한 합의가 존재했지만 구체화되지는 못했다. 결국 삭감의 주요 목표는 미국이 되었다. 더구나 아랍 수출국들은 유럽 국가들을 '금수국' 또는 '최혜국' 등으로 상이하게 구분했다. 유럽인들의 배분 합의를 위한 단결력을 끈질기에 좌절시키고자 한 것이다.

미국 정부는 1950년의 방어 생산법과 같은 법률을 제정하고, 위기 발생 기간 동안 독점 금지를 풀어줌으로써 회사들이 물량과 정보를 모으게 할 수도 있었다. 정도의 차이는 있지만 한국전쟁과 1951~1953년 이란 민족주의가 고조되었던 시기에도 이러한 조치가 사용된 적이 있었다. 그러나 이번에 그와 같은 조치를 사용한다면, 회사들이 자신의 힘으로 위기를 타개하는 능력을 방해하고, 아랍 국가들과 구미 동맹국들 간의 분쟁을 더욱 표면화하고 어렵게 만듦으로써 불 속에 화약통을 던지는 것과 마찬가지 효과를 낼 것이다. 더구나 워터게이트 사건의 와중에서 그것을 입법화한다면 행정부와 석유회사들 간에 반목과 비난이 빗발치게 될 것이 뻔했다. 그렇다고 닉슨 대통령이 국익에 호소함으로써 신뢰를 얻을 입장도 아니었다. 따라서 한 가지 선택만이 남았는데, 바로 석유회사 스스로 메이저를 주축으로 문제를 해결하는 것이다. 지금까지 석유회사들은 쉘의 데이비드 바란이 언급했던 소위 '얇은 윤활막'으로 생산국과 소비국 간의 완충 역할을 해온 데 자긍심을 표시해왔다. 하지만 이제는 그와 같은 윤활유가 갑자기 사라진 긴장 상태에서 완충 역할을 한다는 것이 얼마나 고통스러운지 깨닫게 되었다.

한편 아랍 국가들은 맹렬한 압박을 가해왔다. 위협은 노골적이어서 석유회사들은 중동에서의 입지를 모두 상실할 수 있었다. 10월 18일, 사우디가 처음으로 10% 감산을 요청함에 따라 아람코는 즉각 반응했고, 선의의 조치로서 약간의 여분만을 감산했다. 미국의 해외 투자 부문 중 가장 중요한 위치에 있었던 석유회사들은 어떠한 대가를 치르더라도 중동에서의 입지 상실만은 피하려고 발버둥쳤다. 즉 미국에 대한 금수조치를 손수 행하게 되는 유례없는 일이 벌어진 것이다. 그러나 그 외의 선택지는 없었다. 민족주의를 내세워 버림받기보다는 협력을 통해 세계 시장에 가능한 한 많은 석유를 내놓는 것이 더 좋지 않은가? 아람코의 이사였던 쉐브론의 조지 켈러는 후에 이렇게 말했다. "유일한 대안은 한 방울의 석유도 선적하지 않는 것이었다. 미국의 최대 관심사는 감산이 아니라 전 세계의 우방국들에게 하루 약 500~700만 배럴을 공급하는 것이었다." 그러나 사태의 이면에는 국민에게 필요한 석유를 찾고 있는 소비국 정부가 있었다. 그중 7개의 메이저 중 5개를 가지고 있으며, 모든 조치의 주된 목표가 되는 나라는 미국이었다. 석유회사들은 자신들이 취하는 모든 조치가 상세히 검토되고 사후평가를 받게 된다는 것을 잘 알고 있었다. 그들은 시장을 잃거나 폐업하고 싶어 하지 않았으며, 소비자나 정부로부터 조사나 보복을 당하는 것도 원치 않았다.

이와 같은 상황에서 가장 이성적인 반응은 '균등한 고통'과 '차별 없는 고통'이었다. 즉 각 석유회사는 아랍산과 비아랍산 석유를 전 세계에 유통함으로써, 모든 국가들에 공급되는 총물량에서 똑같은 비율을 할당하여 감산하려 했다. 그들은 이미 1967년 전쟁에 따른 금수 기간 중에 할당 시스템을 조직하는 방법을 경험했다. 그러나 1973년의 규모와 위험성은 과거보다 훨씬 컸다. 이러한 비례적 감산의 기준으로 활용된 자료는 1973년 1월에서 9월까지의 실제 소비량과 향후 몇 개월간의 전망치였다. 쉘의 한 고위 간부는 다음과 같이 말했다. "균등하게 고통을 나누는 것은 각국 정부가 집단적으로 어떤 대안을 내놓지 못할 경우 취할 수 있는 유일한 방어책이었다. 또한 회사들 입장에서도 파멸을 피할 수 있는 유일한 길처럼 보였다." 국제 석유회사들에게 다른 선택은 자살행위와도 같았다. 균등한 고통의 원칙을 더욱 강화한 요인은 국제 석유회사들 내부에 '국내시장'이 존재한다는 점이었다. 예를 들어 일본 등의 국가에 석유업계의 시황을 설명해야 하는 메이저 회사의 극동 지역 총책이 유럽 담당자가 비교적 높은 할당량을 획득하고 있다고 생각한다면, 그도 분명히 할당량을 높였을 것이다.

오랜 경험을 가진 석유회사들은 정상적인 상황에서 공급 물량을 조절하는 데 전문가들이었지만 지금은 미친 듯이 즉흥적으로 대처해야 했다. 걸프의 석유 공급 담당자는 다음과 같이 회고했다. "그것은 고문이나 다름없었다. 우리는 24시간 일했다. 밤새워 사무실을 지키면서 국가별 할당량과 수치, 공급 계획을 짜고 빗발치는 수요에 대응했다. 우리는 계약된 생산량을 감축하고 국가별로 비례 배분했다. 그것은 우리 정유소의 감축뿐 아니라 고객의 감축을 의미했다. 우리는 다른 고객들과도 싸워야 했다. 걸프나 기타 회사들은 연일 공격을 받았다. '왜 미국으로 가져오지 않고 한국이나 일본에 석유를 파는가? 당신들은 미국 회사가 아닌가?'라는 식이었다. 언론들도 매일 우리를 공격했다. 압박이 너무 커서 다른 선적분은 미국 정유소로 들여와야 할 정도였다. 나는 고객과 우리가 한몸이라 생각한다는 사실을 이사들에게 상기시켜주어야만 했다. 우리는 유전 근무자들과 오랜 친구들을 만나 감산할 계획을 알려주고, 세계를 돌아다니며 수급 균형과 이에 따른 비례 배분을 설명해야 했다. 이런 모든 일은 매우 고통스러웠다."

대규모의 재할당으로 상당한 물류 문제가 발생했다. 비교적 예측 가능한 정상적인 상황에서도 통합 석유 시스템을 운영하는 것은 고도로 복잡한 문제다. 여러 공급원에서 온 품질이 다양한 물량을 수송 시스템과 연결하고, 다시 특정 유류를 처리하도록 설계된 정유소로 이송해야 했다. 원유 할당에 관한 한 자유 재량권은 없었다. '질이 나쁜' 원유는 정유소 내부에 상당한 손상을 입히므로 효율과 이윤을 감소시킨다. 일단 원유가 정유소를 통과하면 여러 가지 상품으로 태어나고, 이들은 공급 시스템에 유입되어 휘발유나 제트 연료 또는 난방 연료를 원하는 '시장 수요'와 연결되어 시장의 균형을 맞추게 된다.

문제를 더욱 어렵게 만드는 것이 있었다. 각 회사들은 밑지는 장사를 하지 않기 위해, 혹은 과다한 이익을 챙긴 혐의로 비난받지 않기 위해, 실제 석유 공급 비용을 산출해야 했다는 점이다. 석유 로열티 비용, 정부의 참여 정도, 판매 가격, 물량 등은 매주 변했고, 각 수출국 정부의 변칙적인 생산과 소급 증산으로 더욱 복잡해졌다. 쉘의 한 집행 간부는 다음과 같이 말했다. "모든 사실에 기초해 계산된 수치가 한 달 후에도 같은 요소를 대입했을 때 변하지 않을 것이라고 확신하기란 불가능했다." 사실 확실한 것은 유가가 계속 오르고 있다는 것뿐이었다.

업무의 규모가 너무나 광범위했기 때문에 결정을 내려야 하는 시점도 정확히 알 수 없었다. 통합 시스템을 이용해 석유의 유통량을 파악하는 복잡한 계산은 경제 및 기술적 기준에 근거하여 컴퓨터로 전체 틀을 짜게 된다. 그러나 이번에는 아랍국들과 그들의 요구 사항을 건드리지 않으면서 동시에 수입국들을 최대한 만족시킬 수 있는 정치적 기준이 중요했다. 이 두 가지 목적을 달성하려면 매우 교묘한 솜씨가 필요했다. 석유회사들은 모든 난관에도 불구하고, 이러한 목적을 상당한 수준으로 달성했다.

석유회사들의 비례적 감산에 대한 각국 정부의 반응은 제각각이었다. 워싱턴은 직접적인 지시를 거의 하지 않았다. 에너지부 장관인 존 사우힐은 '가능한 한 많은 석유'를 미국으로 들여오는 동시에 세계 각국의 지대한 관심이 '공급 물량의 평등한 배분'에 있음을 잊지 말라고 석유회사들에 촉구했다. 석유업계 간부들과 함께한 자리에서 키신저는 이스라엘과의 전통적인 친분 때문에 아랍국들의 주요 목표가 되고 있는 '네덜란드'를 신경 써달라고 말했다.

일본은 특히 취약했다. 부존자원이 없는 데다, 기적적인 경제 성장의 근간이 수입 석유였기 때문이다. 일본 국민들은 크게 당황했다. 일본은 메이저 회사들에 크게 의존했는데 그들 대다수가 미국계였다. 통산성의 한 고위 관리는 메이저 대표들을 향해 비아랍산 석유를 일본에서 미국으로 전환하지 말라고 경고했다. 석유회사 대표자들은 자신들이 가능한 한 공정하게 석유를 할당하고 있으며, 일본을 포함해 각국 정부가 원한다면 생색나지도 않는 모든 일을 각국 정부로 이관했으면 좋겠다고 대답했다. 이후 일본 정부는 한걸음 후퇴했고 사태의 진전에 만족한 것처럼 보였으나 계속해서 사태를 면밀하게 주시했다.[4]

영국 정부는 가장 거친 반응을 보였다. 영국은 아랍국들로부터 '우호 국가'로 분류되었기 때문에, 감산에도 불구하고 1973년 10월 공급량의 100%를 받을 수 있을 것이라 생각했다. 확신에 찬 통상산업부 장관은 "아랍국으로부터 물량을 확보했다"라고 하원에서 답변했다. 그는 직접 사우디로 가서 정부 대 정부 차원의 석유 거래를 협상했다. 영국 정부는 BP 주식의 절반을 소유하고 있었지만, 1914년 처칠이 주식 인수를 하면서 맺은 협약으로 통상 문제에는 개입하지 못하게 되어 있었다. 그러나 이 문제가 통상 문제인지 안보 문제인지에 대해서는 논란이 있었다. 더구나 에드워드 히스 총리의 보수당 정권은 석유 공급이 감소하는 마당에 석탄 공급을 중단하는 대규모 파업을 벼르고 있는 석탄 광부들과 대치 중이었다. 석유 부족은 광부들의 입지를 크게 강화했다. 히스 총리는 광부들과 담판을 벌이기 위해, 석유를 가능한 한 많이 확보하기를 원했다.

히스 총리는 BP의 회장인 에릭 드레이크 경과 쉘 운송 무역회사의 회장인 프랭크 맥파드즌 경을 자신의 별장으로 불렀다. 총리는 내각 각료 몇 명을 대동하고 있었다. 자신의 의견에 따르도록 석유회사들을 유도하지 못한다면 강제로라도 그렇게 할 것임이 명백했다. 히스 총리는 영국이 특별대우를 받아야 한다고 말했다. 즉 BP와 쉘, 두 회사는 영국에 대한 공급량이 삭감되게 해서는 안 되며, 평상시 필요량의 100%를 유지해야 한다는 것이었다. 두 회장은 석유회사를 정부 입맛에 맞게 좌지우지할 수 없다고 했다. 후에 맥파드즌이 언급했듯이, '정부의 실책'으로 야기된 고립 상태로 자신들이 빨려 들어갔다는 점을 지적한 것이다. 모든 회사는 영업하고 있는 각 국가에서 법적·도덕적 의무에 거미줄처럼 얽매여 있었다. 회사들이 직접 석유 부족 문제를 다루게 된다면 균등한 희생의 원칙조차 고수하기가 어려워질 것이란 사실을 인식하고 있었지만, 그들이 추구할 수 있는 유일한 정책은 균등한 희생이었다. 맥파드즌은 또 한 가지 중대한 발언을 했다. 유감스럽게도 로열더치 쉘 그룹의 60%는 네덜란드가 소유하고 있고 영국은 단 40%만을 소유하고 있으므로, 히스 총리의 의견에 동의한다 할지라도(그가 가장 단호히 반대했다) 네덜란드의 이익을 묵살하기는 불가능할 것이라 말했다.

초조해진 히스 총리는 영국이 특별대우를 받아야 한다는 것을 드레이크에게 확신시키기 위해 더욱 집요하게 다그쳤다. 그는 BP의 51%를 정부가 소유하고 있으므로 총리가 명령하는 대로 따라야 한다고 퉁명스럽게 말했다. 그러나 드레이크는 솔직했고 양보하는 데 익숙하지 않은 듯이 보였다. 그는 1951년 이란에서 BP의 총책으로 있으면서 죽음의 위협을 무릅쓰고 모사데그에게 용감히 맞섰고, 그 후 호주의 BP 정유소로 전출시키겠다는 윌리엄 프레이저 BP 회장에게도 단호하게 맞섰던 사람이다. 그는 총리인 에드워드 히스에게 양보함으로써 결코 그의 회사를 파멸에 이르게 하지 않을 것이 분명했다. 이란 국유화를 경험했던 드레이크는 영국 총리의 요구를 받아들인다면, 다른 국가에서 BP 시설이 종말을 고하게 될 것이라 확신했다. 또 다른 국유화에 연루될 생각이 전혀 없었던 것이다.

히스 총리가 압력을 가하자 드레이크는 다음의 질문으로 받아넘겼다. "저에게 이런 요구를 하는 것은 주주로서입니까, 정부로서입니까? 만약 주주의 자격으로 영국에 평상시 공급량의 100%를 달라고 요구한다면 프랑스, 독일,

네덜란드, 그리고 기타 국가들의 보복으로 국유화될 수도 있다는 점을 아셔야 합니다. 그것은 군소 주주들에게도 큰 손실이 될 것입니다." 당시 드레이크는 히스 총리 앞에서 주주 간의 차별 대우를 금지하는 회사법에 대해 신랄한 강연을 했다. 즉 모든 중역은 특정 주주가 아니라 회사 전체의 이익을 생각해야 할 수탁자의 책임을 지고 있으므로, 이 회사가 심한 감산에 시달려온 국가들에게 보복당할 위험이 있을 뿐만 아니라, 영국 정부도 권력 남용으로 여러 가지 법적 소추에 휘말리게 되리라는 것이었다. 드레이크는 이렇게 덧붙였다. "당신이 정부 입장에서 말하는 것이라면 공문으로 요청해달라고 말씀드리고 싶습니다. 그러면 우리도 정부의 명령을 받는 것이므로 불가항력 케이스로 타 정부에 호소할 수 있습니다. 그러면 국유화를 모면할 수 있을지 모릅니다."

히스 총리는 화가 나서 소리쳤다. "공문으로 요청할 수 없다는 사실은 당신이 더 잘 알잖소." 무엇보다 그는 영국을 유럽 공동체에 가입시키고 유럽인들과 협력하게 한 당사자였던 것이다. 드레이크는 단호하게 대답했다. "그렇다면 저도 어쩔 수 없습니다." 물론 히스 총리는 BP로부터 특별대우를 받기 위한 법률 제정을 언제든지 의회에 요청할 수 있었다. 하지만 이와 같은 조치가 영국과 유럽 동맹국들 간의 관계에 가져올 영향을 며칠 동안 곰곰이 생각한 뒤에 분노를 삭이며 특별대우를 포기했다. 영국 정부의 공무원들은 정치인들보다 전반적 상황을 더 잘 파악하고 있었다. 또한 '공정 분배 원칙'의 장점을 인식하고 그것을 다루는 데 능숙했다. 그들은 북해에서의 탐사권 인가는 전적으로 영국 정부의 손에 달려 있다고 주의를 주는 등 다국적 기업에 압력을 가했다. 이런 방식을 통해, 소위 '공정 분배'라고 자의적으로 해석할 수 있는 물량 또는 그 이상을 영국이 확보할 수 있게 되었다.

균등한 감량과 공정 분배의 원칙을 실행하기 위해서는 '전용'이 불가피했다. 아랍산 석유는 우호국 리스트에 들어 있는 국가들에 직접 공급된 반면, 비아랍산 석유는 금수조치를 당하거나 중립국 리스트에 들어 있는 국가들에 전용되었다. 결국 미국의 5개 메이저 회사는 그들 석유의 3분의 1을 이렇게 전용했다. 관련 자료들을 분석한 결과, 금수 기간 중 일본의 손실은 17%였고, 미국은 18%, 서유럽은 16%였다. 연방 에너지부는 이 같은 비공식적 할당 시스템의 운영을 소급 분석한 자료를 상원 다국적분과위원회에 지속적으로 제출했다. 모든 사실을 검토한 결과, 공급 부족에 즈음해 이보다 더 공평하게 분배하는 계획을 생각하기 어렵다는 보고서가 나왔다. 이 보고서는 '금수 기간 중 석유회사들은 정상적인 기업 활동의 영역을 벗어나 난해하고 문제점이 상존하는 정치적 결정을 해야 했다. 그들은 앞으로는 절대 이러한 일을 하지 않게 되기를 바랐다'라고 밝혔다.[5]

새로운 가격 시대

현물시장에서 마치 열병과 같은 가격 입찰이 진행되는 와중에, OPEC 석유장관들이 공식가격을 논하기 위해 1973년 12월 말 테헤란에서 만났다. OPEC의 경제위원회는 배럴당 23달러를 제안했고, 사우디는 배럴당 8달러를 제안했다. 사우디아라비아는 급격한 가격 인상으로 경기 침체가 시작되면 사우디뿐 아니라 다른 국가도 영향을 받게 될 것이라 생각했다.

야마니 석유장관은 산업국가들의 경기가 침체하면 사우디의 경기도 침체하게 될 것이라고 말했다. 그는 최근의 높은 낙찰가는 실제 시장 상황을 반영한 것이 아니라 오히려 금수조치와 감산 등과 같은 정치적 측면을 반영한 것이라 주장했다. 또한 파이잘 왕은 금수조치의 '정치적 성격'이 유지되기를 원했다. 결코 돈을 움켜쥐기 위한 속임수로 비치는 것을 피하고 싶었던 것이다. 그러나 석유로 인한 수입이 몇 배나 증가할 것이라는 기대는 수출국들 간의 불편한 관계를 잠재우기에 충분했다.

가장 공격적이고 노골적인 국가는 이란이었다. 마침내 국왕이 자신의 야망을 실현하는 데 필요한 재정 수익을 얻을 기회가 왔기 때문이다. 이란은 새로운 공식가격으로 11.65달러를 제안했다. 여기에서 7달러는 정부에서 취할 몫이었다.

이란으로서는 이 가격에 대한 합리적 근거를 가지고 있었다. 그것은 공급이나 수요에 기초한 것이 아니라 국왕이 말했던 '새로운 개념', 즉 석탄과 셰일 오일에서 추출하는 액체 연료나 가스 같은 대체 에너지원의 비용에 기초한 것이었다. 국왕이 말한 대로 이런 공정들이 경제적이라면 최소 비용이라 할 수 있었다. 국왕은 이 문제에 대해 아더 리틀이 실시한 연구를 자랑스럽게 인용했다. 그런데 아더 리틀의 전제는 많은 석유회사가 공감하는 것이기도 했다. 이 연구는 분석을 위해 노력한 측면도 있지만 실제로는 추측에 불과했다. 많은 대체 에너지 공정 중에서 단 하나만이 상업적으로 가동되고 있었으며, 그것도 남아프리카의 석탄 액화 프로젝트에 한정되었다.

쉘의 중동 지역 수석 고문은 이 상황을 다음과 같이 요약했다. "경제 이론적인 측면에서는 대체 에너지원의 필요 물량이 존재할지 모르지만, 실제로는 존재하지 않는다." 과거의 석유 부족 때와 마찬가지로 셰일오일의 기적은 망상에 불과했다.

테헤란에 모인 석유장관들은 격론을 벌인 끝에 국왕의 입장을 받아들였다. 새로운 가격은 11.65달러가 될 것이고, 이 가격에는 역사적인 의미가 담겨 있었다. 공식가격은 1970년 1.85달러에서 1971년에 2.18달러, 1973년 중순에 2.90달러, 1973년 10월에 5.12달러, 그리고 이제 11.65달러로 인상되었다. 따라서 전쟁이 시작된 이래 10월과 12월 두 차례에 걸친 인상으로 가격은 4배가 되었다. 이 새로운 공식가격은 시범적으로 사우디 원유인 '아라비안 라이트'에 적용되었다. 품질과 비중, 주요 시장까지의 수송 원가에 따라 가격 차이가 있긴 하겠지만, 다른 OPEC산 원유 가격도 모두 여기에 맞추어질 것이 분명했다. 국왕은 새로운 공식가격이 최근 경매에서 입찰된 17.04달러보다 상당히 낮다는 점을 지적하면서, 친절과 관용의 마음으로 이 가격을 결정하게 되었다고 말했다.

12월 말, 닉슨 대통령은 국왕에게 장문의 개인 서신을 보냈다. 그는 가격 인상의 악영향과 세계 경제에 미칠 엄청난 문제점들을 지적하면서, 재검토와 철회를 요청했다. 닉슨은 서신에서 "이와 같은 대폭적인 가격 인상은 석유 공급이 인위적으로 규제되고 있다는 점을 감안할 때 더욱 불합리한 것입니다"라고 말했다. 국왕의 답변은 간단하면서 냉정했다. "우리는 석유가 국제 경제의 번영과 안정에 미치는 중요성을 알고 있습니다만, 그것이 30년 이내에 고갈되고 말 것이라는 점도 잘 알고 있습니다." 이제 국왕은 세계 석유업계의 도덕주의자로서 그 역할을 담당하게 되었다.

그는 이렇게 선언했다. "석유는 고귀한 제품임이 분명합니다. 주택 난방용이나 발전용으로 석탄을 손쉽게 사용할 수 있음에도 불구하고 우리는 너무 경솔하게 석유를 사용하고 있습니다. 말하자면 거의 무한정한 석탄이 땅속에 매장되어 있는데 이렇게 고귀한 석유를 30년 내에 고갈시켜야 할 이유가 어디에 있느냐는 것입니다."

세계 문명을 위한 도덕주의자가 되는 것은 국왕의 의도이기도 했다. 그는 산업국가들에 대해 이런 충고를 남겼다. "그들은 값싼 석유에 기반을 둔 고도성장과 부의 시대가 종말을 고했음을 인식해야 할 것입니다. 그들은 새로운 에너지원을 찾아야 합니다. 결국 허리띠를 졸라매야 할 것입니다. 식사 때마다 풍성한 음식을 먹고 자가용을 굴리며 폭력배들처럼 이곳저곳을 폭주하는 부유한 가정의 자녀들은 선진 산업사회의 모습을 재고해야 할 것입니다. 그들은 더욱 열심히 일해야 합니다. 부모에게서 많은 돈을 받는 자녀들은 이제 어떻게든 자신의 용돈은 직접 벌어야 한다는 사실을 인식해야 합니다." 석유 가격 폭등의 와중에 보인 국왕의 오만한 자세는, 몇 년 후 그가 친구를 절실하게 필요로 했을 때 값비싼 대가를 치렀다.[6]

위기의 동맹관계

금수조치는 경제 상황을 빌미로 한 정치적 행동이었다. 이는 필연적으로 '이스라엘 대 아랍권', '미국 대 동맹국들', 특히 '미국을 위시한 산업국가들 대 아랍 석유 수출국들'이라는 상호 연관된 전선 세 곳에서 정치적 행동을 야기했다.

첫 번째 전선의 중심 역할은 키신저가 맡았다. 그는 전쟁으로 만들어진 새로운 현실, 즉 이스라엘은 신뢰를 상당히 잃고 이집트를 위시한 아랍권은 신뢰를 회복했다는 사실을 이용하고자 했다. 그는 열정적이고 현란한 기교로 협상에 임함으로써 '셔틀 외교'의 대명사가 되었다. 그는 1974년 1월 중순, 이집트-이스라엘 휴전 협정과 5월 말 시리아-이스라엘 휴전 협정을 이끌어내는 등 획기적인 성과를 올렸다. 그 협정들은 조악하고 불확실하며 우발적이었지만, 4년 후에는 보다 광범위한 협정의 기초가 되었다. 협정이 진행되는 동안 키신저는 목표가 분명한 사다트를 상대했다. 초기에 사다트는 정치적 변화를 위해 전쟁에 호소했다. 그는 전쟁을 통해 미국과 협력함으로써 이러한 변화를 성취할 더 좋은 기회를 잡았다. 그가 공공연하게 말했듯이, 미국은 이 게임에서 카드의 99%를 쥐고 있었기 때문이다. 물론 사다트는 국민을 의식하는 정치인이었다. 그는 사석에서 "실제로 미국은 카드의 60%만을 쥐고 있습니다. 그러나 99%라고 하는 게 더 듣기 좋지 않을까요?"라고 말했다. 그에게는 60%

도 미국 쪽으로 기울기에 충분한 이유가 되었다. 전쟁 후 한 달이 채 못 되어 열린 카이로 회의에서였다. 사다트는 기습공격을 달성했으므로 이제는 평화적인 과정을 밟을 준비가 되어 있다고 말했다. 큰 위험을 감수하고라도 중동 사람들의 심리를 변화시키려 할 것이라는 확신을 키신저에게 심어주었던 것이다.

석유 금수조치로 인해 제2차 세계대전 직후 창설된 서구 동맹은 1956년 이래 가장 심각하고 중대한 분열을 맞이했다. 동맹 관계는 10월전쟁 이전에 이미 금이 가고 있었다. 일단 금수가 시작되자 프랑스를 위시한 유럽 동맹은 가능한 한 빨리 미국과 분리하려고 노력하면서 아랍 국가들에 우호적인 입장을 취했다. 야마니가 알제리 석유장관과 함께 유럽 국가들의 수도를 순방함으로써 이런 과정은 한층 빨리 진행되었다. 두 석유장관은 방문하는 순방국마다 미국과 미국의 대(對)중동 정책에 반대하고 아랍국을 지지해줄 것을 종용했다. 야마니 석유장관은 자신의 특별한 감성을 이용해 이렇게 변명조로 말했다. "우리는 아랍 국가들의 석유 감산으로 유럽인들이 겪고 있는 불편에 대해 심히 죄송한 마음을 가지고 있습니다." 그러나 그가 그들에게 기대한 것이 무엇인지는 확실했다.

유럽인들이 미국과의 관계를 단절하고 아랍 국가들 및 OPEC과 타협하기 위해 고분고분하게 정책을 변경하기 시작하자, 미국의 고위 관리들은 유럽이 대(對)아랍 유화 정책에 열을 올리고 있다고 빈정거리기 시작했다. 유럽인들은 그들 나름대로 미국이 석유 수출국들을 대하는 자세가 지나치게 호전적이라고 비난했다. 유럽 국가들 사이에 중대한 변화가 있다는 것은 확실했다. 프랑스와 영국은 미국과 단절하고 석유 생산국들을 옹호하는 데 가장 열심이었고, 독일은 조금 덜했다. 반대로 네덜란드는 전통적인 동맹관계를 유지하는 데 단호한 입장을 취했다. 대규모의 즉각적인 보호 정책을 실시해야 한다고 주장하는 유럽인들도 있었다. 조르주 퐁피두 프랑스 대통령은 키신저에게 솔직하게 말했다. "당신들은 소비량의 10분의 1만을 아랍 국가에 의존하고 있지만 우리는 전적으로 의존하고 있소."

유럽인들의 입장에는 분노와 낭만적 정의감이라는 두 요소가 모두 담겨 있었다. 프랑스는 미국이 전후 적선협정의 폐기와 함께 사우디아라비아를 위시한 중동산 석유 문제에서 자신들을 불공정하게 배제해왔고, 알제리와의 분쟁 때도 자신들의 편을 들지 않았다고 생각하고 있었다. 1956년 수에즈 위기 때도 그랬다. 미국이 운하 문제를 놓고 나세르와 대치하던 영국과 프랑스를 대놓고 깎아내림으로써, 영·불의 세계적 역할을 급속히 후퇴시키고 아랍 민족주의를 크게 고양시킨 지 17년이 흘렀다. 히스 총리는 미국인들에게 사적으로 가시 돋친 말을 하기도 했다. "수에즈 문제를 다시 거론하고 싶지는 않지만 많은 사람들이 아직도 그 아픔을 기억하고 있소." 그것은 당시 앤서니 이든이 이끄는 보수당의 원내총무였던 히스 자신의 마음속에도 생생하게 남아 있었다. 1973년 11월 중순, 유럽 공동체는 아랍-이스라엘 분쟁에서 아랍의 입장을 지지하는 결의문을 통과시켰다. 그러나 몇몇 아랍 관리들은 여전히 불만을 표시했다. 그중 한 사람은 이 결의문을 '먼 곳에서 날아온 키스'라고 묘사하면서, 훌륭하지만 더욱 따뜻하고 친밀한 것을 원한다고 말했다. 그러나 이 결의는 아랍인들이 끌어내고자 했던 조건을 확실히 대변하는 것이었고, 이로써 유럽인들은 12월로 예정되었던 5% 삭감을 유예할 수 있었다.

그러나 아랍 석유장관들은 유럽인들이 계속해서 우호적인 행동을 취하게 만들어야 했다. 그들은 유럽인들이 계속 '미국과 이스라엘에 압력을 가하지 않을 경우' 석유 감축을 재개하겠다고 경고했다. 유럽 공동체 측에는 꽤 이상한 문제가 하나 있었다. 회원국 대부분이 '우호국' 리스트에 들어 있었지만 유독 네덜란드만은 아직도 금수를 당하고 있었던 것이다. 다른 회원국들이 네덜란드 선적을 금지한다면 이는 자유 유통이라는 공동체의 기본 전제를 위반한 것이 된다. 그럼에도 불구하고 그러한 조치가 강행되었고, 네덜란드는 프랑스 가스 총 공급량의 40%와 파리의 난방 및 조리용 가스의 대부분을 포함하여 유럽 천연가스의 주공급원이 자신임을 상기시키며 강력히 대응했다. 이에 따라 유럽 공동체 회원국들 간에 내용을 밝히지 않은 '공동 입장'이 만들어지고, 다국적 회사들로부터 비아랍산 공급 물량의 급송을 포함한 조용한 절충이 이루어졌다.

중동 위기와 상당히 동떨어져 있다고 생각했던 일본은 자신들이 '비우호국' 리스트에 오른 것을 알게 되자 곤혹스러워했다. 일본은 필요한 석유 물량의 44%를 아랍 걸프 국가들에서 들여오고 있었는데, 산업국가들 중에서 석유 의존도가 가장 높았다. 미국이 총에너지의 46%를 석유에 의존한 반면, 일본은 77%를 의존하고 있었다. 일본은 석유가 경제 성장을 위해 필수적이고 확실한 연료라고 당연시해왔지만 이제는 더 이상 그러지 못했다. 야마니 석유장관은 노골적으로 아랍의 새로운 대일본 수출 정책을 또박또박 설명했다. "만약 일본이 우리에게 적대적 행동을 한다면 더 이상의 석유는 없을 것입니다. 중립을 지킨다면 석유를 얻을 수는 있겠지만 과거보다는 줄어들 것입니다. 우리에게 우호적인 행동을 한다면 과거만큼의 석유를 얻게 될 것입니다."

석유 금수가 있기 전에 이미 일본 정부의 자원 부서와 사업 단체들은 일본의 중동 정책을 변경하라고 요청했다. 그러나 외무 차관 도고 후미히코는 1973년 전까지 "돈만 있으면 언제라도 석유를 살 수 있다"라고 말했다. 더구나 일본은 중동 국가들에서 직접 석유를 구매하는 것이 아니라 주로 다국적 기업들로부터 구매했기 때문에 그들의 요청은 진전되지 못했다. 그러다 중동 위기가 발발하자 자원 부서는 강력하게 조치를 취할 수 있었다. 11월 14일, 키신저는 미국에서 이탈하지 말 것을 일본 외무장관에게 종용할 목적으로 일본을 방문했다. 그런데 바로 그때, 석유업계 사람들은 다나카 수상을 만나 중대 정책을 변화해야 한다는 직접적인 요청을 했다. 며칠 후, 아랍 수출국들은 친아랍적인 성명을 발표한 유럽 국가들을 추가 감축에서 빼주었다. 정책 변경에 따른 가시적인 보상을 해준 것이다. 한편 중동에 급파된 일본의 비공식 사절은 아랍국들이 일본의 '중립'을 불충분하며 그들의 대의에 배치되는 것으로 간주한다는 통보를 받았다. 11월 22일, 일본은 아랍의 입장을 지지하는 성명서를 발표했다.

이는 전후 대외 정책에 있어서, 미국과의 첫 번째 중대한 결별을 보여주는 것이었다. 미·일 동맹이 일본 외교 정책의 근간을 이루는 것이었기에 이러한 행동은 결코 가볍게 넘어갈 성격이 아니었다. 성명서가 발표되고 4일 후, 일본은 아랍 석유 수출국들로부터 12월 감산에서 제외되는 보상을 받았다. 일본은 새로운 자원 정책의 일환으로 고위 대표단을 중동에 파견하여 경제 원조, 차관, 합작 사업, 쌍무 협상, 토목공사 등 결정적으로 정치적 성격을 띠는 사업을 수행했다. 사실상 메이저 회사들은 할당과 감산으로 인해 예전처럼 일본에 공급할 여력이 없었으므로, 일본은 스스로 공급을 확보해야 했다. 그러나 일본은 아랍 측의 계속된 요구에도 불구하고 이스라엘과의 외교 및 경제 관계를 전면적으로 단절하는 데는 반대했다. 도고 외무차관은 이스라엘과의 관계 단절을 요구하는 사람들을 향해 '머릿속으로 석유 생각만 하는' 전염병에 걸려 있다고 반박했다.[7]

아랍의 요구로 전통적인 동맹관계는 무너졌지만, 미국은 산업국가들 간의 단합된 대응을 위해 노력했다. 미국은 '국가 대 국가'의 물물교환제를 의미하는 상호주의에 호소하면서, 석유시장이 더욱 경직되고 정치적 색채를 띠게될 것을 우려했다. 하지만 이런 추세는 이미 진행되고 있었다. 1974년 1월 발간된 「중동경제학술조사지Middle East Economic Survey」의 표제는 '상호주의 교역:

각국 시행 중'이었다. 석유업계는 자국의 공급 물량을 확보하려는 정치가들의 쟁탈전을 비관적으로 바라보았다. 셸의 프랭크 맥파드즌은 4주일분도 되지 않는 원유를 확보하려고, 고위 관리 두 명이 물물교환제 계약에 서명하기 위해 뛰어다니는 모습을 보며 냉소와 놀라움을 금할 수 없었다. 그들은 포위된 요새를 구할 때나 연출되는 멜로드라마를 찍는 듯했다. 석유사업에는 문외한인 대표단과 특사, 정치인과 그 친구들이 마치 성경의 마지막 재앙이라도 맞이한 듯 중동으로 모여들었다. 헨리 키신저는 이러한 쌍무 계약들이 아랍-이스라엘 전쟁을 종결하려는 자신의 노력을 방해할까 봐 걱정이었다. 만약 산업 국가들이 원칙 없는 접근을 계속 고수한다면 각자도생의 논리에 근거한 경쟁 입찰은 사태를 더욱 악화시킬 것이다.

1974년 2월, 미국은 워싱턴에서 에너지회의를 소집했다. 미국은 공급을 둘러싼 경쟁의 두려움을 완화하고, 동맹국 내부의 불신을 치유하며, 석유가 서구 동맹을 분열하는 지속적 요소가 될 수 없음을 확신시키기를 원했다. 우호국 리스트에 오르더라도 많은 석유를 살 수 없고 종전과 똑같은 가격 인상을 겪어야 하는데도 영국은 그 리스트에 오르기 위해 노력했다. 사실상 영국의 정치 상황은 급변했다. 히스 총리와 석탄 광부들의 대립이 파업뿐만 아니라 전면적인 경제 전쟁으로 비화됨으로써 석유 부족 문제가 몇 배나 증폭되었다. 영국은 발전소의 석탄을 대체할 수 있는 석유 공급이 충분치 않아, 1947년 석탄 부족 때에도 굳건히 버텼던 경제가 마비될 지경이었다. 전력 공급이 중단됨에 따라 산업계는 주 3일 근무에 들어갔다. 가정의 온수용 연료까지도 부족 사태를 빚게 되자, 성직자들은 BBC 방송을 통해 가족끼리 목욕물을 나눔으로써 더운 물의 수요를 한 통씩 줄이자는 설교를 하기도 했다. 히스 정부가 언제까지 갈지는 몰랐지만, 영국은 워싱턴 에너지회의에서 찬성 측에 섰다.

일본도 마찬가지로 산업국가들의 단합된 대응이 필요하다고 믿었다. 독일 또한 다각적인 대화 창구를 찾는 중이었다. 그러나 프랑스는 달랐다. 그들은 아직도 낡은 생각을 버리지 못하고 있었다. 워싱턴 에너지회의에는 마지못해 얼굴은 내밀었지만 반대 의사를 확실히 표명했다. 극단적 드골주의자인 미셸 조베르는 워싱턴에서 유럽 공동체 참석자들의 회의를 개최하면서 독설 섞인 인사말을 했다.

"배신자 여러분, 안녕하십니까?"

미국의 관리들은 미군 병력의 유럽 주둔을 포함한 전반적인 안보 문제가 에너지를 둘러싼 불화 때문에 위험해질 수 있다는 생각을 상당히 노골적으로 드러냈다. 워싱턴 에너지회의에 참석한 대부분의 사람들은 국제 에너지 문제에 대한 공동 정책과 합의의 중요성에 동의하고, 장래의 에너지 위기에 대처하기 위한 긴급 분배 계획을 수립했다. 또한 이 계획을 담당하고 더 나아가 서구 국가들의 에너지 정책을 조화시키기 위해 경제협력개발기구OECD 산하에 국제에너지기구IEA를 창설했다. IEA는 정치적이고 기술적인 차원에서 쌍무 계약 추세를 진정시키고 공동 대응을 위한 기초를 수립하는 데 일조할 것으로 기대되었다. 1974년 말, IEA는 숲이 많은 파리 16번 구역의 OECD 별관에 자리 잡았다. 주요 산업국가 중 유일하게 가입을 거부한 나라는 프랑스였다. 낡은 사상을 신봉하는 조베르 프랑스 외무장관은 IEA가 '전쟁의 도구'일 뿐이라고 말했다.[8]

금수조치의 해제

도대체 금수조치는 언제, 어떤 식으로 해제될 것인가? 심지어 아랍 국가들도 이를 알지 못했다. 1974년 1월 말, 아랍 산유국들은 아랍-이스라엘 분쟁이 해소될 기미를 보이자 금수조치를 다소나마 완화했다. 키신저의 냉소적인 발언을 인용하자면, 금수조치는 점차 타당성을 잃고 있었다. 그는 파이잘 국왕을 만나기 위해 사우디아라비아를 두 차례나 방문했다. 첫 번째 방문에서 유태계 미국인인 키신저는 왕궁의 귀족들이 검은 의상에 흰 천을 머리에 두르고 벽을 등지고 앉아 있는 거대한 홀을 걸어가게 되었다. 그는 '나치의 박해를 피해 미국으로 피신했는데 결국은 미국 민주주의를 대표해 아라비아에 오게 되다니 운명이 묘하게 꼬였다'라고 생각했다.

이곳에서는 토론의 형식 또한 그의 경험과는 동떨어져 있었다. "국왕은 강경한 주장을 할 때에도 항상 부드러운 목소리로 말했다. 그는 여러 가지 해석이 가능한 축약어를 애용했다." 키신저는 방 중앙에서 왕의 오른편에 앉았다. "국왕은 정면만 응시하며 내게 말했고, 가끔 내가 자신이 내는 수수께끼의 취지를 이해하고 있는지 확인하기 위해 머리에 두른 천 사이로 흘끗 쳐다보았다. 파이잘 국왕은 중동을 전복하려는 유태인들과 공산주의자들의 공모에 대해 이야기하거나 금수조치를 해제하는 데 걸림돌이 되는 현실적인 정치 문제를 이야기할 때에도 이런 식이었다." 키신저의 말이다. 그에 따르면 국왕은 '동료들을 설득하기 위해' 자금이 필요하다고 했고, 예루살렘이 회교 도시가 되어야 한다고 주장했다. 키신저가 '통곡의 벽'은 어떻게 하느냐고 묻자, 그는 다른 곳에 하나 더 세워서 유태인들이 기대어 통곡할 수 있게 하겠다고 대답했다.

미국은 국왕으로부터 금수조치가 풀릴 것이라는 암시를 받지 못하자 이번에는 사다트에게 호소했다. 금수조치의 제안자이면서 가장 큰 수혜자인 사다트는 이제 그 폐지를 가장 강력히 주장하고 있었다. 그는 전쟁과 마찬가지로 금수조치도 목적을 달성했으므로 해제되어야 마땅하다고 했다. 또한 그는 금수를 계속할 경우 이집트의 국익에 해가 되리란 사실을 알고 있었다. 미국은 석유 금수조치 아래에서도 중동의 평화라는 길을 계속 밟을 수밖에 없었다. 결국 경제 전쟁이 되어버린 금수조치를 지속한다면 미국과 사우디아라비아, 쿠웨이트 등과의 관계에 장기적 손상을 입힘으로써 불리하게 작용할 수도 있었다. 워터게이트 사건을 떠나서, 미국과 같은 초강대국이 잠시라도 그러한 위치를 묵인할 리가 없기 때문이다.

그러나 트럼프 놀이에서 재미를 본 아랍 수출국들은 금수조치를 서둘러 중단하고 싶지 않았고, 미국의 유혹에 너무 쉽게 넘어가는 듯 비치는 것도 원치 않았다. 금수조치가 계속됨에 따라 더 많은 석유가 시장으로 유입되었고 감산의 효과는 점점 줄어들었다. 사우디아라비아는 시리아 전선에 변화가 있거나, 최소한 시리아 아사드 대통령의 암묵적 동의가 있어야만 금수조치가 해제될 수 있다고 미국에 전했다. 당시 아사드는 이집트의 물밑 외교 때문에 사다트에 격분해 있었다. 사실상 사다트 대통령은 금수조치의 존폐 여부에 대한 비토권을 쥐고 있었다. 금수조치 해제를 지원하려고 사우디아라비아가 나섰다. 골란 고원의 휴전을 목적으로 미국-시리아 간의 협상을 주선한 것이다.

1974년 2월 중순, 파이잘 국왕은 알제리에서 사다트, 아사드, 그리고 알제리 대통령과 만났다. 이 자리에서 사다트 대통령은 금수조치가 효력을 다했으므로 아랍국들의 이익에 해가 된다는 생각을 명확하게 밝혔다. 그는 미국이 새로운 정치 현실을 주도하고 있다고 말했다. 파이잘 국왕은 미국이 시리아와 이스라엘의 휴전을 위해 건설적인 노력을 기울인다는 전제 아래 금수조치의 해제에 동의했다. 그러나 수주가 경과한 후에도 아사드 대통령은 강경한 입장을 고수함으로써 다른 사람들이 공식적으로 금수조치의 해제를 승인하는 것을 방해했다. 그러나 석유 금수의 해제 없이는 평화 노력을 계속할 수 없다는 미국의 경고를 진지하게 받아들였다. 3월 18일, 아랍의 석유장관들은 금수조치의 해제에 동의했으나 시리아와 리비아는 반대 의사를 표시했다.

20년간 많은 협상이 계속되는 동안, 석유 무기는 그 옹호자들이 기대했던 것보다 훨씬 확실하고 압도적인 효력을 발휘하면서 성공적으로 사용되었다. 이로 인해 중동과 전 세계의 동맹과 지정학적 관계가 모두 바뀌었을 뿐 아니라, 생산자와 소비자의 관계가 변화되었고, 세계 경제 구도가 재편되었다. 이제 석유 무기는 칼집으로 들어갔으나 그 위협은 상존했다.

5월이 되자 키신저는 시리아─이스라엘의 휴전을 확보할 수 있었고, 평화적인 절차가 시작되는 듯 보였다. 6월에는 닉슨 대통령이 이스라엘, 이집트, 시리아 및 사우디를 순방했다. 적어도 미국에 관한 한 석유 금수는 역사 속의 사건에 불과했다. 하지만 네덜란드에 대해서는 여전히 유효했다. 미국이 중동 외교에서 상당한 성과를 거두었다고 주장하는 것은 당연했다. 그러나 워터게이트 사건은 변치 않는 현실이었고, 순방 중 닉슨의 행동은 여러 사람에게 강한 인상을 남겼다. 텔아비브에서 이스라엘의 각료들과 함께한 자리에서, 그는 갑자기 테러리스트들을 다루는 좋은 방법을 알고 있다고 말했다. 벌떡 일어난 그는 기관단총을 손에 든 제스처를 취하면서, 시카고 식으로 '두두두두' 소리를 내며 각료들을 쓰러뜨리는 흉내를 냈다. 이스라엘 각료들은 당황하면서도 우려를 금치 못했다. 시리아의 다마스쿠스를 방문했을 때도 닉슨은 아사드 대통령에게 "이스라엘이 언덕에서 굴러떨어지기 전에 다시 지원해야 한다"라고 말하면서, 이 점을 강조하기 위해 이상한 도끼질을 하는 시늉을 했다. 이후로 아사드 대통령은 다른 미국인들과 회의를 할 때마다 닉슨의 행동을 상기시켰다.

그러나 닉슨은 이집트에서 생애 최고의 순간을 맞이했다. 그의 이집트 방문은 개선식과도 같았다. 열광한 이집트 국민 수백만 명이 그를 환영하기 위해 뛰쳐나왔다. 진정 그에 대한 마지막 환호였고 상당한 아이러니였다. 그곳은 미국을 포함한 서구 제국주의를 비난하기 위해 대규모 군중을 동원했던 나세르의 영토가 아니던가? 그러나 지금 닉슨이 군중에게 환영받을 수 있는 나라는 미국이 아니라 이집트였다. 카이로 거리에서 그를 맞이한 군중의 흥분은 자국의 적대감과는 큰 대조를 이루었다. 이집트인들에겐 나세르의 집권 말기에 크게 실추되었던 국위를 사다트가 회복시킨 것이 경축할 만한 일이었다. 닉슨에게도 금수조치의 종결과 그가 이끄는 행정부의 외교적 성과는 기쁜 일이었지만, 그는 그것을 즐길 기분이 아니었다. 방문 기간 중 정맥염으로 다리가 붓는 등 건강이 좋지 않았으며, 쉬는 시간에는 자신을 사임으로 몰고갈 백악관 도청 테이프를 들었기 때문이다.[9]

31

OPEC의
절대 권력

시대가 바뀌고 제국들은 한때의 영화를 누리다 쇠락해갔다. 비엔나의 칼루거 링에는 지하에 조그마한 서점이 딸린 현대적인 오피스 건물이 있었다. 한때는 입주 회사의 이름을 빌려 '텍사코 빌딩'으로 불렸는데, 1970년대 중반 새로운 입주자가 들어오면서 'OPEC 빌딩'으로 이름이 바뀌었다. 이는 세계적 추세의 변화를 상징했다. 눈 깜짝할 사이에 석유 수출국들이 과거 다국적 기업들이 갖고 있던 자리를 차지해버린 것이다.

실제로 OPEC이 비엔나에 정착한 것은 우연한 사건 때문이었다. 초기에 그들은 제네바에 본부를 설치하려 했다. 그러나 스위스 정부는 그들의 진정한 의도를 의심해 국제 조직에 걸맞은 외교적 지위를 인정하지 않았다. 이에 반해 오스트리아는 국제적 명성을 얻으려고 노력하던 터라 기꺼이 그들을 받아들였다. 1965년 당시 오스트리아의 불편한 국제 항공 시스템에도 불구하고 OPEC은 본부를 비엔나로 옮겼다. OPEC이 비엔나의 텍사코 빌딩에 본부를 마련한 것은 비교적 신비롭고 독특한 이 조직에 대해 세계가 얼마나 관심이 없었는지를 극명하게 보여주는 사건이었다. 창립 당시의 요란스러움에 비해, 본부 이전 당시만 하더라도 자국의 자원에 대한 '주권' 주장이라는 핵심적 목표의 달성은 요원해 보였다.

그러나 1970년대 중반, 모든 것이 바뀌었다. 국제 질서는 한바탕 뒤집어졌다. OPEC 회원국들은 하루아침에 아첨과 비난의 대상이 되었다. 물론 이유는 있었다. 석유 가격이 세계 경제를 좌지우지했고, 석유 가격을 통제하는 사람이 바로 세계 경제의 새로운 지배자로 간주되었기 때문이다. 1970년대 중반만 하더라도 소련을 제외하고는 OPEC 회원국이 세계 석유 수출국의 전부였다. 인플레이션과 경기 침체가 있었다면 그것은 OPEC 회원국들이 만들어낸 것이었다. 그들은 세계 유수의 금융가들로 부상했고, 소비자로부터 생산자에게로 부를 재분배하는 것을 넘어 경제적·정치적 힘을 대대적으로 재배분함으로써 세계 경제 질서를 재편했다. 또한 그들은 개발도상국들의 모범이 되고자 했다. OPEC 회원국들은 세계 강대국들을 향해 그들의 대외 정책이나 자치권에 대한 강경 발언을 서슴지 않았다. 전임 OPEC 사무총장이 1974년에서 1978년까지를 회상하며 'OPEC의 황금시대'라고 말한 것은 결코 놀라운 일이 아니다.

그러나 확실히 과거에 대한 향수가 그의 회고에 짙게 깔려 있었다. 정말이지 1970년대 중반 OPEC 회원국들은 자국의 자원에 대해 완전한 통제권을 가지고 있었다. 석유에 대한 그들의 소유권에는 더 이상 의문의 여지가 없었다. 그러나 당시는 소비자들뿐 아니라 OPEC 내부에서도 가치 있는 자원(석유)의 가격에 관한 마찰이 끊이지 않았다. 그리고 그 한 가지 문제가 1970년대의 경제와 국제 정치를 뒤흔들었다.

석유와 세계 경제의 관계

아랍 산유국의 석유 금수조치가 촉발한 석유 가격의 급등과, 석유 가격을 자신들이 좌지우지할 수 있다는 산유국들의 인식은 세계 경제의 구석구석에 엄청난 변화를 가져왔다. 석유 수출국들이 벌어들인 수입은 1972년에 230억 달러이던 것이 1977년에는 1,400억 달러로 늘어났다. 수출국들은 엄청난 흑자를 기록했다. 세계 금융계와 경제 정책 입안자들은 그들이 벌어들인 돈을 결코 다 쓸 수 없을 것이라는 우려를 했다. 수백억 달러가 은행에 잠겨 지출되지 않으면 세계 경제가 위축되고 혼란의 도가니에 빠질 수 있었기 때문이다.

그러나 걱정할 필요는 없었다. 과거에는 꿈도 꾸지 못했을 만큼의 부를 축적한 수출국들은 어지러울 만큼 엄청난 지출 계획을 실행에 옮겼다. 산업화, 사회간접자본, 서비스, 생필품, 사치재, 무기, 낭비, 매수 등 온갖 종류의 지출이 난무했다. 눈덩이 같은 지출과 함께 모든 항만에서는 선박들이 하역하기 위해 몇 주일을 기다려야 했다. 온갖 물건과 서비스를 팔려는 장사꾼들이 서방 공업국에서 석유 수출국으로 몰려들었다. 호텔에서는 방을 구하려고 아우성이었고, 정부 관료들을 만나려고 그들의 사무실로 쳐들어가기도 했다. 석유 수출국에 팔 수 없는 물건이란 없었다.

무기 거래는 그중 규모가 큰 사업이었다. 1973년 석유 파동과 중동에 대한 높은 의존도로 인해 서방 공업국들은 석유의 안정적 확보가 최우선 관심사였다. 그들은 석유 공급의 안정성을 높이고 영향력을 행사할 수 있는 하나의 방편으로 무기 판매에 적극 공세를 펼쳤다. 중동 국가들도 무기 구매에 열심이었다. 1973년의 경험은 이 지역의 불안정성을 드러냈다. 지역 간, 국가 간 라이벌 의식이 깊고 야심도 컸을 뿐 아니라 두 초강대국은 중동에서 핵 경계 체제로 대치하고 있었다.

그러나 무기는 소비재에서 통신 시스템에 이르기까지 엄청난 풍요로움의

한 부분에 지나지 않았다. 사우디아라비아에 보급된 닷선Datsun 픽업트럭은 그 시대를 대표하는 하나의 상징이었다. 닛산 자동차의 한 간부는 "낙타는 비용이 너무 많이 든다. 닷선 트럭을 가지는 것이 훨씬 경제적이다"라고 홍보에 열을 올렸다. 사우디아라비아에서 닷선 가격은 3,100달러였지만, 낙타 가격은 기껏해야 760달러에 불과했다. 그러나 갤런당 12센트에 지나지 않던 휘발유 가격은 낙타의 먹이에 비해 아주 저렴했다. 하룻밤 사이에 닛산은 사우디아라비아의 베스트셀러가 되었다. 자신들의 할아버지와 아버지가 이븐 사우드의 낙타 부대에 근무했던 양치기 베두인족에게 특히 인기가 있었다. 경제가 전체적으로 과열되면서 물가가 급격하게 상승했다. 엄청난 지출로 인해 산유국들의 재정 잉여금은 완전히 소진되었다. OPEC은 1974년 무역수지와 투자소득과 같은 무역외수지에서 70억 달러의 흑자를 보였는데, 1978년에는 20억 달러 적자로 돌아섰다.

석유 가격의 급등은 서방 선진 공업국들에게 엄청난 혼란을 가져왔다. 석유 수출국의 재무부로 흘러 들어가는 석유 렌트는 그들의 구매력을 대폭 감퇴시켰다. 렌트는 후에 'OPEC세'라고 불렸다. 이 '세금'의 부과는 서방 선진 공업국들의 경제를 깊은 침체의 구렁으로 빠뜨렸다. 미국의 국민총생산은 1973년에서 1975년 사이에 6%나 감소했고 실업률은 9%까지 치솟았다. 1974년 일본의 국민총생산은 전후 최초로 감소했다. 일본인들은 이제 자신들의 경제 기적이 끝나는 것이 아닌가 우려하게 되었으며, 'GNP를 경멸한다'라고 하면서 데모를 벌이던 도쿄의 학생들은 평생직장을 구해 열심히 일하는 것을 새로운 덕목으로 삼았다. 같은 시기, 석유 가격의 앙등은 인플레이션에 찌들어 있던 경제에 강력한 추가 인플레이션 충격이 되었다. 1976년 서방 공업국들의 경제는 회복되었지만, 인플레이션이 만성화되면서 당시로서는 풀기 어려운 문제로 보였다.

물가 상승으로 인해 가장 고통받은 집단은 석유를 보유하지 못한 개발도 상국들이었다. 석유 파동은 1970년대 경제 발전에 가장 치명적인 타격이었다. 개발도상국들은 스태그플레이션에 시달렸을 뿐 아니라, 물가 상승이 국제 수지를 악화시켜 경제 성장을 방해했다. 게다가 교역과 투자가 제한되어 고통이 가중되었다. 일부 국가는 차관을 도입했는데, 이로써 OPEC의 잉여금이 금융기관을 통해 개발도상국으로 '재순환'되었다. 그들은 부채를 지는 임시방편을 통해 석유 파동에 대처했다. 그러나 이 과정에서 새로운 부류가 탄생했다. 개발도상국 가운데서도 저소득 국가들인데, 그들에게는 등이 휠 만큼의 고통이 가중되었고 빈곤은 더욱 심화되었다.

새롭게 부각된 개발도상국 문제는 석유 수출국들을 당황하게 했다. 같은 개발도상국 입장이던 석유 수출국들은 '북측' 공업국들의 '착취'를 종식하려고 노력하는 '남쪽', 즉 개발도상국의 선도자로 자처해왔다. 그들의 목적은 북에서 남으로, 부의 세계적 재분배를 이루는 것이었다. 일부 개발도상국들은 자신들의 미래에 도움이 될 것이라고 생각해, 큰 목소리로 OPEC의 승리를 축하하며 결속을 다져왔다. 당시는 '새로운 국제 질서'에 대해 많은 논의가 이루어진 시기였다. 그러나 OPEC의 새로운 가격은 나머지 개발도상국들에게 큰 짐이 되었다. 일부 석유 수출국은 자신들 나름대로 개발도상국을 돕기 위해 차관을 제공하고 석유 공급 프로그램을 만들어 시행했다. 그러나 대부분 수출국들의 반응은 자신들이 선두에 서서 선진국과 개발도상국 간의 '남북 대화'를 적극적으로 추진하고, 부의 재분배를 촉진하기 위해 석유 가격과 다른 발전 문제를 연결하자는 것이었다.

남북 문제에 대한 논의를 구체화하기 위한 '국제 경제 협력에 관한 회의'가 1977년 파리에서 개최되었다. 선진 공업국 중 일부는 이 회의의 참가를 빌미로 석유의 안정적 확보를 은근히 기대했다. 석유 금수 기간 중 키신저의 리더십에 분개했고, 오랫동안 중동에서 유지되어온 미국의 입지를 시기했던 프랑스는 미국의 정책에 대한 대안으로 이 회의를 추진한 바 있다. 일부 국가들은 수입국과 수출국 간의 대결 국면을 진정시키고 천정부지의 석유 가격에 족쇄를 채울 계기가 될 것이라 기대했다. 논의는 2년 동안 지속되면서 양자에게 많은 노력을 요구했으나 끝날 기미를 보이지 않았다. 참석자들은 공동성명 하나도 작성할 수 없었다. 실제로 개발도상국들에 절실한 문제들은 거의 논의가 이루어지지 않았고, 오히려 침체된 세계 경제로 인해 자국의 상품이 잘 팔리지 않는다는 선진국들의 푸념만 난무했다.[1]

사우디 vs. 이란 국왕

OPEC 자체는 1970년대 중반 국제적으로 가장 관심을 끈 대상이었다. 세계는 극적이고 요란스럽고 과장된 그들의 모임에서 한시도 눈을 떼지 않았다. 세계 경제가 어떻게 될 것인지 실마리를 찾으려는 사람들은, 호텔 로비에서 OPEC 회원국의 외무장관이 누군가의 질문에 대해 답변한 내용을 듣는 데 온 신경을 기울였다. OPEC의 영향력이 강력해짐에 따라 '석유 가격 차등', '계절 조정', '재고 확대' 등과 같은 석유 관련 용어가 정부의 정책 입안자, 언론인, 금융 투자가들의 일상용어가 되었다.

이 기간 동안의 OPEC을 일종의 '카르텔'로 설명하는 것이 일반적 견해였지만 사실은 그렇지 않았다. 1975년 엑슨의 전임 중동 담당자였던 하워드 페이지는 "OPEC을 클럽이나 단체라 할 수 있을지는 모르겠으나, 카르텔이라고 하는 것은 온당치 않다"라고 지적한 적이 있다. 페이지는 이를 입증하기 위해, 카르텔을 '상품의 가격과 생산량을 규제하기 위한 생산자들의 결합'이라고 정의한 『펑크&와그널Funk&Wagnall 사전』을 인용했다. 실제로 그들은 가격을 통제했으나 산출량은 통제하지 않았다. 쿼터나 생산량의 할당은 없었다. 시장은 하나의 공식에 따르는 카르텔에 의해서가 아니라 '다소 다루기 힘든 과점寡占'에 의해 지배되고 있었다. 이 기간 동안 수출국 대부분은 사실상 최대 능력까지 생산 수준을 높이고 있었다. 자체의 가격 목표를 달성할 수 있도록 생산 수준을 조정한 사우디아라비아만이 예외였다.

수출국들은 석유 가격 앙등에 대한 비판에 대응해 다음과 같은 논리를 전개했다. 선진 공업국의 소비자가 석유제품 구매의 대가로 지불하는 배럴당 석유 가격 중에서, OPEC 회원국이 얻는 것보다 공업국 정부가 거두어가는 세금이 더 많다는 것이다. 사실 서유럽은 높은 휘발유세를 부과해오고 있었다. 1975년 서유럽 소비자들이 석유제품을 구입하고 지불한 금액의 45%는 그들의 정부에 귀속되었고, OPEC에 주어지는 것은 35% 정도였다. 나머지 20%는 수송, 정제, 딜러, 마진 등이다. 하지만 이러한 주장은 미국에는 해당되지 않았다. 미국에서 세금 부문은 18%에 지나지 않았고, OPEC으로 넘겨지는 지분은 50%가 넘었다. 일본에서는 정부가 28%, OPEC에 넘어가는 것이 45% 정도였다. 소비국 정부는 자국 영토 내에서의 일과 국민에게 세금을 부과하는 방식은 온전히 자신들의 소관이며, 판매세가 갖는 거시경제적 효과는 'OPEC세'와는 아주 다르다면서 OPEC의 주장에 대응했다.

그러나 진짜 문제는 미래에 일어날 일들이었다. 1974년부터 1978년에 걸쳐 소비국의 중요한 관심사는 다음과 같은 단순한 질문으로 귀착된다. 석유 가격이 계속해서 오를 것인가? 아니면 다소 안정세를 유지하면서 물가 상승에 따라 약화될 것인가? 이 질문에 대한 답변은 경제 성장 혹은 침체, 고용, 물가 상승, 수백억 달러의 행방 등에 달려 있었다. 보통 OPEC은 '급진파'와 '온건파'로 나눠진다고 말하지만 이 질문은 두 개의 거대 산유국, 즉 사우디아라비아와 이란 사이에 계속되는 갈등의 핵심이기도 했다. 이들 두 나라는 결코 새로운 경쟁자가 아니었다. 1960년대에는 석유 최대 생산국 자리를 놓고 각축을 벌였고, 이번에는 가격과 주도권을 둘러싼 분쟁에 돌입했다.

이란 국왕에게 1973년 12월의 석유 가격 상승은 커다란 승리, 그것도 다분히 개인적인 승리였다. 그때 이후 국왕은 자신의 시대가 왔다고 생각했다. 마치 신이 있어서, 그가 이란 대문명이라 부른 것을 이룰 수 있게 해주고 산적한 국내 경제 문제를 해결할 수 있도록 한정 없는 수입을 보장해주는 것처럼 보였다. 1970년대 중반, 이란의 왕비는 "남편이 일생에서 가장 좋아한 것은 비행, 다이빙, 쾌속 보트 타기 등 스피드를 즐기는 것이었다"라고 말한 적이 있다. 국왕은 신속히 21세기로 전진하기 위해 나라를 온통 들쑤셔놓았다. 이 과정에서 그의 현대화 계획에 동조하지 않는 세력들의 반대를 무시했다. 국왕은 이란을 세계 5대 강국으로 만들겠다고 호언장담했다. 또 하나의 서독, 제2의 일본이 될 것이란 의미였다. 국왕은 "이란은 세계가 무시할 수 없는 국가가 될 것이며, 당신들이 꿈꾸는 모든 것이 여기서 이루어질 것이다"라고 자부했다.

석유를 팔아 막대한 수입을 올리게 되자 국왕은 현실 감각을 잃은 채 자신의 야망과 꿈을 실현하는 데만 정신을 팔았다. 그는 아첨꾼들의 말조차 그대로 믿기 시작했다. 국왕의 생각에 반대하거나, 충고하거나, 나쁜 소식을 전하려 하는 사람은 없었다. 가격 인상에 대한 비판에 대해 국왕은 빈정거리며 무시해버렸다. 서방 진영의 인플레이션은 추가적인 가격 상승의 정당한 사유가 된다고 말하면서, 높은 석유 가격이 인플레이션을 부추길 수 있다는 생각은 중요시하지 않았다. "선진 공업국들이 정치·경제적 압력을 동원해 교묘히 도망갈 수 있는 시대는 지났다. 나는 결코 석유 가격에 대한 대외의 압력에 굴복하지 않을 것임을 알아주기 바란다." 국왕이 미국 대사에게 한 말이다. 더욱이 인접국에 비해 제한된 석유자원을 가지고 있던 이란은 '나중'보다는 '지금 당장' 더 많은 것을 성취해야 한다고 주장했다. '나중'에는 이란의 석유가 고갈될지 모르기 때문이다. 마지막으로 국왕의 자존심도 크게 작용했다. 과거에 받았던 굴욕과 조롱을 이제야 청산할 수 있게 된 것이다. 1975년 그는 "내가 미국의 손에 놀아나는 장난감이라고 생각했거나 아마 지금도 그렇게 생각하는 사람들이 있을 것이다. 내가 왜 그들의 장난감인가? 우리를 강력하게 해 주는 것이 있는데 내가 다른 사람의 앞잡이가 될 것 같은가?"라고 밝힌 적이 있다.

그러나 국왕이 추가적인 가격 인상을 계속 주장하자 걸프 지역 인접 국가들과 갈등을 빚게 되었다. 사실 사우디 정부는 1973년 12월의 가격 인상 폭을 인정하지 않았다. 인상 폭이 너무 커서 그들의 입장을 아주 위태롭게 할 수 있다고 생각한 것이다. 그들은 그것이 가져올 경제적 파급 효과를 우려했다. 또한 왕국의 존립과 미래에 핵심이 되는 OPEC과 석유에 관한 기본적인 결정에 대해 국왕이 통제권을 잃고 있다는 데 경악했다. 사우디는 추가적인 석유 가격 인상으로 경기 침체와 인플레이션 순환을 지속시킬 생각은 추호도 없었다. 그들은 이란과는 달리 방대한 자원을 소유했기에, 장기 시장에 결정적 영향력을 미칠 능력이 있었다. 사우디 정부는 높은 석유 가격으로 인해 석유 절약 노력이 강화되고 연료 대체가 가속화될 경우 장기적 석유시장은 위축될 것이며, 이는 결국 석유의 가치를 절하하는 결과를 낳을 것이라 생각했다.

물론 또 다른 우려도 있었다. 사우디아라비아는 영토가 넓은 데 비해 인구는 홍콩보다 적었다. 석유 수입의 급증은 왕국의 결속을 약화하고 사회·정치적 긴장감을 유발할 수 있었다. 또한 석유 가격이 상승함으로써 아랍−이스라엘 간의 갈등에 대해 그들이 취하고 있는 입장이 복잡해지는 것을 원치 않았다. 또한 선진 공업국과 개발도상국의 정치적 안정에 석유 가격 상승이 미치는 악영향을 우려했다. 이들 국가의 불안정은 사우디에게도 나쁜 영향을 미칠 수 있었기 때문이다. 1970년대 중반, 유럽의 경제적 곤란은 공산당 정권의 등장을 촉발했다. 지중해 지역 유럽 국가에 공산당이 등장하면서 소련이 중동 지역으로 진출할지도 모른다는 우려를 하게 되었다.

사우디 정부의 또 다른 근심거리가 바로 이란이었다. 그들은 이란 국왕이 석유 가격을 결정하는 데 너무 근시안적 입장을 취하고 있고, 그의 야심을 채우는 데 급급하다고 믿었다. 추가적인 가격 상승은 이란에 더 많은 돈과 권력을 제공할 것이며, 이는 더 많은 무기 구입으로 이어져 국왕이 걸프 지역에서 주도권을 잡을 것임을 믿어 의심치 않았다. 사우디 정부는 "미국은 왜 이란에 사로잡혀 맥을 못 추는가?"라고 묻고 싶었다. 1975년 8월, 사우디 주재 미국 대사는 자키 야마니의 말을 그대로 워싱턴에 보고했다. "미국과 이란 간의 우호 관계를 유지하기 위한 대화는 사우디 국민들에게 혐오감을 주고 있다. 그들은 국왕이 과대망상증 환자에다 정서적으로 불안정한 사람이라고 알고 있다. 만약 미국이 그것을 모른다면 우리의 관찰력에 중대한 문제가 있는 것이다." 야마니는 "만약 국왕이 무대에서 사라지면 테헤란에는 극단적인 반미 체제가 등장할 것이다"라고 경고했다.

여러 가지 정치·경제적 이유를 들어 사우디는 거듭되는 OPEC 회의석상에서 석유 가격 인상에 반대하는 노선을 강력하게 추진해나갔다. 사우디의 강경 입장 때문에 OPEC은 두 가지 가격을 받아들였다. 사우디아라비아와 동조국가인 아랍에미리트연합은 저가격 정책, 다른 11개 회원국은 고가격 정책을 취한 것이다. 다른 수출국들이 가격 인상의 근거를 찾느라 혈안이 되어 있을 때, 사우디는 가격을 낮추기 위해 생산량을 늘렸다. 그러나 사우디는 당장 혼란스러운 상황에 직면했다. 자국의 생산 능력이 생각했던 것만큼 크지 않다는 사실을 발견한 것이다.[2]

석유의 화신, 야마니

이 모든 사우디아라비아의 활동에서 두드러지게 부각된 한 사람이 있었으니, 바로 아메드 자키 야마니였다. 세계의 정치가와 고급 관료, 칼럼니스트에게, 그리고 세계 사람 모두에게 야마니는 새로운 석유 시대를 대표하는 실로 상징적인 존재였다. 깜빡이지도 않는 것 같은 크고 투명한 갈색 눈, 약간 굽고 짧게 다듬어진 반다이크 수염을 한 그의 외모는 전 세계 사람들에게 널리 알려졌다. 불투명한 사우디의 정치 구조와 그의 개성으로 인해 세상 사람들은 그의 역할에 대해 혼란을 일으켰고, 실제로 그가 가진 권한 이상을 가지고 있다고 생각했다. 그가 매우 중요한 인물인 것은 맞지만 따지고 보면 사우디아라비아의 협상 대표에 지나지 않았다. 그는 사우디의 정책 입안에 대한 지휘권과 통제권이 없었고 단지 모양새를 갖추게 할 수 있을 따름이었다. 하지만 외교 스타일과 분석 및 협상 능력, 언론을 다루는 기술은 그에게 결정적인 영향력을 부여했다. 그의 힘은 단순히 장기간의 정치 생명, 즉 누구보다도 오랫동안 그 일에 종사했다는 데서 비롯되었다.

야마니는 '수장Sheikh'으로 널리 알려져 있었지만, 그에게 이 칭호는 출세한 서민을 의미하는 것이었다. 야마니는 이븐 사우드의 근거지이며 리야드가 상국上國으로 우러러보는 사막의 소공국 출신을 일컫는 '나즈디Nejdi'가 아니었다. 한층 세속적이고 상업적인 홍해 연안 출신 도시 사람인 '히자지Hijazi'였다. 야마니는 존 필비가 이븐 사우드 왕에게, 왕국의 재정적 위기에서 벗어날 수 있는 유일한 길은 석유 탐사를 허용하는 것임을 인식시킨 1930년에 메카에서 태어났다. 야마니의 어린 시절에는 낙타가 메카 거리를 떼 지어 몰려다녔다. 그는 밤에 책을 읽기 위해 석유램프 아래 앉아 있거나 전기가 들어오는 사원으로 가야 했다.

그의 할아버지와 아버지는 종교 지도자이면서 이슬람 법률가였다. 아버지는 네덜란드령 동인도와 말레이시아에서 덕망 있는 이슬람 법률가로 활동했다. 학식과 신심은 야마니의 외모와 지적 수준의 토대가 되었다. 아버지가 사우디로 돌아온 후, 메카에 있는 그의 집은 아버지의 제자들에게 만남의 장소로 활용되었다. 후에 야마니는 "그들 대부분은 유명한 법률가였다. 그들은 나의 부친과 법과 판례에 대해 논쟁을 벌였다"라고 회고했다. 또한 그는 "내가 그들과 어울리기 시작하면서 부친은 그들이 가고 나서 몇 시간 동안 나를 가르쳤고 또 나의 생각을 비판하곤 했다"라고 덧붙였다.

야마니의 뛰어난 지성은 학창 시절에 이미 인정받았다. 그는 카이로에서 대학을 마쳤고 곧바로 뉴욕 법률학교로 가서 공부를 계속했다. 다음에는 하버드에서 1년간 국제법을 공부했다. 그는 서방 세계 사람들, 특히 미국인들과 어떻게 대화를 나누며 편히 지낼 수 있는지에 대해 직관적 이해력을 키웠다. 그는 사우디아라비아로 돌아와 최초의 법률사무소를 개설했다. 정부 각료의 법률 고문으로 활동했으며, 중동에 있는 메이저 회사들과 싸우는 일본의 컨소시엄 회사인 아라비언 오일과 1957년 석유 이권에 대한 계약서를 작성하기도 했다. 또한 야마니는 여러 신문에 법률문제에 대한 평론을 게재했다. 이것이 사우디의 가장 고귀한 존재인 이븐 사우드 왕의 둘째 왕자 파이잘의 관심을 끈 계기가 되었다. 파이잘은 야마니를 법률 고문으로 채용했다. 파이잘은 자신의 형 사우드와의 권력 다툼에서 승리한 1962년, 민족주의자인 석유장관 압둘라 타리키를 해고하고 32세의 야마니를 석유장관에 임명했다. 야마니에게 아람코와 타리키의 대결 국면을 종식하고 한층 교묘하고 효과적으로 똑같은 목표를 달성하라는 임무를 부여한 것이다. 그러자 아람코의 한 간부는 "당장 타리키의 고함을 돌려주시오. 야마니는 부드러운 합리성으로 우리를 막다른 벽으로 몰고 있소"라고 불평했다.

금수조치가 취해지던 1973년 당시 야마니는 11년 동안 석유장관직을 맡으면서 상당한 경험과 기교, 훌륭한 협상 능력을 익혔다. 그의 목소리는 부드러우면서도 상대를 긴장시켜 그의 말을 경청하도록 만들었다. 그는 결코 이성을 잃지 않았고, 분노하면 할수록 조용해졌다. 그는 절대 현란한 수사를 쓰지 않았다. 그는 문제의 핵심과 관련성, 필수불가결한 점, 일의 결과에 대해 숙고하면서 조목조목 논리적으로 따졌다. 그의 말은 매우 간략하고 설득력이 있었으며, 동시에 아주 명백하고 논란의 여지가 없었다. 편집광이나 우매한 사람이 아니고서는 동의하지 않을 수 없었다. 그의 화술은 많은 사람들을 최면에 빠진 듯 꼼짝 못하게 했고, 또 분노케 하기도 했다.

야마니는 자신의 신비한 매력을 신중하게 만들어갔다. 그는 인내심이 강했고 눈을 깜빡이지 않고 뚫어지게 응시하는 데 일가견이 있다. 필요하다면 그는 한마디도 하지 않은 채 수염을 쓰다듬으며 대화 상대를 바라보았고 이야기 주제가 바뀌기만을 기다렸다. 그는 체스 게임을 즐기듯 상대를 분석하고 자신이 원하는 위치를 어떻게 차지할 것인지 주의 깊게 생각했다. 사우디아라비아의 단기적 목적에 맞게 행동을 취하는 데에도 능숙한 전략가였지만, 적은 인구에 방대한 자원을 보유한 국가의 대표에 걸맞게 항상 장기적으로 생각하려고 노력했다. "공직 생활에서든 사생활에서든 나는 항상 장기적으로 생각했다"라고 스스로 밝힌 적도 있다.

그는 민주주의의 불가피한 결과로, 서방 세계는 근시안적 사고의 저주에 고통받고 있다고 믿었다. 그는 천성적으로 조심성이 많고 계산적이었다. 전성기라 할 수 있는 1975년, 그는 "도박에 대해서는 혐오감을 느낀다. 그것은 영혼을 갉아먹는다. 나는 결코 도박을 한 적이 없다"라고 밝혔다. 석유 정치에서도 그는 도박을 하지 않으려 했다. "그것은 항상 계산된 위험이다. 나 또한 나의 위험을 계산한다. 위험을 취할 때는 가능한 한 최소화하거나 제로로 만들기 위해 필요한 모든 주의를 기울인다"라고 말했다.

야마니는 강력한 반응을 불러일으키는 인물이었다. 많은 사람들은 그를 석유와 경제·정치에 대해 해박한 식견을 가진 총명한 일급 외교관으로 생각했다. 25년간 그와 알고 지냈던 사람은 "그는 최고의 전략가다. 결코 곧바로 목표물을 향해 달려들지 않는다. 그렇지만 가고자 하는 목적지는 한시도 놓치지 않는다"라고 말했다. 서방 세계 사람들의 눈에는 그가 OPEC을 통제하는 사람, 즉 석유 권력에 대해 주도권을 가진 사람으로 비쳤다. 서방 지도자들에게 그는 합리적이고 영향력 있으며 폭넓은 지식을 갖춘 대화 상대였다. 일반 대중이 가장 잘 아는 인물이었던 그는 석유 수출국 대표들 가운데 비난과 조롱을 가장 많이 받는 대상이기도 했다. OPEC과 아랍 세계 일부는 그의 특출함을 시기했다. 서방 세계와 너무 가깝게 지낸다거나, 너무 후한 대접을 받는다는 이유로 그를 싫어한 것이다. 질투심 많은 경쟁자와 비판가들은 그가 '과대평가받고 있다고 말했다. 종종 그와 접촉할 기회가 있었던 아람코의 한 간부는 다른 무엇보다도 그가 보여주는 '외견상의 차분함'에 놀랐다고 한다.

야마니와 접촉이 많았던 헨리 키신저는 그를 다음과 같이 묘사했다. "나는 그가 매우 지적이며 교양 있는 사람이라는 것을 알게 되었다. 그는 사회학, 심리학 등을 포함해 많은 주제에 대해 정통했다. 날카로운 눈매와 반다이크 수염은 그를 석유 정책 추진에 중요한 역할을 하는 꼼꼼한 젊은 거물처럼 보이게 했다. 그러나 그가 자기변명 조의 미소를 띠며 부드러운 목소리로 말할 때는 불길한 메시지가 결코 자신의 의도가 아님을 느끼게 했다. …… 그 나라에서 태어나는 보통 사람에겐 금지되어 있는, 왕자만이 가질 수 있는 정치적 지도력과 특출한 재능으로 실제적으로 정치권력을 행사할 수 있는 핵심적인 위치에 올라섰다. 그는 정말이지 일급의 전문가가 되었다."

야마니는 파이잘의 심복이었다. 그는 자신을 선택한 왕에게 헌신적이었다. 왕은 그를 총애하는 보호자였고 그에게 넓은 땅을 하사했다. 그 땅은 석유 붐이 일던 시절, 천정부지로 가치가 치솟아 부의 토대가 되었다. 왕의 측근으로 왕과 강력한 유대관계를 가진 야마니는 석유 정책을 수행하는 데 있어 백지 위임장을 받은 것이나 다름없었다. 최종 결정 단계에서 국왕 파이잘, 그리고 왕족 가운데 석유 문제에 관해 왕 다음으로 실권을 가진 이복동생 파드 왕자의 통제만 받았을 뿐이다.

1975년 3월, 야마니는 방문 중인 쿠웨이트 석유장관을 대동하고 파이잘 왕을 알현했다. 파이잘의 조카가 그들 일행을 따라 작은 응접실로 들어왔다. 쿠웨이트 석유장관이 왕 앞에서 무릎을 굽히려고 하는 순간, 왕의 조카가 앞으로 나와 파이잘의 머리를 향해 총탄을 발사했다. 왕은 그 자리에서 즉사했다. 사건이 있은 후 일부 사람들은 조카가 그의 형제를 위해 복수극을 벌인 것이라고 했다. 조카의 형제는 사우디 왕국의 텔레비전 도입에 반대하는 원리주의자들을 이끌고 방송국을 공격하던 중 살해당했다고 한다. 또 어떤 이들은 조카가 극좌 사상에 물들어 있었다고도 했다. 그가 콜로라도에서 유학할 당시 LSD(강력한 환각제의 일종-옮긴이 주)를 팔다가 검거된 점을 지적하며, 약물 중독으로 정신 이상 상태에 있었다고 말하는 이도 있었다.

그해 12월, 국제 테러리스트이자 베네수엘라 출신의 광적인 마르크스주의자 '칼로스Carlos'가 다른 테러리스트 다섯 명과 함께 비엔나의 칼 루거 링에 위치한 OPEC 빌딩에서 회의를 진행하던 석유장관들을 공격했다. 이 공격으로 세 명이 죽었다. 테러리스트들은 석유장관들과 보좌관들을 인질로 잡았다. 그들을 비행기에 태워서 알지에에서 트리폴리로 간 다음, 다시 알지에로 돌아왔다. 그러면서 석유장관들을 죽이겠다고 계속해서 위협했다. 그들은 두 명은 분명히 죽게 될 것이라고 거듭 말했다. 첫 번째 목표인 야마니와 이란 석유장관 얌시드 아무제가였다. 긴장감이 감도는 기내에서 자신이 곧 죽을 것이라 생각한 야마니는 이슬람식 염주를 만지며 코란의 시구를 중얼거렸다. 비엔나

기습으로부터 44시간이 지난 후, 마침내 호된 시련의 시간이 끝났다. 이로써 '사형 선고'는 유예되었고 야마니를 포함한 모든 이들이 석방되었다. 사람들은 아랍 정부의 한 파벌이 큰 보상을 약속하고 테러리스트들을 사주했을 것이라고 생각했다.

1975년 이후 야마니는 자신의 신변 보호에 각별히 신경 썼다. 그는 파이잘이 암살당한 후에는 이전처럼 석유에 대한 독자적 권한을 갖지 못했다. 파이잘의 후계자인 이복동생 칼리드는 심장병을 앓고 있어 강력한 지도자로서의 이미지를 갖지 못했다. 황태자인 파드가 부수상에 취임했는데, 그는 석유 정책 입안의 책임자이기도 했다. 이제 야마니가 석유산업에 대해 보고해야 할 대상은 바로 그였다. 외부 세계에서는 아직도 야마니가 가장 중요한 인물이었으나, 사우디아라비아 내부에서는 주의 깊고 조심스러운 파드가 최종 결정권자였다. 파드는 공개석상에서 석유 가격의 지나친 앙등에 대한 반대는 야마니만의 입장이 아니라 사우디의 정책임을 분명히 했다. 그는 가격 앙등이 '경제적 대재난'을 몰고올 것이라 선언했다. 실제로 1977년 워싱턴에서 카터 대통령과 사적인 자리를 가진 파드는 가격 상승을 막기 위해 이란과 베네수엘라에 압력을 가하라고 강력히 촉구했다.

당시 사우디의 정책은 다른 수출국들을 분노케 했고 이들로부터 빗발치는 비난을 받아야 했다. 이런 비난은 종종 사우디의 왕가가 아니라 야마니에게 퍼부어졌다. 야마니는 "이란의 라디오를 듣거나 신문을 읽는다면 내가 악마인 줄 알 것이다"라고 불평했다. 테헤란의 한 유력지는 '자본가들의 앞잡이이며 자신의 왕과 국가뿐 아니라 아랍 세계와 제3세계 전체에 대한 반역자'라고 야마니를 몰아붙였다. 이라크 석유장관은 야마니가 '제국주의와 시오니즘을 위해' 행동한다고 주장했다. 냉정한 야마니는 쏟아지는 비난에도 그 신비한 미소와 흔들리지 않는 시선으로 대처했다.[3]

닉슨, 키신저, 카터의 전략

OPEC 내부의 갈등이 어떠했든지 간에, 석유 가격에 대한 리야드와 워싱턴의 생각은 거의 일치했던 것이 확실하다. 닉슨, 포드, 카터로 이어지는 미국 정부는 석유 가격 인상을 일괄적으로 반대했다. 세계 경제에 미칠 타격 때문이었다. 그러나 워싱턴은 강압적으로 가격을 인하시키려 하지는 않았다. 포드 행정부의 국무장관이었던 키신저는 1975년 "석유 가격을 즉각적으로 하락시킬 수 있는 유일한 기회는 사우디아라비아와 이란에서 대대적인 정치 싸움이 벌어질 때이다. 이때 만일 그들이 협력하지 않는다면 정치적 안정이나 국가 안보까지도 위태로워질 것이다"라고 설명했다. 그는 이어서 "만일 사우디아라비아의 현 체제가 전복되거나 제2의 카다피식 쿠데타가 일어난다면, 또는 외압에 대항할 수 있다는 이란의 이미지가 깨어진다면, 경제적 목표를 무너뜨릴 정치 판도가 전개될 것이다"라고 덧붙였다.

실제로 산유국 스스로가 가격을 대폭 낮추어, 북해에서와 같은 대규모 투자가 필요한 새로운 유전 개발 계획을 무의미하게 만들 우려도 있었다. 그래서 IEA 회원국들은 정치적 상황에 의한 세계 석유 가격의 폭락에 대비하고, 서방 세계의 에너지 투자를 보호할 기반을 제공하기 위해 '최저 보호가격' 설정을 위한 회의를 몇 차례 열었다.

워싱턴의 중심 목표는 안정이었다. 미국은 인플레이션을 야기하면서 국제 수지와 통상 체계를 뒤흔들어 경제 성장을 저해하는 가격 인상을 막기 위해 강력한 대응을 취했다. OPEC 회의가 열릴 때마다, 사전에 세계 도처의 이해관계자들에게 대규모 사절단을 파견했다. 미국 관리들은 인플레이션과 에너지 이용에 관한 무수한 통계 자료를 이용해 가격 인상에 반대했다. 외교 및 경제 정책을 입안하는 미국의 거대한 관료 조직에서는 때때로 모순적인 지침이 나오기도 했다. 한때 사우디아라비아는 미국이 그들을 속이고 이란 국왕과 밀

약하여 가격을 인상하려 한다는 의심을 하기도 했다. 닉슨과 포드, 키신저는 다른 전략을 갖고 있었기 때문에 국왕에게 강경하게 대응하지 않았다. 게다가 미국 내에서도 의견 일치가 이루어지지 않았다. 오히려 논쟁이 거듭되면서 에너지는 1970년대 중반의 최대 정치 이슈로 등장했다. 그러나 국제적으로는 일관된 중심 목표가 있는 듯 보였다. 가격을 안정시켜 인플레이션을 꺾는다는 것이다. 워싱턴은 가격 안정을 위해 감언이설과 아첨부터 불투명한 미래 전망이나 위협까지, 가능한 모든 수단을 동원했다.

그와는 별도로 은밀한 접근도 시도되었다. 유가 상승을 억제하고 추가 공급을 보장받기 위해 미국은 다른 국가도 아닌 소련과 손을 잡고 석유사업에 착수할 생각을 했다. 키신저는 미국산 밀을 수출하고 소련산 석유를 수입하는 '배럴&부셸barrels and bushels' 거래를 추진했다. 1975년 10월 모스크바에서 예비협정서가 조인되었고, 그 직후 소련 관리들이 워싱턴에 가서 진지한 협상을 벌였다. 이는 미국과 소련의 긴장 완화란 측면에서 키신저에게 승리를 안겨줄 기회였다. 또한 OPEC의 지배를 깨기 위해 소련 석유를 이용하는 기묘한 방법이며, 성공한다면 OPEC의 패배를 의미하기도 했다.

수일간의 긴 토론이 끝난 후, 소련 관리들은 아무 일정 없이 주말을 워싱턴에서 보내게 되었다. 소련과 거래 협상을 벌이던 걸프 오일이 자사 비행기를 내어 그들을 디즈니월드로 안내했다. 플로리다로 가는 비행기 안에서 소련 대표는 협상이 난항인 이유를 걸프 측에 설명했다. 키신저가 OPEC을 당황시키기 위해 이 거래를 최대한 선전하려 했기 때문이라는 것이다. 소련은 석유를 수출하면서 미국산 밀의 수입에 화폐를 지출하지 않는 데 만족하고 있었지만, 그 거래가 비밀에 부쳐지지는 않더라도 단번에 공개되는 것은 원치 않았다. 저가격 경쟁으로 OPEC과 제3세계 국가를 따돌렸다는 인상을 주기 싫었기 때문이다. 또한 거래 조건에도 문제가 있었다. 키신저는 미국산 밀이 세계

밀 가격 수준으로 평가되어야 하는 반면 소련산 석유는 국제 유가보다 12% 낮은 수준으로 평가되어야 한다고 주장했다. 소련 대표들이 불공평한 평가의 근거를 묻자, 미국 대표들은 미국산 밀은 기존 시장에서 판매되던 것이지만 소련 석유는 새로운 시장으로 진출하는 것이기 때문에 할인이 필요하다고 설명했다. 결국 이 거래는 무산되었다. 그러나 소련 관리들은 디즈니월드에서 즐거운 시간을 보낼 수 있었다.[4]

　석유 가격 안정을 지향한 미국의 활동은 이란과의 갈등을 불러일으켰다. 이란 국왕은 OPEC 내의 강경파들 중에서도 가장 말이 많고 영향력이 컸다. 미국은 번번이 그에게 자중해줄 것을 요청했다. 포드 대통령이 가격 상승을 비난하면 국왕은 바로 반격했다. "누구도 우리를 통제할 수 없고 누구도 우리에게 손가락질할 수 없다. 그러면 거꾸로 우리에게 손가락질 받을 것이기 때문이다." 이란은 사우디아라비아 못지않게 정치적·경제적으로 미국과 연결되어 있었다. 그러나 정부 각료, 사업가, 무기 상인들이 테헤란으로 모여들고 국왕이 서방 세계의 약점과 결함을 계속 꼬집고 나서자, 워싱턴 일각에서는 '누가 누구의 고객인가?' 하는 의문이 제기되었다.

　1970년대 초, 닉슨과 키신저는 '백지수표' 정책을 통해 국왕이 원하는 대로 미국산 무기를 마음껏 살 수 있는 재량권을 부여했다. 핵무기가 아니라면 최신형 무기도 구매 대상에 포함되었다. 영국이 걸프에서 철수한 이후, 그 지역의 안전 보장을 위해 만들어진 '두 개의 지주支柱 전략'의 일환이었다. 이란과 사우디아라비아가 그 지주에 해당되었다. 미국 관리의 말대로라면, 두 국가 중 이란이 최대 지주였다. 1970년대 중반, 미국의 해외 무기 판매의 절반을 이란이 차지했다. 국방부는 백지수표에 놀랐다. 국방부의 판단으로는, 이란에 필요한 무기는 '취급하기 어렵고 소련 수중에 넘어갈 우려가 있는 초현대식 무기'가 아니라 화력이 좋은 재래식 무기였다. 제임스 슐레진저 국방장관은 개인적 의견임을 밝히며, 이란은 그렇게 많고 복잡한 최신 무기 체제를 흡수할 기술력이 없다고 조언했다. 슐레진저는 "국왕은 F-15 전투기에 푹 빠져 있다"라고 덧붙였다. 국왕은 이런 종류의 충고를 대부분 무시했지만, F-15의 경우에는 충고를 존중해 구입하지 않았다.

미국의 재무장관인 윌리엄 사이먼은 "국왕은 미쳤다[nut]"라고 신랄한 비평을 가했다. 국왕은 그러한 평가에 강력하게 항의했고 사이먼은 곧바로 사과했다. 그는 표현에 약간의 실수가 있었으며 '미쳤다'라고 표현한 것은 '테니스에 미치고 골프에 미치고' 할 때처럼 국왕이 석유 가격에 열중해 있음을 의미한다고 교묘하게 변명했다. 이 사건이 터졌을 때 미국 대사는 테헤란에 없었기 때문에 대리 대사가 곤란한 임무를 맡아야 했다. 그가 사이먼의 변명을 왕실장관에게 되풀이하자, 왕실장관은 "사이먼은 국채 발행에는 뛰어날지 몰라도 석유 문제에는 문외한이다"라고 대답했다. 국왕 자신도 사이먼만큼이나 영어를 잘 알고, 사이먼의 표현이 무엇을 의미하는지 정확하게 이해하고 있다고 말한 것으로 알려졌다.

이런 트집과 비판에도 불구하고, 닉슨과 포드 행정부에는 하나의 통일된 기조가 있었다. 이란은 중동에서 주요한 안보 역할을 하는 동맹국이므로 국왕의 명예와 영향력을 손상시키는 어떠한 일도 해서는 안 된다는 것이었다. 닉슨, 포드, 키신저는 전략적으로나 개인적으로나 국왕을 편애했다. 1973년 국왕이 미국에는 석유 금수를 하지 않았고, 이란이 지정학적으로 주요한 역할을 맡고 있었기 때문이다. 키신저는 동료들에게 "사우디는 애완용 고양이와 같지만, 이란 국왕과는 지정학 이론을 말할 수 있다"라고 말했다. 이 말은 이란이 소련과 국경을 접하고 있기 때문이라는 의미다.

국왕은 1977년 미국 대통령으로 새로 취임한 지미 카터에 대해 우려하고 있었다. 테헤란 주재 영국 대사의 말에 따르면 "닉슨과 키신저의 계산적 기회주의가 국왕의 취향에 더 맞았다"는 것이다. 카터 행정부의 두 가지 중요 정책인 '인권'과 '무기 판매 규제'는 국왕에게 직접적인 위협거리였다. 그러나 이런 정책에도 불구하고 새 행정부는 전임자들처럼 친국왕 노선을 견지했다. 카터 행정부 시대에 국가안전보장회의 중동 담당관이었던 개리 시크는 후일 이렇게 서술했다. "미국은 이란과 긴밀한 관계를 유지하는 것 이외에 별다른 뾰족한 대안이 없었다." 국왕이 석유 가격에서 방향 전환을 한 것도 관계 개선에 도움이 되었다. 카터가 백악관으로 들어갈 무렵, 국왕은 가격 인상을 강행하는 노선의 가치에 대해 재고하는 중이었다. 열광과 도취, 오일 달러의 홍수, 석유 붐은 이란의 경제와 사회 체계를 파멸시키고 있었고, 그에 따른 결과는 명백했다. 혼돈, 낭비, 인플레이션, 타락, 정치적·사회적 긴장의 심화, 그리고 이들로 인한 반체제 분위기의 확산이었다. 측근 신하들 중에 국왕의 대문명 제국 건설을 외면하는 자들이 늘어나고 있었다.

1976년 말, 국왕은 비통한 심정으로 문제를 직시했다. "우리는 다 쓸 수 없을 정도의 돈을 얻었다." 이제 그는 돈이 구제책이 아니라 그의 제국이 안고 있는 많은 병의 원인이 되고 있음을 인정할 수밖에 없었다. 가격 인상 노선은 그에게 이롭지 못했다. 더구나 카터 행정부가 출발하는 시기였다. 미국과 더욱 공고한 유대관계가 필요한 때에 미국의 노선에 도전하는 일은 가당치도 않았다. 카터 정부는 초반부터 '가격 동결 공세'를 취했고 이를 미국의 중심 정책으로 유지했다. 1977년 5월 테헤란을 방문한 사이러스 밴스 국무장관은 미국의 지속적 지원을 국왕에게 재차 확약했다. 그 후 이란 정부는 가격 정책에 온건적인 입장을 취함으로써, 다른 석유 수출국들과 심지어 이란 관료들까지 놀라게 했다. 국왕은 마이클 블루멘탈 재무장관에게 "이란은 가격 강경파로 알려지는 것을 원치 않는다"라고까지 말했다.

국왕이 석유시장에서 '변신'을 시도하고 있는 것일까? 석유 가격에 관한 강경파의 일인자가 과연 온건파로 돌아설 수 있을까?

1977년 12월, 국왕은 카터 대통령을 만나기 위해 워싱턴을 방문했다. 국왕이 백악관을 들어서던 시각, 근처 광장에서 미국에 유학 중인 이란인 학생들 간에 충돌이 발생했다. 국왕 지지파와 반대파였다. 경찰이 최루가스를 사용해 충돌을 진압했다. 최루가스는 카터 대통령이 국왕을 영접하고 있는 백악관 사우스 론South Lawn으로도 날아들었다. 카터는 눈을 깜빡거리다 비비기 시작했고, 국왕은 손수건으로 눈물을 닦았다. 이 장면은 미국의 텔레비전 방송뿐 아니라, 새로운 개방화 물결 덕분에 이란 곳곳에 보급된 텔레비전을 통해서도 방송되었다. 이란 국민들은 위엄이 사라진 국왕을 보게 되었다. 이전에는 결코 공개되지 않았던 모습이었다. 이는 일부 이란인들에게 시위가 있었다는 사실과 함께, 미국이 모하메드 팔레비와 관계를 끊으려 한다는 인식을 주었다. 미국의 사회 체제를 이해하지 못하는 그들로서는, 그렇지 않다면 카터가 그러한 시위를 허용하지 않았을 것이라 생각한 것이다.

카터는 사석에서 인권과 석유 가격 안정을 역설했다. 국왕은 카터가 일종의 거래를 제안하고 있다고 해석했다. 즉 사우디아라비아와 함께 석유 가격을 완화하는 대가로 미국에서 계속 무기를 지원받고 인권 문제로 압력을 받지 않을 수 있다는 것이었다. 카터는 '가격 상승이 산업 경제에 미치는 악영향'을 강조했다. 국왕은 1973년 말부터 자신이 말해온 것과는 모순되게도 카터의 의견에 동의했으며, 심지어 다른 OPEC 국가를 설득해 서방 세계에 한숨 돌릴 여유를 주겠다고 약속했다.

이제 이란은 사우디아라비아와 함께 가격 온건 노선을 취했다. 두 국가는 OPEC 생산의 48%를 점하고 있었으므로 다른 회원국들을 조종할 수 있었고, 그 결과 석유 가격 인상은 억제되었다. 이것으로 국왕과 사우디아라비아의 대립은 끝났다. 국왕이 설복당한 것이다. 1974년에서 1978년까지 5년 사이,

OPEC은 소폭의 가격 인상을 두 차례 단행했다. 1973년 테헤란에서 책정된 10.84달러에서 1975년 11.46달러로 올랐고, 1977년 말 12.7달러로 다시 올랐다. 그러나 인플레이션이 더 빠른 속도로 진행되었으므로 실질 가격은 하락했다. 인플레이션을 감안해서 조정했을 때, 1978년의 석유 가격은 수출 금지 직후인 1974년의 가격에 비해 10% 하락했다. 요약하자면 두 번에 걸쳐 비교적 작은 폭으로 가격을 인상함으로써 실질적 석유 가격은 다소 낮아졌다. 석유는 더 이상 가격이 낮아질 수도 없었지만, 많은 사람이 두려워하는 만큼 치솟지도 않았다.[5]

쿠웨이트와 '우리들의 친구'

이제 석유 수출국들은 당사자들을 제외하고는 어느 누구와도 가격 협상을 벌이지 않게 되었다. 그러나 석유 이권은 석유회사가 전권을 가졌던 시기의 추억거리, 혹은 석유 수출국들이 가난했던 시절의 유물로 남아 있었다. 현재 산유국들은 이권의 존재를 모욕적이라고 말하고 있었다. 물론 이란 내의 석유 이권은 1951년 모사데그의 국유화 조치로 일소되었다. 이라크는 1972년 IPC의 이권을 국유화했다. 1973년 석유 파동 이후에도 일부 석유 이권은 남아 있었지만 쿠웨이트, 베네수엘라 및 사우디아라비아에서 대형 석유 이권들이 중단됨에 따라, 윌리엄 녹스 다아시에 의해 1901년 페르시아에서 시작되었던 20세기 석유 이권 협정은 최종 소멸되었다.

처음 심판대에 오른 것은 쿠웨이트의 이권이었다. 쿠웨이트 석유공사는 1934년 BP와 걸프에 의해 설립되었다. 프랭크 홈스 소령이 발단이 되었고 앤드류 멜론 대사가 불을 붙인 두 회사의 신랄한 경쟁은 쿠웨이트 석유공사 설립으로 끝이 났다. 그로부터 40년 뒤인 1974년 초, 쿠웨이트는 쿠웨이트 석유

공사 지분의 60%를 확보함으로써 BP와 걸프의 지분을 40%로 낮추었다. 1975년 초, 쿠웨이트는 나머지 40%마저 인수하고 BP 및 걸프와의 특정 관계를 중단하겠다고 발표했다. 이제 그들은 다른 구매자들과 똑같이 취급되었다. 만일 BP와 걸프가 쿠웨이트의 조건에 동의하지 않았더라면 어떻게 되었을까? 쿠웨이트의 석유장관 압둘 마타레브 카제미는 "우리가 할 말은 감사와 작별의 인사뿐이다"라고 말했다. 그는 이권 인수의 목적이 "조국의 석유자원에 대한 통제권을 전면 장악하는 것이다"라고 말했다. 그는 또한 "석유는 쿠웨이트의 모든 것이다"라고 핵심을 찔러 말했다.

걸프의 제임스 리와 BP의 존 슈클리프가 급히 쿠웨이트 시로 소환되었다. 슈클리프는 쿠웨이트 석유장관에게 "우리의 오랜 관계를 고려해주기 바란다"라고 말했다. 쿠웨이트의 답변은 단호했다. "보상은 일절 없다." 수상과 만난 자리에서 슈클리프와 제임스 리는 수년에 걸친 이익 분배율의 변화에 대해 설명했다. 1960년대 초의 '50 대 50 분할'은 이제 '정부 98% 대 회사 2% 분할'로 바뀌었다. 그들은 조금이라도 더 좋은 조건의 협정을 희망했다. 그러나 그들은 "쿠웨이트가 100% 소유할 것이며, 이는 통치권의 문제로 더 이상 재론의 여지가 없다"는 확고부동한 답변만을 들을 수 있었다.

쿠웨이트는 특혜권을 유지하고자 하는 두 회사와 수개월 동안 교섭을 벌였다. BP의 월터스는 반농담조로 "쿠웨이트 석유회사의 자산을 확보하기보다는 석유로 번 돈의 일부를 BP 주식에 투자하는 것이 나을 것이다"라고 제안하기도 했다. 쿠웨이트인들은 적어도 그 당시에는 그 말에 흥미를 갖지 못했다. 마침내 1975년 12월, 두 회사는 쿠웨이트의 조건대로 합의했다. 걸프와 BP는 20억 달러의 보상을 요구했지만, 쿠웨이트인들은 이런 요구를 웃어넘겼다. 두 회사는 요구한 액수의 극히 일부에 지나지 않는 5,000만 달러만을 받았다.

거래 관계가 종료되더라도 두 기업체는 자신들이 특혜권을 보유하게 될 것이라 생각했다. 걸프 석유의 사장인 허버트 굿맨도 같은 생각을 하고 있었다. 당시 그는 새로운 국면의 마무리 작업을 위해 소규모 대표단과 함께 쿠웨이트 시에 파견 중이었다. 굿맨은 사정이 많이 달라져 있음을 즉각 깨달았다. 그는 석유 공급 및 수출에 경험이 많은 전문가였다. 실제 그의 업적은 1960년대의 10년 동안 걸프의 엄청난 발전과 확장을 통해 확인되었다. 1959년 걸프에 입사하기 전 미국의 재외 공관 업무를 맡았던 굿맨은 석유 업무에 기념비적인 능력을 발휘했다. 도쿄에 체류하던 4년 동안, 장기 거래 계약 조건으로 일본과 한국에 10억 배럴 이상의 석유를 판매하는 탁월함을 보였다.

1960년대는 석유 관계자와 해외 체류 미국인들에게 은총의 시기였다. 굿맨은 "당시 미국 사업가는 대단한 위상을 갖고 있어서, 어디에서나 대환영을 받았다"라고 회상했다. 그는 이어서 이렇게 말했다. "우리는 그것을 당연한 권리로 받아들였다. 사람들은 우리에게 관심을 기울였고 우리의 신용, 실력, 영향력에 대해 경외심을 갖고 있었다. 미국이라는 나라가 갖는 절대적인 신용과 존경이 뒷받침되는 거래였기 때문이다. 미국 여권은 자유 통행권, 말하자면 안전 통행권이었다. 그러나 그런 분위기는 흐려지기 시작했다. 세계 어느 곳에서나 그것을 느낄 수 있었다. 미국의 힘은 약화되고 있었다. 마치 하드리안 장벽에서 로마 군단이 무너지는 것과 같았다." 그 후 석유 금수조치, 석유 가격 상승, 닉슨의 굴욕과 사임, 미군의 베트남 철수 등이 이어졌다. 그리고 1975년 현재 굿맨은 쿠웨이트 시에서 '시대가 변했다'는 쿠웨이트인들의 주장을 듣고 있었다.

하지만 굿맨의 생각도 다른 임원들과 같았다. 거의 반세기 동안 이어진 관계를 믿었기 때문이다. 수많은 젊은 쿠웨이트인들이 피츠버그를 방문해 걸프 직원 가정에 머물렀고 훈련받았다. 그들의 호의와 개인적 인연을 생각할 때, 걸프가 어느 형태로든 특혜를 받을 수 있을 것이라 기대한 것이다. 그러나 아니었다. 굿맨은 걸프가 다른 회사들과 동등하게 취급받을 것이라는 말에 놀랐다. 더구나 걸프의 직영 정유소에는 석유를 충분히 공급해주겠지만, 일본과 한국에 판매되는 석유는 공급할 수 없다는 얘기를 들었다. 일본과 한국은 걸프의 좋은 시장이었다. 굿맨은 그곳이 걸프가 피땀을 흘려 개척한 시장이라고 대답했다. 흘린 피땀은 굿맨 바로 자신의 것이었다. 하지만 쿠웨이트의 대답은 'No'였다. 자신들의 석유로 개척된 곳이므로 자신들의 시장이고, 따라서 직접 공급에 나서겠다는 말이었다.

걸프 관계자들은 과거와 다른 상황을 통감할 수밖에 없었다. "우리는 매일 호텔에서 나와 장관실로 갔다. 가끔 하위 공무원이 나오기도 했지만, 어떤 때는 그마저도 없었다"라고 굿맨은 회고했다. 그는 쿠웨이트 관리와의 격론 중에, 걸프가 쿠웨이트를 위해 한 일의 역사를 상기시켜주려고 했다. 그러자 쿠웨이트 관리는 화를 내기 시작했다. "당신들이 무엇을 했든 보상을 받아 갔다. 당신들이 한 일은 우리를 위한 것이 아니었다"라고 말한 후, 그 관리는 회담장을 나가버렸다. 결국 걸프는 자체 정유 체계에 공급되는 석유에 대해서만 할인을 얻어냈을 뿐, 걸프가 다른 지역에 공급하는 석유에 대해서는 아무런 특혜도 얻지 못했다. "쿠웨이트인들에게 그것은 식민지 세력의 타도였다"라고 굿맨은 말했다. "인식의 차이가 있었던 것이 분명하다. 미국인들은 쿠웨이트를 위해 많은 것을 했다고 자부했지만, 이것이 바로 미국인들의 순진성이다. 우리는 좋은 관계를 유지하고 있다고 생각했다. 그러나 그들은 다른 시각으로 보고 있었다. 미국이 항상 생색만 내려 한다고 느낀 것이다. 이러한 기억들 때문에 미국과의 관계에 애증이 생긴 것이다. 그러나 이런 상황은 일시적이었다. 그들은 지금 엄청난 부를 축적하기 시작하고 있었다."[6]

새끼 고양이의 죽음

베네수엘라에서의 이권도 몰수되고 있었다. 1970년대 초에 이미 어떤 일이 벌어질지 짐작할 수 있었다. 베네수엘라는 석유 민족주의자이며 OPEC의 공동 창시자인 파블로 페레스 알폰소가 지배하고 있었다. 1971년 베네수엘라는 반환법을 제정했다. 이권의 기한이 종료될 경우 약간의 보상만 받고 국내에 있는 석유기업의 이권 및 자산을 베네수엘라 정부에 반환한다는 법률이었다. 이 법에 해당된 최초의 이권이 1983년 만료되었다. 반환법과 베네수엘라의 '신新이권 금지' 정책이 끼친 경제적 파급 효과는 컸다. 석유회사들은 투자를 늦추었고 이로 인해 베네수엘라의 생산 능력은 감소되었다. 석유회사에 대한 민족주의자들의 반감은 가열될 수밖에 없었다. 베네수엘라에서 활동 중인 엑슨의 자회사 크레올의 로버트 돌프 사장은 이렇게 회고했다. "이것은 달걀이 먼저냐 닭이 먼저냐의 문제였다. 그 정책으로 새로운 지역의 탐사가 금지되었다. 그래서 우리는 새끼 고양이에게 먹이를 주지 않았고, 그들은 새끼 고양이가 죽어가고 있다고 불평했다."

1972년 베네수엘라 정부는 탐광과 판매에 이르기까지, 기업 활동의 모든 과정에 대해 실효성 있는 관할권을 위임받는 법률과 조례들을 제정했다. 거기다 실효 세율을 96%까지 인상했다. 이에 따라 국유화 조치 이전에 국유화 목적은 거의 달성되었다. 국유화도 이제는 시간문제였다. 1973년의 가격 인상과 OPEC의 승리로 민족주의 정신과 자신감이 강화되었고, 최후의 조치가 앞당겨졌다. 새로운 시대의 개막에 있어, 1983년은 기다릴 수 없을 정도의 먼 미래였다. 외국인의 소유권은 이제 허용되지 않았다. 국유화에는 일각의 지체도 필요 없었고, 이 점에서 모든 정치 파벌이 같은 의견이었다.

두 가지 교섭이 시작되었다. 첫 번째는 세계적 기업을 상대로 한 것으로 엑슨, 쉘, 걸프 등과의 교섭이었고, 두 번째는 베네수엘라 내부의 교섭이었다. 첫 번째 교섭의 진행은 원활하지 못했다. 한 관계자는 이렇게 말했다. "1974년 말이 되었는데도 베네수엘라에서는 석유 국유화 문제에 대한 토론만이 진행되고 있었다. 외국 석유기업과의 강경한 대결을 주장하는 부류와 조용히 대화로 문제를 해결하려는 부류가 완전히 나눠져 있었다." 파블로 페레스 알폰소는 자택에 머물면서 강경파들을 지원했다. 그는 석유산업뿐 아니라 베네수엘라에 있는 모든 외국인 투자 자산은 즉각 국유화되어야 한다고 주장했다.

그러나 실제 교섭 과정에서는 감정 대립이 예상보다 심하지 않았다. 석유회사 측의 현실주의적인 대응 때문이었다. 이를 운명론적인 체념이라 말하는 사람도 있었다. 초창기 베네수엘라는 석유기업들의 중요한 수입원이었다. 한때 엑슨은 전 세계 수입의 절반을 베네수엘라에서 올린 적도 있었다. 쉘에서는 최고 직위에 오르려면 반드시 베네수엘라에서 근무해야 했다. 그러나 석유회사들은 새로운 시대의 도래를 저지할 방법이 없었다. 그들에게 사활이 걸린 문제는 석유 공급선을 확보하는 것이었다. 크레올의 돌프는 이렇게 말했다. "우리는 그들을 이길 수 없었다. 가격은 강세를 보였고 석유 시황은 산유국들을 대담하게 만들었다. 이런 상황이 영원히 지속될 것 같아 보였다. 실제 국유화가 진행될 때는 어찌해볼 도리가 없었다."

국유화 이후 베네수엘라에는 두 가지 조건이 필요했다. 하나는 석유산업을 효율적이고 가능한 한 현대식으로 운영하기 위해 외부 세계로부터 기술과 경험을 도입하는 것이었다. 석유회사들은 베네수엘라와 용역 계약을 체결하여 기술과 인력을 계속 제공하는 대가로 배럴당 14~15센트를 지급받기로 했다. 두 번째 조건은 시장 확보였다. 국유화된 석유시설에서는 막대한 양의 석유가 생산될 것이다. 그러나 베네수엘라는 해외의 독자적인 유통망을 갖고 있지 못했다. 따라서 석유 판매 능력을 갖추어야 했다. 반면 과거의 이권 소유자들은 자신들이 보유한 하류 부문에 석유를 공급해야 했다. 그들은 베네수엘라와 장기 계약을 맺었다. 국유화 이후 첫해에 엑슨은 베네수엘라와 일일 90만 배럴이라는 시장 최대의 단일 석유 공급 계약을 체결했다.

다음의 교섭은 훨씬 더 어렵고 감정적인 것이었다. 베네수엘라 국내의 정치가와 석유 관계자 간의 교섭이었다. 석유산업 내에서는 2세대 베네수엘라인이 양성되고 있었다. 당시는 최고 직위를 포함해, 모든 부서의 95%를 베네수엘라인이 차지하고 있었다. 그들 대다수는 해외에서 훈련받았고 다국적 기업 내에서 국제적인 경험을 쌓았다. 그들은 공평하게 대우받고 있다고 생각했는데, 지금에 와서 의문을 갖게 된 것이다. 베네수엘라 석유산업은 정치가와 정치권의 흐름 속에서 그 모습이 규정되는 정치적 존재여야 하는가? 그렇지 않으면 장기적인 시각에서 석유 관계자들에 의해 모습이 정해지면서 사업체로 운영되는 정부 소유의 존재여야 하는가? 이러한 의문의 배경에는 국가 경제의 미래에 대한 논쟁뿐만 아니라 국유화 이후 국내에서의 위상과 권력에 대한 투쟁이 존재했다.

결론은 불가피한 몇 가지 전제들에 의해 도출되었다. 베네수엘라 경제 번영의 중심은 석유산업과 그것의 건전성이었다. 카라카스에서는 '제2의 멕시코 국영석유'가 탄생할 것을 걱정하는 이들이 많았다. 멕시코 국영석유는 강력한 힘을 지닌 국영기업으로서 외부 세력이 침투할 수 없는 국가 내의 국가로 군림했다. 다른 한편으로는 석유산업이 정치적 색채를 띠면서 부패해, 베네수엘라 경제에 파멸적인 영향을 미칠 것이라는 우려도 있었다. 베네수엘라의 자회사뿐 아니라 최고 계층까지 기술적으로 숙련된 석유 종사자 집단이 있다는 사실도 그 결론에 영향을 미쳤다. 만일 석유산업이 정치에 물들 경우, 그들은 보따리를 싸서 떠나버릴지도 모를 일이었다.

이런 분위기 속에서 엑시온 데모크라티카당의 후보로 나와 압도적 승리를 거둔 카를로스 안드레스 페레스 대통령은 온건하고 실용적인 해결책을 선택했다. 그리고 석유산업 스스로 그 해결책에 참여하게 했다. 국영기업인 '베네수엘라 석유'가 설립되어 재정, 기획, 조정 면에서 중심 역할을 담당했고, 정치가들과 석유 관계자들 사이에서 완충 역할을 수행했다. 국유화 이전의 조직에 기초해 운영회사도 많이 만들어졌으나 결국 4개로 통합되었고 최후에는 3개사만 남게 되었다. 3개사는 각각 수직 계열화가 이루어진 회사들로 직영 주유소까지 보유하고 있었다. 이러한 준※경쟁 체제에 의해 효율성이 보장되고, 관료주의적 요소가 저지될 것으로 기대되었다. 이 구조는 기업문화, 전통, 효율성, 애사심을 불러일으켜 활발한 영업이 가능했다. 마침내 1976년 1월 1일, 국유화가 발효되었다. 페레스 대통령은 이를 '신념의 행위'라고 불렀다. 새 국영회사는 새로운 석유산업 체제에서 신속히 큰 세력으로 부상할 운명이었다.[7]

사우디아라비아의 이권 포기

최대 규모의 이권이 아직 남아 있었다. 바로 사우디아라비아 내에 있던 아람코의 이권이다. 가난에 찌들었던 이븐 사우드 국왕이 석유가 아닌 물을 찾아 나섰던 1930년대 초부터 아람코는 거대 기업으로 성장하고 있었다. 1974년 6월, 사우디아라비아는 야마니의 참여 원칙에 따라 아람코 지분의 60%를 확보했다. 그러나 그해 말 사우디는 60%로는 만족할 수 없다는 의견을 피력했다. 그들은 100% 소유를 원했다. 석유 민족주의라는 새로운 시대에 그 이하의 지분을 갖는 것은 굴욕적인 것이었다. 회사들은 완강하게 버텼다. 그들의 제일 목표는 '결단코 이권을 포기하지 않는 것'이었다. 그들에게 이권은 세상에서 가장 가치 있는 대상이었다. 1970년대 중반을 관통하는 정치적 압력을 견딜 수 없다 하더라도, 적어도 할 수 있는 최선의 거래를 시도해야 했다. 사우디아라비아는 원하는 것을 얻으려는 의지를 굽히지 않았으며, 필요한 때는 경제적 압력을 행사했다. 결국 석유회사들은 항복했고 사우디아라비아의 원칙에 동의할 수밖에 없었다.

그러나 원칙의 실천에는 1년 반이 걸렸다. 영업과 재정의 중요 문제에서 양측의 의견이 엇갈렸기 때문이다. 자유세계 석유 매장량의 3분의 1에 해당하는 유전의 소유권을 결정하는 교섭이었으므로, 매우 힘든 과정을 거쳐야 했다. 아람코 출자회사 대표들은 1975년의 한 달간을 베이루트에 있는 작은 마을인 베이트 메리에서 야마니와 함께 머물렀다. 매일 아침 호텔을 나온 석유업자들은 작은 거리를 지나 야마니의 저택 중 하나로 갔다. 그것은 오래된 수도원을 개조한 것이었다. 그곳에서 그들은 기이한 자원 평가 방법과 공급선 확보 방법에 대해 토론을 벌였다. 그때 테러리스트들이 그들을 공격해 납치할 것이란 정보가 전해졌다. 고풍스럽던 작은 거리는 갑자기 위험 지역이 되었다. 그들은 허둥지둥 그곳을 떠났고, 그 후 협상 대표들은 야마니가 이끄는 대로 따라다녔다.

1976년 봄의 어느 날 밤, 리야드 알야마마 호텔의 야마니 숙소에서 그들은 마침내 합의에 도달했다. 43년 전에도 리야드에서는 중요한 일이 있었다. 캘리포니아 스탠더드가 사람의 발길이 닿지 않은 사막 지역에 있는 시굴정의 굴착 권리금으로 이븐 사우드에게 17만 5,000달러를 지불한 곳이다. 이븐 사우드는 곧바로 이권 협정에 조인하라고 지시했다. 그곳 사막에 매장된 석유는 1976년 1,490억 배럴로 확인되었는데, 이는 자유세계 총 매장량의 4분의 1을 넘어서는 물량이었다. 이제 그 이권은 영원히 사라지게 되었다. 그날 밤 알야마마 호텔에 있었던 한 미국인은 "한 시대가 종말을 고했다"라고 말했다.

그러나 그 합의로 인해 관계의 단절은 없었다. 양측은 서로를 절실히 필요로 했다. 옛날 아람코가 결성될 당시에도 출자회사들은 이와 같은 이유로 결속할 수밖에 없었다. 사우디아라비아에는 몇 세대에 걸쳐 생산할 수 있는 충분한 석유가 매장되어 있고, 아람코 4개 회사는 석유를 대량 유통할 수 있는 거대한 판매망을 보유하고 있었다. 새로운 협정으로 사우디아라비아는 자국 내에 있는 아람코의 자산과 권리를 모두 인계받았다. 아람코는 운영권자로 계속 남아 사우디아라비아에 기술과 인력을 제공했고, 그 대가로 배럴당 21센트를 받았다. 아람코를 통해 출하된 석유는 사우디아라비아 생산량의 80%를 차지했다. 1980년 사우디아라비아는 자국 내의 아람코 전 자산에 대해 순수한 장부가격으로 보상금을 지불했다. 이로써 사우디아라비아 내의 거대한 이권도 '지는 해'의 신세가 되었다. 산유국들은 자국의 석유를 스스로 지배한다는 최대 목표를 달성했다. 이제 이들 민족국가들은 석유의 대명사가 되었다.

사우디아라비아와 4개 아람코 회사 간에 조금 이상한 상황이 하나 있었다. 사우디아라비아는 협정 성립 후 14년이 지나도록 협정서에 서명하지 않다가 1990년에야 비로소 서명했다. 아람코의 교섭 대표는 "현실적인 조치였다. 그들은 바라던 대로 완전 지배권을 확보했지만 아람코가 파멸하는 것은 원치 않았다"라고 말했다. 그 결과 14년 동안 약 330억 배럴이 생산·판매되고 7,000억 달러 이상이 거래되었는데, 아람코 간부의 말을 빌리자면 이 모든 것이 '어정쩡한' 상태로 진행된 것이다.

처음에 석유회사들은 공급 계약에 따라 사우디아라비아, 베네수엘라, 쿠웨이트에 있던 그들의 과거 이권과 어느 정도 연계되었지만, 수출국과 수입국 정부의 다각화 정책으로 시간이 갈수록 그 고리는 약화되었다. 시장 내에 존재하는 기회나 대체되는 관계들도 그 원인 중 하나였다. 게다가 '큰 이권'이 종료되는 것과 병행해서 산유국들과 국제 석유회사들 간에 새로운 관계가 설정되었다. 석유회사들은 이제 더 이상 지하 석유에 대한 소유권을 가진 '이권 소유자'가 아니었다. 대신 그들은 발견한 석유를 생산 출하하는 과정 중 일부의 권리를 받는 '생산 분배' 계약을 통해 단순한 '계약자'가 되었다. 이러한 새로운 형태의 계약은 1960년대 말 인도네시아와 칼텍스에 의해 처음 시도되었다. 석유 탐광, 생산, 판매에 대한 '기술 및 인력 제공'은 이전과 다름없었다. 그러나 정치적 변화를 반영해 관련 기술용어들은 영어에서 산유국 언어로 바뀌었다. 산유국의 주권은 각국의 국내 정치가 수용할 수 있는 형태로 인정되었다. 과거 식민지 시대의 유물은 사라졌고, 석유회사들은 단순히 고용된 인부로 남아 있게 되었다. 1970년대 중반에는 이러한 생산 분배 계약이 세계 도처에서 일반화되었다.

한편 석유회사들에 중개 수수료를 지급하지 않고 산유국들이 직접 시장에 판매하는 석유 물량이 엄청나게 증가했다. 1973년에는 OPEC 생산의 8%를 차지했는데, 1979년에는 5배 늘어나 42%가 되었다. 산유국의 국영회사는 생산 단계를 넘어 하류 부문까지 진출하고 있었고, 국경 밖에서 국제 석유사업도 수행했다. 이렇게 해서 세계 석유산업은 5년도 채 걸리지 않아 OPEC 왕국하의 새로운 체제로 완전히 탈바꿈했다. 그러나 이러한 움직임 뒤에는 더욱 극적인 변화가 기다리고 있었다.[8]

32

석유 가격
조정기

'값싼 석유 시대'의 종말은 동시에 '탄화수소 인간 시대'의 종말을 의미할
까? 탄화수소 인간은 기계를 움직이고, 일상을 풍요롭게 해주던 석유를 계속
확보할 수 있을까? 1950년대와 1960년대, 값싸고 손쉽게 획득했던 석유는 경
제 성장의 원동력이 되었고 간접적으로는 사회의 평화를 증진했다. 그런데 지
금은 상황이 바뀌어 가격이 인상되고 공급이 불안정해져 경제 성장에 제약이
되고 심지어는 경기를 후퇴시키는 요인이 되는 듯했다. 어떠한 사회적, 정치
적 결과가 나올지 누가 알 수 있겠는가? 두 번의 세계대전을 겪으며 불행했던
수십 년 동안 체득한 큰 교훈 중 하나는, 민주주의 체제에 생명력을 불어넣는
데 경제 성장이 무엇보다 중요하다는 것이었으므로 위험은 더 커 보였다. 오
랫동안 석유 수출국들은 자신들이 주권을 침해당했다고 불만스러워했다. 하
지만 1973년 이후, 주권이 약화되고, 안보가 위협받고, 대외 정책도 제약받은
것은 선진국들이었다. 국제 정치의 힘은 석유 정세에 적절히 반응하면서 변
화되었다. 탄화수소 인간이나 선진 공업국에게 1970년대는 분노, 긴장, 불편,
극도의 비관주의가 팽배한 시대였음은 의심의 여지가 없다. 그러나 탄화수소

인간은 전후戰後의 유산과 이제 막 시작된 새로운 실체로서의 대규모 조정 과정을 그렇게 쉽게 포기할 수 없었다. IEA는 프랑스가 생각했던 대결 기구가 아니라 서방 국가 간의 협력기구가 되었고, 그들의 에너지 정책을 한 방향으로 유도하는 것처럼 보였다. IEA는 정부의 전략 석유 비축을 목표로 하는 에너지 위기 분담 프로그램을 마련했는데, 수급 위기 시 부족분을 공급하기 위한 것이었다. 또한 국가 정책을 평가하고 기존 에너지원과 새로운 에너지원을 연구하기 위한 토론의 장이 되었다.

1970년대 중반, 서방 세계의 중심 목표는 키신저가 표현했듯이 시장의 '객관적 조건' 변화에 초점이 맞춰져 있었다. 시장은 석유의 수급 균형과 산업국가의 석유 의존도에 영향을 받았다. 사실 모든 산업국가가 가격과 안정성 문제에 관심을 가졌고, 석유 수입의 감축을 목표로 하는 에너지 정책을 시도했다. 이러한 '객관적 조건'을 변화시키기 위해 주요 소비국들은 정치, 문화와 각국의 특성을 반영해 독특한 방법을 찾아냈다. 일본은 관·민의 공감대 형성을, 프랑스는 정부 주도의 통제를, 미국은 정치적 토론을 추진했다. 각기 방법은 달랐지만 새로운 석유의 힘을 원래대로 되돌리는 데 필요하다는 것은 동일했다. 대체 연료의 사용, 석유 수입원의 다원화, 에너지 절약 등이 그것이었다.

석유 소비국들의 대응 전략

아랍의 석유 공급 중단에 대한 두려움과 충격이 어느 정도 가시자, 일본은 대응책을 강구하기 시작했다. 통산성은 일종의 '성명'을 발표했는데, 청사 건물의 승강기 운행을 단축하는 것이었다. 하절기 에어컨의 사용을 줄이기 위한 노력이 남성 패션의 변화로 나타났다. '절약형 의상', 즉 반소매 양복 상의가 업무용 정장으로 등장했다. 그러나 승강기의 단축 운행은 지속되었으나, 새로운 패션은 오히라 마사요시 총리의 홍보에도 불구하고 전국적으로 유행하지 못했다.

일본 내의 에너지 정책 입안자 사이에도 상당한 의견 차이가 있었다. 그럼에도 불구하고 일본은 1960년대 초반 이래, 값싸고 안정적인 중동 석유에 의존해왔던 에너지 상황을 상당히 변화시켰다. 석유는 이제 더 이상 값싸고 안정적이지 못했으며 일본의 취약성이 너무나 명백하게 드러났다.

대응과 변화를 위한 정책들이 광범위하게 채택되고 실행되었다. 여기에는 발전소와 제조업의 연료를 석유에서 다른 에너지로 전환하는 것, 원자력 개발을 가속화하는 것, 석탄 및 LNG 수입을 확대하는 것, 석유 공급선을 중동에서 환태평양 지역으로 다변화하는 것 등이 포함되어 있었다. 자원 외교가 일본 대외관계의 중심이 되었고, 중동과 환태평양 지역의 석유 생산국 및 에너지 공급국과의 관계 개선을 진지하게 추진했다.

기업들에서는 에너지 절약을 증진하고 석유 소비를 감축하기 위해 발표된 정부 주도 사업보다 더 집중적이고 즉각적인 조치가 등장하지 않았다. 정부의 정책은 기대보다 훨씬 성공적이었고, 일본 경제가 국제 경쟁력을 강화하는 데 중요한 역할을 했다. 사실 이러한 대응은 다른 선진 공업국들에게 하나의 기준을 제시했다. 아마야 나오히토 당시 통산성 차관은 "1973년 이후 노동자와 경영자의 관계는 매우 우호적이었다. 그들은 회사가 살아남을 수 있을지 걱정했고 모두 열심히 일했다"라고 회고했다. 1971년 통산성은 에너지 집약 산업에서 지식 집약 산업으로 산업 구조를 변화시켜야 한다는 보고서를 작성하기로 했다. 이 보고서는 일본의 석유 수요가 매우 빠르게 증가하여 국제 석유시장을 압박하게 될 것을 전제하고 있었다. 특히 중공업계가 이 보고서에 대해 거부감을 표했는데, 이들 산업이 시대의 흐름에 뒤떨어진다는 것을 의미했기 때문이다. 보고서는 물가가 여전히 낮을 때 작성된 것이어서 많은 비판을 받았다. 그러나 1973년의 석유 위기는 새로운 산업 전략을 과감히 실행할 수 있는 동력을 제공했다. 아마야는 "우리는 지하자원 대신 머리에 있는 자원을 활용했다"라고 말했다. 그는 이어서 "우리는 지진이나 태풍 같은 위기에 익숙해 있다. 에너지 위기도 일종의 지진이었다. 비록 큰 충격이었지만 적응하기 위해 노력했고, 일종의 축복이 되었다. 일본의 산업을 급속히 변화시키는 힘으로 작용했기 때문이다"라고 덧붙였다.

프랑스의 에너지 관련 최고위 인사는 장 블랑카였다. 기술자 출신인 그는 에너지 분야에 오랜 경험이 있는 사람들의 엘리트 집단인 콥스 데 마인Corps des Mines 회원이었다. 그는 산업부의 에너지 위원장으로서 정부 정책과 국영 에너지 기업의 경영을 지휘했다. 1974년 초, 정부가 석유 생산국들에 유화적인 쌍무 정책을 추구하려 할 때조차 블랑카는 조르주 퐁피두 대통령에게 이렇게 진언했다. "앞으로의 시대는 과거와는 판이하게 다를 것입니다. 지금이 비록 위기가 아닐지라도 변화해야 할 때입니다. …… 아랍 국가들의 결정에 우리의 목을 걸어놓고 있는 것은 바람직하지 않습니다. 우리는 에너지 다변화와 석유 수요 감축, 수요 증가 최소한으로 억제를 실시해야 합니다."

블랑카는 퐁피두 대통령이 자신의 생각을 충분히 이해하고 있다고 생각했다. 대통령은 1974년 초 정책자문회의를 소집했는데, 중병을 앓고 있던 그는 치료의 부작용으로 몸이 부어 있었다. 그는 분명 오랜 회의 시간 동안 엄청나게 고통스러웠을 것이다. 그럼에도 불구하고 그는 토론에서 프랑스 에너지 정책의 3가지 기본 골격을 마련했다. 신속한 원자력 개발, 석탄으로의 복귀, 에너지 절약의 강조가 그것이었다. 이 모두가 프랑스의 자주권 회복을 목적으로 하고 있었다. 퐁피두 대통령은 자문회의가 있은 지 한 달이 못 되어 사망했으나, 후임 발레리 지스카르 데스탱 대통령이 3가지 정책을 강력하고 지속적으로 추진했다.

프랑스는 다른 유럽 국가들보다 관료적 조직을 갖고 있었기에 환경보호 단체 등과 같은 외부 세력의 개입이 적었다. 다른 국가들보다 앞서, 수년 만에 원자력 발전을 도입할 수 있었던 이유가 그것이다. 프랑스보다 적극적이지는 않았지만, 1980년대 초반까지 다른 서방 국가들도 석유 감축을 위해 원자력 도입을 추진하고 있었다.

프랑스는 에너지 절약에 대한 국가 정책을 개발하는 데도 매우 적극적이었다. 절약 감시관이 은행, 백화점, 사무실 등에 파견되어 특수 온도계로 실내 온도를 측정했다. 실내 온도가 공식 허용된 섭씨 20도를 초과하면 건물 관리자에게 벌금을 부과했다. 그리고 가장 충격적인 에너지 절약 정책은 에너지 소비를 부추기는 광고를 전면 금지한 것이다. 제조업자들은 '이동식 전기 난방기가 다른 난방 기구보다 좀 더 효율적이다'라고 광고할 수는 있었지만, 전기 난방이 가장 좋은 난방이라고 말할 수는 없었다. 그런 광고는 에너지 소비를 부추길 수 있기 때문이었다. 프랑스 에너지 절약국의 한 관리는 출근길에 에너지 소비를 부추긴다고 생각되는 라디오 광고를 듣자, 점심시간에 그 광고를 삭제하도록 지시했다.

이러한 광고 금지는 석유회사들을 당황하게 만들었다. 그들은 휘발유 시장의 1%라도 더 점유하기 위해 적극적으로 광고하는 데 익숙해져 있었지만 이제는 그것이 불가능했다. 이제 최선의 방법은 다양한 휘발유 첨가물의 절약 효과를 선전하는 것이었다. 엑슨도 프랑스에서는 창살 안에 갇힌 호랑이 신세였다. 그들은 휘발유를 절약하기 위해 타이어와 엔진의 상태를 점검하라는 광고를 내보냈다. 석유회사들은 전 세계의 휘발유 주유소에서 통상적으로 제공하는 맥주잔, 유리잔, 숟가락, 작은 장신구 등과 같은 사은품을 나눠주는 것을 중단했다. 결국 이런 사은품도 소비를 조장하는 것이었다. 대신 유일하게 허용된 것은 값싼 연장 세트였는데, 그것도 에너지 효율을 높이기 위한 점화 플러그 청소용 솔이 들어 있어야 가능했다.

프랑스 국영 석유회사 두 곳 중 하나인 토탈은 대중들이 회사 이름에 친숙해지도록 다양한 방안을 모색했다. 그들은 마침내 기발한 아이디어를 생각해냈다. 아름다운 그림이 그려진 광고판을 프랑스 농촌에 세우기 시작한 것이다. 광고판에는 '이것이 프랑스'라는 간단한 문구와 함께 '토탈'이라는 회사명이 쓰여 있었다. 그런데 이 광고도 금지당했다. 어이없어 하던 토탈이 그 이유를 물었다. 장 시로타 에너지절약국장은 "이 광고를 접한 소비자들은 '석유회사들이 광고에 엄청난 돈을 쓰는 것을 보면 부자임에 틀림없어. 에너지에는 아무 문제도 없는 거야. 그러니 에너지를 좀 낭비해도 괜찮아'라고 생각할 수 있다"라고 답변했다.[1]

더러운 이익

관중들이 전혀 예상치 못한 부분에서 웃음을 터뜨린다면, 극작가 유진 오닐도 분명 당황할 것이다. 브로드웨이에서 늘 상연되고 있는 그의 연극 「사생아를 위한 달」 제2막이 시작될 무렵 배우가 고함치는 장면이 나온다. "모든 폭군을 타도하자! 빌어먹을 스탠더드오일!" 밤마다 관객들은 배꼽을 잡고 웃었고 가끔은 박수갈채를 보냈다. 연극의 대본이 쓰인 지 30년이 지난 1974년의 일이다. 이러한 분위기는 국회의사당에서 막이 오른 또 다른 드라마에 그대로 반영되었다. 상하원 의원들이 에너지 위기와 석유회사의 역할에 대한 청문회를 열고 있었다. 그중 가장 극적이었던 것은 상원의원 헨리 잭슨이 의장으로 있는 상원 상설조사 소위원회가 주관한 청문회였다.

헨리 잭슨은 어린 시절 여동생이 만화 주인공을 닮았다고 붙여준 '스쿠프(주걱)'라는 별명을 갖고 있었다. 그는 자신이 냉철한 트루먼형의 민주당원이며 편파적이지 않은 현실주의자라 생각했다. 한편 닉슨은 '스쿠프 잭슨의 대중 선동'에 잔뜩 화가 나 있었다. 백악관 보좌관들은 분노한 닉슨에게 이렇게 말했다. "원내위원회의 우리 위원들은 잭슨에게 심한 열등감을 갖고 있습니다. 솔직히 말해서 그가 우리 위원들을 쫓아내기 때문입니다."

청문회에서 대중을 선동하는 것은 불가항력이었고, 잭슨은 자신의 오랜 경력에서 가장 위대한 정치적 성공 사례를 남기게 되었다. 청문회에서 7개 메이저 회사의 중역들이 한 테이블에 나란히 앉았고, 진실을 말할 것을 선서했다. TV 조명이 휘황하고 관람객이 빽빽하게 들어찬 청문회장에 잭슨과 동료들이 나타났다. 석유회사 중역들은 자사의 경영과 수익에 관한 질문들에 대답해야 했다. 그들이 지질, 화학, 또는 일반 경영 중 무엇을 전공했건 간에, 정치적 극장에 나온 잭슨과 다른 상원의원들과는 상대가 되지 않았다. 그들은 서로 비난하고 중상하고 자만했으며 의견의 일치를 보지 못했다.

청문회의 시점은 아주 절묘했다. 아랍 석유의 공급 중단이 여전히 지속되고 있는 동안 석유회사들은 많은 이익을 올리고 있었다. 불신과 적대감이 팽배한 분위기 속에서 잭슨은 그의 소위원회가 실제로 석유 공급 중단이 있는지 조사할 것이라고 선언했다. "미국인들은 소위 이 에너지 위기가 어떤 구실을 위한 것이 아닌지 알고 싶어 합니다. 즉 가격 경쟁의 근거를 없애기 위한 정부 간섭 배제, 환경법 폐지, 조세 지원 신설 등을 의도한 것이 아니냐는 말입니다. 여러분, 우리는 여기를 떠나기 전에 이러한 질문들에 대한 대답을 들어야 할 것입니다." 그리고 그는 의미 있는 한마디를 덧붙였다 "만약 그러지 못하더라도 여러분이 언젠가는 그 대답을 들을 수 있을 것이라 확신합니다."

그리고 나서 잭슨과 상원의원들은 회사의 중역들을 몰아붙였고, 중역들은 변명하기에 급급했다. "기업이 어떤 계략을 꾸민다는 것은 터무니없는 짓입니다." 걸프 아메리카 회장이 더듬거리며 방어했다. "비록 우리 국민들이 미국 내의 급격한 변화에 약간 당황해하고 있다는 것은 알고 있지만……." 텍사코의 수석 부사장은 우울하게 말했다. "우리는 누구도 속이지 않았고 잘못 이끌지도 않았습니다. 만약 소위원회의 누구라도 텍사코가 그런 행동을 했다는 증거가 있다면 제시해주시기 바랍니다." 엑슨의 수석 부사장이 자사의 1973년 배당금을 기억하지 못하자, 잭슨은 가차 없이 '어리석게'라고 비아냥거렸다.

석유업자들은 회의를 주관하는 잭슨에게 체면을 잃고 정신없이 내몰리다가 화를 내기도 했다. 잭슨은 유진 오닐만큼은 아니어도 우레와 같은 박수갈채를 받았다. 특히 1974년 겨울에 휘발유를 사기 위해 많은 시간을 허비해야 했던 사람들에게 더욱 많은 박수를 받았다. 잭슨은 석유회사들이 '더러운 이윤'을 얻기 위해 범죄를 저지르고 있다고 말했다. 복종에 익숙해 있던 석유업자들은 이 같은 총공세에 어쩔 줄 몰라 했다. "우리에게는 반격의 기회가 없었다." 청문회에서 톡톡히 창피를 당한 걸프 회장은 불만을 털어놓았다. 그러나 잭슨은 자신이 수많은 미국인들을 대변하고 있다고 여겼다. 대다수 미국인들이 느끼는 것을 그도 똑같이 느꼈기 때문이다. 그의 집 근처에 있는 주유소 두 곳은 그가 귀가할 무렵이면 언제나 닫혀 있었다. "우리는 사무실 직원을 보내 낮에 영업하고 있는 주유소를 찾아오라고 해야 했다." 잭슨은 이렇게 약간 불만스럽게 말했다.

그는 석유회사들의 거만과 탐욕을 참을 수 없었다. 잭슨은 연방정부에 석유회사에 대한 규제를 강화할 것을 제안했고, 적절한 시기에 '더러운 이윤' 문제를 범국민운동으로 발전시켜나갔다. 석유회사들이 곤욕을 치르고 있던 공청회 3일째, 엑슨의 1973년 회사 수익이 1972년보다 59% 상승했음이 밝혀졌다. 케네스 제미슨 회장은 부자연스럽게 자신이 당황하지 않았다고 말했으나, 다른 사람들은 그렇게 생각하지 않았다.

오닐의 연극에서 저주받았던 스탠더드오일은 1911년 해체되었다. 그러나 연극 대사는 적절했던 듯하다. 존 D. 록펠러가 다시 땅에 대한 야심을 드러내기 시작했기 때문이다. 그는 불법적 공모와 결탁, 암거래 등 사악한 방법으로 미국 전역에 검은 야심의 그림자를 드리우기 시작했다. 석유회사들은 미국 내에서 가장 인기 없는 회사 중 하나가 되었다. 다른 선진국들에서도 마찬가지였다. 예를 들어, 일본 간행물들은 미국 석유회사들이 자사의 이익을 높이기 위해 위기를 어떻게 계획했는지에 관한 논문들을 실었다. 실제로 1976년 한 메이저 회사의 이사회에 제출된 비밀문서에는, 그러한 공공의 비난과 함께 책임과 통제에 대한 필요가 적시되어 있었다. 다음해인 1977년, 런던 소재 쉘의 한 중역은 이렇게 밝혔다. "석유회사의 미래는 불투명하다. 정부가 상류 부문을 장악하려는 추세는 지속될 것이고, 회사는 형식적이고 실질적인 계약자 역할만 하게 될 것이다. 석유 소비국에서는 하류 부문에 대한 정부 개입이 직·간접적으로 강화될 것으로 예상된다. 역설적으로 오늘날 석유회사의 생존을 위협하는 요인은 수출국보다 수입국 내에서 발생하고 있다."

그의 말은 정곡을 찌른 것이었다. 무엇보다 최악의 경우는 이미 석유 생산국에서 벌어졌다. 석유회사들은 국유화되어 더 이상 석유를 소유할 수 없었고, 석유 가격이나 생산량을 설정할 권한도 없었다. 석유 수출에 관한 한 회사들은 고용 관계 비슷한 계약자가 되었다. 석유회사의 한 중역은 '이제 소비국 정부가 자국 회사를 내려칠 차례인가?'라고 자문했다. 일부 선진국은 석유회사들의 반트러스트 행위 조사에 착수했다. 최소한 최고경영자의 입장에서 판단한다면 정치적 위험은 선진국으로 이동했고, 특히 미국 회사들에 큰 부담을 주었다. 성역과도 같았던 감모減耗 공제(광산·석유 채굴을 하는 기업에 대한 세금 공제-옮긴이 주)가 급격히 삭감되었기 때문이다. 또한 '황금 책략'이었던 외국 세액 공제도 감소했다. 황금 책략은 제2차 세계대전 후 베네수엘라와 중동에서 석유 개발을 용이하게 하고 양 지역으로부터 미국을 보호하기 위해 자주 이용된 정책이다. 의회에서는 석유 가격을 정상화하려는 노력을 계속했고, 심지어 천연가스 가격을 더 내리기 위해 정치적 압력을 가하기도 했다.

'분리'라는 위협도 가해졌다. 즉, 대형 기업을 원유 및 천연가스의 생산, 수송, 정제, 판매 등의 독립된 회사로 분리하는 것을 의미했다. 한때 상원의원 100명 중 45명이 '분리'를 선호하는 것으로 나타났다. 이러한 특별한 움직임에 대해, 석유산업은 그들이 즐겨 사용한 '해체'라는 용어로 상황을 요약했다.

그 후에도 '더러운 이윤'에 대한 공격은 계속되었다. 이러한 논쟁과 분노의 저변에 흐르는 팩트는 무엇인가? 메이저 회사들의 이익은 1972년까지 5년간 폭발적 수요 증가에도 불구하고 거의 완벽하게 수평을 유지했다. 그 후의 수익은 1972년 69억 달러, 1973년 117억 달러, 1974년에는 164억 달러를 기록했다. 이유는 여러 가지였다. 일시적 증가의 대부분은 해외 사업에서 들어왔다. 수출국이 가격을 인상할 때, 석유회사들은 자신이 소유한 비非미국계 지분의 가격을 인상함으로써 무임승차했다. 또한 그들의 미국 내 석유 매장량에 대한 가치와 시장가격이 상승하는 효과도 있었다. 더군다나 그들은 석유 가격이 인상되기 전에 2.9달러라는 낮은 가격으로 구입해 저장해두었다가, 11.65달러로 되팔아 막대한 이익을 챙겼다. 그들의 화학 부문도 달러화 가치 하락으로 운영이 원활해졌다.

그러나 1975년 수익은 1974년보다 낮은 115억 달러로 하락했다. 그 이유도 다양했다. 무엇보다 경기 후퇴로 인해 전반적인 석유 수요가 감소했고, 석유회사들이 석유로 수익을 올리는 것을 석유 수출국들이 알게 된 것이다. 그들은 서둘러 세금과 로열티를 인상해 이익을 석유회사가 아닌 자신들의 국고로 들어오게 했다. 세제 혜택이 일부 줄어든 것이 바로 그해였다. 몇 년 후 수익은 다시 올라 1978년에는 150억 달러에 이르렀는데, 실제로 석유회사들은 단기 물가 상승률만을 보전하고 있었다. 회사의 실제 수익은 컸으나, 1974년을 제외하고 자본 회수율은 미국 전 산업의 평균보다 낮았다.

이윤을 창출할 수 있는 다른 중요한 형태가 있었다. 이윤은 상류 부문인 원유와 천연가스의 생산에 집중되어 있었다. 예를 들면 미국이나 북해 지역에서 한 회사가 보유한 매장량의 가치는 석유 가격과 함께 상승했다. 정유업, 수송업, 주유소 등 하류 부문의 경우, 1973년 이전에는 연평균 7~8%의 소비 증가를 기대하며 투자되었다. 그러나 실제 소비 증가는 이에 따르지 못했으므로 하류 부문의 능력은 필요를 넘어섰다. 예를 들면 유조선단의 3분의 1이 과잉 상태였다. 중동 원유에 대한 지분 손실과 함께, 이러한 상황은 국제 석유회사들이 유럽에 건설했던 대규모 하류 부문 투자에 대한 적정성과 가치에 대해 의문을 제기했다. 이들 하류 부문들은 1950년대와 1960년대에 중동산 원유를 처리하기 위해 건설되었는데, 중동 원유는 이제 그들을 떠나갔다.[2]

중국식 물고문

닉슨, 포드, 카터 행정부는 국제적인 에너지 정책 노선에 있어 놀랍게도 강한 공감대와 지속성을 발휘했지만 국내 정책에서는 정반대의 양상을 보였다. 국내 에너지 정책은 가격 통제, 회사의 운영과 방침에 대한 분열적이고 혼란스러운 논쟁으로 점철되었다. 1974년 8월, 닉슨이 대통령직을 물러났지만 워터게이트 사건은 정부에 대한 신뢰를 실추시켰고 에너지 위기 자체에 대한 광범위한 의심을 불러일으켰다. 이미 석유와 에너지는 미국의 정책에서 가장 큰 쟁점이 되었다. 이는 미국의 생활양식을 '위협'하고, 권력과 돈을 얻기 위해 큰 도박을 하게 함으로써 모든 상황을 한층 어렵게 만들었다.

1971년 8월로 돌아가보자. 당시 물가 상승률은 거의 5%에 달했는데 상당히 높은 것으로 간주되었다. 닉슨은 물가를 잡기 위한 노력의 일환으로, 전 경제 부문에 대해 가격 통제를 실시했다. 대부분의 가격 통제는 1974년에 풀렸지만 석유는 제외되었다. 그 대신 정치적 압력과 시대의 요구에 따라 가격 통제, 인허가, 분배 등을 엄격하게 규정한 루브 골드버그 시스템(단순한 문제를 해결하기 위해 복잡한 과정을 거치는 것을 말한다—옮긴이 주)을 불러왔다. 이와 비교하면 1960년대의 강제적 석유 수입 프로그램은 하이쿠(일본의 압축적 시 형식—옮긴이 주)처럼 단순해보였다.

국민들은 연방정부가 무언가를 해주기를 기대했다. 좋았던 옛 시절의 가격으로 돌려놓는 것, 동시에 안정적인 공급을 보장하는 것이 그것이었다. 각계각층의 끊임없는 결정들로 인해 시장은 혼돈 상태에 빠져 있었다. 규제 담당 관리는 "문제 하나를 해결할 때마다 두 개가 더 생기는 것 같다"라고 말할 정도였다. 물론 미국의 시스템이 어떻게 움직이는지 간파한 사람들은 그래도 잘 헤쳐나갈 수 있었다. 예를 들어, 큰 사업인 원유 공급 허가권을 획득하기만 하면 '아주 낡은 정유소'도 가동할 수 있었다. 이러한 규제는 1930년대 초에 동부 텍사스 유전 개발 이후 본 적이 없는 희망 없이 비효율적인 상황, 즉 찻주전자 같은 정유소 시절로 되돌아가도록 유도하는 것처럼 보였다.

여러 가지 프로그램들은 의회 청문회와 같은 쓸데없는 일들을 유발했고, 많은 법률적 업무들은 '변호사 구제' 프로그램의 하나가 되었다. 한 학자는 이렇게 기술했다. "석유사업에 있어서 지질학자의 조사 보고서보다 연방 등기부가 중요하게 되었다." 가치 측면에서 단기 이익이 얼마가 되는지와 상관없이 비효율적인 측면이 엄청나게 컸다. 즉 시장의 혼란, 노력의 분산, 자원과 시간의 비적절한 배분 등에서 그랬다. 단지 연방 에너지 행정기관이 어떻게 움직여야 하는지에 대한 표준 요건을 작성하는 일에 산업계에서 20만 명이 관여되었고, 연간 500만 맨아워man hour(숙련자가 1시간에 할 수 있는 업무량—옮긴이 주)가 투입된 것으로 추정되었다. 정부 기관 및 관련 산업의 지출 측면에서, 단순 계산한 규제 제도의 직접 비용은 1970년대 중반에 수십억 달러가 추가되었다. 규제 캠페인은 미국의 번영에 공헌하기보다 오히려 국가 전체에 만성적인 골칫거리가 되었다. 그러나 그것이 시대의 흐름이었다.

한편 무엇인가 큰 것이 이루어졌다. 1975년 1월 포드 대통령은 닉슨의 자립 프로젝트 일부를 채택하여 원전 200기 건설, 대형 석탄 광산 250개 개발, 석탄 화력발전소 150기 건설, 대형 정유소 30개 건설, 대형 합성석유 공장 20개 건설을 목표로 하는 10개년 계획을 수립했다. 얼마 후 석유 단일 조직망을 건설한 록펠러의 손자인 넬슨 록펠러 부통령은 시장에서조차 거들떠보지 않는 합성연료와 기타 고비용 에너지 프로젝트를 지원하기 위해 1,000억 달러짜리 프로그램을 떠맡았다. 프로젝트에 대한 반대가 거세어 록펠러의 시도는 무위로 끝났지만, 닉슨−포드 시대는 매우 중요한 두 가지 성과를 이루었다. 석유 수출 금지 직후, 의회는 알래스카 석유 파이프라인 건설에 긍정적인 신호를 보냈다. 그 사업은 최종적으로 100억 달러 이상이 소요되었다. 환경주의자들은 보다 튼튼하고 환경적으로 안전한 파이프라인이 생산될 때까지 사업의 연기와 재고를 요청했다. 이것이 바로 알래스카 횡단 파이프라인TAPS인데, 이는 대드 조이너가 1930년대 동부 텍사스에서 석유를 발견한 이래 미국 에너지 공급에서 가장 중요한 공헌을 하게 되었다.

또 다른 성과는 1975년 자동차 산업에 대한 연료 효율 기준을 마련했다는 것이다. 새 기준 하에서 신규 제작되는 자동차의 평균 연료 효율은 당시의 갤런당 13.5마일에서 27.5마일로 상향 조정되었다. 즉 10년 동안 2배 증가한 수치다. 세계 수송 연료의 7분의 1이 미국의 도로 및 고속도로에서 자동차 연료로 소비되고 있었으므로, 이러한 변화는 미국뿐 아니라 세계의 석유 수급 균형에 큰 영향을 주었다. 연료 효율 기준을 포함한 규제 법안은 전략적인 석유 비축도 강구했다. 1956년 아이젠하워가 수에즈 위기 후 제안했고, 1969년 이란 국왕이 미국으로 석유를 판매하기 위해 제기한 바 있는 그것이었다. 계획은 나무랄 데 없었다. 그렇게 비축할 수만 있다면 어떤 공급 중단에도 대처할 수 있을 것 같았다. 그러나 실제 비축되는 양은 계획에 못 미쳤음이 밝혀졌다.[3]

1977년 지미 카터가 대통령에 당선되었다. 그는 워터게이트 사건으로 얼룩지고 권위가 실추된 미국 정치에 도덕적 쇄신 운동을 전개함으로써 선거에서 승리했다. 에너지는 수년 전부터 그가 관심을 기울여온 주제였다. 그는 한때 미 해군 잠수함의 승무원이었다. 카터는 핵잠수함의 아버지라 불리는 하이난 리코버 제독이 경고한 '인간이 석유라는 천연자원을 어떻게 탕진하는가'란 주제를 늘 숙고하고 있었다. 카터는 대통령 선거 운동을 하면서, 취임 90일 이내 국가 에너지 정책을 수립하겠다고 공약했고 그는 약속을 충실히 지켰다.

카터는 제임스 슐레진저에게 그 임무를 맡겼다. 슐레진저는 경제학 박사로 본래는 국가 안보학 전문가로 알려져 있었다. 그는 '지적 열의와 도덕적 열정'으로 표현되는 예리한 분석력과 강한 의무감을 갖고 있었다. 슐레진저는 정책이나 행정에서 무엇이 옳은지에 대한 명쾌한 견해를 가지고 있었다. 또한 정책을 설명할 때 주저하거나 핵심을 피하는 일이 없었고, 자신의 안이한 타협을 허용하지 않았다. 하지만 그는 종종 상대방의 인내력을 시험하려 했다. 어떤 명백한 이론을 이해하지 못하는 대학원 1년생을 상대하듯이 천천히, 담담하게, 그리고 강력하게 그는 자신의 생각을 각료, 상원의원, 대통령에게 설명했다.

랜드사에서 일하던 슐레진저를 재무부 예산국으로 발탁한 사람은 리처드 닉슨이었다. 그 후 슐레진저는 원자력위원회 위원장, CIA 국장을 거쳐 국방장관에 임명되었다. 날씨가 화창한 토요일이나 일요일 아침이면, 워싱턴 주변의 전원에서 손에 쌍안경을 들고 있는 그를 발견할 수 있었다. 그는 탁월한 러시아 전문가였을 뿐 아니라, 취미인 조류 관찰에도 열정을 쏟는 마니아였다. 그의 국방부 시절은 포드 대통령과 함께 끝났다. 슐레진저는 키신저의 화해 정책과 사이공 함락이 초래할 남베트남 최후의 고통에 대해 미국이 취한 태도에 이의를 제기하고, 각료회의에서 자신의 입장을 분명하게 밝혔다.

1976년 민주당 전당대회 이후 지미 카터는 슐레진저에게 전화를 걸어 조지아 주 플레인에 있는 자신의 집으로 초청했고, 정치와 정책에 관해 대화를 나누었다. 슐레진저는 상원의원인 헨리 잭슨과 절친한 친구 사이였다. 잭슨은 에너지 문제에 관한 한 상원에서 가장 중요한 인물이었는데, 대통령 지명전 때는 카터의 라이벌이기도 했다. 대통령 선거 후 잭슨은 신정부 에너지 부문을 슐레진저에게 맡기라고 카터에게 요청했다. 이는 카터가 굉장히 바라던 바이기도 했다. 카터는 슐레진저에게서 신선한 감동을 받았다. 슐레진저 스스로도 "상원 에너지위원회 위원장이 초대 에너지장관의 친구라면, 대통령이 일종의 편의를 봐준 것이 분명하다"라고 회고했다.

카터 정부가 출범하고 수주 동안 '에너지'가 가장 큰 현안으로 대두되었다. 카터는 1976년 말에 작성된 CIA의 보고서를 읽었다. 그는 미래의 석유 부족을 예견하고 있는 이 보고서가 거역할 수 없고 설득력이 있다고 생각했다. 그가 추진하고자 하는 정책 방향으로 동기 부여를 하는 중요한 역할을 한 셈이다. 카터와 마찬가지로 슐레진저도 탄화수소는 점점 더 수급의 압박을 강하게 받게 될 것이고, 결국 미국의 정치와 경제에 주요한 위험요소가 될 것으로 확신했다. 경제학자로서 그는 자원의 완전한 고갈을 믿지 않았다. 시장 균형에 맞춰 가격이 불가피하게 상승할 것으로 판단했던 것이다. 두 사람은 석유시장이 경색될 경우 대외 정책 수행이 어려워질 것을 심히 우려했다. 카터는 회고록에 이렇게 썼다.

'많은 미국인들은 지구 상에서 가장 위대한 국가가 여러 사막 국가에 둘러

싸여 비틀거리고 있다면서 크게 분개했다.'

석유 위기 발생 훨씬 전인 1972년, 슐레진저는 원자력위원회의 위원장으로 있으면서 당시로서는 매우 파격적인 생각을 했다. 미국은 국가 안보, 대외 경제 정책, 환경 보존을 위해 에너지를 절약해야 한다는 것이다. 당시 그는 "우리는 갤런당 10마일을 가는 자동차, 단열이 제대로 되지 않아 냉방과 난방이 동시에 이루어지는 낡은 빌딩을 개선할 수 있다"라고 말했다. 실제로 그는 환경주의자들에게 "환경운동의 핵심은 에너지 수요가 어느 정도 자동으로 증가할 것이라는 전제에 도전하는 것이어야 한다"라고 충고하기도 했다. 1977년에 접어들자, 그는 과거 어느 때보다 에너지 절약이 에너지 정책의 근간이 되어야 한다고 확신했다. 불행하게도 다른 사람들은 그처럼 명백한 확신을 갖지 못했다.

새 행정부는 공약한 대로 집권 90일 안에 현안이 된 모든 에너지 프로그램을 발표하고자 했다. 시한이 촉박해 의회 위원회의 위원장들뿐 아니라 에너지 문제에 관심을 가진 의원들, 심지어 행정부 내에서의 공감대 형성과 업무 처리를 위한 협력 관계를 다지는 데 충분한 시간을 줄 수 없었다. 프로그램 개발 자체가 비밀에 부쳐졌다. 더군다나 슐레진저는 1976~1977년의 천연가스 부족 사태를 해결하고자 90일 중에서 3분의 1을 긴급 천연가스 법안을 작성하는 데 집중해야 했고, 에너지부DOE 설립 법안에도 시간을 할애해야 했다. 그 밖에도 다른 일들이 발생하자, 슐레진저는 카터에게 90일 공약을 연장하도록 요청했다. 하지만 대통령은 "난 90일이라고 했소. 난 공약을 했고, 이를 지킬 작정이오"라고 단호하게 말했다.

그러나 카터가 새로 만들어지는 에너지 계획에 아주 흡족해한 것은 아니었다. 그는 "근본적이면서 가장 어려운 문제는 어떻게 하면 경제 시스템의 손상을 최소화하고, 재정 부담을 공정하게 하면서, 부족한 에너지의 가격을 인상할 수 있을까 하는 것이오"라는 메모를 적어 슐레진저에게 건넸다. "난 당신의 접근 방식에 만족할 수 없소. 너무 복잡하오." 카터는 하소연하듯 불만 사항을 메모에 덧붙였다.

계획은 4월 초 대통령 연설을 통해 발표하기로 되어 있었는데 그 전 주週의 일요일, 슐레진저는 텔레비전 인터뷰 쇼에 출연했다. 여기서 그는 에너지 문제가 지닌 중요성을 간접적으로 표현하려고 애썼다. 그는 윌리엄 제임스의 저서 『도덕적 전쟁』을 인용했다. 일요일 인터뷰 쇼의 시청자 중에는 카터도 포함되어 있었다. 그는 이 문구에 감명받아 자신의 연설에도 삽입한 것으로 알려졌다. 1977년 4월 카디건 차림의 카터는 '도덕적 전쟁'으로서의 에너지 프로그램을 소개했다. 그 후 카터는 이 표현을 애용했다. 카터의 에너지 프로그램을 좋지 않게 생각하는 사람들은 '도덕적 전쟁The Moral Equivalent of War'의 머리말을 따서 미아우MEOW(고양이의 울음소리-옮긴이 주)라고 불렀다.

카터의 에너지 프로그램은 경제적이고 합리적인 가격 체계를 도입하고, 수입 석유의 수요를 감축함으로써 미국의 에너지 위상을 재정립하는 것을 주된 목적으로 삼고 있었다. 슐레진저의 머릿속에 있는 최우선 과제는 국내 석유 가격에 대한 통제를 푸는 것이었다. 즉 국제 시장 수준의 가격을 허용함으로써, 소비자들이 가격 움직임에 따라 정확하게 반응할 수 있도록 하는 방안을 찾아야 했다. 현 체제는 통제되는 국내 석유 가격과 이보다 높은 수입 석유 가격을 혼합하여 소비자가 지불하는 최종 가격으로 책정하고 있었다. 이는 실질적으로 미국 정부가 수입 석유에 보조금을 지급하는 것과 같았다. 카터 정부는 에너지 프로그램에 따라 '원유 평등화세'를 도입해 국내 생산 원유에 대한 가격 통제를 종식하는 절차를 공표했다. 여기에는 약간의 아이러니가 있었다. 1971년 8월 공화당 정부의 리처드 닉슨이 최초로 가격 통제를 실시했는데, 이를 철폐코자 노력한 것이 민주당 정부였다. 카터와 슐레진저는 천연가스 가격의 통제라는 속박에서 미국을 구하기 위해 복잡하지만 매우 교묘한 방법을 시도했다. 새로운 정부는 전 정부보다 에너지 절약과 석탄 사용에 훨씬 큰 비중을 두었다. 전력 부문에 일정한 경쟁을 도입했고, 태양 에너지를 포함하여 대체 에너지와 재생 에너지의 개발을 장려했다.

신정부는 국가 재건의 위기라도 있는 것처럼 이 일을 추진해나갔다. 그러나 대중은 위기의식이 없었다. 카터는 프로그램을 추진하는 과정에서 자유주의자, 보수주의자, 석유 생산업자, 소비자 단체, 자동차 회사, 핵 찬성자와 반대자, 석탄 생산업자, 전력회사, 환경주의자들의 상충하는 의제들이 어떻게 특수한 이해관계로 작용하는가에 대한 생생한 교육을 받았다. 그러나 슐레진저에게는 문제가 아주 명확했다. 미국은 '근본적이고 장기적인 국가적 문제'에 직면해 있었다. 그는 지구 상에서 석유가 고갈될 것이라고는 생각하지 않았다. 오히려 그는 1950년대와 1960년대 경제 개발을 뒷받침해주었던 높은 소비 성장률은 더 이상 지속될 수 없다고 생각했다. 그는 후일 "경제 성장을 위해 원유에 의존하지 말았어야 했다. 우리는 스스로 석유 사용을 끊어야 했다"라고 술회했다.

자신의 확신을 믿어 의심치 않았던 슐레진저는 격렬한 반대 논쟁과 그에 따른 참담함에는 대비하지 않았다. 국회 청문회를 하나하나 치르는 동안, 그는 자신이 핵에너지위원회 위원장으로 있을 때 위원회의 고참 위원이 했던 충고를 떠올렸다. "거짓말에는 3가지가 있다네. 거짓말, 고약한 거짓말, 그리고 에너지 거짓말이라네." 당시 슐레진저는 이렇게 말하곤 했다. "나는 제2차 세계대전 당시의 사고방식을 가지고 있다. 만약 대통령이 국가적 이해관계에 대해 말한다면, 대통령이 더 많은 지지를 얻게 될 것이라고 생각했다. 그러나 미국은 변했다. 국방장관으로서 여러분에게 반대하지 않는 모든 사람들은 여러분 편이다. 여러분은 에너지에 대한 이해집단과 이에 대항하는 이해집단을 가지고 있다. 결코 여러분은 그들 모두를 만족시키는 공감대를 형성할 수 없을 것이다. 이것이 고통스러운 일이다."

모든 에너지 문제 중에서 천연가스가 가장 이론의 여지가 많고 다루기 힘들었다. 카터 정부는 천연가스의 가격을 정부가 통제할 것인지 아니면 시장이 결정하게 할 것인지를 둘러싼, 수십 년 묵은 정치적이며 소모적인 논쟁의 한 가운데로 빨려 들어가고 있었다. 그 논쟁은 너무나 격렬했다. 슐레진저는 천연가스에 관한 상하원 합동회의의 진행 과정을 살펴보기 위해 그 자리에 참석했다. 그는 "나는 이제 지옥이 무엇인지 안다. 지옥은 끝없이 열리는 천연가스에 관한 회의다"라고 토로할 정도가 되었다.

어쨌든 논쟁의 결과, 매우 복잡한 절충안이 마련되었다. 제한된 범위 내에서 천연가스의 가격을 인상할 수 있게 된 것이다. 현재 통제되고 있는 일부 가스 가격은 통제에서 풀고, 반면 통제가 풀렸던 일부 가스는 한동안 가격이 재통제되었다가 상황을 보아 다시 푸는 식이었다. 대부분은 탄소 원자 1개와 수소 원자 4개의 동일한 표준 분자로 이루어진 상품을 위해 수많은 가격 책정 항목들이 만들어졌다.

수없는 정치적 혈투와, 그에 따른 많은 정치자금의 소진에도 불구하고 카터 정부는 일련의 중요한 업적을 성취할 수 있었다. 슐레진저는 런던의 청중을 향해 "국가 에너지법 통과는 활용 가능한 모든 수단을 동원해 우리의 수요를 조정하기 시작하는 분기점이다"라고 선언했다. 그는 "미래의 석유 공급에 대한 정치적·물리적 제약 때문에 우리는 방향을 전환했다"라고 덧붙였다. 그러나 슐레진저는 에너지 프로그램을 도입하기 위해 카터가 겪은 2년간의 악전고투를 돌아보면서 비탄조로 말하지 않을 수 없었다.

"국민들의 반응은 윌리엄 제임스의 '도덕적 전쟁'이라기보다 '정치적 전쟁'이나 '중국식 물고문'에 가까운 것이었다."[4]

붐의 시대

1978년 말 무렵, 미국과 마찬가지로 다른 지역에서도 금수조치 이후 취해진 정책들의 영향이 나타나기 시작했다. 그런데 금수조치의 결과 나타난 즉각적 반응이 하나 있었다. 물가 상승, 미래의 물가 상승에 대한 불안, 엄청나게 확대된 통화량, 투자가들의 열망 등이 한데 어우러져 세계적 석유 확보 사냥에 열광적으로 나서게 된 것이다. 이러한 전 세계적인 광란 현상을 어떻게 규정할 것인가라는 질문에 대해, 엑슨의 탐사 개발 차장은 한마디로 "그것은 마구잡이일 뿐이다"라고 대답했다. 1972년까지 침체 일로를 걷던 개발 사업이 최대로 가동되고 있었고 반잠수 시추 장비, 자동 선체 유지 시스템을 가진 해저 시추선, 오클라호마의 구식 육상 생산 장치 등에 투입되는 비용이 1973년에 비해 2배로 뛰었다.

더구나 여기에 투자되는 자금의 흐름이 근본적으로 바뀌었다. 해외 투자에 있어 제1의 계율은 '어떤 희생을 치르더라도 제3세계의 민족주의만은 피하라'는 것이었다. 어쨌든 OPEC 국가의 대부분은 국유화로 인해 배제되었다. 어떤 회사가 다른 개발도상국에서 성공을 거두면 결실을 가져오기 전에 모든 것을 빼앗기고 그 회사는 찌꺼기만 조금 가질 수 있다는 전제가 강하게 지배하고 있었다. 따라서 석유 개발 회사들은 석유 잠재력에 대한 회의가 증가하고 있음에도 불구하고 가능한 한 미국과 캐나다, 북해의 영국과 노르웨이 등 서방 선진국들의 영역에 개발 비용을 지불하는 쪽으로 선회했다. 1975년 걸프는 자사의 전 세계적 재정 상황을 완벽하게 검토했다. 집행되지 않았거나 예정되지 않은 모든 자금을 제3세계에서 회수하여 북미와 북해에 투자했다. 1976년 로열더치 쉘은 북해의 비非미국계 지역에 전체 비용의 80%를 집중했다. 엑슨의 한 중역은 "1973년과 국유화 이후, 우리는 다른 들판에서 토끼 사냥을 해야 했다. 석유에 대해 동등한 이익 분배와 소유권을 확보할 수 있는 지역으로 옮겨 간 것이다"라고 회상했다.

또한 석유회사들은 전혀 다른 사업으로 다각화를 시작했다. 이는 업계가 에너지에 투자할 자금이 필요하다는 이유로 가격 통제를 해제해달라고 요구하던 시기에는 정당화가 어려운 것이었다. 실제로 그들의 입지는 많이 줄어들었다. 그러나 이러한 경영 다각화는 석유회사에 대한 경제적·정치적 환경이 나빠지고 운신의 폭이 좁아질 뿐 아니라 정부 개입이나 규제가 더욱 증가할 것이라는 시각을 반영한 것이었다. 그 밖에 지질학적 고갈로 석유회사나 석유 자체의 존속이 얼마 남지 않았을 것이라는 잔소리 이상의 두려움도 있었다. 1970년과 1976년 사이, 미국의 확인 매장량에 있어서 석유가 27%, 가스는 24% 하락했다. 미국은 곧 석유의 절벽에서 떨어질 것처럼 보였다. 석유회사들이 에너지 사업 외에 투자한 자금은 기업 전체로 보았을 때는 적었지만 그래도 막대한 규모였다. 모빌은 몽고메리 백화점을 구입했고, 엑슨은 사무 자동화, 아르코는 구리 사업에 뛰어들었다. 그러나 걸프가 링링 브라더스와 배넘 앤 베일리 서커스를 낙찰받은 것만큼 떠들썩한 소동과 조롱거리는 없었다. 그 소동은 새로운 시대를 보여주는 듯했다. 즉 OPEC의 절대적 통치와 고유가 정책, 미국 내의 혼란스럽고 격렬한 논쟁, 에너지 전쟁 등이 사실은 하나의 서커스였음을 드러내는 것이었다.[5]

뉴페이스, 알래스카와 멕시코

우여곡절이 있었지만 OPEC은 1970년대에도 세계 석유시장을 지배했다. 1973년에는 자유세계 석유 생산의 65%를 점유했고, 1978년에는 62%를 차지했다. 그러나 확실치는 않지만 OPEC의 결속력이 약해졌음을 알려주는 신호들이 감지되고 있었다. 가격 인센티브와 안보에 대한 동기 부여가 OPEC 이

외의 지역에서 석유 개발을 촉진하고 있었고, 시간이 오래 걸리겠지만 이 새로운 지역들이 세계 석유 공급 체계를 전환시킬 수 있었다. 이런 움직임이 전 세계로 확산되어가는 데에는 신규 석유 생산지 3곳이 큰 영향을 미쳤다. 바로 알래스카, 멕시코, 북해였다. 역설적이게도 이 지역은 모두 1973년 석유 파동 이전에 발견되었다. 하지만 매우 다양하고 복잡한 정치적, 경제적, 환경적 반대와 기술적 장애, 시간이라는 단순한 요인, 에너지 프로젝트에 요구되는 긴 준비 기간 등의 이유로 개발되지 못했다.

석유 금수조치가 취해지고 몇 주 후, 미국은 알래스카 파이프라인 사업을 진전시켜야 할 비상사태에 즉면해 마침내 그곳에서 작업을 시작할 수 있었다. 1968년에 넉넉하게 구입해놓은 강관과 트랙터는 아직도 유콘 강의 얼어붙은 둑에 쌓여 있었고, 트랙터의 엔진은 지난 5년간의 계획대로 충실히 인계되고 있었다. 이제 이것들을 이용해 작업을 진행하면 되었다. 파이프라인은 1977년까지 800마일의 구간이 완성되었는데, 그중 일부는 툰드라 지역 위에 지주를 세워 연결되었다. 알래스카의 노스슬로프에서 선적항이 있는 알래스카 남부 해안의 발데스까지, 첫 번째의 석유 수송이 이루어졌다. 1978년까지 하루 100만 배럴 이상의 원유가 이 라인을 통해 수송되었다. 수년 안에 이 물량은 하루 200만 배럴이 되었고, 이는 미국 총 원유 생산량의 4분의 1에 해당했다.

멕시코는 1930년대 말의 격렬한 석유산업 국유화 조치 후, 국내로 관심을 돌렸다. 그들은 더 이상 세계적인 석유 수출국이 되려는 노력을 하지 않았다. 국영 석유회사이며 멕시코 민족주의의 상징인 페멕스Pemex는 국내 시장에 석유를 공급하는 데 열중했다. 페멕스는 정부와 강력한 석유 노동조합 사이에서 벌어진 주도권 다툼의 대상이기도 했다. 이 회사는 수십 년 동안 정부와 노동조합의 압력을 받아왔고, 수익은 낮은 국내 가격 탓에 제한되었다. 회사의 개발 프로그램은 신중한 엔지니어들에 의하여 감독되었는데, 그들은 미래 세대를 위해 자원을 절약해야 한다는 보수주의적 윤리를 지니고 있었다. 페멕스는 새로운 매장량을 확보하지 못했다. 생산량은 늘어났지만 '멕시코의 경제 기적'이 요구하는 급격한 수요를 따라가지는 못했던 것이다. 결국 멕시코는 수출국 대열에서 빠졌을 뿐 아니라, 체면 때문에 쉘에서 베네수엘라산 원유를 급하게 구입한다는 사실을 숨겨야 하는 소규모 석유 수입국으로 전락했다.

페멕스는 석유를 찾기 위해 타바스코 주 남부에 있는 넓은 사바나 지대에서 심부 시추 탐사에 착수했다. 그리고 1972년 '리포마'라 불리는 특수 구조에 석유가 매장되어 있음이 확인되었다. 리포마 유전 중에서 생산성이 아주 높은 유정에는 '작은 쿠웨이트'라는 별칭이 붙었고, 그에 인접한 대륙붕인 캄페체 만에서 더 큰 유전들이 연이어 발견되었다.

멕시코가 세계적인 매장량을 보유하고 있음이 확실해졌다. 1974년 멕시코는 민족주의 노선에 위배된다는 일부의 비판에도 불구하고 매우 적은 양이지만 석유를 수출하기 시작했다. 석유 생산은 증가하고 있었지만, 페멕스의 엔지니어들은 지난 수년간 과격한 민족주의자인 루이스 에체베리아 알바레스 대통령 집권 시절을 거치면서 자신들의 매장량 평가에 신중을 기했다. 그러나 1976년 호세 로페스 포르티요가 새로운 대통령으로 당선되면서 상황은 변했다. 전임 대통령 시절 재무장관을 역임한 로페스 포르티요는 세계 대공황 이후 가장 열악한 멕시코의 경제 위기를 물려받았다. 멕시코의 경제 기적은 무너졌고 페소의 가치는 붕괴했다. 국제 금융계에서 멕시코는 위험도 높은 채무국으로 간주되었다. 설상가상으로 경제보다 인구가 더 빨리 증가해 2명 중 1명이 15세 미만이었고 노동력의 40%는 실업 또는 불완전 고용 상태였다. 실제로 로페스 포르티요가 정권을 인계받기 몇 달 전에는 상황이 너무 악화되어 군부 쿠데타의 가능성이 있다는 소문마저 나돌았다.

새로 발견한 석유는 신의 선물이었다. 석유의 가치가 더 높아졌기 때문이다. 로페스 포르티요는 신규 발견 유전을 새로운 경제 전략의 핵심으로 삼기로 했다. 그는 오랜 친구인 조지 디아스 세르라노를 페멕스 사장으로 임명했다. 전임자와는 다르게, 교량 건설이 전문 분야인 디아스 세르라노 신임 사장은 석유산업을 잘 이해하고 있었다. 그는 석유산업에 용역을 제공하면서 백만장자가 되었고, 눈앞에 다가온 기회를 놓치지 않았다. 석유는 멕시코가 절대적으로 필요로 하는 외화를 가져다줄 것이며, 경제 성장에 따르는 수지 균형의 문제를 제거하고 새로운 국제금융 질서를 만들 것이 분명했다. 이제 멕시코는 석유를 기반으로 하는 국제 경제의 새로운 중심지가 될 터였다.

그러나 로페스 포르티요 대통령은 신중했다. "화폐의 소화력은 인체와 같소. 사람은 소화 능력 이상으로 먹을 수 없고, 이를 어기면 병이 나지요. 경제도 마찬가지입니다." 그러나 실제 대통령의 행동은 말과 달랐다. 많은 해외 차관이 멕시코의 석유산업으로 쏟아져 들어왔다. 매장량에 대한 평가가 빠른 속도로 이루어졌고, 엄청난 양의 석유가 존재한다는 공식적으로 확인된 소문이 떠돌았다. 생산은 무시무시한 속도로 증가해, 심지어 계획을 앞지르기도 했다. 1일 생산량은 1972년의 50만 배럴에서 1976년 83만 배럴, 1980년 190만 배럴로 10년도 채 못 되어 거의 4배로 증가했다.

이로 인해 1976년까지 국제 금융계에서 기피 대상으로 꼽히던 멕시코는 이제 세계에서 가장 선호되는 차관국 중 하나가 되었다. '왜 은행가들은 갑자기 멕시코를 사랑하는가?'라는 제목의 기사가 「포춘」지에 등장하기도 했다. 물론 석유 때문이었다. 매뉴팩처러스 하노버 트러스트Manufacturers Hanover Trust 의 부사장은 "은행업을 한다는 사람들은 모두 그들의 문을 두드리고 있다"라고 말했다. 1978년에는 뉴욕의 어떤 금융신문사가 멕시코의 한 관리를 '올해의 차관인'으로 선정하기도 했다. 그 타이틀은 멕시코 전체에 부여해도 좋았을 것이다. 차관에는 제한이 없는 것처럼 보였다. 멕시코 정부는 물론 페멕스와 다른 국영기업, 개인 기업들까지 해외에서 차관을 들여왔다. 도대체 얼마나 들여온 것일까? 아무도 그 답을 몰랐지만 그것이 문제가 될 것 같지는 않았다. 석유 덕분에 멕시코의 신용은 좋았다. 적어도 멕시코의 사업 파트너와 금융가들은 그렇게 생각했다. 그러나 한 가지는 분명했다. 1920년대 이래 세계 석유시장에서 멕시코가 주요 세력으로 등장했고, 이는 OPEC의 주도권을 침해하는 중요한 대체 공급원이 되었음을 의미했다.[6]

가장 큰 무대, 북해

수 세기 동안 어부들은 북해를 주요 활동 무대로 삼았다. 중세에는 북유럽의 최대 상품인 청어를 잡았고, 최근에는 대구 종류를 잡았다. 1970년대 중반에는 헬리콥터를 타고 바다 수면을 관찰하는 새로운 형태의 이용자들이 나타났다. 처음에는 유정 굴착 장비, 공급 보트, 해상 구조물(플랫폼), 파이프를 선적한 바지선 등이 하나둘 해상에 나타나더니 마침내 바다를 가득 메우게 되었다. 영국과 노르웨이 사이에 있는 이 바다는 세계 석유산업에 새롭게 등장한 가장 큰 무대였다. 모든 메이저 회사들이 이곳에 자본과 노력을 집중했고, 많은 신규 사업자가 참여했다. 여기에는 생산 회사부터 성실한 에든버러 투자신탁회사, 그리고 「런던 타임스」를 소유한 신문 왕 톰슨 경까지 포함되었다. 톰슨 경은 아먼드 해머의 동업자이기도 했다.

1920년 이래 유럽에서는 육상 유정 수천 개가 시추되었지만 결과는 매우 실망스러웠다. 유럽 지역의 총생산은 하루 25만 배럴을 넘지 못했다. 1956년 수에즈 운하의 위기로 유럽에서는 안정적인 석유 매장지를 찾고자 하는 새로운 붐이 일어났다. 그 후 1959년 쉘과 에소가 네덜란드의 그로닝겐에서 방대한 가스전을 발견했다. 소련 외의 지역에서 발견된 가스전 중 최대 규모였다.

북해의 지질 구조가 네덜란드와 유사하다는 사실을 알게 된 석유회사들은 인접한 바다를 탐색하기 시작했다. 1965년 영국과 노르웨이는 광업권과 관련해 '양국 사이의 북해를 어떻게 나눌 것인지'에 대해 공식적으로 합의했다. 그해 북해 남부의 비교적 수심이 얕은 곳에서 거대한 천연가스층이 발견되었다. 그리고 지금의 기준으로 보아서는 약간은 원시적인 플랫폼이 가스 생산을 위해 건설되었다. 일부 회사는 흥미를 가지고 석유 탐사를 계속했지만 대단한 열의는 없었다.

오클라호마 바틀즈빌의 필립스 페트롤리움도 그러한 회사 중 하나였다. 그러다 1962년 갑자기 관심이 고조되었는데, 부회장이 네덜란드에서 휴가를 보내는 동안 그로닝겐 부근에서 유정탑 시추를 보았기 때문이다. 2년 후 어느 날 오후, 회사의 고위 경영진은 본사 농구 코트 위에 펼쳐진 300피트짜리 지질 탐사 자료를 상세히 검토한 후, 탐사 계획을 추진하기로 결정했다. 그러나 5년 뒤인 1969년까지 시추정에서 유징이 보이지 않자, 회사는 탐사 중단을 준비했다. 필립스는 자체 시추를 포함해 노르웨이 대륙붕 약 32군데를 탐색했지만 그중 상업성이 있는 시추정은 하나도 없었다. 북해는 필립스가 이전에 시추했던 어떤 지역보다 어렵고 비용도 많이 들었다. 노르웨이 필립스의 관리자가 바틀즈빌의 회사 경영진으로부터 받아 든 소식은 '더 이상 탐사정을 시추하지 말 것'이었다.

그러나 필립스는 1859년 펜실베이니아의 콜로넬 드레이크에서, 그리고 1908년 페르시아에서 최초로 석유를 발견했을 때의 위대한 전통을 이어받아, 마지막으로 한 번 더 시추하기로 결정했다. 당시에는 '오션 바이킹'이라고 명명된 유정 굴착 장비를 사용했는데 이미 사용료가 지불된 상태였다. 장비를 재임차하려는 회사가 없었으므로, 이 장비를 이용해 시추를 하든 안 하든 필립스는 사용료를 지불해야 했다. 날씨는 나빠지고 있었다. 거세진 파도 탓에,

한때 유정 굴착 장비의 닻이 끊어져 시추공에서 떨어지기도 했다. 또 아주 심한 폭풍으로 전복될 우려가 있어, 새벽녘에 굴착 장비를 비상 철수하기도 했다. 그러나 오션 바이킹은 작업을 계속했다. 1969년 11월 중앙 분계선에서 노르웨이 쪽에 위치한 에코휘스크 유전 지역 내 2/4블록에서 대규모 유전이 발견되었다. 그런데 이 사건은 우연하게도 과학 기술이 위대한 개가를 올린 순간과 일치했다. 미국 우주비행사가 달에 막 착륙한 것이다. 오션 바이킹의 시추 감독관은 해저 1만 피트에서 끌어 올린 석유 샘플을 조사하고 굉장히 놀랐다. 품질이 매우 좋았기 때문이다. 그는 지질 전문가에게 이렇게 말했다. "우주비행사가 이룬 업적은 위대하다." 그리고 이어서 그는 석유 샘플을 들어 올리며 이렇게 말했다. "그러나 이것은 어떤가?" 그것은 금빛을 띠고 있었고 거의 투명한 액체였다.

필립스의 발견에 고무되어, 다른 회사들의 탐사 활동도 활발해졌다. 북해에는 더 이상 내버려진 시추 장비가 없었다. 몇 개월 후 런던에서 개최된 기술 회의에서 필립스의 고위 경영진은 지질 탐사 방법에 대해 집중적인 질문을 받았지만 그저 '행운'이라고 답했다. 1970년 말, BP는 에코휘스크 북서 100마일, 영국 쪽의 포티에서 유전을 발견했다고 발표했다. 매우 규모가 큰 유전이었다. 1971년에는 쉘과 엑슨이 거대한 브렌트 유전을 발견한 것을 포함해 주요 유전의 발견이 뒤따랐다. 북해의 석유 러시는 계속되었고, 1973년 석유 위기는 이런 열망을 더욱 부추겼다.

다행히도 신기술이 속속 개발되고 있어서, 석유산업이 전에 시도해본 적 없었던 지역인 북해에서 생산 작업을 시도할 수 있는 정도였다. 물론 개발 중인 기술도 많았다. 하지만 이곳에서의 사업은 물리적으로나 경제적으로 위험했다. 시추 장비는 과거보다 훨씬 깊은 바닷속에서 작업할 수 있어야 했고, 해저로 4마일을 다시 시추할 능력을 갖춰야 했다. 모든 장비와 노동자들은 사납고 거친 바다와 세계에서 가장 나쁜 날씨를 견뎌야 했다. 이곳에서 일했던 한 선장은 "북해가 화났을 때만큼 고약한 것은 없다"라고 탄식했다. 날씨는 험악할 뿐 아니라, 하루에 서너 번씩 변했다. 갑작스러운 폭풍이 몇 시간씩 몰아쳤고, 50피트의 파도와 시속 70마일의 강풍이 심심찮게 들이닥쳤다. 석유를 퍼올리는 영구 구조물은 인공 섬 위의 작은 공업도시나 마찬가지였다. 바닥의 진흙, 유사流砂, 점토, 모래 파도뿐 아니라, 시속 130마일의 바람과 높이 90피트의 '100년 파도'에도 견디도록 건설되어야 했다.

어쨌든 북해 개발은 세계에서 가장 큰 투자 사업 중 하나였고, 비용의 급격한 상승으로 투자금은 더 많이 필요했다. 북해의 석유는 첨단 기술에 의한 경이로운 기적과도 같았다. 그 기술은 감탄할 정도로 신속하게 적용되었다. 1975년 6월 18일, 템스 강 어귀에 정박한 유조선 위에서 기념식이 열리고 있었다. 영국의 에너지부 장관 앤서니 웨지우드 벤이 밸브를 열었고, 최초의 북해산 석유가 해안의 정유소로 흘러들어갔다. 벤 장관은 지금부터 6월 18일은 국경일이 되어야 한다고 흥분해서 말했다. 그러나 개인적으로는 그는 이 행사를 달가워하지 않았다. 벤은 국유화에 대한 열정과 석유산업으로 대표되는 자본주의를 혐오하는 노동당의 좌익계 지도자였다. 그는 천성적으로 의심이 많은 사람이었다. 그의 일기에는 '국제 자본가의 완벽한 구성원이고 영국 보수당의 기반인 회사의 기념식에 참석하도록 압력을 받았다'라고 신랄하게 적혀 있었다. 또한 자신이 밸브를 열었을 때 '석유가 해변으로 흘러갔다는 풍문도 있었다'라고 극히 회의적으로 덧붙였다.

벤은 자신이 석유회사에 대해 상당한 혐오감을 갖고 있다는 사실을 깨달았다. 정부와 석유회사 간에 반복해서 벌어지던 해묵은 논쟁에서 자신이 주된 역할을 맡고 있었기 때문이다. 북해의 확인된 매장량이 증가하고 위험이 대폭 감소함에 따라, 대부분의 국가와 마찬가지로 영국 정부도 자국 광구에 더 많은 이익이 배당되고 유전의 '운명'에 대해 더 큰 통제권을 갖기를 원했다. 결국 노골적인 국유화를 요구하기로 결정한 것이다. 국무장관인 로드 발로프는 "석유회사들은 세금을 회피하기 위해 '들개에게 쫓기는 캥거루가 울타리를 넘는 것'보다 쉽게 국경을 넘을 수 있다"라고 불평했다. 이런 논쟁의 결과, 석유 수익에 대한 특별세가 신설되었고 영국 국영 석유회사British National Oil Company 가 설립되기에 이르렀다. 영국 정부는 북해 석유 생산량의 51%를 매입할 수 있는 권리를 주장하며 석유 생산에 참여할 수 있게 되었고, 이는 영국 정부가 북해 석유를 장악했음을 의미했다. 영국 정부가 북해 석유 생산에 대한 통제권을 더욱 강화하고 석유 수입을 더 많이 확보함에 따라 석유회사 경영진은 급기야 "OPEC과 영국의 차이를 발견할 수 없다"라고 불만을 터뜨렸다.

아무튼 영국 총리인 해럴드 월슨의 머릿속에도 같은 생각이 있었다. 북해에서 석유 생산에 성공하고 몇 주가 흐른 1975년 여름, 총리는 파이프를 물고 다우닝가 10번지의 2층 서재에 앉아 있었다. 월슨은 이미 총리 직책에 가장 오래 재직한 인물이었다. 또한 전 세계 의회와 국회 건물에 새길 만한 역사적인 명언을 남겼다. 즉 '정치에서 일주일은 긴 시간이다'라는 것이다.

그는 1964년 처음으로 정권을 잡았을 때, 침체에 빠진 영국을 기술 혁명의 나라로 탈바꿈시키겠다고 약속했다. 그러나 10년이 지난 현재, 영국의 가장 뛰어난 경제적 자산은 컴퓨터나 우주공학이 아니라 석유 개발 기술이 되었다. 그해 여름 월슨은 '찔끔찔끔'이라 할 수 있는 현재의 생산을 일산 250만 배럴로 늘림으로써 영국의 경제적 번영을 이루고, 세계 석유에 미치는 힘의 균형을 통제할 수 있는 방법을 생각하고 있었다. 그는 이미 산유국의 총리가 된 것처럼 생각했다. 당시 포드 행정부는 고유가에 반대하는 정책을 펴고 있었는데, 이에 대해 월슨은 이렇게 평했다. "우리는 유가가 폭락하는 것을 원치 않는다. 만일 미국이 유가 인하를 원하더라도 여기에 있는 많은 사람들이 찬성하지 않을 것이다."

하지만 그의 말에는 커다란 모순이 있었다. 20년 전 앤서니 이든 총리가 수에즈, 나세르, 민족주의, 영국의 석유 공급 위협에 대한 대처 방안을 강구했던 그 방에 윌슨도 있었다. 1956년 이든은 영국에 대한 위협이 심각하다고 판단해, 운하 지대에 군사력 동원을 결정했으나 공세는 중단되었다. 이 사건으로 중동에서 오랫동안 유지되었던 유럽의 역할과 이든의 정치적 생명이 함께 종지부를 찍었다. 다행히도 윌슨은 이런 운명에 동참하지 않았다. 그는 이든을 놀라게 할 만한 야망을 고백했는데, 신흥 산유국의 지도자로서 1980년 OPEC 의장이 되는 것이었다.[7]

또 한 번의 위기

1973년 석유 위기의 결과로 '유가 예측'이라는 새로운 분야가 등장했다. 1973년 이전까지는 유가를 예측할 필요가 없었다. 당시까지만 해도 유가는 달러가 아니라 센트로 계산되었고, 수년간 크게 변하지 않았다. 그러나 1973년 이후 상황이 달라졌다. 결국 유가 예측은 에너지 산업계뿐 아니라 항공사, 은행, 농협에 이르는 산업계 전반과 정부 및 국제 경제에 중요한 영향을 미치게 되었다. 이제 모든 사람이 유가 예측 작업에 참여했다. 석유회사도 하고, 정부와 중앙은행도 하고, 국제기구도 했다. 심지어 부동산 업계 및 은행까지도 유가를 전망했다. 콜 포터가 지은 시의 후렴구인 "새도 하고, 벌도 하고, 심지어는 교육받은 벼룩도 했지"가 떠오를 정도였다.

다른 모든 경제 예측과 마찬가지로 이 역시 과학에 기초했다. 유가 예측은 판단과 가정을 통해 이루어졌는데, 그 결과는 예측의 주체가 속한 '공동체'의 영향을 많이 받았다. 어찌 보면 유가 전망은 심리적이고 사회적인 현상이

기도 했다. 불확실한 세계 안에서 동일한 집단의 힘을 반영하고, 개인이나 단체가 상호 위안과 확실성을 모색하는 방식을 드러냈기 때문이다. 설령 그 합의가 매년 완전히 달라진다 할지라도, 최종 결과는 강한 공감대를 형성했다. 1978년까지 이러한 공감대는 유가 예측을 하는 그룹과 유가 예측을 토대로 의사결정을 내리는 그룹들에서 두루 관찰되었다. 1980년대 초반, 혹은 중반까지 알래스카, 멕시코, 북미 지역에서 하루 600~700만 배럴의 석유가 생산되었지만 공급 부족을 결정적으로 해소할 수 있다고 생각되지는 않았다. 공급 부족을 지연시키는 현대판 '파비우스'(지구전 전술로 로마를 지켜낸 파비우스 막시무스 장군을 말함—옮긴이 주)의 역할 정도로만 인식되었다. 석유 수요가 다시 공급 부족을 가져올 것으로 예측되는 1980년대 후반기에 또 다른 에너지 위기가 발생할 가능성이 높았기 때문이다. 이는 대부분의 석유 예측가들이 동의하는 것이었다. 흔히 말하는 '에너지 갭gap'의 가능성이었다. 이런 수급 불균형은 1970년대 초반의 사례처럼, 또 다른 가격 급등에 의해서 해결될 수 있을 것이다.

석유회사나 CIA, 서유럽 국가, 국제기구나 유명한 전문가, OPEC이 내놓는 결과는 천편일률적이었다. 예측하는 사람이나 기관은 확신을 갖고 있었고, 이런 예측을 믿고 정책이나 투자를 결정했던 사람들 역시 그러했다. 이러한 공통된 견해를 지지해준 가장 중요하고 유일한 가정假定은 바로 '철칙Iron Law'에 대한 믿음이었다. 즉 경제성장률과 에너지, 석유의 소비 증가율 간에는 피할 수 없고 뗄 수 없는 밀접한 상관관계가 존재한다는 것이다. 경제가 연간 3~4% 성장한다면 석유 수요 역시 3~4% 증가할 것으로 가정되었다. 다시 말해, 소득은 에너지와 석유 소비의 결정 인자라고 생각했다. 1976년부터 1978년까지 여러 상황들이 이러한 상관관계를 입증하는 듯했다. 선진국의 경제 성장은 침체에서 벗어나 활기를 되찾았고, 위의 3년 동안 연평균 4.2% 성장했다. 석유 수요는 경제성장률과 비슷한 평균 4%의 증가세를 나타냈다. 미래의 세계는 과거와 현재의 상황이 연장되는 것으로 인식되었다. 경제 성장을 위해서는 더 많은 석유가 지속적으로 필요할 것이라는 믿음이었다. 개발도상국의 경제 성장은 석유 수요를 더욱 증가시킬 것이다. 절약의 효과는 경시되었고, 다음 단계는 1973년 에너지 위기의 재연이었다.

OPEC에서 장기 전략의 주된 옹호론자였던 아메드 자키 야마니는 늘 고집해오던 유가 안정 논리 대신, 대체에너지 개발과 에너지 절약을 촉진할 수 있는 점진적 소폭 인상을 주장했다. 그는 공통된 전망인 유가 상승을 억누르는 것보다 점진적 유가 인상이 훨씬 바람직하며 더 안정적이라고 주장했다. 1978년 6월, 야마니는 다음과 같이 말했다. "우리가 수행한 연구와 신빙성 있는 자료들은 1980년대 중반에 석유 공급 부족이 발생할 것임을 강하게 암시하고 있다. 우리가 무엇을 하든 그 시기는 다가오고 있다."

야마니는 석유 수입국과 수출국 모두 너무나 잘 알고 있는 유가 전망을 말하고 있었다. 일부 미국인조차 수요 증가와 유가의 실질가격 하락을 보면서, 적정한 유가 상승이 미래의 고민을 줄여줄 것이라 생각하기 시작했다. 1~2년의 차이는 있겠지만 석유 위기는 10년 내에 분명히 발생할 것이다. 그러나 가까운 장래에 유가가 급상승하지는 않을 것이라는 점에는 모두가 공감했다.

이는 모두 경제학에 바탕을 둔 견해였는데, 정치적 관점은 조금 달랐다. 즉 경제성장률과 수요 탄력성의 관계를 다루는 모델에 정치를 끼워 맞추기가 쉽지 않았던 것이다. 하지만 정치는 무시될 수 없는 요인이었으며, 정치만큼 정확한 장기 전망의 기준도 없었다.

1977년의 마지막 날, 바르샤바에서 뉴델리까지 3개 대륙을 순방 중이던 카터 대통령이 이란의 테헤란에 도착했다. 카터 대통령이 아내에게 신년을 어디서 보내고 싶은지 물었을 때, 그녀는 이란 국왕 부부와 함께 보내고 싶다고 말했다. 6주 전 이란 국왕 부부가 워싱턴을 방문했을 때 그들은 함께 즐거운 시간을 보냈었다. 하지만 카터 대통령 부부에겐 몇 주 전의 감정만큼이나 현실적이고 정치적인 이유가 있었다.

카터는 이란 국왕에게 강한 인상을 받았다. 이란 국왕은 자유화를 위한 매우 중요한 조치들을 취하고 있었고, 인권 문제에도 관심을 갖고 논의 중이었다. 두 사람 사이에 새로운 이해관계가 생겨난 것이다. 카터는 대통령 취임 당시보다 이란의 전략적 역할과 국왕에 대해 훨씬 더 고맙게 생각했다. 이란은 중동에서 힘의 균형을 유지하는 지렛대 역할을 하고 있었다. 중동에서 서방의 반대 세력과 급진주의자는 물론, 소련의 힘과 야망을 견제하는 데 없어서는 안 될 존재였다. 세계 2대 석유 수출국 중 하나로서, 또한 중동의 강대국으로서 이란은 세계 석유의 안정적 공급을 책임지는 보루였다.

이란 국왕에게는 커다란 양보였을 유가에 대한 입장 선회와 인권 개선에 대해 카터는 감사를 표하고 싶었다. 더군다나 카터는 이란 국왕이 백악관에 도착했을 때 최루탄을 쏜 데 대해 사과의 뜻을 전하고자 했다. 무엇보다 이란 안팎의 오해를 씻고 미국의 분명한 지지를 강조하고 싶었다. 카터 대통령은 신년 연회에서 인상적인 축배를 제의하기 위해 일어섰다. "이란은 위대한 지도력으로 세계에서 가장 험난한 지역에 있는 '안정의 섬'이 되었습니다. 폐하와 폐하의 지도력, 그리고 국민들이 폐하께 바치는 사랑과 존경에 경의를 표합니다." 카터 대통령과 이란 국왕은 이런 희망찬 말로 역사적인 1978년을 맞이했다.

하지만 카터 대통령이 말한 '안정의 섬'에 모두가 공감한 것은 아니었다. 카터 대통령 방문 직후, 이란에서 활동 중이던 미국의 한 독립계 석유회사 회장이 여행을 마치고 테헤란으로 돌아왔다. 그는 임원 한 명에게 "국왕이 큰 곤경에 처해 있다"라는 은밀한 메시지를 전했다.[8]

33

제2차
석유 위기

지미 카터가 이란을 떠나고 일주일 후, 국왕의 철천지원수로 당시 이라크에 망명해 있던 시아파 장로 루홀라 호메이니를 신랄하게 비난하는 기사가 테헤란 신문에 실렸다. 기사는 무기명으로 게재되었지만 국왕 측근의 관리가 쓴 것이 분명했고, 카터의 이란 방문을 통해 확고한 자신감을 얻은 듯 보였다. 정부를 통렬히 비난하는 호메이니의 연설이 담긴 테이프가 이란 전역에 나돌고 있었고 그에 따른 분노의 목소리가 높았으므로 이런 기사가 나오는 것이 전혀 이상하지 않았다. 이란 왕실과 이슬람 시아파 원리주의자 간의 적대감은 1920년대와 1930년대 레자 국왕과 성직자 간의 권력 투쟁에 기원을 두고 있지만, 한편으로는 비종교 세력과 종교 세력 간의 갈등이 확대된 것이기도 하다. 그러나 1978년 7월의 신문 기사로 이러한 대립은 새로운 국면을 맞이했다.

환멸과 적대감

1970년대 중반, 이란은 국내로 흘러 들어오는 석유 수입을 주체할 수 없었다. 오일 달러는 터무니없는 현대화 계획에 남용되면서 낭비와 타락을 조장했고 경제 혼란과 사회적·정치적 긴장을 불러왔다. 지방에서 도시로 인구 유입이 계속되어 농업 생산은 저하되고 식료품 수입은 지속적으로 증가했다. 물가의 상승으로 국민의 불만이 갈수록 커졌다. 테헤란에 거주하는 중간 관리나 공무원은 월급의 70%를 주택 임차료로 지출해야 했다. 이란의 주요 기간시설들도 갑작스러운 변화에 대처하지 못했다. 개발이 지연된 철도는 마비 상태에 빠졌고, 도로는 교통 체증에 시달렸다. 국가 송전망은 수요를 감당할 수 없는 데다 자주 고장을 일으켰다. 테헤란 일부와 몇 개 도시는 정기적으로 단전되었는데, 하루에 4~5시간 동안 단전되기도 했다. 단전은 산업 생산과 일상생활에 막대한 지장을 초래했고 국민들의 분노와 불안의 원인이 되었다.

이란 국민들은 국왕 체제와 성급한 현대화에 인내심을 잃어가고 있었다. 혼란의 와중에서 전통 이슬람교에 회귀하자는 열광적 원리주의 운동은 착실하게 호응을 얻고 있었다. 이런 분위기에서 힘을 얻은 주인공은 호메이니였다.

종교적 헌신과 불굴의 저항 정신으로, 호메이니는 국왕 체제와 1970년대 시대적 조류에 대한 반대를 몸소 실천한 인물로 부각되었다. 그는 1900년경 테헤란에서 180마일 정도 떨어진 작은 마을에서 이슬람교 교사의 아들로 태어났다. 그의 아버지는 그가 태어나고 수개월 후 사망했는데, 혹자는 그의 부친이 순례 도중 정부 관리에게 살해되었다고 말했다. 모친은 그가 10대일 때 사망했다. 호메이니는 이슬람교 연구에 몰두했고 1930년대부터 40년대까지 이슬람교 교리 및 계율의 강의로 주목받았다. 그는 강의를 통해 성직자가 지배하는 이슬람 공화국에 대한 자신의 이상을 피력했다.

호메이니는 오래전부터 팔레비 국왕 체제가 부패하고 정통성이 없다고 생각했다. 그러나 정작 정치 활동을 시작한 것은 '백색혁명'으로 불리는 국왕의 개혁 프로그램을 반대하는 세력의 지도자가 된 60세 때였다. 1962년 남성 이슬람교도만이 지방의회 의원이 될 수 있다는 규칙을 철폐하자는 제안이 나오자 호메이니는 격렬하게 항의했다. 또한 정부가 백색혁명의 방침 아래 시아파 당직자들이 보유한 토지를 포함한 대규모 토지의 재분배를 실시했을 때, 그는 가장 단호한 어조로 반대에 나섰다. 그는 수차례 투옥되었고, 결국 이라크로 망명했다. 국왕에 대한 호메이니의 증오심은 팔레비 국왕 체제를 옹호하는 미국에 대한 혐오로 나타났다. 그는 이라크 망명지에서 복수심에 가득 찬 피 끓는 연설로 국왕을 비난했다. 호메이니는 분노의 화신이었다. 그는 스스로 사회 불만 계층의 구심점이 되었다. 망명 중인 호메이니의 강경하고 비타협적인 주장에 온건파 종교 지도자의 목소리는 약화될 수밖에 없었다.

정부에 대한 비판은 다른 방향으로도 나타났다. 1976년 지미 카터가 민주당 후보로 대통령에 당선되자, 인권이 미국 외교 정책의 주요 과제로 등장했다. 이란은 인권 보호란 측면에서 좋은 인상을 줄 수 없었다. 하지만 당시로서는 제3세계 국가 전체의 특징이었고, 이란이 특히 인권 탄압을 심하게 한 것은 아니었다. 국왕에 대한 비판적 견해를 갖고서 1976년 이란에서 인권 문제를 조사한 국제법조사위원회의 한 위원은 이렇게 결론 내렸다. "이란 국왕은 우려할 만한 폭군이 아니다. 그는 국민의 인권을 심하게 억압하고 있지 않았다."

그러나 실제로 이란의 비밀경찰 사바크Savak는 잔인한 고문을 자행했고 무자비하고 강압적이고 포악했다. 어떤 것도 세계 열강 대열에 끼려는 야망을 가진 대문명국 이란의 이미지와는 맞지 않았다. 이란 국왕은 선진 공업국들에게 산업 문명의 결점을 역설한 바 있다. 그래서 이란의 인권 탄압 문제는 다른 개발도상국에서보다 두드러졌고, 이란 국내외에서 국왕 체제에 반대하는 세력을 증가시키는 빌미가 되었다. 국왕 스스로도 인권 문제에 대해 미국의 심한 압박을 받고 있다고 생각했다. 그래서 자신의 체제에 대한 비판이 고조되는 와중에도 정치 활동을 자유화하는 조치를 내렸다.[1]

이란의 40일 투쟁

1977년 말, 호메이니의 연설에서 새로운 분노심이 감지되었다. 장남이 이해 못할 상황에서 살해되었기 때문이다. 이는 사바크(팔레비 국왕이 왕권을 보호하기 위해 창설한 정보기관—옮긴이 주)가 사주한 것으로 추정되었다. 그런 와중에 1978년 1월 7일 자 신문 기사가 주목을 받았다. 그 기사는 호메이니를 비방하는 한편, 그의 종교적 자격과 업적을 문제 삼고 있었다. 또한 그가 젊은 시절 연애시를 쓴 것을 놓고 부도덕한 행위라고 비난했다. 언론의 공격에 자극받아 호메이니의 정신적 고향인 성도聖都 콤에서 폭동이 일어났다. 곧 군대가 투입되었고 시위자들이 사살되었다. 콤 사태는 이슬람 종교 지도자와 정부 간에 새로운 대립을 불러일으켰는데, 이는 특이한 형태로 진행되었다. 이슬람 시아파는 망자들을 위해 40일의 문상 기간을 설정했다. 그런데 그 기간이 끝나자 바로 새로운 시위가 일어났고 다시 희생자가 발생했다. 다시 40일의 문상 기간이 정해지고, 그 기간이 끝난 뒤 시위는 반복되었다. 1978년의 처절한 항의 시위를 이끌었던 한 지도자는 후에 이 시위를 '40일 투쟁'이라 불렀다. 폭동과 시위가 전국으로 확산되면서 충돌의 규모도 커졌다. 계속 많은 사람이 희생되었고 그들은 순교자로 추앙받았다.

체제 비판을 진압하기 위해 경찰과 군대가 투입되자 국왕에 대한 적대 세력은 더욱 늘어났다. 그 와중에 시아파 교단에 대한 보조금 지급을 철회하는 조치가 있었다. 이로써 성직자들은 더욱 분노했고 정부와의 관계는 악화되었다. 이제 공공연한 정부 비판은 어디서나 일상적인 일이 되었다. 그러나 1978년 상반기에도 국왕은 사태의 심각성을 깨닫지 못했다. 국왕은 영국 대사에게 "상황은 심각하지만 자유화를 추진하는 중이오"라고 말했다. 국왕에게 가장 큰 적은 국민의 마음을 사로잡고 있는 율사들이었다. 국왕은 "타협은 없다. 정면대결로 승부를 결정지을 수밖에 없다"라고 자신 있게 말했는데, 자신의 패배는 상상도 하지 않았기 때문이다.

미국 정부 내에서도 국왕의 패배 가능성을 점치는 사람은 없었다. 미국 정부로서는 다른 대안을 생각할 수 없었다. 이란은 37년간 강력한 군주 체제를 유지해왔다. 국왕은 세계에서 존경받았고 조국을 근대화한 공로자였다. 이란은 세계 2대 산유국의 하나로 과거와는 비교할 수 없을 정도로 엄청난 부를 축적했다. 미국에게 국왕은 중요한 맹방이었고 최대 요충지를 사수하는 대들보였다. 하지만 이란에 대한 미국의 정보는 편향되어 있었다. 미국은 국왕이 혐오하는 반대 세력의 동향을 파악하다가 국왕의 분노를 살까 우려했다. 놀랍게도 미국 내에는 이란의 정보를 분석할 수 있는 사람이 하나도 없었다. 최후의 순간까지도 미국의 안보를 담당하는 정보 수요자들로부터 국왕 체제의 안정성을 분석하라는 요구는 없었다. 분석이 불필요하다고 생각했거나, 분석 결과가 우려하는 대로 나올까 봐 두려워했기 때문이다. 한 정보 분석가는 "이란에 대한 정보는 누설할 만한 것이 없었다"라고 말했다.

1978년 한 해 동안 미국의 정보 담당 기관들이 이란에 대한 분석을 시도했지만, 잘 되지 않았다. 매일 많은 정보가 쏟아져 들어왔지만, 국왕에 대한 불만 세력과 반정부 세력이 어떤 방식으로 연대하여 행동을 취할지 분석하는 데 어려움이 있었다. 8월 중순 국무부가 작성한 조간 요약morning summary은 이란 국왕의 권력 상실과 이란 사회 구조의 와해를 시사했다. 그러나 1978년 9월

28일 국방부 정보국은 "국왕은 향후 10년 이상 권력을 유지할 것이다"라고 예측했다. 국왕이 과거에도 어려운 위기를 잘 극복했다는 사실에 근거한 예측이었다.

그 순간에도 반反국왕 세력의 분노가 심화되는 징후가 여러 형태로 나타났다. 1978년 8월의 2주 동안 '해악이 되는' 영화의 상영에 반대하는 원리주의자가 전국 6개 극장에 불을 지르는 사건이 발생했다. 8월 중순, 거대 정유 단지인 아바단에서는 관람객 500명이 초만원을 이룬 극장의 출입구가 봉쇄된 채화재가 나서 관람객이 사망하는 참사가 발생했다. 확실하지는 않지만 이 역시 원리주의자들의 소행으로 추정되었다. 9월 초에는 테헤란에서 유혈 시위가벌어졌다. 이를 기점으로 국왕 정부는 통치력을 상실하고 붕괴되기 시작했다. 그럼에도 불구하고 국왕은 자유화 정책을 계속 추진했고, 1979년 6월에는 자유선거에 관한 협의가 진행되기도 했다.

국왕을 접견한 사람들은 국왕 신변에 이상이 있음을 눈치챌 수 있었다. 그는 사람들을 기피하는 듯했다. 국왕의 건강 상태에 대한 소문도 수년간 꾸준히 나돌았다. 암에 걸렸다거나 성병에 걸렸다는 소문이었다. 9월 16일 다시국왕을 찾은 영국 대사는 이렇게 말했다. "국왕의 모습과 태도가 변한 것이 심히 걱정된다. 그는 초췌해 보였다. 얼굴색은 누렇게 변했고 동작은 둔했다." 실제로 국왕은 백혈병에 걸린 상태였다. 1974년 프랑스 의사가 처음으로 백혈병을 진단했는데, 그는 수년간 국왕과 왕비에게 이 병의 중대함에 대해 알리지 않았다. 더군다나 왕은 자신이 치료받고 있는 사실을 비밀로 하라고 엄명을 내렸다. 미국 정부의 일부 인사는 프랑스 정부가 무언가를 감추고 있다고 의심했다. 영국 정부도 몰랐던 것 같지만 미국 정부가 몰랐던 것은 확실했다. 만일 미국이 이 사실을 사전에 알았다면 여러 측면에서 다른 정책을 세웠을지도 모른다. 시간이 가면서 국왕의 병세는 깊어졌고 자신의 사후에 일어날 일을 두려워하기 시작했다. 국왕의 우유부단함, 무관심, 우울함, 운명적 체념 등은 이런 두려움에서 비롯되었다고 설명할 수 있다.[2]

물 위의 눈처럼

정세가 악화됨에 따라 국왕은 동요했지만, 반란 세력에 정면으로 맞서지는 않았다. 세계의 여론이 주시하고 있었고, 반란 세력도 그의 '백성'이었기 때문이다. 그러나 국왕은 결코 굴복하지 않았다. 국왕은 미국 정부의 모순되는 조언에 당황했고 모든 사람에게 배신감을 느끼고 있었다. 그는 미국 CIA와 영국 정부가 이란을 전복하려 하고, BBC 방송은 반정부 세력의 통신망으로 활용된다는 의구심을 거듭 표명했다. 그러나 이러한 의심에는 뚜렷한 근거가 없었다.

수주일이 지나면서 파업은 점차 확대되었고, 그중에는 석유 기술자들도 있었다. 호메이니는 1978년 10월 초 이라크에서 추방되었다. 이 조치는 이란의 긴급 요청에 의한 것이기도 했지만, 바그다드의 바스당이 이라크 내 시아파들의 동향을 우려했기 때문이기도 했다. 호메이니는 쿠웨이트로부터 입국을 거절당했고, 결국 프랑스 파리의 교외에 거점을 마련했다. 이란 정부는 '눈에서 멀어지면 마음에서도 멀어진다'라는 생각을 갖고 있었으나, 이는 잘못된 것이었다. 프랑스 정부는 호메이니와 측근들에게 이란 국왕이 테헤란에 설치했던 것과 같은 직통 국제전화를 제공해주었다. 이는 매우 유용한 통신 수단으로 활용되었다. 분노에 가득 찬 호메이니는 서구 세계에 대한 지식이 거의 없었고 서구 세계를 경멸해왔지만, 현관에 진을 치고 있는 보도진 앞에서는 당당한 태도로 자기주장을 펼쳤다.

국왕은 아직도 자유화를 추진하고 있었다. 학문의 자유, 출판의 자유, 집

회의 자유 등이 먼저 공표되었다. 그러나 국민들은 서구식 권리에 흥미를 느끼지 못했다. 국왕과 팔레비 왕조, 근대화 조치에 대한 반감이 강했기 때문이다. 10월 말 국왕은 "우리는 물 위에 떨어지는 눈처럼 날로 용해되고 있다"라고 서글픈 심정을 토로했다. 파업으로 정치와 경제는 마비되었고 학생들은 통제 불능이었으며 시위와 폭동은 셀 수 없을 정도로 빈발했다. 이란 석유산업의 혼란도 심화되었다. 주요 석유 생산 지역은 '유전지대The Fields'라고 불리었는데, 1908년 앵글로-페르시안이 처음 석유를 발견한 마지드 이 술레이만 유전이 있는 이란 남동부를 말한다. 그로부터 70년이 지난 현재, '유전지대'의 운영은 이란 석유 공급사인 오스코Osco의 수중에 넘어가 있었다. 오스코는 모사데그의 몰락과 이란 국왕의 복귀 후인 1954년에 설립된 컨소시엄의 후신이었다.

오스코 본사는 아바단에서 북쪽으로 80마일 떨어진 아하즈에 있었는데 오스코 가맹사의 직원인 비非이란인들이 일하고 있었다. 10월, 유전지대에서 파업 중인 일단의 이란 근로자들이 오스코 본사 건물로 몰려왔다. 그들을 쫓아내려는 사람은 아무도 없었다. 11월에는 노동자 200명이 건물 복도에서 숙식하면서 오스코와 국영 이란 석유회사에 압력을 가했다. 오스코의 서양인 직원들은 혹시 노동자들을 밟을까 주의하면서 업무를 보았다. 한편 본사 건물의 정원에서는 즉흥 기도회가 열렸다. 처음에는 7명이 참석했으나, 곧 성가를 부르는 신자가 700명으로 늘어났다.

파업의 효과는 즉각적으로 나타났다. 이란은 사우디아라비아 다음의 석유 수출국이었다. 이란에서 매일 생산되는 550만 배럴 중에서 450만 배럴이 수출되었고, 나머지가 이란 내에서 소비되었다. 11월 초에는 수출이 일일 100만 배럴 이하로 감소했다. 하르그 섬의 선착장에는 유조선 30척이 석유 선적을 기다리며 대기하고 있었다. 겨울 성수기가 시작되었지만 석유가 제대로 공급되고 있지 않았기 때문이다. 석유회사들은 가격 하락으로 석유 구입이 수월해지자 재고를 줄여왔다. 이제 전 세계가 석유 부족에 빠질지도 모를 일이다. 이란의 안정은 석유 수입收入에 달려 있었다. 실제로 석유 수입은 이란 경제의 근간이었다. 이란 국영 석유회사의 사장이 노동자들과의 대화를 위해 '유전지대'인 남부로 갔고, 성난 노동자들이 그를 에워쌌다. 그는 협상을 포기한 채 국외로 도피해버렸다. 파업을 중지시킬 방법은 없는 듯 보였다.

혼란을 통제하기 위해 국왕은 그동안 금기시했던 군부 정권 수립이라는 수단을 동원했다. 국왕이 할 수 있는 마지막 방안이었다. 그는 약체의 장군을 군부 정권의 수반에 임명했다. 하지만 그 장군은 이내 심장 발작을 일으켜 권력을 행사하지 못했다. 신정부는 일시적으로나마 석유산업의 질서를 회복하고 생산을 재개할 수 있었다. 군軍은 오스코 본사에도 투입되었다. 불안감 속에서 복도에 진을 치고 있는 노동자들은 군인들과 대치했다.

사태가 최종 국면에 접어들자 이란의 최대 동맹국인 미국의 정책은 혼란에 빠졌다. 1978년의 대부분, 카터 행정부의 고위 관리들은 이집트와 이스라엘 간의 캠프 데이비드 평화협정, 소련과의 전략 무기 협상, 중공과의 관계 정상화 등 다른 중요한 외교 활동에 관심을 기울이고 있었다. 미국의 정책은 이란이 신뢰성 있는 우방이며 페르시아 만 지역을 수호하는 대지주大支柱라는 전제에 기초하고 있었다. 미국 정부는 이란 국왕에 대한 경의의 표시로, 또한 국왕의 분노를 사지 않기 위해 이란의 반정부 세력과 거리를 두어왔다. 이는 접촉 수단의 단절을 의미했다. 그래서 당시 이란 내에 널리 유포되고 있던 호메이니 연설 테이프의 내용도 파악할 수 없었다. 이란의 불안정이 소련의 사주 때문이라고 말하는 사람들도 있었다.

이런 일이 일어날 때마다 그랬듯이, 사태의 변화에 따라 미국이 취할 수 있는 조치가 무엇인지에 대한 의문이 제기되었다. 이란 군사정부가 전국적인 파업과 종교적 이유에 의한 이란 군인들의 이탈을 감당할 수 있을 것이라 생각하는 미국 관리는 소수에 불과했다. 실제 1978년 후반의 수개월 동안, 워싱턴에서는 대응책 마련을 위한 관료들의 열띤 논쟁이 벌어졌다.

이란 국왕 체제를 유지할 방도는 무엇인가? 미국에 우호적인 정권으로 승계되도록 하는 방안은 있는가? 권력 승계 세력에 반감을 주지 않고 국왕을 지원할 방도는 무엇인가? 국왕은 정말 물러나야 하는가? 국왕의 정치 생명이 연장된다 해도, 필요시 국왕의 입장을 손상시키지 않고 관계를 단절할 방법은 무엇인가? 워싱턴의 이런 동요는 "국왕은 강경하게 밀고 나가야 한다, 국왕은 퇴임해야 한다, 군대를 이용해야 한다, 인권을 보호해야 한다, 군에서 쿠데타를 일으켜야 한다, 군이 개입해서는 안 된다, 섭정 체제가 되어야 한다"와 같은 모순되는 조언을 이란에 제공하는 사태를 낳았다. 한 관리는 이 사태를 다음과 같이 비판했다. "미국은 명확하고 일관적인 조언을 주지 못했다. 여러 방안들 사이를 방황하다가 결정을 내리지 못했다. 차라리 동전으로 정책을 결정하는 편이 나았을 것이다." 미국의 불협화음은 이란 국왕과 관리들을 혼란에 빠뜨리고 이들의 판단을 흐려놓았다. 결국은 그들 스스로 문제를 해결할 능력마저 약화시키는 꼴이 되었다. 게다가 워싱턴에서는 국왕의 병세에 대해 전혀 모르고 있었다.

미국은 신속히 어떤 조치를 강구해야 했지만, 국내 언론들이 국왕을 비판했기 때문에 사태가 복잡해졌다. 호메이니와 그의 목표가 신비롭고 비현실적이라고 보는 견해와 미국의 외교 정책에 대한 도덕적 비판이 뒤섞여 있었다. 한 저명한 학자는 「뉴욕 타임스」의 지면에 이렇게 썼다. '호메이니는 아량이 넓은 인물이고 측근들은 온건하면서도 진취적인 인사들로 구성되어 있다. 호메이니가 정권을 잡을 경우, 제3세계의 동경의 대상이 되는 인간적인 통치 모형을 보여줄 것이다.' 미국의 앤드류 영 유엔 대사는 한술 더 떠서 호메이니가 결국 성인聖人으로 추앙받을 것이라고 했다. 이런 발언들에 당혹감을 느낀 카터 대통령은 '미국은 누군가가 성자가 되는 것과는 무관하다'라는 입장을 명확히 할 필요를 느꼈다.

얼마나 일관성 없는 정책이 진행되었는지에 대한 증거도 있었다. 1960년대 초부터 중동 위기에 관여한 고위 관리는 이상하게도 이란에 관한 고위급 수준의 '체계적 회의'가 11월 초순 사태가 임박할 때까지도 소집되지 않았다는 사실을 밝혀냈다.

11월 9일, 테헤란 주재 윌리엄 설리번 미국 대사는 마침내 현실을 직시하고 '생각할 수 없는 것에 대한 고려'라는 제목으로 워싱턴에 충격적 내용의 보고서를 보냈다. 그는 국왕이 권력을 유지하지 못할 것이라고 하면서 미국은 예측 불허의 사태와 여러 대안에 대한 검토를 시작해야 한다고 지적했다. 그러나 워싱턴에서는 논쟁만 치열했을 뿐 아무 대응도 하지 않았다. 카터 대통령이 국가안전보장 담당 고문, 국방장관, CIA 국장에게 친서를 보내 '왜 이란 정세에 대한 정보가 사전에 제공되지 않았는지' 질의할 정도였다. 설리번 대사는 미국이 '어떤 방향성'도 없이 이란 사태를 맞고 있다고 결론 내렸다.[3]

피의 분출

1978년 12월은 시아파 교도에게 문상과 장례, 그리고 종교적인 자기 학대의 달이었다. 이맘 후세인의 순교를 기리고 정통성 없는 독재자에 대한 끊임없는 저항을 상징하는 '아슈라 제일祭日'이 다가오자 이런 분위기는 최고조에 달했다. 호메이니는 12월이 복수와 '피의 분출'의 달이 될 것이라 천명한 바 있다. 그는 새로운 순교를 호소했다. "얼마나 많은 순교자가 나오는지 지켜보자. 5,000명, 1만 명, 2만 명이어도 좋다. 우리는 칼보다 피가 강하다는 것을 보여줄 것이다." 전국에서 대규모 시위가 벌어졌는데 일부 시위는 관리들에게 공포심을 줄 정도로 규모가 컸다. 모든 반대 세력이 연합한 듯했고 군의 진압 강도는 수그러들었다.

국왕은 더 이상 취할 방도가 없었다. 그는 "독재자는 권력을 유지하기 위해 국민들을 희생시킬 수 있다. 하지만 나는 왕이기 때문에 그런 짓을 할 수 없다"라고 생각했다. 그의 굴욕감을 한층 악화시킨 것은 장난전화였다. 국왕은 워싱턴으로부터 에드워드 케네디 상원의원의 전화가 와 있다는 연락을 받았다. 국왕은 아무 의심 없이 수화기를 들었다. 그러나 수화기에서는 "모하메드 국왕 퇴위하라, 모하메드 국왕 퇴위하라"라는 목소리만 반복해서 흘러나왔다.

이란 석유 공급 회사에서 파견된 특별 작업단은 유전지대에 근무하는 1,200명의 외국인 종사자와 가족들을 탈출시킬 계획을 비밀리에 진행하고 있었다. 작업단은 공항이 폐쇄될 경우 이용할 수 있는 사막 활주로를 물색하기 위해 지도를 수집했다. 그런데 이런 준비는 별 진지함 없이 진행되었다. 그러던 어느 날 오후였다. 오스코의 관리 총책임자로 엑슨에서 파견된 조지 링크가 점심 식사를 마치고 업무에 복귀하기 위해 자동차 문을 여는 순간, 길모퉁이에서 튀어나온 괴한이 무언가를 차 안에 던져 넣었다. 링크는 순간적으로 차 문을 열고 뛰어내렸고 차는 폭발했다. 탈출 계획은 이 사건 후 진지하게 진행되었다.

파업의 열기는 다시 유전지대를 강타했고, 이란의 생산은 급감했다. 긴장감 역시 높아졌다. 오스코의 운영 책임자 보조로 텍사코에서 파견된 폴 그림은 노동자를 직접 상대하는 업무를 맡고 있었다. 덩치 크고 잘 떠들던 그림은 두려움과 혼란 속에서, 파업에 가담한 기술 노동자들에게 작업장으로 돌아오지 않으면 해고하겠다고 으름장을 놓았다. 그는 파업을 분쇄하는 사람으로 이

미지가 굳어져 있었다. 12월 중순, 그림은 출근길에 그의 차를 쫓아온 괴한이 쏜 총에 뒤통수를 맞고 즉사했다. 탈출 계획은 더욱 서둘러 진행되었다.

12월 25일 크리스마스, 이란의 석유 수출이 전면 중단되었다. 세계 석유 시장의 대사건이 분명했다. 유럽의 현물가격은 공식가격을 10~20% 웃돌았다. 생산 중단은 이란 국내의 석유 공급도 고갈시켰다. 테헤란에서는 휘발유와 취사용 연료인 등유를 배급받기 위해 긴 줄을 서야 했다. 군인들은 위협조로 공포를 쏘며 석유를 요구했다. 석유 종사자들이 군대에는 석유 공급을 거부했으므로 곧 군대는 무력화되었다. 마침내 역할이 뒤바뀌어, 미국 유조선이 이란에 와서 연료를 공급하는 이상한 상황이 벌어졌다. 그 후 수주에 걸쳐 유조선들이 근해에 머물거나 부두 입구에 닻을 내리거나, 때로는 강 상류로 거슬러 올라가 아바단으로 가기도 했지만 안전한 하역 작업이 보장되어 있지 않아 석유를 하역할 수 없었다.

쇼는 끝났다

12월 말, 정부 지도부는 연립내각을 구성하고 국왕은 치료차 이란을 떠난다는 합의가 이루어졌다. 그러나 이것이 실제 무엇을 의미하는지는 의심의 여지가 없었다. 팔레비 왕조가 종말을 맞은 것이다. 유전지대의 석유 생산도 당분간 왕조의 운명과 같이할 것이다. 크리스마스 수주일 후, 오스코는 서양인 직원들을 모두 탈출시키기로 결정했다. 이란 국왕의 신변과 워싱턴에서 진행되고 있는 사태를 눈치채지 못하던 외국계 종업원들은 이번 출국이 일시적이며, 수주일 혹은 수개월 후에는 이란의 질서가 회복될 것이라 생각했다. 따라서 손가방 정도로 짐을 꾸렸고, 다시 돌아올 것을 생각하여 집과 가구를 그대로 두었다. 그런데 그들은 1951년 모사데그에 의해 아바단에서 강제 추방당한 석유 종사자들이 처했던 곤란을 똑같이 겪었다. 애완견을 처분해야 했던 것이다. 얼마나 오랫동안 떠나 있어야 할지 몰랐기에, 이전 사람들이 했던 대로 개를 집 밖으로 끌고 나와 곤봉이나 총을 사용해 죽여야 했다.

아하즈 공항에 모인 그들의 최종 목적지는 아테네였다. 그곳에서 모든 일이 해결될 때까지 관광을 즐기며 시간을 보낼 계획이었다. 윌리엄 녹스와 조지 레이놀드의 후계자들이 다시 불명예스럽게 이란을 떠나고 있었다. 그러나 1951년의 '아바단 고별'과는 다르게 의장대와 예포와 군악대는 없었고 '부기 대령의 행진곡'도 연주되지 않았다. 아하즈는 한때 매우 번성한 공항이었다. 수많은 국내선 비행기들이 뜨고 내렸고, 세계의 석유 생산기지를 왕복하는 소형 비행기와 헬리콥터들이 빈번하게 이용했다. 그러나 이제 국내선 항공편은 중단되었고, 석유산업이 휴면에 들어간 상태에서 인적이 끊기자 정적과 공허감만이 감돌아 불길한 분위기를 자아내고 있었다.

1월 8일, 영국 대사가 국왕에게 작별 인사를 하러 갔다. 거의 반세기 동안 파란만장한 역사 속에서 유지해온 왕정이 종말을 고하는 순간이었다. 페르세폴리스에서 개최된 페르시아 왕정 2,500주년 기념식의 화려함은 이제 옛일이 되었고, 왕조의 권력은 풍비박산 났다. 기원전 330년에는 알렉산더 대왕이 페르세폴리스를 정복하고 왕궁을 불태웠다. 지금은 호메이니가 페르세폴리스의 후계자임을 자처해온 국왕을 하야시켰다. 오즈의 마법사처럼 모하메드 팔레비는 평범한 사람으로 돌아갔다. 쇼는 끝났다.

영국 대사와 대담을 나누는 국왕은 마음의 평정을 찾고 초연한 듯 보였다. 그는 일련의 사태를 마치 남의 일처럼 아무렇지 않게 말했다. 그런 모습에서 대사는 더욱 비통함을 느꼈다. 오랜 외교관 생활로 단련된 그도 눈물을 흘리지 않을 수 없었다. 국왕은 그를 위로하기 위해 "염려 마세요. 당신이 어떤 심정인지 잘 압니다"라고 말했다. 대사가 아니라 국왕이 이런 말을 하는 상황은 묘했다. 국왕은 아직까지도 모순이 되는 조언이 들어오고 있다고 말했다. 그러고 나서 기이한 몸짓으로 손목시계를 보더니 이렇게 말했다. "내 스스로 결정할 수 있다면 10분 내로 떠나고 싶군요." 정말로 쇼는 끝났다.

1월 16일 정오, 국왕은 테헤란 공항에 나타났다. 휴가 가는 것처럼 가장했지만 그 모습이 더 측은해 보였다. 이것으로 테헤란과는 마지막이었다. 그의 짐에는 이란의 흙을 담은 상자도 있었다. 국왕의 첫 기착지는 이집트였다.

테헤란 전역은 1953년 국왕이 돌아왔을 때 이후로 볼 수 없었던 환희로 넘쳐흘렀다. 자동차는 경적을 울리며 전조등을 밝혔고, 와이퍼 사이에 호메이니 사진을 끼워 좌우로 흔들었다. 거리로 쏟아져 나온 군중은 춤을 추었다. 즉각 '국왕은 갔다'라는 제목의 기사가 실린 신문들이 배포되었다. 성난 군중들은 테헤란과 이란 전역에 있던 국왕과 국왕 부친의 기마상騎馬像을 파괴했다. 팔레비 왕조와 그의 통치는 역사 속으로 사라졌다. 그런데 이제 누가 이란을 통치할 것인가? 테헤란에는 반反국왕파들이 주도하는 연립내각이 남아 있었다. 2월 1일 호메이니가 에어프랑스 747 전세기를 타고 테헤란에 도착했다. 전세 비행기의 비용은 서양 기자들에게 항공권을 팔아 마련했다. 비행 중 호메이니는 1등실의 바닥 카펫 위에서 휴식을 취했다. 호메이니는 반체제파로 많은 신망을 얻고 있던 메흐디 바자르간의 혁명평의회를 이끌고 있었다. 28년 전인 1951년, 모하메드 모사데그에 의해 국영 석유산업의 최고 책임자로 임명되었고 '국영 이란 석유회사'라고 쓰인 도장과 목제 간판을 들고 유전지대로 간 사람이 바로 바자르간이었다.

그 후 바자르간은 국왕 체제하에서 투옥 생활을 했다. 그리고 지금은 모사데그의 종교 배제주의에 대한 호메이니의 반감이 변치 않았는데도, 호메이니로부터 권력을 부여받고 새 이란 정부의 지도자 후보로 지명되었다. 짧은 기간이었지만 테헤란에는 두 개의 정부가 있었다. 물론 결국은 하나만 살아남을 수 있었다. 2월 둘째 주, 테헤란 교외의 공군기지에서는 혁명에 동조하는 '호마하르즈'라 불리는 하사관들과 국왕의 친위부대 간에 전투가 벌어졌다. 결국 연립내각에 대한 군부의 지지는 무너졌고, 바자르간의 정부가 들어섰다 미국의 이란 주재 무관은 이런 상황을 간단하게 워싱턴에 전했다. "군은 항복하고 호메이니가 정권을 장악했음. 기밀문서는 모두 파기 중."[4]

최후의 탈출

모든 사람이 유전지대에서 철수하지는 않았다. 오스코는 조업하고 있는 것처럼 보이기 위해 20명 이상을 남겨놓았다. 후일 이란 정부와의 문제를 야기한 조치였다. 잔류 인원 중에는 아일랜드의 수학자에서 석유 기술자로 변신한 제레미 길버트도 끼어 있었다. 그는 BP에 의해 오스코로 파견되었고, 오스코에서 자금 계획을 담당했다. 하지만 그들 역시 수일간 더 잔류한 뒤 상황이 악화되자 철수를 결정했다. 그런데 길버트가 갑자기 간염 증상을 일으켜 병원에 입원하게 되어 철수 계획에서 제외되었다. 그는 열에 들떠 정신이 몽롱한 상태로 1월의 소란스러운 날들을 병원에서 보냈다. 밤에는 병실까지 고함소리와 총성이 들려왔고, 국왕이 떠나던 날 밤에는 금속판을 두드리며 환호하는 소리가 들렸다. 길버트가 아바단 밖의 세계와 접촉한 것은 오스코가 증정한 화환이 유일했다. 그는 BBC 방송도 듣지 못했다.

쇠약해진 몸으로 병실 안에서도 거동할 수 없던 길버트는 병원 내의 이란인들에게 미국인으로 오해받았다. 일부 간호사들은 그의 병실 창문 밖에 모여 "미국인에게 죽음을!"이라고 외쳤다. 미국을 욕하며 목발로 길버트의 머리를 내리친 환자도 있었다. 길버트의 실제 국적은 다른 문제를 야기했다. 이란을 빠져나가려면 이라크를 통하는 것이 유일한 방법이었는데, 레바논에 파견된

504

평화유지군 소속 아일랜드군이 최근 이라크와 교전을 벌이는 바람에 길버트의 이라크행 비자 발급이 거절되었던 것이다. 그는 비자를 얻기 위해 테헤란 주재 이라크 영사관 앞에서 글자 그대로 무릎을 꿇고 아일랜드인이 저지른 행위에 대해 사죄해야 했다. 1월 말, 그는 마침내 이란을 떠날 수 있을 만큼 몸이 회복되었다. 이란 관리들은 먼지 날리는 국경 검문소에서 작별의 인사 한마디 건네지 않고 그를 내쫓았다. 게다가 이라크 수비병들은 그를 첩자로 의심해 몇 시간 동안 구금하고 심문했다. 그러는 동안 바스라로 가는 유일한 교통수단인 한 대뿐인 택시가 떠나버렸다. 마침내 풀려난 길버트가 "어떻게 가야 합니까?"라고 묻자, 경비병은 "걸어서"라고 대답했다.

선택의 여지가 없었다. 그는 가방 두 개를 들고 바스라로 가는 도로를 따라 터덜터덜 걸어갔다. 몇 시간 후 밴 한 대가 그를 지나쳐 가다가 멈춰 섰다. 운전사는 바스라까지 태워주는 대가로 돈을 요구했다. 길버트가 이란 돈을 내놓자 그는 박장대소했다. 이라크에서는 이란 돈이 종이와 다름없었기 때문이다. 길버트는 마지막 남아 있던 달러화를 그에게 주고 바스라 공항까지 갈 수 있었다. 그러나 이제 그는 빈털터리였다. 어떻게 해야 할까? 그때 길버트의 머릿속에 아메리칸 익스프레스 카드가 떠올랐다. 그것은 아직 한 번도 사용되지 않은 채 지갑에 꽂혀 있었다. 집을 떠날 때 카드를 챙긴 것을 신에게 감사하면서, 그는 바그다드로 가는 비행기를 탔다. 밤늦게 이라크 수도에 도착한 그는 몇 번의 시도 끝에 호텔 방을 잡을 수 있었다. 그의 전화를 받은 가족들은 깜짝 놀랐다. 그가 아바단의 병원에 안전하게 있을 것이라 생각했기 때문이다.

길버트는 3일 동안 호텔에서 움직이지 못했다. 다시 움직일 수 있을 만큼 회복되었다고 판단한 그는 바그다드에서 런던으로 가는 비행기를 탔다. 금요일 늦은 시각에 히스로 공항에 내린 그는 BP 인사부에 전화를 걸어 탈출 사실을 알렸다. '유전지대에 남아 있던 마지막 서양인 직원이 마침내 탈출했다'라는 내용이었다. 그러나 전화를 받은 인사 담당 직원은 주말 계획에 관한 대화에 정신이 팔려 있었던 터라 길버트의 말을 잘못 알아들었다. 그는 전화 건 사람이 행방불명된 기술자에 대해 이야기한다고 생각하고, "제리 길버트, 우리는 그가 어디에 있는지 모릅니다. 당신은 그를 접촉한 적이 있습니까?"라고 물었다. 어쩌면 마지막 모욕이었을지도 모르겠다. 히스로 공항의 칸막이 없는 공중전화에서, 길버트는 남아 있던 힘을 모두 쏟아부어 고래고래 소리 지르며 인사 담당 직원과 세계 석유산업과 관련된 사람들을 저주했다.[5]

공황의 시작

구체제가 붕괴되고 신정권이 수립되었지만 주도권 쟁탈을 위한 격렬한 싸움으로 이란의 불안정한 상태는 계속되었다. 대규모 지진으로 일어난 해일이 이란에서 시작해 전 세계를 강타하는 것 같았다. 해일은 모든 것을 삼켜버렸다. 어느 것, 어떤 사람도 피할 수 없었다. 마침내 맹위를 떨치던 충격의 2년이 지난 후, 생존자들은 주위를 둘러보며 자신들이 완전히 새로운 땅에 상륙해 있음을 깨달았다. 모든 것이 달라졌고 서로의 관계도 변했다. 그 충격파는 제2차 석유 파동을 불러올 것이었다. 석유 가격은 배럴당 13달러에서 34달러로 오를 것이고, 국제 석유산업뿐 아니라 세계 경제와 정치를 대대적으로 변화시킬 것이다. 이러한 두 번째 위기는 10년도 못 되어 나타났다.

새로운 석유 파동에는 몇 단계가 있었다. 1단계는 이란이 석유 수출을 중단한 1978년 12월 말 시작되어 1979년 가을에 끝났다. 이란의 생산 감소분은 다른 지역의 증산에 의해 부분적으로 상쇄되었다. 사우디아라비아는 스스로 책정한 산유량 일일 850만 배럴을 1978년 말 일일 1,050만 배럴로 증가시켰다. 1979년 1사분기에는 일일 1,010만 배럴로 하향 조정했으나 그래도 일일 850만 배럴을 웃돌았다. 다른 OPEC 국가들도 증산 체제에 돌입했다. 1979년 1사분기의 자유세계 산유량을 모두 합해도 1978년 4사분기보다 일일 200만 배럴이 적었다. 실질적인 부족 현상이 있었지만 놀랄 만한 것은 아니었다. 결국 이란은 세계 제2위의 석유 수출국이었다. 세계 석유 수요를 일일 5,000만 배럴로 계산해도 부족분은 4~5%에 불과했다. 그런데 4~5%의 부족이 어떻게 150%의 가격 상승을 초래했을까? 다음의 다섯 가지 요인이 야기한 혼란 때문이었다.

첫 번째 요인은 석유 소비의 급증과 그것이 시장에 주는 신호에 있었다. 수요는 1976년 이래 계속 증가한 반면 석유 절약의 효과와 비非OPEC 지역의 생산은 불투명했다. 금후로도 석유 소비는 계속 늘어날 것이란 전망이 강했다.

두 번째 요인은 이란 혁명의 결과로 석유업계 내에서 지금까지의 계약 관계가 붕괴된 데 있었다. 세계 석유산업은 큰 변동에도 불구하고 일관적인 경영 체제를 유지해왔다. 그러나 계열사 간의 결합은 소유 관계에 따른 외형적 결합에서 장기계약에 의한 보다 느슨한 형태의 결합으로 변했다. 이란의 석유 공급 중단은 이란에 대한 의존도에 따라 회사별로 상이한 영향을 미쳤고, 계약에 의한 석유 공급 체계는 와해되었다. 이로 인해 석유회사들은 상실된 공급분을 확보하기 위해 새로운 구매 활동에 나서야 했다. 석유 부족을 피할 수만 있다면 못할 일이 없었다. 이 때문에 생산에서 판매까지 일관되게 운영되는 전통적인 경영 체제는 완전히 끝났다. 원유 생산 부문과 유통 부문을 연결하는 고리가 끊어진 것이다. 그러자 그때까지 2차적 존재였던 현물시장이 거래의 중심으로 부각되었고, 다소 불명예스러운 행위로 간주되던 회사 간 거래가 최대의 관심사가 되었다.

세 번째 요인은 석유 소비국 정부 간의 모순적이고 상반된 정책에 있었다. 1974년 워싱턴 에너지회의에서 키신저가 발기인이 되어 만들어진 '국제 에너지 안전 보장 제도'는 아직 개발 중이었고 다각적인 검토가 필요했다. 각국 정부가 자국의 시장 상황에 맞게 취한 행동들이 국제 정책으로 받아들여지면서 시장은 더욱 압박과 긴장에 휩싸였다. 정부 간에 가격 억제를 위한 공동보조 정책이 서약되고 있는 판에, 석유회사들은 가격을 경쟁하듯 올렸다.

네 번째 요인은 이러한 혼란으로 석유 수출국이 사상 초유의 막대한 이익을 내게 되었다는 것이다. 석유 수출국은 다시 그들의 힘과 영향력을 세계에 과시할 수 있었다. 전부는 아니었지만 국가들 대부분이 기회가 있을 때마다 가격을 인상했다. 공급을 조작하여 시장을 교란하는 방법으로 수익을 높이는 국가도 있었다.

마지막은 순전히 감정상의 문제였다. 의심, 불안, 혼란, 공포, 비관 등의 감정이 혼란기의 행동을 지배했다. 사태가 완료된 후, 과거의 수치들을 정리해 수급 균형을 분석해보니 그러한 감정들이 이치에 맞지 않는 것임이 확인되었다. 그러나 당시에는 명백한 정당성을 갖고 있는 것처럼 보였고, 세계 석유 체계 전체가 붕괴된 것처럼 인식되었다. 그러나 실제로 제어가 불가능했던 것은 아니다. 그리고 이런 감정을 더욱 고조시킨 것은 하나의 예언이 현실화될 것이라는 믿음이었다. 1980년대 중반에 올 것으로 예측되었던 석유 위기는 1979년에 왔다. 1973년에서 1974년까지의 기간에 시작된 석유 위기의 두 번째 국면이었다. 일시적인 혼란이 아니라 높은 가격이 지속되는 심각한 석유 위기가 조기에 도래한 것이다. 게다가 이란 혁명의 여파가 어디까지 파급될지 알 수도 없었다. 프랑스 혁명의 영향은 유럽 대륙을 거쳐 모스크바까지 미쳤다. 과연 이란 혁명은 쿠웨이트, 리야드, 카이로, 그리고 그 이상까지 확대될 것인가? 열정적 민족주의와 결부된 이슬람 원리주의는 서구 세계를 놀라게 했다. 이란 혁명의 원동력이 무엇인지는 알 수 없었지만, 그중 하나가 서구와 현대 세계에 대한 거부였음은 명백했다. 생각이 여기에 미치자 소름 끼치는 공포가 뒤따랐다.

사태의 진전에 놀란 구매자들은 1973년의 재현을 두려워하여 혼란에 빠졌다. 그들은 1973년과 마찬가지로 재고를 늘려 부족 사태를 더욱 심각하게 만들었다. 세계 석유업계는 수십억 배럴의 재고를 유지했다. 통상적으로 재고의 대부분은 유전에서 정유소, 주유소에 이르기까지 고도의 자본집약적인 시설이 원활히 가동되는 데 필요한 물량이었다. 석유가 페르시아 만의 유전에서 정유소와 유통망을 거쳐 주유소의 지하 저장소까지 움직이는 데는 90일이 걸렸다. 이런 이동 시스템 중 어느 한 부분에서라도 석유가 부족하면 전체 시스템에 영향을 주었다. 수요와 공급의 균형으로 모든 시스템이 원활하게 움직이게 하려면 석유 재고가 어느 정도 필요했던 것이다. 일종의 보험 성격으로, 석유업계는 재고를 보유했다가 완충재로 활용했다. 예를 들어, 1월의 강추위로 수요가 급증하거나 태풍으로 페르시아 만의 선적 시설이 파괴되어 유조선 도착이 지연될 경우를 말한다.

재고를 유지하는 데는 큰 비용이 들었다. 석유를 구매하고 저장 시설을 관리하려면 많은 부동자금이 필요했다. 그래서 석유회사들은 경험상 필요 이상의 재고를 보유하지 않았다. 만일 소비 감소로 가격이 내려갈 것이라 예측된다면, 가격이 내렸을 때 구입한다는 생각에서 재고분을 줄였다. 이는 1978년 시장이 불안정한 상황에 놓였을 때 석유업계가 취한 방법이었다. 이와는 반대로 가격 상승이 예측된다면, 가격이 상대적으로 낮은 오늘의 구매량을 늘리고 내일의 구매량을 줄였다. 이는 1979년과 1980년 사이의 혼란기에 실제로 일어났던 일이다. 그런데 이러한 대응에는 이상한 복수심과 분노가 섞여 있었다. 실제 석유회사들은 예상 소비량보다 많은 물량을 구매했다. 가격 요인만

이 아니라, 나중에 안정적 공급을 받을 수 있으리란 확신이 없었기 때문이기도 했다.

실제 필요한 물량 이상의 구입은 가격 상승이란 결과로 나타났다. 그러나 회사와 소비자가 의도한 바는 갑작스러운 수요 증가에 의한 가격 상승(즉, 원래 목적과는 다른 가격 상승)을 막자는 것이었다. 요약하자면 1979~1980년의 혼란은 예언이 현실로 나타난 것이며, 궁극적으로는 자기파멸적인 혼란이었다. 그리고 혼란은 예언보다 훨씬 큰 규모로 나타났다. 석유회사들만 구매의 혼란에 빠져 있었던 것은 아니었다. 최종 소비 단계에 있던 산업체와 발전소들도 가격 상승과 공급 부족 가능성에 대비해 재고를 늘렸다. 자가용 운전자도 마찬가지였다. 1979년 이전의 운전자들은 대부분 연료통의 4분의 1 정도만 채웠다. 그런데 휘발유 부족에 대한 걱정이 시작되면서 운전자들도 재고를 늘리기 시작했다. 연료통의 휘발유를 4분의 3 정도 채우게 되었던 것이다. 결국 하룻밤에 10억 갤런의 휘발유가 주유소에서 사라졌다. 소비자의 매점행위는 석유회사의 재고 경쟁에 더욱 불을 붙였고, 일일 300만 배럴의 추가 수요가 발생했다. 순수한 공급 부족 물량인 일일 200만 배럴과 합하면 일일 총 500만 배럴이 부족했던 것이다. 이는 소비량의 10%에 해당했다. 정리하자면 재고 확보 경쟁으로 야기된 구매 질서의 혼란은 공급 부족분을 두 배로 늘렸고 혼란을 더욱 악화시켰다. 석유 가격이 배럴당 13달러에서 34달러로 상승한 것은 이런 이유에서였다.

석유 부족의 도미노 현상

만일 석유 부족이란 문제가 공평하게 나타났다면 대혼란은 막을 수 있었을지도 모른다. 그러나 그렇지가 않았다. BP는 역사적인 배경으로 인해 다른 회사들보다 이란 의존도가 높았다. 원유 공급분의 40%가 이란산이어서 석유 공급 중단으로 가장 큰 타격을 받았다. 업계에서 통용되는 은어로 BP는 '원유 초과crude long' 상태였다. 즉 자사의 정제 및 판매망에 필요한 물량 이상으로 원유를 공급하고 있었다. 또한 BP는 대규모 물량의 석유를 장기계약을 통해 '제3자'에게 파는 '도매업자'였다. 제3자란 엑슨과 같은 다른 메이저 회사나 독립 정유회사, 특히 일본에 있는 독립계 회사들을 말한다. 이란의 공급이 중단되자 BP는 계약상의 '불가항력' 조항을 내세워 제3자들에게 공급을 중단했다. BP는 엑슨과의 공급 계약을 취소했고, 한편으로 다른 지역의 석유 구입을 추진했다. BP나 쉘은 아람코의 회원사가 아니었기 때문에 생산량을 늘린 사우디산 원유를 공급받을 수 없었다. 사우디산 원유는 모두 미국계 아람코 참여 회사 4개에 공급되고 있었다.

석유 부족의 도미노 현상이 벌어진 것이다. 일차적으로는 이란의 공급 중단으로, 이차적으로는 BP의 공급 계약 철회로 원유 공급선을 상실한 다른 석유회사들도 불가항력 조항을 들어 원유 공급을 줄이거나 계약을 취소했다. 엑슨은 일본 석유회사와의 공급 계약 갱신 시기인 4월이 다가오자, 한 달 전인 3월에 미리 갱신 시기가 도래하는 순서대로 3자 계약을 폐지할 것이라고 통보했다. 엑슨은 1974년부터 자신들의 고객 회사들을 향해 공급선을 다변화하고 자신들에게 너무 의존하지 말라고 주의를 주었다. 엑슨 회장인 클리프튼 가빈은 이렇게 말했다. "재앙의 전조가 나타나고 있다. 베네수엘라로부터의 석유 공급이 감소하고 사우디아라비아의 석유 이권도 더 이상 보유할 수 없다. 또한 사우디와 일본 사이의 중개자 역할을 기대할 수도 없다. 엑슨은 결코 가볍게 결정하지 않았다. 세계는 변하고 있다." 엑슨은 미리 3자 계약을 정리하기 시작했다. 그런데 1979년 3월 엑슨의 통보는 생각지도 못한 충격을 주었다.

석유 부족의 연쇄 반응은 일본에서 심각하게 나타났다. 1차 석유 위기 이후 일본은 이란 내에서 입지를 확보하기 위해 일관성 있게 노력했고 나름의 성공을 거두었다. 그 결과 이란에 대한 일본의 의존도는 어느 선진국보다 높았다. 일본의 총석유 수요의 20%가 이란산 석유로 채워졌던 것이다. 게다가 일본은 메이저 회사들에 의존하고 있지 않았다. 일본 정유회사들은 공급 부족을 이유로 정제 시설 가동률을 낮출 의향이 없었다. 일본 정부는 다시 한 번 천연자원 부족이라는 엄연한 현실에 맞서야 했다. 일본 내 대부분의 산업이 석유 연료를 사용하고 있다는 점을 고려할 때, 일본의 경제 기적은 급소를 공격받은 것과 다름없었다. 20년에 걸쳐 애써 거둔 결실이 송두리째 날아갈 지경에 이르렀기에 일본의 혼란은 다른 어떤 지역보다 심각했다. 일본 정부는 에너지 절약 시책으로 긴자 거리의 조명을 어둡게 조정했다. 또한 기업들에게, 세계 시장에 직접 나가 석유를 구입하는 방식을 취하라고 종용했다. 예전에는 없던 방식이었다. 일본 무역상사들은 앞장서서 세계 시장을 돌아다니며 공급선을 찾았다. 처음 해보는 일이다 보니 별별 기묘한 수단들이 동원되었다. 한 상사는 산유국의 석유장관이나 국영 석유회사의 실력자와 접촉할 수 있는 절묘한 방법을 고안했는데, 바로 그들의 비서에게 장갑을 선물하는 것이었다. 그 회사는 이라크 석유장관과 협상하기 위해 세계 수준의 침술사를 동원하기도 했다.

많은 국가의 독립계 정유회사들도 석유를 찾아 미친 듯 헤매는 일본 회사들과 기존의 메이저 회사에 합류했다. 이란 의존도가 높았던 인도 국영 석유회사도 마찬가지였다. 과거에는 소수였던 석유 구매자가 갑자기 폭증했다. 이는 여전히 소수인 공급자 입장에서 매우 바람직한 상황이었다. 그때까지 부수적인 시장 기능만을 담당하던 현물시장으로 모든 거래가 집중되었다. 당시 현물시장은 원유와 석유제품을 합쳐 총 공급의 8% 물량만을 취급하고 있었다. 현물시장은 계약으로 약정되는 비싼 석유보다, 과잉 정제 물량을 할인된 가격에 살 수 있는 시장으로서 수급 균형을 맞추는 기능을 하고 있었다. 그러나 현물시장의 기능에는 한계가 있었다. 수요자가 몰려들자 가격이 계속 올라 1979년 2월 말에는 현물가격이 공식가격의 두 배가 되었다. 그 후 현물시장은 유럽의 거대한 석유 수출 항구의 이름을 딴 '로테르담 시장'으로 불리게 되었다. 로테르담 시장은 전화와 텔렉스로 전 세계가 연결된 그야말로 국제 시장이었다.[6]

추월과 쟁탈

석유 수출업자에게 완벽한 기회를 제공하는 현물시장은 다음과 같이 작동되었다. 전 세계에서 들어오는 텔렉스 주문에 대해 월 단위의 새로운 계약 조건으로 공식가격에 할증료premium를 붙이는 방식이었다. 수출업자들은 장기계약 시장에서 이익이 훨씬 많은 현물시장으로 전환하기 시작했다. 그것도 가능한 한 많은 물량을 가능한 한 빨리 전환했다. OPEC의 한 석유장관은 개인적으로 "만일 우리가 팔지 않으면 다른 사람이 팔 것이다. 우리는 결코 배럴당 10달러의 이익을 포기하는 바보가 되지 않을 것이다"라고 말했다. 수출국들은 장기계약자들이 계약된 공식가격의 석유를 매입할 때 더 높은 가격이 책정된 현물 석유도 함께 매입하라고 요구했다. 또한 불가항력 조항을 제기하면서 계약을 모두 취소하기도 했다. 어느 날 아침 쉘은 석유 수출국으로부터 '불가항력 조항에 따라 계약된 공급을 할 수 없음'을 알리는 텔렉스를 받았다. 같은 날 오후, 쉘은 그 나라로부터 현물시장에서 원유를 매입할 수 있다는 텔렉스도 받았다. 우연히도 몇 시간 전 불가항력 조항에 의해 공급을 거절당한 물량과 동일했다. 유일한 차이는 가격이 50센트 비싸다는 것이었다. 어쩔 수 없이 쉘은 그 제의를 받아들였다.

그러나 1979년 3월 초, 예상보다 빨리 이란의 수출이 재개되었다. 공급량은 국왕의 실각 이전보다 낮은 수준이었다. 현물시장의 가격은 공급 상황이 호전될 것이란 예측을 반영해 공식가격 수준으로 하락했다. 공급 부족이라는 재앙을 일소하고 새로운 공급 질서를 정착시킬 수 있을 것이라 예측되었다. 3월 초 국제에너지기구IEA의 회원국들은 석유시장 안정화를 위해 각국의 수요를 5% 감소하는 데 합의했다. 그러나 석유시장은 이미 혼란과 치열한 경쟁이 타성으로 배어 있었다. 향후 이란 석유가 안정적으로 공급될 것이라고 누가 장담할 수 있을까? 호메이니가 석유산업의 장악을 단언했지만, 외부 세계가 판단하건대 이란의 유전지대는 과격 좌경 그룹인 '60위원회'의 영향권 안에 있었다. 이전에 군무軍務를 담당했던 사무직 직원들로 구성된 그들은 실질적으로 유전지대를 통치하는 세력이었고 석유 조정 담당관 및 다른 관리들을 투옥시키기도 했다. 게다가 다른 OPEC 국가들이 감산을 발표하기 시작했다. 가격이 오르는 추세라면 석유를 땅 밑에 그대로 두었다가 미래에 판매하는 것이 더 유리하다는 판단에서였다.7

3월 말의 OPEC 회의에서 현물 원유 가격이 30% 인상되었고 석유제품 가격은 60% 인상되었다. OPEC은 각 회원국이 '상황에 따라 정당하다고 판단할 때'는 공식가격에 추가 요금과 할증료를 부가할 수 있다는 결정을 내렸다. 야마니는 '가맹국이 무엇을 하더라도 제한이 없다는 의미'라고 이 결정에 대해 통명스럽게 설명했다. 수출국들은 공식가격에 대한 개념을 완전히 포기했다. 시장이 허용하는 범위에서 마음대로 가격을 올릴 수 있게 된 것이다.

이제 세계 석유시장에서는 두 가지 경쟁이 벌어지게 되었다. 하나는 생산자들끼리 가격을 서로 올리는 '추월' 경쟁이었고, 다른 하나는 수요자들 간에 공급 확보를 위한 '쟁탈' 경쟁이었다. 공급을 중단당한 회사들, 즉 석유 구매자, 정제업자, 정부, 새로운 부류의 무역상, 메이저 회사들은 수출국들의 환심을 사려는 경쟁 속에서 서로를 해롭게 하는 행위를 했다. 그러나 아무리 치열한 쟁탈전을 벌여도 새로운 공급이 발생하지는 않았다. 경쟁 심화로 가격만 상승할 뿐이었다.

쉘의 공급 조정 담당관은 "그 무엇도 통제할 수 있는 사람은 없었다. 단지 공급을 위해 경쟁할 뿐이었다. 공급 물량이 많든 적든 당장 매입해야 했다. 어떤 가격이라도, 내일의 가격과 비교하면 만족스러운 것이었다. '예'라고 대답하지 않으면 매입할 수 없었다"라고 말했다. '오늘의 조건이 아무리 나쁘더라도 내일은 더 나빠질 것'이라는 것이 구매자들의 일반적인 생각이었다.

부가요금과 할증료 등 급격한 가격 인상을 반대한 국가는 사우디아라비아가 유일했다. 가격이 4배 정도 오른 1973년 이래, 사우디아라비아는 더 이상의 가격 인상을 반대해왔다. 단기적인 이익이 아무리 크더라도 결국에는 수출국에 막대한 손실을 주게 될 것이라는 판단에서였다. 석유 가격은 시장의 경쟁에 따라 결정되어야 하며, 이러한 가격 인상이 지속된다면 중동 생산자들은 또다시 에너지의 안정 공급 차원에서 기피되는 국가로 남을 것이다. 또한 선진국에 대한 중요성과 영향력이 감소될 것이다.

사우디아라비아는 '야마니 칙령'을 발표해 추가 요금이 없는 공식가격을 유지하겠다고 선언했다. 여기에 덧붙여 미국계 아람코 회사 4개도 제휴 회사 혹은 제3자에게 공식가격으로 판매할 것을 촉구했다. 만일 공식가격에 할증료를 덧붙이는 것이 밝혀질 경우 마땅한 대가를 치러야 할 것이라고 경고하기도 했다. 모든 회사들이 공급 부족에 허덕이고 있는 이때, 위반한 회사에는 사우디산 석유 공급을 중단하겠다는 의미다. 사우디아라비아는 3월 OPEC 회의와 그 후 계속된 회의에서 이러한 입장을 고수함으로써 수출국들 사이에서 완전히 고립되었다. OPEC 내에서 유일하게 사우디를 지지한 국가는 아랍에미리트였지만, 서구의 보이지 않는 압력이 상당했다. 워싱턴, 본, 파리, 도쿄의 고위급 관리들이 리야드를 방문해 사우디에 가격 인하를 요청하고 사우디가 취하고 있는 가격 정책에 갈채를 보냈다.

그러나 1979년 2사분기, 사우디는 생산량을 줄여 석유 위기 이전 수준인 일일 850만 배럴의 상한선으로 돌아갔다. 사우디가 공식가격을 유지하려는 노력에도 불구하고 이러한 생산 감소는 현물가격을 급상승시켰다. 생산 감소에는 여러 가지 이유가 있었다. 석유시장에 이란산 석유가 공급될 여지를 만들어주고 지역 분쟁을 피함으로써 호메이니가 이끄는 이슬람교 체제와 화해하겠다는 신호를 보낸 것일 수 있었다. 또한 3월 26일 체결된 이스라엘과 이집트 간의 캠프 데이비드 평화협정에 대한 불만 표시일 수도 있었다. 아니면 자국 내 재정 적자를 해소하기 위한 수단일 수도 있었다. 사우디아라비아는 석유 매장량의 보전과 '실제 필요한 수익 이상으로 생산할 경우의 문제점'에 대해 자체적으로 토론을 벌이고 있었다. 당시는 미국의 석유 수입이 증가하고 있었으므로, 사우디아라비아 입장에서는 이란산 석유가 시장에 재진출할 경우 위기가 완화되거나 종식될 것이라 생각했을 수도 있다.

이유야 어떻든 미국이 한때 그랬던 것처럼 사우디아라비아만이 여유 공급 능력을 갖고 있으며, 만일 이 능력이 실제 생산으로 이어진다면 공급 혼란을 진정시킬 수 있다는 것은 명백했다. 그래서 서구의 특사들은 사우디아라비아의 가격 완화에 대해 격찬하기도 했지만 한편으로는 사우디에 증산을 거듭 요청하여 시장 공급을 늘리려고 노력했다.

스리마일 섬의 경고

역사는 우연에 의해 만들어진다는 말을 입증하는 사건이 발생했다. 마지막 OPEC 회의가 폐회되고 몇 시간 뒤인 3월 28일 이른 아침, 펜실베이니아 해리스버그에 있는 스리마일 섬 원자력 발전소에서 펌프와 밸브가 고장나는 사고가 발생했다. 방사능에 오염된 냉각수 수백만 갤런이 원자로를 둘러싼 건물 내부로 넘쳐 들어왔다. 며칠간 사고의 진상과 피해 정도를 규명하는 혼란이 지속되었다. 이것이 '사고'가 아니라 '사건'이라고 주장하는 사람들도 있었다. 어쨌든 원자력 발전소에 있을 수 없는 사태가 발생한 것이다. 문제는 심각했다.

스리마일 섬의 사고로 미래의 원자력 개발에 큰 의문이 제기되었다. 1973년의 석유 위기에 대응하는 주요 방법으로 원자력을 고려해왔던 서구 세계는 혼란에 빠졌다. 스리마일의 사고는 원자력 계획의 위축으로 이어져 선진국의 석유 의존이 예상보다 높아질 수 있었다. 서구는 미래에 대해 암울하고 비관적인 분위기에 휩싸였다. 유럽 공동체의 에너지 담당 책임자는 "1980년대 중반에 올 것으로 예상했던 석유 쟁탈전이 이미 코앞에 닥쳤다"라고 말했다. 영국의 에너지 담당 국무장관인 데이비드 하웰은 "어떤 선택도 실행하기 힘들고 비용도 많이 든다. 우리는 위험 속에서 살아가고 있다"라고 했다.

서구 제국은 수요를 절감해 가격 상승을 막으려고 했지만 충분한 효과를 거두지 못했다. 그러나 그들은 국제에너지기구가 새로 만들어놓은 '비상시 석유 배분제'의 이용을 꺼렸다. 시장에 경직성을 유발하기 때문이라는 것이다. 그 제도는 7% 공급 부족을 공식적인 발동 요건으로 하고 있었는데, 실제로 그 수준에 도달했는지에 대한 판단도 불명확했다. 각국 정부는 서로 다른 두 가지 기본 목표 중 하나를 선택해야 했다. 하나는 저가의 석유 확보였고, 다른 하나는 가격에 관계없이 안정적인 공급 확보였다. 한때는 두 가지 목표를 동시에 추구할 수 있었다. 그러나 이제는 두 가지 목표가 모순된다는 사실을 인정해야 했다. 각국 정부는 저가격 확보를 정책 방향으로 삼다가, 국내 수요가 증가하면 안정 공급으로 선회했다.

정책의 최우선 과제는 선거에서 유권자로 권리를 행사하는 국내 소비자들에게 공급을 지속하는 것이었다. 유럽의 어느 에너지 장관은 에너지 문제가 '단기적이고 임기응변적 정책'으로 대처되었다고 말하기도 했다. 서구의 각 정부는 석유 확보 프로모터로 나섰다. 석유회사를 통한 간접적 방법과 국가 간 거래에 의한 직접적 방법을 모두 이용해 석유 사냥을 했다. 그 결과 동맹국들 간에 시기, 비난, 지탄, 분노가 난무했다. 이러한 현상은 석유회사뿐 아니라 소비국들 간에도 마찬가지였다. 가격 상승은 계속되었다.

미국의 주유소에서는 휘발유를 구입하기 위해 줄을 서서 기다리는 현상이 다시 나타났고, 이는 공급 혼란이 왔음을 실체적으로 증명해주는 모습이었다. 1973년의 악몽이 되살아났다. 이란산 원유 공급 중지는 사실상의 휘발유 부족을 야기했다. 이란산 경질 원유에서 중질 원유로 대체되면서, 정제 시설들은 휘발유와 기타 경질유를 예전만큼 생산할 수 없었다. 휘발유 재고가 부족한 캘리포니아에서는 현물시장의 물량이 부족하다는 소문과 뉴스 보도가 이어지자, 자동차 1,200만 대가 일시에 주유소에 기름을 넣으려고 몰려들기도 했다. 전국적으로 발효된 긴급 규제로 인해 사태는 더욱 악화되었다. 일부 주는 공급 고갈을 피하기 위해 휘발유를 한 번에 5달러 이상 구입할 수 없게 했다. 결과는 애초의 의도와 정반대로 나타났다. 그만큼 자주 주유소에 들러야 했기 때문이다.

한편 가격 통제는 절약 의지를 약화시켰다. 만일 휘발유 가격에 대한 통제가 없었더라면 줄을 서서 휘발유를 사는 일은 좀 더 빨리 사라졌을 것이다. 또한 연방정부의 할당 제도로 기존의 유통 구조가 동결되었고 시장에서 수요에 대응하여 공급을 조절하는 유연성이 상실되었다. 그 결과 대도시에서는 휘발유가 부족한데, 지방과 관광지에서는 공급이 남아도는 기현상이 일어났다. 지방과 관광지에서 휘발유 부족으로 곤란을 당한 사람은 관광객들뿐이었다. 요약하자면 정부는 줄을 서서 기다리는 형태로 휘발유를 배급했는데, 이는 경직된 정책이었다. 설상가상으로 휘발유 구입 행렬은 사람들을 불안하게 해서 다시 행렬을 낳는 원인이 되었다. 보통 자동차 한 대가 주유소에서 기다리는 동안 휘발유 0.7갤런을 허비했다. 조사된 바에 따르면 1979년 봄과 여름에 걸쳐 미국의 자동차들이 줄을 서서 낭비한 휘발유는 일일 15만 배럴로 추산되었다.

휘발유 구입 행렬이 전국으로 번져가자 석유회사들은 다시 비난의 표적이 되었다. 비난의 농도는 짙어졌고 전파 속도는 빨랐다. 석유회사들이 석유 공급을 지연하고 유조선은 부두 입구에 정박한 채 가격 상승을 기다리고 있다는 내용이었다. 엑슨 회장인 클리프튼 가빈은 대중 앞에서 직접 비난에 대해 해명하고자 했다. 그는 산전수전 다 겪은 화공 기술자였고, 석유산업의 모든 분야에 경험이 풍부했다. 그는 자신의 아버지와 마찬가지로 열성적인 탐조가耽鳥家였는데, 동료들에게 놀림을 받을 정도로 그 일에 몰두했다고 한다. 후에 그는 전미全美 오듀본협회(방대한 북미 조류도감을 남긴 미국의 조류학자 오듀본의 이름을 따서 만든 조류학 연구 및 조류 애호가 단체—옮긴이 주)의 이사가 되었다. 아무튼 그는 텔레비전에서 인터뷰를 하고 「필 도나휴 쇼」에도 출연했다. 세계 유수의 석유기업 대표로서는 처음 있는 일이었다. 하지만 그가 재고와 복잡한 수송 체계에 대한 기본적인 사항을 설명하려고 할 때마다 질문자들은 그의 발언을 무시했으며, 화제를 다른 데로 돌리려는 듯한 인상을 주었다.

가빈은 여론의 분위기에는 그다지 신경 쓰지 않았다. "미국인에게는 우스꽝스러운 면이 있다. 그들은 대규모, 대량생산 등의 성과를 숭배하면서도 크고 강력한 힘을 가진 것 자체는 싫어한다. 석유산업은 그들 눈에 가장 크고 힘이 센 산업으로 비치고 있다." 가빈의 말이다. 여론의 비난은 석유업계 전체에 대한 것이었으나, 그는 그것을 확인하려 하지 않았다. 코네티컷 주 그린위치시 포스트로드의 한 주유소에도 휘발유 구입 행렬이 길게 늘어섰는데, 어느 날 가빈이 그 행렬의 맨 뒤에 서게 되었다. 그가 엑슨 회장임을 알아차린 주유소 주인은 그에게 다가가, 주유소 뒤로 돌아가 먼저 휘발유를 넣으라고 말했다.

"줄 서서 기다리는 저 사람들에게 어떻게 설명할 거요?"라고 가빈이 묻자, 주유소 주인은 "당신이 누구인지 말하겠습니다"라고 충직하게 대답했다. "그냥 기다리겠소." 가빈은 단호하게 호의를 거절했다.[8]

석유와 대통령

휘발유 구입 행렬은 지미 카터 대통령의 임기가 끝나가고 있음을 의미했다. 그는 이란 혁명과 석유시장의 대변동에 따른 희생자였다. 2년 전인 1977년 워싱턴에 입성한 카터는 두 가지 상이한 경험에서 비롯된 상반된 성격을 보유한 인물이다. 그는 해군 사관에서 땅콩 농장주로 변신했으며, 독실한 기독교인으로 거듭난 사람이다. 그는 전도사로서 워터게이트 사건 이후 미국 사회의 도덕관과 땅에 떨어진 대통령의 위상을 회복시키고자 설교했다. 또한 복잡한 미국의 정치 구조를 미시적으로 관리하고 큰 과제에서 작은 문제까지 권한을 행사했다.

카터는 1979년 혼란의 와중에서 특히 탁월한 지도력을 발휘한 것으로 보인다. 결국 전도사와 공학도로서 그의 계획과 관심은 에너지와 석유 문제에 집중되었고, 이것은 카터 행정부의 최대 관심사였다. 이제 그는 지금까지 경고해온 위기와 맞서고 있었다. 그러나 예언자에게는 신뢰와 보상이 아닌, 오직 비난만이 돌아왔다. 두 달이 지난 1979년 3월 중순, 백악관 에너지 담당 보좌관인 엘리엇 커틀러는 이미 여러 분야에서 비난이 쏟아지고 있다면서 다음과 같이 경고했다. "그 비난들은 규제 철폐를 희망하는 사람들, 인플레이션을 걱정하는 사람들, 매력적이고 확고한 계획을 원하는 사람들, 석유회사가 부당 이득을 취하는 것을 원치 않는 사람들, 그리고 우리 정치인들에게 비참함을 주려는 사람들로부터 나온 것이다." 그리고 그 직후 스리마일 섬에서 사고가 발생했다. 걱정에 잠긴 미국인들은 지미 카터가 노란색의 방사능 방호복을 입고 사고 발전소의 제어실을 시찰하는 영상을 시청했다.

4월, 카터는 에너지 정책에 관한 중요한 연설을 했다. 즉 석유 가격의 규제 해제를 선언한 것이다. 이는 석유회사에 대한 것이면 무엇이든 반대해왔던 자유당 측을 분노케 했다. 또한 카터는 석유회사의 잉여 수입에 대해 불로 소득세를 과세했다. 혼란의 원인이 정부 개입과 통제, 과도한 규제에 있다고 비난하는 보수파는 비난의 목소리를 높였다. 비밀리에 대통령 직속의 에너지 문제 특별검토위원회가 구성되어 휘발유 부족의 해결책을 모색했다. 세계적인 공급 왜곡에 대처하고, 카터의 임기가 만료되기 전에 휘발유 구입 행렬을 사라지게 할 유일한 방법은 사우디의 증산이었다.

6월에 리야드 주재 미국 대사는 카터 대통령의 공식 서한을 전달했는데, 거기에는 카터의 친필 서한도 포함되어 있었다. 두 서한 모두 사우디아라비아의 증산을 요청하는 것이었다. 미국 대사는 최고석유평의회 의장인 파드 왕자와 함께 증산과 가격 인하를 모색하는 회의를 가졌다. 같은 달 카터는 비엔나에서 소련의 레오니드 브레즈네프와 SALT II 군축 협상을 완결했다. 7년간 3개 행정부가 진행한 SALT II의 조인은 획기적인 성과로 높이 평가될 만했지만, 당시는 그렇게 높은 평가를 받지 못했다. 아니, 아예 평가가 이루어지지도 않았다. 당시 유일한 국민적 관심사는 카터의 실책인 휘발유 구입 행렬이었기 때문이다.

최악의 시간

국민 대부분이 휘발유 부족으로 어려움을 겪고 있었다. 미국 자동차협회가 휘발유 주유소 6,286개를 대상으로 한 조사에 따르면, 6월 23일 토요일에는 조사 대상의 58%가, 6월 24일 일요일에는 조사 대상의 70%가 휴업한 것으로 밝혀졌다. 미국 국민들은 여름휴가를 맞이한 첫 번째 주말부터 휘발유 부족의 애로를 겪어야 했다. 개인 트럭 운송업자들은 전국적 규모의 파업을 3주간이나 이어가며 연료 부족과 가격 인상에 항의했다. 트럭 100대가 롱아일랜드의 고속도로를 시속 30마일로 달리면서 러시아워의 교통 혼잡을 일으켰는데, 이러한 행동은 자가용 운전자 수만 명을 분노케 했다. 휘발유 가격 상승만이 문제가 아니었다. 인플레이션도 전례 없이 높은 수준에 달해 있었다.

완전한 공급 혼란까지는 아니지만, 과거 공급 부족 시기에 그랬던 것처럼 워싱턴에서는 수입 석유 의존도를 줄이기 위해 '합성연료'를 개발하자는 목소리가 높아졌다. 스리마일 섬 사고로 원자력의 미래가 끝나버렸다는 것이 많은 사람들의 견해였다. 우선 석유와 비슷한 액체와 가스를 중심으로 화학과 공학을 이용해 합성연료 수백만 배럴을 생산하려는 계획이 실행되었다. 제2차 세계대전 중 독일이 사용했던 공정과 비슷한 것으로, 석탄에 수소를 첨가하는 방식으로 로키 산맥의 셰일층을 분쇄해 섭씨 900도까지 올라가도록 열을 가하는 방법이었다. 이 계획에는 최소한 수백억 달러가 소요되고 실용화까지는 수년이 걸릴 것으로 예상되었다. 또 환경 문제도 우려되었다. 제안된 규모로라도 그 계획이 실행될 수 있을지는 미지수였다. 그러나 합성연료 생산을 반대하는 정치적 분위기는 누그러지는 듯했다.

합성연료에 대한 지지의 증가는 그동안 시달려온 행정부에 또 다른 압력이 되었다. 그 와중에 카터는 서구 지도자들과의 회의를 위해 도쿄로 갔다. 석유 부족이 세계 경제에 미치는 충격을 감안해 서방 7개국 정상들의 관심은 에너지 문제에 집중되었다. 골치 아픈 회의였고 회의장 분위기는 험악했다. '경제 정상회담 첫날. 외교 활동 중 최악의 날이었음.' 카터는 일기에 그렇게 썼다. 토론은 거칠고 신랄한 비난들로 점철되었다. 카터는 점심시간조차도 편치 않았다면서 다음과 같이 술회했다. "독일 수상 헬무트 슈미트는 개인적으로 나에게 욕을 퍼부었다. 그는 미국이 중동 평화조약 체결에 개입해 전 세계적인 석유 문제를 야기했다고 말했다." 영국 수상 마거릿 대처에 대해서 카터는 '끈질기고, 고집이 세며, 의지가 강해서 이해할 수 없는 것은 받아들이지 않는 여인'이라고 평가했다.

카터의 다음 계획은 하와이에서의 휴가였다. 그러나 스튜어트 아이젠슈타트 백악관 내정 담당 보좌관은 휴가를 떠나는 것이 정치적으로 최악의 결과를 낳을 수 있다고 우려했다. 그는 거의 한 달 동안이나 해외에서 체류하고 있는 대통령 일행이 국내 분위기를 제대로 파악하지 못하고 있다고 생각했다. 어느 날 백악관으로 출근하는 중에, 아이젠슈타트는 코네티컷의 연결 도로에 있는 아모코 주유소에서 55분 동안이나 대기 행렬에 서 있어야 했다. 다른 국민들과 마찬가지로 그에게도 억제할 수 없는 분노가 치밀어 올랐다. 국민의 분노는 주유소 경영자와 석유회사뿐 아니라 정부에도 쏟아졌다. "그때는 앞이 보이지 않을 정도로 암담한 시기였다. 인플레이션과 에너지 문제가 한꺼번에 터져 나왔다"라고 아이젠슈타트는 말했다. 외교 문제에 몰두해 있던 대통령에게 국내에서 일어나고 있는 일들을 이해시킬 필요가 있었다.

도쿄 정상회담의 마지막 날, 아이젠슈타트는 계속되는 휘발유 부족 사태에 대한 절망적인 자료를 카터에게 송부했다. "미국인들이 지금처럼 강한 좌절, 혼란, 분노를 경험한 적은 없었습니다. 이러한 분노가 대통령 개인에게 쏟아지고 있습니다"라는 내용이었다. 그는 "모든 측면을 고려해볼 때 이번 사태는 최악의 시기가 될 것입니다. 우리는 이 사태를 국면 전환의 호기로 활용해야 합니다"라고 덧붙였다. 피로에 지친 카터는 하와이 휴가 계획을 취소하고 백악관으로 돌아왔다. 카터의 지지율은 25%로 급락했는데, 이는 닉슨이 사임하기 전날 받았던 평가와 비슷한 것이었다. 그는 메릴랜드 주 산악 지역에 있는 캠프 데이비드에 잠시 은둔했다. 카터는 여론 조사가인 패트릭 카델이 작성한 107페이지 분량의 국민 의식 분석 자료를 보면서 국가의 미래에 대해 생각을 정리했다. 또한 그는 각계 지도자들을 만났고 '미국이 안고 있는 문제의 핵심에는 나르시시즘이 있다'라고 저술한 신간 서적을 관심 있게 읽었다.

7월, 사우디는 생산량을 일일 850만 배럴에서 950만 배럴로 높였다. 사우디의 이러한 증산은 미국의 간청에 따른 것이었고, 또한 자국의 안전 보장이라는 국익을 고려한 조치였다. 사우디아라비아의 증산으로 그 후 몇 개월은 공급 부족이 완화되었다. 그러나 이는 결코 장기적 해결책이 아니었다. 두 달 전에 일어난 사태가 시사하는 것처럼, 미국과 서구 제국의 안녕을 확보해줄 수 있는 수단도 아니었다. 추가 공급만으로는 미국 국민의 분노를 즉각 진정시킬 수 없었다.

카터는 모종의 조치를 취하지 않을 수 없었다. 어떤 조치든 강구하는 모습을 보여야 했다는 표현이 옳을지도 모른다. 그것은 대대적이고 적극적이며 장기적인 해결책이 될 만한 것이어야 했다. 카터는 1975년 넬슨 록펠러가 제안한 대규모 합성연료 계획에 마음이 끌렸다. 수천억 달러의 예산이 필요했지만, 이는 매우 절실하고 매력적이고 확고한 계획이 될 것이었다. 참모들은 계획을 구체적인 안으로 수립하기 위해 열성적으로 노력했다. 물론 일부 부정적인 의견도 제기되었다. 7월 12일「뉴욕 타임스」지는 1면 기사로, 하버드 경영대학원의 연구진이 '합성연료 계획보다는 에너지 절약이 석유 수입 감소 효과가 빠르고 비용도 적게 든다'는 내용의 보고서를 내놓았다고 보도했다. 합성연료 계획이 엄청난 환경 문제를 가져올 것이라는 의견도 있었다. 7월 중에, 혼란을 겪고 있던 국민들은 미국이 처한 '자신감의 위기'와 관련된 카터의 연설을 듣게 되었다. 카터는 우선적으로 1990년까지 석탄과 셰일층에서 일일 250만 배럴의 합성연료를 생산할 계획이라고 발표했다. 그는 원래 일일 500만 배럴을 제안할 계획이었으나 협의 과정에서 조정되었다. 비록 내색하지는 않았지만 카터는 이를 불쾌하게 여겼다고 한다.

카터는 개각을 원했다. 특히 재무장관인 마이클 블루멘탈과 후생장관인 조셉 칼리파노의 경질을 원했다. 그의 정치 담당 보좌관인 해밀튼 조단과 조디 파웰의 견해로는, 그 두 장관이 불성실하다는 것이었다. 그런데 스튜어트 아이젠슈타트는 거꾸로 그 두 사람은 행정부의 일에 충실했고 함께 일해야 한다고 주장했다. 그는 강력한 정치 기반을 갖고 있는 칼리파노와 인플레이션 억제 정책의 중심 인물인 블루멘탈을 사임시키지 말라고 모든 수단을 동원해 강력히 촉구했다. 그러나 카터는 이미 결정을 내린 상태였다. 다만 어떤 방식을 취할 것인가만 문제였다. 카터는 각료회의 직전에 각료들의 일괄 사표를 받은 후 유임시킬 각료의 사표는 반려하겠다는 결정을 참모들에게 말했다. 일부 참모는 그런 조치가 혼란만 가져올 것이라며 강력히 만류했다. 그러나 카터는 지쳐 있는 국민들에게 심기일전한 모습을 보여줄 수 있을 것이라고 주장했다.

카터는 침울한 분위기가 감도는 각료회의장으로 갔다. 사전에 짠 각본대로 국무장관인 사이러스 밴스가 내각 개편을 위해 각료 전원이 사표를 제출할 것을 제안했고 대통령은 이에 동의했다. 몇 분 후 중동 평화교섭 수석대표인 로버트 스트라우스가 회의장으로 들어왔다. 그는 회의장에서 어떤 일이 진행되고 있는지, 왜 분위기가 굳어 있는지 모른 채 모든 각료가 사임해야 한다고 농담을 던졌다. 그의 농담에도 불구하고 회의장에는 침묵만이 흘렀다. 마침내 각료 한 사람이 일어나 그에게 몸을 굽히고 속삭였다. "이 친구야, 조용히 하라고. 모두 사임당할 판이야."

결국 각료 5명이 파면되거나 자진 사임하는 형식으로 내각을 떠났다. 내각 개편의 목적은 대통령의 권한을 공고히 하는 것이었다. 그러나 효과는 반대로 나타났다. 갑작스러운 내각 경질 소식은 미국과 세계에 불안감을 안겨주었다. 그날 점심 때 『워싱턴 포스트』지의 국내 정치 담당 편집위원은 미국 중앙정부가 와해될 것이라고 침울해했다.[9]

쫓고 쫓기는 관계

세계 석유시장의 현물가격은 1979년 여름 약화되었지만, 미미한 정도에 그쳤다. 일부 OPEC 국가는 감산을 지속했다. 이라크는 수출 금지를 확대하여, 아랍 민족주의와 1973년 석유 무기화 정책을 주도했던 이집트로의 석유 출하를 금지한다고 발표했다. 1978년 이스라엘과 캠프 데이비드 평화협정을 체결한 안와르 사다트 이집트 대통령을 벌하기 위한 조치였다. 1973년 이래 '석유 무기화'를 가장 잘 이용해온 나이지리아는 영국 회사들이 남부 아프리카에 간접 판매한 데 대한 보복으로 나이지리아 국내에 있는 BP의 자산을 국유화했고, 국유화된 석유는 경매를 통해 높은 가격에 매각했다.

이런 와중에도 미래에 대한 불안감에 재고를 늘리고 저장고를 채우기 위한 구매자들의 탐욕은 계속되었다. 수요가 계속 증가할 것이라는 생각 때문이었다. 그러나 잘못된 판단이었다. 실제로는 절약의 효과가 나타나면서 경제 침체와 함께 석유 수요의 하락이 시작되고 있었다. 처음에는 수요 하락이 거의 인식하지 못할 정도였기 때문에 구매 경쟁은 여전히 치열했다. 쉘의 공급 조정 담당관은 당시 상황을 이렇게 묘사했다. "산유국 정부와의 교섭은 매번 신경을 곤두세우지 않으면 안 되는 작업이었다. 석유회사 주재원과 교섭 대표들의 생각은 한 가지였다. 계약에 의한 물량을 많이 확보하고 현물 매입을 줄이자는 것이다. 물론 공급자는 이런 생각을 간파하고 있었다. 쫓고 쫓기는 고양이와 쥐의 관계였다. …… 그래서 계약 조건과 가격은 계속 악화되었다." 대부분의 혼란과 마찬가지로 정보의 부재가 문제였다. 만일 적시에, 신뢰할 만한 보편적 자료가 있었다면 석유회사들은 수요가 약화되는 기조를 더 빨리 알아차렸을 것이다. 그러나 통계 자료는 빈약했으며, 이런 상황을 예고하는 자료가 있더라도 아무도 주의를 기울이지 않았다. 따라서 재고 증가는 계속되었고 가격은 계속 상승했다.

석유 가격 인상은 OPEC 국가만의 전유물이 아니었다. 영국 국영 석유회사BNOC는 공급이 안정적인 북해산 원유 가격을 인상했고 한동안 시장 거래를 주도하기까지 했다. 한 관계자는 "BNOC(말하자면 영국 정부)가 가격 인상을 멈출 것이라고 누가 단언할 수 있겠는가?"라고 의문을 표했다. 사우디아라비아를 제외한 OPEC 국가들은 시장의 흐름을 타는 데 주저함이 없었다. 무역업자들의 불안감과 무질서로 시장은 더욱 불타올랐고, 이에 따라 혼란은 가중되었다. 무역업자의 일부는 기존의 원자재 거래상들이었고, 일부는 1973년 이후 사업을 시작한 회사였다. 최근 활황기에 신규로 참여한 업자도 있었다. 신참 업자들의 유일한 투자 자본은 전화와 텔렉스였다. 무역업자들은 어디에서나 어떤 거래에서나 모습을 드러냈다. 그들은 기존 석유회사와 석유 쟁탈 경쟁을 벌였고, 이에 따라 공해상의 석유 화물이 매각되고 재매각되는 현상이 벌어졌다. 56번이나 재매각된 화물도 있었다. 무역업자들의 최대 관심은 신속한 판매였다. 초대형 유조선 한 척에 선적된 석유는 5,000만 달러에 달했으므로 거래 한 번에 거액이 오갔다.

무역업자들의 존재 이유는 메이저들의 결합 체제를 분쇄하는 것이었다. 과거 석유는 한 회사의 일관된 경로를 통해, 또는 회사들 간의 교환 거래를 통해 이동되었다. 그러나 이제 국영 석유회사들은 전체 생산 중에서 자신들이 점유하는 비중이 높아지면서 하류 부문을 소유하지 않게 되었다. 생산된 석유를 판매하기 위해 메이저 석유회사, 독립계 정유회사, 무역업자들로 판매망을 넓혔다.

무역업자들은 기간 계약과 현물시장의 가격 차이를 이용해 가능한 한 많은 이익을 남겼다. 메이저 회사의 한 중역은 "무역업자들의 활동은 눈부셨다. 그들은 어떻게든 기간 계약을 따내려고 했다"라고 말했다. 그들은 기간 계약 체결 즉시 현물시장으로 달려가 배럴당 8달러 높게 되팔았다. 한 번의 재매각으로 엄청난 차익을 얻었다. 도대체 무역업자들은 어떻게 엄청난 차익을 얻는 기간 계약을 따낼 수 있었을까? 메이저 회사의 중역은 "그들은 계약 담당자들에게 약간의 수수료를 지급했고, 그들이 요구할 경우에는 돈 봉투를 건네주기도 했다"라고 설명했다. 사실 그 대가로 얻는 이익에 비하면 팁 정도에 불과했다.

1979년 여름과 초가을의 석유시장은 무질서 상태였다. 이러한 무질서는 대드 조이너의 동부 텍사스 석유 발견이나 서부 펜실베이니아에서의 석유산업 시작이 미친 영향보다 더 큰 힘을 발휘했다. 무엇보다 산유국과 무역업자들의 주머니가 채워지는 동안, 소비자들은 높은 가격을 지불하기 위해 주머니를 털어야 했다. 석유 수출국들에는 석유에 의한 또 다른 힘의 승리였다. 그들은 석유시장이 견뎌낼 수 있는 가격과, 그들이 벌어들일 수 있는 수익에는 한계가 없다고 생각했다. 서구의 일부 인사들은 세계에서 가장 중요한 상품의 가격뿐 아니라 경제 성장, 세계 경제 체제의 보전, 국제 질서와 국제 사회도 위험에 처해 있다고 우려했다.

예언이 현실로

1979년 여름, 지미 카터의 내각을 떠난 각료 중에는 제임스 슐레진저도 있었다. 슐레진저는 에너지 시장과 국제 정치계에서 벌어지고 있는 사태와 그에 대한 미국의 대응에 실망했다. 그는 4년 전 제럴드 포드가 자신을 국방장관에서 해임했을 때처럼, 워싱턴 고별 연설에서 자신의 의견을 밝히기로 결심했다. 자신의 처지에 대해서도 우울한 기분에 젖어 있던 슐레진저는 이번 연설을 통해 정부에 정책 방향을 권고하고 사태의 심각성을 경고하고 싶었던 것이다. 그는 윈스턴 처칠이 저술한 제1차 세계대전에 관한 역사서 『세계의 위기 The World Crisis』 구절을 인용하면서 연설을 시작했다. 이란산 석유에 의존하는데 위험이 따름에도 불구하고, 처칠이 영국 해군의 연료를 석탄에서 석유로 바꾸고자 노력한 내용을 기록한 구절이었다. 60년이 지난 지금 그 예언이 현실로 나타났다는 사실은 섬뜩하고 불가사의했다.

"오늘날 우리는 처칠이 반세기 전에 언급했던 것 이상으로 광범위한 위기에 직면해 있습니다. 그것은 석유 문제에 의해 더욱 심각해지고 있습니다. 가능한 대응책이 거의 없습니다. 정치적 결정, 정치의 불안정, 테러 행위, 혹은 주요 시설의 기술적 결함 등이 원인이 된 석유 공급 장애가 심각한 혼란을 야기하고 있습니다. …… 에너지의 미래는 비관적이며 앞으로 10년 후에는 더욱 암담해질 것입니다."

슐레진저는 연설을 마친 후 "나는 공상을 즐기는 사람이 아니다"라고 하면서, 이번 연설은 작금의 현실을 알리기 위해 그가 할 수 있는 유일한 방법이었다고 말했다. 그는 예언적인 고별시와 함께 한편으로는 안도감을 느끼며 공직을 떠났다. 그런데 그 직후, 슐레진저가 연설에서 언급한 비관적이고 서구의 취약성을 증대하고 서구의 몰락을 야기하는 불안한 사태가 발생했다.[10]

34

점령당한
미국 대사관

1979년 11월 4일 워싱턴 시간으로 새벽 3시가 조금 지났을 무렵, 워싱턴의 국무부 7층 통신본부 운영 센터에 전화벨 소리가 요란하게 울렸다. 전화를 건 사람은 이란 주재 미국 대사관에서 정무 담당관으로 일하는 엘리자베스 앤 스위프트였다. 조용하던 운영 센터의 직원들은 그녀의 보고에 깜짝 놀랐다. 이란의 청년 폭도들이 대사관 구내로 난입해 공문서를 보관하는 건물을 포위했고 다른 건물에도 난입하고 있다는 내용이었다. 한 시간 반 후 스위프트는 다시 전화를 걸어, 이번에는 폭도들이 대사관 건물 일부에 불을 지르고 있다고 말했다. 30분 후 그녀는 바로 방 밖에서 폭도들이 비무장 미국인 두 명을 죽이겠다고 위협 중이고, 대사관 직원이 필사적으로 정부 당국과 전화로 연락을 취하려고 애쓰는 사이에 건물의 문을 봉쇄하던 테이블과 소파를 밀치고 폭도들이 몰려들고 있다고 보고했다. 이어서 그녀는 워싱턴의 담당자에게 대사관 직원들이 결박당하고 있다고 냉정한 어조로 전했다. "대사관이 점령당했어요." 이 말을 마지막으로 그녀는 셔츠에 호메이니의 사진을 핀으로 부착한 청년들에게 전화기를 빼앗겼다. 스위프트는 다른 미국인들과 마찬가지로 눈이 가려진 채 인질이 되었다. 전화 회선은 오랫동안 연결된 채 있었지만, 한동안 응답이 없었고 마침내 끊겼다.

미국 대사관 직원은 국왕 친정 시대에 1,400명에 달했지만, 이 무렵은 최소한의 필요 인력인 63명만 남아 있었다. 그런데 그 63명이 요란스럽고 난폭하고 광적인 폭도들에게 인질이 된 것이다. 사실 그들은 '대학생'이었다. 미국인 일부는 오래지 않아 석방되고, 최종적으로 50명이 인질로 잡혀 있었다. 이란 인질 사건은 여기서 시작되었고, 제2차 석유 파동은 앞선 1차 석유 파동보다 훨씬 긴박할 뿐 아니라 지정학적인 색채를 띠면서 새로운 국면에 접어들었다.

대사관을 점령한 범인들은 모하메드 팔레비와 미국의 관계에 대해 특히 불만을 갖고 있었다. 그의 부친 레자 국왕은 남아프리카에 망명할 수 있었지만, 팔레비는 그러지 못해 현대판 '방황하는 네덜란드인'의 모습을 연출했다. 마치 영원히 떠돌아다녀야 할 운명처럼 보였다. 그는 이집트, 모로코, 바하마, 멕시코 등지로 돌아다녔다. 그러나 아무도 그를 달갑게 여기지 않았다. 소외된 그를 동정하는 사람은 어디에도 없었다. 어떤 정부도 실제로 앞날을 예상할 수 없는 신생 국가 이란의 분노를 사는 위험을 감수하려 들지 않았다. 불과 몇 년 전의 감언, 아첨, 영합, 선진국들의 수상이 보여준 경의, 각국 대신들의 애원, 강대국이 보인 복종과 공손함 등은 없었던 것처럼 보였다. 설상가상으로 암과 합병증이 국왕의 심신을 좀먹고 있었다.

미국의 고위 관리들이 국왕의 병이 중하다는 것을 처음 안 것은 놀랍게도 1979년 9월 말 무렵으로, 국왕이 이란에서 추방되고 8개월이나 지난 때였다. 더구나 암이라는 것이 알려진 것은 10월 18일이었다. 카터 대통령은 치료를 위해 미국에 입국하겠다는 국왕의 요청을 단호히 거절했다. 헨리 키신저, 존 맥클로이, 데이비드 록펠러 등이 설득에 나서고, 정권 내 최고위층에서 수개월에 걸친 격론을 벌인 끝에 결국 입국이 허가되었다. 국왕은 10월 23일 뉴욕에 도착한 후, 이름을 바꾸어 코넬 메디컬 센터의 뉴욕 병원에 입원했는데 이 사실은 언론을 통해 즉시 알려졌다. 우연히도 국왕이 쓴 가명이 국무차관의 이름인 '데이비드 뉴삼'이어서, 그가 불쾌감을 드러냈다고 전해진다.

며칠 후 국왕이 뉴욕에서 치료받고 있을 때, 카터 대통령의 국가안전보장 담당 보좌관 즈비그뉴 브레진스키는 알제리의 수도 알제에서 개막된 혁명 25주년 기념식에 참석하고 있었다. 그곳에서 이란의 새로운 수상 메흐디 바자르간과 외무장관, 국방장관을 만났다. 미국과 신생 이란의 관계가 협의 대상이었다. 이 자리에서 브레진스키는 이란에 대한 어떠한 음모에도 미국이 가담하지 않을 것이라고 장담했다. 바자르간과 장관 두 명은 국왕을 미국에 입국시킨 데 대해 항의했다. 그들은 국왕이 정말로 병에 걸린 것인지, 아니면 음모를 숨기기 위한 단순한 책략인지 확실히 하기 위해 이란인 의사의 진찰을 수용하라고 요구했다.

국왕의 미국 도착에 이어 알제 회담의 뉴스가 전해지자, 호전적인 젊은 원리주의자들은 물론 신정神政을 주장하며 바자르간 정권에 반대하는 급진파도 경계를 강화했다. 적이며 악랄한 악당인 국왕이 미국에 있다는 사실은 모사데그 정권 붕괴 후 국왕이 로마에서 귀국해 왕정에 복귀한 1953년의 사건을 떠올리게 했다. 이번에도 미국이 쿠데타를 지원해 국왕을 복귀시킬지 모른다는 것이다. 대악마인 미국은 그들이 가장 싫어하는 것을 실행할 능력이 있었다. 이런 가운데 바자르간은 대악마의 최고 관료인 즈비그뉴 브레진스키와 뒷거래를 추진하고 있었다. 국왕이 뉴욕에 온 지 불과 열흘이 지난 무렵이었다.

미국에 죽음을!

국왕의 미국 체류가 미국 대사관 침입을 자극하는 원인이 되었다. 당초 그들의 목적은 단순히 연좌농성에 지나지 않았지만, 곧바로 대사관의 점령과 대량 인질 사건으로 발전했다. 대사관 주변에는 혁명을 고무하는 카세트테이프, 신발, 스웨터, 모자, 끓인 사탕수수를 판매하는 상점들이 늘어서 있었다. 점거자들은 대사관으로 걸려오는 전화에 대고 "여기는 스파이 소굴이다"라고 대답했다. 아야톨라 호메이니와 측근들이 피습 사건을 계획하고 그 일을 추진한 것으로 알려졌다. 그들은 이 사건으로 파생되는 혼란을 틈타 바자르간과 서방 제국 및 세속 세력에 가담한 일파들을 축출하고, 호메이니가 '미국을 선호하는 부패한 두뇌들'이라고 부른 반대파를 일소하여 신권정치를 행하고자 했다. 그 모든 목표가 달성될 때까지 소요된 기간인 장장 15개월, 정확히 444일 동안 인질 사건이 지속되었다.

이 기간 동안 미국인들은 신문에서 매일 '미국인 포로'에 관한 기사를 읽었고, 밤에는 텔레비전을 통해 '미국에 죽음을'이라는 슬로건을 되풀이하는 시위대를 부각한 「인질로 잡힌 미국」이라는 프로그램에 빠져 있었다. 아이로니컬하게도 ABC 방송은 심야에 인질 뉴스를 보도함으로써 자니 카슨의 「투나잇쇼Tonight Show」와의 시청률 경쟁을 성공적으로 치를 수 있었다.

인질 사건에는 분명한 것이 있었다. 1970년대 석유시장 내의 역학 관계 변화란 국제 정치의 극적인 변화의 일부에 지나지 않는다는 것이다. 미국과 서방 제국의 힘은 실제로 수세에 몰리고 있었고, 이 때문에 정치·경제상의 권익을 지키기 위해 할 수 있는 일이 없는 것 같았다. 카터 대통령은 인질 사건 발생 이틀 후에 "그들이 우리의 급소를 누르고 있다"라고 간단명료하게 표현했다. 이란만 혼란스러운 것이 아니었다. 세계 곳곳에서 여러 세력들이 미국을 내쫓으라고 외치고 있었다. 인질 사건이 발생하고 몇 주가 지난 1979년 11

월 말, 약 700명의 무장 원리주의자들이 사우디아라비아 정부의 정책 및 서방 제국과의 관계에 정면으로 반대하며 메카에 있는 대사원을 점거했다. 이는 반정부 폭동으로 발전할 가능성이 있었지만, 다행히 사태는 진압되었고 폭동도 일어나지 않았다. 하지만 그 사건은 회교 사회에 큰 충격을 주었다. 12월 초, 사우디아라비아 동부의 유전지대 중심지인 알 하사에서 시아파 교도가 시위를 벌였는데, 이로부터 몇 주 후에 아주 극적이고 충격적인 사건이 발생했다. 소련이 이란의 인접국인 아프가니스탄을 침공한 것이다. 페르시아 만 연안의 국가들과 서방 제국이 모두 경악했다. 소련은 연안으로의 진출이라는 1세기에 걸친 야망을 실현하고 중동에서 서방 제국의 위상이 흔들리는 것에 편승해 가능한 한 많은 것을 가로채려 하고 있었다. 소련의 행동은 점차 대담해졌다. 제2차 세계대전 후 소련이 동구 공산권 밖에서 실행한 최초의 대규모 군사행동이었다.

카터 대통령은 1980년 1월, 후에 '카터 독트린'으로 알려진 대외 정책을 발표하면서 대응에 나섰다. 그는 "미국은 이제 입장을 분명히 할 것이다. 페르시아 연안 지역을 지배하고자 하는 어떤 세력의 기도도 미국의 중대 권익에 대한 침해로 간주한다. 그러한 행위에 대해서는 군사력을 포함해 모든 필요한 수단을 사용해 격퇴할 것이다"라고 선언했다.

카터 독트린은 1950년 해리 트루먼이 이븐 사우드에게 선언한 이래, 역대 대통령이 취해온 미국의 방침을 더욱 명백히 밝힌 것이다. 역사를 거슬러 올라가면, 1903년 당시 영국 외상이 러시아와 독일에게 페르시아 연안에서 손을 떼도록 경고한 '란스다운 선언'과 놀라울 정도로 유사하다는 사실을 알 수 있다.

카터 대통령은 석유 가격을 올리려고 하던 국왕을 설득해 그 방침을 철회시킴으로써, 임기 첫해인 1977년 석유업계의 절대적 존경을 받았다. 카터 대통령은 국왕을 잘 길들여, 석유 가격을 높이려는 매를 순종하는 비둘기로 변신시킨 마술사였다. 한편 이스라엘과 이집트 간의 캠프 데이비드 협정도 성사시켰다. 그러나 이제 이 모든 성과가 운명의 갈림길에 서 있었다. 국왕은 추방되고 이란 혁명은 1979년 석유 위기를 불러왔다. 카터 정권은 그 후의 이란 정세에 따라 춤추는 꼴이 되었고, 테헤란의 호전적인 '대학생'들에 의해 대통령 자신이 정치적 인질 상태로 전락했다.

인질 사건이 발생하자 빈사 상태의 국왕과 측근들은 곧바로 미국 공군기지로 가서 창문에 철책이 쳐진 정신병동에서 조용히 몇 시간을 보낸 후 해명도 없이 미국을 떠났다. 그들은 파나마로 갔고, 그 후에는 이집트로 향했다. 쇠약해진 국왕은 테헤란을 떠난 지 1년 반이 흐른 1980년 7월, 이집트에서 사망했다. 그의 죽음에 신경 쓰는 사람은 아무도 없었다. 이렇게 해서 코사크 여단의 장교 아들인 모하메드 팔레비는 인질 사건의 결말, 석유시장의 혼란, 그리고 중요한 역할을 담당했던 국가 간의 흥정과는 무관하게 되었다.[1]

인질 사건이 발생한 직후, 카터 대통령은 이란 석유 수입을 금지하고 이란 자산을 동결했다. 이란은 미국 회사들에 대한 석유 수출 금지로 대응했다. 수입 금지와 자산 동결만이 카터가 손쉽게 취할 수 있는 수단이었다. 자산 동결은 이란에 타격을 준 반면 석유 금수조치는 별 효과가 없었다. 그러나 금수조치는 부득이하게 석유의 재분배를 유발해 석유 공급망을 한층 혼란시켰다. 또한 구매자들을 현물시장으로 몰리게 함으로써 석유 가격을 경쟁적으로 인상시켰다. 1배럴에 45달러를 지불하는 경우도 있었다. 이란은 당황한 일본 상사들에게 배럴당 50달러를 요구하기도 했다. 인질 사건으로 혼란이 계속되면서 시장의 불안은 증폭되었고 이는 석유 매입과 가격 인상을 더욱 부채질했다.

메이저 회사의 한 중역은 이 상황을 냉정하게 정리했다. "인질 사건 발생 후 4일 동안, 이전에 적당하다고 판단했던 것 이상의 재고량이 필요하다고 느껐다." 업계에서는 비축을 '공급 보호'라고 불렀다. 다시 말해 일종의 '보험이 었던 셈이다.

인질 사건은 또 다른 분야에도 영향을 주었다. 석유 소비국, 특히 제2차 세계대전 후에 성취했던 정치 · 경제적 질서의 구심점인 미국의 약점과 무방 비 상태를 분명하게 노출시킨 것이다. 이제 석유 수출국이 세계의 지배권을 쥐고 있는 것처럼 보였다. 적어도 외견상으로는 그랬다. 그러나 석유시장에는 정부 이상의 강력한 힘이 움직이고 있었다. 이번에는 석유 수출국이 치명적인 오산을 했다.

야마니의 선견지명

석유 가격의 상승은 수개월간 신문의 1면을 장식하던 기삿거리였을 뿐 아 니라, 각국 대통령과 수상들의 관심사였다. 이 사태는 사우디아라비아의 지도 자들을 크게 당황시켰다. 그들은 사우디아라비아가 통제권을 다시 잃고, 리비 아와 이란이라는 호전적인 국가의 수중에 그것이 들어갔다는 데 촉각을 곤두 세웠다. 그들은 가격 상승이 경기 후퇴, 불황, 또는 경제 붕괴로 연결되고, 나 아가 산유국의 복지까지 위협한다고 생각했다. 사우디아라비아의 경제가 메 카를 방문하는 순례자의 숫자에 좌우되던 시대는 영원한 과거가 되었고 현재 는 금리, 환율, 인플레이션, 성장률 등의 '숫자'가 최대 관심사였다. 또한 사우 디아라비아는 가격 상승의 영향으로 자국의 입장이 약화되는 것을 우려했다. 즉 석유에 대한 신뢰감을 잃은 소비국이 대규모의 대체연료 개발을 촉진하고, 사우디아라비아와 OPEC 회원국들이 장기 경쟁 체제로 들어갈 것을 걱정한 것이다. 대량의 석유 매장량을 과시하며 풍요한 생활을 구가하던 나라에는 특 별한 위협이었다.

사우디아라비아는 다양한 방면에서 설득 작업을 펴서 궁지에서 벗어나려고 했다. 야마니 석유장관은 다른 서방 제국 지도자들에게도 가격의 상승을 억제하기 위해서는 석유 절약이 필요하다는 점을 열정적으로 주장했다. 사우디아라비아는 최소한 자국의 공식가격을 다른 수출국보다 낮게 설정했다. 또 증산을 통해 가격 상승을 막으려고 노력한 것이다. 과잉 공급을 통해 가격을 억제하려는 의도였다. 그러나 효과는 즉시 나타나지 않았다. 1979년 10월 중순, 리비아와 이란산 석유 가격이 치솟는 것에 낙담한 야마니 석유장관은 "우리는 통제 능력을 상실하고 있다. 매우 유감스러운 일이며 이러한 사태가 벌어지는 것을 원치 않는다"라고 말했다. 인질 사건이 발생한 것은 그로부터 수주일이 지난 후였다. 시장은 동요했고, 석유 가격은 사우디아라비아의 저항도 무시한 채 미친 듯이 올라가고 있었다. 시장을 안정시킬 방법은 없을까? 1979년 말 카라카스에서 개최 예정인 제55회 OPEC 각료 회의에 세계의 이목이 집중되었다.

1940년대 후안 파블로 알폰소가 베네수엘라의 석유장관으로 취임했을 때, 카라카스 남동 지구의 언덕 경사면은 사탕수수 밭이었다. 그러나 회의가 개최될 당시 그곳에는 구관과 신관, 넓은 야외 풀장까지 갖춘 타마나코 국제 호텔이 자리 잡고 있었다. 베네수엘라 석유산업의 발전상을 보여주는 기념비라 할 수 있었다. OPEC 각료 회의는 바로 이 호텔에서 개최되었다. 회의의 의제는 혼란이 극에 달한 OPEC 가격 결정 구조의 재통일이었다. 사우디아라비아의 공식가격은 1배럴당 18달러, 그 외 가맹국의 공식가격은 약 28달러, 그리고 현물가격은 40~50달러였다. 회의가 시작되기 전 사우디아라비아는 거꾸로 가격을 6달러 인상해서 다른 산유국의 가격이 사우디아라비아와 같은 수준으로 조정되기를 기대했다. 그러나 뜻대로 될 것처럼 보이지 않았다. 이란이 곧바로 5달러를 인상했다. 1950년대 이래 계속되던 사우디아라비아와 이란의 사고방식 차이가 첨예하게 표면화되었다.

　사우디아라비아는 오랫동안 가격 상승에 대응하기 위해 항상 여분의 석유를 생산해왔다. 1979년 OPEC 전체 생산량은 일일 3,100만 배럴에 이르렀다. 이란이 전년보다 많은 일일 300만 배럴을 감축했음에도 불구하고 이 정도의 생산량이 가능했다. 그런데 사우디아라비아의 잉여 석유는 어디로 갔을까? 야마니는 실제로 소비된 것이 아니라, 장래 석유 공급 중단을 우려한 석유회사의 재고로 유입되었다고 확신했다. 그렇다면 잉여 석유는 언제라도 재고에서 방출되어 시장으로 흘러 들어감으로써 가격을 진정시키는 것이 가능했다. 야마니는 "정치적 결정이 수요와 공급의 신성한 법칙을 영구히 거스를 수 없음은 당연하다. 또 가격이 상승하면 수요가 줄어든다는 것은 매우 단순한 이치다. 모든 사람이 알고 있는 것이다"라고 설명한 적이 있다.

　야마니 석유장관은 베네수엘라 석유장관에게 배정된 타마나코 호텔 최상층의 최고급 스위트룸으로 거처를 옮겨 자신의 견해를 설득시키려는 활동을 개시했다. 그 스위트룸에서 각국 석유장관들과 비공식 회합을 가졌지만, 협의는 지루하게 계속되었다. 야마니 석유장관은 OPEC에 위험한 일들에 대해 경고했다. 각국의 이익이 감소하고 수요 감소의 징후가 발견되므로 추가 인상은 '세계 경제의 파국'을 초래할 것이란 의견을 밝힌 것이다. 이 견해에 찬성하는 이도 몇 명 있었지만 대부분은 생각을 달리했다. OPEC산 석유에 대한 수요가 극적으로 감소해서 가격 유지를 위해 감산하지 않을 수 없고 결국 가격이 폭락할 것이라는 야마니 장관의 말을 대부분이 웃어넘겼다. 야마니가 농담하고 있다거나 그가 약을 먹어 머리가 이상해졌다고 말하는 장관들도 있었다. 거의 11시간에 걸쳐 야마니 석유장관의 방에서 협의를 계속했지만 결국 아무 결론도 내지 못했다. 실제로 공식가격이라는 것은 존재하지 않았다. 야마니는 OPEC과 석유시장 모두 극도의 혼란에 빠져 있다고 토로했다. 그리고 그는 산유국에는 경고가 되고 소비자에게는 희망이 되는 말을 남겼다. "시장은 공급 과잉 상태가 될 것이고, 벌써 그러한 조짐이 보이고 있다. 석유 가격은 하락할 것이다."

야마니 석유장관의 충고를 무시한 석유 수출국들은 자기들의 논리를 신뢰하고 있었다. 이란 석유장관은 "전지전능한 신의 이름을 걸고 잉여 생산은 존재하지 않을 것이며, 가격이 하락하지도 않을 것이다"라고 격앙된 목소리로 주장했다. 수출국 대부분이 수요에는 탄력성이 없기 때문에 석유 가격은 자신들이 원하는 대로 요구할 수 있다고 생각했다. 각료 회의가 끝난 후 얼마 지나지 않아 각국은 그들의 자신만만한 생각을 행동으로 옮겼다. 리비아, 알제리, 나이지리아는 다시 석유 가격을 인상했고, 다른 회원국들도 이에 따랐다.

큰 사건들로 점철된 1979년이 끝나갈 무렵 개최되었던 카라카스 회의 이후, 석유 수출국들은 시장에 대한 현실 감각을 잃기 시작했다. 수요는 계속해서 감소하는 가운데 새로운 공급원이 개발되어, 석유 매입과 관련된 소동은 잠잠해졌다. 아울러 각 사의 재고는 증가했고 현물가격은 하락했다. 사우디아라비아는 꾸준히 생산을 계속했다. 그런데도 일부 산유국은 가격을 계속 인상했고, 다른 산유국은 생산량을 줄여 가격 인하를 저지하려고 했다. 이제 '준 ※과잉'에 대한 이야기가 나오고 있었지만 새로운 '준※광란' 상태가 발생해 '과잉'이 상쇄되었다. 미국 정부는 인질 사건의 대응책으로 서구 제국 및 일본과 협력하여 이란에 대한 금수조치와 경제 제재를 단행하려고 했다. 이에 대해 석유시장은 과민반응을 보였다.[2]

1980년 4월, 일보 진전도 없던 인질 사건에 곤혹스러워하던 카터 정권은 결국 군대를 동원했다. 항공모함 니마츠 호에서 헬리콥터 8대가 발진해, 이란의 인적이 드문 황야인 '데저트 원'이라는 지점으로 날아갔다. 밤늦은 시간 헬리콥터는 그곳에서 대형 수송기 C130 6대로부터 재급유를 받고, C130에 탑승하고 있던 기습 부대도 옮겨 태워 테헤란으로 향했다. 이 부대의 임무는 미국 대사관을 탈환하여 인질을 구출하고, 구출된 인질들을 별도의 공정 부대가 확보한 테헤란 근교의 비행장까지 데려가는 것이었다.

그러나 예상치 못한 사건이 발생했다. 헬리콥터 한 대는 항법 실수로, 다른 한 대는 기계 작동 불량으로 추락했던 것이다. 깊은 밤 현장 가까이를 지나던 차량 3대가 헬리콥터를 발견했다. 차량 중 한 대는 버스로 이란인 44명이 타고 있었다. 또 다른 헬리콥터는 심한 사막 바람 때문에 C130과 충돌해 화염에 휩싸였고 미국인 여러 명이 사망했다. 헬리콥터 5대가 남아 있었지만 작전을 수행하려면 최소한 6대가 필요했다. 결국 작전은 카터 대통령이 직접 내린 명령으로 취소되었다. 작전 실패는 곧바로 세계 언론을 통해 알려졌다. 이란은 미국이 다시 인질 탈환 작전을 시도할 경우를 대비해 인질을 테헤란의 여러 지역에 분산 수용했다. 미국의 작전이 참담한 실패로 끝남으로써 석유시장은 극도로 경색되었다. 더구나 이란의 석유 생산이 다시 줄어들자 시장은 새로운 매입 소동으로 시끄러웠다. 석유회사들은 그들의 취약성과 상황의 변화를 감안해 '보험'을 의미하는 재고를 계속해서 늘려 나갔다.

전망은 어두웠다. 1981년 봄까지는 '준準과잉' 상태가 해소될 전망이라는 것이 시장의 일치된 판단이었다. 한편 OPEC의 장기 전략위원회는 현재 가격을 기본으로 연간 10~15% 인상함으로써 5년 내에 배럴당 60달러로 만들 계획이었다. 당시와 같은 비관적 상황에서는 이 계획을 의심할 여지가 없었다. 인질 구출 계획이 실패하고 5일 후, 미국 상원위원회에서 증언에 나선 CIA 국장은 "정치적인 관점에서 중요한 문제는 에너지 공급을 둘러싼 싸움이 얼마나 부도덕한 것이 되었는가 하는 점이다"라고 진술했다. 이 무렵의 암울한 분위기는 1980년 여름 발간된 계간지 「포린 어페어」의 '석유와 서방 세계의 쇠락'이라는 제목으로 요약된다.

1980년 6월, OPEC은 알제리의 알제에서 다시 회합을 가졌다. 사우디아라비아는 석유시장의 혼란을 종식하고 가격을 안정시키자는 호소를 이어갔다. 이번에는 쿠웨이트도 이러한 생각을 지지했다. 하지만 가격 안정에 대한 호소는 이번에도 찬성을 얻지 못했다. 석유의 평균 가격은 배럴당 32달러로 1년 6개월 전의 3배에 해당했다. 다른 많은 석유장관들의 반대에도 불구하고 '수요와 공급의 신성한 법칙'을 계속 견지하던 야마니 석유장관은 회의가 열리던 이 호텔의 커피숍에서 휴식을 취하면서 친구에게 본심을 말했다. "그들은 탐욕스럽다. 그들은 정말이지 너무나 탐욕스럽다. 그들은 그 대가를 분명히 치를 것이다."

사실 야마니 석유장관이 예언한 대로 석유시장은 다시 침체되기 시작했다. 1980년 여름의 시장 동향으로 판단한다면, 야마니 석유장관의 예언은 조기에 현실이 될 것 같았다. 재고는 상당량 있었고 불경기가 찾아왔다. 소비국에서는 제품 가격이 하락하고 수요가 줄었다. 그리고 재고가 넘쳐 석유회사들은 초대형 탱크에 석유를 저장하기 시작했다. 시장에 방출함으로써 손해 보는 비용보다 저장 비용이 더 들었다. 이렇게 되자 계약에 의한 구속에서 벗어나려고 하는 쪽은 구매자 측이었다.

OPEC산 석유에 대한 수요가 줄어들기 시작한 것이다. 실제로 9월 중순 많은 OPEC 회원국이 가격을 안정시키기 위해 생산량을 10%씩 줄이자는 자발적 합의에 도달했다.

OPEC은 머지않아 결성 20주년을 맞이하게 되었다. 20년간 그들은 무無에서 세계 경제의 거인이 되었다. 그리고 이제 20주년을 기념하기 위해 11월에 성대한 기념식을 가지기로 했다. 오래전부터 기념행사를 추진할 특별위원회가 계획을 진행해왔다. 1960년 OPEC의 탄생을 알렸던 바그다드에서 개최되는 기념식에는 저널리스트 1,500명이 초대되었고, OPEC 공식 영화가 제작되

기도 했다. 1980년 9월 22일 아침, OPEC 회원국의 석유장관, 재무장관, 외무
장관은 바그다드에서 개최될 행사에 대해 협의하기 위해 빈의 합스부르크 궁
전에 모였다. 회의가 시작되고 몇 분 후 회의장은 혼란과 분노로 요동쳤고, 회
의는 급히 비공개로 전환되었다. 바그다드에서는 행사와는 별도로 무엇인가
가 계획되고 있었던 것이다.[3]

제2차 카디시야 전쟁

OPEC 각료들이 빈에서 의전 준비를 위한 협의에 들어간 바로 그날, 이라
크 전투기 수십 대가 경고도 없이 이란 영내 12개 지역을 공격했다. 지상에서
는 육군이 국경을 넘어 이란의 넓은 접경 지역으로 침입하여 도시와 주요 군
사 시설에 맹렬한 폭격을 가했다. 이 전쟁은 페르시아 만 연안 제국을 또다시
뒤흔들어 석유의 공급원이 붕괴될 위험에 빠뜨렸다. 제3차 석유 파동이 우려
되었던 것이다.

9월 22일 전쟁이 발발하기 수주일 전부터, 이라크와 이란 간에는 국경을
사이에 두고 분쟁이 계속되었다. 전쟁 가능성은 4월 이후 점차 고조되었다.
사실 이라크와 이란은 오랫동안 서로를 적대시해왔다. 전쟁의 시원은 5,000
년 전까지 거슬러 올라간다. 즉 비옥한 초승달 지대에 출현한 역사상 최고最古
의 문명인 메소포타미아(현재의 이라크)와 에람(현재의 이란)이 서로 살육을 반
복하던 분쟁 역사의 현대판에 지나지 않는다고 생각되었다.

고대의 한 시인은 4,000년 전 '눈부신 봉우리와 같이 높은 성벽'으로 둘러
싸인 위대한 도시국가 우르가 에람 병사에 의해 파괴되고 약탈당한 참상을 다
음과 같이 묘사했다.

깨진 그릇 조각처럼 길 어귀에 널려 있는 주검

부서져 허물어진 성벽,

높은 탑, 도로에는 죽음이 가득하네.

축제 기분에 들뜬 인파가 모여야 할 가로에는

이리저리 흩어져 있는 시체들,

태양 아래 기름이 녹듯이 썩어만 가는구나.

이 참상은 4,000년 후 똑같은 습지대와 무엇이든 태워버릴 듯이 작열하는 사막에서 메소포타미아와 에람의 후계자들이 벌인 살육으로 재현되었다.[4]

이 전쟁은 민족적, 종교적, 정치적, 경제적, 이데올로기적, 그리고 개인적인 대립, 연안 지역의 패권, 인접국 간의 불안 등을 원인으로 시작되었다. 그리고 과거 오스만 터키 제국 영역에 속해 있던 중동의 현재 국가들이 지도 상에 그려진 국경선 변경을 요구하는 전쟁이었다. 전쟁의 진정한 목적은 영토였다.

이란 국왕은 1968년 이라크의 실권을 장악한 비종교적인 바스당 체제를 적대시하고 있었다. 이라크와 이란 양국의 최대 현안은 샤트 알 아랍, 이라크 영내를 흐르는 티그리스 · 유프라테스 강과 이란 영내의 하천 몇 개가 만들어낸 삼각주 지대를 둘러싼 문제였다. 샤트 알 아랍 수로는 120마일에 걸친 양국의 국경선을 형성하고 있었다. 샤트 알 아랍의 삼각주 지대에 건설된 아바단 정유소를 보유한 이란으로서는 페르시아 만으로 나가는 중요한 길목이었지만, 그렇다고 유일한 출구는 아니었다.

반면 이라크에는 그 수로가 페르시아 만으로 향하는 유일한 출구였으므로 그 중요성은 절대적이었다. 이란이 1,400마일에 걸친 페르시아 연안선을 가지고 있던 데 반해 이라크는 겨우 26마일에 지나지 않았다. 이라크의 주요 항인 바스라는 하구에서 50마일 거슬러 올라간 곳에 있었고, 바닥에 진흙이 쌓여서 항상 준설이 필요했다. 따라서 샤트 알 아랍 수로의 영유권을 보유한다는 것은 상징적 의미가 컸다. 설상가상으로 유전, 석유 압송 기지, 정유소, 파이프라인, 석유 선적 시설, 저장 탱크 등 양국의 주요 석유 시설 대부분이 샤트 알 아랍 수로 변에 위치하고 있어 어떻게든 수로에 의존할 수밖에 없었다. 이란 국왕은 초대형 유조선이 정박할 수 있는 페르시아 만 연안의 하르그 섬과는 별도로, 하천 수송의 대체 수단으로서 파이프라인을 조심스럽게 건설하고 있었다. 이라크는 이미 시리아와 터키를 경유하는 파이프라인을 가지고 있었지만 대부분의 수출 물량은 샤트 알 아랍과 인접 지역을 통해 출하되었다.

이란의 국왕과 이라크의 호전적 바스당은 협정을 통해 양국 간 문제를 해결해왔다. 이 협정은 1975년 알제에서 최종 합의가 이루어졌는데, 이라크 측에서는 사담 후세인이 서명했다. 샤트 알 아랍의 영유권이란 측면에서 이란이 유리해졌다고 할 수 있다. 그때까지 40년 동안 양국의 국경선은 하천의 동측이었다. 다시 말해 하천 전체가 이라크 소유였던 셈이다. 그런데 이라크는 협정을 통해 '국경을 강의 가운데로 하자'는 이란의 주장을 수용했다. 대신에 이란 국왕은 이라크가 간절히 바라던 것을 해주었다. 쿠르드족에 대한 원조를 중단하는 데 동의한 것이다. 쿠르드족은 이라크 인구의 20%를 차지한 이민족으로, 이라크의 유전지대에서 분리 독립을 요구하며 바스당에 격렬한 도전을 이어오고 있었다. 쿠르드족에 대한 원조 중단은 이란이 협상을 유리하게 이끌기 위한 최고의 대가였고, 바스당으로서는 생명을 연장하는 데 필수 조건이었다. 이라크는 시간을 헛되이 보내지 않았다. 알제에서 이란과 공동성명을 발표한 지 6시간 만에 쿠르드족에 대한 공격을 개시해 결정적인 타격을 입혔다. 3년 후인 1978년, 이라크는 이란을 흐뭇하게 해주었다. 이란 국왕의 요청에 따라, 14년 동안 이라크에서 망명 생활을 하고 있던 아야톨라 호메이니를 국외로 추방한 것이다. 후에 밝혀졌지만, 이 조치는 그다지 좋은 결과를 가져오지 못했다.

호메이니는 이라크 정권을 증오했고 복수심으로 속을 태웠는데, 그의 분노는 사담 후세인에게 집중되었다. 바스당이 써온 음모의 역사 가운데서도 후세인이 가장 술수에 능한 인물이었을 것이다. 1930년대 초, 시리아 학생 두 명이 파리에 있는 대학에 유학하던 중 결성한 아랍학생연맹이 바스당 운동의 시작이다. 10년 후 그들은 다마스쿠스에서 바스당을 결성했다(바스는 '부흥'을 의미한다). 군사적으로는 범아랍주의를 취한 바스당은 아랍 통일을 목표로 서방 세계와 제국주의를 격렬하게 비난했다. 그들은 자신들과 생각을 달리하는 사람과 바스당의 운동에 참여하지 않는 사람들을 경멸하고 노골적으로 적대시했다. 또한 목적 달성을 위한 폭력과 절대주의를 장려했다. 당은 두 개로 분열되었는데 한 파는 시리아에서, 다른 파는 이라크에서 권력을 장악했다. 같은 기원이지만 양 파는 서로 타협하지 않고 주도권을 잡기 위해 다투었다.

사담 후세인은 1937년 부친이 사망한 직후에 태어났다. 성장하면서 극단적 민족주의자가 되었고 폭력과 음모로 가득 찬 바스당의 운동에 참여했다. 그에게 결정적 영향을 준 사람은 그를 양육하고 교육시킨 숙부 카이르 알라 달파였다. 달파는 유럽의 모든 문명을 증오하고 혐오한 열광적 민족주의자로, 아랍에서는 소수파인 수니파에 속했다. 숙부와 조카의 미래를 결정한 것은 1941년 친親나치 민족주의자 라시드 알리가 일으킨 쿠데타였다. 당시 독일 공군기가 이라크 영내에서 영국군에 폭격을 가했다. 이 기회를 틈타 이라크군은 영국 부녀자들을 대피시키려는 비행기에 총격을 가하며 위협했으나, 영국군이 격퇴함으로써 쿠데타는 실패했다. 쿠데타에 가담했던 달파는 이 사건에 연루되어 5년간 투옥되었다. 그는 옥중에서 후세인에게 끝없는 고통과 불만, 혐오의 감정을 전했다. 라시드 알리의 쿠데타는 그 후 바스당 운동의 대표적인 신화가 되었다.

사담 후세인은 고향인 티그리트 문화에도 영향을 받았다. 티그리트의 풍토는 이라크의 일반적인 생활과는 전혀 달랐고, 가혹한 사막에서 살아가는 방법을 가르쳐주었다. 사담 후세인은 의심, 은밀한 행동, 기습, 목적 달성을 위한 철저한 군사행동 등과 같이 사막에서 생존할 수 있는 지혜를 체득했다. 10대 후반 사담 후세인이 바스당에 입당한 것은 이집트의 나세르 대통령이 수에즈 위기 시 거둔 승리로 전 아랍이 법석을 떨던 1956년이었다. 1950년대 나세르를 위시한 반제국주의 사고는 후세인의 가슴속에 깊이 새겨졌다. 그는 입당 후 얼마 지나지 않아 티그리트의 정치가를 암살했는데, 이것으로 바스당의 신임이 두터워졌고 평판도 높아졌다고 한다. 1959년 그는 이라크의 압둘 칼림 카셈 국왕이 바그다드의 번화가를 지나갈 때 암살하는 계획에 가담했다. 그러나 피습은 실패했고, 후세인은 총상을 입은 채 체포되어 사형을 선고받았지만 이집트로 도망갔다. 그는 1963년까지 이라크에 돌아올 수 없었다. 그 후 후세인은 바스당 지하 민병대를 조직하는 책임을 맡았다.

바스당이 권력을 장악한 1968년까지, 당내 중심이 된 후세인은 1979년 숙부의 사촌인 아마드 하산 알 바크르를 제치고 대통령에 취임했고 바스당 당원을 다수 숙청하기 시작했다. 후세인은 바스당 당원의 가족을 인질로 잡아놓고 처형의 명분이 되는 내용을 자백하라고 강요했다. 그는 1979년경 이미 무자비하게 권력을 휘두르는 인물로 알려졌다. 적이라 간주되는 인물, 장래에 위협이 되리라 생각되는 인물, 그리고 목적의 달성에 장애가 되는 인물이라면 무자비한 조치를 취했다. 또한 미리 배제하는 편이 유익하고 편리하다는 이유만으로도 그렇게 했다.

이라크의 새로운 체제, 특히 당, 군, 치안 조직은 티그리트 출신이 지배하고 있었고 대부분은 후세인과 개인적으로 관계가 있었다. 그의 권력 장악은 지나치게 노골적이었다. 1970년 중반 들어 정부는 씨족, 부족, 출신지를 나타내는 이름의 사용을 금지했다. 달파 일족과 다른 두 측근의 일족 출신이 권력의 상층부를 장악했다. 후세인 대통령이 신뢰하는 것은 그들뿐이었다. 정도의 차이는 있지만 그는 그들 전원을 신뢰했다. 후세인의 아내는 숙부인 카이트 알라 달파의 딸이었다. 숙부의 아들이자 아내의 형제이며 자신에게는 사촌이 되는 아드난카 이르알리 달파는 국방장관에 임명되었다(그는 1989년 원인 불명의 헬리콥터 사고로 사망할 때까지 이 지위를 지켰다). 후세인의 사촌으로서 그의 양자가 된 후세인 카밀 알−마지드는 무기 조달 책임자가 되어 핵무기, 화학무기, 미사일 개발을 전담했다. 이렇게 카이르 알라 달파의 영향력은 계속되었다. 1981년 달파가 쓴 소책자가 정부 인쇄국에서 출판되었는데, 책자의 제목에서 그의 정치사상의 핵심을 엿볼 수 있었다. "신이 창조하지 말았어야 할 세 가지는 페르시아인, 유태인, 그리고 파리다."

아야톨라 호메이니가 이라크에서 추방된 것은 후세인이 권력을 완전히 장악하기 전인 1978년이었지만, 호메이니는 추방의 책임이 후세인 개인에게 있다고 보고 그를 최대의 적으로 여겼다. 호메이니는 '당신의 적이 누구냐'는 질문에 "첫 번째는 이란 국왕이고, 두 번째는 대★악마 미국, 세 번째는 사담 후세인과 신을 믿지 않는 바스당이다"라고 답했다. 호메이니와 측근은 세속적인 사회주의자 집단인 바스당이 자신들의 종교적 신념에 반대하는 것으로 간주하고, 바스당 운동을 '인종을 차별하는 아랍주의 사상'이라고 공격했다. 호메이니는 여기서 더 나아가 '난쟁이 파라오'라는 신랄한 용어를 구사하며 후세인을 비난했다.

사담 후세인에게는 호메이니의 비난을 두려워할 만한 충분한 이유가 있었다. 이라크인의 절반 이상이 시아파 교도인 데 반해 바스당은 비종교적인 체제로 소수인 수니파 교도를 기반으로 하고 있었기 때문이다. 이라크는 시아파가 가장 신성시하는 성지인데, 이란에서 오는 시아파 교도들 사이에 동요가 심해지고 있었다. 1980년 4월에 발생한 부수상 암살 미수 사건을 빌미로 후세인은 이라크 국내에서 가장 이름 높은 시아파의 지도자를 처형하라고 명령했고 더불어 그의 누이까지 처형했다. 그리고 이란의 시아파 지도자들을 '부패한 호메이니', '종교의 옷을 걸친 폭군'이라 부르며 규탄하기 시작했다.

이라크와 이란 양국 간에 사소한 분쟁과 비난이 격렬해지자, 이라크는 이를 호기로 보았다. 이란은 분열되고 혼란에 빠져 있다고 생각한 것이다. 바그다드에는 "이란은 도시 여기저기에 정부가 있다"라는 말이 돌았다. 이란군은 사기가 저하되고 무질서했으며, 피의 숙청이 벌어지고 있었다. 지금 이란에 타격을 가하면 호메이니를 실각시키고 시아파 교도가 일으키려는 혁명의 위협을 저지할 수 있을 것이라고 생각한 것이다. 또한 샤트 알 아랍의 영유권을 강력히 주장하여 석유를 둘러싼 권익을 지키는 것도 가능했다. 그 밖에도 이라크의 야심을 부추긴 것이 있었다. 후세인은 이란 남동부 쿠제스탄 지역에 거주하는 아랍인들에게 '해방자'로 자처하며, 이 지방을 이라크에 합병하거나 적어도 세력권 안에 두는 것이 불가능하지 않다고 보았다. 이라크는 원래 이 지방을 아라비스탄이라 불렀는데, 이는 단순히 동일 민족을 재통일하는 것뿐 아니라 이란 석유 매장량의 90%를 영유할 수 있음을 의미했다.

그 가운데에서도 바스당이 얻을 최대 이익은 상처 입었던 명예를 회복하는 것이었다. 즉 1975년 이란에 넘겨주지 않을 수 없었던 샤트 알 아랍의 영유권 획득이다. 그 외에도 또 있었다. 페르시아 연안의 경찰 역할을 하던 이란 국왕이 제거되었으므로, 후세인은 국제적으로 큰 중요성을 가진 연안 지역에서 이라크의 우위를 주장할 수 있었다. 더욱이 이라크는 캠프 데이비드 협정을 체결함으로써 아랍 세계에서 고립되어 있던 이집트와 나란히 강력한 군사력을 과시했고, 동쪽으로부터의 위협을 격퇴한 국가로서 새로운 아랍권의 지도력을 장악하는 것도 가능했다. 또 석유 대국으로 성장할 수도 있었다. 이 모든 가능성을 고려할 때, 기회는 결코 포기할 수 없을 만큼 매력적이었다.

후세인은 바스당의 범아랍주의 사상에 기초해 애초부터 아랍 전체의 지도자로 자처하고 있었다. 호메이니가 자신의 정통성을 7세기에 일어났던 일에서 찾는 것과 같이, 후세인도 과거의 역사에서 자신의 정통성을 찾았다. 그는 이번 전쟁을 '제2차 카디시야 전쟁'이라고 명명했다. 카디시야 전쟁은 636년부터 637년에 걸쳐 현재 이라크 중부의 남쪽에 있는 나자프 근처에서 벌어졌던 싸움으로, 여기서 아랍군이 페르시아군을 격퇴했다. 이후 아랍은 642년의 전쟁에서도 페르시아를 물리쳐 '승리 중의 승리'로 칭송받았다. 이 전쟁으로 페르시아 제국의 운명은 파국을 맞았고, 국왕은 동방으로 도망가다가 그곳의 호족에게 암살당했다. 1세기 후에 바그다드가 건설되었고 이라크는 그 후 수백 년 동안 지역의 지배자로 군림했다. 그리고 1980년 다시 이라크에게 기회가 돌아왔다. 아니, 적어도 그들은 그렇게 믿었다.

후세인 대통령은 공격 목표를 이란의 석유 시설로 잡았다. 여기에는 아바단과 아와르가 포함되어 있었는데, 이들 지역은 1,300년 전 아랍이 페르시아 제국에 최후의 일격을 가했던 싸움이 시작된 곳이다. 후세인 대통령은 격렬하고 예리한 전격 작전으로 모든 목표를 달성할 수 있을 것이라 믿었고, 바그다드는 모든 수단을 동원해 선전에 열을 올렸다. 공격 개시 소식이 전해지자, 빈에서는 OPEC 회원국의 석유·재무·외무 각료 회의가 중단되었다. 전쟁은 1~2주 내에 끝날 거라는 시각이 지배적이었다. 그러나 이라크 측의 전략에 중대한 오류가 있었음이 밝혀졌다. 이란은 이라크의 일격을 견디고, 이라크에 결코 뒤지지 않는 전력으로 곧바로 반격에 나섰다.

전쟁이 시작되자 호메이니는 권력의 기반을 공고히 할 수 있었다. 반대자를 회유하고, 정권 내의 비非성직자를 추방했으며, 이슬람 공화국 건립이 가능해진 것이다. 또한 한편으로 국민들을 전쟁에 동원했다. 이란인들은 모든 정치 파벌이 하나가 되어 조국의 방어에 나섰다. 또한 쿠제스탄의 아랍인들 중에 이라크에 의해 해방되기를 원하는 사람은 거의 없었고, 이라크를 '동포'로 환영하는 이도 없었다. 오히려 침략자라 생각했다. 이라크는 전장에서 이란이 '인해전술'을 펼 것이라고는 미처 생각하지 못했다. 시아파의 순교 사상을 신봉하고 자신의 생명도 아까워하지 않는 젊은이 수만 명이 정규 병력의 선두에 서서 이라크의 진지로 돌격했다. 그중에는 자신의 유해를 담을 관을 가지고 전선으로 나온 고행자도 있었다. 그들은 "이슬람의 진정한 기쁨은 신을 위해 적을 죽이고, 신을 위해 죽는 것이다"라는 호메이니의 가르침을 따랐다. 그들은 '천국의 열쇠'라는 목걸이를 목에 걸고 있었다. 아이들은 자신의 생명보다 가치 있고 게다가 숫자가 부족한 전차를 위해 지뢰밭으로 돌진하기도 했다. 이로 인해 아이들 수천 명이 죽었다.[5]

긴 여정의 끝

전쟁의 발발은 석유시장을 전율시켰다. 전쟁이 시작된 지 이틀째인 1980년 9월 23일, 이라크 공군기가 아바단에 있는 세계 최대의 정유공장에 폭격을 개시했고, 정유공장은 그 후 수개월에 걸친 폭격으로 큰 손상을 입었다. 이라크 공군기는 이란의 모든 석유 선적 항구와 석유산업 도시에 공격을 가했다. 이에 대응해 이란도 이라크의 석유 시설에 공격을 가해 페르시아 만을 통한 석유 수출은 완전히 멈춰버렸다. 더욱이 이란은 이 기회를 틈타, 같은 바스당 정권이면서도 이라크와 앙숙이던 시리아를 설득해 시리아를 경유하는 석유 파이프라인의 가동을 중지해버렸다. 이 때문에 이라크는 터키를 경유하는 파이프라인만 사용 가능했다. 이 전쟁으로 이란의 석유 수출은 감소했지만 이라

크의 석유 수출은 거의 중단되었다. 후세인이 예측하지 못했던 상황이다.[6]

이란–이라크 전쟁의 초기 단계에서, 일일 400만 배럴의 석유가 세계 시장에서 자취를 감추었다. OPEC 생산량의 15%, 서방 제국 석유 수요의 8%에 해당하는 양이다. 현물가격은 다시 급등했다. 아라비언 라이트는 배럴당 42달러로 기록을 갱신했다. 시장에 다시 공포가 확산되었다. 제3차 석유 파동이 도래할 것인가? 다음에 일어날 일은 중동의 붕괴인가? 중동의 석유산업은 대혼란과 난장판이 될 것인가? 이라크로 인해 석유의 수급 균형은 붕괴되고 말 것인가? 이란의 석유 공급이 다시 중단될 것인가? 이슬람교 시아파와 수니파의 싸움, 즉 아랍과 페르시아 간의 전쟁은 페르시아 만 전체의 정세를 불안하게 할 것인가? 혹은 설상가상으로 이라크의 3배에 해당하는 인구를 가진 이란이 전쟁에서 승리해 원리주의자와 반서구 혁명을 중동의 중심에까지 전파하는 것은 아닐까? 이러한 의문들을 전제로, 향후 경제 기조에 대한 전망은 두 가지로 나뉘었다. 틀림없이 새로운 석유 위기가 올 것이라는 견해와 그러지 않을 것이라는 견해가 그것이다. 무엇이 맞는 것일까?

석유 수요는 확실히 줄어들었다. 경기 후퇴에 의한 일시적 감소든, 절약에 의한 것이든 수요가 앞으로도 계속 감소할 것인지는 의문이었다. 경제는 전반적으로 축소되기 시작했고 서방측 일부 국가는 심각한 불황을 포함해 어떤 비용을 치르더라도 물가 상승을 억제하는 데 총력을 기울였다. 이유야 어쨌든 석유 수요가 줄어들기 시작한 것은 분명했다.

이러한 가운데 1979년의 석유 위기에서 교훈을 얻은 각국 정부는 IEA의 방침에 따라, 석유 물량을 서로 가지려고 다툼으로써 가격 상승을 초래하는 행위를 삼가 달라고 석유회사들을 설득했다. 각국 정부는 오히려 재고를 방출하라고 요청했다. IEA의 의도는 다음 사항을 재확인하는 것이었다. 즉 에너지 문제는 통제 가능하고, 이번은 결코 1979년의 석유 위기처럼 진행되어서는 안 되며, 당황하지 말고 '불필요한 구입'을 자제해 가격 상승을 막자는 것이었다. IEA의 생각은 논리적이었지만, 당시 석유회사들은 조금 다른 생각을 갖고 있었다.

1979년 초 이래, 석유회사들은 거액을 들여서라도 구입할 수 있는 석유는 어떤 비용이 들더라도 구입했다. 이 중에는 수요를 크게 웃도는 대량의 석유가 포함되어 있었지만 이 물량은 자동차, 공장, 발전소로 공급된 것이 아니라 저장 탱크에 채워졌다. 1979년의 석유 파동은 세계의 움직임과는 무관하게 재고를 대량으로 늘렸다. 전쟁이 시작되었을 때 세계의 저장 탱크에는 석유가 넘쳐흘렀고, 석유회사들은 초대형 유조선을 빌려 바다에 떠 있는 추가 저장소로 활용했다. 석유 저장에는 많은 비용이 들었다. 매우 안정된 상황에서 '석유의 추가 매입'과 '재고 방출'의 선택지가 있다면 석유회사들은 재고 방출을 선택할 것이다.

그러나 이란–이라크 전쟁은 회복되고 있던 석유시장을 다시 혼란에 빠뜨려, 광적인 석유 매입을 촉발했다. 처음에 대부분 회사들은 IEA의 요청을 받아들여 '불필요한 매입'을 삼가려고 했다. 그러나 1980년 11월 한 정유업자는 "어떤 제한 조치를 하더라도 곧바로 높은 가격으로 구입하려는 회사가 나타나 시장가격이 상승했다"라고 불평했다. 새로운 위기에 직면한 석유회사들에게는 재고 문제가 최대의 현안으로 대두되었다. 미래 전망이 어려운 시기에 석유를 몰래 비축해놓고 상황을 두고 보겠다는 것은 문제가 있었다.

하지만 석유회사는 공급해야 할 석유가 없는 것보다는 돈이 들어도 보유하는 쪽을 택했다. 계속해서 비용이 상승할지라도 어쩔 수 없었다. 이렇게 해서 석유회사들은 또다시 석유 획득을 위해 세계를 들쑤셔놓았다. 일본의 상사와 석유회사도 석유를 구하기 위해 혈안이 되어 있었는데, 이들은 석유 공급이 지금 당장 중지될지도 모른다는 정부의 우려를 심각하게 받아들였다. 그러나 이런 우려를 하고 있는 것은 일본만이 아니었다. 미국의 한 석유회사 간부도 "재고의 방출은 후에 중대한 문제를 유발할 것이 틀림없다. 영리를 추구하는 기업으로서 받아들일 수 없다. 위기가 언제 끝날지 알 수 없다면 재고 방출은 없다. 예를 들어 이란－이라크의 석유 생산량이 올해 7월까지 전쟁 이전 수준으로 늘어날 것이 확실하다면 즉시 재고를 방출할 것이다"라고 설명했다.

1980년 12월, 인도네시아의 발리 섬에서 개최된 OPEC 석유장관 회의에서 다시 가격 문제가 논의되었다. 하지만 협의에 들어가기 전에 가장 귀찮은 문제를 처리해야 했다. 11월, 이란의 석유장관이 아바단 근처의 전장에 시찰을 나갔다가 포로로 잡혔다. 불행히도 그는 그 지역을 이라크가 점령했다는 사실을 몰랐던 것이다. 이라크는 이란이 OPEC의 회원국이든 아니든 관계없이 석유장관을 석방하지 않았다. 이에 격노한 이란은 모든 OPEC 회의에 불참하겠다고 위협했다. 발리 섬에서의 회의는 제대로 진행될 수 있을까? 노련한 외교관인 인도네시아의 수브로토 석유장관은 타협이 가능하다고 보았다. 회의 참가자들은 통상 알파벳순으로 앉게 되어 있었는데, 양국에는 이보다 불쾌한 일이 없었다. 수브로토 석유장관은 선례를 무시하고 이란과 이라크 사이에 인도네시아의 좌석을 배치했다. 이는 양국의 분쟁에서 핵심이 되는 수로를 떠올리게 했다. 사람들은 인도네시아가 샤트 알 아랍을 점령한 것 같다고 말했다. 이것으로 문제 하나는 해결되었지만 또 하나가 남아 있었다.

이란 대표단이 석유장관의 대형 초상화를 가지고 회의장에 들어왔던 것이다. 그들은 현재 포로로 잡혀 있는 석유장관이 자신들의 수석대표라고 주장했다. 자신들은 석유장관의 의사를 단순히 전달할 뿐이라는 것이다. 수브로토 석유장관은 이란 대표단이 석유장관의 사진을 좌석에 두는 것을 허용했다. 이것으로 성가신 문젯거리를 피할 수 있었고 회의가 개시되었다. 사우디아라비아를 제외한 OPEC 회원국의 석유 가격이 배럴당 36달러로 결정되었다. 제3차 석유 위기가 임박한 듯했다.

이와 거의 같은 시기에 지구 반대편에서는 선진국의 에너지 담당 장관들이 파리에서 회의를 열고 있었다. IEA 울프 랜츠케 사무국장은 각료들이 참석하는 만찬이 끝난 후, 관례에 따라 자기 방에서 비공식 회합을 열고 다음날 아침에 개최되는 공식 회의에서 거론될 문제를 조정했다. 만찬 후의 이 모임에는 무거운 분위기가 감돌았다. 석유 구입을 자제하고 재고 사용을 권장하는 IEA의 노력은 실현될 수 없는 듯 보였다. 일본 통산성 관리가 지적한 바와 같이 '불필요한 매입'이라는 표현은 '부정확하며 여러 가지 의미로 해석될' 여지가 있었기 때문이다. 일본의 일부 종합상사에 의한 광적인 석유 매입은 특히 문제가 되었다. 술과 담배가 곁들여지면서 랜츠케의 사무실에서는 격론이 오갔다.

자정 무렵에 이르러 EC의 저명한 위원장이며 실력자인 벨기에의 에티엔 다비뇽 백작은 자제력을 잃었다. 그는 일본 대표를 겨냥해 "어떻게 해서든 상사의 활동을 억제하지 않는다면 금후 토요타와 소니 제품의 유럽 수출은 허용되지 않을 수도 있다"라고 분명히 했다. 사무실 안은 침묵에 휩싸였다. 잠시 후 일본 관료는 "당신이 매우 훌륭한 국가의 공복이라는 것을 잘 알고 있습니다만……"이라는 반론만 하고, 더 이상은 이어가지 않았다. 어쨌든 일본 통산성은 석유 구매를 줄이기 위해 상사와 석유회사에 대해 '행정 지도'를 강화했다. 각 회사는 정부의 요청을 받아들여 미국과 영국의 회사들처럼 자제했다. 하지만 시장 관계자들은 정부의 방침 이상의 반응을 보였다. 1980년 말에 이르러 전망은 점차 현실화되기 시작했다. 대량의 재고가 존재하는 가운데 수요가 급락했고 시장가격도 계속 하락했다. 재고를 계속 보유하는 것은 경제적으로 불리했다. IEA가 기대했던 재고 방출의 유인은 갈수록 커졌다.

소비량이 감소했을 뿐 아니라 이란과 이라크의 감산분도 다른 산유국의 공급으로 보충되었다. 1978년 말 이래, 사우디아라비아는 석유 가격 상승을 억제하고 OPEC 회원국의 움직임을 통제하기 위해 거의 일관되게 여분의 석유를 생산하고 있었다. 야마니 석유장관은 "사우디아라비아는 가격을 안정시키기 위해 과잉 생산을 하고 있다"라고 말한 적이 있다. 사우디아라비아는 이란-이라크 전쟁의 발발로 자국의 전략이 무산되는 것을 방치하지 않았다. 전쟁이 시작되고 며칠이 지나지 않아 최대 생산 능력에 해당하는 일일 90만 배럴까지 생산량을 늘리겠다고 발표했다. 사우디의 증산량은 이란과 이라크 양국의 감산분 4분의 1에 해당하는 물량이었다.

이란과 이라크 이외의 OPEC 회원국도 증산을 도모했고, 이란과 이라크산 석유도 시장에 유입되었다. 이런 와중에 멕시코, 영국, 노르웨이, 미국의 알래스카 등 비OPEC 산유국도 석유 생산량을 늘렸다. 시장은 이미 '넘쳐흐른다'라는 상태를 넘어섰다. 이제 재고 방출을 꺼리는 회사는 없어졌다. 실제로 석유 매입과는 반대로 재고 방출이 당연해졌다. 구매자는 높은 석유 가격에 저항하기 시작했다. 시장에서 점유율을 높이기 위해 비OPEC 산유국들은 공식가격을 대폭 낮추었다. 비OPEC의 이익은 OPEC의 손실이 되었고 OPEC에 대한 석유 수요는 줄어들었다. 그 결과 1981년 OPEC 회원국의 생산량은 1979년 생산량에 비해 27%나 감소했다. 1970년 이래 최저 기록이었다. 야마니 석유장관의 예언은 그대로 현실화되었다.

OPEC의 최전성기는 종말을 고하고 있었다. 그러나 OPEC 회원국도, 산업계도, 서방측의 석유 소비국도 미처 생각하지 못한 것이 있었는데, 바로 카터 정권도 함께 종언을 고하고 있다는 사실이었다. 지미 카터는 이란에 의해 대통령 재임 중 마지막 굴욕을 맛보고 있었다. 테헤란의 미국 대사관에 감금되어 있던 인질은 그가 대통령직을 물러날 때까지 석방되지 않았다. 뒤를 이어

취임한 로널드 레이건의 넘쳐흐르는 자신감과 미국이라는 국가에 대한 신뢰감은 카터에게 붙어 다니던 '심기 불편'보다 유권자의 마음을 훨씬 강하게 사로잡았다.

실제로 시장은 1970년대를 거치면서 큰 어려움을 겪었지만, 가격 상승과 소비자의 불안감에 제대로 대응하고 있었다. 그러나 석유 수출국만은 시장의 '객관적 조건'이 변하고 있다는 사실을 직시하려 하지 않았고 가격 인하를 진지하게 검토하지 않았다. 가격은 아직도 정상 상태에서 벗어나 있었다. 1981년 10월에는 새로운 합의가 이루어졌다. 사우디아라비아는 가격을 32달러에서 34달러로 인상하고, 다른 OPEC 회원국은 36달러에서 34달러로 인하했다. 가격의 재통일이 실현된 것이다. 모든 변화 요인들을 계산하더라도, 세계 시장에서의 평균 석유 가격은 사우디아라비아의 인상분 때문에 1~2달러 비싸졌다. 다른 산유국들은 타협의 결과로 인하를 결정했지만, 여기에도 위안을 주는 것이 있었다. 즉 사우디아라비아가 거래의 일부로서 생산 상한선을 일일 850만 배럴까지 낮추는 데 합의했던 것이다.

이란과 이라크 간의 격렬한 전쟁은 계속되고 있었다. 그러나 세계에서 가장 중요한 두 석유 수출국 간의 전쟁도, 두 차례의 석유 위기로 한층 강력해진 시장의 힘을 조금 약화시켰을 뿐 무력화하지는 못했다. 1981년 10월을 마지막으로, 그 후 10년간 OPEC의 가격 인상은 없었다. '수요와 공급의 신성한 법칙'은 가격을 내리는 방향으로 작용했고 이에 반대되는 심각한 사태는 일어나지 않았다. 일찍이 야마니 석유장관이 말한 것처럼, 수요와 공급의 법칙은 ABC만큼 단순한 것이었다.[7]

35

석유는 그저
상품일 뿐인가?

　석유산업 자체가 '붐'으로 특징지어지지만, 제2차 석유 파동 이후 1970년 대 후반에 밀어닥친 붐의 강도와 광기는 이전의 어떤 것과도 비교할 수 없을 정도로 엄청났다. 배럴당 유가는 34달러까지 치솟았고, 돈의 총계로 보더라 도 그 이전의 수입이나 투자와는 상대가 되지 않았다. 석유회사들은 벌어들 인 수익을 새로운 석유 개발에 쏟아부었다. 어떤 회사는 은행에서 대출을 받 고 투자가들로부터 자금을 모아, 이 거친 게임에서 한 건 올리기 위해 그야말 로 젖 먹던 힘까지 썼다. 이때가 미국 독립계 석유업자들의 황금시대였다. 그 들은 사업을 위해 온갖 수완을 발휘하고, 더 많은 굴착기를 도입해 더 깊이 시 추하는 등 투자에 투자를 거듭했다. 이 모든 것을 기념이나 하듯, 1970년 말 에 방영된 텔레비전 쇼 프로그램 「댈러스」에는 욕심 많은 J. R. 어윙이 등장했 고 많은 배우들이 미국의 독립계 석유업자로 출연했다.

　미국의 석유사업은 아찔할 만큼 전무후무한 활기를 띠며 성난 파도처럼 밀려왔다. 이 광적인 속도 때문에 비용은 통제 불능 상태에 빠졌다. 석유와 관련된 모든 것의 가격이 치솟았다. 석유가 개발되는 대지의 값은 천정부지로 올랐고, 석유가 개발되는 도시(휴스턴, 댈러스, 덴버 등)의 부동산 가격 역시 마찬가지였다. 시추공의 임금은 이전의 몇 배로 올랐다. 지질학과 졸업생들은 융숭한 대접을 받았고 졸업 후 첫 직장에서 연봉 5,000달러 이상을 받았다. 20년 이상의 경력을 가진 지질 전문가들은 헌트와 폴 게티처럼 벼락부자가 될 꿈을 안고 기존의 중역직을 포기했다. 또 의사와 치과 의사들은 번 돈을 석유 개발 사업에 쏟아부었다. 인플레이션과 석유 가격 상승으로 저축한 돈은 쓰레기가 될지 모르니, 서류가방 가득 석유 주식을 갖고 있으라는 얘기를 들었을 것이다.

누군가 '석유 산'이라고 표현했을 정도로 석유산업은 위험한 벼랑에 서 있었다. 절벽에서 떨어지듯 공급은 급격한 속도로 떨어졌다. OPEC의 교전 상태와 맞물려 벌어진 공급 부족으로, 석유 가격은 반대로 계속 오르고 있었다. 이렇게 되자 기술과 엔지니어링 분야에서 석유 문제에 대한 대안을 내놓아야 했다. 치솟는 석유 가격을 잡아야 했던 것이다. 70년 전에도 그랬던 것처럼, 세계 석유가 위험천만한 공급 부족 사태에 처하게 되면 콜로라도와 유타 주의 서사면 바위층에 갇혀 있는 셰일오일을 개발해 시장에 공급해야 했다. 엄밀히 말하면 이는 국가 에너지 문제 해결이라는 차원에서 1979년 카터 대통령이 제안한 것이다. 옥시덴탈과 유노칼 같은 일부 회사는 이미 셰일오일 기술 개발에 착수했다. 1980년 세계 최대의 석유회사인 엑슨은 피할 수 없는 공급 부족 사태를 예견하고 서부 배사면의 콜로니 셰일오일 프로젝트를 신속하게 진행했다. 60년 전 지금과 같은 공급 부족 기간 중에, 엑슨은 셰일오일을 연료로 개발하기 위해 이 지역의 부지를 확보해놓았던 것이다. 당시에는 아무도 개발하지 않던 지역이다. 바야흐로 엑슨은 선두주자로서, 에너지의 '신기원'을 기대하며 셰일오일 개발에 10억 달러를 투자하기에 이르렀다. 가빈 회장은 "엑슨은 오랫동안 셰일오일 개발에 애착을 가져왔다. 그러나 그것은 기술적으로나 경제적으로 큰 도전이었다"라고 회고했다. 모든 난관에도 불구하고 미국은 안정적인 액체 연료 개발을 추진할 것이 예상되었고, 기술적으로도 가능했다.

그러나 다음 2년을 넘기면서 경제 전망은 빠르게 변했다. 유가는 떨어지고 있었고, 수요 역시 마찬가지였다. 또한 가격과 수요에 대한 전망도 그러했다. 석유 수출국에서는 과잉 생산 시설이 건설되고 있었고, 콜로니 프로젝트에 대한 예상 비용은 계속 늘어갔다. 가빈은 당시를 이렇게 회고했다. "우리는 일일 5만 배럴을 생산하기 위해 60~80억 달러 이상을 투자하고 있었다. 그리고 더 이상 돈이 들어가지 않으리라는 전망도 없었다. '이런 식으로 주주들의 돈을 낭비할 수는 없다'라고 나 자신에게 충고하기도 했다." 가빈은 다음날 중역회의를 소집하여 작업을 정지시키기로 결정했다. "어려운 결정이었다. 나는 나 자신을 그 결정에 맡겨버렸다."

1982년 5월 2일, 엑슨은 콜로니 프로젝트를 종결할 예정이라고 간략하게 발표했다. 당시의 경기 전망으로는 셰일오일 프로젝트를 존속할 만한 이유가 없었던 것이다.

작업이 중단되자 콜로라도 서사면에 불어닥쳤던 붐은 문자 그대로 한순간에 사라졌다. 신흥 도시인 라이플, 배틀먼트 메사 및 파라슈트는 펜실베이니아 서부에서 붐을 일으켰던 피트홀의 전통을 이어받아 황폐해졌다. 1865에서 1866년까지, 단 2년 사이에 피트홀은 울창한 삼림 지대에서 1만 5,000명 인구의 신흥 도시로 변했다가 다시 황량한 도시로 돌아갔다. 버려진 주택과 상점의 건자재들은 오일 리전 내의 다른 마을을 짓기 위해 해체되었다. 콜로라도의 3개 도시에 새로 들어섰던 주택들은 텅 비어갔다. 금세 잡초로 뒤덮였고 아파트는 절반이나 미분양된 채 나뒹굴었으며, 중서부 출신 건설 노동자들은 짐을 챙겨 고향으로 향했다. 도로에는 이주 행렬이 줄을 이었고, 10대 아이들만 반파된 집이나 관공서를 헤집고 다녔다. 라이플의 사무용품 상점 주인은 "할 일이 없어졌다"라고 푸념했다. 다른 도시들의 처지도 마찬가지였다. 종착지에 이른 붐은 더 이상 계속될 수 없었다.

에너지 문제의 뿌리

세계 석유시장과 석유 가격에는 어떤 변화가 일어났는가? 악성 인플레이션이 서방 세계의 경제뿐 아니라 전체 사회 구조를 위협하고 있었다. 미국의 연방준비국은 과도한 긴축금융 정책으로 대응했고, 이에 따라 이자율이 급등해 최고 21.5%까지 올라가기도 했다. 긴축금융과 석유 가격 상승으로 산업계의 자금이 고갈되었다. 결과적으로 1980년과 1982년, 대공황 이후 최악의 불황이 두 번 닥쳤고, 그중 1982년이 더 심각했다. 경제 활동이 수렁에 빠져들자 선진 공업국에서의 석유 수요는 계속 감소했다. 개발도상국들이 유가를 상승시킬 중요한 신규 수요원이 될 것이라 생각되었다. 그러나 개발도상국 역시 선진국의 경제 침체에 따른 타격으로 동반 침체에 빠져들었고, 따라서 석유 수요는 늘지 않았다.

게다가 에너지 경제 자체에 근본적인 변화가 일어나기 시작했다. 1920년대 초반과 1940년대 중반에 그랬던 것처럼 에너지 부족에 대한 공포는 가격 상승으로 이어졌다. 새로운 기술과 새로운 유전의 개발이 촉진되었고 그 결과 공급 과잉이 초래되었다. 이런 패턴은 석유 가격이 배럴당 34달러가 되고, 더 높은 가격 인상이 예상되는 상황에서 반복적으로 일어나는 일이었다. 그런데 대규모 신규 개발은 OPEC 외부에서 일어났다. 멕시코, 알래스카, 북해의 생산 시설 증강은 제2차 석유 파동 와중에 이루어졌다. 이집트 역시 주요 석유 수출국이 되었고 말레이시아, 앙골라, 중국도 마찬가지였다. 많은 국가들이 생산국과 수출국의 작은 부분으로 참여했는데, 전체적으로는 이들이 중요한 위치를 차지하게 되었다. 기술 혁신 역시 개발과 생산, 운송 능력을 증진했다. 초기 알래스카 파이프라인의 수송 능력은 일일 170만 배럴이었다. 그러나 '슬리켐slickem'이라는 새로운 윤활제를 사용해 파이프라인의 내부 저항력을 줄이자, 수송 능력은 일일 210만 배럴로 향상되었다. 가격이 배럴당 34달러가 되자, 13달러일 때는 불가능했던 탐광과 생산이 가능해졌다. 미국 내 48개 주의 생산도 예상 밖의 높은 수준으로 지속되었다. 알래스카 밖의 생산량 증가로, 미국 전체 생산량은 1980년대 전반에 대폭 증가했다.

수요에도 상당한 변화가 일어났다. 에너지 중 석유 비중이 지속적으로 증가하던 추세가 높은 가격과 안전성, 그리고 정부 정책에 의해 바뀌었다. 전기 발전 분야와 산업계에서는 석탄을 다시 대량으로 사용하게 되었고 원자력의 이용도 늘어났다. 일본에서는 에너지 경제와 발전 분야에서 액화천연가스LNG의 비중이 증가했다. 이런 모든 변화는 세계의 시장에서 석유의 비중이 줄어들고, 석유가 이전의 기반을 빠른 속도로 잃어간다는 것을 의미했다. 선진 공업국에서 전체 에너지 중 석유의 점유율은 1978년 53%에서 1985년 43%까지 감소했다. 에너지 중 석유의 비중이 감소했을 뿐만 아니라, 에너지 사용 자체도 에너지 효율 개선과 절약으로 인해 줄어들었다. 자주 잊어버리거나 보잘것없다고 여겨지던 것들이 에너지 절감에 상당한 영향을 미칠 수 있음이 입증되었다. 현대 산업사회에서 에너지 절약은 '작은 것이 아름답다'라는 소극적인 의미가 아니라 더 높은 효율과 기술 혁신을 의미했다.

1985년까지 신규 자동차의 평균 효율을 갤런당 27.5마일까지 높이기로 한 1975년의 법률은 일일 200만 배럴의 석유를 절약하게 했는데, 이는 알래스카에서 매일 생산되는 석유 양과 맞먹는 엄청난 규모였다. 1973년과 1985년을 비교하면, 미국의 에너지 효율을 25% 이상 높아졌고 석유 효율성도 32% 이상 개선되었다. 에너지의 효율성 측면에서 1973년 수준을 계속 유지했다면 미국은 1985년에 실제로 사용한 것보다 1,300만 배럴의 석유를 더 사용해야 했을 것이다. 그만큼 절약의 힘은 대단했고, 다른 나라들도 나름대로 극적인 절약 효과를 이루어냈다. 같은 기간 동안에 일본은 에너지에서 31% 이상의 효율을 개선했고, 석유에서는 51% 이상의 성과를 거두었다.

경기 회복이 이루어지기 시작한 1983년까지 절약과 연료 대체의 효과는 너무도 명백하게 입증되었다. 비非사회주의권의 석유 소비는 일일 4,500만 배럴이었다. 이것은 가장 높은 수치를 기록했던 1979년의 일일 5,100만 배럴에 비하면 600만 배럴 이상이 감소한 것이다. 따라서 1979년과 1983년 사이, 일일 에너지 사용량은 600만 배럴 떨어졌으나 비OPEC의 생산량은 오히려 일일 400만 배럴까지 증가했다. 생산량이 최고 수준에 이르자 정유회사들은 전혀 예상하지 못했던 물량으로 인해 엄청난 재고 처리에 고심하게 되었다. 이런 세 가지 추세, 즉 수요 격감, 비OPEC 국가의 계속적인 석유 개발, 막대한 물량의 재고로 인해 OPEC은 일일 1,300만 배럴까지 생산량을 줄였다. 이는 1979년에 비하면 43% 낮은 수준이었다. 이란 혁명과 이란−이라크 전쟁은 이들 두 나라의 수출 능력을 와해시켰다. 그러나 자원 부족의 우려 대신 시장 수요를 넘어서는 생산 능력의 과잉, 즉 '공급 과잉' 현상이 벌어졌다.[1]

OPEC 카르텔

드디어 최후의 심판이 다가왔다. OPEC은 1977년 말까지 자유세계 석유의 3분의 2 이상을 생산해왔다. 1982년 처음으로 비OPEC 국가가 OPEC의 산유량을 따라잡았다. 실제로 일일 100만 배럴 이상 앞섰고 이런 추세는 계속 증가했다. 심지어는 소련까지 유가 상승을 이용해 국내의 어려운 경제 사정을 탈피하기 위해 서방 국가에 대한 석유 수출을 계속 증가시켰다. 새로 개발된 석유, 특히 북해산 석유가 현물시장에서 거래되기 시작했는데, 이는 전체 석유시장에 큰 영향을 미쳤다.

처음 1~2년 동안은 현물가격이 공식가격을 웃돌았으나, 이제는 훨씬 밑돌고 있었다. 공식가격으로 거래하던 많은 회사들은 정제와 마케팅에서 막대한 손해를 보았다. 특등품 석유의 현물가격이 장기 계약 가격보다 배럴당 8달러나 더 쌌다. 모빌의 독일계 회사 최고경영자가 말한 대로 '순이익'과 '엄청난 손실'의 차이였다. 산수를 조금만 할 줄 아는 사람이라면 현물시장에 가서 값싼 석유를 구입할 것이다. 새로운 판매자로서 시장에 들어오려는 비OPEC 생산자들은 가장 싼 가격을 부를 수밖에 없었다. OPEC은 난관에 직면했다. '시장을 되찾기 위해 가격을 내리든지, 가격을 그대로 유지하기 위해 생산량을 감축하든지' 하는 어려운 선택의 문제에 직면한 것이다.

그러나 OPEC은 그들의 가격 구조 붕괴와 그에 따르는 더 큰 경제적·정치적 손실, 즉 권력과 영향력의 감소를 우려해서 가격을 낮추려 하지 않았다. 더구나 그들이 가격을 낮춘다면 선진 공업국들은 이를 물품세와 휘발유세를 올리는 기회로 삼을 것이고, 이는 30년 전 산유국이 격렬한 투쟁으로 획득한 석유 '렌트'를 다시 빼앗기게 되는 것이다.

그렇지만 현실을 회피할 수는 없었다. 생산 수준을 지키기 위해 가격 삭감을 하지 않으려면, 가격을 지키기 위해 생산 수준을 감축하지 않을 수 없었다. 꼭 3년 전인 1979년, OPEC의 일일 생산량은 3,100만 배럴이었다. 1982년 3월, OPEC은 사우디아라비아를 제외하고 나라별로 쿼터를 할당하여 총생산량이 1,800만 배럴을 넘지 않도록 제한하기로 했다. 체제 유지를 위한 생산량 조절이었다. OPEC은 마침내 과거 여러 차례에 걸친 협상을 마무리했다. 가격 유지를 위해 생산량을 관리해오던 텍사스 철도위원회의 역할을 일부 넘겨

받은 것이다. 석유 수출 업계의 지도적 분석가 중 한 사람은 "OPEC은 스스로 카르텔화하여 가격을 설정한 것은 물론 생산량을 관리하고 할당했다"라고 말했다.

쿼터제 실시 이후 몇 달이 지나서 석유시장의 불확실성을 증가시키는 새로운 요인들이 나타났다. 이란이 이라크와의 전쟁에서 승기를 잡고, 사우디아라비아와 다른 보수적인 페르시아 만의 국가들에 대해 보다 호전적이고 적극적인 성향을 보이고 있었던 것이다. 이란과 이라크 전쟁이 중동에서 유일한 전쟁은 아니었다. 1982년 이스라엘은 레바논을 무력 침공했다. OPEC의 한 회의에서는 '응징' 차원에서 미국에 대해 추가적인 통상 금지 조치를 취하자는 논의가 있었다. 그러나 석유 수출국에 대한 이란의 즉각적이고 지정학적인 위협과 함께, 석유시장의 침체 분위기는 이를 받아들이기 어렵게 만들었다. 결국 제안은 부적절하고 위험하며 석유 수출국들의 이해를 해칠 수 있다는 이유로 묵살되었다.

한편 1982년 6월, 사우디아라비아의 칼리드 국왕이 만성적인 심장 질환으로 사망하고 파드 왕자가 그 뒤를 이었다. 파드 왕자는 이미 행정의 최고 책임자로 국무를 담당하고 있었고, 무엇보다도 왕실 내의 둘도 없는 석유 전문가였다.

새로운 쿼터는 임시방편에 불과했다. 그러나 1982년 가을까지 몇 가지 사실은 명백해졌다. 즉 수요는 회복되지 않았고, 비OPEC 생산량은 계속 증가하고 있었고, 현물시장 가격은 또다시 곤두박질하고 있었다. 생산량 쿼터에도 불구하고 OPEC은 여전히 과잉 생산 상태였으며, 게다가 가격은 높았다.[2]

우리의 유가는 너무 높다

1983년 석유시장의 경쟁은 급속히 치열해졌다. 1975년까지 생산을 시작조차 하지 않았던 영국의 북해는 알제리와 리비아, 나이지리아를 합친 것보다 더 많은 물량을 생산했고, 앞으로도 생산은 더 증가할 전망이었다. OPEC 국가들 사이에서는 비공식적인 할인과 가격 인하가 상례화되었다. 사우디아라비아만이 또다시 예외였다. 사우디는 다른 수출국들이 지키지 않는 공식가격인 34달러를 준수했다. 구매자들, 심지어는 아람코 동업자들조차도 사우디아라비아를 외면했다. 더 싼 석유를 구입하기 위해 경쟁하고 있는 동맹국들과 고객들에게 더 비싼 가격을 강요하는 것은 쉬운 일이 아니었다. 사우디의 생산은 1970년대 이래 최저 수준으로 떨어졌다.

1983년 초에 야마니는 분명한 어조로 지금의 OPEC 위기가 무엇인지에 대해 철학적으로 설명했다. 그는 "이렇게 비유하는 것을 양해해주십시오"라고 서두를 꺼낸 후 말을 이어갔다. "이 위기의 역사는 임신부의 그것과 아주 흡사합니다. 위기는 사랑과 희열 속에서 정상적으로 임신이 되었습니다. 그러나 당시 다른 회원국들은 우리가 부정적인 결과를 경고했음에도 불구하고 우리에게 유가를 더 올릴 것을 요구했습니다. 게다가 모든 사람들은 이런 재정적 수익이 영원히 오를 것처럼 생각하고 개발 프로젝트에 달려들었습니다. …… 우리는 희열의 순간에 사로잡혀 있었습니다." 그러나 그 결과는 결코 달콤하지 않았다. 야마니는 자신의 설명을 이렇게 끝냈다. "우리의 가격은 세계 시장에 비해 너무나 높습니다."

1983년 2월 말, 완전 붕괴가 눈앞에 다가왔다. 영국의 국영 석유회사는 북해산 석유 가격을 3달러까지 할인해 배럴당 30달러로 만들었다. 이는 OPEC 회원국이며 1억 이상의 인구가 석유 수출에 의존하고 있는 나이지리아에게는 치명타였다. 나이지리아산 석유는 북해산 석유와 직접적으로 경쟁하고 있었는데, 북해산 석유를 더 싸게 구입하게 된 일반 구매자들은 아프리카에서 등을 돌렸다. 공급할 곳이 거의 사라진 나이지리아는 석유 수출을 사실상 포기했다. 최근에 민간 통치로 복귀한 정부는 위축되었고, 자신들이 같은 것으로 갚아주겠다고 명백히 밝혔다. 나이지리아의 야하야 디코 석유장관은 "우리는 가격 전쟁을 치를 준비가 되어 있다"라고 선언했다.

1983년 3월, 아이로니컬하게도 OPEC 석유장관들과 수행원들은 비OPEC의 경쟁 선도국인 영국의 런던에서 서둘러 회합을 가졌다. 이들은 하이드파크 모퉁이에 있는 인터콘티넨털 호텔에서 12일의 끝없이 지루한 토론을 이어갔다(이런 경험 때문에 후일 그들은 호텔에 들어갈 때마다 알레르기 반응을 보였다고 한다). 가격 인하에 대한 이념적이고 상징적 반대, 또한 분노와 좌절에도 불구하고 현실에서는 더 이상 저항할 수 없었다. 결국 OPEC은 가격을 34달러에서 29달러로 15% 인하하기로 결정했다. OPEC 역사상 처음 있는 일이었다. 수출국들은 OPEC 총생산량을 1,750만 배럴로 유지할 것도 함께 결정했다.

그러나 '누가 얼마만큼의 쿼터를 가질 것인가'가 문제였다. 쿼터의 분할에는 수십억 달러가 걸려 있는데, 나라마다 자신의 입장을 관철시키려고 했다. 12일간의 마라톤협상의 결과로 최소한 당분간의 가격 붕괴는 면할 수 있었다. OPEC은 과거처럼 가격을 올림으로써가 아니라 가격을 낮춤으로써 시장에 부합하는 가격을 설정했다. 또한 지금까지와 같은 임시방편이 아닌 새로운 쿼터를 설정했다. 이번에도 사우디아라비아에는 공식 쿼터가 부여되지 않았다. 야마니는 "만약 쿼터가 주어졌더라면 리야드가 받아들일 수 있는 최소치로서, 자신이 제시했던 것보다 훨씬 낮은 일일 600만 배럴이 되었을 것이다"라고 주장했다. 사우디아라비아는 외교 문서를 통해 "시장의 수요를 충족할 수 있도록 균형 물량을 공급하는 공급 조정자로서의 역할을 할 것이다"라고 발표했다. 자유세계 매장량의 3분의 1에 해당하는 석유를 보유하고 있는 사우디아라비아에게 처음으로 시장 균형과 가격 유지를 위해 매출량을 올리거나 낮출 책임이 명백하게 부과된 것이다. OPEC의 새로운 가격 조정 체계가 효과적으로 기능할지 말지는, 12개 회원국의 정직한 쿼터 준수와 함께 제13의 회원국으로 공급 조정자 역할을 하는 사우디아라비아의 의지와 능력에 달려 있었다.[3]

일반 상품 시장

OPEC의 마라톤식 회의와 카르텔로의 변화는 석유산업 자체의 광범위한 변화를 반영한 것이다. 더 이상 메이저 석유회사가 석유업계를 지배하지 못하게 된 것이다. 오히려 모든 구매자와 판매자가 자유롭게 거래하는 만인의 자유 참여 체제가 되었다. 말하자면 석유는 때로는 좋은 조건 속에서, 때로는 두려움 속에서 거래되는 '일반 상품'이 되어가고 있었다.

물론 1860년대와 70년대에 처음으로 상업화된 이후, 석유는 꾸준히 상품으로 거래되었다. 당시 펜실베이니아 서부에서 석유 가격은 변동의 폭이 매우 컸다. 그러나 통합을 향한 끊임없는 노력의 결과로, 유정에서 주유소까지를 하나로 결합한 기업의 영역 내로 들어오게 되었다. 게다가 석유는 다른 상품과 다르게 인식되었다. 야마니 석유장관은 "석유는 홍차나 커피와는 다르다는 것을 알아야 한다. 석유는 전략 상품이다. 너무 중요한 상품이어서 현물시장 혹은 선물시장의 변덕에 맡겨지거나 투기의 대상이 될 수 없다"라고 말했다. 그러나 정확히 그런 사태가 시작되었다. 첫 번째 이유는 세계 시장의 엄청난 과잉 공급이었다. 1970년대와는 반대 상황이다. 이제는 소비자가 아니라 생산자가 고민해야 했다. 석유 구매자들은 할인을 요구했다. 1970년대나 1980년대 초에 어쩔 수 없이 지불해야 했던, 석유 공급 보장을 위한 프리미엄

같은 것은 생각도 할 수 없었다. 안정 공급은 더 이상 문젯거리가 아니었다. 이제는 오히려 포화 상태의 시장 경쟁이 문제였다.

두 번째 이유는 산업 자체의 구조 변화다. 수출국 정부는 민족주의와 렌트 확보라는 근거 위에서, 자국에서 나는 석유에 대한 국가 소유권을 주장했고 점차 자국산 석유를 판매하는 국제 시장도 장악하려 했다. 자국의 자원과 연결되어 있던 특정한 회사, 정유소, 해외 시장의 연결고리를 끊어버린 것이다. 세계 여러 곳에서 공급처가 끊어지자 석유회사들은 새로운 자원 개발을 도모했다. 그들이 더 이상 통합적인 회사가 될 수 없다면 구매자나 거래자가 되어야 했다. 이에 따라 회사의 관심은 장기 계약에서 현물시장으로 이동했다. 1970년대 말까지만 해도 현물시장에서 거래되는 석유는 10%를 넘지 않았다. 정유회사의 과잉 생산을 처리하는 보조적인 존재에 불과했던 것이다. 2차 석유 파동을 거치고 난 후인 1982년 말에 이르러서는 국제적으로 거래되는 석유의 절반 이상이 현물시장에서 이루어지거나, 현물시장의 가격에 따랐다.

선택의 여지가 없는 상황에서 BP도 살길을 찾아야 했다. 이란의 격변과 나이지리아의 국유화를 거치면서 BP는 석유 공급의 40%를 잃었다. 절망적인 위험 속에서 방어에만 급급하던 BP는 현물시장에 뛰어들어 석유를 사들이고 대규모 거래를 시작했다. 단기 현물시장의 출현으로 과거 방식의 통합은 더 이상 이점을 찾아볼 수 없었다. 새로운 경영 방식을 갖춘 BP는 최저가의 원유를 구입할 수 있었다. 그리고 조업 과정 효율화로 경쟁력을 갖춤에 따라 회사의 사업은 더욱 번창했다. 회사는 독립채산제를 도입함으로써 과거보다 진보된 분산 경영 체제를 갖췄다. 기업 문화는 공급자에 의해 통제되던 방식에서 거래업자와 상인이 주도하는 방식으로 바뀌었다. 이 회사의 중역이 말한 것처럼, 한때는 관료주의적 성격이 강했던 이 회사는 '발 빠른 거래 지향의 체질'로 바뀌었다. 하지만 통합에도 분명 역사적 이점이 있을 터였다. BP의 새로운 회장인 피터 월터스는 "어느 정도의 통합은 분명히 이점이 있다. 그러나 프리미엄을 지불할 만한 것은 아니다"라고 말하면서 다음과 같이 덧붙였다. "우리는 스스로 훨씬 더 기회주의적이 되어 간다는 사실을 알고 있다."

월터스 자신이 선도적 역할을 했다. 그는 이미 오래전에 전통적인 통합 방식은 컴퓨터에 의한 관리로 대체됨으로써 의미를 상실하고 있다고 결론 내렸다. 6일전쟁 발발 이틀 후인 1976년 6월의 어느 토요일 아침, 런던 북부의 하이게이트에 있는 자신의 집에서 잔디에 물을 주던 월터스는 뜻밖의 소식을 들었다. BP의 용선 책임자가 긴급전화를 걸어서, 선박 왕 아리스토텔레스 오나시스가 갑자기 기존의 모든 협정을 취소하고 용선료를 전날의 두 배로 올리겠다고 했다는 것이다. BP의 세계 경영 전략을 이끌고 있는 월터스는 오후까지 이 요구에 대한 답을 주어야 했다. 자신의 결정 하나에 엄청난 돈이 걸려 있었다. 그는 당황스러웠다. 이런 상황에서는 컴퓨터도 도움이 되지 못했다. 오직 상업적인 판단을 해야 했다. 그는 전화를 걸어 제의를 수락하라고 지시하고, 잔디 깎는 작업을 다시 시작했다. 그의 결정이 옳았음을 입증하는 사건들이 연이어 일어났다. 월요일, 용선료는 그 전 금요일의 4배가 되었다.

그날부터 월터스는 BP의 운영을 분산해야 한다고 주장하는 그룹의 선두 주자가 되었다. 그는 "그 사건은 우리 사업의 전반적인 구도에 대해 다시 생각하게 했다"라고 말했다. 이어서 "통합 찬성론자들은 회사를 잘못된 방향으로 이끌게 될 것이다. 그들은 경영 판단을 기계에 맡기고 있다"라고 덧붙였다. 월터스의 이런 주장은 자신의 자리를 건 모험이었다. 그러나 그는 자리를 지켰음은 물론 BP가 어려움에 처했던 1981년에 BP 회장이 되었다. 월터스는 "사업에 대한 확고한 가설들이 모두 무너졌다. 내게 수익성과 유리된 전략이란 있을 수 없다"라고 말했다. 그가 중역들에게 한 다음의 말은 꽤 유명해졌다. "BP에는 성역이 없습니다. 어떤 일이 경제적으로 의미가 있는지 없는지 내게 말해준다면, 나는 여러분에게 우리가 고수해야 할 것과 그래서는 안 될 것을 말해줄 것입니다." 정말이지 필요가 미덕이었다.

다른 회사들도 같은 방향으로 나아가고 있었다. 결국 1950년대와 60년대의 통합적인 석유산업에 길들여진 그룹과, 새로운 거래 질서가 도래할 것이라고 믿는 그룹 사이에 갈등이 불거졌다. 기존의 경영 방식뿐 아니라 깊게 뿌리내려진 기본 이념까지 위협을 받았다. 쉐브론의 회장 조지 켈러는 "내가 배운 것은 자신의 석유를 자신의 정유 시설 및 하류 구조로 이동하는 것이다. 그것은 명백한 진리였다"라고 말했다. 많은 회사들에서 전통주의자들은 석유를 일반 상품으로 거래하는 데 저항했다. 그것은 세련되지 못하고 비도덕적이고 순리를 거스르는 운영 방식이라고 생각한 것이다. 그들은 다른 사람들을 설득하려고 노력했지만, 당연하게도 그들이 설득당했다. 이제 모회사의 경영 범위 내에서 수급 균형을 맞추는 방식의 거래는 사라졌다. 대부분의 회사들은 자체 계정에 의해 돈을 버는 독립채산 방식으로 바뀌었다. 공급이 원활하지 않으면 수출업자의 입장에서 석유회사에 로열티를 지불하지 않았고, 공급 과잉 시에는 석유회사의 입장에서 수출업자에게 로열티를 주지 않았다. 석유를 자체에서 소화하든, 경쟁력을 유지하기 위해 이를 전부 다시 팔든, 구매자들은 세계 어디에서나 최저가의 석유를 구입했다.

4대 아람코 동업자인 엑슨, 모빌, 텍사코, 쉐브론은 자신들이 훨씬 높은 비용을 지불하고 있다는 사실을 알면서도, 사우디아라비아에서 대량의 석유를 '공식가격'으로 구입하고 있었다. 이 회사들의 기본 방침은 사우디와의 교역을 계속 유지하는 것이었고, 이 관계가 완전히 끊어지는 것을 원치 않았다. 그러나 1983년과 1984년에 이르러서는 사우디의 유가가 너무 높다는 사실을 인정하지 않을 수 없었다. 조지 켈러는 이렇게 토로했다. "쉐브론은 아람코의 일을 자신의 일처럼 생각해왔다. 아람코를 창업하고 발전시켰으며, 아람코 내에서 중심적인 역할을 해왔다. 그래서 더욱 어려운 문제다. 하지만 밑 빠진 독에 계속 돈을 쏟아부을 수는 없다. 우리는 이제 물러서지 않을 수 없고, 결국 야마니 석유장관에게 지금과 같은 관계를 지속할 수 없다고 통보해야 한다.” 아람코와의 관계를 단절한 것은 아니지만 쉐브론은 석유 수입 물량의 상당 부분을 감축했다. 이제 사우디아라비아는 더 이상 특별 공급자가 아니었다. 이들 4대 회사와 사우디 간의 관계 변화는 석유산업이 어떻게 변모해왔는지를 보여주는 상징적인 일이기도 했다.

석유산업의 구조 변화는 일반 상품 시장으로의 이동을 촉진했다. 유가에 대한 규제 완화와 여러 가지 통제 요인이 제거됨으로써 미국은 더 이상 세계 석유시장에서 고립되는 길을 가지 않았다. 사실 이제 나머지 시장들과 아주 긴밀한 관계를 유지하고 있었다. 미국은 여전히 세계에서 가장 큰 단일 소비 시장인 동시에, 세계적인 생산 붕괴로 인해 전 세계 생산량의 4분의 1을 생산하고 있었다. 미국의 생산은 시장 지향적이었고, 이런 움직임은 세계 다른 지역에도 영향을 미쳤다. 미국 원유가 세계 석유산업의 새로운 지표로 등장한 것이다.[4]

달걀에서 석유로

서부 텍사스산 중질유WTI의 부상은 석유산업의 운영에 있어 또 하나의 거대한 혁신을 반영한 것이다. 이러한 변화는 1983년 비엔나도 리야드도 휴스턴도 아닌 맨해튼의 세계무역센터 8층에서 시작되었는데, 그곳엔 원유 선물 거래를 도입한 뉴욕상품거래소NYMEX가 있었다.

현물시장에서 석유가 매우 변덕스럽고 불안정한 가격으로 거래될 때, 구매자와 판매자 모두 자신의 위험을 최소화할 수 있는 방법을 모색하게 마련이다. 이것이 선물시장이 도입된 이유다. 선물시장의 구매자들은 앞으로 몇 달 후, 지정된 가격으로 상품을 살 수 있는 권리를 사게 된다. 위험을 감지한 구매자가 구매 가격을 묶어둔다는 의미다. 생산자들도 마찬가지였다. 농산물에서처럼 생산이 아직 완료되지 않았을 때라도 향후 생산될 상품을 미리 팔 수 있었다. 구매자와 판매자가 위험 부담을 나눔으로써 가격 변동의 위험을 최소화하는 것이었다. '유동성'이란 시장의 수급과 사람들의 심리를 이용해 이익을 얻으려는 투기꾼들이 만들어낸다. 미국의 선물 거래소들은 몇 년 동안 곡물과 삼겹살 등의 물품을 거래했다. 1970년대에 세계 경기가 더욱 변덕스러워지자 규제가 풀리고 금, 금리, 화폐, 그리고 마침내 석유까지 선물거래를 하게 되었다.

1872년 록펠러는 미국의 석유회사를 인수해 경쟁자들을 제압하겠다는 '우리들의 계획'에 착수한 바 있다. 바로 그해 뉴욕상품거래소가 설립되었는데 처음에는 낙농 상품 거래처를 찾던 뉴욕 상인 62명이 모여 소박하게 시작했다. 이곳의 원래 명칭은 '버터 및 치즈 거래소'였다. 1880년에는 달걀이 메뉴에 추가되어 '버터, 치즈 및 달걀 거래소'가 되었다가 2년 후 이름이 다시 바뀌어 뉴욕상품거래소가 되었다. 1920년대에는 달걀의 선물거래가 도입되었다. 1941년에는 메인 주의 감자가 새로운 상품으로 등장했다. 나중에는 노란색 둥근 양파, 사과, 아이다호 주의 감자류, 합판, 백금 등이 선물거래 품목으로 추가되었다. 감자류에 대한 미국의 수급 균형이 깨지기 시작하면서 메인 주의 감자는 뉴욕상품거래소의 중심 역할을 하게 되었다. 그러나 다른 지방의 감자 때문에 시장성이 약해졌고, 생산 물량도 매년 감소했다. 그 결과 메인 주의 감자 선물거래는 마찰을 빚기 시작했다. 1976년과 1979년, 감자 계약에 문제가 속출했다. 그중 하나는 저장 감자가 뉴욕 시의 품질검사를 통과하지 못한 것이다. 압박을 받은 상품거래소는 메인 주의 감자 거래를 포기했다. 거래의 존속 자체가 위태로운 지경에 놓였다.

그러나 바로 그때, 가정 난방용 석유가 새로운 품목으로 추가되었다. 이는 지방의 난방용 석유 판매업자에게도 유리한 조치였다. 1981년에는 휘발유 선물거래가 시작되었는데, 중요한 혁신은 1983년 3월 30일에 일어났다. 그날 거래소는 원유 선물거래를 도입했는데, 이는 OPEC이 런던의 인터콘티넨털 호텔에서 마라톤 회의를 끝낸 지 2주가 되는 날이었다. 두 가지의 사건이 동시에 일어난 것은 아이러니였다. 원유의 선물거래는 전적으로 OPEC의 가격 결정력을 손상시키는 것이었기 때문이다. 이제 석유 1배럴에 대한 권리는 때로는 막대한 이익을 남기면서 거래자와 투기꾼들의 손을 여러 차례 거치며 거래될 수 있었다.

뉴욕에서 거래소 회원들은 열성적으로 원유 선물거래에 열중했다. 뉴욕상품거래소의 매장을 가득 메운 사람들은 계약 주문을 내기 위해 서로 밀치고, 소리를 지르고, 맹렬히 팔을 흔들어댔다. 거래자들은 서로를 밀치며 석유산업으로 밀려들었다.

그들은 결코 친절한 대접을 받지 못했다. 원유 선물시장에 대해 기존의 석유업계가 보인 첫 반응은 회의론과 철저한 적개심이었다. 이렇게 소리를 지르고 난폭한 몸짓을 해대며 2시간도 지루하다고 여기는 애송이들이 석유사업과 무슨 관계가 있다는 것인가? 석유사업은 매우 복잡한 기술과 운영 원리, 그리고 조심스럽게 형성되어온 관계가 모든 것의 기초가 되는, 그리고 지금 투자해도 10년이 지난 후에야 이익을 얻을 수 있는 그런 사업이 아니던가? 어떤 메이저 회사의 중역은 석유의 선물거래는 '치과 의사가 엉뚱한 데 투자해 돈을 손해 보는 것'과 같다고 혹평했다. 그러나 선물거래는 급속히 확산되었다. 몇 년 지나지 않아 메이저 회사들 대부분, 일부 수출국, 대형 금융회사를 포함한 다른 많은 거래자들이 뉴욕상품거래소의 원유 선물거래에 참여했다. 가격 위험이 상존한다는 사실에는 누구도 예외일 수 없었다. 거래 물량이 천문학적으로 늘어남에 따라, 메인 주의 감자는 세계무역센터 5층 매장에서 아련한 기억 속으로 사라져갔다.

한때 석유 가격은 스탠더드오일이 결정했다. 그 후 미국에서는 텍사스 철도위원회가, 그 밖의 국가들은 메이저 회사들이 그 역할을 했다. 그다음이 OPEC이었다. 그러나 이제는 달라졌다. 컴퓨터 스크린 앞에 붙어 있는 전 세계의 구매자·판매자와 뉴욕상품거래소의 매장 거래자 간의 상호 반응에 의해 매일매일 즉각적으로 가격이 결정되었다. 19세기 후반, 펜실베이니아 주에서의 석유 거래가 현대적인 기술로 재탄생한 것이다. 모든 거래자는 동시에 똑같은 정보를 접할 수 있고, 또 모두가 이에 따라 다음 행동을 준비할 수 있었다. '수요와 공급의 신성한 법칙'은 아직도 지켜지고 있었지만 이제는 훨씬 다양하고 광범위하게, 그리고 지체 없이 표현되었다.

거래의 기준이 되는 것은 공급이 풍부해서 거래가 용이한 서부 텍사스 중질유WTI 가격이었는데, 이는 세계 유가의 훌륭한 대리 변수가 되었다. 직전까지는 아랍산 경질유가 그 역할을 했다. 20년 전에는 세계 기준 원유였던 텍사스 걸프 코스트 석유를 아랍의 경질유가 대체했는데, 이제 사정이 완전히 바뀌어 텍사스가 그 임무를 이어받았다. 선물거래가 늘어나면서 WTI 가격은 금시세, 금리, 다우존스 산업 평균지수와 함께 매일의 세계 경제 상황을 표시하는 중요한 지표가 되었다.[5]

새로운 석유 전쟁

세계 시장의 대대적인 구조 개편과 함께 석유산업도 도매 분야의 조직을 재정비했고, 여기에는 메이저 회사들도 예외가 아니었다. 산업에 대한 탈규제화로 보호 조치가 약화되고 경제 원리가 강화되었다. 그 결과 기업의 정리 합병, 자회사로의 주식 분배, 기업 인수 및 기타 다양한 기업 형태의 변화가 시도되었다. 미국에서는 1981년까지 규제가 거의 대부분 사라졌는데 석유 부문도 예외일 수 없었다. 설비 과잉과 가격 약세도 기업 합병과 규모 축소를 부채질했고, 이에 따라 효율성과 수익성이 개선되었다. 한편 미국의 주요 법인 중 4분의 3을 쥐고 있는 연금, 상호부금과 같은 기관 투자가들도 적극성을 띠면서 자신들의 투자에 대해 더 많은 대가를 얻으려 나섰다. 그들은 높은 분기 실적을 바랐기 때문에 결코 장기 실적을 기다리려 하지 않았다. 그들의 관점에서 석유산업은 붐이 끝나고 영광을 잃어가고 있었다.

석유산업 구조 개편의 핵심은 '가치의 공백'에 기반을 두고 있었다. '가치의 공백'이란 회사의 주가가 회사 소유의 석유 및 가스 매장량의 시장 가치를 정당하게 반영하지 못함을 가리키는 용어다. 주식 가격과 자산 가치의 차이가 크다는 것은 기업에게 치명적이다. 새로운 경영 방식을 통해 과거의 경영이 하지 못했던 '주주들의 가치' 증대를 도모할 수 있었다. 또 다른 문제도 있었다. 탐사에 의해 석유를 1배럴 추가하려면, 기존에 운영되는 자산을 구입하는 것에 비해 2~3배 이상의 비용을 투입해야 했다. 멕시코 만이나 텍사스에서 탐사를 하는 것보다 뉴욕의 증권거래소에서 석유를 구하는 것, 즉 평가절하된 회사를 매입하는 편이 훨씬 저렴했다. 여기에서도 '주주들의 가치'가 추진력이 되었다.

미국의 많은 회사들이 OPEC에 대응하는 안정적인 대안을 찾기 위해, 두 번에 걸친 석유 파동에서 쏟아져 나온 유동 자금을 탐사 자금으로 쓸어 넣었다. 하지만 그 결과는 매우 실망스러웠다. 매장량은 계속 감소했고, 탐광 투자는 비효율적이고 무모하다고 판명되었다. 막대한 자금을 탐광에 투자하기보다 높은 배당이나 주식 재매입을 통해 주주들에게 높은 이익을 주고 그들로 하여금 투자 방향을 결정하게 하지 않을 이유가 없었다. 지질학 상의 탐사 실패와 같은 '가치의 공백'은 석유산업에 엄청난 변화를 가져왔다. 그 결과 기업 간에 먹고 먹히는 싸움이 계속되었고, 때로는 월스트리트의 노련한 투자가들이 개입해 그 싸움을 주도하기도 했다. 완전히 새로운 형태의 석유 전쟁이었다.

방아쇠를 당기다

제2차 석유 파동 후 석유산업에는 변화의 분위기가 무르익었지만, 그것을 촉발할 방아쇠가 필요했다. 그 방아쇠는 건조한 고원 지대인 북서 텍사스의 팬핸들에 있는 인구 15만의 도시, 애머릴로에서 발견되었다. 휴스턴보다는 덴버에 더 가까운, 외지고 건조하고 바람이 몹시 부는 지역이었다. 애머릴로의 산업은 석유와 가스가 중심이었는데, 대부분 소규모 독립계 석유업자들이 운영했다. 목축업도 꽤 큰 비중을 차지했고, 여기에다 핵무기 제조도 한몫을 하고 있었다. 이곳에는 미국 내에 하나뿐인 핵폭탄 최종 조립 공장이 있었다. 전문가의 추정에 따르면, 이곳에서 하루 4개 정도의 핵폭탄이 제조되었다. 이곳은 또한 독립계 석유사업자 분 피켄스의 고향이기도 했다. 그는 자신의 회사가 보유한 석유 매장량을 늘리려고 누구보다 많은 폭파 작업을 했고, 그러는 과정에서 널리 알려진 몇몇 이정표가 사라졌다.

분 피켄스는 유명 인사였다. 인기 방송 드라마인 「댈러스」에 나오는 어웡의 실제 인물이 본인이 맞느냐는 기자의 질문에 천연스레 웃어넘기기까지 하는 전문가였다. 금융업계의 많은 투자자들은 그를 칭송하기에 바빴다. 그가 일을 벌이면 주식 소유자들은 돈을 벌었기 때문이다. 그러나 석유업계에서는 그를 존경하는 사람만큼이나 불쾌하게 여기는 사람도 있었다. 그는 전략적으로 금융업계와 석유업계의 접경에 서서, 석유산업을 원래의 모습으로 돌려놓으려고 했다. 즉 석유산업의 무절제한 낭비와 싸우고, 환상과 오만으로부터 석유산업을 지키고, 권리를 잃은 주주들의 이익을 챙겨주려 노력했다. 그의 적들은 그가 타고난 세일즈맨일 뿐이며, 주주들의 권리라는 망토를 덮어쓴 탐욕주의자인 동시에 영리한 기회주의자에 지나지 않는다고 매도했다. 한 가지는 분명했다. 피켄스는 2차 석유 파동의 배경이 된 석유산업의 약점을 누구보다 먼저, 그리고 명료하게 간파했다. 그는 무엇을 해야 할지 이해하고 있었을 뿐 아니라 그것을 설득할 수 있는 신념도 갖추고 있었다. 어떤 의미에서 그의 활동은 그를 혐오하는 메이저 회사에 대한 독립계 석유업자들의 복수였다.

1928년에 태어난 피켄스는 1920년대 오클라호마에서 발견된 가장 큰 유전 중의 하나가 있는 세미놀에서 그리 멀지 않은 유전지대에서 자랐다. 특별한 직업이 없었던 그의 아버지는 농부들에게서 임차지를 구입해 석유회사에 팔아넘기는 일을 했다. 그의 어머니는 제2차 세계대전 동안 중소 도시 3개에 휘발유를 배급하는 일을 맡았다. 그는 뻔뻔스럽고 자신만만하며 독립심이 강한, 그리고 독설과 달변에 능한 청년으로 성장했다. 피켄스는 기존 질서가 아닌 자신의 방식으로 일이 진행되도록 했다. 그는 극히 경쟁적이어서 지는 것을 싫어했다.

아버지의 벌이가 신통찮아 그의 가족은 애머릴로로 이사했는데, 그곳에서 아버지는 필립스에 취직했다. 대학에서 지질학을 공부한 젊은 피켄스 역시 필립스에 취직했으나 견디지 못하고 퇴사했다. 그는 관료 조직이나 계층 구조를 매우 싫어했다. "이 회사에서 크고 싶으면 입조심하는 법을 배워야 한다"라고 상사가 말했을 때, 그는 자신이 있을 곳이 아님을 깨달았다. 필립스에 입사한 지 3년 6개월이 지난 1954년, 피켄스는 필립스를 그만두고, 애머릴로의 돈 많은 지방 유지에게 자문을 해주고 거래를 성사시키는 독립계 석유업자로 나섰다. 남서 지역을 떠돌아다니며 끊임없이 입과 코로 들어오는 뜨거운 바람과 먼지에 익숙해졌고, 아메리칸 드림의 이면에 있는 불굴의 투지와 개척자 정신을 몸에 익혔다. 그는 큰 반감을 품고 있던 메이저 석유회사의 간판이 붙은 주유소 화장실에서 면도를 했다. 당시는 산업이 불황에 빠져 있던 1959년대 중반이었다. 피켄스는 큰돈을 벌겠다는 꿈을 품고 석유가 생산되는 주를 찾아다니던 수천 명 중의 하나였다. 공중전화 부스를 사무실 삼아 분주하게 거래를 찾아다녔고, 동업의 형태로 재주 좋은 시추업자를 구해 운이 좋으면 석유와 가스를 발견하기도 했다.

피켄스는 누구보다 앞서 나갔다. 그는 문제를 차근차근 분석하고 생각하는 능력을 가졌을 뿐 아니라 아주 약삭빠르고 간교했다. 그는 돈을 벌기 위해 뉴욕으로 갔고, 후에 캐나다에서 성공적으로 사업에 착수했다. 1964년 그는 다양한 시추 관련 사업을 단일 회사인 메사 페트롤리움으로 통합했다. 메사가 공개된 후, 그는 석유와 가스 자산의 가치와 주식 가치 간에 존재하는 차이를 이용해 이익을 남겼다. 피켄스는 당시 미국에서 가장 큰 규모의 가스전이 있던 캔자스 남서부를 주목했다. 그중에서도 규모가 상당하면서도 다소 소극적인 회사인 휴고톤 프로덕션에 눈독을 들였다. 그 회사의 주식 가격은 소유하고 있는 가스의 가치에 비해 낮았다. 그는 주식 가격 상승과 경영 혁신으로 한층 높은 수익을 약속함으로써 주주들의 마음을 사로잡았다. 이것이 바로 향후 15년간 엄청난 영향력을 행사할 간단한 개념이었다. 그는 1969년 휴고톤의 인수를 마무리하고 여기에 메사를 통합해 더 큰 독립계 석유회사를 만들었다.

1973년 석유 파동 이후, 피켄스도 다른 이들처럼 미국에서 가능한 한 많은 시추공을 확보했다. 그리고 석유를 찾아 북해와 호주 등 해외로도 진출했다. 하지만 그는 타고난 거간꾼이었다. 또 석유산업에 종사하는 누구보다 일찍 선물시장에 관여한 베테랑이었다. 그가 가장 먼저 했던 선물거래 종목은 소였다. 한때는 소 사육 사업에 뛰어들어, 조그만 석유회사인 메사를 미국에서 두 번째로 큰 소 사육 회사로 키우기도 했다. 그러나 그 사업은 어설프게 끝났고 그는 다시 본래의 사업에 몰두했다. 그는 1980년대 중반 석유 전쟁이 고조되었을 당시 수십억 달러를 벌었다. 그의 비행기가 텍사스 지역에 착륙할 때면 창문을 통해 소의 사육 상태를 체크해 선물거래에 롱 포지션을 취할 것인지 숏 포지션을 취할 것인지를 결정했다. 그에게는 일종의 스포츠였다.

피켄스는 열혈 야구광이고 라켓볼 선수였다. 그는 스피드, 예상치 못한 움직임, 순간적인 반사 작용, 꾸준한 임기응변 능력을 겸비했다. 그는 이러한 능력을 사업에도 똑같이 적용했다. 한 관리자는 1970년대를 회상하면서 이렇게 말했다. "매주 토요일 아침, 우리는 피켄스의 사무실에 모였다. 일부는 바닥에 앉았다. 그러면 그는 우리에게 다음주에는 어떻게 돈을 벌 것인지 질문했다." 피켄스는 애머릴로에서 토요일까지 일하는 유일한 석유 사업가로 알려지는 것을 자랑스러워했다. 작전 계획을 세우고, 세심한 부분까지 챙기고, 임기응변에 능한 그의 스타일은 자신이 인수한 거대한 회사를 몰아세우는 데 적합했다. 그는 결코 싸움에서 물러나지 않았다. 경쟁 회사나 천연가스 파이프라인 측이 그가 싫어하는 어떤 짓을 하고 있다고 참모가 보고하면, 피켄스는 그만의 복수로 되돌려주었다. "가서 돼지 같은 녀석의 엉덩이에 입이나 맞추라고 전해."

1980년대 초, 피켄스는 석유사업에 내재된 약점을 감지했다. 미국에서는 석유 생산량이 감소하면서 전망은 나빠졌고, 유전의 발견은 실망의 연속이었다. 한편 석유회사의 주식 가치는 확인된 석유와 가스전을 팔아넘겨 얻을 수 있는 가격을 반영하지 못했다. 메사가 돈을 벌 수 있는 방법은 하나뿐이었다. 모든 점에서 휴고톤 생산회사의 사례와 같았다.

1982년, 그의 첫 번째 목표는 시티즈 서비스였는데 석유와 공익사업 분야의 대사업가인 헨리 도허티가 남긴 회사였다. 도허티는 1920년대 석유와 가스 생산업에 경쟁을 도입하면 안 된다고 주장한 최초의 인물이다. 시티즈 서비스는 미국에서 19번째로 큰 회사였고, 포춘 선정 500대 기업에서 39위를 기록했다. 그리고 메사보다 3배 정도 컸다. 그러나 그 회사의 주식은 실제 석유와 가스 매장량 평가액의 3분의 1 수준에서 판매되고 있어서 주주들에게 별다른 혜택을 제공하지 못했다. 메사는 그 회사의 주식 상당량을 매입했다. 메사가 합병 계획을 고려하는 동안, 시티즈 서비스는 메사를 충동질했고 메사도 시티즈 서비스를 충동질했다. 걸프는 이 소동이 있기 전에 시티즈에 주식 가격의 두 배를 제공하는 조건으로 거래에 끼어들었다가 취소하기도 했다. 마침내 아먼드 해머의 오리엔탈이 시티즈 주식의 대부분을 구입했고, 메사는 그 주식으로 3,000만 달러의 수익을 올렸다. 이것이 첫 번째 움직임이었다.

이미 석유산업 내에 구조 개편과 대형 합병 움직임이 확산되고 있었다. 출발점은 1979년 쉘의 벨리지 합병이다. 쉘은 1920년대 초 800만 달러를 제시하며 캘리포니아의 중질 원유 생산자인 벨리지를 유혹하다가 단념한 적이 있었다. 1979년에는 이제까지 가장 큰 기업 매수액인 36억 달러를 지출하며 결국 합병에 성공했다. 1981년 코노코는 듀폰에서 78억 달러를 빌려 캐나다 돔 페트롤리움의 인수 제의를 거절할 수 있었다. 모빌은 마라톤 오일에 덤벼들었다 마라톤 오일은 과거 스탠더드오일의 생산 회사이며, 텍사스의 페르미안 베이슨에 있는 미국 내 최대 유전 중 하나인 예츠 유전의 지분을 가지고 있었다. 모빌의 대안을 찾던 마라톤은 59억 달러를 받고 스스로를 유에스 스틸에 팔아넘겼다. 유에스 스틸은 미국 철강 산업의 앞날이 불투명한 점을 감안해 사업을 다각화하는 방안을 강구하고 있었다. 메사는 대형 원유 생산자인 제너럴 아메리카에 대한 경매 입찰에 참가했지만, 필립스가 11억 달러를 지불하고 인수했다. 기회를 잃었지만 피켄스는 가만히 참고 기다렸다. 당연히 또 다른 목표가 나타나게 되어 있었다.[6]

멕시코의 주말

그동안 범세계적인 석유 붐은 시들해지고 미국에서는 탐사 활동이 줄어들었다. 소규모 기업들에서 도산과 금융 재편의 사례가 눈에 띄게 늘어났다. 큰 기업체들도 허리띠를 바짝 조이는 1단계 조치들을 취하기 시작했다. 즉 가동률을 낮추고 고용을 동결하고, 기존 직원들을 조기에 퇴직시키는 조치를 취한 것이다. 인플레이션에 대한 우려가 사라지면서 투자가들은 석유 개발 사업보다는 주식 시장을 선호했다. 사업가들의 저녁 모임에서는 석유나 시추 프로그램, 지질 전문가보다 투자신탁과 핫머니 매니저가 더 큰 화젯거리였다.

산업이 불황 국면으로 치닫자, 석유업계가 국제 금융 시스템에 얼마나 의존하고 있었는지가 극명하게 드러났다. 멕시코가 가장 확실한 사례였다. 1982년 당시 멕시코는 세계 석유시장에서 단기간에 유수의 산유국으로 부상한 것을 담보로, 840억 달러가 넘는 대외 부채를 지고 있었다. 그해 헤수스 실바 헤르조그가 멕시코 재무장관에 취임했다. 그와 이름이 같았던 그의 아버지는 1937년 멕시코에서 사업을 하는 석유회사들이 막대한 이윤을 얻고 있음을 밝히고, 이를 근거로 카르데나스 대통령에게 석유산업 국유화를 건의한 국가 위원회 위원장이었다. 그 후 그는 국영 석유회사인 페멕스의 부사장으로 취임했고, 이후 석유회사 노동자들이 노동조합을 설립해 임금 투쟁을 벌이는 것에 항의해 회사를 그만둘 때까지 그 자리를 지켰다. 그의 아들 헤르조그는 전형적인 멕시코 신세대 관료의 길을 걸었다. 미국의 대학과 대학원에서 경제학을 전공했고, 1982년 4월 로페스 포르티요 대통령이 재무장관에 임명할 때까지 정부 관료로 일했다.

실바 헤르조그는 나라가 심각한 경제 위기에 처해 있다는 사실을 알고 큰 충격을 받았다. 석유 가격의 약세, 높은 이자율, 페소화의 과대평가, 고삐 풀린 정부 지출, 미국의 경기 침체에 따른 비非석유 상품의 수출 축소 등이 원인이었다. 무엇보다 막대한 자본의 해외 유출이 문제였다. 그는 멕시코가 그 많은 부채를 상환할 능력이 없다는 사실을 직시했다. 원금 상환은 차치하고 이자도 지불할 수 없는 지경이었다. 멕시코 역사상 가장 훌륭한 대통령이라고 칭송되는 로페스 포르티요 대통령은 그의 말을 들으려 하지 않았다. 후에 실바 헤르조그는 "끔찍한 경험이었다"라고 술회했다.

목요일 밤, 그는 멕시코시티에서 몰래 비행기를 타고 워싱턴으로 향했다. 금요일에 미국 연방준비위원회 의장 폴 볼커를 만나기 위함이었다. 금요일 밤에 다시 멕시코시티로 돌아와 사교 모임에 참석함으로써 다른 사람들이 눈치채지 못하게 할 예정이었다. 그는 연방준비국에서 9억 달러의 긴급 차관을 얻어냈다. 그러나 그 돈은 일주일 만에 해외로 유출되었다. 1982년 8월 12일, 실바 헤르조그는 임시방편이 통하지 않는다는 결론에 도달했다. 멕시코는 빌린 돈의 이자를 갚을 수가 없었다. 물론 채무 불이행이라는 방법이 있었지만, 그것은 국제 금융 시스템을 붕괴시킬 우려가 있었다. 미국의 9개 은행이 멕시코에 빌려준 돈의 규모는 그들 자본금의 44%에 달했다. 미국계 은행을 포함해 얼마나 많은 세계의 은행들이 1차로 도산하게 될 것인가? 그리고 이어서 얼마나 많은 은행들이 무너질 것인가? 세계 경제에서 멕시코는 사장될 것이 분명했다.

8월 13일, 실바 헤르조그는 다시 워싱턴으로 갔다. 이때 워싱턴에 머무른 며칠은 후일 '멕시코의 주말'로 이름 붙여졌다. 그는 재무장관 도널드 레간과의 첫 번째 만남에서 멕시코의 외환고가 바닥났음을 밝히고 "무언가 조치를 취하지 않으면 심각한 국제 금융 사고가 발생할 것이다"라고 말했다. 회담 막바지에 이르러 레간은 "당신은 정말 문제가 있다"라고 말했다. 그러자 실바헤르조그는 "아니다. 우리에게 문제가 있는 것이다"라고 대답했다.

멕시코와 미국은 금요일 오후부터 일요일 아침까지 쉬지 않고 대책을 세웠다. 미국은 전략 비축 용도로 멕시코산 석유를 선매하고 수십억 달러의 차관과 신용 대출을 준비했다. 그러나 일요일 오전 3시경 협상이 결렬될 것처럼 보였다. 실바 헤르조그는 합의 내용 중에 1억 달러에 해당하는 수수료가 포함되어 있는 것을 발견했다. 이에 대해 미국 측 대표 한 사람이 "누구든 돈을 빌리려면 수수료를 내야 하는 것 아닌가?"라고 말했다. 화가 머리끝까지 치밀어오른 실바 헤르조그는 "이것은 상업적인 거래가 아니다"라고 응수하며 "받아들일 수 없다"라고 잘라 말했다. 그는 로페스 포르티요에게 전화를 걸었다. 대통령 역시 화난 음성으로 협상을 끝내고 즉시 멕시코로 돌아오라고 지시했다.

그날 늦은 시간, 실바 헤르조그는 멕시코 대사관에서 침통한 표정으로 햄버거를 먹으며 떠날 채비를 하고 있었다. 갑자기 미국 재무부에서 전화가 걸려와 수수료 1억 달러가 취소되었다는 사실을 전했다. 미국 측으로서는 회담 결렬에 따른 재난을 감당할 자신이 없었던 것이다. 월요일 어떤 일이 벌어질지 아무도 몰랐다. 그것으로 '멕시코의 주말'은 끝났다. 1단계 긴급 원조 계획은 계속 실시되고 있었다. 멕시코로 돌아온 실바 헤르조그는 멕시코시티가 술렁이고 있음을 느꼈다. 텔레비전에 출연한 그는 칠판 앞에 서서, 무슨 일이 있었는지를 45분 동안 설명했다. 그리고 다음주 금요일에 뉴욕으로 갔다. 연방준비국 관계자들과 불안에 떨고 있는 은행 대표단을 만나 멕시코 부채를 재정리하는 작업을 추진했다. 그래서 만들어낸 것이 '부채 지불 유예'였다. 그러나 누구도 그렇게 부르는 것을 원치 않았다. 대신에 그들은 '롤오버(같은 조건으로 부채 상환 기회를 한 번 더 주는 것-옮긴이 주)'라고 불렀다. 이는 멕시코가 지불

불능 상태에 빠져 있음을 우회적으로 표현한 것일 뿐이다.

심신이 지친 실바 헤르조그는 다시 멕시코로 돌아왔고, 도착 즉시 멕시코시티를 벗어나 산지에 있는 조그만 별장으로 향했다. 그는 자신의 심정을 이렇게 표현했다. "나는 우리가 겪었던 모든 것에서 벗어나야 했다. 나는 아버지가 석유 탐사에서 맡았던 역할을 생각했다. 당시 나는 세 살이었는데, 아버지는 그 이야기를 즐겨 하셨다. 지금 나는 1938년 이래 최악의 상태에 처한 멕시코에 있다. 이 위기 또한 석유와 관련되어 있다. 우리는 석유를 믿고 엄청난 실수를 저질렀다. 그동안 멕시코에는 성공의 분위기가 팽배해 있었고, 멕시코 역사상 가장 큰 붐이 일어났다. 1978년에서 1981년까지 역사상 처음으로 세계의 중요한 인사들에게 예우를 받았다. 우리는 우리가 부자라고 생각했다. 우리는 석유를 가지고 있었다."

1982년 8월, 세계 금융시장은 공포의 도가니였다. '멕시코의 주말'과 이후 며칠 동안 급하게 준비된 임시변통으로 국제 금융시장을 다소 안정시킬 수는 있었다. 그러나 멕시코의 부채와 관련된 일련의 사건들은 국제 석유 붐이 끝났다는 사실과 '석유의 위력'이 생각했던 것보다 강력하지 않다는 사실을 극명하게 보여주었다. 석유는 부富를 의미할 뿐 아니라, 한 국가에 약점이 될 수도 있었다. 국제 석유 위기는 국제 부채 위기를 불러왔고, 많은 부채 국가가 석유 생산국인 것으로 드러났다. 그들은 언제든 석유를 팔 수 있으며, 그것도 높은 가격으로 팔 수 있다고 생각하고 엄청난 돈을 빌려 썼다.

멕시코가 파산의 위기를 피해 가고 있을 무렵, 오클라호마시티의 쇼핑센터에 있는 '펜 스퀘어'라는 거창한 이름의 작은 은행이 파산 위기에 처했다. 그 은행은 에너지 관련 기업에 투기성 대부를 하고 있었다. 은행의 대부는 에너지 담당 수석 행원의 판단으로 결정되었다. 그는 구찌 신발을 벗은 채, 아마레토와 소다를 섞은 술을 즐겨 마셨다. 펜 스퀘어는 연방준비은행과 규제청 사이에서 요주의 은행으로 지목되었다. 멕시코가 파산 직전이던 바로 그때, 변두리 쇼핑센터에 위치한 이 은행에 왜 그리 많은 관심이 집중되었을까? 펜 스퀘어가 석유 및 가스 대부로 엄청난 자금을 지출했고, 그중 다수가 문제가 아주 많은 것이었기 때문이다. 또한 펜 스퀘어는 약 20억 달러에 해당하는 에너지 관련 대부를 콘티넨털 일리노이즈, 뱅크 오브 아메리카, 체이스 맨해튼 등과 같은 큰 은행에 팔아넘겼다. 펜 스퀘어가 보유한 대출 포트폴리오는 가치가 없었고 은행은 파산했다. 그리고 규제청은 은행을 폐쇄했다. 그러나 이것으로 끝이 아니었다.

미국에서 가장 적극적으로 에너지 관련 대출을 해왔던 은행은 중서부 최대 규모를 자랑하는 콘티넨털 일리노이즈였다. 미국에서 7번째로 큰 은행인 콘티넨털 일리노이즈는 미국에서 가장 빨리 성장한 은행이었고 훌륭한 경영으로 많은 수익을 올리고 있었다. 사장이 '올해의 은행인'으로 뽑히기도 했다. 에너지 대출로 경쟁했던 한 은행의 간부는 "콘티넨털 일리노이즈가 우리의 점심까지 빼앗아 먹는다"라고 말했다. 그들은 다른 부문뿐 아니라 석유와 가스 대출 분야에서도 급속하게 시장점유율을 높여갔다. 「월스트리트 저널」은 콘티넨털 일리노이즈에 '싸움 잘하는 은행'이라는 별명을 붙여주었다.

석유 가격이 하락하기 시작하자, 펜 스퀘어와 다른 은행으로부터 인수한 엄청난 규모의 에너지 관련 대출 포트폴리오를 가지고 있던 콘티넨털 일리노이즈는 얼음판 위를 걷게 되었다. 결국 1984년 세계 역사상 최대 규모의 은행이 도산했다. 세계 전역에서 많은 은행과 기업들이 돈을 찾겠다고 아우성이었다. 콘티넨털 일리노이즈의 자산은 형편없었다. 상호 연결되어 있는 금융 시스템이 붕괴 직전의 위기에 처했다. 연방정부는 신규 자본금 55억 달러, 긴급 융자 80억 달러, 새로운 경영진 선임 등을 포함한 긴급조치를 발표했다. 미국에서 지금까지 사용된 적이 없는 표현으로 말하자면, 콘티넨털 일리노이즈는 일시적으로나마 국유화된 것이다. 그러한 규모로 반응하지 않을 경우 발생할 위험은 감수할 수 없는 규모였기 때문이다. 콘티넨털 일리노이즈의 붕괴와 함께 에너지 관련 대출은 곧바로 위축되었다. 에너지 회사가 은행에서 대출을 받는 것은 낙타가 바늘구멍을 지나가는 것만큼 어려워졌다. 붐은 제쳐두고, 탐사와 개발에 필요한 자금조차 빌릴 수 없었다.[7]

닥터 드릴

석유산업에 지속적인 영향력을 미칠 또 다른 드라마가 알래스카의 외딴 해안에서 펼쳐지고 있었다. 미국 내에서 아직 발견되지 않은 석유와 가스의 절반이 알래스카 내륙이나 인근 해역에 매장되어 있다는 생각에서, 많은 사람들은 하나의 지역, 즉 에스키모 말로 '물개 가죽 신발'을 뜻하는 '머크럭'에 관심을 집중했다. 머크럭은 알래스카 북부 해안에서 14마일 떨어진 방대한 지하 구조를 지칭했다. 보퍼트 해海가 북극해와 맞닿은 곳이며, 프루드호 만에 위치한 매장량이 풍부한 노스슬로프에서 북동쪽으로 64마일 떨어진 곳이었다. 이 사업에는 많은 회사들이 공동으로 참여하고 있었는데 BP 자회사, 소하이오, 다이아몬드 샘록이 주도적 위치에 있었다.

사업 참여자들은 또 다른 코끼리, 또 다른 텍사스, 또 다른 프루드호 만이 되기를 바랐으며, 거대한 사우디아라비아 유전에 비견되는 유전을 원했다. 이 사업은 한 세대에 한 번 올까 말까 한 기회로 알려졌다. 다이아몬드 샘록의 탐사 회사 사장은 "그것은 당신이 꿈꾸던 것이다"라고 말했다. BP의 지질 전문가는 회사가 지금까지 참여했던 야생 유전 중 가장 위험 부담이 낮은 지역이라고 말했다. 확률은 평균치인 8분의 1이 아니라 3분의 1 정도였다. 그러나 머크럭에 묻힌 부를 캐내는 데는 매우 비싼 대가를 치러야 했다. 약 10억 달러가 소요될 것으로 예상되었던 것이다. 열악한 물리적 환경에서 회사는 차가운 물밑을 뚫기 위해 자체적으로 자갈 섬을 만들어야 했다. 또한 그 작업은 바다가 얼어붙기 전 짧은 여름에만 가능했다. 그곳의 겨울 기온은 영하 80도를 기록했다.

1983년 여름과 가을에 걸쳐 실제 탐사 활동이 전개되자, 머크럭 지대는 석유산업과 금융계의 상상력을 사로잡았다. 회사의 주식 가격은 상승했다. 만약 성공한다면 머크럭은 모든 것을 바꾸어놓을 기세였다. 회사의 지위, 미국의 미래에 대한 전망, 세계 석유 수급 균형, 석유 수출국과 산업 국가의 관계 등이 완전히 바뀔 것이다. 19세기 위대한 석유 탐사가 존 게일리가 말한 것처럼 '닥터 드릴(실제 탐사를 비유함)'만이 모든 것을 명백하게 밝혀줄 수 있을 것이었다. 1983년 12월 첫째 주 닥터 드릴이 전하는 소식이 전 세계로 급히 퍼져나갔다. 석유가 나오는 토사층이 있을 것으로 예상한 해저 8,000피트에서 탐사추는 염분이 든 물만을 분출했다. 머크럭은 석유가 없는 지역이었다. 머크럭에 한때 석유가 매장되어 있었다는 명백한 증거는 있었다. 자연적 현상을 측정할 근거는 없지만, 지하 구조가 갈라져 방대한 양의 원유가 지표로 누출되었거나, 지각 변동에 따라 석유가 프루드호 만으로 옮겨갔을 가능성이 높았다. 소하이오 생산 회사의 사장 리처드 브레이는 "우리는 정확한 지점에 시추했다. 단지 3,000만 년 정도 늦게 시작했을 뿐이다"라고 말했다.

머크럭의 야생 지대에서 벌어진 시추 활동은 역사상 가장 비싼 비용을 치른 것이었을 뿐 아니라 미국 내 석유 탐사 활동의 전환점이 되었다. 석유가 나오지 않는 빈 구멍은 미국의 탐광 전망이 암울하다는 것을 여실히 보여주었다. 탐사에 지나친 기대를 하는 것은 매우 위험하고 비용이 많이 드는 일이었다. 앞으로 경영진은 위험을 무릅쓰고 탐광을 하고 그것이 실패할 경우 벌금을 내야 할 형편이었다. 머크럭은 석유회사 고위 간부들에게 스트레스를 주는 메시지를 남겼다. 그들은 앞으로 개인의 재산 혹은 기업의 자산으로 석유의 매장이 확인된 지역을 구매하는 방향으로 사업 방침을 전환해야 했다. 머크럭 사건 이후, 그들 사이에 '유전은 구매 대상'이라는 분위기가 조성되었다.[8]

가족의 불화

경제학과 지질학만이 석유산업의 재편을 부추긴 것은 아니었다. 증오, 분노, 가족 내에 퍼져 있는 반목 또한 마찬가지였다. 재산 상속을 둘러싸고 벌어진 케크 가*의 불화는 모빌이 수피리얼 오일을 차지하는 결과를 초래했다. 그러나 가장 대표적인 가족 분쟁은 재벌 회사인 게티 오일에서 일어났는데, 이 회사는 폴 게티가 1930년대에 설립했고 1950년대에 사우디아라비아와 쿠웨이트 사이의 중립지대에서 유전을 발견하면서 세계적인 회사로 발전했다. 가치를 절대적으로 신봉해왔던 게티는 1976년 사망했다. 1980년 당시 게티 오일은 석유 매장지를 교체하지 않았고, 회사의 주식은 지하 보유 자산 가치에 비해 매우 낮은 가격에 팔리고 있었다. 폴 게티의 아들 중 고든은 석유보다는 음악에 관심이 더 많았다(그는 에밀리 디킨슨의 시를 가사로 쓴 노래만 작곡했다). 하지만 그는 재산이 어디로 사라졌는지 의문을 품었고, 이 때문에 게티를 운영하고 있는 전문 경영자들과 불화를 일으켰다. 전문 경영자들은 자신들이 회사의 경영권을 좌지우지한다고 생각했겠지만, 사실상 고든 게티와 동료들이 주식을 통제했다. 폴 게티는 고든을 포함해 아들들을 매우 혹독하게 다루었다. 나이 어린 고든에게는 아버지의 업적에 헌신해야 할 충분한 이유가 없었다. 다만 기회가 문을 두드릴 때, 문을 열어줄 준비는 되어 있었던 것이다.

결국 두 번의 노크가 있었고, 게티는 분명한 답을 했다. 첫 번째 노크는 메이저 독립계 석유회사인 펜즈 오일이었다. 석유산업에서 조지 부시의 초창기 동업자이자 분 피켄스의 친구인 휴 리드케라는 거물이 운영하는 회사였다. 엄밀히 말하면 게티는 펜즈 오일의 제안에 찬성하면서도 신중하고도 비판적인 태도를 취했다. 두 번째 노크는 텍사스에서 왔다. 어느 날 저녁 늦은 시간, 한때 게티의 형이 소유했던 피에르 호텔에 한 기업의 회장이 나타났다. 그는 게티에게 역제안을 했고, 게티는 이를 순순히 받아들였다. 텍사코가 102억 달러에 게티 오일을 인수한 것이다. 펜즈 오일은 이에 소송을 제기했다.[9]

거물의 죽음

텍사코, 펜즈 오일, 게티가 주인공인 에피소드의 초기에 분 피켄스는 카메오 역할을 했다. 석유산업의 가치를 평가하는 방법에 대해 고든 게티에게 개인지도를 해주었던 것이다. 피켄스는 종종 텍사코 주식을 구입했지만 관심은 다른 데 있었다. 당시 메사는 큰 문제를 겪고 있었는데 석유산업 전반을 괴롭히는 문제였다. 붐이 실패로 끝나자, 메사는 탐사 계획에 참여해 3억 달러를 투자했다. 이 계획은 51개의 시추 작업으로 구성되어 있었다. 거기에는 비용이 많이 드는 멕시코 만의 시추 작업 5개도 포함되었다. 많은 노동자가 육상 및 해상 작업에 참여했고, 선박 및 헬리콥터가 동원되기도 했다. 믿기 어려울 정도로 엄청난 자금이 투입되었다. 1983년 7월, 피켄스는 애머릴로의 선상 회의에서 "여러분, 우리는 3억 달러를 벌 수 있는 방법을 알아냈고 이를 곧바로 실천했습니다. 하지만 우리는 너무 많은 돈을 멕시코 만에서 잃어버렸습니다. 이런 식으로 시추를 계속할 수는 없습니다. 작업의 목적은 이런 것이 아닙니다. 우리는 목표를 달성해야 합니다"라고 말했다.

짧은 시간에 그 많은 돈을 마련할 곳은 메이저 회사 내부였다. 메이저 회사들의 주식은 그들이 보유한 자산 가치의 일부에 해당되는 가격에 매매되고 있었다. 그리고 피켄스의 관심은 7대 메이저 중 하나인 걸프 오일에 맞춰져 있었다. 걸프 오일은 1901년 구피와 갤리가 스핀들탑에서 발견한 유전을 기반으로 멜론 가가 창립한 회사이다. 그 후 걸프는 미국 내 주요 기관으로, 그리고 세계적인 기업으로 성장했다. 이 회사는 쿠웨이트에서 미국의 위상을 확고부동하게 정립했다. 멜론 가는 오래전 경영 일선에서 물러났고 가족들은 산산이 흩어졌으며 상당한 양의 가족 소유 지분은 매각되었다. 피켄스가 볼 때 걸프는 메이저 중에서 가장 취약했고, 걸프의 주식은 감정가의 3분의 1 이하로 판매되고 있었다.

피켄스는 시티즈 서비스와의 치열한 경쟁 중에도 걸프의 경영 상태를 면밀히 관찰했다. 걸프는 비효율적이고 우유부단하게 운영되고 있었고, 거대한 관료 조직으로 인해 상황 변화에 신속하게 대처하지 못하고 있었다. 이 회사는 10년간 내부 문제로 분열이 극에 달해 있었다. 미국 내의 불법적인 정치 기부금과 대외 지불 문제 때문이었다. 그중에는 경영 간부의 해고와, 경영의 가장 중요한 자질인 성실성을 갖춘 경영자로의 대체도 포함되어 있었다.

1970년대 후반에 실권을 넘겨받은 걸프의 회장은 '미스터 클린' 또는 '보이스카우트' 등의 별명을 가지고 있었다. 걸프는 메이저 회사 중 유일하게 수녀를 이사에 임명했다. 걸프의 한 중역은 "이 문제들은 결론 없이 6년을 끌어왔다. 6년은 석유산업에서 아주 중요한 시기였다. 그동안 OPEC 분규가 일어났고, 모든 것이 극동 지역의 정세에 좌우되었고, 유럽은 위신을 잃었다"라고 회상했다. 걸프의 고민은 다양했다. 1975년 회사 수입의 상당 부분을 책임지고 있던 쿠웨이트 이권이 국유화되었다. 걸프는 우라늄 시장과 관련된 반트러스트 소송에 경비를 쏟아부었으나 패배했다. 1970년대 중반 이래 미국과 그 밖의 나라에서 정치적으로 안정된 석유 공급을 확보하는 데 막대한 금액을 지출했지만, 새로운 매장지를 거의 확보하지 못했다. 걸프의 국내 매장량은 급속히 고갈되어, 1978과 1982년 사이에만 40%가 줄어들었다. 개발 실패를 보전하기 위해, 수억 달러 가치의 천연가스를 찾는 데 비정상적인 경비를 지출해야 했다. 1975년 쿠웨이트를 잃어버림으로써 걸프는 치열해지는 경쟁에서 한층 불리해졌다. 또한 세계 굴지의 회사로서 엄청난 해외 탐사와 생산을 해왔던 예전의 위상을 크게 상실했다.

이제 회사에 의존만 하는 사람들을 더욱 경쟁적이고 능률적으로 만들 경영 체제가 필요했다. 미스터 클린의 후계자로 들어온 새 회장은 지미 리였다. 분 피켄스가 회사의 독립적 경영을 정립한 만큼, 지미 리도 메이저 회사의 발전에 능력을 발휘했다. 1940년대 말, 그는 필라델피아의 걸프 소속 정유소에서 일했다. 쿠웨이트산 석유의 첫 번째 선적분이 도착했던 바로 그 시기였다. 이후 산업의 황금시대에 그는 해외에서 경력을 쌓았다. 필리핀과 한국에 정유소와 영업망을 건설하면서 극동 지역의 전체 운영을 이끌었다. 중동 생산업자들의 싸움으로 업계가 생산량 증대의 압력을 받았을 때는 쿠웨이트에 주재했다. 결국 그는 걸프의 동반구 경영을 맡았는데, 이는 유럽 자동차 운전자들의 환심을 얻는 것부터 앙골라에 설치한 시추 굴착장비까지 모든 것을 책임져야 함을 의미했다. 그러나 이제 그는 피츠버그로 돌아가 쓰러져가는 회사를 재건해야 했다. 그에게는 시간이 별로 없었다.

1983년 8월, 메사는 한두 명만 알고 있는 전환 코드를 이용해 전국에 산재한 수많은 은행 계좌를 통해 걸프 주식을 사 모으기 시작했다. 그해 10월 메사는 걸프 투자자 그룹인 GIG를 결성했다. 이 그룹은 동업자를 제공하고 공격자들에게 대처하기 위해 필수적인 재정적 영향력을 부여했다. 10월 말, 메사 그룹은 본격적 활동에 들어갔다. 걸프의 미국 내 석유 및 가스 매장량 중 절반을 로열티 신탁 자산으로 전환해서 주주들이 직접 소유하게 하는 것이 그 목적이었다. 주주들에게 현금을 줌으로써, 배당금에 대한 이중 과세를 방지할 수 있었다.

걸프는 반격에 나섰다. 목표는 40만 주주였다. 주주들은 경영진을 지지할지 피켄스를 지지할지 투표해야 했다. 그러나 걸프에는 큰 문제가 있었다. 회사 운영 방식을 놓고 중역들이 심하게 분열되어 있었던 것이다. 이런 상황은 피켄스에 대한 반격을 방해했고, 피켄스가 예견한 대로 회사를 우유부단하고 비효율적으로 보이게 했다. 반대로 피켄스의 행동은 신속하고 유연했으며 적응력과 상상력이 풍부했다. 그는 걸프 주식의 대부분을 소유한 제도권 내 주주들의 비위를 맞추는 방법을 알고 있었다. 또한 여론을 형성하는 데도 능했다. 그는 걸프를 움직이는 기술진보다 기자들과의 관계에 더 신경 썼다. 그는 스스로를 '대형 석유회사'의 '우수한 젊은 집단' 출신의 정체 모를 관료가 아니라, 주주들의 대표이며 신뢰할 수 있는 석유인이며 대중적 인물로 보이도록 연출했다.

지미 리는 "내 평생 의결권 싸움을 하리라고는 꿈에도 생각하지 못했다. 나는 그런 싸움을 준비하지 않았다"라고 말했다. 그러나 걸프는 반격에 나섰고 반격은 격렬했다. 지미 리와 동료들은 제도권 투자자들에게 호소했고, 걸프는 1983년 12월 의결권 투표에서 52 대 48로 간신히 승리했다. 하지만 일시적인 지연에 불과했다. 피켄스는 이사회장을 계속 들락거리면서, 석유와 가스 매장량을 주주들에게 배분할 것을 이사회에 요구했다. 이사회는 그의 요구를 기각했다. 그러자 피켄스는 베벌리힐스에 위치한 드렉셀번햄사의 정크본드 왕 마이클 밀켄을 찾아갔다. 채권을 통해 완전한 인수에 필요한 자금을 조달하려 한 것이다. 지미 리는 시간이 없음을 깨달았다. 주식 가격을 올려야 했다. 그는 정유와 판매, 화학 부문을 독립회사로 만드는 것을 검토했다. 좋은 소식도 있었다. 걸프는 1983년 자사 매장량의 95%를 상각했다. 하지만 회사는 여전히 취약한 상태였다.

1984년 1월 말, 지미 리는 아르코의 로버트 앤더슨 회장에게 전화를 받았는데 '물질적 관심'에 대해 상의하고 싶다는 것이었다. 이들은 덴버에 있는 브라운 팰리스 호텔 비밀 만찬회장에서 수행원 한 명만을 대동하고 회의를 시작했다. 앤더슨이 원하는 것은 바로 걸프의 해외 생산 부문이었다. 그는 주유소나 정유소에는 전혀 관심이 없었다. 그는 메이저 석유회사의 미래는 해외 자원에 달려 있다고 생각했다. 회사의 성공과 실패 역시, 그가 말하는 '국제적 순환'에 각 사가 참여하는 정도에 달려 있다고 믿었다. 7대 메이저에 속하거나 이미 국제적 지위를 확보한 경우가 아니라면, 석유회사가 국제적 지위를 획득하기는 매우 어렵다는 게 그의 인식이었다. 걸프는 아르코가 필요로 하는 지름길을 제공할 수 있을 것이었다. 후에 앤더슨은 "걸프는 쿠웨이트를 잃었을 때 많은 것을 잃었다. 하지만 아직 많은 것을 갖고 있다"라고 말했다. 만찬석상에서 앤더슨은 걸프 주식을 주당 62달러에 구입하겠다고 제안했다. 반년 전의 41달러에 비하면 매우 높은 가격이었다. 이에 대해 지미 리는 두 회사의 미국 내 사업을 합병하자고 제안했다. 만약 이것이 성사되면 걸프는 막대한 가치를 지닌 아르코의 노스슬로프 유전 절반을 얻게 되는 것이다. 앤더슨은 지체 없이 "아니오. 괜찮습니다"라고 대답했다.

그 후 지미 리는 앤더슨에게 두 번째 전화를 받았다. 앤더슨은 "어젯밤 덴버에서 피켄스와 저녁을 함께하면서, 우리가 걸프 주식을 63달러에 살 준비가 되어 있다고 말했습니다"라고 전했다. 상대에 대한 경멸을 감춘 채, 지미 리는 "알려주셔서 감사합니다"라고 대답했다. 앤더슨이 피켄스를 만난 것은 그의 의도를 파악하고 그가 거래를 방해하지 않을까 알아보기 위해서였다. 그러나 지미 리의 생각은 달랐다. 그는 앤더슨과 통화를 끝내자마자 위기 대응팀을 소집하고 "자, 앤더슨이 우리의 발목을 잘랐다. 우리는 지금 전쟁 상태에 있다"라고 말했다.

앤더슨의 두 번째 전화는 걸프가 독립 상태로 남아 있기를 바랐던 지미 리의 모든 희망을 잘라버렸다. 후일 그는 "게임은 끝났다"라고 말했다. 적의에 찬 제안들로 인해, 메이저 회사들 사이에는 오랫동안 반목이 지속되었다. 최근 모빌의 마라톤 오일 공세에 뒤이은 앤더슨의 제안은 규칙이 더 이상 유효하지 않다는 사실을 명백히 보여주었다. 메이저 회사들은 이러한 공세를 계속할 재정적 여유가 충분했다. 이제 가격은 결정되었고, 소문이 퍼져나가면 '누가 걸프를 인수하느냐'는 시간문제였다. 남은 문제는 '누가'였다.

결국 지미 리는 걸프를 팔기로 작정했다. 그는 다른 메이저 사장들에게 전화를 걸었다. 가장 불쾌한 일이었지만 앤더슨에 의해 상황이 달라진 이상 다른 선택의 여지가 없었다. 그는 각 회사의 사장들에게 똑같은 메시지를 보냈다. "우리 회사는 취약한 상태에 있습니다. 누군가 우리를 삼키려는 조짐도 보입니다. 만약 귀사가 관심이 있다면 귀사의 재정 상황을 검토해주시기 바랍니다." 그러자 피켄스가 다음 카드를 제시했다. 그는 아르코의 62달러보다 높은 65달러를 제시했다. 지미 리는 "65달러는 아니라고 생각합니다. 만일 다른 사람이 귀하의 회사를 인수하려 한다면 가능한 한 높은 가격에 매각하십시오"라고 말했다. 그는 다시 한 번 메이저 회사의 사장들에게 전화를 걸었다. 이번에는 퉁명스러운 말투였다. 걸프가 매각에 붙여진 것이다.

지미 리가 전화했던 사람 중에는 쉐브론의 회장인 조지 켈러도 있었다. 그는 예전부터 걸프에 관심을 가지고 있었다. 스탠더드오일 트러스트의 서부 지역 부문에서 독립한 쉐브론은 유전에서 멀리 떨어진 샌프란시스코에 본사를 두고 있었다. 메이저로서는 이례적이었다. 쉐브론은 대담한 석유 탐사를 통해 유전을 발견해온 찬란한 역사를 갖고 있었다. 그중에는 1930년대 사우디아라비아에서의 유전 개발도 포함된다. 과거에 켈러는 석유산업의 기업 매수 행위, 적어도 적대적 매수 행위를 비난했다. 석유회사는 유전을 개발하는 데 돈을 써야 한다는 지론을 갖고 있었던 것이다. 그러나 업계의 다른 경영진과 마찬가지로 켈러는 머크럭에서 엄청난 실패를 겪었다. 그 후 그는 "확률이 높은 쪽에 더 많은 돈을 거는 것은 당연한 일이다"라고 말을 바꿨다.

1984년 12월 31일 게티 오일 회장은 켈러에게 전화를 걸어, 쉐브론이 게티에 관심이 있는지 물었다. 당시 게티 오일은 인수 경쟁의 와중에 있었다. 켈러는 샌프란시스코로 돌아오자마자, 어떻게 하면 자신들이 수피리얼, 유노칼, 선, 걸프 같은 회사들에 대적할 수 있는지 조사하라고 분석팀에 지시했다. 그 후 게티는 텍사코에 인수되었지만, 쉐브론은 여전히 걸프를 면밀히 검토하고 있었다.

지미 리의 두 번째 전화 이후, 켈러는 서둘러 체결한 비밀 협정에 따라 걸프에서 제공한 자료들을 바탕으로 이 문제를 분석하도록 참모들에게 지시했다. 쉐브론은 일주일도 안 되는 단기간에 세계 최대의 회사 중 하나가 얼마만큼의 가치를 가졌는지 평가하는 의욕적인 작업에 착수했다. 2월 29일, 쉐브론은 1차 평가를 내렸다. 3월 2일에는 그것과 다른 평가가 나왔고, 3월 3일 오후 4시에는 또 다른 평가가 나왔다. 가장 비관적인 평가는 주당 62달러, 가장 낙관적인 평가는 주당 105달러였다. 즉 총가치는 102억 달러에서 173억 달러 사이에 있었다. 켈러는 "폭이 너무 넓다"라고 말했다. 쉐브론의 이사회는 경영진의 권고를 받아들여, 켈러에게 입찰 상한선을 주당 78달러까지 허용했고 실질 제안은 입찰 규칙에 따르게 했다. 그러자 한 임원이 입찰 상한선은 켈러의 판단에 맡겨두자고 제의했다. 여기에 엄청난 부담을 느낀 켈러는 "제발 한도를 정해주십시오"라고 사정했다. 그는 이어서 "1달러를 높이면 1억 3,500만 달러가 추가로 들어가는 것입니다"라고 말했다.

3월 5일, 대공황기에 화려하게 건축된 피츠버그 본사에서 걸프 이사회가 개최되었다. 사실 그 건물은 거의 사용되지 않고 있었다. 걸프의 운영은 대부분 휴스턴에서 이루어졌고, 쉐브론이 건물 일부를 임대하고 있었다. 걸프 이사회는 피켄스의 정크본드 입찰을 허용하지 않으려 했다. 그러나 최종 협상 테이블에는 3개 안이 제시되었다. 하나는 쉐브론의 것이었다. 또 하나는 콜버그, 크라비스, 로버츠 등의 회사가 정리한 것으로, 정크본드를 이용해 경영진이 회사를 매수하는 안이었다. 마지막은 아르코의 제안이었다. 걸프 이사회는 이 3개 안을 놓고 신중하게 검토해야 했다.

회의 전, 지미 리는 입찰자들에게 기본 규칙을 전달했다. "기회는 단 한 번입니다. 두 번은 없습니다. 한 번에 최선을 다하십시오." 아르코의 사장 윌리엄 케쉬닉은 첫 번째로 주당 72달러를 제시했다. 콜버그와 크라비스가 두 번째로 주당 87.5달러를 제시했다. 87.5달러 중 56%인 48.75달러는 현금으로, 나머지 38.75달러는 신규 발행 증권으로 매입한다는 제안이었다.

자신의 차례를 기다리던 쉐브론의 켈러는 가격란을 비워둔 입찰서를 갖고 있었다. 그는 두 가지 위험이 있음을 알았다. 원유가는 내려가고 이자율은 오른다는 것이다. 그러나 이 둘이 동시에 발생하지는 않을 것이었다. 쉐브론 이사회는 최종 제안을 그의 재량에 맡기기로 한 상태였다. 켈러는 제안하는 가격을 주당 1달러 올릴 때마다 총 1억 3,500만 달러가 추가 발생한다는 사실을 너무나 잘 알고 있었기 때문에 고민이 깊었다. 그러나 결코 걸프를 잃고 싶지 않았다. 이런 기회는 다시 오기 힘들었다. 그는 펜을 들어 가격란에 주당 80달러라고 썼다. 총 132억 달러를 모두 현금으로 지불한다는 조건도 추가했다. 그는 걸프 이사회에 서류를 제출함으로써 최선을 다한 결정을 끝냈다. 쉐브론에 근무한 40년간 이런 입장에 처한 것은 처음이었다.

결과에 대한 정확한 단서가 없는 가운데 켈러는 쉐브론으로 돌아와 걸프 이사회의 결정을 기다렸다. 확실히 말할 수 있는 것은 자신이 사상 최대의 현금 제안을 했다는 것뿐이었다. 아르코의 케쉬닉도 기다릴 수밖에 없었다. 로버트 앤더슨은 댈러스에서 아르코 이사회를 소집하는 한편, 피츠버그에서 걸려올 전화를 고대하면서 일상 업무를 처리하고 있었다. 그리고 그들은 때때로 케쉬닉 얘기를 했다. 걸프 이사회는 그날 총 7시간에 걸친 회의를 통해 3개 안을 놓고 토론을 벌였다. 아르코의 제안은 즉석에서 기각됐다. 너무 낮은 가격이었다. 콜버그와 크라비스의 제안은 곤란했다. 이론적으로는 최고 가격이지만 위험도 최고였다. 금액의 절반이 증권으로 지급되기 때문이다. 걸프의 재정 고문 메릴린치와 살로몬 브라더스는 콜버그와 크라비스의 제안을 실제 가치로 환산하면 얼마가 될지 계산할 수 없었다. 기존 경영진이 자리를 지킬 수 있다는 것은 큰 이점이지만, 외부 경영진 일부는 이 제안을 받아들이는 것이 이기적으로 보이는 점을 우려했다. 게다가 콜버그와 크라비스는 아직 지급 보증을 하지 않았다. 지미 리는 "지급 보증이 없다면 분 피켄스의 입찰 제안이 유효하다. 그는 필요한 것보다 더 많은 지분을 가지고 있어 우리를 위협하고 있다"라고 말했다.

시간이 흘러갔다. 켈러는 자신의 제안이 갖고 있는 위험을 생각하면서 계속 기다리고 있었다. 그때 전화가 울렸다. 지미 리였다. 그는 침착하려 애썼다. "여보세요, 조지." 그는 잠깐 뜸을 들였다. "당신이 석유회사를 사게 되었습니다." 켈러는 주택 경매에 참여해 낙찰받음으로써 난생처음 자신의 집을 갖게 된 사람의 심정이 이와 같을 것이라고 생각했다. 132억 달러짜리 집이었다. 걸프 이사회는 신중한 고려 끝에 쉐브론의 전액 현금 제의를 수락하기로 결정했다. 주주들에게도 유리한 조건이었다. 이로써 걸프 오일의 역사는 막을 내렸다. 스핀들탑, 구피와 갤리, 멜론, 쿠웨이트, 그리고 홈스 사장……, 이 모든 것이 끝났다. 그것은 역사였다.

앤더슨은 아르코가 입찰에 실패하자 우울해했다. 쉐브론이 80달러까지 올릴 거라고는 생각하지 못했던 것이다. 자신의 생각에는 75달러가 상한가였다. "우리는 모두 그 근처에서 가격을 제시할 것으로 생각했다. 매수 경쟁에서 패한다면 근소한 차이보다는 큰 차이로 지는 것이 좋다. 주당 1달러 차이로 지는 것은 싫다." 피켄스에게 이는 주주들의 큰 승리였다. 그의 노력 덕분에 영광을 추구하느라 헛되이 돈을 낭비하는 비효율적인 경영을 방지할 수 있었기 때문이다. 그가 활동을 시작한 후 몇 달 동안 걸프의 주가는 주당 47달러에서 80달러가 됐고, 총자본 규모도 68억 달러에서 132억 달러로 상승했다. 그리고 걸프 주주들에게 65억 달러의 이익 배당이 돌아갔다. "만일 메사와 걸프투자그룹이 입찰에 응하지 않았더라면 65억 달러의 이익은 얻을 수 없었을 것이다"라고 피켄스는 말했다. 주주들의 권리는 보호되었다. 피켄스가 단기 차익을 추구했든, 실제로 대형 국제 석유회사의 사장이 되기를 희망했든, 걸프투자그룹은 7억 6,000만 달러의 이익을 올렸다. 그중 5억 달러는 메사의 것이었다. 세후로 계산하면 3억 달러로, 메사가 1983년 여름 필사적인 노력으로 거둔 성과였다.

지미 리는 한숨을 내쉬었다. 모든 것이 끝났다. 이사회는 만장일치로 결의했고 주주의 제소 가능성도 거의 사라졌다. 그는 즉각 전국의 영업소를 돌아다니며 종업원들에게 장래 보장을 약속했다. 수일이 지나자 피로와 비애감이 엄습했다. 그는 때때로 눈물을 흘리며 이렇게 말했다. "나는 걸프가 영원할 것이라 생각했습니다. 걸프는 나의 인생이며 나의 업적이었습니다. 걸프가 이제 사라진다고 생각하니 슬픔이 앞섭니다."

걸프는 쉐브론에 완전히 합병되었다. 그리고 조지 켈러는 마지막 순간에 80달러를 제시한 것을 후회하지 않았다. 쉐브론이 걸프를 과대평가한 것은 아니었다. 5년 뒤 그는 "그것은 훌륭한 거래였다. 우리는 다른 방법으로 얻기 힘든 규모의 자산을 확보했다"라고 말했다. 그러면 걸프는 왜 이렇게 막다른 길에 처했을까? "걸프는 자신의 존재 기반을 무시하고 대규모 유전을 갖고 있어야 한다고 생각했다. 그것은 마치 현재 살고 있는 곳에서 운명을 결정하는 대신 라스베이거스로 가는 것과 마찬가지였다"라고 켈러는 말했다. 물론 이 것은 1970년대 석유 파동 후 나타난 과열 분위기 속에서 모든 메이저가 한 번 이상 경험한 일이었다. 그중에서 걸프가 최고의 수업료를 지불한 셈이다.[10]

주주들의 승리

피켄스는 싸움을 그치지 않았다. 그는 오클라호마 바틀즈빌의 필립스와 로스앤젤레스의 유노칼에 대한 매수 공세를 펼쳤다. 필립스의 경우에 피켄스 는 월스트리트의 금융가인 칼 아이칸의 추격을 받았다. 아이칸은 이미 TWA 항공을 매수한 상태였다. 그러나 필립스와 유노칼, 두 회사는 소송을 통해 매 수 공세를 물리쳤다. 그 과정에서 매수 공세가 시작되기 전보다 높은 가격으 로 주식을 재매입하느라고 많은 부채를 끌어다 썼고 주주들의 배당을 늘렸 다. 두 회사의 사례에서도 메사는 많은 이익을 거둬들였다. 그러나 '주주의 가 치' 제고는 대중적인 호소력을 잃은 것처럼 보였다. 유노칼이 매수 공세에서 벗어난 후, 유노칼의 회장인 프라드 하틀리는 옥시덴탈의 아먼드 해머에게 서 전화를 받았다. 해머는 하틀리에게 그의 용기가 노벨상 감이라고 격찬했 다. 또 다른 대형 복합 기업인 아르코는 1980년대 중반의 금융 상황이 피켄스 와 피켄스 그룹에 치명상을 입힐 것이라고 예견했다. 로버트 앤더슨은 "회사 의 자산 가치와 비슷한 수준으로 주가를 올려놓지 않으면 매수 전략의 좋은 표적이 될 것이다"라고 말했다. 결국 아르코는 일종의 자기 인수를 실시했다. 자사주를 높은 가격으로 재매입하고, 회사 활동과 고용을 공고하게 했던 것 이다.

합병과 매수에 의한 대대적인 산업 재편은 수년간 계속되었다. 로열더치 쉘은 자사의 지배에서 벗어나 있던 미국 쉘 오일의 주식 31%를 57억 달러에 매입했다. 하그와 런던에 있던 로열더치 쉘의 중역들은, 그들이 했던 투자 중 가장 성공적인 투자라고 생각했다. BP는 오하이오의 스탠더드오일과 제휴하여 알래스카산 석유를 미국 시장에 팔 수 있는 발판을 마련했다. 오하이오 스탠더드오일은 록펠러가 창업했으며, 그 후 스탠더드오일 트러스트의 모체가 된 회사였다. BP는 알래스카 석유를 확보하기 위해 소하이오 주식의 53%를 인수했고, 소하이오를 미국 시장 진출의 수족으로 활용했다. 그러나 대규모 투자에도 불구하고 머크럭 유전을 포함한 탐사 사업이 실패하면서 소하이오의 경영 사정은 악화되었다. 그러자 BP는 소하이오의 나머지 주식을 76억 달러에 전부 인수하여 완전한 지배권을 확보하고 알래스카 석유에서 생기는 막대한 현금 수입을 직접 관리했다.

적어도 1990년대 초까지는 합병과 매수에 초연한 기업이 하나 있었다. 바로 엑슨이다. 엑슨은 인수 실패로 큰 타격을 받은 쓰라린 경험이 있었다. 「포춘」지는 1970년대에 있었던 5대 인수 실패 사례를 선정한 적이 있었는데, 엑슨이 그중 2개에 관여되어 있었다. 엑슨은 콜로라도 주의 셰일오일 개발에 2년간 수십억 달러를 투자했으나 실패했다. 그 후 엑슨은 석유 부문의 탐광, 매수, 혹은 신사업 투자에 의지하는 것은 적당하지 않다는 결론을 내렸다. 또한 엑슨의 중역들은 정치적으로나 도의적으로 다른 대형 석유회사를 매수할 수는 없다고 생각했다. 사장인 클리프트 가빈의 말에 따르면 엑슨은 '매수 공포증'에 걸려 있었다.

따라서 엑슨의 투자는 선택의 폭이 좁을 수밖에 없었다. "우리는 막대한 현금이 있었지만 그것을 투입할 적당한 투자 대상이 없었다"라고 가빈은 말했다. 효과적인 투자가 안 될 바에는 차라리 주주들에게 돌려주어 그들 마음대로 사용하게 하는 편이 나았다. 엑슨은 1983년부터 1990년 중반까지 160억 달러를 들여 주식을 재매입했다. 주주들은 주가 상승과 고배당이라는 혜택을 받았고, 피켄스를 포함해 어떤 누구도 엑슨 주주들이 부당하게 대접받고 있다고 주장할 수 없게 되었다. 160억 달러는 텍사코가 게티에게, 또한 쉐브론이 걸프에게 지불한 것보다 많은 금액이었다. 엑슨은 인수를 위해 연간 10억 달러를 지출했다. 그러나 엑슨의 관심은 회사가 아니라 회사가 보유한 특정 자산에 있었다. 그래서 가능한 한 신문 기사에 나오지 않도록 조심스럽게 사업을 추진했다. 또한 엑슨은 종업원의 40%를 감원했다. 결과적으로 오래전부터 경쟁 상대였던 로열더치 쉘과 비교했을 때, 석유 매장량과 영업 수익 면에서 실질적으로도 명목상으로도 규모가 작아졌다. 마커스 새뮤얼과 헨리 디터딩이 있었더라면 기뻐했을 일이다.

산업 재편은 일반적으로 기업 규모는 축소하면서 기반은 강하게 하는 것이었다. 지질학과 졸업생들은 연봉 50만 달러에도 취직할 수 없었다. 실제로는 전혀 취직이 안 되었다. 재직 중인 경력자들은 조기 은퇴를 종용받았다. 가장 큰 피해자는 직장에서 쫓겨난 사람들이었다. 쉐브론이 걸프를 인수하면서 자리를 잃은 중역은 "나는 대형 공익기관에 근무한다고 생각했다. 겨우 서류 몇 장 때문에 내 인생의 25년을 바쳤다고는 생각할 수 없다"라며 망연자실해했다. 석유산업 재편의 가장 큰 수혜자는 주주들이었다. 메이저들의 합병과 매수, 자산 재평가, 주식 재매입 등에 의해 1,000억 달러가 넘는 자금이 기관 투자가, 개인 투자가, 연금·기금, 중개 매매 업자에게 돌아갔다. 결과적으로 주주들의 승리였던 것이다.

경영자가 주주인 경우도 수혜를 받기는 마찬가지였다. 걸프 회장인 지미 리의 경우, 자리는 잃었지만 주가 상승으로 1,100만 달러를 벌었다. 그러나 피켄스는 큰 이익을 얻지 못했다. 1985년 애머릴로에서 개최된 메사의 이사회는 피켄스에게 1,860만 달러의 특별 보너스를 지급하기로 결정했다. 걸프의 매수를 통해 3억 달러의 순이익이 발생했기 때문이다. 피켄스는 그해 미국 기업 경영자 중에서 가장 많은 급료를 받은 기업가가 되었다.[11]

새로운 안전 보장

1985년 5월, 서방 7개국이 본에서 정례 경제 회담을 개최했다. 주제는 시장 개방, 정부 규제 완화, 민영화였다. 당시 미국에서는 로널드 레이건이 미국의 '새로운 아침'을 공약으로 걸고 압도적인 표 차이로 대통령에 재선되었다. 레이건 행정부는 1970년대의 특징인 패배주의와 비관주의가 물러가고 있음을 확인했다. 그것은 상당 부분 석유 위기의 직간접적인 영향을 받은 사조였다. 그 후 미국은 인플레이션과 경기 후퇴의 불안에서 벗어나 경제 호황과 왕성한 구매력을 과시했다.

마거릿 대처도 영국 사회의 재편에 착수했다. 통상 확대, 근면, 조찬 회의는 대처식 영국 정치의 새로운 가치관으로 등장했다. 프랑스의 사회주의 대통령으로 세계 정치사에서 가장 탁월한 생명력을 유지했던 프랑코 미테랑도 국유화와 프랑스 전통 국가주의를 버리고 자유 시장을 주창하고 나섰다. 서구 세계는 3년째 계속 활기찬 경제 성장을 지속했다. 그러나 이러한 경제 회복은 기본적으로 전후의 어떤 경제 성장과도 다른 특징이 있었다. 즉 석유의 수요 증가를 동반하지 않았다는 것이다. 선진 공업국의 경제는 높은 석유 가격에 재빨리 적응했고 석유 소비는 거의 횡보 상태에 머물렀다.

수년간 서구 지도자들이 당면했던 심각한 에너지 문제는 1980년대 초 서유럽 제국이 소련에서 천연가스 구입량을 대폭 확대하겠다고 나선 데서 비롯되었다. 유럽 제국은 천연가스를 에너지 분산 전략의 하나로 사용해 석유 의존도를 줄이려고 했다. 또한 가스 파이프라인과 관련된 설비 및 철강 산업의 활성화로 고용을 촉진할 목적도 있었다. 그러나 레이건 행정부는 그러한 계획에 반대했다. 소련으로부터의 가스 수입은 유럽에 대한 소련의 정치적 영향력을 높이고 소련의 외화 수입을 증대시켜, 결과적으로 소련 경제와 군사력이 강화될 것을 우려했기 때문이다. 이 문제를 놓고 대립이 심해지자 미국 정부는 이 계획에 사용될 미국 제품의 수출을 금지했고, 미국 기술을 이용한 유럽 제품의 수출도 금지하라고 요구했다.

이러한 치외법권적 요구는 유럽 제국을 분노케 했다. 10월전쟁과 1973년의 석유 금수조치 이래 가장 심각한 갈등 상황이 유럽과 미국 간에 발생한 것이다. 안전 보장에 대한 두 가지 견해가 대립했다. 유럽은 고용과 경제 안정을 강조한 데 반해, 미국은 소련의 군사적 위협에 초점을 맞추었다. 미국의 금수 조치는 유럽의 고용 상황을 위협했다. 영국의 대형 기계 설비 회사인 존 브라운도 큰 타격을 입었다. 사태가 이에 이르자 대처 수상이 레이건에게 전화해서 "론, 존 브라운이 쓰러질 지경입니다"라고 단호한 어조로 말하며 문제 해결을 촉구했다. 그녀는 자신의 의지를 천명하기 위해, 존 브라운이 처음으로 천연가스 관련 자재를 수출하는 현장에 참석했다. 명백히 미국의 금수조치를 위반하는 수출이었다. 한동안 분노의 성명과 비난이 난무했고 타협이 이루어졌다. 소련에서의 가스 수입량을 총소비의 30%로 제한하고, 노르웨이의 대규모 가스전인 트롤을 개발해 NATO 동맹국의 안정적 가스 공급원으로 대체한다는 것이었다. 이것으로 가스 파이프라인 논쟁은 끝났고, 서구 지도자들은 에너지 공급 문제를 더 이상 거론하지 않아도 되었다.

1985년 독일의 본에서 열린 경제 정상회담에서 논의된 내용은 세계가 어떻게 변화하고 있는가를 단적으로 보여주었다. 각국 정상의 최고 관심사는 선진국들 간의 통상에서 문제가 되는 보호무역주의, 달러화의 가치, 일본의 경제 도전에 대한 대응 등이었다. 한마디로 '서—서西-西' 문제였다. 석유와 에너지 문제, 남북 문제는 거론조차 되지 않았다. 1960년대처럼 석유와 에너지는 더 이상 세계 경제 성장의 제약 요인이 되지 못했다. 공급은 다시 안정되었다. 전 세계의 석유 공급은 일일 1,000만 배럴 초과 상태로, 이는 자유세계 총소비의 20%에 해당하는 물량이었다. 게다가 미국, 독일, 일본은 상당한 양의 전략 석유를 비축하고 있었다. 1970년대에는 볼 수 없었던 '안정 공급분'이 확보되어 있었던 것이다.

한편 중동에서는 이란과 이라크의 전쟁이 계속되고 있었고, 그동안 금기시해왔던 도시, 정유소, 유전, 유조선, 심지어 제3국의 유조선까지 공격하는 사태가 벌어졌다. 과거에는 유조선에 대한 공격은 바로 석유 가격 급등의 원인으로 작용했다. 그러나 이제는 유조선이 폭격을 당해도, 현물시장과 선물시장에서 가격이 상승하는 만큼 하락도 수월하게 이루어져 석유 가격은 큰 영향을 받지 않았다. 서방 지도자들은 에너지 문제를 정상회담의 주요 주제에 포함할 필요가 없었다. 이전의 정상회담에서 석유는 가장 중요하면서도 어려운 난제였다. 1985년 발표된 정상회담의 공동성명에는, 10년 전에 정상회담이 시작된 이래 처음으로 석유와 에너지 문제에 대한 언급이 없었다. 단 한 마디도 없었던 것이다.

이는 1970년대에 석유가 원인이 되어 발생한 정치, 경제의 혼란 상황에 세계 각국이 어느 정도 적응했음을 강력하게 시사했다. 이제 석유에 관한 한 특별한 대응이 필요하지 않아 보였다. 석유는 이제 평범한 상품으로 남게 되었다. 1960년대 활기찬 경제 성장에 기여했던 절반의 공식은 '석유의 안정적 공급'이었는데 그 문제가 해결된 것이다. 그러나 나머지 절반은 해결되지 않았다. 석유 가격은 아직도 하락할 줄 몰랐다.[12]

36

가격 추락과
'진땀' 정책

1980년 중반, 석유 가격은 불안한 균형을 유지하고 있었다. 세계 및 국가 경제의 거의 모든 부분이 석유 가격의 변동에 영향을 받았기 때문에, 모든 사람들이 그 움직임에서 한시도 눈을 떼지 않았다. 1984년 유럽 에소 Esso(미국 ExxonMobil 사의 제품명으로, Exxon으로 제품명을 개명한 미국을 제외한 전 세계에서 사용됨. 스탠더드오일의 영문 이니셜인 SO의 발음에서 유래함-옮긴이 주)의 회장이 밝힌 바와 같이 '오늘날 석유 가격은 정책 결정 함수에서 가장 중요한 변수이며, 미래를 불확실하게 만드는 가장 중요한 요인 중 하나' 였다.

석유 가격은 다시 상승할 것인가, 서서히 약세로 돌아설 것인가, 아니면 폭락할 것인가? 시간이 갈수록 '석유 가격이 어느 수준까지 하락할 것인가?' 하는 의문이 에너지 업계뿐 아니라 금융기관과 정부기관 등 세계 도처에서 빈번하게 제기되었다. 당연하게도 그 문제에 대한 답은 특히 석유회사에는 지대한 영향을 주는 것이었다. 그뿐 아니라 '석유의 힘'이 향후 가질 수 있는 위력의 크기가 바로 이 답에 의해 결정되기에 세계 경제 전망과 정치·경제의 판도를 바꾸어놓을 수 있었다. 사우디아라비아, 리비아, 멕시코, 소련 할 것 없이 모든 산유국은 유가가 높기를 바랐다. 소련은 서방 기술 도입에 필요한 외화를 벌어야 했으므로 천연가스와 석유의 판매에 의존했다. 서방 기술은 소련의 경제 현대화를 위해 절대적으로 필요했다. 한편 일본과 독일을 필두로 하는 주요 석유 수입국은 저유가를 선호했다.

양쪽 모두에 이익이 걸려 있는 미국의 입장은 불확실했다. 최대의 석유 수입국이자 소비국이면서, 세계 2위의 석유 생산국이기도 했기 때문이다. 또한 미국의 금융 시스템 대부분은 고유가와 운명을 같이 하고 있었다. 가격 압박을 받게 되면 미국은 과연 어느 편에 가담할 것인가! (21세기 들어 셰일층에서 석유 및 천연가스의 대량 생산에 성공하자 미국의 정책적 입장은 수입국에서 수출국으로 전환되고 있다. 이러한 변화는 트럼프 정부뿐 아니라, 이전의 오바마 정부에서도 나타난 바 있다. - 옮긴이 주)

1984년 들어 규제가 한층 엄격해졌음에도 불구하고, OPEC의 새로운 쿼터제는 제대로 기능하지 못했다. 비OPEC의 생산량은 확대일로에 있었고 석탄, 원자력, 천연가스가 시장에서 석유를 내몰고 있었다. 또한 에너지 절약은 수요를 위축시켰다.

OPEC 회원국들은 자국의 석유 수입 감소를 목격해야 했고, 쿼터 위반이 공공연하게 저질러졌다. 석유를 팔아 판매 수입 목표를 달성할 수 없을 때는 가격 할인을 통한 추가 판매로 부족분을 메우기도 했다. OPEC은 자구책의 하나로, 쿼터 준수를 감시하기 위해 국제적 회계 회사를 고용했다. 그들은 회계 회사에 모든 송장, 회계 장부, 선적 증권을 제공하겠다고 약속했지만 제대로 지켜지지 않았다. 회계사들은 일부 OPEC 국가에 입국하는 데도 어려움을 겪었고, 주요 시설에 들어가는 것을 거부당하기도 했다.

한편 쿼터량을 모두 소진한 일부 산유국은 무기, 비행기, 공산품과 석유를 맞바꾸는 구상무역求償貿易을 추진했고, 이 또한 세계 석유시장의 공급 과잉 사태를 유발하는 데 일조했다.

시장의 승리

시장의 힘에 저항하기는 어려웠다. 1970년대, 국가 소유의 영국 국영 석유회사BNOC를 설립할 때, 영국의 노동당 정부는 북해에 매장된 석유와 가스 중 정부 소유분을 비축할 기지를 건설하게 했을 뿐 아니라 특별한 거래 기능을 부여했다. 한때 BNOC는 북해 지역 석유 생산업자들에게 하루 130만 배럴의 원유를 구입해 저장했다가 정제업자에게 팔아넘기기도 했다. 이 과정에서 BNOC는 석유의 구입 가격과 판매 가격을 발표했는데, 이로 인해 세계 석유시장에서 중요한 가격 결정자 역할을 맡게 되었다.

그러나 석유 가격이 약세로 돌아서자 BNOC는 자신들이 북해에서 조업하는 업자들에게 비싼 가격을 지불하고 구입한 석유를 헐값에 팔아넘기고 있다는 사실을 깨닫게 되었다. 그 결과 BNOC는 물론이고 재무부도 큰 손실을 보게 된 것이다. 정부의 고위 관리 한 명은 흥분한 어조로 이렇게 말했다. "공공부문 내에 석유를 배럴당 28.65달러에 구입해 그것보다 낮은 가격에 판매하는 기업체가 있다는 사실은 재무부에 괴로움이 되고 있다. 확실히 우리에게 크나큰 고통을 주는 것이다." 이 문제를 가장 강력하게 비판한 사람이 마거릿 대처였다. 원칙적으로 그녀는 국영회사를 별로 좋아하지 않았다. 오히려 '시장 경제'에 더 큰 애착을 가지고 있었으며, 로널드 레이건보다 정부의 간섭에 대해 더 비판적이었다. 국영기업의 민영화는 그녀의 정치 강령 중 제1 항목이었다. 대처는 안전 보장을 이유로 들어, BNOC를 계속 정부가 소유하는 것이 무의미하다고 판단하고 1985년 봄 해체를 결정했다. 이로써 영국 정부는 석유사업에 직접 참여하는 역할에서 벗어났다. BNOC의 해체로 OPEC의 단일 가격 유지에 결정적 역할을 했던 버팀목이 제거되었다. 시장이 또 하나의 승리를 거둔 순간이었다.

석유 가격이 일단 하락했다가 1980년대 후반이나 1990년 초에 다시 상승할 것이라는 것이 업계의 지배적 의견이었다. 그러나 취약한 수요, 증대되는 공급 능력, 일반 상품 시장으로의 이동 등 모든 상황이 가격을 한쪽 방향으로만 몰고 갔다. 바로 하향하는 방향이었다. 이제 '가격이 얼마나 하락할 것인가'만 문제였다.

OPEC의 딜레마

1980년대 중반에 접어들면서 OPEC은 결정적으로 중요한 선택을 해야 할 상황에 직면했다. '가격을 스스로 낮출 것인가' 하는 문제였다. 가격을 낮출 동기와 능력은 충분했다. 하지만 어느 수준에서 멈출 것인가가 문제였다. 물론, 가격을 그대로 유지할 수도 있었다. 만약 그렇게 한다면 자신들의 시장점유율을 잠식하는 비OPEC 산유국과 경쟁 연료, 에너지 절약 운동 등을 보호하기 위해 우산을 씌워주는 꼴이 될 것이다. 설상가상으로 OPEC 회원국들이 공급하는 석유의 양도 증가할 것이 분명했다. 이란-이라크전이 지루하게 계속되고 있었지만, 이들 두 교전국의 석유 공급은 언젠가 회복될 것이 분명했다. 재정난에 허덕이는 나이지리아 역시 '나이지리아 우선 정책'을 채택해 생산량을 늘릴 가능성이 충분히 있었다.

늘 그랬듯이, 많은 것들이 사우디아라비아에 달려 있었다. 1983년 사우디아라비아는 OPEC의 가격을 지탱하기 위해 자국의 생산량을 조절하는 '공급 조절자' 역할을 맡았다. 그러나 1985년 들어 다른 생산국들에 비해 점점 더 많은 비용을 부담하게 되었다. 가격을 방어하는 것은 생산량 감축을 의미했고, 이는 시장점유율과 수입의 감소로 이어졌다. 1,190억 달러로 정점을 찍은 사우디아라비아의 석유 판매고는 1984년 들어 360억 달러로 감소했고, 다음해에는 260억 달러에 그쳤다. 다른 수출국들과 마찬가지로 사우디아라비아는 방대한 지출과 개발 프로그램을 추진 중이었으므로 그 분야의 지출을 크게 축소해야 할 입장이었다. 산유국들은 심각한 재정 적자와 외환고 감소를 보이기 시작했다. 상황이 악화됨에 따라 국가 예산의 공표를 무한정 연기하기도 했다.

시장 점유율 하락은 또 다른 결과를 낳았다. 사우디아라비아는 한계 생산자로 전락했다. 이란-이라크 전쟁이 지역의 안전을 위협하고, 아야톨라 호메이니가 오랜 원한을 갚겠다고 노리고 있는 때에, 정치적 영향력의 쇠락과 시장의 추가 상실 가능성은 자국의 안전 보장이라는 기본 방침에 역행하는 것이었다. 또한 사우디의 시장 점유율 급락은 중동 정치, 아랍-이스라엘 분쟁, 그리고 서방 선진국에 대한 영향력을 모두 감소시켰다.

사우디 텔레비전 방송에 출연해 야마니는 자신의 의견을 이렇게 피력했다. "우리는 원칙적으로 경제와 정치를 확실히 구분해야 합니다. 다시 말해 정치적 결정이 경제적 사실과 원칙에 영향을 주어서는 안 됩니다. 그러나 원유는 정치적 힘입니다. 1973년 아랍의 정치 세력은 석유에 바탕을 두었고, 석유 덕분에 아랍의 영향력이 서구 세계에서 극대화되었다는 것을 아무도 부인할 수 없을 것입니다. 현재 우리는 석유에 근거한 아랍의 정치력 약화로 고통 받고 있습니다. 이는 우리 모두가 알고 있는 바입니다."

사우디아라비아는 OPEC 회원국과 비OPEC 산유국에 거듭 경고했다. 시장점유율의 상실을 더 이상 받아들이지 않을 것이며, OPEC 회원국들의 쿼터량 위반과 비OPEC 산유국들의 증산을 좌시하지 않겠다는 것이었다. 또한 더 이상 공급 조정자 역할을 하지 않을 것이며, 필요하다면 시장에 엄청난 양의 석유를 방출할 수 있다고 강조했다. 이러한 경고가 심각한 위협과 명백한 의지의 표명일 수도 있었고, 단순한 엄포일 수도 있었다.

아무튼 현재 상황대로라면 사우디는 시장을 상실하고 하루 100만 배럴 이하로 생산량을 줄여야 할 처지였다. 이러한 여건에서, 그리고 근본적으로 석유가 국가의 정체성과 영향력을 정의하는 한, 세계무대에서 사우디의 힘은 급격히 줄어들 것이 분명했다.[1]

시장점유율 전쟁

1985년 6월 상순, OPEC 회원국 대표들이 사우디아라비아의 타이프에 모였다. 이 자리에서 야마니는 파드 국왕의 서신을 대독했다. 사우디아라비아가 시장을 잃게 만든 OPEC 회원국들의 위반 행위와 가격 인하를 격렬히 비난하는 내용이었다. 언제까지 참을 수는 없는 노릇이었다. 서신을 통해 파드 국왕은 "만약 회원국들이 자유행동을 하겠다고 생각한다면, 그래서 모두가 자유로운 상황을 누려야 한다면, 사우디아라비아도 예외 없이 자국의 이익을 지키기 위해 노력하지 않을 수 없다"라고 단호하게 말했다.

야마니가 메시지 낭독을 마치자, 나이지리아 석유장관은 "국왕의 현명한 메시지를 충분히 이해할 수 있다"라고 말했다. 그러나 이후 몇 주일 동안, 이해했다고 생각할 만한 특별한 조치는 없었다. 사우디아라비아의 석유 생산량은 할당 수준의 절반, 5년 전 물량의 5분의 1 정도인 하루 220만 배럴까지 감소했다. 미국으로의 수출도 처참한 수준이었다. 1979년 하루 140만 배럴에서 1985년에는 하루 2만 6,000배럴이 되었다. 거의 제로에 가까운 수준이 된 것이다.

1985년 여름, 사우디아라비아의 석유 생산량은 종종 영국의 북해 생산량을 하회했다. 여기에는 마지막으로 격분할 일이 있었다. 대처 수상은 자유 시장을 옹호하고 석유 가격에 관심이 없다고 주장하고 있었지만, 사우디아라비아로서는 영국이 더 많은 석유를 생산할 수 있도록 자신들이 가격을 지탱해주는 꼴이었다. 게다가 한층 더 큰 위협이 다가오고 있었다. 이라크가 수출 능력을 회복하면서 파이프라인의 증설을 꾀하고 있었는데, 그중 일부가 사우디아라비아를 통과했다. 사정이 어떻든 이미 과잉 상태를 보이고 있는 석유시장에 이라크산 원유가 대규모로 유입될 태세였다.

상황은 더 이상 유지되기 어려웠고 무엇인가 조치가 필요했다. 1970년대와 같은 가격 조정이 답이었다. 그러나 이번에는 위가 아니라 아래 방향으로 조정되어야 했다. 그러면 가격은 얼마나 떨어져야 할까?

과거의 망령이 되살아나고 있었다. 존 D. 록펠러 시대의 전면적 가격 전쟁이 임박한 듯했다. 19세기 말과 20세기 초, 록펠러와 동료들은 막대한 공급량을 바탕으로 가격을 크게 인하시킴으로써 경쟁자들에게 타격을 주는 이른바 '진땀 정책'을 구사한 바 있다. 경쟁자들은 스탠더드오일의 규칙에 따라 휴전을 강요받거나, 스탠더드오일의 진땀 정책을 견뎌낼 정도의 지구력이 없다면 가차 없이 업계에서 쫓겨났다. 물론 1980년대 중반과는 상황이 달랐지만, 그렇게 크게 다르지는 않았다. 다시 한 번 '진땀' 나는 상황이 닥친 것이다.

사우디는 '가격 방어'에서 자신들이 원하는 생산량을 확보할 수 있는 '물량 방어'로 방침을 바꾸고, 교묘한 무기를 선택했다. 즉 아람코의 파트너이자 전략적으로 주요 시장에 위치한 다른 석유회사들과 네트백Netback 방식의 거래를 시작한 것이다(네트백이란 원유를 정제하여 석유제품을 얻는 비율인 '득률'과 제품의 시장가격에서 역산하여 얻은 평가치를 기준으로 유가를 결정해 거래하는 방식을 말한다. 기존의 OPEC 주도 가격 결정 방식에 비해 시장의 상황을 보다 많이 반영한 것이다—옮긴이 주).

이때 사우디아라비아는 정제업자에게 고정 비용을 부과하지 않았다. 비용 대신 '배럴당 2달러'와 같이 정해진 이윤을 보장해주었다. 제품의 판매 가격이 19달러든 9달러든 관계없이 정제업자는 배럴당 2달러를 챙겼고, 사우디는 생산비를 뺀 나머지를 가져갔다. 따라서 정제업자들은 판매 시점에 높은 가격을 받아야 할 이유가 없어졌다. 가격이야 어쨌든 석유를 많이 팔기만 하면 이윤을 더 많이 얻을 수 있었다.

그런데 물량이 증가하고 판매 가격에 대한 걱정이 줄어들자, 결국 가격이 하락했다. 사우디아라비아는 물량 증가를 통해 가격 하락을 일부라도 충당하기를 기대했지만, 지나치게 대응주의적인 행동을 취하는 것은 자제했다. 그들의 목적은 쿼터량을 회복하는 것, 그 이상은 아니었다. 사우디가 새로운 네트백 거래를 통해 회복하고자 한 판매량에는 상한선이 있었다. 그렇게 함으로써 비OPEC 산유국뿐 아니라 자신들을 속이고 시장을 훔쳐간 OPEC 회원국들에 대해서도 새롭게 대응하고자 한 것이다.

1985년 여름, 아람코 파트너의 한 중역이 야마니의 전화를 받았다. 야마니는 '가격 경쟁이 시작된다면 사우디아라비아에서 추가로 석유를 구입하겠다'라고 했던 그의 말을 상기시키면서, 이제 가격이 경쟁적인 방식으로 결정되고 있다고 설명했다. 아람코의 간부는 네트백 거래를 논의하기 위해 8월에 런던으로 날아갔고 곧바로 구매 계약을 체결했다. 아람코와 다른 많은 석유회사들도 유사한 계약을 체결했다.

네트백 거래는 사우디의 공식가격이 사라졌음을 의미했다. 이제 석유 가격은 시장에서 결정되었고, OPEC 가격이란 것은 더 이상 존재하지 않았다. 1985년 9월부터 10월에 거쳐 사우디의 네트백 거래가 세계 시장에 널리 알려졌다. 그러나 사우디가 시장점유율 확보에 나서자마자, 다른 수출국들도 자기 방어를 위해 같은 방식을 적용하기 시작했다. 네트백 거래가 확산되기 시작한 것이다. 오랫동안 시련을 겪어왔던 석유산업의 하류 부문, 즉 정유업계가 목돈을 크게 벌 수 있는 하늘이 내려준 기회였다. 사실 1970년대 초 이래로, 정유업계가 돈을 버는 것은 인간의 능력과는 무관한 것처럼 보였다.

이제 석유 가격이 큰 폭으로 하락할 순간이 온 것인가? 대부분의 석유 수출국은 그렇게 예측했지만, 북해 지역 원유의 경제성을 결정하는 18~20달러 이하로는 떨어지지 않으리라 기대했다. 그러나 그것은 오산이었다.

북해 원유는 지나치게 높은 세금을 부담하고 있었다. 예를 들어 니니안 유전의 경우, 원유 가격이 20달러에서 10달러로 하락하더라도 추가로 부담하는 비용은 85센트에 불과했다. 이윤의 대부분을 회수하던 재무부만 큰 손실을 입게 될 뿐이다. 니니안 유전의 실질적인 운영 단가, 즉 원유 추출에 소요되는 평균 비용은 배럴당 6달러 정도였으므로 가격이 그 이하로 떨어지지만 않는다면 생산을 중단할 이유가 없었다. 더욱이 생산을 일시적으로 중단하게 되면 비용도 많이 들고 운영도 복잡하기 때문에, 설령 원유 가격이 배럴당 6달러 이하로 떨어진다 해도 생산을 계속해야 했다. 쉐브론의 회장 조지 켈리가 "바닥 가격이란 없다"라고 말한 바 있지만, 당시엔 사태가 그렇게 절박하다고 생각한 사람이 거의 없었다. 합리적 추론이 아니었기 때문이다.

1985년 11월 초, 겨울이 다가오면서 선물시장에서 가격을 선도하던 서부 텍사스 중질유WTI의 가격이 폭락할 것이란 우려를 뒤엎고 계속 상승하고 있었다. 1985년 11월 20일에는 뉴욕상품거래소에서 전례 없이 높은 가격인 배럴당 31.75달러까지 기록했다. 많은 사람들은 사우디아라비아의 경고가 진심이 아니며, 다른 OPEC 회원국을 겁주어 규율을 회복하기 위한 의도일 뿐이라고 생각했다.

11월 들어 최고치를 기록하고 열흘이 지난 후, OPEC 회원국들이 다시 회동했다. 사우디아라비아는 행동을 통해, OPEC 회원국들에게 시장점유율 쟁탈전을 선언하고 있었다. 사우디아라비아를 포함한 하나의 그룹으로서 OPEC은 잃어버린 시장을 되찾기 위해 비OPEC 산유국들과 한판 싸움을 치를 의지를 천명했다. 회의에서 채택된 공동선언에는 새로운 가격 결정 공식이 포함되어 있었다. 즉 OPEC은 더 이상 가격을 방어하지 않는다는 것이다. 이제 OPEC의 목적은 '회원국들의 경제 발전에 필요한 수입을 확보하기 위해 세계 석유시장에서 적절한 시장점유율을 유지하는 것'이었다.

그러나 이러한 공동선언이 실제로 시장에서 얼마나 중요하게 받아들여졌을까? 12월 9일경, OPEC 회원국의 정부 관리들이 향후 계획에 대해 논의하기 위해 모여 있던 회의실에 공동선언문이 전달되었다. 이를 본 정부의 고위 관리 한 명은 "또 하나의 동계 공동선언문일 뿐이다"라고 냉소적으로 말했다.

이윽고, 본격적으로 가격이 폭락하기 시작했다.[2]

제3차 석유 파동

석유 가격의 급락은 1973~74년, 그리고 1979~81년의 위기 못지않게 소란스럽고도 극적이었다. 서부 텍사스 중질유의 가격은 1985년 11월 말의 배럴당 31.75달러를 정점으로 이후 수개월 만에 무려 70%나 하락해 배럴당 10달러 수준으로 떨어졌다. 일부 페르시아 만에서 공급되는 원유는 배럴당 6달러에 거래되었다. 과거 두 차례의 석유 위기 시에 약간의 공급량 감소나 공급 장애가 가격을 천정부지로 치솟게 했던 것과 마찬가지로, 지금도 실제적인 물량 변화는 미미했다.

1986년 초 4개월 동안 OPEC의 생산량은 1985년 동기간에 비해 약 9% 많은 일일 평균 1,790만 배럴이었다. 사실 이 물량은 1983년의 쿼터량과 거의 같은 수준이다. 전체적으로 볼 때, 추가 생산은 자유세계에 대한 총공급량을 단 3% 증가시키는 데 그쳤다. 그러나 이런 변화는 시장점유율 확보 경쟁과 결합되면서, 몇 달 전에는 상상도 할 수 없었던 수준으로 가격을 하락시키기에 충분했다.

그 영향은 실제로 제3차 석유 파동이라 부를 만했다. 그러나 예전과 달리 모든 것이 반대 방향으로 진행되었다. 원유를 확보하기 위해 구매자들이 바삐 움직이는 것이 아니라, 수출국들이 시장을 찾기 위해 아우성이었다. 또한 소비자들이 앞장서서 더 낮은 가격으로 원유를 구입하기 위해 경쟁했다. 이런 익숙하지 않은 상황은 또다시, 그러나 새로운 차원에서 원유의 안정적 확보 문제를 야기했다. 그중 하나는 석유 수출국들에게 수요의 안정적 확보, 즉 시장의 접근을 보장하는 것이었다. 이런 우려가 새로운 것처럼 보이겠지만 사실은 그렇지 않다. 1950년대와 60년대에도 똑같은 문제가 석유 수출국들을 격렬한 경쟁으로 몰아넣었으며, 후안 파블로 알폰소가 OPEC 결성을 도모하기 위해 카이로로 가기 전에 미국에서 안정된 시장을 찾도록 만들었다.

소비자의 입장에서 볼 때, 생산자들의 시장점유율 전쟁은 1970년대 안정적 공급을 위한 모든 노력과 우려를 무의미하게 보이도록 했다. 그러나 앞으로는 어떻게 될까? 값싸게 석유를 수입할 수 있게 됨에 따라, 지난 13년간 힘들여 구축한 에너지 안정 체계가 약화되는 것은 아닐까?

단순히 가격만 폭락한 것이 아니었다. 무엇보다 기존 OPEC 중심의 가격 결정 구조가 사라졌다. OPEC 공식가격이라는 것조차 찾아볼 수 없었다. 최소한 일시적일지라도 시장의 힘이 승리한 것이다. 이제 OPEC 회원국들 간의 힘겨운 협상을 통해서가 아니라, 셀 수 없이 많은 개별 거래를 통해 가격이 결정되었다. 네트백 거래, 현물 거래, 스팟백 거래, 교환 거래, 임가공 거래, 토핑오프 거래(중질 제품만의 거래)뿐 아니라, 수출국들이 시장을 되찾기 위해 채택한 변형된 거래 형태가 셀 수 없이 많았다. OPEC은 비OPEC 산유국들과 치열하게 경쟁하였으며, 시장을 확보하기 위해 회원국들 간에도 싸웠다. 1985년 12월의 공동선언문도 소용없었다. 문제는 치열한 경쟁 속에서 시장을 확보하기 위해 계속 할인을 하고 있다는 것이었다.

1986년 중반 이라크 국영 마케팅 위원회의 위원장은 이렇게 말했다. "우리 모두는 모든 선적물과 물량에 대한 끊임없는 협상으로 지쳐 있다. 원유 수출국의 교섭자들은 다른 OPEC 회원국들보다 낮은 가격에 팔고 있음을 확신시켜주기 위해, 모든 종류의 할인을 해주고 있다." 어떤 특정 거래 형식이 가격을 폭락시킨 것은 아니었다. 가격 폭락은 수요를 초과하는 공급, 그리고 규제자로서의 OPEC, 그중에서도 특히 사우디아라비아가 상황을 수수방관하고 있다는 사실에서 비롯되었다.

충격은 석유 세계 전체의 공통 반응이었다. OPEC은 어떤 조치를 취할 것이며, 그것이 효과가 있을까? OPEC은 무참하게 분열되고 있었다. 이란, 알제리, 리비아는 더 낮은 쿼터량을 채택해 가격을 배럴당 29달러로 회복시키기를 원했다. 야마니는 메이저 회사의 한 간부에게 "나는 결코 원하지 않는 사람에게 석유를 팔지 않는다"라고 말하면서 구매자에게 사태의 책임을 떠넘기는 듯한 모양새를 취했지만, 산유량이 많은 사우디아라비아와 쿠웨이트는 여전히 시장점유율을 회복하기 위해 노력 중이었다. 이란과 이라크 두 주요 OPEC 회원국은 그때까지도 살육전을 지속하고 있었고, 아랍 수출국에 대한 이란의 적대 행위도 여전했다.

비OPEC 산유국들도 판매 수입 감소로 고통 받고 있었다. 그들은 뒤늦게 OPEC의 경고를 진지하게 받아들이게 되면서 '대화'를 시작했다. 1986년 봄에는 멕시코, 이집트, 오만, 말레이시아, 앙골라가 옵서버로 OPEC 회의에 참석했다. 반면 노르웨이 보수당 정권은 애초에 서방측의 일원으로서 OPEC과는 협상하지 않겠다고 선언했다. 그러나 정부 세입의 20%를 석유에서 거두어들이던 그들로서는 재정 적자를 메울 재원이 없었다. 결국 집권당이 선거에서 패배하고 노동당 정권이 들어서자, 새로운 수상은 취임 즉시 석유 가격 안정화를 위한 조치를 취할 것이라고 발표했다. 노르웨이 신정부의 석유장관은 베니스에서 자키 야마니의 요트를 타고 유람하며 석유 가격에 대해 논의했다. 그러나 OPEC 내부의 대화도, OPEC과 비OPEC 간의 대화도 성과를 내지 못했다. 결국 '진땀' 나는 상황은 1986년 봄 내내 계속되었다.

조지 부시의 등장

거의 모든 석유회사들이 이번 위기에 대비하지 못했다. OPEC이 판매 수입을 송두리째 날려버릴 만큼 어리석은 행동을 취하지는 않을 것이라 확신했던 것이다. 소수만이 다른 의견을 가지고 있었다.

런던의 쉘 본사에서 경영 계획 수립을 담당하던 직원은 시장의 원리를 면밀히 검토한 결과, 석유 가격 붕괴 시나리오를 긴급히 작성했다. 비록 실현 가능성은 희박했지만, 중역들은 이를 진지하게 받아들여 대응 방안을 논의하고 예방 조치를 취하기 시작했다. 가격 폭락으로 많은 석유회사들이 심각한 충격을 받은 것과는 대조적으로, 템스 강 남안의 쉘 본부는 섬뜩할 정도로 조용하고 질서정연한 분위기를 유지했다. 생산지 직원뿐 아니라 런던의 경영진들도 미리 연습한 민방위 비상 작전을 치르듯이 직무를 수행했다.

어느 정도 충격에 익숙해지자 석유산업은 신속한 대규모 지출 삭감으로 대응했다. 특히 미국의 석유 탐사와 생산 활동은 심각한 타격을 입었다. 미국은 가장 비용이 높은 석유 생산지로서, 가장 실망이 컸던 지역 중 하나였다. 20억 달러를 투입해 빈 구멍만을 남긴 머크럭을 누가 잊을 수 있겠는가? 석유회사들은 미국 내에서의 대응에 최고의 융통성을 가지고 있었다. 다시 말해 개발도상국들처럼 정부와 오랜 협상을 거쳐 얻어낸 협정을 파기해야 하는 위험을 걱정할 필요가 없었다.

한편 소비자들은 환성을 질렀다. 이제 항구적인 석유 부족에 대한 모든 두려움에서 해방된 것이다. 그들의 생활 수준은 더 이상 위협받지 않아도 되었다. 몇 차례 엎치락뒤치락하다가 석유 가격은 다시 하락했다. 석유 수급에 대한 어두운 전망은 한낱 환상에 지나지 않는다 생각되었고, 석유의 힘은 무해할 뿐 아니라 공허한 위협이었다. 1950년대와 60년대에 사라졌다고 생각했던 길모퉁이 주유소의 '휘발유 전쟁'이 재현되었는데, 이번에는 범세계적인 석유 전쟁으로 양상이 확대되었다. 그렇다면 가격은 어느 수준까지 하락할까?

1986년 4월 초, 텍사스 오스틴의 북부에 위치한 빌리 잭 메이슨의 엑슨 계열 주유소에서 하루 동안 지방 방송국의 후원으로 판촉 행사가 벌어졌는데, 이곳에서 더 떨어질 수 없는 최저 가격이 형성되었다. 그날 빌리 잭이 책정한 무연 휘발유 가격은 갤런당 0센트, 즉 공짜였다. 아무도 당해낼 수 없는 거래였고 일시에 엄청난 대중을 불러모았다. 아침 9시경 기름을 넣기 위해 대기 중인 차량 행렬은 6마일에 달했다. 이들 중에는 오스틴에서 150마일이나 떨어진 와코에서 온 사람도 있었다. 빌리 잭은 "고객이 해야 할 것은 약간의 수고일 뿐이다"라고 설명했다. 그에게 석유 전문가로서 미래의 가격에 대한 의견을 말해 달라고 하자 "문제의 해결은 해외에 있다. 아랍이 가격을 제자리로 돌려놓을 때까지 우리가 할 수 있는 것이라고는 아무것도 없다"라고 단언했다.

그때 텍사스 출신 상원의원 한 명이 '문제의 해결이 아랍의 조치에 달려 있다'는 빌리 잭 메이슨의 의견에 전적으로 동의했다. 바로 미국의 부통령 조지 부시였다. 빌리 잭이 휘발유를 공짜로 퍼주고 있는 동안, 부시는 많은 문제 중에서도 특히 석유 문제를 논의하기 위해 특사 자격으로 중동을 방문할 준비를 하고 있었다. 사우디아라비아와 걸프 지역 국가 방문은 가격 폭락이 있기 수 개월 전에 예정되어 있었다. 그런데 그가 중동 순방을 시작하려는 시점에서, 미국 내의 석유·가스 산업, 석유 수출업자, 소비자, 동맹국들은 모두 같은 질 문을 하고 있었다. 가격 폭락에 대응해 '미국 정부는 무엇을 하고 있는가?'였 다. 방문 시기와 직위, 과거 경력 등을 감안할 때, 부시는 아주 미묘한 시기에 궁지에 몰린 레이건 행정부와 미국의 정책 문제를 타개할 적임자가 되었다.[3]

위기 해결의 적임자

그로부터 몇 년 후인 1989년, 대통령 취임식 전날 밤에 부시는 "미국 국민 은 석유·가스 업계 출신이며 그 분야를 매우 잘 아는 사람을 대통령으로 뽑 았다"라고 말했다. 특히 그는 미국 내 탐사 활동에서 중추적인 역할을 맡고 있 는, 그리고 이제는 가격 폭락으로 나가떨어진 독립계 석유 사업가들의 위험 한 상거래 세계를 속속들이 알고 있었다. 그 세계는 부시가 성장기를 보낸 곳 이기도 했다(21세기 셰일가스의 발견 역시 미국의 독립계 석유회사들이 중심이 되어 십 수년의 기술 개발을 통해 이룬 성과이며, 동시에 셰일가스 개발로 인한 석유 가격 하락은 독립계 석유회사들의 경영 악화를 가져와 결국 대부분이 대형 회사에 합병되 었다-옮긴이 주).

부시의 아버지는 코네티컷 주 상원의원이 되기 전에 브라운 브러더스 해 리만 은행의 공동 경영자였다. 1948년 예일 대학교를 졸업한 부시는 학력이 나 가문을 배경으로 월스트리트에서 충분히 일자리를 얻을 수 있었지만 포기 했다. 프록터 & 갬블사에 면접을 보았는데 출근하라는 연락이 없자, 부시는 1947년형 붉은색 스튜드베이커를 타고 텍사스로 향했다. 그는 일단 오데사로 갔다가, 머지않아 '서부 텍사스의 석유 수도'라 불리게 될 인근의 미들랜드로 갔다. 그는 펌프 시설의 도색 담당 수련생으로 밑바닥부터 일을 시작했다. 그 후엔 세일즈맨으로서 석유 굴착지를 돌아다니며 굴착하는 바위의 종류, 굴착 비트의 크기 등을 조사하고 주문도 받았다.

부시는 일부 사람들이 귀족적이라고 말하는 배경을 갖춘 동부 출신이었다. 하지만 그를 전적으로 비전형적 인물이라고는 할 수 없었다. 부를 위해 텍사스로 모여든 동부인들에게는 고상한 전통이 있었는데, 이는 스핀들탑의 멜런 가※와 퓨 가※에서 시작해 「포춘」지가 한때 '젊은 아이비리거 집단'이라고 부른 사람들에게까지 이어졌다. 부시는 그중 한 명으로 제2차 세계대전 후 텍사스 주의 외딴 석유 도시 미들랜드에 자리를 잡았고, '캑터스와 아이비 출신 연합'뿐 아니라 '일하는 부유층의 모범'을 만들어냈다(캑터스, 즉 선인장은 텍사스를 상징하며 아이비는 미국 동부 지역 명문 사립학교들의 리그인 아이비리그를 의미한다—옮긴이 주). 미들랜드에 있는 양복점 '알버트 S. 캘리'가, 미국 최고의 의류 브랜드인 브룩스 브러더스사의 방식 그대로 소비자들에게 옷을 만들어 준 것은 결코 우연의 일치가 아니었다.

부시는 이 좁은 세계에서 곧바로 '대열에 합류해' 그 못지않게 야심 찬 젊은이들과 독립계 석유회사를 설립했다. 당시 부시의 동업자 중 하나는 이렇게 말했다. "굴착 장치를 가진 사람도 있다. 거래를 잘 아는 사람도 있다. 우리는 지금 자금을 찾아다니고 있다. 석유는 미들랜드의 백옥이다." 그들은 기억에 남을 만한 회사명을 짓고자 했다. 누군가가 A나 Z로 시작하면 전화번호부의 첫 장이나 마지막 장에 기록되어 눈에 잘 띌 것이라는 아이디어를 냈다. 그들은 당시 미들랜드에서 상영되던 영화, 즉 말론 브란도가 멕시코 혁명가로 출연한 「비바 자파타Viva Zapata」에서 힌트를 얻어 회사 이름을 자파타로 정했다.

부시는 미국 북부의 혹독한 기후 지역인 노스다코타 주로 날아가 의심 많은 농부로부터 로열티 이권을 구입하려고 노력하는 한편, 신규 매장지의 인접 지역에 광업권을 가진 사람을 찾기 위해 등기부를 샅샅이 뒤졌다. 또한 가능한 한 신속하고 저렴하게 솜씨 좋은 채굴 인부와 용역 계약을 체결하면서, 단기간에 석유업자로서의 능력을 습득했다. 물론 일을 추진하는 데 필요한 자금을 모으기 위해 동부로도 갔다. 1950년 중반 어느 쾌청한 날 아침, 부시는 워싱턴의 유니온 역 인근에서 「워싱턴 포스트」지의 발행인으로 있는 유진 메이어의 리무진 뒷자리에서 그와 교섭을 벌였다. 메이어는 이 거래에 사위를 개입시켰고, 그는 한동안 부시를 지원하는 투자가로 남아 있었다. 새로운 사업체인 자파타는 부시와 동료들에게 도움이 되었을까? 부시의 동업자인 휴즈 라이드케는 "좋은 때도 있었고, 나쁜 때도 있었다. 운 좋게 이익을 얻은 사람은 자파타를 훌륭한 기업이라고 생각했고, 상투 끝을 잡은 투자가들은 도둑이라고 생각했다"라고 말했다.

동업자들은 협상을 통해 자파타를 둘로 나누었다. 부시는 해상 유전 사업을 맡아 멕시코 만과 세계 곳곳의 해상 탐사와 생산의 역동적 발전을 이끈 선두주자가 되었다. 그는 회사 대표로 활동하면서 파트타임으로 투자 관계 일도 했다. 그는 전후 미국 석유산업의 불규칙한 경기 변동을 몸으로 경험했다. 산업 활동이 석유 가격에 얼마나 민감하게 반응하는지, 아이젠하워가 쿼터제를 도입한 1959년까지 고삐 풀린 중동산 원유의 경쟁에 미국 내 석유산업이 얼마나 취약했는지를 느낀 것이다. 그는 사업을 상당히 잘 운영했다. 부시 가족은 미들랜드 인근에서 최초로 집 안에 수영장을 설치했다.

1960년대 중반 부시는 재산을 충분히 모았다고 생각하고, 10년간 상원의원을 지낸 아버지처럼 정계에 투신하기로 결심했다. 정치를 위해 석유사업을 포기한 것이다. 그 무렵 텍사스에서는 공화당이 이제 막 발족 단계에 있었다. 그러나 텍사스의 민주당 강세가 그가 직면한 유일한 정치적 문제는 아니었다.

재건을 위한 바람몰이에 나선 신참 공화당은 우익으로부터 격렬한 공격을 받았다. 부시의 장인이 한때 「레드북」이라는 여성 잡지 편집인이었다는 사실이 밝혀지면서 존 버치 협회가 그를 공산주의자로 몰아붙이고 있었다.

부시는 카운티의 의장을 거쳐 의회로 진출했다. 칼루스트 굴벤키안과는 달리, 그는 석유 사업가들의 우정이 못 믿을 것이라 생각하지는 않았다. 미들랜드 시절, 함께 사업했던 사람들과 여전히 우정을 나누고 있었다. 휴스턴 출신 의원으로서 부시는 석유산업의 옹호자로 여겨졌고 그 역시 그렇게 행동했다. 1969년 리처드 닉슨이 석유 수입을 제한하는 쿼터제 철폐를 고려하고 있을 당시, 부시는 재무장관 데이비드 케네디를 휴스턴의 자택으로 초대해 석유 사업가들과 대화를 나눌 수 있는 자리를 주선했다. 그 후 부시는 케네디에게 편지를 보내 시간을 내준 데 대해 감사를 표했다. 그는 '석유산업을 위해 분골쇄신했던 나의 노력을 그들에게 말해주어 감사합니다. 「워싱턴 포스트」지는 이 일로 나를 비난하겠지만, 휴스턴에서는 분명 도움이 될 것입니다'라고 썼다. 부시가 유엔 대표부 대사, 공화당 국가위원회 의장(워터게이트 사건 기간), 중국 주재 미국 공사, CIA 국장, 공화당 대통령 후보 등을 거치는 동안 석유는 정치상의 중요한 의제가 되지 못했다. 1980년 부시를 물리친 로널드 레이건이 그를 러닝메이트로 지목했고, 그는 미국의 부통령이 되었다.

레이건 행정부는 에너지 문제를 심각하게 취급했던 카터 정부와는 달랐다. 레이건은 에너지 위기가 미 행정부의 잘못된 정책과 규제에 의해 유발되었다고 생각했다. 행정부가 에너지 문제에 개입하지 않고 '자유 시장'에 맡기는 것을 해결책으로 했다. 어쨌든 선거 기간 중 레이건은 사우디아라비아보다 알래스카에 더 많은 석유가 있다고 공언했다. 레이건 행정부의 첫 번째 조치는 카터 행정부에서 시작된 가격 통제를 철폐하는 작업이었다. 신정부는 에너지에 대해 '선의의 무시' 정책으로 옮겨갔고, 이 과정에서 세계 석유시장의 상황에 도움을 받았다. 지미 카터가 석유 가격의 상승으로 불운을 겪었던 것과는 상반된다. 가격이 폭락하기 5년 전, 비OPEC 산유국의 공급 확대와 수요 감소로 석유 가격이 지속적인 하락 국면을 보이던 1981년에 백악관에 입주한 로널드 레이건에게는 석유가 행운을 가져다주었다. 실질 가격의 하락으로 에너지 문제는 뒷전으로 물러났다. 또한 이는 레이건 붐을 가능하게 해준 두 가지 중요한 요소인 경제 성장을 자극하고 물가를 진정시키는 자극제가 되었다. 물론 '자유 시장'이란 접근 방식은 하나의 모순에 의존하고 있었다. 다시 말해 OPEC은 큰 폭의 석유 가격 하락을 방지하기 위해 악전고투했고, 이는 미국을 비롯한 세계 각국에 에너지 절약과 대체에너지 개발을 촉발했다. 그러나 이러한 모순은 1986년의 가격 폭락이 있을 때까지 잠재해 있으면서 문제를 일으키지 않았다.

1986년 고삐가 풀린 이유는 OPEC 사무국장 직무 대리의 말을 빌리자면 '절대적인 경쟁' 때문이었다. 결국 미국의 석유산업은 파국적 결과를 맞게 되었다. 가공할 정도의 해고 통지서가 날아들었고 석유 탐사 및 개발 지역에 탐사 장비와 굴착 장비가 산더미처럼 쌓였다. 서남부 지역의 재정이 불안정해지고 경제적 불황이 찾아왔다. 가격이 폭락하고 미국의 석유 수요가 치솟으면 1970년과 같이 국내 생산이 급격히 줄어들고 수입 물량이 범람할 것이 확실했다. 그것이 '시장의 힘'이 될 때 감당하기 어려운 상황이 벌어질 수 있었다. 그런 일을 예상한다 하더라도, 수요와 공급의 강력한 힘에 직면해 미국 정부가 할 수 있는 일은 그리 많지 않았다. 한 가지 방안은 관세를 부과해 국내 산업을 보호하고 에너지 절약에 대한 동기를 제공하는 것이었다. 1986년에는 관세를 부과하자는 요구가 많았지만, 레이건 행정부 내에서는 아무도 이런 주장을 하지 않았다. OPEC의 재결집이라는 또 다른 방안도 대두되었다. 드디어 조지 부시가 공직생활을 하느라 멀어졌던 석유에 다시 관심을 가지기 시작했다. 오랜 경험을 바탕으로 사우디아라비아와 석유 문제를 논의할 사람이 레이건 행정부 내에 그 말고 누가 있을까?[4]

나는 내가 옳다고 생각한다

외견상 지루하게 이어지고 있는 이란−이라크 전쟁의 와중에 부시가 페르시안 걸프 지역을 방문하게 된 애초의 목적은, 이 지역의 온건 국가들에 대한 미국의 지지를 확고하게 인식시키는 것이었다. 그러나 석유 가격이 배럴당 10달러 이하로 떨어진 지금, 사우디아라비아를 방문해 가격 문제를 논의하지 않을 수 없었다. 이제 국면이 바뀌었다. 1970년대에는 미국 고위 관리들이 사우디아라비아로 달려가 가격을 안정시키는 데 협조해달라고 요청했었다. 1986년에는 미국 부통령이 사우디아라비아를 방문해 가격 인상에 협조해달라고 요청한 것이다.

부시는 '더 이상은 안 된다'라고 확신했다. 텍사스와 석유업계의 상황은 자신이 석유 사업가로 지내던 때 경험했던 것만큼, 혹은 그 이상으로 나빴다. 남서부, 특히 텍사스에 기반을 두고 있는 정치 세력들의 불평과 비난이 갑자기 드높아졌다. 그런데 레이건 행정부 내에 부시와 의견을 같이하는 사람이 있었다. 에너지장관 존 헤링턴이었다. 그는 가격 하락이 국가 안보를 위협하는 지경에 이르렀다고 경고했다. 하지만 두 사람은 행정부 내의 소수파에 불과했다.

1986년 4월 초, 중동 방문 전날 밤 부시는 이렇게 말했다. "국내의 이익과 국가 안보를 위해 최선을 다해 사우디를 설득할 것이다. 나는 안정에 대해 설명하고, 낙하산 없이 비행기에서 뛰어내리는 행동을 멈추는 것이 가장 중요하다고 말할 것이다." 부시는 의례적으로 레이건 행정부의 핵심인 자유 시장 원칙을 인정하고 있었다. 그는 "우리의 답은 시장이다. 시장의 힘이 작동하게 하자"라고 주문을 외웠다. 하지만 부시는 이렇게 덧붙였다. "나는 국내 산업의 경쟁력 강화에 국가의 안전과 존망이 달려 있다고 믿고 또 항상 주장해왔다." 부시는 '시장의 힘이 만들어낸 현상이 너무 멀리까지 가버렸다'라고 분명히 말하고 있었다. 그의 발언에 당황한 레이건 행정부는 곧바로 부인했다. 백악관 대변인은 "가격을 안정시키는 가장 확실한 방법은 자유 시장이 제대로 기능을 발휘할 수 있게 하는 것이다"라고 선언했다. 아울러 부시가 파드 국왕에게 '가격 결정은 정치가가 아니라 시장이 하게 해야 한다'는 점을 강조했음을 분명히 지적했다.

첫 번째 도착지인 리야드에서 부시는 미 대사관 개관식에 참석했다. 야마니를 비롯한 몇몇 각료와 저녁을 먹는 자리에서 당연히 석유 문제가 거론되었다. 부시는 가격이 너무 낮은 수준이면 미국 의회는 관세 부과의 압력을 받게 될 것이고, 점차적으로 그 압력에 저항하기 어려워질 것이라고 말했다. 사우디아라비아는 그의 말을 진지하게 받아들였다. 부시의 두 번째 체류지는 사우디 국왕이 일시적으로 머무는 궁이 있는 동부 지역의 다란이었다. 미국 사절단 일행은 국왕이 베푼 향연에 초대되었다. 평상시대로라면 허리에 총과 칼을 차고 어깨에 탄띠를 멘 시종들이 시중을 들었겠지만, 그날은 부시 부통령의 경호를 위해 총들을 벽에 가지런히 늘어놓았다.

다음날 국왕과의 단독 회담이 예정되어 있었으나, 이란의 사우디아라비아 유조선 공격으로 인해 회담이 연기되었다는 소식이 전해졌다. 국왕의 요청으로 이루어진 심야 회담은 새벽 2시까지 이어졌는데 총 2시간 30분 이상이 소요되었다. 사우디아라비아 측은 이란의 군사적 도약에 불안을 느끼고 있었다. 회담의 주요 주제는 부시의 중동 방문 목적과 마찬가지로, 페르시아 만의 안전 보장과 미국의 무기 공여 문제였다. 석유에 대해서는 거의 논의가 없었지만, 고위 관리의 말에 따르면 파드 국왕이 '시장의 안정'에 대한 희망을 말했다고 한다. 그 관리는 "국왕은 사우디가 석유시장에서 불공평한 취급을 받고 있다고 느꼈다"라고 덧붙였다.

국내의 비판에도 불구하고 부시는 석유 정책에 대한 태도를 고수했다. 국왕 방문을 마친 그는 "나는 내가 옳다는 것을 알고 있다. 석유 가격의 하락은 미국 국내 에너지 산업을 침체시켜 국가 전체에 심각한 타격을 줄 것이라고 확신한다"라고 말했다. 다음날 부시는 다란에서 미국 사업가들과 조찬을 하면서 이렇게 발언했다. "국가 안전 보장의 차원에서 '우리는 강력하고 자생력 있는 국내 산업을 가지고 있어야 한다'라고 말하는 것이 의미 있는 시점이다. 이는 내가 정치 생활을 하면서 늘 염두에 두고 있는 것이며 미국 대통령도 같은 인식을 하고 있다고 알고 있다."

부시는 자신의 충성심에 자부심을 가지고 있었고, 지난 5년간 아주 충직한 부통령이었음을 입증했다. 백악관과의 의견 충돌은 없었다. 그러나 이제는 명백히 반대 노선을 취하고 있었고 비판을 명시적으로 드러냈다. 부시를 거론할 때마다 항상 '불쌍한 부시'라고 깔보듯 이야기하던 백악관의 고위 관리는, 부시의 입장이 '행정부의 정책'은 아니라고 말했다. 그러나 부시는 물러서기를 거부했다. "내가 미국 석유산업을 지키고 있는지는 잘 모르겠다. 나는 내가 강력하게 믿는 입장을 지키는 것뿐이다. …… 정치적으로 도움이 될지 손해가 될지는 개의치 않는다."

부시가 잘못하고 있을 뿐 아니라 그 자체로 정치적 야망을 손상시키고 자멸을 불러올 수 있는 큰 실책을 범하고 있다는 것이 일반적인 견해였다. 공화당 대통령 지명전에 나섰던 부시의 경쟁자는 석유를 생산하지 않는 주이자 예비선거에서 중요한 역할을 하는 뉴햄프셔 주에서 부시의 주장을 이용하여 공격하는 데 주저하지 않았다. 칼럼니스트들도 OPEC을 지나치게 옹호한다고 부시를 비난했고, 대통령 선거를 앞둔 시점에서 자살 행위와 같다고 근엄하게 꾸짖었다. 물론 석유를 생산하는 주에서는 지지를 받았으나, 석유를 생산하지 않는 주에서 부시의 입장을 옹호하는 목소리는 「워싱턴 포스트」지의 사설란이 유일했다. 한때 「워싱턴 포스트」지는 석유산업을 옹호하는 그를 걷어차 버리 겠다고 위협하기도 했으나, 이제는 낮은 석유 가격이 국내 에너지 산업을 좀 먹게 될 것이라는 부시의 경고는 부통령으로서 할 수 있는 적절한 지적이라고 말하고 있었다. 비록 아무도 인정하지 않았지만 「워싱턴 포스트」지는 "미스터 부시는 실제적인 문제와 싸우고 있다. 수입 석유에 대한 의존도가 점차 증가 한다는 것은 그리 즐거운 전망이 아니다"라고 언급했다. 한마디로 부시가 옳 다는 것이다.

그런데 부시는 사우디 석유장관에게 석유 관세에 대해 어떤 이야기를 했 을까? 그저 지나가는 이야기처럼 했을까, 아니면 그것보다 강하게 이야기했 을까? 말하는 쪽이든 듣는 쪽이든, 외교상에서는 종종 둘 사이에 오차가 발생 하는 경우가 있다. 그 후 일부 사우디인들은 부시가 '레이건 행정부의 노선과 는 배치되지만, 가격이 더 하락하면 미국이 관세를 부과할 것'이라고 경고했 다고 주장했다. 일본은 만약 미국이 수입 석유에 관세를 부과한다면, 그들도 에너지 다변화 프로그램을 보호하고 재무성의 추가 수입을 위해 미국과 보조 를 같이해 관세를 부과할 것이라고 밝혔다. 석유 수입국의 관세 부과만큼 수 출국들의 즉각적인 분노를 자아내는 조치는 없었다. 관세를 부과하면, 수출국 의 재무부가 차지해야 할 수입을 수입국 재무부가 차지하는 꼴이 되기 때문이 다. 그러나 관세는 많은 고려 대상 중 작은 부분에 불과했다. 다른 수출국들과 마찬가지로 사우디아라비아는 계속되는 가격 폭락에 따른 엄청난 재정 손실 을 우려했다. 더욱이 가격 폭락에 따라 집중되는 외부의 비판과 정치적 압력 에 심기가 편치 않았다. 부시의 방문은 가격 안정성을 확보해야겠다고 확신하게 하는 또 하나의 자극제가 되었다.

부시에게 정치적 자문을 하던 사람들 중 일부는 석유에 대한 그의 언급이 미국 석유회사들을 안심시키기 위한 것이라 생각했고, 사우디가 어떻게 해석 하는지는 관심이 없었다. 그들이 부시에게서 들은 것은 '가격 폭락이 미국의 안전 보장을 위협하고 있다'는 말이었다. 가격이 폭락하면 미국의 석유 수입 이 상당히 증가할 것이며, 군사적으로든 전략적으로든 미국이 소련에 비해 약 화될 가능성이 있었다. 사우디는 자국의 안전을 미국에 의존하고 있었으므로, 부시 방문 이후 미국의 안전 보장에도 관심을 기울일 필요가 있다고 생각하게 되었다.

사우디는 한창 생산을 증가시키던 1979년에 이어, 부시가 방문한 1986년 봄에도 안전 보장에 대해 고민해야 했다. 이집트와 전쟁에 찌든 이라크 등 많 은 국가들로부터 압력을 느낀 것이다. 그들은 이란−이라크 전쟁 및 그 결과 발생할 사태에 대해서도 큰 우려를 표하고 있었다. 이런 와중에 부시의 방문 은 사우디로 하여금 가격 폭락을 몰고 온 격렬한 시장점유율 싸움을 다시 생 각하게 하고 궁지에서 벗어날 길을 모색하게 만들었다. 이제 사우디뿐 아니 라 다른 수출국들도 속임수를 쓰는 데는 비용이 수반됨을 마침내 깨닫게 되 었다.[5]

할복과 배럴당 18달러

그러나 그 누구도 이런 경쟁 상황 속에서 어떻게 행동해야 할지 알지 못했 다. 정말이지 경험조차 없었다. OPEC의 전문가로 베네수엘라 석유의 간부였 던 아리리오 파라는 역사적인 맥락을 찾으려고 안간힘을 쓰고 있었다. 그는 OPEC 창설 당시 후안 파블로 페레스 알폰소를 보좌하면서 경력을 쌓기 시작했는데, 1960년 창립 기념식에서 페레스 알폰소의 옆 자리에 앉았던 인물이다. 그런데 이제 OPEC의 와해가 눈앞에 펼쳐지는 듯했다. 새로운 전환점을 찾기 위해 파라는 예전에 읽었던 책을 다시 찾았다. 캔자스 대학 경제학과 교수였던 존 이스가 1926년에 저술한 『미국의 에너지 정책』이었다.

이 책에서 이스는 '펜실베이니아 석유 역사의 불행한 특징을 거의 모든 생산 지역들이 그대로 답습했다. 산업 내에는 똑같은 불안정과 똑같이 반복되는 만성적인 과잉 생산, 똑같은 폭의 가격 변동과 그 결과 맺어지는 생산 삭감 협정, 석유와 자본의 똑같은 낭비가 있었다'라고 밝혔다. 1920년대의 상황을 '증가하는 재고, 넘치는 탱크, 가격 하락, 불필요한 소비를 자극하는 혹은 거의 공짜로 팔아치우려는 광적인 노력, 한정된 자원의 막대한 과잉 생산'으로 묘사한 것이다. 이스는 책에서 이렇게 주장했다. '자신이 가장 원하던 물건인 석유에 질식해 허덕이는 상황이었다. 석유 생산업자들은 너무 많은 석유를 생산함으로써 '할복'을 연출하고 있었다. 모두가 처방을 알고 있지만 선택하지 않았다. 그 처방은 생산의 감축이다.' 비록 60년 전에 쓰인 책이지만, 이스의 표현과 진단은 파라에게 너무나 친밀했다.

그 후 파라는 OPEC 내의 소수 동조자와 함께, 석유시장은 경쟁할 수밖에 없다는 사실을 반영하는 새로운 가격 결정 시스템을 모색하기 시작했다. 소비자가 선택권을 가지는 것이다. 다른 회원국 대표들은 17달러와 19달러의 가격 범위, 특히 몇 달 전 공식가격이었던 29달러보다 11달러가 낮은 18달러에 관심을 쏟았다. 그것이 '정당한' 가격처럼 보였다. 파라와 동조자들은 새로운 가격에 대한 근거를 논의하기 위해 비엔나에 있는 쿠웨이트 대사관에 모여 일주일을 보냈다. 인플레이션을 감안할 경우, 이 가격은 제2차 석유 파동이 있기 전날 밤인 1970년대 중반 수준이었다. 18달러는 석유가 다른 에너지와 다시 경쟁할 수 있고, 에너지 절약도 유발할 수 있는 수준인 것처럼 보였다. 수출국들의 입장에서는, 세계의 경제 성장과 에너지 수요를 부추기겠다는 목적을 달성할 수 있는 최고 가격이었다. 즉 석유 수요를 다시 증가시키고, 멈출 것 같지 않은 비OPEC 생산을 잠재우거나 역전시킬 수 있는 수준이었다. OPEC 회원국의 고위 관리 한 사람은 친구에게 이렇게 말했다. "18달러는 우리에게 썩 좋은 것이 아니다. 그러나 현재로서는 그것이 우리에게 최상이라고 생각하지 않는가?"

1986년 5월 마지막 주, 6개국 석유장관들이 사우디아라비아의 타이프에서 만났다. 참석자 중 한 명은 일부에서 석유 가격이 배럴당 5달러를 밑돌 것으로 예측하고 있다고 말했다. 쿠웨이트 석유장관은 "이 자리에 참석한 사람 중에 소비자에게 석유를 거저 주거나 선물로 주고 싶은 사람은 없다"라고 지적했다. 그러나 과거 배럴당 29달러에 달했던 석유 가격은 "OPEC에 도움이 되기보다는 해가 될 뿐이다"라고 덧붙였다.

야마니는 사우디아라비아의 입장을 단호하게 밝혔다. "우리는 시장의 추세가 수정되는 것을 보고 싶다. 우리의 시장점유율을 증가시켜 시장을 다시 통제해야 그에 어울리게 행동할 수 있다. 시장에서 우리의 힘이 회복하기를 원한다."

참석한 석유장관들은 배럴당 17달러와 19달러 사이에서 가격을 유지시키는 데 동의했고, 그 가격 수준을 유지하는 데 필요한 새로운 쿼터 시스템의 필요성에도 합의했다. 몇 달 전까지 이단으로 취급되었던 것이 이제는 모두가 인정하는 지혜가 되었다. 이번 석유 위기의 혼란과 무질서 가운데, 배럴당 18달러에 대한 새로운 공감대는 과거의 파괴에서 비롯되었다. 아리리오 파라는 "이것은 침투의 과정이다"라고 말했다. 생산자뿐 아니라 소비자들도 이 조치를 환영했다.

자국에서 소비하는 석유의 99%를 수입하는 일본은 가능한 한 최저 가격을 선호할 것이라 예상되지만, 사실은 그렇지 않았다. 가격이 너무 낮을 경우 두 가지 문제가 발생한다. 첫째, 대체에너지 부문의 투자를 줄여서 석유에 대한 의존도를 높이고, 결국 새로운 취약성을 노출해 또 다른 위기를 몰고 올 수 있다. 둘째, 석유는 일본의 수입품 중 상당 부분을 차지하고 있었기 때문에 낮은 가격은 막대한 일본의 무역수지 흑자를 더욱 확대할 것으로 보였다. 이는 미국과 서유럽 국가와의 심각한 갈등을 야기할 가능성이 있었다. 일본의 석유 업계와 정부는 대체로 8달러가 '합리적인 가격'이라고 생각했다.

이 새로운 공감대는 미국의 정부, 월스트리트, 은행가, 경제 전망가들에게도 마찬가지였다. 석유 가격의 하락으로 얻을 수 있는 편익(높은 성장률과 낮은 인플레이션)은 그것에 따른 손실(에너지 산업과 남서부의 문제)을 훨씬 능가하는 것이었다. 그러나 새로운 견해에 따르면, 그것은 어떤 정도까지만 진실이었다. 정치인들의 불안과 금융 체계가 겪고 있는 고통과 혼란이 편익을 소멸시키기 시작할 것이다. 일반적으로 공감하는 가격 수준은 15달러에서 18달러 사이, 어딘가에 위치했다. 레이건 행정부는 18달러로 가격을 재정립하려는 노력을 지원하고 있었다. 이 가격은 물가 상승을 억제하고, 경제 성장을 자극하고, 국내 석유산업을 유지해서 관세에 대한 압력을 현저히 줄일 수 있었다. 그 결과 행정부는 '자유 시장' 정책을 고수할 수 있고 어떤 조치도 취할 필요가 없었다. 모든 상황을 고려했을 때, 가장 바람직한 행동은 가만히 있는 것이었다.

그러나 합의를 했다는 것과 행동에 동참하는 것은 별개의 문제였다. 석유 수출국들에는 석유 판매 수입 감소가 고통이 될 것이라 예상했지만, 이런 방향의 노력은 실패하고 있었다. 판매량을 크게 증가시킨 아랍 걸프 만 산유국들은 최소한의 상처를 입었다. 쿠웨이트의 판매 수입은 단 4% 감소했고 사우디아라비아는 11%의 손실을 입었다. 반면 서방 진영의 고객들에게 가장 적대적인 강경론자들이 가장 큰 타격을 입었다. 1986년 상반기 중 이란과 리비아의 석유 판매 수입은 전년 동기에 비해 42% 감소했다 알제리의 손실은 그 수준을 능가했다. 이란은 경제적인 이유 이상의 큰 문제를 안고 있었다. 판매 수입이 급감하는 시기에도 이란은 한층 치열한 국면으로 치닫고 있는 이라크와의 전쟁을 위해 재정 부담을 가중시키고 있었다. 더구나 정유 시설 등에 대한 이라크 공군의 공격으로 수출 능력에 경종이 울렸다. 이란은 어떻게 돈이 없이 아야톨라 호메이니의 성전聖戰을 계속할 수 있겠는가?

어떤 조치가 내려져야 했다. 사우디아라비아는 과거의 쿼터량 수준으로 생산량을 유지하고 있었지만, 이제 곧 생산량을 늘릴 것이라는 의지를 비쳤다. 더 많은 석유가 시장으로 흘러들어오게 된 것이다. 1986년 7월, 페르시아 만 원유 가격은 배럴당 7달러 이하가 되었다. 더 이상은 곤란했다. 사우디아라비아와 쿠웨이트의 지도자들은 '진땀' 나는 상황의 종말을 간절히 바라고 있었다. 그들 역시 판매 수입을 걱정했다. 불안정과 불확실성은 범세계적인 위기를 몰고 올 가능성이 있었다. OPEC의 모든 의사 결정권자들은 최소한 단기적인 시장점유율 확보 전략이 실패했다고 결론지었다. 그러나 애초에 가격을 폭락시킨 곤경에 다시 빠지지 않고 이 궁지에서 벗어날 수 있는 방법이 있을까? 단 하나의 탈출구는 새로운 쿼터제였다. 그러나 누가 주관할지가 문제였다. 일부 산유국들이 사우디아라비아가 생산 조절자 역할을 해야 한다고 주장하자 야마니는 "천만에! 우리 모두 합심해 생산량을 조절하든가 아니면 그만둡시다. 이 점에 대한 나의 입장은 대처 여사만큼 완고합니다"라고 답했다.

7월에는 OPEC 전문가들이 새로운 가격 설정에 대한 이론적 근거를 문서화하고 있었다. 배럴당 17~19달러의 범위는 석유 수요를 확대시키면서 세계 경제 전망을 밝게 할 것으로 보였다. 그들은 "이 가격 수준은 연료 대체를 늦추거나 지연시키는 데 효과적이며, 생산 비용이 높은 원유의 생산을 억제할 것이다"라고 말했다. 이보다 가격이 더 낮아지면 '일본과 미국의 수입 관세'를 포함해 주요 석유 소비국들의 강력한 보호 조치가 유발되어 심각한 위기가 올 것이라 생각한 것이다. 그들은 대다수 미국인보다 아이젠하워의 수입 제한 조치를 더 잘 기억하고 있었다.

그러나 OPEC 회원국들 사이에 새로운 협력 관계를 필요로 하는 쿼터 문제는 해결되지 않았다. 1986년 7월 말과 8월 초에 예정된 제네바 OPEC 회의에서도 무엇인가 만들어질 희망이 보이지 않았다. 특히 이란은 새로운 쿼터제에 반대하는 입장을 표했다. 그런데 이란 석유장관 고람 레자 아가자데가 회의 기간 중 야마니의 사무실을 찾아가 개인적인 면담을 요청했다. 그는 통역을 통해 자신의 의사를 밝혔고, 야마니는 깜짝 놀라 다시 한 번 통역해달라고 요구했다. 역시 같은 말이 되풀이되었다. 이란이 일시적이고 자발적인 쿼터를 기꺼이 받아들이겠다고 말한 것이다. 사실상 이란은 태도를 바꾸었다. 이란의 석유 정책은 외교 정책보다 실용적이었다.

시장점유율 확보 전략은 끝났다. 그러나 쿼터제로의 복귀를 발표함에 있어, OPEC은 그것 자체가 부담이 되어서는 안 된다고 주장했다. 비OPEC 산유국들도 협력해야 한다는 것이다. 이어서 많은 비OPEC 산유국들이 일정한 기여를 하겠다는 동의를 표명했다. 멕시코는 생산량을 줄였고, 노르웨이는 생산량을 줄이지 않는 대신 생산량의 증가율을 낮추었다. 그것은 최소한 의미 있는 것이었다. 소련은 대부분의 논의에서 제외되었다. 1986년 5월 소련의 고위 관리는 소련도 결국에는 OPEC에 협력할 것이라는 생각을 일소에 붙였다. 소련은 제3세계가 아니라는 의미에서, 그 고위 관리는 "우리는 바나나 생산자가 아니다"라고 말했다. 그러나 바나나든 아니든 소련의 관리들은 국제수지를 파악할 수 있었고, 석유와 가스의 판매로 얻는 외화의 손실이 계속된다면 미하일 고르바초프 치하에서 형성되기 시작한, 침체된 소련 경제의 개혁과 활성화를 위한 계획은 파국을 맞을 우려가 있었다. 소련은 OPEC의 노력에 동조해 원유 공급량을 하루 10만 배럴 정도 줄이겠다고 약속했다. 이 약속은 아주 애매모호했고 소련의 수출 물량을 추적하는 것 또한 극히 어려웠다. OPEC 회원국들은 러시아가 약속을 지키는지 확신할 수 없었다. 그러나 눈앞의 혼란 속에서 상징적인 것은 무엇보다 중요했다. '진땀' 나는 상황에서 벗어나기 위한 다음 조치는 쿼터량을 설정하고 가격에 대해 어떤 행동을 취하는 것이었다. 그러나 막간이 있었다.[6]

임기응변

1986년 9월, 하버드 대학은 개교 350주년을 맞아 축하 행사를 벌이고 있었다. 하버드 대학은 수년 전부터 이 행사를 준비해왔고, 행사를 통해 미국인들의 삶에서 하버드가 차지하는 위치와 세계 학계에 대한 공헌을 과시하고자 했다. 이름난 노벨상 수상자의 이름을 거명하는 것부터 특별히 제작된 기념 초콜릿에 이르기까지 350주년을 준비하느라 여념이 없었다. 그들은 행사의 마무리로 세계 50억 인구 중에서 두 사람을 선택해 기념 강연을 하기로 했다. 한 사람은 영국의 찰스 황태자였다. 하버드란 대학 이름은 영국 출신인 존 하버드에서 유래되었다. 매사추세츠로 이민 온 그는 1636년 그 지역에 있는 작은 대학에 장서 300권을 기증했는데, 이를 기념해 대학의 이름을 하버드로 개칭한 것이다. 또 다른 강연자는 하버드 법대에서 1년간 공부했고 지금은 하버드 이슬람 박물관의 재정에 크게 기여하고 있는 사우디아라비아의 석유장관 자키 야마니였다. 하버드 섭외 담당이 특별히 제네바까지 가서 초청 의사를 전했고 야마니는 흔쾌히 수락했다.

쾌활하고 정중한 찰스 황태자는 활기차고 즐거운 연설을 통해 참석자들을 즐겁게 해주었다. 그러나 야마니는 소수점 둘째 자리까지 표기된 숫자들로 가득 찬 실질적이고 심도 있는 강연을 했다. 케네디정치연구소에 있는 아르코 포럼을 가득 메운 청중들에게는 연설에 앞서 자료가 배포되었으므로 연설의 내용을 쉽게 파악할 수 있었다. 그의 강연은 매우 시의적절했다. 모든 경제 지표들을 변화시키고 전 세계를 발칵 뒤집어놓은 1986년의 사건을 조망하고 있었다. 야마니는 가끔 연설문에서 눈을 떼거나 미소를 띠며, 부드럽게 속삭이듯 연설문을 읽어나갔다. 그는 사우디가 1970년대 초에 석유회사들과, 그리고 1970년대 말과 1980년대 초에 OPEC 회원국들과 가격 논쟁을 벌인 일을 상기시켰다. 그는 석유가 '특수한 상품'이며 안정 확보가 중요하다는 인식을 가져달라고 말했다. 또한 가격과 OPEC 생산량의 점진적 증대와 함께 석유 가격을 배럴당 15달러로 설정함으로써 안정이 회복되기를 원했다. 매우 질서정연한 세계가 아닐 수 없었다. 그런데 그는 실제로 그것을 믿었을까?

강연이 끝날 무렵 야마니는 질문을 받았는데, 키가 크고 사려 깊어 보이는 교수가 마지막 질문을 했다. 그는 의회와 대통령, 상원과 하원, 여러 기관들, 그리고 많은 사람들 사이에 논쟁을 야기하는 에너지 정책을 수립하는 것이 미국에서는 매우 어려운 일이라고 설명했다. 그리고 이어서 사우디아라비아에서는 에너지 정책의 논쟁이 어느 정도인지, 그리고 사우디아라비아 내부에서 석유 정책이 어떤 과정으로 입안되는지 설명해줄 수 있느냐고 물었다.

잠시도 머뭇거리지도 않고 야마니는 부드러운 목소리로 "우리는 임기응변으로 대응합니다"라고 대답했다. 실내는 청중의 웃음으로 술렁거렸다. 어떤 정부든 정책 결정은 즉흥성을 띤다는 진실을 담은 대답이었다. 그러나 사반세기 동안 세계 석유 정책을 결정하는 데 중추적 역할을 했던, 자칭 장고파의 신도에게서 나온 대답치고는 꽤 이례적이었다. 당시 참석한 사람들은 몰랐지만 이 말은 야마니의 마지막 공식 발언 중 하나가 되었다.

한 달 후인 10월, 야마니는 OPEC 재건의 다음 단계를 위한 제네바 회의에 참석하고 있었다. 그는 지시받은 대로 역할을 다했다. 그의 왕국은 쿼터량을 보호하고 생산량을 확보하는 것뿐 아니라, 하버드 대학의 강연에서 야마니가 제시한 15달러와는 아주 다른 18달러라는 높은 가격을 얻어내려고 애썼다. 야마니는 높은 가격과 많은 생산량은 양립하기 어렵다는 자신의 의견을 반공개적으로 밝혔다. 이는 왕이 공표한 정책에 명백히 반하는 것처럼 보였다. 그럼에도 불구하고 야마니는 할 수 있는 한 최선을 다했다. 실제로 쿼터 시스템의 재건에 진전이 있었다. 회의가 끝나고 일주일이 지난 어느 날 저녁, 리야드에서 친구들과 저녁 식사를 하던 야마니는 텔레비전 뉴스를 보라는 전화를 받았다. 뉴스의 말미에 아메드 자키 야마니가 석유장관직에서 물러났다는 내용이 논평 없이 간단하게 보도되었다. 그는 자신이 파면된 것을 뉴스를 통해 알았다. 야마니는 어느 국가의 어떤 지위에도 유례가 없었던, 24년간을 석유장관으로 일했다. 사반세기에 달하는 경력에 찍는 종지부로서는 갑작스럽고 곤혹스러운 것이었다.

그의 파면 이유와 그 방식은 사우디아라비아와 세계 도처에서 강력한 논란거리를 만들었다. 예상했던 것처럼 그 이유에는 다소 모순이 있었다. 제네바에서 왕가의 지시를 제대로 따르지 않았고 심지어 그 지시를 비판했다는 것이다. 또한 그가 구상무역에 반대해 강력한 적을 만들었다는 이유였다. 그의 파면은 공개적으로 개입했던 정책의 포기를 반영하고 있었다. 또한 그의 오만하고 선심 쓰는 듯한 태도, 외부 세계에 비친 이미지 때문에 리야드의 반감을 샀다는 이야기도 있었다. 야마니는 파이잘의 사람이었다. 그러나 파이잘은 12년 전에 죽었고, 이제는 파드가 왕으로서 석유 정책을 결정하고 있었다. 1986년 야마니에게는 동조자가 거의 없었고, 많은 각료와 고문은 그가 당국의 방침을 무시하고 있다고 믿었다. 결국 파드 국왕이 야마니를 내치게 된 것이라는 이야기다.

넓은 의미로 볼 때 야마니를 실각시킨 것은 석유 가격의 하락과 그에 이은 폭락이었을 것이다. 물론 하버드에서 행한 연설도 한 가지 요인이 되었다. 연설이 있기 전, 리야드의 일부 관리들은 야마니가 약간의 즉흥 연설을 할 예정이며, 주요 정책에 대해서는 별 언급이 없을 것이라고 생각했다. 그러나 17쪽에 달하는 연설문은 결코 즉흥적이라 생각되지 않았다. 더욱이 연설문에 포함된 정책적인 내용이 사우디아라비아의 공식적인 정책과 정확하게 일치하지 않았다. 그리고 모든 이들을 놀라게 한 '임기응변으로 대응한다'는 답변은 사우디 정부에 대한 신랄한 비판으로 해석되었다. 공직에서 물러난 야마니는 자신의 재산을 관리하면서 런던에 연구소를 설립했다. 또한 스위스의 시계업을 인수했고 타리프에서는 향수 공장을 운영했다. 파트타임으로 하버드 법대에서 강의를 했는데 때때로 국제 석유 문제에 대해서도 언급했다.[7]

15달러에서 18달러 사이

1986년 12월, 제네바에서 회합을 가진 OPEC 회원국들은 마침내 '진땀' 나는 상황에서 해방되었다. 새로운 사우디의 석유장관인 히샴 나지르가 참석한 첫 번째 주요 OPEC 회의였다. 야마니와 마찬가지로, 그도 사우디아라비아의 1세대 기술 관료에 속하는 인물이었다. 야마니보다 두 살 적은 그는 미국 UCLA에서 교육을 받았고, 사우디의 초대 석유장관인 압둘라 타리키의 보좌관을 지냈다. 수년간 기획부 장관을 지낸 그는 석유와 국가 경제의 관계, 그리고 리야드를 괴롭히고 있는 중앙 정부의 세입 문제에 특히 관심이 많았다. 이제는 더 이상 지지받지 못하고 있는 시장점유율 확보 전략에 대해, 그는 관여하지도 않았고 하등의 책임도 없었다.

석유 판매 수입의 회복은 제네바 회의의 중심 의제였다. 석유 수출국들은 몇 개 유종의 복합 가격에 근거해 설정된 '기준 가격' 18달러에 동의했다. 또한 그들은 이 가격을 유지하기 위한 쿼터에 대해서도 의견을 같이했으나, 하나의 구멍이 있었다. 계속되는 전쟁과 이라크의 수출 확대에 비추어, 이라크의 쿼터량을 얼마로 정해야 할지 이란과 이라크 사이에 합의가 되지 않았던 것이다. 따라서 쿼터량은 이라크를 제외한 12개국에만 적용되었다. 1961년과 마찬가지로 다시 한 번 이라크는 일시적으로 OPEC에서 탈퇴하는 꼴이 되었다. OPEC 12개 회원국은 이라크에 대한 '형식적' 쿼터량을 하루 150만 배럴로 정하고, 전체 쿼터량을 하루 1,730만 배럴로 책정했다.

비록 시장으로부터 반복적이면서 때때로 강도 높은 압력이 있었지만, 상당한 조정을 통해 합의된 내용은 1987년부터 89년까지 놀라울 정도로 잘 지켜졌다. OPEC의 가격은 정확하게 18달러는 아니었으나, 대체로 15달러에서 18달러 사이에 머물러 있었다. 가격은 불안정해서 때로는 다시 급락할 듯 보이기도 했으며, 몇 번에 걸쳐 쿼터량 준수가 파기되는 것처럼도 보였다. 그러나 기로에 직면할 때마다 산유국들은 다시 전열을 가다듬었다. OPEC 회원국들은 '진땀'의 고통을 잊지 않았고, 그것은 한 번으로 족하다고 생각했다.

낮은 수준으로 구성된 새로운 석유 가격은 1979년부터 81년의 2차 석유 파동에 따른 가격 상승 문제를 해결했다. 석유 가격 하락이 소비자들에게 준 경제적 편익은 실로 막대했다. 1970년대, 두 차례에 걸친 석유 파동은 석유 소비자들에게 'OPEC세'를 부과했다. 막대한 부가 소비자로부터 생산자에게로 이동한 것이다. 반면 가격 폭락은 'OPEC 감세'에 해당하는 것으로 1986년 한 해에 500억 달러에 달하는 재원을 소비국으로 이전시켰다. 이러한 감세는 4년 전 시작된 선진국들의 경제 성장을 촉진하고 지속시키는 데 기여했고 동시에 물가 수준을 낮춰주었다. 경제적인 의미에서 오랜 위기는 확실히 종식되었다.

이란과 이라크의 변화

그러나 정치적으로나 전략적으로 그곳에는 아직 중대한 위협, 즉 끝날 것 같지 않은 이란-이라크 전쟁이 계속되고 있었다. 이는 지역 내 원유 생산과 공급, 산유국의 안전 보장 자체를 위협할 수 있는 한층 광범위한 충돌로 확대될 가능성이 있었다. 전쟁이 발발한 지 7년이 지난 1987년, 그때까지 교전국 간의 싸움으로 한정되어 있던 전쟁은 다른 아랍 국가와 2개의 초강대국을 끌어들여 국제전으로 변질되었다. 1년 전 이란은 이라크의 최남단, 쿠웨이트와의 국경선이 놓여 있던 파오 반도를 점령했다. 마치 파오를 발판으로 이라크의 도시 바스라를 정복하려고 시도하는 듯했다. 더욱이 이는 제1차 세계대전 후 영국이 창설한 통일 이라크의 분해 혹은 해체를 초래할 수 있는 중요한 사태였다. 그러나 이란군은 파오까지 진격한 후 더 이상 나아갈 수 없었다. 사막의 습지대에서 활기를 되찾은 이라크군에 저지당한 것이다. 그 후 전황은 그들에게 불리하게 바뀌었다. 페르시아 만을 지나는 이란 선박에 대한 이라크의 공중 공격과 미사일 공격이 성공하자, 이란은 제3국 유조선을 공격하기 시작했다. 이란은 이라크를 돕고 있는 쿠웨이트를 겨냥했다. 호메이니의 군대는 쿠웨이트를 오가는 선박을 향해서뿐 아니라 최소한 5기의 미사일을 쿠웨이트를 향해 발사했다.

다른 아랍 국가들처럼, 쿠웨이트는 이란 혁명 정부에 무기 판매를 반대하는 미국의 입장을 진지하게 받아들였다. 그런데 미국이 레바논에 억류된 미국인 인질을 석방하고 테헤란의 '온건주의자'들과 대화 채널을 마련하기 위해, 비밀리에 이란에 무기를 판매했다는 사실을 알고 당혹감을 감추지 못했다. 이는 작은 나라 특유의 불안감을 크게 증폭시켰다. 하지만 이란의 공격에 두려움을 느낀 쿠웨이트는 1986년 11월 미국을 향해 그들의 선박을 보호해달라고 요청했다(쿠웨이트 주재 미국 대사는 1986년 여름에 그러한 요청을 받았다고 말한 바 있다). 그런데 쿠웨이트가 소련에도 추가적인 보호를 요청했다는 사실을 알고 워싱턴은 경악했다. 그 정보가 레이건 행정부의 최고위층까지 알려졌을 때, 한 관리는 "한시도 지체할 수 없었다"라고 말했다. 쿠웨이트가 모스크바에 접근한 사실이 갖는 잠재적 중요성이 심각한 반응을 불러왔다. 소련이 개입하면 페르시아 만에서 소련의 영향력이 증대될 것이 분명했다. 그것은 지난 45년 이상, 그리고 영국이 165년에 걸쳐 막으려고 한 것이었다. 그러나 동서 대립과는 별도로 중동 석유의 흐름을 보호하는 것이 가장 시급했다.

레이건 대통령은 페르시아 만에서 자위의 필요성을 언급했을 뿐 아니라 미국이 석유의 흐름을 보호할 것이라는 입장을 거듭 천명했다. 1987년 3월, 레이건 정부는 '쿠웨이트 선박이 미국 국기를 게양하는 조건으로 미국이 그 임무를 전적으로 맡지 않는다면 아무것도 할 수 없다'라고 쿠웨이트에 통보했다. 소련과 '반분'하는 것은 있을 수 없는 일이었다. 결국 쿠웨이트 유조선 11척이 성조기를 달고 미국 해군의 호위를 받게 되었고, 수개월 후에는 미국 해군 함정이 페르시아 만을 순찰했다. 소련에 남겨진 일은 쿠웨이트에 선박을 빌려주는 것밖에 없었다. 영국과 프랑스 함대가 이탈리아, 벨기에, 네덜란드 등의 함대와 함께 항해의 자유를 확보하는 데 일조하기 위해 페르시아 만으로 모여들었다. 페르시아 만 석유에 절대적으로 의존하던 일본은 헌법에 따라 함대 파견이 금지되어 있었지만, 일본 주재 미군의 경비를 보조하기 위해 공여하던 자금을 증액했고, 호르무즈 해협의 정밀 레이더 시스템에 투자하는 데에도 일조했다. 독일은 미국 함정이 페르시아 만에서 자유롭게 활동하도록 하기 위해, 자국의 해군 함정 일부를 북해에서 지중해로 이동시켰다. 이러한 미국의 진두지휘와 함께, 미국과 이란 간에 군사적 대립이 발생할 가능성이 대두했다.

1988년 봄, 이라크는 화학무기를 사용해 승기를 잡고 있었다. 이란의 전쟁 수행 능력과 전의는 급속히 쇠퇴했고 이란 경제는 비틀거리고 있었다. 패색이 짙어지자 호메이니 체제에 대한 지지도 약해졌다. 열의가 있든 없든, 의용병은 더 이상 나타나지 않았다. 전쟁에 대한 염증이 온 나라를 뒤덮고 있었고 테헤란에는 한 달 동안 미사일 140개가 날아들었다.

당시 건강이 악화된 것으로 알려진 노쇠한 호메이니에 이어 후계자 자리를 노리는 사람 중에는 이란 국회의장이자 육군 부사령관이었던 알리 아크바르 하셰미 라프산자니가 있었다. 그는 피스타치오 재배업을 하는 부유한 집안 출신이며, 국왕 통치 시절인 1970년대 테헤란에서 부동산으로 많은 재산을 모았다. 그 자신은 성직자로서 호메이니의 제자였고, 1962년부터 국왕에 반대하는 입장에 섰다. 그는 미국과의 '무기와 인질을 교환하는 교섭'에 깊숙이 관여했지만 요행히 비판을 피해갔고, 이란의 신권정치에 의한 혼란을 교묘하게 조정해 '쿠세(교활한 상어라는 의미)'라는 별명을 얻었다. 그는 이란이라는 이슬람 공화국에서 호메이니 다음가는 의사 결정권자가 되었다. 그는 이제 전쟁을 종식시킬 때라는 결론을 내렸다. 이란에게는 더 이상 승리의 기회가 없었다. 전쟁의 비용은 엄청났고 명확한 끝도 보이지 않았다. 전쟁 비용으로 인해 아야톨라 체제와 자신의 미래가 위협받을 수 있었다. 더욱이 이란은 외교적, 정치적으로 세계에서 고립되어 있었고, 이라크는 점점 강력해졌다.

당시 페르시아 만에 미 해군이 출동함으로써 사실상 미국과 이란 간에 예측할 수 없는 비극적 대립 관계가 형성되었다. 1988년 7월 초, 이란 군함과 교전을 벌이던 미국의 구축함 빈센트 호는 290명이 탄 이란 여객기를 군용기로 오인하고 격추했다. 엄청난 실수였다. 그러나 이란의 지도자층에게 그것은 실수로 보이지 않았다. 테헤란의 현 체제를 파괴하기 위해 이란과의 직접적인 군사 대응에 필요한 강력한 군사력을 결집하고 있다는 신호로 비친 것이다. 약화된 이란은 더 이상 미국에 저항할 힘이 없었다. 더욱이 이 사건 직후, 외교적 지지를 얻으려는 시도가 실패로 끝나자 이란은 자신들이 정치적으로 고립되어 있음을 절감했다. 이 모든 요인들이 이란으로 하여금 전쟁 수행을 재고하게 하는 데 기여했다.

그러나 라프산자니는 아야톨라 호메이니라는 고집스러운 세력에도 대처해야 했다. 호메이니는 복수만이 평화로 가는 길이라고 생각했다. 그 복수에는 후세인의 목숨도 포함되어 있었다. 호메이니의 주변 인물들도 이란의 현실적 입장을 충분히 이해하고 있었다. 마침내 라프산자니가 설득에 성공했다. 7월 17일, 이란은 휴전을 기꺼이 받아들이겠다는 입장을 국제연합에 통보했다. 호메이니는 "이 결정을 하는 것은 독약을 삼키는 것보다 참기 어려웠다. 나는 신의 의지에 복종하고 신을 만족시키기 위해 독배를 들었다"라고 말했다. 그러나 복수의 야심을 완전히 버린 것은 아니었다. 그는 "언젠가 우리는 신의 뜻대로 알 사우드와 미국에 복수함으로써 우리의 마음속에 있는 고통을 제거하게 될 것이다"라고 말했다. 아야톨라는 그런 날을 보지 못한 채, 그로부터 1년을 넘기지 못하고 사망했다.

이란이 국제연합에 통고한 후에도, 이라크가 휴전을 받아들이기까지는 4주라는 시간과 많은 교섭이 필요했다. 1988년 8월 20일, 마침내 휴전이 성립되었다. 이라크는 즉시 걸프 지역 항구를 통해 상징적인 석유 선적을 시작했다. 지난 8년 동안 상상도 못했던 일이었다. 이란은 아바단에 대규모 정유공장을 재건할 의사를 밝혔다. 아바단의 정유공장은 금세기 초 중동 석유산업의 출발점이었지만, 1980년 전쟁이 발발하던 날 거의 파괴되었다. 한 달 모자라는 8년 동안 지속된 이란-이라크 전쟁은 이라크에 유리했지만 결국 교착상태로 끝을 맺었다. 바그다드의 관점에서는 자신들의 승리였다. 이라크는 걸프 지역에서 지배적인 정치 세력으로 자리 잡았고 세계 주요 석유 국가의 하나가 되려는 꿈을 가질 수 있었다. 그러나 이란-이라크 전쟁의 종결은 훨씬 광범위한 의미를 내포했다. 중동 석유의 자유로운 흐름에 대한 위협이 마침내 제거된 것이다. 페르시아 만에서 총성이 멎음으로써, 15년 전 또 다른 수도인 수에즈 운하에서 벌어졌던 10월전쟁 이래 계속되어온 세계의 석유 위기가 마침내 종언을 고하는 것으로 보였다.

전쟁의 종식만이 새로운 시대를 알리는 것은 아니었다. 소비국과 산유국 간의 관계 변화도 그랬다. 논쟁의 표적이었던 '주권' 문제는 해결되었고 결국 수출국이 석유를 소유하게 되었다. 1980년대를 통해 수출국들의 관심사는 시장으로의 확실한 접근이었다. 소비국이 상상했던 것 이상으로 산유국은 융통성과 폭넓은 선택권을 가지고 있음을 알게 되었으며, 소비자들에게 '수요의 확보'는 '공급의 확보'만큼 중요하다는 사실을 깨닫게 되었다. 수출국 대부분은 자신들이 신뢰할 수 있는 공급자이며, 석유는 안정적 공급이 가능한 연료라는 것을 확신시키고자 노력했다. 주권 문제가 결론 나고, 사회주의의 평판이 나빠지고, 선진국과 개발도상국 간 갈등이 엷어짐에 따라 수출국들은 정치적인 관심보다도 경제적인 관심에 의거해 행동할 수 있었다. 일부 국가는 자본을 끌어들이기 위해, 1970년대에 굳게 닫혀 있던 자국 영토 내 석유 탐사를 민간 석유회사들에게 다시 허용하기 시작했다.

이보다 더 앞서가는 나라도 있었다. 석유산업 역사상 매우 강력한 주제였던 통합의 논리가 다시 강력하게 대두되어, 자원과 시장을 재결합하려는 움직임이 있었다. 한 수출국의 국영회사는 민간 석유회사의 역사를 모방해 판로를 확보하기 위해 하류 부문으로 진출했다. 베네수엘라 석유는 미국과 서유럽에 대규모 정제 및 마케팅 시스템을 구축했다. 한편 쿠웨이트 석유는 서유럽에 정유공장을 건설하고, 유럽에 'Q-8'이라는 브랜드로 운영되는 주유소 수천 개를 가진 일관 조업 석유회사로 변신했다. 쿠웨이트는 거기에서 멈추지 않았다. 1987년 마거릿 대처는 윈스턴 처칠이 1914년에 내린 역사적 결정을 뒤집고, BP의 정부 지분 51%를 매각했다. 그녀의 판단으로는 더 이상 국가적 목적의 수행에 도움이 되지 않는다는 것이었다. 정부로서는 현금을 갖는 편이 훨씬 좋았다. 그러자 쿠웨이트는 1975년까지 걸프 오일과 공동으로 쿠웨이트 석유를 개발하고 소유했던 BP의 지분 22%를 곧바로 사들였다. 이에 격분한 영국 정부는 쿠웨이트의 지분을 10%로 낮추라고 강요했다.

이란-이라크 전쟁의 종말과 함께, 사우디아라비아와 아람코의 파트너였던 텍사코는 새로운 합작 사업을 발표했다. 당시 텍사코의 경영진은 2가지 문제로 골머리를 썩고 있었다. 즉 게티의 인수를 둘러싼 법정 싸움에서 패배해 펜즈 오일에 100억 달러를 지불해야 하는 문제, 그리고 급변하는 세계 석유산업에 대한 장기 전망 능력을 제고하는 문제였다.

사우디아라비아는 안정적으로 접근할 수 있는 시장을 확보하고자 했다. 그들은 새로운 거래 방식 하에서 미국 동남부 33개 주에 퍼져 있는 텍사코의 정유공장과 주유소에 대한 지분 50%를 획득했다. 이제 그들이 원할 때, 하루 60만 배럴의 원유를 미국에 판매할 수 있게 되었다. 가격이 폭락하기 직전인 1985년, 하루 2만 6,000배럴을 판매했던 것에 비하면 실로 엄청난 수준이다. 이러한 '재결합'은 석유산업에 장기적인 안정성을 부여하고, 소비자와 생산자 모두가 겪었던 위기를 관리하고자 하는 노력이었다.

이란-아라크 전쟁이 끝난 지 몇 달이 지난 후, 전직 석유 사업가였던 조지 부시는 레이건에 이어 미국 대통령이 되었다. 서방 민주주의 국가와 소비에트 진영의 국가들을 오랫동안 분리해놓았던 상징적이고 실질적인 장벽의 붕괴가 목전에 다가왔다. 1980년대를 보내고 1990년대를 맞이하면서 전례 없던 범세계적인 평화의 가능성이 나타난 것이다. 이제부터 국가 간의 경쟁은 더 이상 이데올로기가 아니라 경제적인 것, 다시 말해 진정한 국제 시장에서 재화와 용역을 판매하고 자본을 관리하는 싸움이 될 것이라고 예측하는 사람도 있었다. 그렇게 되면 석유는 하나의 에너지로서 선진 공업국뿐 아니라 개발도상국의 경제에도 필수불가결한 상품으로 계속 남게 될 것이 확실했다. 또한 석유는 생산국과 소비국 간의 협상 대상으로, 정치의 가장 중요한 요소로 존재할 것이다.

그런데 1970년대와 1980년대의 혼란 속에서 몇 가지 중요한 교훈이 부각되었다. 소비자들은 자신들의 생활에 없어서는 안 될 필수품인 석유를 언제나 손쉽게 얻을 수 있는 것으로 간주해서는 안 된다는 것을 깨달았다. 또한 생산자들은 시장과 소비자를 당연한 것으로 받아들여서는 안 된다고 생각하게 되었다. 그 결과 정치보다는 경제를 중시하고, 대립보다는 협력을 강조하게 된 것이다. 최소한 외견상으로는 그래 보였다. 시간이 흘러도, 그리고 과거의 드라마 주인공들이 무대를 떠나고 새로운 배우가 등장하더라도 이 중요한 교훈이 망각되지 않을 수 있을까? 어차피 막대한 부와 권력을 획득하려는 모든 유혹은 인류 문명이 시작된 이래 이어져온 고유의 병폐인 셈이다.

1989년 늦은 봄, 뉴욕 시에서 토론회가 벌어졌다. 1970년대와 1980년대, 모든 싸움의 한가운데서 이를 경험했던 주요 석유 수출국 석유장관이 생산국과 소비국의 새로운 현실주의와 양자가 얻은 교훈에 대해 장시간 이야기했다. 그 후 그는 이러한 교훈이 얼마나 오랫동안 남아 있을 것인지에 대해 질문을 받았다.

그는 약간 당황한 듯했지만 잠시 생각한 후에 "다시 상기시키지 않는다면 3년 정도 갈 것입니다"라고 대답했다. 이 발언을 한지 1년이 되지 않아 그는 석유장관직에서 물러났다. 그리고 한 달 후, 그의 나라는 침략당했다.[8]

37

걸프 만의
위기

1990년 여름, 세계는 냉전 시대의 막이 내리고 새로운 평화 시대가 오고 있다는 도취감에 빠져 있었다. 1989년은 분명 특별했다. 세계 질서가 재편된 '기적의 해'였던 것이다. 동서 진영의 대립이 끝나고, 동유럽의 공산주의 체제가 붕괴되었으며, 냉전 시대의 상징인 베를린 장벽도 무너졌다. 소련은 정치적·경제적 변화뿐 아니라, 오랫동안 억눌려 살았던 소수민족들의 민족주의가 폭발함으로써 큰 변혁을 겪었다. 얼마 전까지만 해도 감히 상상할 수 없었던 민주주의 체제가 자리 잡기 시작했다. 독일의 통일은 이제 더 이상 연설이나 토론에 나오는 추상적인 주제가 아니라 현실로 다가왔다. 통일 독일은 유럽의 최강국이 되었고 일본은 세계 제일의 경제 대국이 되었다. 앞으로 각국의 대결은 자본과 시장의 경쟁, 그리고 경제 성장과 같은 분야에서 경쟁 양상을 띠게 될 것이다. 너무나도 분명하게 다가온 이런 변화는 누군가가 말했듯이 냉전 시대의 끝일 뿐 아니라 '역사의 끝'이었다.

석유는 환경 문제를 다루는 사람들에게 중요한 대상이긴 했지만, 다른 상품들과 마찬가지로 별로 중요하게 다루어지지 않았다. 소비자들은 저유가를 향유했다. 실질 가격으로 보면 미국의 자동차 운전자들은 제2차 세계대전 이래 가장 저가의 휘발유를 사용하고 있었다. 장기적으로도 석유 공급에 별문제는 없어 보였다. 전 세계의 확인된 석유 매장량은 1984년 6,700억 배럴에서 1990년에는 1조 배럴로 크게 증가했다. 그러나 이처럼 낙관적 상황 속에서도 방심해서는 안 될 이유가 있었다. 세계 석유 매장량이 크게 늘어나기는 했지만, 대부분이 페르시아 만에 위치한 5대 산유국과 베네수엘라에 집중되어 있었기 때문이다. 또한 석유 재고도 주로 선진국에 집중되어 있으며 1973년의 제1차 석유 위기 때처럼 알래스카, 멕시코, 북해 등지에서의 대규모 증산을 기대하기 힘든 상황이었다. 세계 전체 석유 매장량 중 페르시아 만 지역의 점유율은 점차 늘어나 약 70%에 이르렀다.

경제적 측면에서 보면, 당시의 석유 상황은 1980년대 초보다는 제1차 석유 위기 이전인 1970년대 초와 비슷했다. 세계 석유시장은 매우 절박해지고 있었고 수요는 크게 증가하고 있었다. 미국의 석유 생산량은 1986년 이후 1990년까지 계속 줄어들어 일일 200만 배럴이 감소했는데, 이는 13개 OPEC 산유국 중 10개국의 1989년 생산량보다도 많은 수준이다. 미국은 가장 많은 양의 석유를 수입했고 계속 증가 추세에 있었다. 페르시아 만 지역에 대한 의존도는 과거처럼 다시 높아지고 있었다. 수요와 공급 능력의 차이를 나타내는 '안정 영역'은 점차 좁아지고, 이에 따라 분쟁이나 우발적인 사건이 발생할 가능성도 높아졌다.

유가는 어느 수준까지 오를까? 이 문제는 전 세계적으로 생산 능력이 얼마나 빠르게 증가하느냐에 달려 있었다. 저유가 추이가 계속되고 공급 안정성에 대한 신뢰가 회복됨에 따라 에너지 절약에 대한 열의는 식어가고 있었고, 재생 에너지 등 대체 에너지 개발 노력도 침체되었다. 게다가 에너지와 환경 문제를 해결할 수 없는 많은 나라들은 이런 문제들에 대해 어떠한 대책도 강구하려 하지 않았고 수수방관했다. 많은 사람들은 다시 다가올 것이 뻔한 에너지 위기를 당면한 문제가 아니라 과거의 사실처럼 여기고 있었다. 1990년 봄에 열린 미 상원 청문회에서는 적어도 향후 수년간 에너지 시장에서 심각한 혼란이 발생할 가능성이 매우 낮다는 견해가 제기되었다. 미래학자와 분석가 상당수도 1990년대에 어떠한 석유 위기도 발생할 가능성이 없다고 공언했다.

이라크의 쿠웨이트 침공

1990년 8월 2일 새벽 2시, 환상은 깨졌다. 10만의 이라크군이 쿠웨이트를 침략한 것이다. 이라크 탱크는 큰 저항에 부딪히지 않고 6차선 고속도로를 따라 쿠웨이트로 진격했다. 냉전 종식 후 최초의 위기는 지정학적인 석유 위기로 나타났다.

1980년대 중반에 국제 유가가 하락한 이후, 석유 수출국 대부분은 1970년대에 허물어진 소비국과의 관계 회복을 위해 노력해왔다. 매장량이 대폭 증가함에 따라 산유국들은 고갈성 자원인 석유가 급속도로 바닥날 것이라는 우려를 더 이상 하지 않게 되었다. 대신 산유국들은 자신들이 신뢰할 만한 장기 공급자이며, 석유가 산업 세계에 필요한 주요한 에너지원이란 사실을 부각하려 했다. 석유는 시장을 필요로 했고, 시장은 석유를 필요로 했다. 서로의 이해관계는 안정적이고 건설적이며 대립하지 않는 바탕 위에서 정립되었고, 이러한 관계는 21세기까지도 지속될 것으로 생각되었다.

이라크는 이런 안정적 관계에서 하나의 예외였다. 그들은 주요 고객인 선진 공업국들에 대해 적의를 숨기지 않았다. 1990년 6월, 이라크의 독재자 사담 후세인은 서방 세계에 석유 무기화의 가능성을 경고했다. 그는 자신이 선도자라 자처했지만, 사실 시대착오적이고 시대의 흐름에 역행하는 인물이었다. 그는 민족주의와 1950~1960년대에 일었던 것과 같은 국민적 분노의 감정을 자극하며 자신의 주장을 펴 나갔다. 스탈린이 남긴 공포와 위선이라는 유산으로부터 소련과 동구권이 벗어나려고 시도하고 있을 즈음, 후세인은 자신이 추구하는 모델 중 하나가 이오시프 스탈린이라고 말했다. 그는 자신에 대한 굳건한 개인숭배를 확립했다. 이라크 전역에 후세인의 대형 사진이 걸려 있었고 그의 지배력은 크게 강화되었다. 그는 쿠웨이트를 침공하기 한 달 전쯤에 "어린아이들이 마시는 모든 우유와, 이라크 국민들이 입는 모든 새 옷에 사담 후세인의 모습이 담겨 있는 것을 보게 될 것이다"라고 떠벌렸다.[1]

그는 매우 잔인한 성격으로 평판이 나 있었다. 중동에서는 후세인이 정적들을 숙청하는 회의 모습과, 처형당한 장교들의 시체가 고기 매다는 갈고리에 매달려 전시된 모습을 담은 비디오테이프가 유포되었다. 후세인의 군대는 이란인뿐 아니라 이라크 내 쿠르드족 여인 및 어린아이들에게까지 독가스를 사용했다. 1990년 6월 하순, 서방의 한 방문객이 그의 성격이 무자비하다는 평판에 대해 단도직입적으로 묻자 그는 태연하게 대답했다. "마음이 약하면 지도자가 요구하는 제반 목표들을 달성할 수 없소."[2]

1985년 이래 이라크는 세계 최대의 무기 수입국이 되었다. 이라크는 무기 개발과 구입에 온 힘을 기울였고, 복잡한 국제 무기 판매망을 통해 비밀리에 무기를 구입했다. 1981년 이스라엘이 후세인의 핵무기 제조 시설을 파괴했으나, 후세인은 곧 핵무기 개발을 재개했고 다량의 화학무기를 보유하고 있음을 내외에 과시했다.

이라크는 폐쇄적인 경찰국가였으나 후세인이 목표하는 바는 명확했다. 페르시아 만에서의 주도권을 장악함으로써 아랍 세계를 지배하고, 이라크를 석유 대국으로 만들어 궁극적으로는 세계적인 군사 대국이 되게 하는 것이었다. 그러나 이라크는 재정적으로 큰 어려움을 겪고 있었다. 후세인이 일으킨 이란−이라크 전쟁이 50만 명의 사상자를 낸 채 교착 상태에서 종결되었기 때문이다. 지금도 1,800만 명의 국민 중 100만 명이 군인으로 복무하고 있었다. 후세인은 고유가 정책을 지지했고, 그것도 즉시 시행되기를 바랐다. 이라크는 국민총생산의 30%를 무기 구입에 사용하면서 새롭고 치명적인 무기 확보에 혈안이 되어 있었지만 대외 채무는 결제하지 않았다.

1990년 7월, 이라크는 10만 명의 군대를 쿠웨이트 국경 쪽으로 이동시켰다. 당시 쿠웨이트는 저유가 정책을 고수하고 있었다. 이라크의 군대는 사담 후세인의 도구와 다름없었다. 쿠웨이트나 아랍에미리트 같은 국가에 압력을 가해 OPEC 쿼터를 준수하게 만들고, 그 결과 OPEC 유가를 상승시키기 위한 신경전의 일환이었다. 결국 이라크 군대는 사담 후세인이 '강제 집행자'라는 역할을 수행하는 데 활용되는 도구였던 셈이다. 얼마 후 쿠웨이트는 이러한 이라크의 움직임에 대응해, 석유장관을 경질하고 아랍에미리트와 함께 OPEC 쿼터를 준수하기 시작했다. 1990년 7월 중순, OPEC 회원국 중 쿼터를 준수하지 않는 국가는 이라크뿐이었다.

이라크군은 대형 유전이 포함된 일부 국경 지역과 두 개의 섬을 양도하라고 쿠웨이트를 위협했다. 실제로 이라크는 쿠웨이트를 침공해 전 영토를 점령할 계획을 갖고 있었다. 그것이 바로 기습 공격의 전략적이고 궁극적인 목표였다. 인공위성에 포착된 정보에 의해, 이라크군이 쿠웨이트를 침공할 준비를 갖추고 있음이 백일하에 드러났다. 사담 후세인이 이집트의 무바라크 대통령과 요르단의 후세인 국왕에게 어떤 적대적 행동도 취하지 않겠다고 개인적으로 약속했지만, 정보 분석가들은 이에 아랑곳하지 않고 이라크의 침공 가능성을 경고했다. 이라크의 침공과 함께 쿠웨이트의 왕족들은 국외로 탈출했고 쿠웨이트는 이라크의 손아귀에 들어갔다.

쿠웨이트는 200여 년 동안 주변국과 강대국들을 교묘히 다루면서 국가를 유지해왔다. 이라크군이 국경에 대거 포진해 있을 때에도, 그들은 과거에 해온 방식대로 대응할 수 있을 것이라 생각했다가 졸지에 점령당하게 된 것이다.

또 한 번의 오판

후세인은 자신의 행동을 정당화하기 위해 여러 가지 이유를 제시했다. 그는 쿠웨이트가 당연히 이라크의 영토이며, 서방 제국주의자들이 빼앗아간 것이라 주장했다. 실제로 쿠웨이트의 기원은 미국의 독립선언 20년 전인 1756년으로 거슬러 올라간다. 오늘날의 이라크는 4세기 동안 오스만 터키 제국의 지배를 받던 3개 지방이 합쳐져 1920년에 수립되었는데, 그 전에는 수 세기 동안 다른 여러 제국의 변경으로 존재했다. 영국이 석유 때문에 쿠웨이트와의 국경을 지금과 같이 부당하게 그어놓았다는 것이 이라크인들의 주장이다. 실제로 이라크가 쿠웨이트 영토를 약탈한 1922년의 협정에서 결정된 국경선은 제1차 세계대전 이전인 1913년에 합의한 터키와의 국경선과 똑같았다. 게다가 1922년 무렵에는 쿠웨이트에 석유가 매장되어 있지 않다는 견해가 일반적이었다.

1980년, 사담 후세인은 이란과의 전쟁을 시작하면서 자신의 지위를 위태롭게 할 만큼의 중대한 착오를 범했다. 몇 주 내에 이란을 쓰러뜨릴 수 있다고 생각한 것이다. 그의 판단은 크게 어긋났고 이라크는 패배 직전까지 몰렸다. 그로부터 10년 후인 1990년, 그는 단시간 내에 쿠웨이트를 손에 넣을 수 있을 것이고 세계 각국은 약간의 불만을 표하겠지만 곧 기정사실로 받아들이게 될 것이라 판단했다. 그는 재정적 문제를 신속히 해결하여 자신의 웅대한 군사적·정치적 야망을 실현할 수 있는 자금을 확보하고자 했다. 자신이 아랍 세계의 영웅이 되고, 이라크는 세계 제일의 석유대국이 되며, 서방 세계의 국가들이 자신 앞에 굴복할 것을 꿈꾼 것이다.

그는 다시 한 번 큰 오판을 했다. 바로 제2의 기습을 감행한 것이다. 국제 사회와 아랍 세계 대부분이 전례없이 한목소리로 강력한 반대 입장을 표명했다. 이라크가 쿠웨이트를 침공하고 며칠 후, 조지 부시 대통령은 "쿠웨이트에 대한 침공은 결코 좌시할 수 없다"라고 강경한 입장을 밝혔다. 부시 대통령이 20여 년간 쌓아온 세계 각국 지도자들과의 친분 관계를 이용해, 미국은 이라크를 응징하기 위한 군사 행동과 협력 체제 구축을 주도했다. 제임스 베이커 국무장관이 주도한 이 방법은 사담 후세인이나 그 밖의 사람들이 예상했던 것보다 훨씬 성공적이었고 엄청난 외교적 성과를 거두었다. 이라크는 최근까지 자신의 맹방이었던 소련의 위치나 이해관계가 바뀌고 있다는 사실을 인식하지 못했다. 유엔은 이라크의 공격을 저지하기 위해, 1930년대에 국제연맹이 시도하지 못했던 강력한 경제 제재 조치를 단행했다.

그러나 이라크의 최종 목표는 쿠웨이트가 아니었다. 이라크군의 병력 배치나 보급로를 볼 때, 이라크군은 방어가 허술한 사우디의 유전지대를 공격 목표로 삼은 듯했다. 사우디아라비아가 후세인의 다음 목표가 될지도 모른다는 사실을 우려해, 여러 나라가 서둘러 그 지역으로 군대를 파견했다. 미국이 최대 규모의 병력을 파견했는데, 1950년 트루먼 대통령이 이븐 사우드 국왕에게 보낸 서한에 근거한 것이었다.

이 위기가 1990년대와 21세기에 미치게 될 영향은 엄청날 것으로 보였다. 만약 사담 후세인이 쿠웨이트를 수중에 넣는다면 OPEC 생산량의 20%와 전 세계 석유 매장량의 20%를 직접 통제할 수 있게 되고, 다른 주요 석유 수출국들을 포함한 주변 국가들을 위협하는 위치를 점하게 될 것이다. 페르시아 만의 패권을 장악한 후세인이 이란과의 전쟁을 재개할 가능성도 높았다. 그가 또 다른 행동을 취해 경제적 이득을 확보하게 될지도 모를 일이었다.

공산주의 체제가 붕괴되고 소련이 어려움을 겪게 되면서 세계에는 미국이라는 단 하나의 초강대국이 남게 되었다. 이라크가 쿠웨이트를 합병하면 새로운 초강대국으로 도약할 발판을 마련하게 된다. 쿠웨이트 침공 11년 전에는 페르시아 만의 5대 산유국 중 4개국이 친親서방적이었다. 쿠웨이트가 이라크에 합병된다면 2개국만이 친서방 국가로 남게 된다. 조지 부시 대통령은 자신이 파악한 위험성을 다음과 같이 요약했다. "세계 석유 매장량의 상당 부분이 사담 후세인의 수중에 들어갈 경우, 우리의 일이나 생활양식, 우리의 자유와 우방국들의 자유까지도 곤경에 처할 것이다."3

서방 세계는 부시 행정부의 반응을 설명할 만한 요인을 찾는 데 집중했다. 그러나 큰 사건이 벌어질 때마다 그랬듯이, 명쾌하게 설명할 수 있는 것은 없었다. 냉전 시대 종식 이후의 침략 행위나 지배권 등은 모두의 주요 관심사였다. 미국 내에서도 의견이 분분했다. 어떤 사람들은 제2의 베트남이 되어 미국을 곤경에 빠뜨리게 될지도 모른다고 경고했다. 부시 대통령은 자신이 경험했던 '제2의 베트남'이 되어서는 안 된다고 결론 내렸고, 1930년대 말의 아돌프 히틀러와 제2차 세계대전의 기원에 대해서도 생각했다. 제2차 세계대전으로 인해 약 5,000만 명이 목숨을 잃었다. 만약 1936년 라인란트에서나 1938년 체코슬로바키아에서 히틀러를 막았다면 그러한 무고한 희생을 피할 수 있었을 것이다. 후세인은 뻔한 거짓말을 서슴없이 하면서 국민들을 기만하고 자기 방식대로 통치하는 전체주의자였다. 그는 무력武力에 사로잡혀 있었고 주저함이 없었으며, 야망은 끝이 없는 듯했다. 쿠웨이트 합병에 성공했다면 대大이라크는 핵무기를 보유한 강국으로 등장했을 것이다.

이것이 바로 석유가 정치적·경제적·군사적 힘과 돈으로 바뀌어 위력을 발휘하는 '석유 인자oil factor'로서 갖는 의미다. 사담 후세인은 세계 석유 매장량의 10%를 추가로 확보하는 것이 어떤 의미를 갖는지 잘 알고 있었다. 만약 그가 쿠웨이트를 장악했다면 이라크는 세계 석유시장을 지배하게 되었을 것이고, 다른 산유국들은 1990년 이라크가 쿠웨이트를 침공하기 직전에 그랬던 것처럼 후세인의 지시에 순종해야 했을 것이다. 후세인은 세계 경제에서 강력한 발언권을 갖게 되고 경제적·정치적 지도자로 추앙받게 되었을 것이다. 그는 공격적인 무기 확보에 박차를 가하고, 거대한 무기 시장에 눈독을 들이던 무기 판매업자들은 최신 기술로 만든 첨단 무기를 갖고 그에게 접근했을 것이다. 또한 이미 핵무기를 보유하고 있던 후세인이 이런 구조를 이해하는 데는 그리 오랜 시간이 걸리지 않았을 것이다. 1990년 초의 시점에서 볼 때, 냉전 시대 종식 이후의 세계 질서는 다른 양상을 보였고 일반적으로 예상하고 기대했던 것보다는 평온하지 못했다. 요컨대 석유는 위기의 근원이 되었고, 제1차 세계대전 이래 그래왔듯이 세계적인 힘의 균형에 중요한 요소로 작용했다. 바로 이것이 20세기에 얻은 가장 중요한 교훈 중 하나다.

위기는 또다시

전쟁으로 인한 파괴와 경제 제재 조치로 인해 세계 석유시장에서 400만 배럴의 원유 부족 사태가 발생했는데, 1973년과 1979년 석유 위기 시에 발생했던 부족분과 거의 맞먹는 규모였다. 과거의 석유 위기와 마찬가지로 불안감이 고조되었고 석유회사와 소비국들은 비축 물량을 늘렸다. 석유 가격은 급등했고 세계 금융시장은 폭락했다. 제2차 세계대전 이후 여섯 번째인 새로운 석유 위기가 눈앞에 닥치는 듯했다. OPEC은 이라크의 쿠웨이트 침공으로 최악의 위기를 맞았다. 통치권은 물론 존립마저 위태로운 지경에 처했고, 대부분의 회원국은 쿠웨이트와 이라크의 생산 감소분을 보충하기 위해 생산량을 증대했다. 이는 이라크를 고립시키고 소비국과의 새로운 협력 관계를 다지기 위한 것이기도 했다.

석유 가격의 급등은 공급 감소 때문만이 아니라 분쟁에 대한 불안감이나 두려움 때문에 야기된 것이다. 후세인이 사우디의 석유 공급 시설을 파괴하겠다고 위협하던 1990년 9월 말, 석유의 선물거래 가격은 배럴당 40달러 수준까지 치솟았다. 이는 위기 발생 이전 가격의 두 배가 넘는 것이었다. 고유가로 인해 미국 경제는 더욱 침체되었다. 원유 가격이 상승함에 따라 휘발유 가격도 상승했고 비난의 목소리는 더욱 높아졌다. 그러나 1970년대의 석유 위기와는 달리, 미국은 석유시장을 규제하지 않았고 공급 상의 왜곡도 나타나지 않았다.

세계 석유시장에서는 유가가 크게 올랐고 산유국에 대해 증산을 요구하는 목소리가 높아졌다. 1990년 12월경에는 이라크와 쿠웨이트의 생산 감소분만큼 증산이 이루어져 석유시장은 다시 수급의 균형을 이루게 되었다. 사우디아라비아는 가동하지 않던 유전에서 생산을 재개해 하루 300만 배럴을 증산했는데, 이는 총공급 감소분의 4분의 3에 해당하는 양이었다. 베네수엘라와 아랍에미리트 역시 생산량을 늘렸다. 하루 2만 5,000배럴에서 5만 배럴 정도의 증산이 가능했던 다른 산유국들도 서둘러 증산에 들어갔다.

한편 미국을 비롯한 많은 국가들은 경기 침체로 인해 석유 소비가 감소했다. IEA는 긴급 에너지 안보 계획을 공식적으로 발동하지는 않았지만, 비공식적인 협조체제 유지에 주도적 역할을 했다. 향후 석유시장의 전망과 관련하여 한 가지 중요한 질문이 대두되었다. 1970년대 중반부터 석유를 전략적으로 비축한 미국은 1990년 당시 비축분이 약 6억 배럴에 이르렀다. 만약 큰 석유 위기가 발생한다면, 미국이 과연 이 비축분을 사용할 것인가? 2개월여에 걸쳐 전략 석유 비축의 '근본 목적'에 대해 활발한 논의가 이루어졌다. 이는

'물리적인 부족' 사태 발생 시에만 사용해야 하는가, 아니면 경제에 심각한 영향을 미치는 가격 급등 시에도 사용할 수 있는가? 일부 사람들은 유가가 배럴당 20달러인 경우에 '물리적 부족' 사태가 발생할 수 있으나, 가격이 두 배로 뛰어 40달러에 이르게 되면 사라질 수도 있다는 점을 지적했다. 1990년 11월, 이 문제에 대한 결론이 내려졌다. 분쟁이 발생할 경우에는 이전에 레이건 행정부가 추진했던 대로 '조기 방출' 원칙을 적용하고, 전략 석유 비축분은 1970년대의 석유 위기와 같은 가격 급등을 막기 위해 사용한다는 것이다.

1990년 늦가을 무렵에는 수급이 점차 균형을 이루었고 석유 가격도 하락하기 시작했다. 하지만 겨울이 다가올 때까지도 위기와 관련해 다음과 같은 근본적 의문이 남아 있었다. 만약 군사적인 행동이 이루어진다면 어떤 사태가 발생할 것인가? 당초에는 불합리하게 생각되었던 전쟁 전망이 점차 현실화되는 것처럼 보였다. 여러 가지 외교적 압력과 서방측 인질 처리 문제에도 불구하고, 이라크는 쿠웨이트에서 철수할 기미를 보이지 않았다. 표면적으로 사담 후세인은 엄청난 위험을 감수하는 것처럼 보였으나, 그의 생각은 전혀 달랐다. 그는 상황이 자신에게 유리하게 전개되고 있다고 확신하고 시간을 벌고 있었다. 이라크는 쿠웨이트 합병을 위해 신속하게 움직였고, 잔인하고 위협적인 방법으로 쿠웨이트 주민들을 몰아냈다. 후세인은 자신에게 대항하는 연합세력을 약화시키고 잘 버틸 수 있다고 믿었다. 1956년 수에즈 위기 시에 열아홉 살이었던 후세인은 나세르가 서방 동맹국들을 어떻게 분열시켰는지 기억하고 있었다. 그는 연합국을 분열시킬 기회를 엿보고 있었다. 후세인은 '이스라엘 카드'를 이용해 아랍국들이 연합국에서 이탈하도록 압력을 가했다. 또한 그는 일부 서방국과 은밀히 접촉해 압력을 가하고 소련을 이탈하게 만들 수도 있었다. 미국이 1983년 수백 명의 사망자를 낸 채 레바논에서 서둘러 철수했으며 베트남을 포기했다는 사실을 기억하는 후세인은 미국의 결의에 대해 근본적인 회의를 갖고 있었다.

부시 행정부 역시 시간을 끌면 불리하다는 사실을 인식하고 있었다. 33개 국 연합을 유지하는 데 있어 시간은 불리한 요인이었다. 얼마나 오랫동안 공 동 전선을 펼 수 있을 것인가? 제재 조치는 얼마나 지속될 수 있을까? 이라 크가 쿠웨이트를 수중에 넣는 데는 얼마나 걸릴까? 당시 소련은 정치적으로 아주 불안한 상태였다. 이라크와 오랫동안 군사적으로 밀접한 관계를 유지 해온 소련이 연합국에서 이탈하여 이라크의 편에 서게 될 것인가? 8월 2일 이후 전개된 조치들에 대해 미국 내 여론은 얼마나 오랫동안 지지를 보낼 것 인가?

부시 행정부는 참담하게도 사담 후세인과 같은 결론을 내렸다. 위기가 오 래 지속될수록 후세인의 승리가 확실해질 것이다. 10월 31일과 11월 1일에 걸쳐 미국 정부는 사우디의 방어보다 이라크에 대한 응징을 준비해야 한다고 결정했다. 11월 8일, 부시 대통령은 '연합국의 공격 능력을 확보하기 위해' 페 르시아 만에 군사력을 증강 배치하겠다고 발표했다. 그것은 미군 군사력을 두 배로 늘린다는 것을 의미했다. 그때까지 바그다드에서는 어떤 움직임도 없었 다. 이라크는 이란-이라크 전쟁에서 50만 명의 사상자를 냈다. 후세인의 실 수에서 비롯된 결과였으나 그는 전혀 후회하지 않았다. 이란-이라크전의 승 리를 기리기 위해 '두 개의 칼을 들고 있는 후세인의 손'을 형상화한 거대한 기 념물이 세워졌다. 자신은 더 많은 사상자도 감수할 수 있으나 미국은 절대로 그러지 못할 것이라 생각했다. 후세인은 미국을 깔보았고 미국인이 약하고 무 기력하다고 보았다. 쿠웨이트를 침공하기 8일 전인 7월 말경, 그는 이라크 주 재 미국 대사와의 회담에서 이런 생각을 넌지시 비쳤다. "미국은 한 전쟁에서 만 명의 희생도 감당할 수 없는 나라"라고 조롱하듯 말한 것이다. 그러면서 자 신은 화학무기도 사용할 수 있다고 떠벌렸다. 하지만 결정적으로 후세인은 연합국의 자금력과 부시를 과소평가하고 있었다.

20세기 이전과 마찬가지로 시계는 정확히 움직였다. 11월 29일, 유엔 안전보장이사회는 대對이라크 결의안 제678호를 통과시켰다. 결의안 600호에 의거하여 이라크는 1991년 1월 15일까지의 '유예 기간' 내에 쿠웨이트에서 철수하고, 그러지 않을 경우엔 '필요한 모든 수단'을 취할 수 있다는 것이 그 내용이었다. 연합국의 전직 수상부터 자칭 민주당 대통령 후보, 은퇴한 권투 선수 등 각계각층의 사람들이 사태의 평화적 해결과 인질 석방을 위해 바그다드로 몰려들었다. 후세인은 연합국의 결의를 약화시켜보겠다는 생각으로 12월에 인질 수백 명을 석방했다. 그러나 사태는 그가 기대했던 대로 흘러가지 않았다. 오히려 쿠웨이트에서 이라크군이 행한 잔학한 행위들이 외부 세계에 알려졌다. 기다림은 계속되었다. 전 세계의 신문과 방송사들은 현장에서 전쟁 뉴스를 보도하기 위해 준비에 들어갔고, 전쟁 발발 시 기자와 방송요원들을 어떻게 운용할지 면밀하게 검토했다. 하지만 많은 사람들은 전쟁이 실제로 일어날 것이라 믿지 않았고, 단지 상황에 대처한다고만 생각했다. 후세인이 그런 곤경에서 벗어날 방법을 반드시 모색할 것이라 생각한 것이다.

1991년 1월 9일, 제임스 베이커 미국 국무장관은 제네바에서 이라크 외무장관 타리크 아지즈를 만났다. 6시간 동안의 회담을 끝낸 후, 베이커는 이라크의 입장에는 변화가 없고 '또 다른 비극적인 오산'을 범할 태세를 갖추고 있다고 밝혔다. 베이커는 후세인에게 보내는 부시의 친서를 아지즈에게 전달하려 했으나 그는 접수하기를 거부했다.[4]

토요일인 1월 12일 미국 의회는 3일간의 토론 끝에, 대통령에게 전쟁에 관한 권한을 부여하기로 결정했다. 이 안건은 상원에서는 52 대 47로 간신히, 하원에서는 250 대 183으로 조금 여유 있게 통과되었다. 결의안에 찬성한 사람들 역시 매우 미온적이었고, 제재 조치가 실효를 거둘 수 있게 하자는 주장이 계속 제기되었다. 미국 전역에서 전쟁에 반대하는 항의가 일어났고, 서유럽에서는 대규모 반전 시위가 벌어졌다. 조지 부시는 홀로 고립된 것처럼 보였다. 최종 시한인 1월 15일이 되었다. 이라크는 유엔 안보리의 결의안을 따르기 위한 아무런 움직임도 보이지 않았다. 이라크에 대한 '유예 기간'이 끝난 것이다. 연합국이 권한을 행사할지 말지는 조지 부시에게 달려 있었다. 그는 수주일 내지 한 달여를 더 기다려본 다음 제재 조치를 강화할 수도 있었다. 그러나 1월 16일 성직자 두 명을 접견한 자리에서 부시는 "이라크가 쿠웨이트에서 철수하지 않으면 이라크에 신속한 대규모 공격을 가할 것이라는 사실을 이미 경고했다"라고 밝혔다. 그것은 사실이었다. 페르시아 만 시간으로 1월 17일 새벽, 다국적군 항공기 700대가 이라크에 대규모 공습을 시작했다.

걸프 전쟁의 발발

걸프 위기는 결국 전쟁으로 이어졌다. 누군가가 지적한 대로, 실제로는 8월 2일 이라크가 쿠웨이트를 침공하면서 시작된 것이다. 공중전은 한 달여 동안 지속되었고, 다국적군은 이라크군 지휘부와 통제본부 및 광범위한 군사적·전략적 목표물에 조직적인 공격을 가했다. 미국 공군의 입장에서 볼 때 가장 놀라웠던 것은 다국적군의 항공기와 미사일이 이라크의 방공 체계를 완전히 궤멸시켰다는 것이 아니었다. 너무도 쉽고 신속하게 최소의 희생으로 그 일을 수행했다는 사실이었다.

개전일 밤의 공습 규모와 전과戰果는 곧바로 석유시장에 영향을 주었다. 처음 석유 가격은 예상했던 대로 배럴당 10달러 상승해, 30달러에서 40달러가 되었다. 그러나 몇 시간이 지나자 20달러가 폭락하여 쿠웨이트 침공 이전의 가격도 안 되는 배럴당 20달러가 되었다. 공급 상황은 계속 좋아지고 있었다. 필요할 경우엔 전략 석유 비축분이 사용될 것이라는 데는 의심의 여지가 없었다. 또한 수요도 동절기 성수기를 지나면서 감소 중이었다. 최초의 공습을 통해, 사우디의 석유 공급 체계에 손상을 입힐 수 있는 이라크의 능력이 크게 파괴된 것으로 드러났다. 이에 따라 유가 폭등의 공포는 사라졌고 수급 균형이 이루어지면서 유가는 하락했다. 전쟁 초기에 유가가 하락한다는 것은 2~3개월 전에는 상상도 할 수 없는 일이었다.

이라크는 공습에 대응해, 개량된 소련제 스커드 미사일로 이스라엘과 사우디를 공격했다. 이라크가 이스라엘을 공격한 것은 이스라엘을 이 전쟁에 끌어들임으로써, 아랍권 국가들을 연합국에서 이탈하도록 유도하고 특히 사우디를 궁지에 몰아넣기 위해서였다. 또한 지상전을 펼칠 준비가 되어 있지 않은 다국적군에 대응해 기선을 제압할 수 있다고 판단했을 수도 있다. 그러나 이스라엘은 이런 압박에도 자제력을 잃지 않았다. 이라크의 스커드 미사일 공격은 미사일에 화학무기를 탑재했을 가능성 때문에 상당한 공포를 불러일으켰다. 그러나 그렇지 않다는 것이 판명되었고, 이라크의 미사일 공격에 의한 피해는 제한적이었다. 공중전이 계속되면서 사담 후세인은 '모든 전쟁의 어머니'인 지상전에 돌입하겠다고 선언했다. 그러나 공중전이 시작되고 5주 후에 벌어진 지상전에서도 이라크는 참패했다. 이라크군의 사기는 땅에 떨어졌고 사담 후세인의 영광을 위해 스스로를 희생할 생각은 없었다.

게다가 다국적군은 능란한 기만전술을 펼쳤다. 미군 사령관인 노만 슈바르츠코프 장군은 자신의 침대 옆 책상 위에 롬멜의 책을 놓아두고 있었다. 롬멜은 기동전의 대가일 뿐 아니라 사막 전투의 전문가였다. 그는 북아프리카 전투에서 처음으로 석유의 전략적 중요성을 체득했다. 슈바르츠코프는 롬멜의 전략적 교훈을 받아들여, 의도적으로 이라크 진지에 직접적인 공격을 삼갔다. 그는 사막 전투는 기동전이며 치명적인 전투라고 판단하고 있었다. 슈바르츠코프는 다국적군이 육해공 합동 작전으로 정면 공격을 할 것임을 확신시키기 위해, 합동 군사 훈련을 포함해 광범위한 무력시위를 했다. 동시에 비밀리에 다수의 병력을 사우디 사막 안쪽 깊숙이 이동시켰다. 지상전이 발발했을 때, 서쪽에서 이라크 진지의 배후를 공격하여 이라크군을 차단한 것이다. 지상전은 100시간도 안 되어 끝났고 이라크군은 완전히 퇴각했다.[5]

그러나 이라크군은 이미 쿠웨이트의 석유 시설을 파괴해 석유를 누출했고, 원한과 복수심을 품은 채 쿠웨이트에서 철수했다. 쿠웨이트를 손에 넣지 못한 후세인은 쿠웨이트를 완전히 파괴하려 시도했다. 1944년 파리에 불을 지르고 퇴각하라는 총통의 명령을 거부했던 히틀러의 군대와는 대조적으로, 이라크군은 쿠웨이트에 불을 질렀다. 600개가 넘는 유전이 불길에 휩싸였고, 쿠웨이트는 화염과 암흑과 검은 연기로 뒤덮였다. 이는 엄청난 환경 파괴를 야기했다. 하루에 600만 배럴에 달하는 석유가 타버렸는데, 이는 일본의 하루 석유 수입량보다는 많고 미국의 수입량보다는 약간 적었다.

불길은 1991년 2월 28일 무렵 잡히기 시작했다. 한편 이라크 동남쪽에 있는 시아파 교도들과 북쪽의 쿠르드족이 폭동을 일으켰다. 1920년 이라크가 건국할 때, 그 지역에 석유가 매장되어 있을 가능성이 있다는 이유로 이라크에 합병된 것이다. 폭동이 일어난 두 곳 모두 이라크의 주요 석유 생산 지대였다. 이라크는 무자비하게 폭동을 진압했고, 수백만 명의 피난민이 발생했다. 연합군은 바그다드 바로 앞에서 저지당했다. 연합군은 분개한 군 장교들이 쿠데타를 일으켜 후세인 정권을 즉시 무너뜨릴 것을 기대했으나, 후세인의 장악력과 자신의 안전을 지키려는 안간힘을 과소평가한 것이었다. 완전한 패배에도 불구하고 후세인은 건재했고, 걸프전 이후에도 정권 유지에 집착하고 있었다. 하지만 그는 더 이상의 공격 무기를 갖고 있지 못했다.

그렇다면 걸프전은 이렇게 끝나는 것일까?

'안보'라는 교훈

1973년 첫 번째 석유 위기 이후, 석유회사들은 앞으로 위기가 발생하게 되면 더 이상 자력만으로 문제를 해결할 수 없게 되리란 것을 직감했다. 즉 정부가 나서야 했다. 이후 선진 공업국들은 IEA를 중심으로 에너지 안정 체제를 구축해 발전시켜왔고, 미국의 전략 석유 같은 비축 시스템을 전 세계 주요국에 마련하도록 해 혼란을 방지하는 데 주력했다. IEA는 통합적 대응이 가능한 프레임을 마련함과 동시에, 다양하고 종합적이고 무엇보다 정확한 자료를 제공해 시장 변화를 정확히 예측할 수 있게 해주었다. 같은 기간 동안 선진국들이 국제 에너지 시장을 장악하고 미시적으로 조정할지 모른다는 의구심을 버릴 수 있도록, 선진국 정부들은 개입을 자제했다.

1950년대부터 1991년에 걸쳐 대규모 분쟁을 6차례나 겪으면서, 실제 공급 부족 문제가 예상만큼 심각하지 않았다는 것을 알게 되었다. 이는 석유의 운송 및 공급 체계가 효과적으로 대응했기 때문이라는 사실도 밝혀졌다. 실질적 문제는 공급의 절대 부족이 아니었다. 공급 시스템이 붕괴되고 높은 불확실성 아래에서 시스템이 재구축되면서 석유의 소유권이 혼란해진 것이 문제였다. 1990년과 1991년에 일어난 걸프 위기 시에는, 과거 위기의 경험을 교훈 삼아 1970년대 이래 발전되고 개선되어온 에너지 안보 체계와 정보가 위험을 크게 낮추었다(21세기 들어 에너지 안보의 개념은 4A, 즉 Availability, Accessibility, Affordability, Acceptability와 같은 분류를 적용하는 등 20세기보다 확대된 개념으로 사용되고 있다 — 옮긴이 주).

과거의 교훈으로 위기를 잘 관리하고 있다고는 하지만 중요한 문제들은 여전히 남아 있었다. 1970년대, 석유 위기를 맞은 미국의 정치 체제는 제2차 세계대전 이후 최대의 붕괴 상황에 직면해 거의 마비 상태에 이르렀다. 분노와 중상모략, 책임 전가 등이 난무했고, 이러한 문제들은 다시 정치 체제가 중대한 문제에 합리적으로 대응할 수 없도록 했다. 물론 워터게이트 사건도 일부 영향을 미쳤다. 그러나 걸프전 후에도 분열된 모습이 이어진다는 것은 미국이 미래 에너지 문제와 위기에 재빠르게 대응하기 어려울 것이라 짐작하게 했다.

세 번째 환경운동

여전히 석유에 의해 움직이고, 경제 발전을 석유에 의존하고 있는 탄화수소 사회 내부에서 새로운 도전이 등장했다. 이는 미래 석유산업과 인간의 생활양식에 영향을 미치게 될 큰 충격을 예고했다. 산업화된 세계는 다시 떠오른 환경운동이라는 물결에 직면하고 있었다. 첫 번째 환경운동은 1960년대 말과 1970년대 초에 걸쳐 '깨끗한 공기와 물'을 요구하는 데 초점이 맞춰졌고 미국이 주도했다. 이는 에너지 문제와 중요하게 연결되어 있었다. 석탄에서 중유로의 전환이 급속하게 이루어지게 했고, 세계 석유시장의 급격한 공급 부족을 불러와 1973년의 석유 위기를 일으키는 주요인으로 작용했다. 1970년대에는 안전 문제가 크게 대두되고, 경제가 침체에 빠져 경기 회복에 관심이 집중됨으로써 환경운동의 목소리는 수그러들었다.

두 번째 환경운동의 초점은 더욱 좁혀져서 원자력의 개발을 억제하는 데 중점을 두었다. 이 운동은 선진 공업국 대부분에서 성공을 거두었고, 이에 따라 석유 위기에 대한 대응책들은 결정적으로 방향을 전환하게 되었다.

세 번째 환경운동은 1980년대에 시작되었다. 과거에는 이데올로기적, 인구통계학적, 당파적으로 차이가 존재했지만, 이 운동은 모든 차이를 초월해 폭넓은 지지를 얻었다. 세 번째 운동은 국제적인 현상으로 북미와 유럽 국가를 중심으로 전개되었다. 열대림의 고갈부터 폐기물의 처리에 이르기까지, 모든 환경 파괴에 관심을 가지고 기후 변화로 영역을 넓히고 있다.

이와 같은 새로운 환경운동을 촉발한 결정적 사건은 1986년 4월 소련 우크라이나 공화국 체르노빌 원자력 발전소의 사고였다. 부분적인 핵 용융溶融으로 원자로가 녹아버려 누출된 방사능이 바람을 타고 유럽 대륙에 넓게 퍼졌다. 소련 정부는 처음에 사고 발생 사실을 부인하고, 서방 언론들의 악의에 찬 날조라고 비난했다. 그러나 며칠이 지난 후, 키예프 철도역에서의 폭동, 대규모 피난, 사상자 발생과 사고의 참상에 관한 소문이 모스크바에까지 알려졌다. 국제적인 비난의 목소리도 높아졌다. 하지만 소련 정부는 침묵을 지켰고 끔찍한 참사에 대한 억측이 난무했다.

마침내 사고가 발생하고 2주일 이상이 지난 후, 미하일 고르바초프가 텔레비전에 모습을 드러냈다. 그의 연설은 소련의 지도자답지 않았다. 크렘린 당국이 국민이나 외부 세계에 보도할 때처럼 예리하게 단절된 어조였다. 그의 연설에는 선전도 없었고 부인도 없었다. 대신 중대한 사고가 실제로 발생했다는 것을 엄숙하고 침울하게 인정했고, 이를 수습하기 위해 모든 조치를 강구하고 있다고 밝혔다. 그때서야 소련 국민과 세계인들은 사고 발생 후 최초 며칠 동안 놀라울 정도로 위험한 상황이었음을 알게 되었다.

훗날 소련 지도부의 몇몇 사람들은 이 사고가 소련으로 하여금 개방과 개혁을 추진하게 만든 중요한 정치적 분기점이 되었다고 말했다. 환경 재해의 책임을 서구 자본주의에 돌렸던 서유럽 사람들은 생각을 바꿔야 했다. 동유럽과 소련에서도 환경 문제는 공산주의 반대 운동을 결집하는 포인트가 되었고, 이는 당연한 일이었다. 공산주의 지배가 남긴 중요한 유산 중 하나는 환경 악화와 환경 재해이며, 이들 중 일부는 회복이 불가능하다는 사실이 명백하게 드러났다. 환경 문제는 동유럽 국가들의 새로운 민주 의회에서 최대 쟁점이 되었다.

눈에 보이지는 않지만 치명적 위험에 대한 공포를 불러일으키고, 제어 능력을 잃은 기술의 위험성을 경고한 체르노빌 사고는 환경운동에 일대 전환을 가져왔다. 유럽의 '그린' 운동을 촉발시켰으며, 미국에서는 1990년의 대기정화법Clean Air Act을 제정하는 데 결정적인 기여를 했다. 그러나 이미 더 큰 범위에서, 즉 지구적인 환경운동이 기후 변화와 지구 온난화라는 주제로 부상하고 있었다. 그러나 1990년대는 환경 문제보다 경제 위기의 극복이란 화두와 함께 시작되었다. 바로 걸프전에 의한 위기였다. 인류는 다시 한 번 석유의 영향력에 대해 절감하게 되었다. 에너지 안보는 다시금 중요한 정책 이슈가 되었고 정부 정책의 중요한 위치를 차지했다. 그러나 이제는 단독으로가 아니라 제3의 환경운동 물결과 함께였다. 즉 그 둘이 어울리든 그렇지 않든 간에, 함께 논의되기 시작했다.

석유의 시대가 열리다

1859년 8월, 석유에 미쳐 있던 드레이크 대령이 석유를 발견함으로써 펜실베이니아 서부의 협곡에 울려 퍼졌던 환호성은 석유 러시의 시작을 알리는 신호였다. 그 후 석유는 전시에나 평화시에나 한 국가의 흥망성쇠를 좌우하는 능력을 발휘했고, 20세기의 정치적·경제적 투쟁에서 결정적인 역할을 했다. 그러나 역사를 통해 석유에는 커다란 아이러니가 내포되어 있음이 분명하게 밝혀졌다. 석유가 가진 힘은 가격을 통해 발휘되었다.

석유는 거의 1세기 반에 걸쳐, 인류 문명에서 가장 좋은 측면과 가장 나쁜 측면을 모두 보여주었다. 석유는 은혜가 되기도 했고 무거운 짐이 되기도 했다. 산업사회의 기초가 되는 에너지원 중에서도 석유는 가장 크고 많은 문제를 야기했다. 석유가 가진 중심적 역할, 전략적 특성, 지리적 분포, 반복적으로 일어나는 공급 위기, 그리고 석유를 손에 넣음으로써 얻게 되는 보상에 따른 불가피하고 불가항력적인 유혹 등에서 비롯한 것이다. 석유의 역사는 승리의 파노라마와 비극적이고 값비싼 희생을 치른 오류의 연속으로 점철되어 있다. 그것은 또한 인간성의 고귀한 면과 비열한 면을 모두 보여준 하나의 무대였다. 창조성·헌신·기업가 정신·독창성·기술 혁신이 탐욕·부패·맹목적인 정치적 야심·폭력 등과 함께 존재했다. 석유는 물질세계를 지배할 힘을 부여했다. 석유는 농약이나 연료로 형태를 바꾸어 인류의 의식주를 풍요롭게 해주었다. 또한 세계 정치와 경제 패권을 차지하기 위한 투쟁을 불러일으킴으로써 인류는 많은 피를 흘렸다. 석유를 손에 넣어 부와 권력을 차지하려는 치열한 싸움은 석유가 중심적 위치를 유지하는 한 계속될 것이다. 우리가 살고 있는 21세기 문명의 모든 측면은 석유의 현대적이고 매혹적인 연금술에 의해 변화되어왔다.

우리가 살아가고 있는 지금이 바로 석유의 시대다.

에필로그

여전히 인류의 미래를
결정할 중심축

단 하루도 석유에 관해서, 다시 말해 석유 가격이나 경제에 미치는 영향, 석유의 국제적 관계, 또는 환경 문제의 요인으로 언론이나 인터넷에 다루어지지 않고 지나치는 경우는 찾기 어려울 것이다.

석유와 관련된 질문거리는 정말 많다. 석유는 국제정치와 국가 전략 및 입지를 어떻게 변화시키는가? 석유와 관련된 정치적·경제적 리스크는 무엇이며, 이러한 리스크를 어떻게 관리해야 하는가? 세계는 석유 고갈을 겪게 될 것인가? 아니면 석유 수요에 변화가 올 것인가? 어떻게 10년이라는 기간 안에 석유 가격이 배럴당 10달러까지 하락했다가 다시 147.27달러까지 치솟을 수 있었을까? 그리고 수개월 내에 다시 100달러 이상 하락했다가 다시 올라간다면 석유 가격을 예측한다는 것이 가능할까? 환경과 기후와 관련해서도 수많은 질문거리가 떠오른다. 탄화수소 인간의 미래는 어떤 모습일까?

그러나 찬찬히 핵심을 살펴보면 이러한 질문 어느 것도 새롭지 않다. 이

책 전체에 걸쳐 이런 질문은 같거나 다른 형태로 반복적으로 전개된다. 실제로 오늘날의 이러한 질문이 어디에서 왔는지, 석유가 어떻게 현대의 일상생활부터 국가 활동까지 모든 것을 관통해 결정적 역할을 하는지 이해하지 않고서는 질문의 해답을 찾기가 어렵다. 독자들은 이 책을 읽으면서 바람직한 에너지 정책과 에너지 안보에 관련된 많은 교훈과 통찰을 얻을 수 있을 것이다. 또한 바라건대 에너지에 관한 명징한 사고 체계 확립에도 도움이 될 것이다.

석유를 둘러싼 경쟁과 에너지 안보를 쟁취하려는 발버둥은 결코 끝나지 않을 듯하다. 그럼에도 불구하고 1991년 2월 걸프전에서 신속하고 완벽하게 승리하면서, 석유를 둘러싼 전략적 투쟁은 끝난 것처럼 보인다. 적대적인 권력이 페르시아 만을 지배할 것이라는 위협도 더 이상 통하지 않았다. 지금 뒤돌아보면 그것은 더 큰 변화의 일부였다. 1991년은 이라크에서 펼쳐진 '사막의 폭풍' 작전으로 시작해서, 소비에트연방의 대통령 미하일 고르바초프가 러시아 TV를 통해 12분 분량의 연설을 전달하면서 마무리되었다. 고르바초프의 연설은, 수년 전이라면 거의 불가능하다고 생각했던 내용으로, 바로 소비에트연방의 해체 발표였다. 공산주의 제국은 붕괴되었고, 소비에트연방은 분해되었다. 더불어 냉전은 종식되었다. 40년 동안 지구 전체에 떠돌았던 핵무기 전쟁의 위협은 해제되었고 새로운 평화의 시대가 눈앞에 다가왔다.

소비에트연방은 중요한 석유 수출국이었지만 석유산업은 철의 장막 뒤로 물러나 있었다. 하지만 더 이상은 아니다. 소비에트연방이 붕괴되면서 러시아와 새로운 독립국가들, 특히 카자흐스탄과 아제르바이잔의 석유산업은 국제 산업사회에 동참할 것이다. 수년간의 논쟁을 거쳐야겠지만 결국 바쿠―트빌리시―세이한 파이프라인은 카스피 해의 역사적 도시 바쿠를 지중해의 터키 항구까지 연결할 것이다. 실로 노벨, 로스차일드, 새뮤얼 등의 가문이 19세기 후반에 개척한 항로의 21세기 버전이라 할 수 있다. 이 파이프라인은 러시아 파이프라인을 통과한 원유를 배로 실어 나르는 운송 체계를 대체할 것이며, 소비에트연방에서 분리된 신흥 독립국가들 간의 관계를 정비하는 데도 도움이 될 것이다. 2008년 러시아-조지아 분쟁이 발발했을 때, 국경을 가로지르는 장거리 파이프라인을 둘러싼 안보 문제에 관심이 고조되었다. 하지만 이러한 문제들은 앞으로 수년이 지난 후에도 여전할 것이다.

석유 수입국과 수출국의 희비

1990년대 초, 걸프전의 결과와 소비에트연방의 붕괴로 국제사회에 변화의 바람이 불었다. 일단의 사람들은 새로운 세계 질서에 대해 낙관적인 평을 내놓았다. 국제사회의 초점이 안보에서, '국제화'라고 알려진 경제와 성장의 이슈로 넘어갔다. 그 후 수년간 국제화는 한층 개방되고 상호 연결된 형태의 세계 경제로 이어졌다. 또한 과거에는 영원히 가난에서 벗어나지 못할 것 같은 나라들의 소득 증대로 이어져 국제무역의 규모가 확대되었다.

1990년대를 통해 석유는 대형 전략적 이슈로서의 의미가 약화되었다. 공급은 넘쳐났고, 가격은 떨어졌다. '동아시아의 경제 기적'으로 관심이 집중되었고, 세계 경제에서 중국의 역할이 서서히 부상했다.[1] 그러나 1997~1998년, 통화의 흐름과 부동산 투기로 확대된 아시아 경제는 과열로 이어지더니 태국에서 발화한 경제 위기로 폭발했다. 결국 중국과 인도를 제외한 아시아 국가 대부분에 치명적인 결과를 전염시켰다. 금융 공황, 파산, 채무 불이행, 깊은 경제 침체가 만연했고, 러시아와 브라질 등 신흥국들도 화염에 휩싸였다.

국내총생산GDP의 붕괴는 석유 수요의 급락으로 이어졌다. 석유 공급은 증가하고 있었기에 석유 저장 탱크는 석유를 추가로 더 보관할 곳이 없을 때까지 가득 채워졌다. 1986년처럼 다시 한 번 석유 가격은 배럴당 10달러를 향해 추락했고 일부는 더 낮은 가격으로 곤두박질쳤다. 석유 수출국들은 1986년과 같은 혼란 상태에 다시 한 번 내던져졌다. 석유 가격의 붕괴는 독립국이 된 지 겨우 7년째 되는 러시아를 채무 불이행과 파산 상태로 이끌었다. 또한 외국과의 관계에서 고통스러운 재평가 과정을 거치도록 몰아갔다.

한편 석유를 수입하는 선진국과 개발도상국들에는 석유 가격의 하락이 거대한 세금 절감처럼 작용해, 경제 성장에 기름을 붓는 촉진제가 되었다. 저유가는 인플레이션을 막아주고 성장을 더 빠르게 촉진했다. 미국에서는 인플레이션을 감안하더라도 자동차용 휘발유 가격이 과거 어느 때보다도 최저가로 하락했다. 이런 현상은 새로운 밀월 관계를 형성했는데, 바로 연비가 낮은 SUV나 소형 트럭에 대한 국민들의 열정이 폭발한 것이다. 얼마 지나지 않아 미국에서는 이런 차량이 전체 차량 판매의 절반을 차지했다.

구조조정

석유 가격이 낮게 유지되면 석유산업은 구조 변화의 압력을 받게 된다. 매출이 서서히 줄어들면서 기업 경영진은 생존 전략을 찾아 고군분투했다. 신규 사업을 위한 예산이 즉시 삭감되었고, 프로젝트는 모두 연기되거나 취소되었다. 물론 살아남을 방법은 있었다. 기업의 몸집을 더 키우고 더 큰 규모의 사업을 만드는 방식으로 말이다. 이른바 규모의 경제를 활용하는 것인데, 비용을 줄이고 효율을 높이는 것을 목적으로 한 것이다. 이러한 환경에서 기업 규모를 키우려는 요구는 더욱 긴박해졌다. 목전에 놓인 크고 복잡한 석유와 가스 프로젝트를 수행하려면 훨씬 큰 금융 자원이 있어야 했기 때문이다. 1990년대에 진행된 메가 프로젝트 대부분은 해상에서 이루어졌는데, 수억 달러에서 최대 10억 달러가 소요되었다. 그러나 21세기에 들어오면서 '메가' 프로젝트라는 용어를 새롭게 정의할 필요가 생겼다. 21세기에 추진되는 신규 프로젝트 규모가 50억 달러에서 100억 달러 규모로 커졌기 때문이다.

이 모든 상황이 구조조정이라는 것을 진행하도록 유도했다. 이는 개별 기업뿐 아니라 석유산업 전체가 구조를 재정비해야 한다는 의미였다. 이탈리아의 엔리코 마테이 같은 재벌들은 세븐 시스터즈(이미 사라진 걸프는 제외)라는 별명이 붙은 초대형 석유회사들을 다시 만들어야 한다고 주장했다. 석유 대기업들은 차례차례 슈퍼 대기업으로 합병되었다. BP가 아모코와 합병되어 BP 아모코가 탄생했고, 다시 아르코와 합병하여 더 큰 BP British Petroleum가 출현했다. 한때 뉴저지의 스탠더드오일과 뉴욕의 스탠더드오일이었던 엑슨과 모빌은 엑슨모빌ExxonMobil이 되었다. 쉐브론과 텍사코는 합쳐져 쉐브론Chevron이 되었다. 코노코는 필립스와 합병해 코노코필립스ConocoPhillips가 되었다. 유럽에서는 한때 프랑스를 대표하는 두 회사였던 토탈과 엘프아키텐이 벨기에 회사 페트로피나와 합병해 토탈Total로 재탄생했다. 로열더치 쉘Royal Dutch Shell은 그 자체가 슈퍼 대기업 상태였으므로 그대로 남았고, 자체 합병으로 몸집을 키워나갔다. 1907년 헨리 디터딩과 마커스 새뮤얼의 협상으로 통합에 성공했던 로열더치 쉘은 사실 헤이그의 로열더치와 런던의 쉘이라는 두 지주회사로 분리 운영되어왔는데, 이제 복잡한 체제를 벗어나 하나로 통합된 것이다. 이로 인해 로열더치 쉘은 운영 효율성을 높이고, 의사결정 속도를 높일 수 있게 되었다. 이런 합병들을 통해 세계 석유산업의 풍경이 달라졌다.

1990년대 후반, 대중과 정책 결정자들의 마음속에서 석유의 존재가 희미해져갔다. 에너지 안보에 대한 우려도 사라졌다. 사람들은 앞으로 다가올 수십 년 동안 사용할 양이 준비되어 있다고 생각했다. 사실 대중이 더 열광할 만한 '새롭고 새로운' 것들이 많았다. 말하자면 인터넷의 등장이다. 인터넷은 새로운 경제 체제와 커뮤니케이션 혁명을 가져다주었다. 세상은 하루 24시간 언제 어디서나 연결될 수 있고, 물리적 거리는 사라졌다. 차츰 정보 기술, 스타트업, 실리콘밸리, 사이버 스페이스 등이 석유산업의 자리를 차지했다. 석유산업은 낡은 경제의 일부로 비쳤고 관련 산업도 퇴보하는 듯했다. 소수의 젊은이들만이 석유산업에서 일자리를 찾는 데 관심을 가졌고, 구할 수 있는 직업의 수도 줄어들었다.

석유의 귀환

하지만 21세기 들어서자마자 일어난 3가지 대형 사건이 다시금 세상을 바꾸었다.

첫 번째는 2001년 9월 11일에 일어났다. 납치당한 비행기 두 대가 세계무역센터에 충돌했고, 세 번째 비행기는 펜타곤을 향했고, 네 번째 비행기는 펜실베이니아 공중에서 멈추었지만 미국 국회의사당을 공격할 계획이었다. 1941년 12월 7일 진주만의 치욕 이후 처음으로 미국의 본토가 공격받았고 많은 생명을 잃었다. 적은 알 카에다였다.

국제 관계는 변했다. 2001년 가을, 뉴욕과 워싱턴에서 일어난 9월 11일 공격에 대응해 미국과 동맹국들은 '테러와의 전쟁'으로 알려진 반격을 선포했다. 동맹국들은 알 카에다의 거점인 아프가니스탄에 반격을 가했다. 그들은 신속하게 탈레반 정권인 알 카에다 무리를 몰아내고, 당시에는 완벽한 승리로 여겨졌던 성과를 만들어냈다.

관심은 이라크로 돌아왔다. 걸프전에서의 승리 또한 신속했지만 완전히 끝내지는 못했다. 수렁에 빠질 수 있다는 두려움과 점령에 따른 리스크 때문에, 1991년 미국이 이끄는 동맹군은 바그다드에서 끝까지 밀어붙이지 못했다. 경제 제재와 고립, 감시, 쿠르디스탄을 통과하는 북쪽과 시아 남쪽 대부분의 항로가 막히는 어려움을 겪기는 했지만, 사담 후세인은 다시 권력을 회복했다. 그러나 9.11 테러 이후, 이라크전 지지자들은 후세인이 알 카에다와 연결되어 있고, 여전히 은밀하게 대량 살상 무기를 구하고 있다고 주장했다.

조지 W. 부시 대통령은 자신의 아버지 때부터 행정부에서 일해온 최고 조언가들의 말을 귀담아들었다. 물론 다른 조언가들이 건네는 강력한 권고는 무시하면서 이 전쟁을 시작하기로 결정했다. 2002년 8월, 아버지 부시의 국가안보 조언자 브렌트 스카우크로프트는 이렇게 경고했다. "이 시기에 이라크를 공격하는 것은 우리가 진행해온 국제 대테러 군사작전을 위태롭게 하거나 파괴할 수 있다." 이어서 그는 "식은 죽 먹기처럼 쉽게 되지는 않을 것이다. …… 우리가 이라크에서 전략적 목적을 달성하려고 한다면, 대규모 군사작전과 장기적인 군사적 점령으로 이어지게 될 것이다"라고 말했다.[2] 그러나 전쟁을 향한 모멘텀은 예상했던 것보다 강력했다.

2003년 3월 20일, 1991년에 걸프전이 종료된 지 12년 하고도 21일 만에 이라크전이 시작되었다. 후에 역사가들은 이를 제2차 걸프전이라고 불렀다. '자발적 동맹'이었던 연합군은 참가국 수로 따지면 훨씬 적었다. 영국은 가장 중요한 파트너였다. 미국의 나머지 주요 연합국들, 구체적으로 프랑스와 독일은 전쟁에 반대해 참여하지 않았다. 프랑스와 독일은 미국 정부가 지나치게 낙관적이며, 전쟁 후 도사리고 있는 위험과 난관을 간과하고 있다고 생각했다.

전쟁 지지자들의 확고한 가정은, 이 전쟁이 '전광석화와 같은 승리'로 신속하게 마무리될 것이라는 점이었다.[3] 실제로 전쟁은 계획했던 것만큼 빠르게 시작되었다. 2003년 4월 9일에 이미 이라크 민간인들과 미국 해군은 합심해, 바그다드 중앙에 서 있던 거대한 사담 후세인의 동상을 무너뜨렸다. 그러나 그 이후에는 계획했던 대로 진행되지 않았다. 사담 후세인은 사라졌고 대량 살상 무기는 발견되지 않았다. 수니파와 시아파 사이에서 내전이 진행되었고, 이라크 전역에서 반란이 일어났다. 이라크전이 시작되고 5년이 지났지만, 미군은 여전히 이라크에 남아 있었다. 이라크 정치인들은 중앙정부와 지방정부 중 어느 쪽이 석유를 담당할지를 두고 여전히 논쟁 중이었다. 이라크의 석유산업은 기술과 기능, 안전이 모두 부족한 상황에서 종전과 같은 생산량을 되찾으려고 계속 고군분투하고 있었다.

폭력이 이라크를 지배하는 동안, 페르시안 만과 중동 곳곳에서 놀라운 변화가 일어나고 있었다. 믿을 수 없는 변화 중 하나는, 리비아가 2003년 12월 핵무기 보유 포기를 선언하고 국제사회에 다시 편입된 것이다. 석유와 천연가스로 벌어들이는 수익을 차곡차곡 쌓아두고 있던 아부다비, 카타르, 두바이 등의 아랍에미리트연합은 21세기 국제 경제의 새로운 중심이자 주역으로 등장했다. 2007년과 2008년에 격동의 은행 신용 위기가 미국과 유럽을 휩쓸었을 때, 일부 에미리트 국가들은 서구의 금융기구들을 구제하는 데 앞장섰다.

그러나 부시 정부의 목표였던 민주주의 확립은 오래가지 못했다. 실제로 이라크전의 승자는, 이슬람 개혁으로 1978년 두 번째 오일 쇼크를 촉발하고 이제 걸프 지역의 실세는 자신이라고 여기는 이란이 될 수도 있다는 사실이 보편적으로 받아들여지고 있었다. 걸프 만은 이란의 샤shah가, 그다음으로는 사담 후세인이 권력을 장악하려 했던 곳이다. 하지만 그런 혼란 속에서 사우디아라비아나 다른 걸프 만 국가들이 어떤 의도를 가지기는 어렵다는 것은 확실했다.

이 시대에 나타난 두 번째 주요 특징은 세계화다.[4] 1990년과 2009년 사이에 세계 경제 규모는 거의 세 배나 성장했다. 2009년까지 전 세계 국민총생산의 상당 부분은 북미, 유럽, 일본이라는 전통적인 집단보다는 개발도상국에서 발생하고 있었다.

신경제와 인터넷에도 불구하고, 세계화는 석유를 다시 중요하게 만들었다. 2003년에서 2007년 사이의 기간은 매우 의미 깊은데, 한 세대에서 최대의 경제 성장이 목격되었다는 점에서 그렇다. 중국, 인도, 중동 및 기타 신흥국의 높은 경제 성장과 괄목할 만한 소득 증가는 산업에 동력을 제공하고, 전기를 생산하고, 자동차와 트럭 등 급격하게 증가하는 운송수단에 연료를 공급하는 데 필요한 석유 수요가 크게 늘어난다는 것을 의미했다.

이러한 급격한 석유 수요의 증가는 소비국들뿐 아니라 세계 석유산업 자체에도 놀라움을 선사했는데, 이것이 이 시대의 세 번째 특징이다. 앞서 수십 년간 석유 수요가 더디게 증가하자 석유산업은 새로운 석유와 가스 공급 시설에 대한 투자 수준을 상대적으로 낮추었다. 1990년대 후반과 21세기 초반 수년 동안, 월스트리트는 석유산업에 대해 '제어되어야' 하고, 투자에는 매우 조심스럽거나 자제해야 한다고 평가했다. 또한 주가는 더 낮아질 것이라 전망했다. 그런데 갑자기 석유산업은 늘어난 추가 수요에 맞추어 새로운 생산 시설에 투자할 필요가 발생한 것이다. 문제는 투자의 결과가 하루아침에, 혹은 심지어 몇 년이 걸려도 나오지 않는다는 데 있었다. 수요와 공급 가능 물량의 차이는 급속히 줄어들었고, 지정학적 요인들이 공급량 증대 노력을 제한했다. 2002년 말과 2003년 초, 베네수엘라에서는 노동쟁의와 정치적 갈등으로 석유 생산이 일시적으로 중단되었다. 이 사건으로 국제 석유 가격은 상승의 첫 계단을 밟게 되었다. 2003년 초에는 세계 석유의 주요 공급국인 나이지리아에서 문제가 발생했다. 군대와 범죄자, 폭력배들의 공격으로 석유 생산이 방해받아 생산을 40%까지 줄이게 된 것이다. 차베스 대통령이 석유산업을 정치적으로 엄격하게 통솔한 베네수엘라와, 국내 정치가 투자를 제한했던 멕시코 양국에서 그 후 몇 해 동안 석유 생산 능력이 감소했다.

러시아의 석유 생산은 소비에트연방이 붕괴된 이후인 1990년대에 크게 축소되었다. 하지만 1990년대 후반에 회복세를 보이기 시작하더니 2005년까지 50% 이상 성장했다. 당시 러시아는 세계 최대 석유 생산국으로 사우디아라비아를 앞섰다. 그러나 지난 수년간 성장률이 느려지더니 결국 멈추고 말았다.

새로운 오일 쇼크

수요의 급격한 증가와 상대적으로 느린 공급 대응, 그리고 얼마 남지 않은 여유, 이러한 요소가 합쳐지면 가격은 상승하기 마련이다. 그런데 이런 조건들은 이란 때문에 더 부풀려졌다. 지난 40년 동안 주기적으로 석유시장에 영향력을 행사해왔듯이 말이다. 이란은 핵무기로 쉽게 변환할 수 있는 연료 농축 기술을 포함해 공격적인 핵 개발 프로그램을 재준비하는 작업에 돌입했다. 이 프로그램의 시작을 알리면서, 이란은 단지 민간 원자력을 개발하려는 것뿐이라고 주장했다.

유럽연합과 미국은 이란이 세계 제2의 천연가스 보유국임을 알고 있었다. 이들은 이란의 진짜 목적이 핵무기 보유라는 점을 믿어 의심치 않았다. 이란 대통령이 반복적으로 "성스럽지 못한 얼룩을 이슬람 세계에서 축출해야 한다"라고 위협하고 이스라엘을 "지도상에서 없애버려야 한다"고 선언한 것으로 보아, 이란의 핵 무장은 이스라엘에 깊은 우려를 안겨주었다.[5] 유럽연합 국가들은 이란의 야망이 중동에서 핵 경주의 방아쇠를 당길 것이며, 핵 확산에 중대한 위험이 될 것으로 생각했다. 이런 상황에서 '이란 프리미엄'은 석유 가격을 상승시키는 추가 요인이 되었다. 즉 이란의 핵 프로그램에 의한 교착 상태와 대립이 호르무즈 해협을 통과하는 석유의 흐름을 위협하고 갈등을 조장할지도 모른다는 우려가 가격을 올린 것이다.

여기에 두 가지 추가 요인이 더해지면서 석유 가격을 전례 없는 수준으로 몰아갔다. 하나는 새로운 석유와 가스 유전을 개발하는 비용이 급증했다는 점이다. 2004년에서 2008년 사이에 개발비는 거의 두 배가 되었다. 기술자, 장비, 공학 능력의 부족 현상과 함께 해상 석유 굴착용 플랫폼 등 개발 장비를 만드는 데 필요한 철강 등 원자재 가격의 급등이 맞물려 나타났기 때문이다.[6]

또 다른 추가 요인은 석유와 기타 원자재의 거래에 금융 투자자들의 개입이 늘어났다는 점이다. 석유는 더 높은 수익을 찾고 있는 투자자들에게, 부실 문제가 심각해진 부동산을 대신할 자산으로 인기가 높아지기 시작했다. 동시에 전통적인 원자재 투자자는 물론 투기자본 및 무역 중개인들도 석유에 많은 돈을 걸기 시작했다. 석유 가격에 미치는 투자자의 역할과 투기꾼들의 영향력에 대해 학자들이 논하기 시작하면서, 석유시장 내 금융 투자자들의 복잡한 역할은 대단한 논쟁거리가 되었다. 게다가 유로화나 엔화 대비 미국 달러의 약세가 지속되면서, 미국 달러로 표시되는 석유 및 원자재 가격은 더욱 많이 올랐다. 투자자들이 미국 달러의 하락에 대비하고자 했기 때문이다.[7] 미국 달러의 강세는 석유 가격을 역전시키는 역할을 할 것이다.

2003년 이후로 석유 가격이 지속적으로 오르면서 가격 상승에 대한 기대감도 중요한 요소가 되었다. 특히 금융시장에서 중국과 인도의 수요가 치솟을 것이고, 향후 몇 년 동안은 석유 부족이 불가피할 것이라는 기대가 있었다. 수요와 공급, 지정학, 비용, 금융시장과 기대감, 이러한 모든 요소가 총체적으로 나타나 이라크전 초기에 배럴당 30달러였던 석유 가격이 100달러와 120달러를 넘더니, 급기야 130달러를 넘어 145달러까지 넘어섰다. 이 시점에서 기대감은 오히려 가격에 거품을 만들어내게 되었다. 가격이 오를수록 수요가 불가피하게 줄어들게 된다는 기본적인 진실을 망각한 것이다.

1970년대의 오일 쇼크는 특정 사건, 즉 1973년의 제4차 중동전쟁과 아랍의 석유 금수조치, 1978년과 1979년 이란에서 일어난 이슬람혁명으로부터 촉발되었다. 하지만 이번 오일 쇼크는 달랐다. 극적인 사건이 단 하나도 없었다.

가격의 비정상적인 상승 자체가 또 다른 오일 쇼크를 구성한다는 점에는 의문의 여지가 없었다.

미국에서는 오일 쇼크의 여파가, 부동산 융자 부문과 은행에서 시작된 신용 위기를 더욱 악화시켰다. 세계 곳곳에서 더 많은 위기가 감지되었다. 어떻게 해야 가격이 내려갈 수 있을까? 높은 가격, 대공황 이후 최대 수준인 금융 위기, 세계적 경제 하락 등의 요인으로 석유 수요가 줄어들어야 했다.

석유 가격은 5년 이상 상승하면서 국제 경제에 유의미한 변화가 생겼고, 소득의 흐름에도 극적인 전환을 불러왔다. 석유 수입국으로부터 수출국으로 수십조 달러가 흘러들어갔다. 인류 역사상 최대 규모의 소득 이전이었다. 석유 수출국의 국부펀드 저축 계좌에는 석유로 얻은 부가 쌓였다. 앞에서 언급했듯이, 이들에겐 미국과 유럽 은행을 구제해줄 수 있는 능력과 세계 경제와 금융을 좌지우지할 수 있는 권력이 부여되었다.

경제 권력의 변화는 정치적 결과로도 나타났다. 이 책은 석유에서 만들어진 돈과 권력을 두고, 소비자와 생산자가 벌이는 지속적 투쟁을 주요 테마로 다루고 있다. 투쟁의 균형점은 항상 변화한다. 유가가 높은 시기에는 자원 민족주의라 불리는 현상이 표면화된다. 이는 과거 다양한 형태로 나타난 바 있다.

석유로 얻은 부를 토대로, 베네수엘라의 차베스 대통령은 라틴 아메리카에 영향력을 확대하고 '21세기를 위한 사회주의'라는 자신의 소신을 세계무대에 펼칠 수 있었다. 1998년 러시아는 사실상 빈사 상태였는데, 그로부터 10년 후 거의 8,000억 달러 수준으로 증가한 외화 보유고와 국부펀드 저축액을 바탕으로 세계 곳곳에 권력과 영향력을 행사하는 강국이 되었다. 석유 수출국으로서, 유럽에 천연가스를 수출하는 주요 국가로서 러시아의 위치와 7년간의 높은 경제 성장은 러시아를 새롭게 정상의 위치에 올려놓았다. 다른 국가들은 정부가 새로운 유전 개발에 빨리 대응하지 못해 그 기회를 놓치고 말았다.

국영 석유기업

1990년대 말 슈퍼 대기업의 출현으로 대표되는 세계 석유산업의 구조조정은 시작에 불과했던 것으로 판명되었다. 노르웨이의 스타토일과 노르스크 하이드로의 합병으로, 비록 정부가 일정 부분을 소유하고 있긴 하지만 스타토일휘드로StatoilHydro라는 슈퍼 대기업이 새롭게 탄생했다. 그러나 기업과 정부의 균형은 극적으로 변화했다. 슈퍼 대기업이 생산하는 석유를 다 합해도 세계 석유 총공급량의 15%보다 적다. 세계 석유 보유량의 80% 이상을 정부와 국영 석유회사가 통제하고 있다. 세계 상위 20개 석유회사 중 16개가 국가 소유다.[8] 따라서 석유를 둘러싸고 발생할 수 있는 일의 대부분은 정부의 결정에 따른 결과이며, 정부 소유의 국영 석유회사는 세계 석유산업에서 중요한 역할을 한다고 생각되어왔다.

이 책에서 언급된 기업들이 세계 석유산업의 주역이 되면서 이런 상황은 더욱 복잡해졌다. 주역이 되는 기업 중 일부는 이미 이 책에 등장했고 일부는 처음 등장한다. 아람코의 후계자인 사우디 아람코Saudiaramco는 이제 국영기업이며 현재 세계 최대의 석유회사로 남아 있다. 이 기업은 거대한 기술과 조정 능력으로 세계 석유 총생산량의 10% 혹은 그 이상을 단독으로 생산하고 있다. 페르시아 만의 주요 생산국은 베네수엘라, 멕시코, 알제리 및 기타 많은 국가처럼 자국의 생산량 대부분을 통제한다. 중국의 석유 기업들은 정부와 국제적 투자자들이 공동으로 소유한 형태인데, 대부분의 석유를 중국 내에서 생산하지만 세계무대로도 점점 더 활발하게 진출하고 있다. 인도 기업들도 마찬가지다. 러시아의 석유산업은 국영기업인 가즈프롬과 로스네프트, 사기업인 루크오일과 TNK-BP 등이 이끌고 있다.

브라질의 국영 에너지 기업인 페트로브라스Petrobras는 주식의 32%를 정부가, 68%를 투자자들이 가지고 있지만 브라질 정부가 의결권의 대부분을 보유하고 있다. 이 회사는 심해 유전 개발과 탐사 능력에서 가장 앞서 있다고 정평이 나 있다. 2006년에 발견한 투피 유전은 많은 석유가 매장되어 있으나 암염층 아래 위치하고 있어 예전에는 접근하지 못했다. 이 유전이 성공한다면 페트로브라스와 브라질은 세계 석유시장의 새로운 권력자로 등장할 수 있을 것이다.

말레이시아의 페트로나스Petronas는 해외 32개 국가에서 석유 개발 사업을 운영하는 굴지의 국제 기업으로 성장했다. 소비에트연방에 속했던 국가들의 국영기업들, 예를 들어 카자흐스탄의 카즈무나이가스KazMunaiGas와 아제르바이잔의 소카SOCAR도 중요한 회사로 등장했다. 카타르는 석유 수출국이지만 동시에 엄청난 양의 천연가스 보유국으로 액화천연가스LNG 산업의 선두에 있다. 또한 알제리의 소나트라치Sonatrach와 더불어 천연가스 국제 교역의 중심에 자리 잡고 있다.

국제사회에서 중국 기업들의 중요성도 커지고 있다. 수년간 미국과 중국 사이에서 석유자원을 둘러싼 전쟁이 거의 불가피하다는 공포감이 있었다. 이 두 나라가 특정한 사안에 동의하지 않는 입장이더라도, 두 국가가 모두 석유 수입국이자 소비국으로서 이익을 공유한다는 점, 그리고 에너지가 경제 통합이라는 큰 틀의 일부이고 양국에 공통적인 이해관계가 있다는 점이 확실해지면서 그러한 공포심은 서서히 사라졌다.

석유는 고갈될 것인가?

2003년부터 2008년까지 석유 가격이 지속적으로, 그리고 급격히 오르자 석유 고갈을 겪는 중이라는 공포심이 증폭되었다. 이러한 우려는 '석유 정점Peak Oil'이라는 이름으로 불렸다. 하지만 이러한 공포심이 새로운 것은 아니다. 사용되는 언어와 이해관계는 신기하게도 예전의 사례와 닮은꼴이다. 이 책의 여러 곳에서 살펴봤듯이, 1880년대에는 서부 펜실베이니아의 유전이 말라버리면 석유의 시대가 끝날 것이라 확신했다. 유사한 공포심은 제1차 세계 대전 직후에도 수년간 이어졌다. 전쟁에서 석유의 전략적 역할이 새롭게 부각되면서, 그리고 에버렛 드골리에의 1944년 예언처럼 미국의 멕시코 만에서 페르시아 만으로 세계 석유 생산의 중심지가 이동하면서, 이러한 근심은 제2차 세계대전 이후에도 수년간 계속되었다.

석유 부족에 대한 시나리오는 1970년대 석유 위기를 겪는 동안 세계 사회와 석유산업을 사로잡은 공황 상태의 기반이 되었다. 하지만 몇 년 지나지 않아 새로운 나라와 지역, 새로운 기술 개발이 이러한 공포를 즉각 제거했으며, 각각의 사례에서 석유 부족은 곧바로 석유 잉여라는 문제에 자리를 내주었다. 이번에도 새로운 석유 잉여가 2008~2009년 경제위기와 함께 나타났다.

하지만 이번에는 과거와 다를까? 이는 강력한 논쟁거리가 될 질문이다. 이해관계가 첨예하게 걸린 문제이기에 사려 깊고 주의 깊은 분석이 필요한 질문이기도 하다. 현장의 자료에 기초한 분석에 따르면, 수십 년간 세계의 수요를 충족하기에 충분한 자원이 지하에 있다(국제에너지기구의 발표에 따르면, 2005년 이후 지금까지 전 세계의 원유 가채 매장량은 오히려 10% 이상 증가하여 석유 고갈에 대한 우려가 기우일 뿐임을 입증하였다. 오랫동안 유지된 높은 가격으로 인하여 석유 채굴 활동이 크게 증가한 것이 주된 이유다-옮긴이 주).

그밖에 다음의 세 가지 요건 또한 중요하다. 첫 번째는 지상의 위험이다. 즉 지정학적 요인, 높은 비용, 정부의 의사결정, 문제의 복잡성, 접근과 투자의 제약 등을 말하는데 이러한 위험 요소들은 개발을 저해하고 불안한 공급과 높은 가격으로 이어질 수 있다. 지상의 위험이 중요해지는 방향으로 정세가 변화하는 것은 상당히 놀라운 일이다. 두 번째는 급증하는 액화석유 공급의 대부분이 셰일가스나 셰일오일과 같은 비전통적인 석유에서 나올 것이라는 점이다. 심해와 북극, 캐나다 오일샌드와 같은 혹독한 환경에서 생산된 것이나, 천연가스와 함께 나온 것이나 상관없이 이러한 비전통적인 석유는 당연히 생산하기가 복잡하고 비용이 많이 든다. 세 번째는 향후 중국과 인도, 기타 개발도상국의 거대한 경제라는 새로운 수요가 증가하고, 그 수요를 맞추는 데 거대한 도전이 있을 것이라는 단순한 문제 인식이다.

새로운 이슈, 기후 변화

석유의 미래를 이야기하면서 또 한 가지 추가해야 할 중요한 요소는 21세기에 접어들려는 시점에서야 결정적 요인으로 출현했다. 바로 기후 변화다.

1997년 교토의정서에 서명한 84개국의 대표단은 이산화탄소 발생의 감소에 목표를 두었다. 이후 유럽 국가들은 이를 국가 정책의 중요한 초석으로 만들었다. 하지만 미국 상원은 '95 대 0'이라는 투표 결과로 교토조약에 가입하기를 거부했다. 세 가지 중요한 문제가 있었다. 첫 번째는 이산화탄소의 제약이 경제 전반과 경제 성장에 미칠 영향이었다. 두 번째는 구체적으로 미국 전력 생산의 절반을 담당하는 석탄에 대한 규제가 문제였다. 세 번째는 교토의정서가 개발도상국이 아닌 선진국들에만 감축을 요구할 거라는 우려였다.

10년 후 미국의 태도는 극명하게 변했다. 기후 변화는 미국의 모든 정치 체제가 수용하는 주제가 되었고, 향후 수년에 걸쳐 국가의 기후 변화 제도가 시행될 것이라 예측되었다. 그러나 복잡한 질문은 여전히 남아 있다. 저탄소 사회로 이동하는 비용에 대한 논쟁이 계속되고 있는 것이다.

탄소 배출권 거래 제도와 탄소세 사이에서 어떤 선택을 할 것인지를 두고도 논쟁이 벌어졌다. 미국 전력의 50%는 여전히 석탄에서 생산된다. 석탄에서 탄소의 영향을 줄이는 방향으로 옮겨가는 것은 아직 규모 면에서 입증되지 않았다. 그러는 동안 세계의 경제 발전은 위에서 언급한 세 번째 우려에 주목하게 했다. 전 세계 기후 변화 체제에 주요 개도국 경제를 포함할 필요성이 제기된 것이다. 2007년 말, 중국은 세계 최대 이산화탄소 배출국으로서 미국의 기록을 넘어섰다. 탄소의 배출 관리는 미래 국제 외교에서 논쟁의 중심이 될 가능성이 크다(이와 같은 우려는 현재 현실로 나타나고 있다. 오바마 정부가 파리기후협약에 찬성하고 가입했으나 곧바로 트럼프 정부가 탈퇴를 선언했기 때문이다. 미국 내 석탄산업이 그 이유로 거론되고 있다—옮긴이 주).

에너지 안보

석유 수입輸入 문제는 1940년대 후반 미국이 석유 수출국에서 수입국으로 변신한 이래 정치적, 전략적 고민거리가 되어왔다. 오늘날 이러한 우려는 크게 증폭되었는데, 자금 유출 때문이기도 하고 알 카에다의 본거지인 중동 일부에서 일어난 혼란과 극단주의 때문이기도 하다. 석유 수입에 관련된 수치를 제대로 이해하기 위해 분명히 해둘 것이 몇 가지 있다. 미국이 자국에서 사용하는 석유의 70%를 수입한다는 주장은 일반론이 되었다. 하지만 실제 양으로 계산하면 2008년 미국은 사용량의 56%를 수입했다. 여전히 아주 많은 양이다. 미국이 수입하는 석유의 대부분 혹은 전부가 중동에서 온다는 믿음이 만연했지만 현실은 그렇지 않다. 수입량의 22% 정도는 미국의 최대 교역국인 캐나다에서 오고, 멕시코에서도 12%를 수입한다.

이라크를 포함해 중동에서 오는 석유는 미국 석유 총수입량의 22%, 소비량의 12% 정도를 차지한다. 14조 달러 규모의 미국 경제를 운영하는 데 사용하는 총에너지의 40% 가량을 국내 생산 석유와 수입 석유가 담당한다. 그럼에도 불구하고 여러 가지 우려가 더해져 '석유에 대한 중독을 끝내는 것'이 미국 내 정치 담론의 상투적인 문구가 되었다. 하지만 중독을 정의하는 어떤 명확한 설명도 없다(2010년 이후 셰일가스의 대량 생산으로 미국은 어느 날 갑자기 에너지 수출국이 되었다. 유럽 역시 재생에너지 및 에너지 절약 기술 보급 등으로 중동으로부터의 에너지 수입량을 크게 줄이는 데 성공했다─옮긴이 주).

가격과 안보, 기후에 대한 우려가 더해져 새로운 공급원(기존 에너지, 재생에너지, 대체에너지 등)에 대한 요구를 불러일으켰고, 이는 에너지 산업 전반에 걸쳐 혁신과 개발의 물결을 일으켰다. 그러나 과연 변화가 빨리 올 수 있을까? 물론 향후 에너지는 정책의 중심이 될 것이다. 버락 오바마는 에너지를 '우선순위 제1번'이라고 표현했다.[9] 기술 개발과 시장의 힘이 결국 답을 제시할 것이다. 여러 재생에너지, 이를테면 풍력과 태양광은 전기를 제공할 수는 있지만 석유 수입을 대체하지는 못한다. 전기의 2%만이 석유로 만들어지기 때문이다. 전기자동차와 같은 교통수단이 크게 성장하지 않는 이상 이 가정은 바뀌지 않을 것이다. 사실상 교통은 중대한 분야다. 어떤 혁신이 일어나고, 그것이 얼마나 활용될지 모르지만 자동차가 하루아침에 바뀌지는 못할 것이다. 5~6년의 시간이 걸릴 수도 있고, 새로운 자동차 모델을 시장에 선보이는 데 10억 달러를 투자해야 할 수도 있다. 자동차는 1년에 겨우 8% 정도만 새로운 차로 교체되기 때문에, 당장 전환이 시작된다고 해도 그 영향을 체감하는 데는 여러 해가 걸릴 것이다.

그러나 5년 혹은 10년 후에는 자동차 산업이 분명히 바뀔 것이고, 엔진 측면에서 오늘날의 자동차와는 다른 모습을 하고 있을 것이 분명하다. 물론 내연기관을 사용하는 자동차는 더욱 효율적으로 변할 것이다. 2007년 12월 말에 통과된 새로운 자동차 연비 기준은 32년 만에 처음으로 의무 기준을 강화한 내용을 담고 있다.

1975년도에 만들어진 최초의 연비 기준은 1970년대를 대표하는 가장 중요한 에너지 정책 중 하나였다. 다른 하나는 알래스카 종단 파이프라인의 승인이었다. 2007년의 새로운 연비 기준 역시 유사한 파급효과를 낼 것이다. 하지만 그 효과는 무엇일까? 옥수수 에탄올을 넘어서는 바이오 연료를 사용하려면 어떤 장애물을 넘어서야 할까? 어찌 되었든 전기자동차는 더 늘어날 것이고, 하이브리드 자동차는 시장점유율을 높일 것이다. 플러그인 하이브리드 자동차의 증가는 일부나마 전력 산업이 자동차 연료를 부담하게 된다는 것을 의미할까? 천연가스도 자동차의 주된 연료가 될 수 있을까?

세계 석유의 극적인 변화는 불가피하게 에너지 안보라는 영원한 질문에 관심을 집중시킨다. 제1차, 2차 세계대전은 전략적인 에너지의 중요성, 특히 석유의 중요성을 극명히 보여주었다. 그러나 이 책에서 기술했듯이, 현재의 에너지 안보를 책임지는 국제 체계는 국제에너지기구를 중심으로 1970년대에야 출현했고, 그 이후로 수십 년에 걸쳐 진화해왔다. 특히 최근 몇 년 사이에 많은 변화가 있었다.

중국과 인도가 주요 소비국으로 등장함으로써 국제 에너지 안보 체계의 변화를 요구하고 있다. 이들 국가와 전통적인 수입국 사이에 더 큰 신뢰와 소통이 요구될 것이다. 동시에 에너지 인프라를 논의해야 할 필요성이 커지고 있다. 즉 파이프라인, 발전소, 송전선 등의 물리적 안전과 함께 페르시아 만, 서아프리카, 중앙아시아 및 기타 세계 곳곳의 생산지에서 석유와 천연가스를 소비국으로 이동시키는 공급 사슬이라는 사안을 논의해야 한다. 중국과 인도의 통합이나 인프라 문제는 21세기에도 에너지 안보를 유지하기 위해 해결해야 하는 핵심 이슈들이다(한국과 일본은 전 세계 주요 국가 중에 주변국과 에너지망을 연계하고 있지 않은 유이唯二한 나라다. 따라서 러시아에서부터의 가스 파이프라인 건설 사업이나 동북아 지역 국가들의 전력망을 연결하는 수퍼그리드 사업 등은 동북아 지역에서 꾸준히 논의되는 사안이다-옮긴이 주).

효율성에 대한 문제는 석유와 기타 에너지원을 사용하는 전 세계 모든 국가들에게 중요하고도 공통적인 정책 목표다. 20세기를 이끈 산업사회는 현재 1970년대보다 두 배나 높은 에너지 효율을 자랑하고 있다. 미래 효율성 증대의 잠재력은 여전히 어마어마하다. 하지만 세계 경제의 성장, 소득 증가, 인구 증가 등을 고려할 때 앞으로 더 많은 석유가 필요할 것이다. 아마도 다음 사반세기 동안에는 40% 혹은 그 이상의 석유가 필요할지도 모른다. 기술혁신이 그 숫자를 감소시킬 수 있는데, 그 답은 연구 개발의 규모와 성격, 그리고 이를 지원하는 정책과 기술 거래 시장에 달려 있다(기술 혁신이 에너지 사용량을 증가시키기도 한다. 인공지능, 빅데이터 등 4차 산업혁명의 기술로 인하여 2040년에는 2015년 대비 1백만 배 이상의 정보량을 처리하게 될 것으로 예상되는데, 이로 인한 에너지 소비량 증가는 막대할 것으로 보인다-옮긴이 주).

가격이 높거나 낮거나 중간 어디쯤에 있거나에 관계없이, 석유는 앞으로도 수십 년, 아니 수백 년 동안 국제 정치와 세계 경제의 중심에 있을 것이다. 국제 권력의 함수관계에도, 사람들의 삶에도 지속적으로 영향을 미치면서 말이다. 이 책이 오늘날 우리가 대면하고 있는 이슈들을 제대로 바라보게 하는 틀을 제공해줄 수 있는 이유가 바로 그것이다. 또한 바라건대 우리가 미래에 맞닥뜨리게 될 선택과 기회, 위험과 놀라움에 대해서 보다 잘 이해하게 해줄 것이다.

그런 의미에서 이 책은 지난 150년간 석유의 역사일 뿐만 아니라, 에너지가 미래 세계를 어떤 모습으로 만들어갈지를 이해하는 출발점이라 할 수 있다.

석유 연표 · 도표

1932~33	레자 팔레비 국왕, 앵글로-이란의 석유 이권 폐지:앵글로-이란, 이권 재획득
1933	프랭클린 루스벨트, 미 대통령 취임. 아돌프 히틀러, 독일 수상 취임. 캘리포니아 스탠더드, 사우디아라비아에서 이권 획득
1934	걸프와 앵글로-이란, 쿠웨이트에서 이권 획득
1935	무솔리니, 에티오피아 침공. 국제연맹, 석유 금수조치 실패
1936	히틀러, 라인란트 재무장 및 합성연료 제조 등 전쟁 준비 시작
1937	중일전쟁 발발
1938	쿠웨이트와 사우디아라비아에서 석유 발견. 멕시코, 외국 석유회사 국유화
1939	독일의 폴란드 침공으로 제2차 세계대전 발발
1940	독일, 서유럽 점령. 미국, 일본에의 휘발유 수출 제한
1941	독일, 소련 침공(6월). 일본의 인도차이나 남부 점령에 따라 미국, 영국 및 네덜란드, 일본에 석유 금수조치(7월). 일본, 진주만 기습(12월)
1942	미드웨이 해전(7월). 엘 알라메인 전투(9월). 스탈린그라드 전투(11월 시작)
1943	베네수엘라에서 처음으로 '이익 반분' 협정 체결. 연합군, 대서양에서 승전
1944	노르망디 상륙(6월). 패튼, 휘발유 부족(8월). 필리핀 레이테 만 전투(10월)
1945	독일과 일본의 패배로 제2차 세계대전 종료
1947	서유럽에 대한 마셜 플랜 발표. 사우디 석유 수송을 위한 아라비아 관통 파이프라인 건설 시작
1948	뉴저지 스탠더드(엑슨), 소코니-배큠(모빌), 캘리포니아 스탠더드(쉐브론), 텍사코 4사의 아람코 지분 참여. 이스라엘 독립 선언
1948~49	중립지대 석유 이권이 아민 오일과 폴 게티에게 돌아감
1950	아람코와 사우디아라비아 이익 반분 협정 체결
1950~53	한국전쟁
1951	모사데그, 이란 내의 앵글로-이란 국유화(전후 최초의 석유 위기), 뉴저지 유료 고속도로 개통
1952	여관 홀리데이 인 1호점 개업
1953	모사데그 실각 및 이란 국왕의 귀국
1954	이란 컨소시엄 설립
1955	소련, 석유 수출 시작. 시카고 교외에 맥도날드 1호점 개점
1956	수에즈 위기(전후 두 번째 석유 위기). 알제리 및 나이지리아에서 석유 발견
1957	유럽 경제공동체 설치. 엔리코 마테이, 이란 국왕과 거래 체결. 일본의 아라비아오일, 중립지대 이권 획득
1958	이라크 혁명
1959	아이젠하워, 수입 쿼터 부과. 카이로에서 아랍석유회의 개최. 네덜란드에서 크로닝겐 천연가스전 발견. 리비아에서 젤텐 유전 발견
1960	OPEC, 바그다드에서 설립
1961	이라크, 쿠웨이트 병합 시도. 영국군에 의해 실패
1965	베트남 전쟁 확대
1967	6일전쟁. 수에즈 운하 폐쇄(세 번째 석유 위기)
1968	알래스카 노스슬로프에서 석유 발견. 바스당, 이라크 정권 장악
1969	카다피, 리비아 정권 장악. 북해에서 석유 발견. 산타바바라 석유 유출 발생
1970	리비아,석유회사 강압.'지구의날'실시

1971	테헤란 협정. 국왕, 페르세폴리스 축하 행사 개최. 영국, 걸프에서 병력 철수
1972	로마클럽, 『성장의 한계』 발행
1973	제4차 중동전쟁: 아랍 석유 금수조치 선언(네 번째 석유 위기). 석유 가격 배럴당 2.9달러(9월)에서 11.65달러(12월)로 상승. 알래스카 파이프라인 인가. 워터게이트 스캔들 확대
1974	아랍 금수조치 철회. 닉슨 사임. 국제에너지기구(IEA) 설립
1975	미국, 자동차 연료 효율성 기준 설치. 북해산 석유, 처음으로 육지에 반입. 남베트남, 공산주의자에게 패망. 사우디, 쿠웨이트 및 베네수엘라 석유 이권 종료
1977	노스슬로프 석유, 시장에 등장: 멕시코 생산 증대. 안와르 사다트, 이스라엘 방문
1978	이란에서 반국왕 데모 및 석유 노동자 쟁의 발생
1979	국왕 망명, 호메이니 정권 장악. 스리마일 섬 원자력 발전소 사고 발생. 이란, 미국 대사관 직원을 인질로 감금
1979~81	석유 가격이 13달러에서 34달러로 상승(다섯 번째 석유 위기)
1980	이라크-이란 전쟁 시작
1982	OPEC, 최초의 생산 쿼터 설정
1983	OPEC, 29달러로 석유 가격 인하. 뉴욕상품거래소, 석유 선물거래 시작
1985	미하일 고르바초프, 소련 최고지도자 취임
1986	석유 가격 붕괴. 소련 체르노빌 원전 사고 발생
1988	이라크-이란 전쟁 종료
1989	유조선 엑슨 발데스 호, 알래스카에서 사고 발생. 베를린 장벽 붕괴. 동유럽 공산주의 붕괴
1990	이라크, 쿠웨이트 침공. UN, 이라크에 대한 경제 봉쇄 실시. 다국적군 중동 파견(여섯 번째 석유 위기)
1991	걸프전쟁. 쿠웨이트 유전 화재. 소련 붕괴. 마스트리히트 조약으로 유럽 단일 화폐 탄생
1993	미국 의회, 북아메리카 FTA 승인
1994	전자상거래 시작
1995	인터넷 사용자 1천 6백만 도달
1997	아시아 금융위기. 교토기후협약
1998	배럴당 10달러 선으로 유가 붕괴. 금융위기 확산. 러시아 채무불이행
1998~2002	석유 메이저 회사 간의 합병
2000	블라디미르 푸틴, 러시아 대통령으로 선출. 닷컴 열풍 붕괴. 중국 최대 석유회사 페트로차이나 기업공개. 프리우스 하이브리드 미국 내 판매 시작
2001	알카에다, 미국무역센터와 국방부 공격(9.11 테러). 아프가니스탄 전쟁 발발
2002	베네수엘라, 파업과 정치적 갈등으로 석유 공급 중단
2003	이라크 전쟁으로 이라크산 석유 공급 중단
2004	경제 성장에 따른 세계 석유 수요 급증으로 잉여분 고갈. 국영 석유회사들이 전면에 나섬
2005	미국 바이오연료 사용 의무화. 카스피 해와 지중해를 연결하는 바쿠-트빌리시-세이한 파이프라인 가동
2006	부시 대통령 '석유 중독'의 종말 요구. 브라질 심해 유전 '투피' 발견. 이란 핵 개발 프로그램에 대한 첫 번째 UN 제재
2007	미국, 서브프라임 모기지 사태 발생. 중국 자동차 판매량 7백만 대 초과
2008	유가 147.27달러 돌파, 미국 내 가솔린 가격 갤런당 4달러 넘어섬. 투기와 유가, 주요한 정치적 이슈로 등장. 대공황 이래로 최악의 금융위기. 미국과 유럽 대규모 구제금융 실시. 세계 경기 침체로 인한 석유 수요 감소

석유 가격과 생산량 추이

원유의 명목가격

자료 출처: 케임브리지 에너지연구소
2008년 8월 22일까지

원유의 실질가격(2007년 기준)

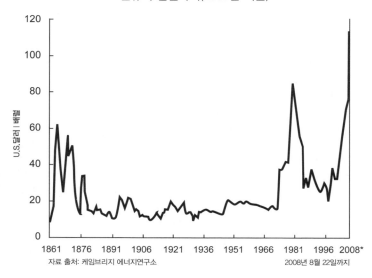

자료 출처: 케임브리지 에너지연구소
2008년 8월 22일까지

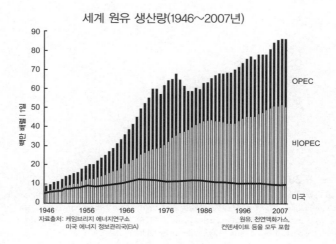

세계 원유 생산량(1946~2007년)

OPEC

비OPEC

미국

백만 배럴 1일

1946 1956 1966 1976 1986 1996 2007

자료출처: 케임브리지 에너지연구소
미국 에너지 정보관리국(EIA)

원유, 천연액화가스,
컨덴세이트 등을 모두 포함

미국 휘발유의 명목가격

U.S.달러/갤런

1949 1959 1969 1979 1989 1999 2008

자료출처: 케임브리지 에너지연구소

1975년까지는 납 첨가 제품,
1976년부터 2008년까지는 무연제품의 가격

원유의 실질가격(2007년 기준)

U.S.달러/갤런

1949 1959 1969 1979 1989 1999 2008

자료출처: 케임브리지 에너지연구소

1975년까지는 납 첨가 제품,
1976년부터 2008년까지는 무연제품의 가격

20

1. Pratt to Farish, August 3, 1934, 1513, obituaries, DeGolyer papers; Anderson, *Aramco*, p. 111; Philip O. McConnell, *The Hundred Men*(Peterborough: Currier Press, 1985); Lon Tinkle, *Mr. De: A Biography of Everette Lee DeGolyer*(Boston: Little, Brown, 1970), pp. 212, 227, 255; Herbert K. Robertson, "Everette Lee DeGolyer," *Leading Edge*, November 1986, pp. 14-21.

2. E. DeGolyer, "Oil in the Near East," Speech, May 10, 1940, 2288("No such galaxy"); notes, 3466; itinerary, 3459; and letters to wife, November 7, 10("no Lindbergh"), 14, December 1("pretty barren land"), 1943, DeGolyer papers.

3. Leavell to Alling, February 3, 1943("single prize"), Summary of Report on Near Eastern Oil, 800.6363/1511-1512, RG 59, NA; E. DeGolyer, "Preliminary Report of the Technical Oil Mission to the Middle East," *Bulletin of the American Association of Petroleum Geologists* 28(July 1944), pp. 919-23("center of gravity").

4. Moffett to Roosevelt, April 16, 1941, PSF 93; Hull to Roosevelt, June 30, 1939, OF 3500, Roosevelt papers. Duce to DeGolyer, April 29, 1941, 360, DeGolyer papers("closer look"); Conversation with Ibn Saud, May 10, 1942, with Alling memo, June 18, 1942, 89OF.7962/45, RG 59, NA("have the money"); Aaron David Miller, *Search for Security: Saudi Arabian Oil and American Foreign Policy, 1939-1949*(Chapel Hill: University of North Carolina Press, 1980), pp. 29-35.

5. Knox to Roosevelt, May 20, 1941, Hull with memo to Roosevelt, April 25, 1941, Hopkins to Jones, June 14, 1941, PSF 68, Roosevelt papers; Miller, *Search for Security*, pp. 38-39; Michael B. Stoff, *Oil, War, and American Security: The Search for a National Policy on Foreign Oil, 1941-47*(New Haven: Yale University Press, 1980), pp. 52-54. Stoff, along with Anderson in note 1, Miller in note 4, and Painter in note 9, are the major monographs on postwar oil policy.

6. Pratt to Farish, May 16, 1941, 1513; William B. Heroy, "The Supply of Crude Petroleum Within the United States," July 29, 1943, pp. 4-9, 3417("diminishing returns" and "bonanza days"), DeGoyler papers; E. DeGolyer, "Petroleum Exploration and Development in Wartime," *Mining and Metallurgy*, April 1943, pp. 189-90; Foreign Office Research Dept., "A Foreign Policy for Oil," United States Memoranda, May 16, 1944, AN 1926, FO 371/38543/125169, PRO; United States Congress, Senate, Special Committee Investigating Petroleum Resources, *Investigation of Petroleum Resources*(Washington, D.C.: GPO, 1946), pp. 276-77; "Wartime Evolution of Postwar Foreign Oil Policy," May 29, 1947, 811.6363/5-2947, RG 59, NA.

7. Harold Ickes, "We're Running Out of Oil," *American Magazine*, December 1943("America's crown"); Campbell to Eden, September 28, 1943, A9193, FO 371/34210/120769, PRO("private interest"); Herbert Feis, *Seen from E. A.: Three International Episodes*(New York: Knopf, 1947), p. 102("one point and place"). Later, in mid-1944, Roosevelt called a halt to efforts by the American ambassador in Mexico City to negotiate the reentry of private American capital and instead suggested that the United States finance oil exploration for the Mexican government. "When a new and adequate dome is found," said Roosevelt, "it could be set aside in toto by the Mexican Government for the purpose of aiding the defense of the Continent" and the United States government would pay an annual holding fee to

Mexico. Roosevelt to Ickes, February 28, 1942, Roosevelt to Hull, July 19, 1944, OF 56, Roosevelt papers.

8. Moose to Hull, April 12, 1944, 890F.6363/124; Stimson to Hull, May 1, 1944, 890F.6363/123, RG 59, NA. Kline to Ickes, Summary of Dillon Anderson report, March 4, 1944, 3459, DeGolyer papers; Multinational Subcommittee, *History of the Petroleum Reserves Corporation*, p. 4("diddle"); Woodward, *British Foreign Policy*, vol. 4, pp. 402-5, 410; Feis, *Seen from E. A.*, pp. 110-111. Standard Oil of California, "Plans for Foreign Joint Venture," December 7, 1942, 25391-25617 file, case 1, Oil Companies papers.

9. Kline to Ickes, Summary of Dillon Anderson report, March 4, 1944 3549, DeGolyer papers; Vice Chief of Naval Operations to Joint Chiefs of Staff, May 31, 1943, U69139(SC) JJT/E6, RG 218, NA; The Position of the Department on the Petroleum Reserves Corporation, p. 1, 800.6363/2-644, RG 59, NA. Feis, *Seen from E. A.*, p. 105; United States Congress, Senate, Special Committee Investigating the National Defense Program, *Investigation of the National Defense Program*, Hearings, part 42, pp. 25435, 25386-87; Anderson, *Aramco*, pp. 46-48("purely American enterprise"), 51; David Painter, *Oil and the American Century: The Political Economy of U.S. Foreign Oil Policy, 1941-1954*(Baltimore: Johns Hopkins University Press, 1986), p. 37("richest oil field"); Stoff, *Oil, War, and American Security*, p. 54("far afield").

10. Thornburg to Hull, March 27, 1943, 800.6363/1141-1/2; Feis to Hull, June 10, 1943, 890F.6363/80, RG 59, NA. Hull to Roosevelt, March 30, 1943, OF 3500, Roosevelt papers; Painter, *Oil and the American Century*, pp. 41("intense new disputes" and "smell of oil"), 43("breath away"). Notes, June 12, 1943, 3468("rapidly dwindling"); Petroleum Reserves Corporation, Record of Negotiations, August 2-3, 1943, 3463("tremendous shock"), DeGolyer papers. Feis, *Seen from E. A.*, pp. 122("boyish note"), 129-30("caught a whale").

11. NA 890F.6363 Feis to Hull, September 16, 1943, 65; September 23, 1943, 70; Merriam, memo of conversation with Paul Bohannon, October 4, 1943, 84, RG 59; Minutes of Special Meeting of Directors of Petroleum Reserves Corporation, November 3, 1943, 3463, DeGolyer papers.

12. Herbert Feis, *Petroleum and American Foreign Policy*(Stanford: Food Research Institute, 1944), p. 45("favored competition"); Ralph Zook, *The Proposed Arabian Pipeline: A Threat to Our National Security*(Tulsa: IPAA, 1944) ("move towards fascism"); Anderson, *Aramco*, p. 101("monopolies" and "military necessity"); RGH Jr. to Berle, April 20, 1944, 890F.6363/122-1/2, RG 59, NA; Ickes to Roosevelt, May 29, 1944, Roosevelt to Ickes, May 31, 1944, PSF 68, Roosevelt papers; Kline to DeGolyer, May 22, 1944, 946, DeGolyer papers("understatement").

13. Chiefs of Staff to War Cabinet, April 5, 1944, WP (44) 187, FO 371/42693/120769("American assistance" and "continental resources"); Cabinet Paper, "Oil Policy," MOC (44) 5, CAB 77/15/184, PRO. Minutes, Special Committee on Petroleum, September 21, 1943, 3468, DeGolyer papers.

14. Ickes to Roosevelt, August 18, 1943("available oil"), with Duce memo on conversation with Jackson, August 13, 1943(Jackson), PSF 68, Roosevelt papers. Eden to the Prime Minister, February 11, 1944, POWE 33/1495; Beaverbrook to the Prime Minister, February 8, 1944, POWE 33/1495("pigeon hole"); Halifax to Foreign Office, February 19, 1944, No. 846, FO 371/42688(Roosevelt's map), PRO. NA 800.6363: Feis to Ickes, with memo, October 1, 1943, /l330A; Alling memo, December 3, 1943, /1402; Sappington to Murray, December 13, 1943, /1466, RG 59; Feis, *Seen from E. A.*, p. 126; Woodward, *British Foreign Policy*, vol. 4, pp. 393-94("shockingly"). For DeGolyer's comment, memo with DeGolyer to Snodgrass, n.d., 3468, DeGolyer papers.

15. *FRUS*, 1944, vol. 3, pp. 101-05; Francis L. Loewenheim, Harold D. Langley, and Manfred Jonas, eds., *Roosevelt and Churchill: Their Secret Wartime Correspondence*(New York: E. P. Dutton, 1975), pp. 440-41("wrangle"), 459("assurances"); Painter, *Oil and the American Century*, p. 55("horn in"); Stoff, *Oil, War, and American Security*, p. 156("rationing of scarcity").

16. Duce to DeGolyer August 1, 1944, 360, DeGolyer papers("lamb chops"); Stoff, *Oil, War, and American Security*, p. 167("monster cartel"); Minutes of Anglo-American Conversations on Petroleum:

Plenary Sessions, August 1, 1944, 800.6363/7-2544, RG 59, NA("As-Is character" and "Petroleum Agreement"); Anderson, *Aramco*, pp. 218-23("reserves" and "give effect").

17. Duce to DeGolyer, September 11, 1944, 360, DeGolyer papers. NA 800.6363: Pew to Connally, August 17, 1944, with Pew to Hull, August 23, 1944, 8-2344, Rayner memo, Meeting with Senate Committee, August 17, 1944, 8-1744, RG 59. Zook to Roosevelt, November 28, 1944, PSF 56, Roosevelt papers.

18. DeGolyer to Duce, November 13, 1944, 360, DeGolyer papers; Ickes to Roosevelt, November 29, 1944, 800.6363/12-344, RG 59, NA("seeing ghosts").

19. Roosevelt to Ibn Saud, February 13, 1942, OF 3500, Roosevelt papers; William A. Eddy, *F.D.R. Meets Ibn Saud*(New York: American Friends of the Middle East, 1954), pp. 19-35(FDR and Ibn Saud); *FRUS, 1945*, vol. 8, pp. 1-3, 7-9; Miller, *Search for Security*, pp. xi-xii, 130-31; Robert E. Sherwood, *Roosevelt and Hopkins: An Intimate History*(New York: Harper & Brothers, 1948), pp. 871-72; Charles E. Bohlen, *Witness to History, 1929-1969*(New York: Norton, 1973), p. 203.

20. Miller, *Search for Security*, p. 131("immense oil deposits"); William D. Leahy, *I was There*(New York: Whittlesey House, 1950), pp. 325-27; Martin Gilbert, *Winston S. Churchill*, vol. 7, *Road to Victory, 1941-1945*(Boston: Houghton Mifflin, 1986), pp. 1225-26("allow smoking" and "finest motor car"); Laurence Grafftey-Smith, *Bright Levant*(London: John Murray, 1970), pp. 253, 271(Rolls-Royce). Churchill's irritation is vividly described in the draft of Eddy, *F.D.R. Meets Ibn Saud*, p. 5, with Kidd to DeGolyer, October 22, 1953, 3461, DeGolyer papers.

21. Roosevelt to Stettinius, March 27, 1945, PSF 115("remind me"), Roosevelt papers; Shinwell to Chancellor of Exchequer, September 24, 1945, PREM 8/857/122019, PRO; Anderson, *Aramco*, pp. 224-28(text of Revised Agreement); United States Congress, Senate, *Investigation of Petroleum Resources*, pp. 278-79, 34, 37("optimist"); Robert E. Wilson, "Oil for America's Future," *Stanolind Record*, October-November 1945, pp. 1-4; Ickes to Truman, February 12, 1946, Davies papers; Harry S. Truman, *Year of Decisions*(Garden City, N.Y.: Doubleday, 1955), p 554("kind of letter"); Alonzo L. Hamby, *Beyond the New Deal: Harry S. Truman and American Liberalism*(New York: Columbia University Press, 1973), p. 73("lack of adherence"); Margaret Truman, *Harry S. Truman*(New York: William Morrow, 1973), p. 291("monarch").

22. Forrestal to Secretary of State, December 11, 1944, 890F.6363/12-1144("cannot err"); Forrestal to Byrnes, April 5, 1946, 811.6363/4-546("cheering section"); Collado to Clayton, March 27, 1945, 890F.6363/3-2745, RG 59, NA. Walter Millis, ed., *The Forrestal Diaries*(New York: Viking, 1951) p. 81("first importance").

23. Wilcox to Clayton, February 19, 1946, 800.6363/2-1946("dangerous or useless" and "orphan"), RG 59, NA; Stoff, *Oil, War, and American Security*, p. 97("salvation").

21

1. NA 811.6363: Sandifer to McCarthy, July 2, 1948, 6-1847; Department of State, Current and Prospective Worldwide Petroleum Situation, February 17, 1948, 2-1748, RG 59. Larson, *Standard Oil*, vol. 3, pp. 667-72; Beaton, *Shell*, pp. 637-42; Shell Transport and Trading, *Annual Report, 1947*, p. 8("astonishingly"); Giddens, *Standard Oil of Indiana*, pp. 682-84("jackrabbit"); Arthur M. Johnson, *The Challenge of Change: The Sun Oil Company, 1945-1977*(Columbus: Ohio State University Press, 1983), p. 40("Helpful Hints").

2. R. Gwin Follis to author, September 18, 1989("hardly touch" and "surprising enthusiasm"); Anderson, *Aramco*, p. 120("sufficient markets"), 140-45(Forrestal); Hart to Secretary of State, July 2, 1949, 890F.636317-249, RG 59, NA("our oil market" and "greatest"); Robert A. Pollard, *Economic Security and the Origins of the Cold War, 1945-1950*(New York: Columbia University Press, 1985), p. 213; "The Great Oil Deals," *Fortune*, May 1947, p. 176(Collier).

3. Sellers to Foster, June 12, 1946, "IPC memos, 1946" file, case 5("bombshell"); "IPC Memorandum on Present Legal Position," July 10, 1946, 127274-127448 file, case 2, Oil Companies papers.

Multinational Hearings, part 8, pp. 111-15("inadvisable and illegal"), 124("supervening illegality"); Anderson, *Aramco*, pp. 148-51("aliens" and "frustrated"). NA 890F.6363: Meloy to Secretary of State, December 12, 1948, 12-1248; Hart to Secretary of State, July 2, 1949, 7-249, August 6, 1949, 8-649; Sappington to Secretary of State, December 5, 1945, 800.6363/12-545, RG 59.

4. *Multinational Hearings*, part 8, pp. 115-19("mutual interest," Sheets, "restraints," "political question" and "family circle"); Interview with Pierre Guillaumat("angry with God"); CFP, "Events Arising from the War," February 27, 1945; Gulbenkian to Near East Development Corporation, January 6, 1947, 4-5-35 file, case 6, Oil Companies papers("not acquiesce").

5. FTC, *International Petroleum Cartel*, p. 104; Nitze to Clayton, February 21, 1947, 800.6363/2-2147, RG 59, NA("arrest" and "retard"); Letter from Paul Nitze to author, October, 3 1989. Sellers and Shepard to Harden and Sheets, February 7, 1947, "IPC memos, 1946" file; Earl Neal, "Alternatives to IPC," February 19, 1947, 126898-127063 file, case 2, Oil Companies papers. *Multinational Hearings*, part 8, pp. 160-61("practicable plan").

6. Childs to Secretary of State, January 3, 1947, 890F.6363/1-347, RG 59, NA(Aramco and Ibn Saud); R. Gwin Follis to author, September 18, 1989("off our shoulders"); Anderson, *Aramco*, pp. 158, 152(Socony president); *Multinational Hearings*, part 8, pp. 156-66("good thing" and "problems"); Daniel Yergin, *Shattered Peace; The Origins of the Cold War*(New York: Penguin, 1990), pp. 282-83("all-out").

7. "Notes on Calouste Sarkis Gulbenkian," June 6, 1947, with Berthoud to Butler, June 9, 1947, PE 650, POWE 33/1965, PRO(British official); Gulbenkian, *Portrait in Oil*, pp. 210-15("musts"), 251("father's practice"); Interview with John Loudon; Anderson, *Aramco*, pp. 155-59("drove as good"). Turner to Johnson, September 15, 1948, 127274-127448 file; Dunaway to Grubb, April 4, 1946, "various nos." file, case 2, Oil Companies papers. Gulbenkian and Raphael in John Walker, *Self-Portrait with Donors: Confessions of an Art Collector*(Boston: Atlantic Monthly Press, 1974), pp. 234-37.

8. Harden to Holman, November 3, 1948, Harding to Vacuum, November 3, 1948, 128167-128229 file, case 7, Oil Companies papers; Gulbenkian, *Portrait in Oil*, pp. 225-27(complexity of agreements and "caravan"); Belgrave memo, "Gulbenkian Foundation," January 13, 1956, POWE 33/2132, PRO; "The Great Oil Deals," *Fortune*, May 1947, p. 176("moon").

9. Memo, Meeting, including Clayton and Drake, February 3, 1947, 811.6363/2-347("long on crude oil" and "wholly American owned"); Loftus to Vernon, September 5, 1947, FW 811.6363/8-2047, RG 59, NA. Chisholm, *Kuwait Oil Concession*, p. 187. Jennings to Sheets, September 27, 1946, 17-3-4 file, case 5; "Kuwait-Supply," "Kuwait" file, case 1; "Shell Negotiation," "various nos., incl. Gulf & Jersey" file, case 2, Oil Companies papers. "Shell in Kuwait," Middle East Oil Committee, CME (55), May 16, 1955, CAB 134/1086, PRO("partner").

10. Yergin, *Shattered Peace*, chap. 7, pp. 163("What does ... how far"), 180; Interview with Nikolai Baibakov; *FRUS, 1946*, vol. 6, pp. 732-36(Stalin's oil fears); Bruce R. Kuniholm, *The Origins of the Cold War in the Near East: Great Power Conflict and Diplomacy in Iran, Turkey, and Greece*(Princeton: Princeton University Press, 1980), p. 138("south of Batum"); William Roger Louis, *The British Empire in the Middle East, 1945-1951: Arab Nationalism, the United States, and Postwar Imperialism*(Oxford: Clarendon Press, 1985), pp. 55-62; Arthur Meyerhoff, "Soviet Petroleum," in Robert G. Jensen, Theodore Shabad, and Arthur W. Wright, eds., *Soviet Natural Resources in the World Economy*(Chicago: University of Chicago Press, 1983), pp. 310-42; Owen, *Trek of the Oil Finders*, pp. 1371-73.

11. European Economic Cooperation, London Committee, Drafts for chaps. 1-3, August 2, 1947, UE 7237, FO 371/62564, PRO; Alec Cairncross, *Years of Recovery: British Economic Policy, 1945-51*(London: Methuen, 1985), pp. 367-70; Alan Bullock, *Ernest Bevin: Foreign Secretary*(London: Heinemann, 1984), pp. 361-62.

12. "Anglo-American Responsibility for Petroleum Prices," January 4, 1951, FOA 0453-4351 file, case 1, Oil Companies papers; Painter, *Oil and the American Century*, pp. 155-56; European Recovery Program, *Petroleum and Petroleum Equipment Commodity Study*(Washington, D.C.: Economic

Cooperation Administration, 1949), p. 1("Without Petroleum"); Walter J. Levy, "Oil and the Marshall Plan," paper presented at the American Economic Association, December 28, 1988.

13. Holman to Hoffman, February 23, 1949; Harden to Foster, April 19, 1950; Foster to Harden, August 22, 1950; Suman to Foster, September 1, 1950; Harden to Daniels, December 27, 1950; Foster to Holman, January 18, 1951, FOA 0453-4351-2 file, case 1, Oil Companies papers. David Painter, "Oil and the Marshall Plan," *Business History Review* 58(Autumn 1984), pp. 382, 376. Cabinet Programme Committee, January 9, 1949, P49, POWE 33/1772; McAlpine to Trend, September 8, 1948, POWE 33/1557(Bevin); "Oil Prices," to R. W. B. Clarke, February 3, 1947, T2361/2161, PRO. Levy, *Oil Strategy and Politics*, p. 75; W. G. Jensen, *Energy in Europe, 1945-1980*(London: G. T. Foulis, 1967), p. 21.

14. European Economic Co-Operation, London Conversations, August 2, 1947, Drafts for chaps. 1-3, pp. 56-57, 65-66, UE 7237, FO 371/62564, PRO; Miller, *Search for Security*, pp. 177-78; Ethan Kapstein, *The Insecure Alliance: Energy Crisis and Western Politics Since 1949*(New York: Oxford University Press, 1990), p. 61(Dalton); Interview with T. C. Bailey, GHS/2B/75, Shell archives("no value").

15. Miller, *Search for Security*, p. 196("handicapped"); "Visit of Abdul Aziz to Aramco," January 1947, pp. 36, 45, Aramco papers; Forrest C. Pogue, *George C. Marshall*, vol. 4, *Statesman, 1945-1954*(New York: Viking, 1987), p. 350("famine"). Henderson to Marshall, May 26, 1948, 890F.6363/5-2648(Duce); Eakens to Martin and "Impact of Loss of Arab Oil Production on World Petroleum Situation," July 8, 1948, 800.6363/7-848("hardship"), RG 59, NA.

16. "Remarks made to Colonel Eddy by King Ibn Saud," November 17, 1947, with Merriam memo, November 17, 1947, 890F.6363/11-1347, RG 59, NA; Trott to McNeil, "Annual Review for 1949," February 28, 1950, ES 1011, FO 371/82638, PRO("formal hostility"); *FRUS, 1949*, vol. 6, pp. 170, 1618, 1621; Louis, *British Empire*, p. 204("Jewish pretensions"); James Terry Duce Statement, House Interstate and Foreign Commerce Committee, January 30, 1948, pp. 10-11, 3461, DeGolyer papers.

17. James Terry Duce Statement, House Armed Services Committee, February 2, 1948, 3461, DeGolyer papers; Bullock, *Bevin*, p. 113("no hope"); James Forrestal, "Naval Policy," Speech, June 18, 1947, National War College; David A. Rosenberg, "The U.S. Navy and the Problem of Oil in a Future War: The Outline of a Strategic Dilemma, 1945-1950," *Naval War College Review* 29(Summer 1976), pp. 53-61; Miller, *Search for Security*, p. 203("economic prize"); *FRUS, 1950*, vol. 5, pp. 1190-91(Truman letter to Ibn Saud); "Saudi Arabia: Economic Report," September 24, 1950, POWE 33/323, PRO.

18. "Problem of Procurement of Oil for a Major War," Joint Chiefs of Staff paper 1741, January 29, 1947, pp. 3, 6("very susceptible"), RG 218, NA; McGinnis to Daniels, November 26, 1948 CS/A, 800.6363/11-2648, RG 59, NA; Eugene V. Rostow, *A National Policy for the Oil Industry*(New Haven: Yale University Press, 1948), pp. 147-48. National Security Resources Board, "A National Liquid Fuels Policy," August 1948, p. 1, 3526("storage place"); API National Oil Policy Committee, Synthetics Subcommittee of Long Range Availability Subcommittee, July 14, 1948, 3508, DeGolyer papers. On synthetic fuels, see Bernard Brodie, "American Security and Foreign Oil," *Foreign Policy Reports*, March 1, 1948, pp. 297-312. Richard H. K. Vietor, *Energy Policy in America Since 1945: A Study of Business-Government Relations*(Cambridge: Cambridge University Press, 1984), pp. 44(*New York Times*), 54-59; Crauford D. Goodwin, ed., *Energy Policy in Perspective: Today's Problems, Yesterday's Solutions*(Washington, D.C.: Brookings Institution, 1981), pp. 148-56.

19. Owen, *Trek of the Oil Finders*, p. 801; John S. Ezell, *Innovations in Energy: The Story of Kerr-McGee*(Norman: University of Oklahoma Press, 1979), pp. 152-69("real class-one"); William Rintoul, *Spudding In: Recollections of Pioneer Days in the California Oil Fields*(Fresno: California Historical Society, 1978), pp. 207-9.

20. Standard Oil Company(New Jersey), "Natural Gas," August 1945, 3680, DeGolyer papers. Standard Oil of New Jersey, "Cost Considerations in Mid-East Crudes," July 28, 1950, "various nos. 1937-47" file, case 2; Holman to Hoffman, February 23, 1949, case 1, Oil Companies papers("crudes available"). Deale to Forrestal, May 8, 1948, Office of the Secretary of Defense, RG 218, NA("pipelines");

Douglass R. Littlefield and Tanis C. Thorne, *The Spirit of Enterprise: The History of Pacific Enterprises from 1886 to 1989*(Los Angeles: Pacific Enterprises, 1990).

22

1. Meeting at the Treasury, September 1950, ES 1532/18, FO 371/82691, PRO("startling demands"); Richard Eden, Michael Posner, Richard Bending, Edmund Crouch, and Joseph Stanislaw, *Energy Economics: Growth, Resources, and Policies*(Cambridge: Cambridge University Press, 1981), p. 264("uneasy"); John Maynard Keynes, *The General Theory of Employment, Interest and Money* [1936], volume 7 of *The Collected Writings of John Maynard Keynes*(London: Macmillan, St. Martin's Press for the Royal Economic Society, 1973), p. 383; David Ricardo, *On the Principles of Political Economy and Taxation* [1817], volume 1 of *The Works and Correspondence of David Ricardo*, ed. Piero Sraffa(Cambridge: Cambridge University Press for the Royal Economic Society, 1951), pp. 11-83; M. A. Adelman, *The World Petroleum Market*(Baltimore: Johns Hopkins University Press, 1972), p. 42.

2. Romulo Betancourt, *Venezuela: Oil and Politics*, trans. Everett Bauman(Boston: Houghton Mifflin, 1979), pp. 29, 43, 67; Franklin Tugwell, *The Politics of Oil in Venezuela*(Stanford: Stanford University Press, 1975), p. 182; Rabe, *The Road to OPEC*, pp. 64-73.

3. Rabe, *The Road to OPEC*, pp. 102("suicidal leap"), 103("tax structure"); Larson, *Standard Oil*, vol. 3, pp. 479-85; Romulo Betancourt, *Venezuela's Oil*, trans. Donald Peck(London: George Allen & Unwin, 1978), p. 162("ritual cleansing"); Godber to Starling, April 10, 1943, A786/94/47, FO 371/34259, PRO(Godber); Christopher T. Landau, "The Rise and Fall of Petro-Liberalism: United States Relations with Socialist Venezuela, 1945-1948"(Senior Thesis, Harvard University, 1985), pp. 5("octopi"), 10("vast dollar resources"), 75-76("disheartening"); Betancourt, *Venezuela*, pp. 128-36("taboo"). Holman to Hoffman, November 1, 1948, "FOA 0453-4357" file; McCulloch to Orton, December 1948, "CT 3028-3293" file; Miller to McCollum, September 3, 1947, "Gulf 6, 9, 18, etc." file("reap the profits"), case 1, Oil Companies papers. "Creole Petroleum: Business Embassy," *Fortune*, February 1949, pp. 178-79.

4. Loftus and Eakens to McGhee and Nitze, March 4, 1947, 800.6363/3-447; "Saudi Arabia's Offshore Oil," August 6, 1948, 890F.6363/8-1148, RG 59, NA; Interview with Jack Sunderland; *FRUS: Current Economic Developments, 1945-1954*, July 19, 1948, p. l0("new companies"); John Loftus, "Oil in United States Foreign Policy," Speech, July 30, 1946; Monsell Davis memo, "Kuwait Neutral Zone Concession," August 16, 1947, POWE 33/478, PRO; Painter, *Oil and the American Century*, p. 165("Aminoil"); Duce to DeGolyer, December 16, 1944, 360, DeGolyer papers; Tompkins, *Little Giant of Signal Hill*, pp. 156-63(Davies).

5. Somerset de Chair, *Getty on Getty*(London: Cassell, 1989), pp. 15-20("best hotel" and "a casino"), 143("always let down"), 145, 76 and 158(Madame Tallasou), 70("Family life"), 156; Interview with Jack Sunderland("thousand fights" and "value"); Robert Lenzner, *Getty: The Richest Man in the World*(London: Grafton, 1985), pp. 59-60(Dempsey), 101, 118-34("espionage"); Russell Miller, *The House of Getty*(London: Michael Joseph, 1985), p. 207("thinking about girls"); "The Fifty-Million Dollar Man," *Fortune*, November 1957, pp. 176-78; Ralph Hewins, *The Richest American: J. Paul Getty*(New York: E. P. Dutton, 1960), pp. 289("Middle East"); Interview with Paul Walton.

6. Miller, *House of Getty*, pp. 191-93("expenses"), 200-4("Teach" and "seminar"); Lenzner, *Getty*, pp. 156-57("insane"), 159-60("pathological fear"), 182("garbage oil"); Hewins, *Richest American*, pp. 309("favorably impressed"), 313("My bankers"); Munro to Rowe-Dutton, February 22, 1949, T 236/2161; to Furlonge, Foreign Office, November 1, 1950, ES 1532/24, FO 371/82692("notorious"), PRO. Proctor to Drake, June 28, 1949, 12-2-4 file, case, 4, 644a; Dunaway to Grubb, 44a, April 4, 1946, "various nos." file, case 2(Gulbenkian), Oil Companies papers. Interviews with Paul Walton and Jack Sunderland; Bernard Berenson, *Sunset and Twilight: From the Diaries of 1947-1958 of Bernard Berenson*, ed. Micky Mariano(New York: Harcourt, Brace & World, 1963), p. 309(richest man); *Multinational Hearings*, part 8(Washington, D.C.: GPO, 1975), pp. 282-84.

7. Trott to Bevin, "Saudi Arabia: Annual Review for 1950," March 19, 1951, ES 1011/1, FO 371/91757; Trott to McNeil, "Saudi Arabia: Annual Review for 1949, February 28, 1950, ES 1011/1, FO 371/82638, "Saudi Arabia: Economic Report," to Foreign Office, September 24, 1950, POWE 33/323, "Saudi Arabia: Economic Report," January 28, 1951, POWE 33/324, PRO. Cable with Duce to Wilkins, May 25, 1950, 886A.2553/5-2550("large company profits"); "Arabian-American Oil Company's Tax Problems," July 20, 1949, 890F.6363/7-2049, RG 59, NA. *Multinational Hearings*, part 8, pp. 342-50("rolling" and "horsetrading"), 357(IRS); part 7, pp. 168("spread the benefits"), 130-35("retreat"); Anderson, *Aramco*, pp. 188-96("welfare" and "Each time"); Betancourt, Venezuela, p. 89("grave threat"); Painter, *Oil and American Century*, p. 166("darn bit"); Interview with George McGhee("Saudis knew"); John Blair, *The Control of Oil*(New York: Pantheon, 1976), pp. 196-99(criticism of tax credit).

8. Gulf to Anglo-Iranian, June 20, 1951, "various nos. inc. Gulf and Jersey" file, case 2; LWE to Larsen, March 11, 1952, Butte to EPL, Jan. 25, 1952(Jersey working paper), nos. 128253-128255 file, case 3("We now know"), Oil Companies papers. "Aramco December 30 Agreement" Memo, January 10, 1951, 886A.2553/1-1051; "Gulf Oil Talks with Anglo-Iranian," March 29, 1951. 886A.2553/3-2951; "Gulf Oil Company Difficulties," June 4, 1951. 886D.2553/6-451, NA. Louis, *British Empire*, pp. 595, 647(historian); *Multinational Hearings*, part 4, pp. 86, 89(McGhee and senator).

─────────────── **23** ───────────────

1. Mohammed Reza Pahlavi, *The Shah's Story*, trans. Teresa Waugh(London: Michael Joseph, 1980), pp. 31-47("grief"); Barry Rubin, *Paved with Good Intentions: The American Experience in Iran*(New York: Penguin, 1984), p. 383, n. 9("mouse"); *FRUS, 1950*, vol. 5, pp. 463("Westernized"), 512; Brian Lapping, *End of Empire*(London: Granada, 1985), p. 205("bribed").

2. Pahlavi, *Shah's Story*, p. 39("miraculous failure"); Ervand Abrahamian, *Iran Between Two Revolutions*(Princeton: Princeton University Press, 1982), pp. 249-50("the Great"); Interview with George McGhee; Louis, *British Empire*, pp. 636, 596("infant prodigy" and "nineteenth-century"); George McGhee, *Envoy to the Middle World: Adventures in Diplomacy*(New York: Harper & Row, 1983), pp. 320("kindly feeling"); Acheson, *Present at the Creation*, p. 646("stupidity").

3. Berthoud memo, April 18, 1951. EP 1531/204, FO 371/91527; Bevin to Frank, April 12, 1950, EP 1531/37, FO 371/82395, PRO. "The Iranian Oil Crisis," 3460, DeGolyer papers; Raymond Vernon, "Planning for a Commodity Oil Market," in Daniel Yergin and Barbara Kates-Garnick, eds., *The Reshaping of the Oil Industry: Just Another Commodity?*(Cambridge: Cambridge Energy Research Associates, 1985), pp. 25-33("Minister and Manager"); Louis, *British Empire*, p. 56("no power or influence"); Francis Williams, *A Prime Minister Remembers: The War and Postwars of Earl Attlee*(London: Heinemann, 1961), pp. 178-79; Robert Stobaugh, "The Evolution of Iranian Oil Policy, 1925-1975," in *Iran Under the Pahlavis*, ed. George Lenczowski(Stanford: Hoover Institution Press, 1978), p. 206; James A. Bill and William Roger Louis, eds., *Mossadiq, Iranian Nationalism, and Oil*(London: I. B. Tauris & Co., 1988), p. 8("West End gentlemen").

4. NA 886D.2553 "Gulf Oil Company Difficulties," June 4, 1951, 6-451; "Gulf Oil Talks with Anglo-Iranian," March 29, 1951, 3-2951("did not dare"), RG 59, NA. Bill and Louis, *Mossadiq*, p. 247("fingertips" and "tough bargaining"); *Time*, August 1, 1949, p. 58("came with the shale"); Minutes of Meeting, August 2, 1950, EP 1531/40, FO 371/82375, PRO; Sampson, *Seven Sisters*, p. 134("Glasgow accountant"); Interviews with Robert Belgrave("skinflint") and George McGhee.

5. Louis, *British Empire*, p. 645(Fraser); Interview with Peter Ramsbotham("Bombshell"); Rouhollah K. Ramazani, *Iran's Foreign Policy, 1941-1973: A Study of Foreign Policy in Modernizing Nations*(Charlottesville: University of Virginia Press, 1975), pp. 192-96("misfortunes"); Abrahamian, *Iran*, p. 266("sacred mission" and "stooge"); Norman Kemp, *Abadan: A First-Hand Account of the Persian Oil Crisis*(London: Allan Wingate, 1953), pp. 27-28. Meeting at Foreign Office, January 16, 1951. EP 1531/112, FO 371/91524; Shepherd to Morrison, "Political Situation in Persia," July 9,

1951. EP 1015/269, FO 248/1514(1951), part IV("Former Company," "abolished" and "no further"), PRO. On the governor and the sheep, see Lapping, *End of Empire*, pp. 208-9; *Times*(London), June 9, 11, 1951; *New York Times*, June 9, 10, 11, 1951.

6. Roy Mottahedeh, *The Mantle of the Prophet: Religion and Politics in Iran*(London: Penguin, 1987), pp. 122-25("pure"). "Biographic Outline, Mohammed Mossadeq," Memorandum for the President, October 22, 1951; CIA, "Probable Developments in Iran Through 1953," NIE-75/1, January 9, 1953, President's Secretary's File, Truman papers. H. W. Brands, *Inside the Cold War: Loy Henderson and the Rise of the American Empire, 1918-1961*(Oxford: Oxford University Press, forthcoming), chap. 18(fainting spells); Anthony Eden, *Full Circle*(Boston: Houghton Mifflin, 1960), p. 219("Old Mossy"); Painter, *Oil and the American Century*, p. 173("colonial exploiter"); Acheson, *Present at the Creation*, p. 651("great actor"); Interviews with George McGhee and Peter Ramsbotham("Moslem"); Vernon Walters, *Silent Missions*(Garden City, N.Y.: Doubleday, 1978), p. 262; C. M. Woodhouse, *Something Ventured*(London: Granada, 1982), pp. 113-14; Louis, *British Empire*, pp. 651-53("lunatic" and "cunning"); Paul Nitze, *From Hiroshima to Glasnost*, pp. 130-37.

7. Interviews; Louis, *British Empire*, pp. 667-74("Suez Canal"); Notes, June 27, 1951, EP 1531/870, FO 371/91555, PRO(Churchill); Alistair Horne, *Harold Macmillan*, vol. 1, 1894-1956(New York: Viking, 1988), p. 310; H. W. Brands, "The Cairo-Tehran Connection in Anglo-American Rivalry in the Middle East, 1951-1953," *International History Review*, 11(1989), pp 438-40("scuttle and surrender").

8. Interview with Richard Funkhouser, Multinational Subcommittee Staff Interviews("oracle"); Interview with Walter Levy. On Levy's proposals, see Logan memo, July 31, 1951, with Minute, July 29, 1951. EP 1531/1290, FO 371/91575("camouflage"); Shepherd to Foreign Office, October 10, 1951, EP 1531/1837, FO 371/91599(John Kennedy); Cabinet Minutes, July 30, 1951. CM (51), CAB 128/20, PRO. Acheson, *Present at the Creation*, p. 655; Louis, *British Empire*, p. 677, n. 5("mongrelization" and "dilute"); Walters, *Silent Missions*, pp. 247-56("crafty," "Where else?," "certain principles" and Kashani); *FRUS: Iran, 1951-1954*, p. 145("dream world").

9. Louis, *British Empire*, p. 678("jolly good"); Fergusson to Stokes, October 3, 1951, with Fergusson to Makins, October 4, 1951, EP 1531/1839, FO 371/91599; Ramsbotham to Logan, August 20, 1951, EP 1531/1391, FO 371/91580, PRO. Interview with Peter Ramsbotham("last act of *Figaro*"); Peter Ramsbotham to author, July 4, 1990; Painter, *Oil and American Century*, p. 177. John F. Thynne, "British Policy on Oil Resources 1936-1951 with Particular Reference to the Defense of British Controlled Oil in Mexico, Venezuela and Persia"(Ph.D., London School of Economics, 1987), pp. 211-12, 273("stock-in-trade"); Walters, *Silent Missions*, p. 259("failure").

10. Cabinet, Persia Committee, "Measures to Discourage or Prevent the Disposal of Persian Oil," December 13, 1951. PO (0)(51)26, CAB 134/1145("stolen oil"); Cabinet Minutes, September 27, 1951, CM (51), CAB 128/20("humiliating"), PRO. Interview with Eric Drake("sabotage" and "pistol"); Kemp, *Abadan*, pp. 235("day of hatred"), 241("Stand Firm"); Longhurst, *Adventure in Oil*, pp. 143-44("records").

11. "Steps Taken to Make Up the Loss of Persian Production," Appendix D to "Measures to Discourage or Prevent the Disposal of Persian Oil," December 13, 1951, PO (0)(51), CAB 134/1145; "Persian Oil: Future Policy," April 15, 1953, CAB 134/1149; "Persian Ability to Produce and Sell Oil," November 22, 1951. PO (0)(51) 17, CAB 134/1145, PRO. "Plan of Action No. 1 Under Voluntary Agreement," July 1951; Lilley to Longon, April 26, 1951, "Texas Co. 1951" file, Case 9, Oil Companies papers. Shell Transport and Trading, "Survey of Current Activities, 1951," Shell archives("unnecessary"). C. Stribling Snodgrass and Arthur Kuhl, "U.S. Petroleum's Response to the Iranian Shutdown," *Middle East Journal* 5(Autumn 1951) pp. 501-4; Lenczowski, Iran, p. 212.

12. Robert Rhodes James, *Anthony Eden*(New York: McGraw-Hill, 1987), pp. 355("'old brain'"), 346("splutter of musketry"), 60, 347(Anglo-Iranian stock); Eden, *Full Circle*, pp. 212-25("shaken"). Eden Minute on Bullard to Foreign Office, May 7, 1941, No. 202, FO 371/27149; P. Dixon, "Informal Conversation about Persia," November 14, 1951, CAB 134/1145; Fergusson to the Minister, "Persian

Oil," January 30, 1952 and February 7, 1952("tell the U.S.A."), PO (M)(52), POWE 33/1929; Butler to the Secretary, May 22, 1952, POWE 33/1934, PRO. Bill and Louis, *Mossadiq*, pp. 244, 246("cloud cuckoo").

13. Interview with George McGhee("end of the world"); George McGhee to author, July 5, 1990; Peter Ramsbotham to author, July 4, 1990; McGhee, *Envoy*, pp. 401-3; Acheson, *Present at the Creation*, p. 650("like Texas"); Walters, *Silent Missions*, p. 262("my fanatics"); Abrahamian, *Iran*, pp. 267-68("rabble rouser"); Sepehr Zabih, *The Mossadegh Era: Roots of the Iranian Revolution*(Chicago: Lake View Press, 1982), p. 46; Brands, *Loy Henderson*, chap. 20("secret contempt"); *FRUS: Iran, 1951-1954*, pp. 179(future generations), 186("helpless").

14. "Record of Meeting," June 28, 1952, EP 15314/163, CAB 1341/147("some stage"); Makins to Foreign Office, May 21, 1953, EP 1943/1, FO 371/104659; Churchill to Makins, June 5, 1953, EP 1943/3G, FO 371/104659; Makins to Foreign office, June 4, 1953, No. 473, FO 371/104659, PRO. Churchill to Truman, August 16, August 20("very edge"), August 22, September 29, 1952(with Acheson to Truman, October 1, 1952), Truman to Churchill, August 18, 1952("communist drain"), Henderson and Middleton to Bruce and Byroade, August 27, 1952("trap"), PSF, Truman papers. Acheson, *Present at the Creation*, p. 650; Eden, *Full Circle*, p. 221("autograph"); Woodhouse, *Something Ventured*, pp. 110-27; Kermit Roosevelt, *Countercoup: The Struggle for the Control of Iran*(New York: McGraw-Hill, 1979), pp. 114-20; Pahlavi, *Shah's Story*, p. 55; *FRUS: Iran, 1951-1954*, pp. 742("mobocracy"), 693("Communist control" and "feasible course"), 737-38("active"), 878.

15. Makins to Foreign Office, June 4, 1953, FO 371/104659(Shah's suspicions); Shuckburgh to Strang, August 29, 1953, FO 371/104659; Roe to Foreign Office, August 25, 1953, EP 1914/1, FO 371/104658; Bromley to Salisbury, August 26, 1953, EP 1941/12, FO 371/104658(Shah in Rome and Baghdad), PRO. *FRUS: Iran 1951-54*, pp. 748("snuggle up"), 780-88(description of events); William Shawcross, *The Shah's Last Ride*(New York: Simon and Schuster, 1988), pp. 68-70("bulletin" and "I knew they loved me"); Roosevelt, *Countercoup*, pp. 156-72, and passim; Mark T. Gasiorowski, "The 1953 Coup d'Etat in Iran," *International Journal of Middle Eastern Studies* 19 (1987), pp. 261-86; Woodhouse, *Something Ventured*, pp. 115-16. Woodhouse was, at the time, Kim Roosevelt's opposite number, in charge of the 1953 coup enterprise from the British side.

16. Robert Belgrave to author, March 16, 1989; Interview with Wanda Jablonski; "Persia: Quarterly Political Report," July-September 1953, November 19, 1953, EP 1015/263, POWE 33/2089, PRO; Donald N. Wilber, *Adventures in the Middle East Excursions and Incursions*(Princeton, N.J.: Darwin Press, 1986), p. 189; Stephen E. Ambrose, *Eisenhower: The President*(New York: Simon and Schuster, 1984), p. 129("dime novel"); Richard and Gladys Harkness, "The Mysterious Doings of CIA," *Saturday Evening Post*, November 6, 1954, pp. 66-68; Brands, *Loy Henderson*, chap. 20.

17. Butler to Secretary, August 24, August 26, 1953, POWE 33/2088("stumped"); "Skeleton Memo on Middle East Oil," August 17, 1953, PO (0)(53) 72, CAB 134/1149; "Draft Proposal/Walter Levy," October 20, 1952, POWE 33/1936, PRO. Interview with Wanda Jablonski; Bennett Wall, *Growth in a Changing Environment: The History of Standard Oil (New Jersey), 1950-1972, and the Exxon Company, 1972-1975*(New York: McGraw-Hill, 1988), pp. 487-88; Wilber, *Adventures in the Middle East*, p. 184; Nitze, *From Hiroshima to Glasnost*, pp. 133-37; United States Congress, Senate, Committee on Foreign Relations, Subcommittee on Multinational Corporations, 93rd Congress, 2d Session, *Multinational Corporations and U.S. Foreign Policy*(Washington, D.C.: GPO, 1975), p. 60; *Multinational Hearings*, part 7, p. 301("touch and go"); Interviews with George Parkhurst("ouchy") and Howard Page("beat us on the head"), Multinational Subcommittee Staff Interviews; Burton I. Kaufman, *The Oil Cartel Case: A Documentary Study of Antitrust Activity in the Cold War Era*(Westport, Conn.: Greenwood Press, 1978), pp. 162-170(Funkhouser); Wilkins, *Maturing of Multinational Enterprise*, p. 322; Interview with George McGhee("fiddler"); United States Congress, Senate, Committee on Foreign Relations, Subcommittee on Multinational Corporations, *The International Petroleum Cartel, the Iranian Consortium, and U.S. National Security*(Washington, D.C.: GPO, 1974), pp. 57-58("strictly

commercial viewpoint").

18. Wall, *Exxon*, pp. 453-55, 947, n. 33; Kaufman, *Oil Cartel Case*, pp. 27("rubber stamping"), 163("highly slanted"), 30("Soviet propaganda"); FTC, *International Petroleum Cartel*. For Justice Department version, see Multinational Subcommittee, *Iranian Consortium*, pp. 5-16("spot market"). For the British view, see Eden in "Notes for Secretary of State on U.S. Federal Trade Commission's Report," September 4, 1952, POWE 33/1920 and "International Oil Industry," Memo by the Foreign Secretary, September 30, 1952, C(52) 315, PREM 11/500; Churchill to Foreign Secretary, August 30, 1952, M 463/52, PREM 11/150, PRO. Lloyd to Anglo-Iranian, October 2, 1952, brown wrapper, Case 9, Oil Companies papers("stale bread," "witch-hunters" and "prejudicial"). On antitrust policy, see Raymond Vernon and Debra L. Spar, *Beyond Globalism: Remaking American Foreign Economic Policy*(New York: Free Press, 1989), pp. 113-17 and Kingman Brewster, Jr., *Antitrust and American Business Abroad*(New York: McGraw-Hill, 1958), pp. 8, 72-74, 330-31.

19. *FRUS: Current Economic Developments, 1945-1954*, January 6, 1947("national interest"); Multinational Subcommittee, Iranian Consortium, pp. 30-36("unlawful combination"), 52("enforcement"), 77("would not violate"); Burton I. Kaufman, "Oil and Antitrust: The Oil Cartel Case and the Cold War," *Business History Review* 51(Spring 1977), p. 38("start trouble"); Truman, *Memoirs*, pp. 126-27(Truman's oil experience); Wall, *Exxon*, pp. 481-86("considered judgment"); John Foster Dulles, "Iranian Oil" memorandum, January 8, 1954, *DDRS*, 1983, doc. 257C.

20. *Multinational Hearings*, part 7, pp. 304("political matter" and "no case"), 297("yacking"), 248-249; Wall, *Exxon*, pp. 492-96("hostages"); Interview with Robert Belgrave("apple cart"). "Iran-Basis for Settlement with Anglo-Iranian," March 16, 1954, CAB 134/1085; Cabinet, Middle East Oil Committee, "Middle East Oil Policy," April 2, 1954, O.M.E.(54) 21, CAB 134/1085("reliable independents"), PRO. *New York Times*, November 1, 1954, p. 1; Henderson to Jernegan, November 12, 1953, 880.2553/11-1253("almost inevitable"), RG 59, NA; Interview with Howard Page, Multinational Subcommittee Staff Interviews; Interviews with Pierre Guillaumat, John Loudon("wonderful deal") and Wanda Jablonski.

24

1. Chester L. Cooper, *The Lion's Last Roar*(New York: Harper & Row, 1978), pp. 12("Great Engineer"), 16, 18("highway"), 20; Robert Blake, *Disraeli*(New York: St. Martin's, 1967), pp. 584-85(Disraeli).

2. Office of Intelligence Research, Department of State, "Traffic and Capacity of the Suez Canal," p. 10, August 10, 1956, National Security Council records; Harold Lubell, "World Petroleum Production and Shipping: A Post-Mortem on Suez," P-1274(Rand Corporation, 1958), pp. 17-18.

3. Selwyn Lloyd, *Suez 1956: A Personal Account*(New York: Mayflower Books, 1978), pp. 45, 69, 24, 2-19; Donald Neff, *Warriors at Suez: Eisenhower Takes the United States into the Middle East*(New York: Simon and Schuster, 1981), p. 83(CIA profile); Anthony Nutting, *Nasser*(New York: E. P. Dutton, 1972), p. 75("Voice of the Arabs"); Elizabeth D. Sherwood, *Allies in Crisis: Meeting Global Challenges to Western Security*(New Haven: Yale University Press, 1990), chap. 3; Gamal Abdel Nasser, *The Philosophy of the Revolution*(Buffalo: Smith, Keynes, and Marshall, 1959), p. 61; Y. Harkabi, *Arab Attitudes to Israel*, trans. Misha Louvish(Jerusalem: Israel University Press, 1974), p. 61("crime"); Jacques Georges-Picot, *The Real Suez Crisis: The End of a Great Nineteenth-Century Work*, trans. W. G. Rogers(New York: Harcourt Brace Jovanovich, 1978), pp. 34, 61-62; W. S. C. to Minister of State, August 19, 1952, Prime Minister's Personal Minutes, Egypt(main file), part 3, PREM 11/392, PRO. C. Mott-Radclyffe to Ambassador, May 4, 1954, D7 107-83, Middle East Centre archives. Mohammed H. Heikal, *Cutting Through the Lion's Tale: Suez Through Egyptian Eyes*(London: Andre Deutsch, 1986), pp. 6, 13, 61-62(Eden's Arabic).

4. Interview with Robert Bowie; Jacques Georges-Picot, *Real Suez Crisis*, p. 68("musty ... odor"); Wall, *Exxon*, pp. 547-51; Mohammed Heikal, *The Cairo Documents*(Garden City, N.Y.: Doubleday, 1973), pp. 84-85("oil complex"); Anthony Nutting, *No End of a Lesson: The Story of Suez*(London:

Constable, 1967), p. 40; Anthony Moncrieff, ed., *Suez: Ten Years After*(New York: Pantheon, 1966), pp. 40-41(cotton).

5. Cooper, Lion's Last Roar, p. 103("De Lesseps"); Alistair Horne, *Harold Macmillan*, vol. 1, *1894-1956*(New York: Vintage, 1989), p. 39 (Macmillan); Wm. Roger Louis and Roger Owen, eds., *Suez 1956: The Crisis and Its Consequences*(Oxford: Clarendon Press, 1989), p. 110; Interview with John C. Norton(pilots).

6. Evelyn Shuckburgh, *Descent to Suez: Diaries, 1951-1956*(London: Weidenfeld and Nicolson, 1986), p. 23("Master"); Neff, *Warriors at Suez*, p. 39(Ike on Dulles); Interview with Winthrop Aldrich, p. 27, Tape 27, Box 244, Aldrich papers; Eden, *Full Circle*, p. 487("disgorge"); Louis and Owen, *Suez 1956*, pp. 198-99("out of date" and "white men"), 210("mantle"); Dwight D. Eisenhower, *Waging Peace: The White House Years, 1956-1961*(Garden City, N.Y.: Doubleday, 1965), p. 670("drama"); Interview with Robert Bowie; Heikal, *Cairo Documents*, p. 103("Which side"); Deborah Polster, "The Need for Oil Shapes the American Diplomatic Response to the Invasion of Suez"(Ph.D., Case Western Reserve University, 1985), pp. 65-66.

7. Herman Finer, *Dulles Over Suez: The Theory and Practice of His Diplomacy*(Chicago: Quadrangle Books, 1964), p. 397; Eisenhower to Hoover, October 8, 1956, Dulles papers, White House Memoranda Series, Eisenhower Library; Polster, "The Need for Oil," chap. 4.

8. April 6, 1956, Personal Telegram Serial, T 221/56, PREM 11/1177("Bear's claws"); Cabinet, Egypt Committee, August 24, 1956, E.C. (56), CAB 134/1216, PRO. Eden, *Full Circle*, p. 401("absolutely blunt").

9. Eden, *Full Circle*, pp. 520(Eden to Eisenhower), 475; Lloyd, *Suez*, p. 42("very worried"); Horne, *Macmillan*, vol. 1, p. 411(Macmillan's reading and diary).

10. Eden, *Full Circle*, pp. 576-78("stamp of our generation"); Interview with Robert Belgrave; Nasser, *Philosophy of the Revolution*, pp. 72-73("vital nerve"); Lloyd, *Suez*, p. 120(Spaak).

11. Kenneth Love, *Suez: The Twice-Fought War*(New York: McGraw-Hill, 1969), pp. 36, 403; Wall, *Exxon*, pp. 549-61; Louis and Owen, *Suez 1956*, p. 123(Kirkpatrick); Wilbur Crane Eveland, *Ropes of Sand: America's Failure in the Middle East*(New York: Norton, 1980), pp. 209-13(Anderson); Eisenhower to King Saud, August 20, 1956, *DDRS*, 1985, doc. 655. Views about nuclear power similar to Anderson's were expressed in the Joint Intelligence Staff meetings in London. Chester Cooper to author, May 30, 1989.

12. Moshe Dayan, *Story of My Life*(New York: William Morrow, 1976), p. 218. Lloyd's attitude reminded Dayan "of a customer bargaining with extortionate merchants." Hugh Thomas, *The Suez Affair*(London: Weidenfeld and Nicolson, 1986), pp. 95-109, 224. On attitude towards Jews, see Shuckburgh, *Descent to Suez*, passim; for Eden on Jews, see Neff, *Warriors at Suez*, p. 206 and John Harvey, ed., *The War Diaries of Oliver Harvey*(London: Collins, 1978), pp. 191-94, 247. Harold Macmillan, *Riding the Storm, 1956-59*(London: Macmillan, 1971), p. 149; Louis and Owen, *Suez 1956*, p. 160; Stuart A. Cohen, "A Still Stranger Aspect of Suez: British Operational Plans to Attack Israel, 1955-56," *International History Review* 10(May 1988), pp. 261-81.

13. James, *Eden*, p. 597("artificial inside"); Cooper, *Lion's Last Roar*, p. 128("Chums"). On Eden's medication and collapse, see James, *Eden*, pp. 523, 597; Thomas, *Suez Affair*, pp. 43-44; Neff, *Warriors at Suez*, p. 182.

14. Ambrose, *Eisenhower*, p. 357; "Memorandum of Conference with the President," October 30, 1956, Dulles papers, White House Memoranda Series(Eisenhower); Cooper, *Lion's Last Roar*, p. 167("unshirted hell"); Lloyd, *Suez*, p. 78(Hoover); Heikal, *Cairo Documents*, pp. 112-13(Nasser's instructions); Cabinet, Egypt Committee, "Political Directive to the Allied Commander-in-Chief," November 3, 1956, E.O.C.(56) 12, CAB 134/1225, PRO.

15. Cabinet, Egypt Committee Minutes, September 7, 1956, EC(56), CAB 134/1216; Chiefs of Staff, "Review of the Middle Eastern Situation Arising Out of the Anglo-French Occupation of Port Said," November 8, 1956, E.C.(56) 67, CAB 134/1217, PRO. Ambrose, *Eisenhower*, pp. 359("boil in"),

371("Attorney General"); Interview with Peter Ramsbotham("paraboys"); Richard K. Betts, *Nuclear Blackmail and Nuclear Balance*(Washington, D.C.: Brookings Institution, 1987), pp. 62-65("night follows day"); Polster, "Need for Oil," p. 114("get the Arabs sore"); Wall, *Exxon*, p. 557("simply refused"); Macmillan, *Riding the Storm*, p. 164(IMF); Lloyd, *Suez*, pp. 211, 206(Macmillan on oil sanctions); Louis and Owen, *Suez 1956*, p. 228("naughty boys"); United States Congress, Senate, Committee on the Judiciary and Committee on Interior and Insular Affairs, *Emergency Oil Lift Program and Related Oil Problems: Joint Hearings*, 85th Congress, 1st session(Washington, D.C.: GPO, 1957), p. 2401("purgatory"). Statistics from *Emergency Oil Lift Program*, pp. 1046-64; Office of Intelligence Research, Department of State, "Economic Consequences of the Closure of the Suez Canal(and IPC Pipelines)," January 7, 1957; Lubell, "World Petroleum Production and Shipping," p. 21; Harold Lubell, *Middle East Oil Crisis and Western Europe's Energy Supplies*(Baltimore: Johns Hopkins University Press, 1963); Peter Hennessy arid Mark Laity, "Suez-What the Papers Say," *Contemporary Record* 1(Spring 1957), p. 8.

16. Eisenhower to Ismay, November 27, 1956, *DDRS*, 1989, doc. 2941("sadness" and "delicate"); Dillon to Director(re: Ismay), *DDRS*, 1989, doc. 859(Ismay); Lloyd, *Suez*, p. 219(hospital meeting with Dulles). Robert Rhodes James, while accepting Lloyd's recollection, quotes his somewhat more ambiguous report to Eden at the time, in which Dulles criticized "our methods," but "deplored that we had not managed to bring down Nasser." James, *Eden*, p. 577.

17. Cabinet minutes, November 26, 1956, CAB 134/1216; Macmillan to Eden, January 7, 1957, PREM 11/2014, PRO. *Emergency Oil Lift Program*, pp. 2406("sugar bowl"), 2353-57("whose interests"), 2404(Drake and Jersey representative), 810; Love, *Twice-Fought War*, p. 655("Suez sixpence"); Wall, *Exxon,* pp. 559("have already shipped"), 579("push a button"); *Financial Times and Daily Express*, January 19, 1957("No Extra Oil"); Johnson, *Sun*, pp. 84-86(antitrust case).

18. United States Congress, Senate, Judiciary Committee, Subcommittee on Antitrust and Monopoly, *Petroleum, the Antitrust Laws and Government Policy*, 85th Congress, 1st session(Washington, D.C.: GPO, 1957), pp. 97-98; Office of Intelligence Research, Dept. of State, "Economic Consequences of the Closure of the Suez Canal," January 7, 1957; Wall, *Exxon*, p. 582("British shipping"); "Middle East Oil," January 23, 1957, UE S 1171/39, FO 371/127281, PRO.

19. Cooper, *Lion's Last Roar*, p. 281("curious time"); Moncrieff, Suez: *Ten Years After*, p. 45("Sir Eden"); James, *Eden*, p. 593("so unrepentant"); Macmillan, *Riding the Storm*, p. 181("see him now"); Neff, *Warriors at Suez*, p. 437(*Times*); Home, Macmillan, p. 460.

20. Interview with John Loudon("tanker people"); Wall, *Exxon*, p. 582. On pipelines, see "Transport of Middle East Oil," n.d., UE S 1171/228, FO 371/127213; Bridgeman to Ayres, March 11, 1957, POWE 33/1967; Memorandum from Shell, March 11, 1957, POWE 33/1967, PRO. On tankers, see JWH to Secretary of State, October 11, 1956, and Draft Memorandum for the President, Dulles papers, White House Memoranda series; "Bermuda Conference: Long-Term Tanker Prospects," Note by Ministry of Power and Ministry of Transport, March 15, 1957, UE S 1172/5, FO 371/127210; "Middle East Oil," January 18, 1957, to Mr. Beely, FO 371/127200("political risk"); "Long-Term Requirements for the Transport of Oil from the Middle East," January 28, 1957, UE S 1141/29, FO 371/127201, PRO.

21. Caccia to Foreign Office, February 12, 1957, AU 1051/A2, FO 371/126684, PRO("boy scout"); "Memorandum of Conferences with the President," November 21, 1956, 4:00 P.M., 5:30 P.M., Dulles papers, White House Memoranda series(Ike's Middle East policy).

22. Macmillan, *Riding the Storm*, pp. 198("agonies"), 133("rulers"), 258(weekly letters); "Memorandum of Conference with the President," November 21, 1956, Dulles papers, White House Memoranda series("straight, fine man"). Macmillan to "Dear Friend"(letter to Eisenhower), January 16, 1957, PREM 11/2199("no illusions"); COIR to Jarrett, March 5, 1957, PREM 11/2010("family tree"); Macmillan to C.E., March 6, 1957, PREM 11/2014; "Middle East: General Questions," Bermuda Conference Notes, PREM 11/1838(Macmillan in Bermuda), PRO. Eisenhower, *Waging Peace*, p.

123("plain talk"); James, *Eden*, p. 617("lake of oil").

─────────────────────── **25**

1. Wellings to DeGolyer, December 10, 1953; DeGolyer to Wellings, December 24, 1953, 1982, DeGolyer papers.
2. American Petroleum Institute, *Basic Petroleum Data Book*, vol. 6, September 1986, IV-1, II -1.
3. Cabinet, Middle East Oil Committee, October 7, 1954, O.M.E.(54) 36, CAB 134/1086("reasonable basis"); Russell to Lloyd, October 11, 1957, EP 1013/4, FO 371/127073, PRO.
4. Hohler to Foreign Office, August 20, 1957, UE S 1171/228, FO 371/127211, p. 6; Foreign Office, "Signor Enrico Mattei," FO 371/127210, PRO. "Enrico Mattei and the ENI," with Tasca and Phelan to Department of State, December 16, 1954, 865.2553/12-1654, RG 59, NA("economic history"); Paul Frankel, *Mattei: Oil and Power Politics*(New York and Washington, D.C.: Praeger, 1966), pp. 122, 41-51("sucking needles"); Interviews with Marcello Colitti("into the fire") and John Loudon("difficult" and "dessert").
5. Interview with Robert Belgrave; Frankel, *Mattei*, p. 83(Mattei on the Seven Sisters). Beckett to Jardine, May 22, 1957, FO 371/127208; Falle to Gore-Booth, May 6, 1957, UE S 1171/105/4, FO 371/127205; Cabinet, Committee on the Middle East, March 26, 1957, O.M.E.(57), CAB 134/2338; Record of Conversation between Mr. Hannaford and Signor Mattei, with Cabinet, Committee on the Middle East, OME(57) 35, Eevise, May 24, 1957, CAB 134/2339; Hohler to Lloyd, August 20, 1957, UE S 1171/228, FO 371/127211, PRO.
6. Frankel, *Mattei*, p. 141(Italian princess). Cabinet, Committee on the Middle East, May 1, 1957, O.M.E.(57) 29, PREM 11/2032; Stevens to Foreign Office, April 12, 1957, no. 47, PREM 11/2032("blackmail"); Foreign Office to Rome, March 27, 1957, no. 469, FO 371/127203; Ashley Clarke, "Signor Mattei and Oil," September 25, 1957, FO 371/127212, PRO.
7. Wright to Coulson, with Cabinet, Middle East Committee, March 25, 1957, O.M.E.(57) 24, CAB 134/2339("lesser evil"); Foreign Office, "European Interest in Mid East Oil," Cabinet, Committee on the Middle East, OME 57(35), May 24, 1957, CAB 134/2339; Pridham minute, August 27, 1957, UE S 1171/228, FO 371/127211; Anglo-American Talks, April 15, 1957, FO 371/127206("unreliable person"); Joseph Addison to Wright, April 11, 1957, UE S 1171/120(C), FO 371/127206; Cabinet, Committee on the Middle East, "Italian-Iranian Oil Agreement," March 25, 1957, O.M.E. 57(24), CAB 134/2339 and Foreign Office to Rome, March 27, 1957, no. 469, FO 371/127203("prejudice"); Hohler to Wright, August 20, 1957, UE S 1171/228, FO 371/127211("sign of weakness"); Hohler to Foreign Office, August 20, 1957, no. 141 E, FO 371/127211, PRO.
8. Wright to Coulson, with Cabinet, Committee on the Middle East, "Italian-Iranian Oil Agreement," March 25, 1957, OME 57(24), CAB 134/2339; Lattimer notes on Mattei visit, June 1957, E.G. 9956, FO 371/127210; Russell to Wright, August 10, 1957, UE S 1171/223, FO 371/127211(meeting with Mattei in Tehran and "four minute mile"); M. to Macmillan, May 6, 1957, PREM 11/2032; Wright to Russell, August 16, 1957, UE S 1171/223, FO 371/127211, PRO. Interview with Marcello Colitti("tiny places").
9. "Japanese Interest in the Oil Concession for the Kuwait-Saudi Neutral Zone Sea-Bed," September 27, 1957, FO 371/127170; British Embassy, Tokyo, to Eastern Department, Foreign Office, November 12, 1957, 1532/107/57, FO 371/127171; S. Falle, "Japanese and Middle East Oil Concessions," October 4, 1957, POWE 33/2110("real breach"), PRO. Martha Caldwell, "Petroleum Politics in Japan: State and Industry in a Changing Policy Context"(Ph.D., University of Wisconsin, 1981), pp. 84-86; CIA, "Taro Yamashita," *Biographic Register*, August 1964, DDRS, doc. 31A.
10. Halford to Foreign Office, December 19, 1957, No. 22, POWE 33/2110; Cabinet, Official Committee on the Middle East, Minutes, November 7, 1957, p. 5, OME(57), CAB 134/2338; Kuwait to Foreign Office, October 2l, 1957, S 1534/29, FO 371/127171; P. J. Gore-Booth to J. A. Beckett, November 4, 1957, PD 1146/17, POWE 33/2110("feeling"); Kuwait to Foreign Office, October 8, 1957, nos.

363, 364, FO 371/127171(royal telegrams); J. C. Moberly, "Kuwait-Saudi Neutral Zone Seabed Concession," November 6, 1957, ES 1534/37, FO 371/127171; British Embassy, Tokyo, to Eastern Department, Foreign Office, November 12, 1957, S 1534/41; Shell to BPM, December 11, 1957, FO 371/127171; Halford to Foreign Office, December 22, 1957, No. 477, POWE 33/2110, PRO. Caldwell, "Petroleum Politics," pp. 86-87("national project"); Tadahiko Ohashi to author, August 16, 1989(information from Mr. Sakakibara).

11. Emmett Dedmon, *Challenge and Response: A Modern History of Standard Oil Company(Indiana)* (Chicago: Mobium Press, 1984), pp. 203-05("opportunities" and "Aryans"); "Conversation with His Imperial Majesty," FO 371/1330A, PRO(Shah's home life).

12. Wright to Foreign Office, February 11, 1958, VQ 1015/11, FO 371/134197, PRO("stranglehold"). On the coup in Iraq, see Wright to Foreign Office, July 17, 1958, VQ 1015/100, FO 371/134199; Embassy, Ankara to Rose, July 17, 1958, VQ 1015/71(c), FO 371/34199; Stout to Middle East Secretariat, August 7, 1958, VQ 1015/195, FO 371/134202; Johnston to Rose, July 28, 1958, VQ 1015/171, FO 371/134l201; Wright to Lloyd, "The Iraqi Revolution of July 19, 1958," EQ 1015/208, PREM 11/2368; Wright memo on Howard Page, September 1, 1958, EQ 1531/15, FO 371/133119, PRO.

13. Report of the Commission of Arab Oil Experts, April 15-25, 1957, to the Secretariat-General of the Arab League, pp. 25, FO 371/127224; Nuttali to Falk, October 4, 1957, with minutes of Second Session of Fifth Meeting of Arab Oil Experts, pp. 2, 9, UE 51177l/2, FO 371/127224, PRO. Interview with Fadhil al-Chalabi.

14. Bridgett to Department of State, March 4, 1959, 831.2553/3-459, RG 59, NA; Philip, *Oil and Politics*, p. 83; Betancourt, *Venezuela*, pp. 323-24, 342("factory"); Richard M. Nixon, *Six Crises*(Garden City, N.Y.: Doubleday, 1962), pp. 213-27; Rabe, *The Road to OPEC*, p. 157("romantics"); Tugwell, *Politics of Oil*, chap. 3; Interviews with Alirio Parra, Alicia Castillo de Pérez Alfonzo, Juan Pablo Pérez Castillo, Oscar Pérez Castillo.

15. NA 831.2553: Leddy to Department of State, January 10, 1951. 1-1051; Davis memo, September 8, 1953, 9-853; Swihart to Department of State, May 9, 1956, 5-956; Chaplin to Department of State, May 25, 1956, 5-2556; Sparks to Secretary of State, December 20, 1958, 12-2058; Anderson-Rubottom memo, June 5, 1959, 6-559; Boonstra memo, June 5, 1959, 6-559; Eisenhower to Betancourt, April 28, 1959, 4-2859, RG 59; Cox to Department of State, September 10, 1959, 631.86B/9-1059, RG 59. Interview with Alirio Parra("bones").

16. Pierre Terzian, *OPEC: The Inside Story*, trans. Michael Pallis(London: Zed Books, 1985), pp. 85-97; *New York Times*, June 4, 1958, p. 8; Diary of J. B. Slade-Baker, January 20, 1958, Middle East Center; Nadav Safran, *Saudi Arabia: The Ceaseless Quest for Security*(Cambridge: Harvard University Press, 1985), pp. 88-103; *Fortune*, August 1959, pp. 97, 146("service station"); *Petroleum Week*, June 20, 1958, p. 41; CIA, "Abdullah Ibn Hamud al-Tariqi," February 26, 1970, *DDRS*, 1984, doc. 788.

17. CIA, "Middle East Oil," NIE 30-60, November 22, 1960, 83-542-9, paper 12-17("force"); Cabinet Minutes, July 25, 1958, Whitman Files, 1953-1961, Cabinet Series, Box 11("dangerous situation"); Eisenhower Library. NA 861.2553: Sundt to Department of State, January 28, 1954, 1-2854; February, 3 1954, 2-354, RG 59, NA. Wall, *Exxon*, p. 332; J. E. Hartshorn, *Oil Companies & Governments: An Account of the International Oil Industry in Its Political Environment*(London: Faber and Faber, 1962), pp. 211, 215.

18. Terzian, *OPEC*, pp. 23, 26; Bridgett to Department of State, June 4, 1959, 831.2553/6-459, RG 59, NA; Hubbard to BP, April 29, 1959("considered successful" and "Miss Wanda Jablonski"); Chisholm to Chairman of BP, April 30, 1959, Deighton File, "Cairo 'Arab Petroleum Congress'"("'plus'"); Weir to Walmsley, June 17, 1959, B51532/8, FO 371/140378, PRO("my boy").

19. Interviews with Wanda Jablonski and Alirio Parra; "Wanda Jablonski Reports on the Middle East," Supplement, *Petroleum Week, 1957*; "Eugene Jablonski Returns to Botany," *Garden Journal*, May-June 1963, pp. 102-3; Terzian, *OPEC*, pp. 26-29, 7("Gentlemen's Agreement").

26

1. Wall, *Exxon*, pp. 332-33; Angela Stent, *From Embargo to Ostpolitik: The Political Economy of Soviet-West German Relations, 1955-1980*(Cambridge: Cambridge University Press, 1981), p. 99(Keating); Hartshorn, *Oil Companies & Governments*, pp. 252-53, 218.

2. "Rathbone of Jersey Standard," *Fortune*, May 1954, pp. 118-19; "How Rathbone Runs Jersey Standard," *Fortune*, January 1963, pp. 84-89, 171-79.

3. Wright memo on Howard Page, September 11,95, 8 EQ 1531l15, FO 371/133119 ("tough man"); Williams to Stock, June 23, 1958, 58/6/112, POWE 33/2200(Jablonski at Jersey), PRO. Interviews with Wanda Jablonski and John Loudon; Ian Skeet, *OPEC-Twenty-five Years of Prices and Politics*(Cambridge: Cambridge University Press, 1988), p. 22("regret").

4. Terzian, *OPEC*, pp. 33-34("Just wait"), 42-46("regulation," "sanctions," "disapprove" and Page); Interviews with Alirio Parra("We've done it") and Fadhil al-Chalabi; Skeet, *OPEC*, p. 23; Fadhil al-Chalabi, *OPEC and the International Oil Industry: A Changing Structure*(Oxford: Oxford University Press, 1980), p. 67; *New York Times*, September 25, 1960; CIA, "Middle East Oil," NIE 30-60, November 22, 1960, 83-542-9, Eisenhower Library; Robert Stobaugh and Daniel Yergin, eds., *Energy Future: Report of the Energy Project at the Harvard Business School* 3d. ed.(New York: Vintage, 1983), p. 24(Rouhani).

5. Abdul-Reda Assiri, *Kuwait's Foreign Policy: City-States in World Politics*(Boulder, Colo.: Westview, 1990), pp. 19-26(Iraq and Kuwait); Skeet, *OPEC*, p. 29("nice in theory").

6. Interviews with Alicia Castillo de Pérez Alfonzo, Juan Pablo Pérez Castillo, Oscar Pérez Castillo("sowing" and "devil"), Alfred DeCrane, Jr., and Fadhil al-Chalabi; Terzian, *OPEC*, pp. 80-85("ecologist"); Skeet, *OPEC*, p. 32("reality of the oil world").

7. Interview with Gilbert Rutman; Melby, *France*, pp. 253(Economic Council), 302(Giraud); Alistair Horne, *A Savage War of Peace: Algeria, 1954-1962*(London: Penguin, 1979), p. 242(De Gaulle); Gilbert Burck, "Royal Dutch Shell and Its New Competition," *Fortune*, October 1957, pp. 176-78("all our eggs").

8. Ruth First, *Libya: The Elusive Revolution*(London: Penguin, 1974), p. 141; Multinational Subcommittee, *Multinational Oil Corporations*, p. 98("one oil and company" and "quickly").

9. Commercial Secretariat to African Department, Foreign Office, June 11, 1957, JT 1534/3, FO 371/126063; Washington to Foreign Office, May 21, 1959, PREM 11/2743/1239("jack-pot"), PRO. Wall, *Exxon*, pp. 668-72(Wright); Interviews with Robert Eeds, Ed Guinn and Mohammed Finaish, Multinational Subcommittee Staff Interviews. The gap in government takes between Libya, which based its taxes on market prices, and other producers, which used posted prices, became so great that, in 1965, Libya revised its system to increase its revenues by reverting to a posted price base.

10. Multinational Subcommittee Staff Interviews(corruption in Libya); *Multinational Hearings*, part 7, p. 287(Page).

11. Interview with Marcello Colitti; Reinhardt to McGhee, April 25, 1962, *DDRS*, 1981, doc. 206B("damaged ego"); *New York Times*, October 28, 1962, p. 16; October 29, 1962, p. 16; November 5, 1962, p. 30("most important individual"); *Times*(London), October 29, 1962, p. 12; *Time*, November 2, 1962, p. 98; January 18, 1963, p. 26.

12. Neil H. Jacoby, *Multinational Oil: A Study in Industrial Dynamics*(New York: Macmillan, 1974), pp. 138-39("new internationals"); *Multinational Hearings*, part 7, p. 352.

13. Multinational Subcommittee, *Multinational Oil Corporations*, p. 95("surge pot"); Wall, *Exxon*, pp. 616(Jamieson), 610("always fighting"); *Multinational Hearings*, part 7, pp. 287("most important concession"), 314, 288("balloon"); Interviews with George Parkhurst, Kirchner, Merrill, Shaffer, Howard Page, Multinational Subcommittee Staff Interviews.

14. Department of State to Tehran Embassy, June 8, 1964, CM/Oil, Conference Files("Arab imperialism"); Carroll to Vice President, July 27, 1966, EX FO 5, 6/30/66-8/31/66, Box 42(Shah to Kim Roosevelt), Johnson Library. Multinational Subcommittee, *Multinational Oil Corporations*, p. 108("do their best");

Interview with Parkhurst, Multinational Subcommittee Staff Interviews; *Multinational Hearings*, part 7, p. 309(Oman).

15. Vietor, *Energy Policy*, p. 96("Tex" Willis); "Effect of Petroleum Imports Upon Oil Industry in Texas," July 15, 1949, 811.6363/7-1549, RG 59, NA("re-election"); Goodwin, *Energy Policy*, pp. 227-28("old suggestion").

16. President's Appointment with Senators, June 3, 1957("nice balance"); Cabinet Minutes, July 24, 1957, p. 3; Eisenhower to Anderson, July 30, 1957, Box 25; Eisenhower to Moncrief, May 12, 1958, Box 33; Dulles-Brownell telephone call, July 2, 1957, box 7, Eisenhower diary, Whitman files("window dressing"); Memorandum of Conversation with the President, November 10, 1958, Box 7, Dulles White House memos("some action"), Eisenhower Library. Interview with Robert Dunlop; Lenzner, *Getty*, pp. 217-19; Goodwin, *Energy Policy*, pp. 247-51(Randall and economic advisers); D. B. Hardeman and Donald C. Bacon, *Rayburn: A Biography*(Austin: Texas Monthly Press, 1987), p. 349; Robert Caro, *The Years of Lyndon Johnson: The Path to Power*(New York: Knopf, 1982); Robert Engler, *The Politics of Oil: Private Power and Democratic Directions*(Chicago: University of Chicago Press, 1967), pp. 230-47.

17. Vietor, *Energy Policy*, pp. 119("nightmare"), 134(Russell Long); *Fortune*, June 1969, pp. 106-107.

27

1. Jacoby, *Multinational Oil*, pp. 49-55.

2. P. H. Frankel, *Essentials of Petroleum: A Key to Oil Economics*, new ed.(London: Frank Cass, 1969), p. 1. Frankel's book, though written in 1946, remains essential to understanding the oil industry. David Landes, *The Unbound Prometheus: Technological Change and Industrial Development in Western Europe from 1750 to the Present*(Cambridge: Cambridge University Press, 1979), p. 98; Carlo M. Cipolla, *The Economic History of World Population*, 7th ed.(London: Penguin, 1979), p. 56(Jevons); Senate, *Emergency Oil Life Program*, pp. 2739, 2749, 2731-42. Joseph C. Goulden, *The Best Years, 1945-50*(New York: Atheneum, 1976), pp. 123-24(Lewis); Interview(statue).

3. Senate, *Emergency Oil Life Program*, pp. 2371-78; G. L. Reid, Kevin Allen, and D. J. Harris, *The Nationalized Fuel Industries*(London: Heinemann, 1973), p. 23("Killer Fogs," "smokeless zones" and "Living Fire"); U.K. Department of Energy archives; William Ashworth, *The History of the British Coal Industry*, vol. 5(Oxford: Clarendon Press, 1986), pp. 672-73; Melby, *France*, pp. 227, 236, 303-04; W. O. Henderson, *The Rise of German Industrial Power, 1834-1914*(London: Temple Smith, 1975), p. 235(Keynes); Raymond Vernon, ed., *The Oil Crisis in Perspective*(New York: Norton, 1976), pp. 94, 92.

4. Chalmers Johnson, *MITI and the Japanese Miracle: The Growth of Industrial Policy, 1925-1975*(Stanford: Stanford University Press, 1982), p. 237("no longer living"); Hein, *Fueling Growth*, chaps. 7, 10, 11; Richard J. Samuels, *The Business of the Japanese State: Energy Markets in Comparative Historical Perspective*(Ithaca: Cornell University Press, 1987), pp. 191-92, 196; Michael A. Cusamano, *The Japanese Automobile Industry: Technology and Management at Nissan and Toyota*(Cambridge: Harvard University Press, 1985), pp. 392-94; Alfred D. Chandler, Jr., "Industrial Revolution and Institutional Arrangements," *Bulletin of the American Academy of Arts and Sciences* 33(May 1980), pp. 47-48.

5. Interviews with William King and James Lee; Conoco, *The First One Hundred Years*(New York: Dell, 1975), pp. 169, 193; *Fortune*, April 1964, p. 115("big bite"); Interviews with Kirchen("beat the bushes"), Shaffer and Merrill, Multinational Subcommittee Staff Interviews.

6. *Fortune*, September 1961, pp. 98, 204-6(Texaco); September 1953, pp. 134-37, 150-62; September 1954, pp. 34-37, 157-62; Robert O. Anderson, *Fundamentals of the American Petroleum Industry*(Norman: University of Oklahoma Press, 1984), pp. 280-81; Johnson, *Sun*, pp. 82-83; Wall, *Exxon*, pp. 300-1, 308, 132-33(tiger). For specific oil company ads, see *Life*, July 5, July 12, July 26, 1954; July 17, July 24, 1964.

7. Kenneth T. Jackson, *Crabgrass Frontier: the Suburbanization of the United States*(New York: Oxford University Press, 1987), pp. 231-38(Levitt), 248-49(Eisenhower on atomic attack),

254("drive-in church"); Robert Fishman, *Bourgeois Utopias: The Rise and Fall of Suburbia*(New York: Basic Books, 1987), p. 182; Warren James Belasco, *Americans on the Road: from Autocamp to Motel, 1910-1945*(Cambridge: MIT Press, 1979), pp. 141, 168; James J. Flink, *The Automobile Age*(Cambridge: MIT Press, 1988), pp. 166, 162; Ristow, "Road Maps," *Surveying and Mapping* 34(December 1964), pp. 617, 623; John B. Rae, *The American Automobile: A Brief History*(Chicago: University of Chicago Press, 1965), p. 109(tail fins). Angus Kress Gillespie and Michael Aaron Rockland, *Looking for America on the New Jersey Turnpike*(New Brunswick: Rutgers University Press, 1989), pp. 23-37. Dwight D. Eisenhower, *White House Years*, vol. 1, *Mandate for Change, 1953-1956*(Garden City, N.Y.: Doubleday, 1963), pp. 501-2, 547-49("six sidewalks to the moon").

8. Rusk to American Diplomatic Posts, "Middle Sitrep as of June 7," June 8, 1967, Mideast Crisis Cable, vol. 4, June 1967, NSF Country File, Johnson Library; Nadav Safran, *Israel: The Embattled Ally*(Cambridge: Harvard University Press, 1978), pp. 240-56. When President Havai Boumedienne of Algeria complained in Moscow in 1967 of inadequate Soviet support for the Arab cause during the war, Leonid Brezhnev replied, "What is your opinion of nuclear war?" Betts, *Nuclear Blackmail and Nuclear Balance*, p. 128.

9. Moore to Bryant, June 27, 1967, with Moore to Califano, June 28, 1967, Pricing Files, January-June 1967, Ross-Robson papers, Aides Files, White House Central Files, Johnson Library("compliance" and "crisis"); Harkabi, *Arab Attitudes*, pp. 2-9("liquidation").

10. Interview with Harold Saunders("floating crap game"); *Oil and Gas Journal*, July 17, 1967, p. 43("bad dream"); September 11, 1967, p. 41; "Wright/Summary," June 26, 1967, Pricing Files, January-June 1967, Ross-Robson papers, Aides Files, White House Central Files, Johnson Library; Letter from James Akins to author, July 27, 1989; Kapstein, *Insecure Alliance*, pp. 130("Suez system"), 147("threat of an emergency"), 136("principal safety factor").

11. "World Export Picture," July 27, 1967, October 15, 1967, Pricing Files, Oil, July and August, 1967, Ross-Robson papers, Aides Files, White House Central Files, Johnson Library; Wall, *Exxon*, pp. 624-26("tanker fleet"); *Multinational Hearings*, part 8, p. 589(salt mines); *Wall Street Journal*, October 27, 1967, p. 1; *Oil and Gas Journal*, August 7, pp. 96-98; September 11, p. 45; August 14, 1967, p. 8.

12. *Multinational Hearings*, part 8, p. 764("surplus crude"); Geoffrey Kirk, ed., *Schumacher on Energy*(London: Sphere Books, 1983), pp. 1-5, 82, 14; Barbara Wood, *E. F. Schumacher: His Life and Thought*(New York: Harper & Row, 1984), p. 344("chickens").

The following table shows the explosive growth in automobile usage in the U.S. and the rest of the world since World War II .

Passenger Car Registration
(millions of cars)

	U.S.	Rest of World	Total
1950	40.3	12.7	53.0
1960	61.7	36.6	98.3
1970	89.2	104.2	193.4
1980	121.6	198.8	320.4
1990*	147.9	292.8	440.7

* Estimate, Cambridge Energy Research Associates
Source: Motor Vehicle Manufacturers Assn. of the U.S., *World Motor Vehicle Data, 1990*, p. 35.

28

1. Interview with Peter Ramsbotham; *Time*, October 25, 1971, pp. 32-33(Pompidou); James A. Bill, *The Eagle and the Lion: The Tragedy of American-Iranian Relations*(New Haven: Yale University Press, 1988), pp. 183-85(Shah on Maxim's).

2. Denis Healey, *The Time of My Life*(London: Michael Joseph, 1989), pp. 284(band), 299("unwise"); J. B. Kelly, *Arabia, the Gulf & the West*(New York: Basic Books, 1980), pp. 47-53("mercenaries"), 80(Dubai), 92(Bahrain); Pahlavi, *Shah's Story*, p. 135("safety of the Persian Gulf"); *FRUS: Iran, 1951-1954*, pp. 854-57(Nixon on the Shah); Interview with James Schlesinger.

3. Interview with Ulf Lantzke; Steven A. Schneider, *The Oil Price Revolution*, p. 110("old warrior"); Stobaugh and Yergin, *Energy Future* p. 1(1968 State Department notice); Wall, *Exxon*, p. 828(1972 OECD meeting); Vernon, *Oil Crisis*, pp. 31, 18, 23, 28.

4. On New York utilities, interviews with Pierce, Swartz and Doyle, Multinational Subcommittee Staff Interviews and *New York Times*, November 25, 1966, p. 1; November 26, 1966, p. 1; December 18, 1966, p. 24. Donella Meadows, Dennis Meadows, Jorgen Randers and William Behrens III, *The Limits to Growth: A Report for the Club of Rome's Project on the Predicament of Mankind*, 2d ed.(New York: Signet Books, 1974), pp. 29, 85-86, 75; Johnson, *Sun*, p. 217("new game"). On Santa Barbara spill, see Cole to Nixon, "Santa Barbara Channel Oil Leases," November 9, 1973, White House Special Files, President's Office Files, Nixon papers; *New York Times*, February 27, 1969, p. 1; William Rintoul, *Drilling Ahead: Tapping California's Richest Oil fields*(Santa Cruz: Valley Publishers, 1981), chap. 12.

5. Macmillan to Menzies, "Prime Minister: Personal Telegram," T267/58, PREM 1l/2441/PRO("well aware"); Interviews with Robert Belgrave, James Lee("never get to $5"), Robert O. Anderson and Frank McFadzean; Peter Kann, "Oilmen Battle Elements to Tap Pools Beneath Alaskan Water, Land," *Wall Street Journal*, February 16, 1967, p. 1; Charles S. Jones, *From the Rio Grande to the Arctic: The Story of the Richfield Oil Corporation*(Norman: University of Oklahoma Press, 1972), chap. 45; Kenneth Harris, *The Wildcatter: A Portrait of Robert O. Anderson*(New York: Weidenfeld and Nicolson, 1987), pp. 77-93; Cabinet Task Force on Oil Import Control, *The Oil Import Question: A Report on the U.S. Relationship of Oil Imports to the National Security*(Washington, D.C.: GPO, 1970). For the environmental battle, see David R. Brower, "Who Needs the Alaska Pipeline?" *New York Times*, February 5, 1971, p. 31; Charles J. Cicchetti, "The Wrong Route," *Environment* 15(June 1973), p. 6("probable major discharges"); United States Department of the Interior, *An Analysis of the Economic and Security Aspects of the trans-Alaskan Pipeline*, vol. 1(Washington, D.C.: GPO, 1971).

6. Interviews with Armand Hammer, Victor Hammer, James Placke and others.

7. Interviews with Deutsch(gold chess set) and William Bellano("orderly transfer"), Multinational Subcommittee Staff Interviews; Armand Hammer with Neil Lyndon, *Hammer*(New York: Putnam, 1987), passim, esp. pp. 337("Hammer's Folly"), 340; Steve Weinberg, *Armand Hammer: The Untold Story*(Boston: Little, Brown, 1989), chap. 15.

8. Interview with James Placke; First, *Libya*, chap. 7, pp. 103, 265; Mohammed Heikal, *The Road to Ramadan*(London: Collins, 1975), pp. 185("ideas of Islam"), 70; Wall, *Exxon*, pp. 704-11("5000 years," "Good God!" and Jersey director); Interviews with William Bollano, Charles Lee, Northcutt Ely, Jack Miklos, Thomas Wachtell, Henry Schuler, James Akins, Mohammed Finaish("eggs"), George Williamson("perfectly understandable" and "Everybody who drives"), George Parkhurst and Dennis Bonney, Multinational Subcommittee Staff Interviews; Hammer, *Hammer*, p. 383("disciple"); *Fortune*, August 1971, p. 116; John Wright, *Libya: A Modern History*(Baltimore: Johns Hopkins University Press, 1982), p. 239; *Multinational Hearings*, vol. 7, pp. 377-78.

9. *Multinational Hearings*, part 8, pp. 771-73("picked off"); part 6, pp. 64("tricks"), 84-87("year 1951"), 70-71("must go along"). Interviews with Fadhil al-Chalabi and James Placke; Interviews with George Williamson and John Tigrett(Libyan Safety Net), James Placke("truce"), Dudley Chapman and John McCloy, Multinational Subcommittee Staff Interviews. *Fortune*, August 1971, pp. 113, 197("Groucho"), 190("not my father"); Wall, *Exxon*, pp. 774-76("silly as hell"); Thomas L.

McNaugher, *Arms and Oil: U.S. Military Strategy and the Persian Gulf*(Washington, D.C.: Brookings Institution, 1985), p. 12.

10. Interview with Fadhil al-Chalabi("OPEC get muscles"); Kelly, *Arabia*, p. 357("no leapfrogging"); Wright, *Libya*, p. 244("buyer's market ... is over"); Interviews with Henry Schuler, pp. 10-12, Joseph Palmer II, Henry Moses, George Parkhurst and Dennis Bonney, Multinational Subcommittee Staff Interviews; Multinational Subcommittee, *Multinational Hearings*, part, 6 p. 22 (Jalloud).

11. Zuhayr M. Mikdashi, Sherrill Cleland and Ian Seymour, *Continuity and Change in the World Oil Industry*(Beirut: Middle East Research and Publishing Center, 1970), pp. 215-16(Yamani on participation); Sampson, *Seven Sisters*, p. 245("Catholic marriage"); *Multinational Hearings*, part 6, pp. 44-45("concerted action"), 50("trend toward nationalization"); Schneider, *Oil Price Revolution*, pp. 176("updated book value" and "participation agreement"), 179, 182(Exxon chairman); Interview with Ed Guinn, Multinational Subcommittee Staff Interviews(skeletons); Wall, *Exxon*, pp. 840-42("hard blow" and "I won").

12. Sampson, *Seven Sisters*, pp. 240-42; *Multinational Hearings*, vol. 7, pp. 332-37(surplus capacity). Embassy in Tripoli to Washington, December 5, 1970, 02823; Embassy in Tripoli to Washington, November 23, 1970, A-220, State Department papers.

--- **29** ---

1. Anwar el-Sadat, *In Search of Identity; An Autobiography*(New York: Harper & Row, 1978), pp. 248-52; Henry Kissinger, *Years of Upheaval*(Boston: Little, Brown, 1982), p. 854("altered irrevocably"). On quotas, see Kissinger to Nixon, November 21, 1969; Jamiesen and Warner to Nixon, November 26, 1969, White House Central Files [EX] CO 1-7; Flanigan to Staff Secretaṛ, November 20, 1969, [CF] TA 4/Oil, White House Special Files, Confidential Files. Flanigan to Kissinger, January 23, 1970, [EX] CO 128("power vacuum"); Nixon to Mohammed Reza Pahlavi, April 16, 1970, [EX] CO 68("disappointment"), White House Central Files, Nixon archives.

2. Flanigan to Nixon, March 11, 1972, [EX] UT; Charles DiBona to John Ehrlichman and George Shultz, March 19, 1973, Darrell Trent to the President, April 4, 1973, [EX] CM 29, White House Central Files, Nixon archives. Akins's study is Department of State, "The International Oil Industry Through 1980," December 1971, in Muslim Students Following the Line of the Iman, *Documents from the U.S. Espionage Den*, vol. 57(Tehran: Center for the Publication of the U.S. Espionage Den's Documents, [1986]), pp. 42, i, ii; James Akins interview(Ehrlichman); James Akins, "The Oil Crisis: This Time the Wolf Is Here," *Foreign Affairs*, April 1973, pp. 462-90; M. A. Adelman, "Is the Oil Shortage Real? Oil Companies as OPEC Tax Collectors," *Foreign Policy*, Winter 1972-1973, pp. 73, 102-3.

3. Interview with Herbert Goodman("In spite"); Schneider, *The Oil Price Revolution*, pp. 195("near-panic buying"), 202(Nixon), 205-6("either dead or dying"); Vernon, *Oil Crisis*, p. 47(market prices); *Multinational Hearings*, part 7, p. 538("out of whack").

4. Sadat, *In Search of Identity*, pp. 210("legacy"), 237, 239(Sadat and Faisal); Kissinger, *Years of Upheaval*, pp. 460("Sadat aimed"), 297-99; *New York Times*, December 21, 1977, p. A14.

5. For Faisal on Israelis, see Richard Nixon, *RN: The Memoirs of Richard Nixon*(New York: Grosset & Dunlap, 1978), p. 1012 and Heikal, *Road to Ramadan*(London: Collins, 1975), p. 79. Terzian, *OPEC*, pp. 164-65(Faisal on oil weapon), 167(Faisal to American press); *MEES*, September 14, 1973, pp. 3-5; June 23, 1973, p. ii(Kuwaiti oil minister); April 20, 1973; September 21, 1973, p. 11; *Multinational Hearings*, part 7, pp. 504-09(Faisal's meetings with Aramco, Aramco's with Washington); Interview with Alfred DeCrane, Jr.

6. Raymond Garthoff, *Detente and Confrontation: American-Soviet Relations from Nixon to Reagan*(Washington, D.C.: Brookings Institution, 1985), pp. 364-66; Heikal, *Road to Ramadan*, p. 268("give us time"); *Multinational Hearings*, part 7, p. 542("new phenomenon"); *MEES*, August 3, 1973, p. 8(Sisco); September 7, 1973, pp. iii-iv(Nixon press conference); September 21, 1973, p. 1;

Interviews with William Quandt, Harold Saunders and Ulf Lantzke; Caldwell, "Petroleum Politics in Japan," pp. 182-88(White Paper, Nakasone and Tanaka), 264(Akins article).

7. *MEES*, September 21, 1973, p. 2("windfall profits"); "Mr. McCloy Comes to Washington: Highlights of John J. McCloy's Recent Oil Diplomacy," Multinational Subcommittee Staff interviews("picked off" and "indispensable"); Kissinger, *Years of Upheaval*, pp. 465(CIA analysis), 466(Israeli estimate); Interview with William Colby(Watch Committee); Multinational Subcommittee, *Multinational Oil Corporations*, p. 149. A dramatic account of the crucial October 12 meeting is in chaps. 1 and 12 of Anthony Sampson's classic history of the international oil industry, *The Seven Sisters: The Great Oil Companies and the World They Shaped*, rev. ed.(London: Coronet, 1988), esp. pp. 262-64 and 32-33.

8. Interviews with William Quandt and Harold Saunders("fall maneuvers"); Sadat, *In Search of Identity*, pp. 241-42; Kissinger, *Years of Upheaval*, pp. 482, 459-67; Safran, *Israel*, pp. 285-86, 484; Avi Shlaim, "Failures in National Intelligence Estimates: The case of the Yom Kippur War," *World Politics* 28(1975), pp. 352-59("conception"); Moshe Ma'oz, *Asad: The Sphinx of Damascus*(New York: Grove Weidenfeld, 1988), pp. 91-92.

9. Safran, *Israel*, pp. 482-90("Third Temple" and Meir's letters); Kissinger, *Years of Upheaval*, pp. 493-96("conscious"), 536("stakes"); *Multinational Hearings*, part 7, pp. 546-47(Aramco letter), 217; Interviews with William Quandt, James Schlesinger, and Fadhil al-Chalabi; Schneider, *Oil Price Revolution*, pp. 225-26(Kuwaiti oil minister); *MEES*, October 19, 1973, p. 6. For analysis of the Soviet resupply, see William Quandt, "Soviet Policy in the October Middle East War," part II, *International Affairs*, October 1977, pp. 587-603. Owing to the surprise, said General Haim Barlev, there was on the Israeli side "not a single field in which things were handled according to plan." The massive and confused improvisation further strained the supplies and materiel. Louis Williams, ed., *Military Aspects of the Arab-Israeli Conflict*(Tel Aviv: Tel Aviv University Publishing Project, 1975), pp. 264-68.

10. Interviews with William Quandt and Fadhil al-Chalabi; Kissinger, *Years of Upheaval*, pp. 526("lukewarm"), 534-36(Saqqaf meeting), 854("political blackmail"), 552("All hell"); Terzian, *OPEC*, pp. 170-75(secret resolution); Heikal, *Road to Ramadan*, pp. 267-70; Sampson, *Seven Sisters*, pp. 300-1; William Quandt, *Decade of Decisions: American Policy Toward the Arab-Israeli Conflict, 1967-1976*(Berkeley: University of California Press, 1977), p. 190; *New York Times*, October 18, 1973, p. 1; *MEES*, October 19, 1973, p. 1("Suffice it"); Cabinet Meeting, October 18, 1973, White House Special Files, President's Office File, President's Meetings, Nixon archives("had to act"); Nixon, *Memoirs*, p. 933.

11. Interviews with William Colby and James Schlesinger; Nixon, *Memoirs*, p. 923(Agnew); Kissinger, *Years of Upheaval*, pp. 501, 511("eerie ceremony"), 576("idiot"), 583("say it straight"), 585("too distraught"); Quandt, *Decade of Decisions*, pp. 194-200; *Multinational Hearings*, part 7, pp. 515-17(Jungers); Garthoff, *Détente and Confrontation*, pp. 374-85.

30

1. Interviews with Steven Bosworth("Coca Cola") and James Schlesinger; *MEES*, 1973, pp. 3, 14-16(Saddam Hussein); Vernon, *Oil Crisis*, pp. 180-81.

2. Stobaugh and Yergin, *Energy Future*, p. 27("bidding for our life"); Wood, *Schumacher*, pp. 352-355("party is over"); Interview with Ulf Lantzke. On Japan, Letter from Takahiko Ohashi, August 19, 1989; Daniel Yergin and Martin Hillenbrand, eds., *Global Insecurity: A Strategy for Energy and Economic Renewal*(New York: Penguin, 1983), pp. 134, 174-75; Caldwell, "Petroleum Politics in Japan,": *A Strategy for Energy and Economic Renewal*(New York: Penguin, 1983), pp. 224-91. Laird to Haig, November 5, 1973, CM 29; Sawhill to Rush, June 26, 1974, UT("measures"), White House Central Files, Nixon archives.

3. Cabinet Meeting Notes, November 6, 1973, White House Special Files, President's Office Files, President's meetings; Ash to Nixon, "Federal Role in Energy Problem," White House Special Files, President's Office Files, President's Handwriting("I urge"); Yankelovich to Haig, December 6, 1973,

with memorandum; Parker to Haig, November 23, 1973("heavy newsday"); Ash to Nixon, February 28, 1974("nothing could win"), UT, White House Central Files, Nixon archives. D. Goodwin, *Energy Policy*, pp. 447-48("national goal"); William E. Simon, *A Time for Truth*(New York: Berkley Books, 1978), pp. 55-66; Wall, *Exxon*, p. 883; Interviews with Steven Bosworth and Charles DiBona; Henry Kissinger, *Years of Upheaval*, pp. 805("hydra-headed"), 567, 632("spectacular").

4. Pierre Wack, "Scenarios: Uncharted Waters Ahead," *Harvard Business Review*, 63(September-October 1985), pp. 72-89; "Apportionment of Oil Supplies in an Emergency Among the OECD Countries," with Knubel memo, National Security Council, November 8, 1973, [EX] MC, White House Central Files, Nixon archives("working group"); *Multinational Hearings*, part 5, p. 187; part 7, p. 418(Keller); part 9, pp. 190("only defensible course"), 33-34("equitable share"); Interviews with Eric Drake, Herbert Goodman("torment") and Yoshio Karita; Federal Energy Administration and Senate Multinational Subcommittee, *U.S. Oil Companies and the Arab Oil Embargo: The International Allocation of Constricted Supply*(Washington, D.C.: GPO, 1975), p. 4; Skeet, *OPEC*, p. 106("impossible to know"); Vernon, *Oil Crisis*, pp. 179-88("Holland"); Geoffrey Chandler, "Some Current Thoughts on the Oil Industry," *Petroleum Review*, January 1973, pp. 6-12; Geoffrey Chandler in "The Changing Shape of the Oil Industry," *Petroleum Review*, June 1974.

5. Vernon, *Oil Crisis*, pp. 189-90("assurances"), 197; Interviews with Eric Drake and Frank McFadzean; Letters to the author from Drake, July 2, 1990, and McFadzean, August 23, 1990; Sampson, *Seven Sisters*, pp. 275-77; FEA, *International Allocation*, pp. 9-10("difficult to imagine").

6. Interview with James Akins; Sampson, *Seven Sisters*, p. 270("If you went down"); Schneider, *Oil Price Revolution*, p. 237; Interview with Shah by Robert Stobaugh("new concept"); Skeet, *OPEC*, p. 103("alternative source"); Kissinger, *Years of Upheaval*, p. 888(Nixon to Shah); Mohammed Reza Pahlavi to Richard M. Nixon, January 10, 1974, with Department of State to NSC Secretariat, CM 29, White House Central Files, Nixon archives; *MEES*, December 28, 1973, Supplement, pp. 2-5("noble product").

7. Sadat, *In Search of Identity*, p. 293("99 percent"); Interviews with Steven Bosworth and William Quandt("60 percent of the cards"); Schneider, *Oil Price Revolution*, p. 233("extremely sorry" and "If you are hostile"); Kissinger, *Years of Upheaval*, pp. 897(Pompidou), 720(Heath), 638-644, 883("putting pressure"); *MEES*, November 30, 1973, p. 13; November 11, 1973("kiss blown from afar"); Robert J. Lieber, *Oil and the Middle East War: Europe in the Energy Crisis*(Cambridge: Harvard Center for International Affairs, 1976), p. 15; Michael M. Yoshitsu, *Caught in the Middle East: Japan's Diplomacy in Transition*(Washington, D.C.: Heath, 1984), pp. 1-3("always buy" and "Oil on the brain"); Caldwell, "Petroleum Politics in Japan," pp. 206-7("direct request"), 211("neutrality"), 217.

8. *MEES*, January 18, 1974; Frank McFadzean, *The Practice of Moral Sentiment*(London: Shell, n.d.), p. 30("spectacle"); Interviews with Ulf Lantzke and Yoshio Karita; Helmut Schmidt, *Men and Power: A Political Perspective*(New York: Random House, 1989), pp. 161-64; Robert J. Lieber, *The Oil Decade: Conflict and Cooperation in the West*(New York: Praeger, 1983), p. 19(Jobert).

9. Interviews with William Quandt and Harold Saunders; *MEES*, January 4, 1974, p. 11("increasingly less appropriate"); *MEES*, March 22, 1974, pp. 4-5("constructive effort"); *MEES*, November 30, 1973, p. 11("Wailing Wall"); Kissinger, *Years of Upheaval*, pp. 663-64(Kissinger and Faisal), 659; Quandt, *Decade of Decision*, pp. 231, 245.

31

1. Ali M. Jaidah, "Oil Pricing: A Role in Search of an Actor," *PIW*, Special Supplement, September 12, 1988, p. 2("Golden Age"); *Business Week*, May 26, 1975, p. 49(Datsun); Interview with Chief M. O. Feyide.

2. Howard Page, "OPEC Is Not in Control," 1975, Wanda Jablonski papers. Raymond Vernon describes the period 1973 through 1978 as one of "a somewhat unruly oligopoly, composed of a dominant member(Saudi Arabia), a dozen followers barely prepared to acknowledge its leadership, and a

large outer circle of producers pricing under the shelter of the oligopoly. It was clear at this stage that the majors had lost control of prices, but not at all clear what organizing force had taken its place." Raymond Vernon, *Two Hungry Giants: The United States and Japan in the Quest for Oil and Ores*(Cambridge: Harvard University Press, 1983), p. 29. Tax shares calculated from OPEC, *Petroleum Product Prices and Their Components in Selected Countries: Statistical Time Series, 1960-1983*(Vienna: OPEC, [1984]). Shawcross, *Shah's Last Ride*, pp. 166-82("speed," "serious" and Yamani on Shah); Helms to Secretary of State, September 10, 1974, Tehran 07611("day has passed"); Yamani-Ingersoll Meeting Transcript, October 1974, State Department Papers. *MEES*, September 5, 1975, p. 49("toy").

3. Jeffrey Robinson, *Yamani: The Inside Story*(London: Simon and Schuster, 1988), pp. 41(Yamani on his father), 153, 204("long term"); *New York Times*, October 8, 1972, section 3, p. 7("sweet reasonableness"); Oriana Fallaci, "A Sheikh Who Hates to Gamble," *New York Times Magazine*, September 14, 1975, p. 40("can't bear gambling"); Interviews("consummate strategist" and "ostentatiously calm"); Kissinger, *Years of Upheaval*, pp. 876-77("technician"); *Time*, January 6, 1975, pp. 9, 27; Pierre Terzian, *OPEC*, chap. 11; *MEES*, April 25, 1977("economic disaster"); May 1, 1978; January 10, 1977, p. 10("devil"); December 27, 1976, p. iii("stooge" and "in the service"). On Prince Fahd's meeting with Carter, see William B. Quandt, *Camp David: Peace-making and Politics*(Washington, D.C.: Brookings Institution, 1986), p. 68; "Secretary's Lunch for Prince Fahd," May 24, 1977, Vance to Crown Prince Fahd, June 18, 1977, State Department Papers. On division of responsibility in Saudi oil policymaking, see Cyrus Vance to the President, Memorandum, "Saudi Arabian Oil Policy," October 1977, Dhahran to Secretary of State, February 3, 1977, Dhahran 00149, State Department Papers.

4. *Business Week*, January 13, 1975, p. 67("only chance"); Cyrus Vance, *Hard Choices: Critical Years in America's Foreign Policy*(New York: Simon and Schuster, 1983), pp. 316-20. A review of 1,021 State Department cables and papers obtained under the Freedom of Information Act shows a consistent opposition of the United States government to higher oil prices from 1974 onward and right across the Nixon, Ford, and Carter Administrations. For instance, the outgoing(Ford Administration) Under Secretary of State for Economic Affairs, William D. Rodgers, wrote a long, private letter to his successor(Carter Administration), Richard N. Cooper, outlining the main international economic issues and policies for the United States. "Our oil diplomacy," Rodgers noted, "concentrate[s] on what we can do to head off an oil price rise." Rodgers to Cooper, January 11, 1977, State Department papers. Indeed, in the last days of the Ford Administration, Kissinger met with the Saudi Arabian ambassador to explain that he was "conscience-bound" to argue against price increases on behalf of the incoming Carter Administration! Secretary Kissinger's meeting with Saudi Ambassador Alireza on OPEC Price Decision, November 9, 1977, State Department papers. Also see Kissinger to Ford, August 27, 1974; Kissinger Meeting with Senators and Congressmen, June 10, 1975; President Ford to King Khalid, December 31, 1976, State 314138, State Department papers. On Soviet deal, interviews with Herbert Goodman and in Moscow; Hormats to Scowcroft, November 14, 1975, TA 4/29, 10/1/75-12/11/75 file, White House Central Files; Russell to Greenspan, October 29, 1975, "Russell(6)" file; Russell to Greenspan, November 4, 1975, "Russell(7)" file, Box 141, CEA papers, Ford Library.

5. United States Department of State, Briefing Paper on Iran, January 3, 1977, in Muslim Students Following the Line of the Iman, *U.S. Interventions in Iran(1)*, vol. 8 of *Documents from the U.S. Espionage Den*(Tehran: Center for the Publication of the U.S. Espionage Den's Documents, [1986]), p. 129; Barry Rubin, *Paved with Good Intentions: The American Experience and Iran*(New York: Penguin, 1984), pp. 140("wave a finger"), 172; Interviews with Harold Saunders("Big Pillar"), James Schlesinger, Steven Bosworth("pussy cats") and James Akins. On nut: *New York Times*, July 16, 1974, p. 4, July 18, 1974, p. 57 and letter from Jack C. Miklos to author, Sept. 4, 1990. Minister of Court Asadollah Alam's retort was, "Simon may be a good bond salesman, but he does not know a whole lot about oil." Anthony Parsons, *The Pride and the Fall: Iran, 1974-1979*(London: Jonathan Cape, 1984), p. 47("calculating opportunism"); Gary Sick, *All Fall Down: America's Tragic Encounter with Iran*(New

York: Penguin, 1987), pp. 16, 26("no visible"), 32-33; Robert Graham, *Iran: The Illusion of Power*(New York: St. Martin's, 1979), p. 20("acquired money"). Richard Cooper to the Secretary, August 12, 1978("price freeze offensive"); Blumenthal to the President, October 28, 1977, Dhahran 01261; Cyrus Vance to the President, November 4, 1977("price hawk") State Department papers. Hamilton Jordan, *Crisis: The Last Year of the Carter Presidency*(New York: Putnam, 1982), pp. 88-89; Vance, *Hard Choices*, pp. 321-22("punishing impact" and "break"). Real prices derived from International Monetary Fund, *International Financial Statistics Yearbook, 1988*, p. 187.

6. *PIW*, April 14, 1975, p. 10("good bye"); *MEES*, March 7, p. 2; July 18("Oil is everything"). On oil companies' meetings in Kuwait, "Kuwait: Summary of Situation as of March 15, 1975," March 17, 1975; "Meetings at Ministry of Oil, March 12 and March 15, 1975," March 17, 1975, pp. 1, 3, 4, 8; "Meeting with the Prime Minister, March 29, 1975," April 2, 1975, Goodman papers; Interview with Herbert Goodman.

7. Interviews with Frank Alcock, Alberto Quiros, and Robert Dolph; Gustavo Coronel, *The Nationalization of the Venezuelan Oil Industry: From Technocratic Success to Political Failure*(Lexington, Mass.: Lexington Books, 1983), pp. 66-71("feverish debate"); Rabe, *Road to OPEC*, p. 190("act of faith").

8. On Saudi Arabia's purchase of Aramco, Schneider, *The Oil Price Revolution*, pp. 407-8; Aramco Annual Reports; Interviews. On direct sales, Vernon, *Two Hungry Giants*, p. 32 and *PIW*, February 25, 1980, p. 3.

32

1. *Business Week*, January 13, 1975, p. 67("conditions"). On Japan, interviews with Naohiro Amaya and Yoshio Karita; Letter from Tadahiko Ohashi, August 14, 1989; Samuels, *Business of the Japanese State*, chaps. 5-6. On French policy and advertising, interviews with Jean Blancard, Jean Syrota and Charles Mateudi.

2. Interview with Henry Jackson("screwed on"); Carol J. Loomis, "How to Think About Oil Company Profits," *Fortune*, April 1974, p. 99; Karalogues to Nixon, December 19, 1973, White House Special Files, President's Office Files, Nixon archives("Scoops the hell"). On Jackson Committee Hearings, see United States Congress, Senate, Committee on Government Operations, Permanent Subcommittee on Investigations, 93d Congress, 1st Session, *Current Energy Shortages, Oversight Series: Conflicting Information on Fuel Shortages*(Washington, D.C.: GPO, 1974), pp. 113-14, 154, 399, 400, 472-73 and *New York Times*, January 22-25, 1974. Yergin and Hillenbrand, *Global Insecurity*, pp. 119-20; "The Eighties: An Update," Company Document, January 1976, p. 22("less certain"); Geoffrey Chandler, "The Innocence of Oil Companies," *Foreign Policy*, Summer 1977, p. 67("threat"); Chase Manhattan Bank, *Annual Financial Analysis of a Group of Petroleum Companies, 1970-1979*. On inflation, see Energy Information Administration, *Annual Energy Review*, 1988(Washington, D.C.: GPO, 1989).

3. Pietro S. Nivola, *The Politics of Energy Conservation*(Washington, D.C.: Brookings Institution, 1986); Vietor, *Energy Policy*, pp. 253("every problem"), 256("refining junk"), 238(Federal Register), 258; Cole to the President, Decision on Signing of Alaska Pipeline Legislation, November 13, 1973, White House Special Files, President's Office Files, Nixon archives; Interview with Robert O. Anderson.

4. Goodwin, *Energy Policy*, pp. 554-55("zeal"); Interviews with Stuart Eizenstat and James Schlesinger; Stuart E. Eizenstat, "The 1977 Energy Plan: M.E.O.W," Case note for the Kennedy School of Government, Harvard University; Jimmy Carter, *Keeping Faith: Memoirs of a President*(London: Collins, 1982), pp. 92-106("deeply resented" and "most difficult question"); James Schlesinger, "The Energy Dilemma," *Oak Ridge National Laboratory Review*, Summer 1972, p. 13; Stobaugh and Yergin, *Energy Future*, p. 70("Hell"); *MEES*, December 11, 1978, p. i("water torture").

5. *Business Week*, February 3, 1975, p. 38("just wild"); Interview with Robert Dolph("rabbits"); E. C. G. Werner, "Presentation to the Frankfurt Financial Community," Nov. 25, 1976, p. 3.

6. George W. Grayson, *The Politics of Mexican Oil*(Pittsburgh: University of Pittsburgh Press, 1980), pp.

58, 77("digestion"); "Why the Bankers Love Mexico," *Fortune*, July 16, 1979, pp. 138, 142.

7. Anthony Benn, *Against the Tide: Diaries, 1972-1976*(London: Hutchinson, 1989), p. 403("cross-section"); Interviews with Harold Wilson and Thomas Balogh; Stig S. Kvendseth, *Giant Discovery: A History of Ekofisk Through the First 20 Years*(Tanager, Norway: Phillips Petroleum Norway, 1988), pp. 9-31; Daniel Yergin, "Britain Drills and Prays," *New York Times Magazine*, November 2, 1975, pp. 13, 59.

8. On oil price forecasting, see Arthur Andersen & Co. and Cambridge Energy Research Associates, *The Future of Oil Prices: The Perils of Prophecy*(Houston: 1984). On the extent of the consensus in 1978, see "Threatening Scramble for Oil," *Petroleum Economist*, May 1978, pp. 178-79; Stobaugh and Yergin, *Energy Future*, pp. 351-52, n. 34; Francisco Parra, "World Energy Supplies and the Search for Oil," *MEES*, Supplement, April 12, 1978, pp. 1-6. "By general consensus," Parra commented, "the next energy crisis is programmed for the 1980s, when a shortage of oil will occur that threatens further economic growth because alternative supplies of energy will not be available in the required quantities." *MEES*, June 26, 1978, p. iv("our own studies"); *Public Papers of the Presidents of the United States: Jimmy Carter, 1977*, book 2(Washington, D.C.: GPO, 1978), pp. 2220-21("island of stability"); Interview("big trouble").

-------- **33**

1. Parsons, *Pride and Fall*, pp. 10, 8, 50, 54-55; Graham, *Iran*, p. 19; *New York Times*, June 5, 1989, p. A11; Rubin, *Paved with Good Intentions*, p. 176("A-list").

2. Bill, *Eagle and Lion*, pp. 235, 51; Sick, *All Fall Down*, p. 40("40-40"). Sick is a significant source for the Iranian revolution and American policy. Parsons, *Pride and Fall*, pp. 62-64("no compromise"), 71("I was worried"); United States Congress, House of Representatives, Permanent Select Committee on Intelligence, Subcommittee on Evaluation, *Iran: Evaluation of U.S. Intelligence Performance Prior to November 1978, Staff Report*(Washington D.C.: GPO, 1979), pp. 2, 6-7(intelligence); Shawcross, *Shah's Last Ride*, chap. 14(Shah's ill health); Interview with Robert Bowie.

3. IEA archives; Sick, *All Fall Down*, pp. 57("public opinion"), 123-25(Soviet plot), 132; Parsons, *Pride and Fall*, pp. 85("snow"); Interviews with Jeremy Gilbert("The Fields"), James Schlesinger and Harold Saunders("first systematic meeting"); Richard Falk, "Trusting Khomeini," *New York Times*, February 16, 1979, p. A27("entourage"); *New York Times*, February 8, 1979, p. A13; February 9, 1979, p. A17("saint"); William H. Sullivan, *Mission to Iran*(New York: Norton, 1981), pp. 200-3("Thinking the Unthinkable"), 225("no policy").

4. Mohamed Heikal, Iran, *The Untold Story: An Insider's Account of America's Iranian Adventure and Its Consequences for the Future*(New York: Pantheon, 1982), pp. 145-46; Sick, *All Fall Down*, pp. 123("torrents of blood"), 108(prank), 182-83("Khomeini wins"); Parsons, *Pride and Fall*, pp. 114("dictator"), 124-26("I would leave"); Interview with Jeremy Gilbert and Jeremy Gilbert to author, Nov. 15, 1989. On the American tanker, Robert E. Huyser, *Mission to Tehran*(New York: Harper & Row, 1986), pp. 96-247. Shawcross, *Shah's Last Ride*, p. 35("feeling tired"); Paul Lewis, "On Khomeini's Flight," *New York Times*, Feb. 2, 1979, p. A7.

5. Interview with Jeremy Gilbert.

6. IEA archives; Daniel Badger and Robert Belgrave, *Oil Supply and Price: What Went Right in 1980?*(London: Policy Studies Institute, 1982), pp. 106-7(motorists); M. S. Robinson, "The Crude Oil Price Spiral of 1978-80, "February 1982, pp. 1-2. Katz to Cooper, "U.S. Oil Strategy Toward Saudi Arabia," January 12, 1979; Richard Cooper to John West, January 15, 1979, State 011064; Vance to Embassy, Saudi Arabia, January 26, 1979; Cooper to the Secretary, February 8, 1979, 7902573; West to Vance, "Oil Matters: Meeting with Crown Prince Fahd," February 15, 1979, State Department papers. *PIW*, March 19, 1979, pp. 1-2("not to count Exxon"); Interview with Clifton Garvin.

7. Interviews with Ulf Lantzke, J. Wallace Hopkins and others; Muslim Students Following the Line of the Iman, *Documents from U.S. Espionage Den*, vol. 40, *U.S. Interventions in the Islamic Countries:*

Kuwait(2) (Tehran: Center for the Publication of the U.S. Espionage Den's Documents, [1986]), p. 58("fool"); CIA, outgoing message, April 4, 1979, *DDRS*, 1988, doc. 1300.

8. OPEC, "Communique: 53rd Extraordinary Meeting," March 27, 1977; Stobaugh and Yergin, *Energy Future*, 2d ed., pp. 342("free-for-all"), 346("short-run politics"); Interview with M. S. Robinson("Nobody controlled"). On the Saudis and "the whole question of production," see Riyadh to Secretary of State, March 25, 1979, Riyadh 00484; Jidda to Secretary of State, April 17, 1979, Jidda 03094; Yamani edict in Daniels to Secretary of State, May 23, 1979, Jidda 03960, State Department papers. IEA archives; *PIW*, May 14, 1979, pp. 1, 9; United States Department of Justice, Antitrust Division, *Report of the Justice Department to the President Concerning the Gasoline Shortage of 1979*(Washington, D.C.: GPO, 1980), pp. 153-65; Interviews with Richard Cooper and Clifton Garvin.

9. Interviews with Stuart Eizenstat, James Schlesinger and Eugene Zuckert; Eliot Cutler to Jim McIntyre and Stuart Eizenstat, "Synthetics and Energy Supply," June 12, 1979; Benjamin Brown and Daniel Yergin, "Synfuels 1979," draft case, Kennedy School, 1981, pp. 15("darts and arrows"), 46(Eizenstat memo); Richard Cooper to John West, June 8, 1979, State 147000, State Department papers; Carter, *Keeping Faith*, pp. 111-13("one of the worst days"); *New York Times*, June 27, 1979, p. A1(Harvard Business School); July 12, 1979, p. A1; July 19, 1979, p. A14; July 20, 1979, p. A1, July 21, 1979, p. A1. The *Washington Post*'s national editor was Lawrence Stern.

10. M. S. Robinson, "Crude Oil Price Spiral," pp. 10, 12("cat-and-mouse"); Skeet, *OPEC*, p. 159("If BNOC"); Interviews with Ulf Lantzke, James Schlesinger, and industry executive; Shell Briefing Service, "Trading Oil," 1984; *PIW*, August 27, 1979, p. 1, Special Supplement(Schlesinger).

34

1. Tim Wells, *444 Days: The Hostages Remember*(San Diego: Harcourt Brace Jovanovich, 1985), pp. 67-69; Warren Christopher et al., *American Hostages in Iran: The Conduct of a Crisis*(New Haven: Yale University Press, 1985), pp. 35-41, 57(Elizabeth Ann Swift), 58-60, 112(Carter Doctrine); Terence Smith, "Why Carter Admitted the Shah," *New York Times Magazine*, May 17, 1981, pp. 36, 37ff.; On the Algiers meeting, see Zbigniew Brzezinski, *Power and Principle: Memoirs of the National Security Adviser, 1977-1981*(New York: Farrar Straus Giroux, 1985), pp. 475-76. John Kifner, "How a Sit-in Turned into a Siege," *New York Times Magazine*, May 17, 1981, pp. 58, 63("Nest of spies"); Sick, *All Fall Down*, pp. 239("rotten brains"), 248("by the balls"); Steven R. Weisman, "For America, A Painful Reawakening," *New York Times Magazine*, May 17, 1981, pp. 114ff.; Shawcross, *Shah's Last Ride*, pp. 242-52.

2. IEA archives. Mansfield to Secretary of State, December 14, 1979, Tokyo 21956; Mansfield to Secretary of State, January 4, 1980, Tokyo 00125; Vance to Tokyo Embassy, February 5, 1980, State 031032, State Department papers. *MEES*, October 22, p. 6("losing control"); December 31, 1979; *New York Times*, December 21, 1979, p. D3("catastrophe"); December 20, 1979, p. D5("glut"); Terzian, *OPEC*, p. 275("almighty God").

3. *PIW*, Supplement, pp. 1, 4("cardinal issue"); Walter Levy, "Oil and the Decline of the West," *Foreign Affairs*, Summer 1980, pp. 999-1015; Interviews with Rene Ortiz and others.

4. Joan Oates, *Babylon*(London: Thames and Hudson, 1979), pp. 51-52(poem); Georges Roux, *Ancient Iraq*(London: Penguin, 1985), p. 168; Ilya Gershevitch, ed., *The Cambridge History of Iran*, vol. 2, *The Medean and Achaemenian Periods*(Cambridge: Cambridge University Press, 1985), pp. 1-25.

5. Phebe Marr, *Modern History of Iraq*(Boulder, Colo.: Westview Press, 1985), pp. 217-20(*shaqawah*), 228; Christine Moss Helms, *Iraq: Eastern Flank of the Arab World*(Washington, D.C.: Brookings Institution, 1984), pp. 147-60("infidel Ba'th Party"), 165("every street corner"); Anthony H. Cordesman, "Lessons of the Iran-Iraq War: The First Round," *Armed Forces Journal International*, 119(April 1982), p. 34("dwarf Pharaoh"); R. K. Ramazani, *Revolutionary Iran: Challenge and Response in the Middle East*(Baltimore: Johns Hopkins University Press, 1986), p. 60("Khomeini the rotten"); Bakhash, *Reign*

of the Ayatollahs, p. 126; Interview with Rene Ortiz; R. M. Grye, ed., *The Cambridge History of Iran*, vol. 4, *The Period from the Arab Invasion to the Saljuqs*(Cambridge: Cambridge University Press, 1975), pp. 9-25("Victory of Victories"); David Lamb, *The Arabs: Journeys Beyond the Mirage*(New York: Vintage, 1988), pp. 287-91(coffins, "purest joy" and minefields); Samir al-Khalil, *Republic of Fear: The Politics of Modern Iraq*(Berkeley and Los Angeles: University of California Press, 1989).

6. IEA archives; M. S. Robinson, "The Great Bear Market in Oil 1980-1983"(Nyborg: Shell, 1983). Ryan to Secretary of State, October 6, 1980, Paris 31399; Sherman to Secretary of State, October 7, 1980, Tokyo 17911; Salzman to Secretary of State, October 22, 1980, Paris 33213; Muskie to Embassies, October 24, 1980, State 283948, State Department papers.

7. *PIW*, November 17, 1980("still someone else"); November 24, 1980, p. 2("deep trouble"); April 17, 1981, Supplement, p. 1("stabilize the price"). Mansfield to Secretary of State, December 23, 1980, Tokyo 22437(MITI official on "undesirable purchases"); Vance to Tokyo Embassy, October 11, 1980, State 277058, State Department papers. Interviews with Ulf Lantzke, J. Wallace Hopkins, William Martin(D'Avignon) and Alfred DeCrane, Jr.; Schneider, *Oil Price Revolution*, p. 453.

35

1. Interview with Clifton Garvin; *New York Times*, May 3, 1982, p. Al; October 10, 1982, p. A33; Andrew Gulliford, *Boomtown Blues: Colorado Oil Shale 1885-1985*(Niwot, Colo.: University Press of Colorado, 1989), chaps. 4-6. On autos, see Marc Ross, "U.S. Private Vehicles and Petroleum Use," Cambridge Energy Research Associates Report, October 1988.

2. *PIW*: Alirio Parra, "OPEC Move May Lead to 'Structured' Market," Special Supplement, April 12, 1982; "Spot Products Nosedive Spreads Everywhere," Special Supplement, February 22, 1982; Herbert Lewinsky, "Oil Seen Becoming Even More International," Special Supplement, July 12, 1982, p. 3(Mobil Executive); Robert Mabro, "OPEC's Future Pricing Role May Be at Stake," Special Supplement, April 19, 1982; December 3, 1982, p. 1; June, 4 1982, pp. 1-3("punishment"). Skeet, *OPEC*, p. 178(rejection of embargo proposal).

3. Interviews with Yahaya Dikko and Alberto Quiros; *PIW*, February 14, 1983(Yamani on pregnancy); March 21, 1983("swing producer"); Terzian, *OPEC*, pp. 313-19.

4. *PIW*, April 11, 1983, pp. 8-9("strategic commodity"); John G. Buchanan, "How Trading Is Reshaping the Industry," in Yergin and Kates-Garnick, *Reshaping of the Oil Industry*, pp. 41-44("light on security," "nimble" and "opportunistic"); Interviews with P. I. Walters, George Keller and M. S. Robinson; Chevron, *Annual Report*, 1983, "Presentation on Downstream Oil Supply Policy," December 1983.

5. See New York Mercantile Exchange, *A History of Commerce at the New York Mercantile Exchange: The Evolution of an International Marketplace, 1872-1988*(New York: New York Mercantile Exchange, 1988).

6. A. G. Mojtabai, *Blessed Assurance: At Home with the Bomb in Amarillo, Texas*(Albuquerque: University of New Mexico Press, 1986), pp. 47, 199; T. Boone Pickens, *Boone*(Boston: Houghton Mifflin, 1987), passim, and pp. 11, 31("mouth shut"), 34; Interviews with T. Boone Pickens and Taylor Yoakam("Saturday morning"); Adam Smith, *The Roaring '80s*(New York: Summit Books, 1988), pp. 193-95; T. Boone Pickens, "The Restructuring of the Domestic Oil and Gas Industry," in Yergin and Kates-Garnick, *Reshaping of the Oil Industry*, pp. 60-61.

7. Interviews with Jesus Silva Herzog and Patrick Connolly("eating our lunch"); Fausto Alzati, "Oil and Debt: Mexico's Double Challenge," Cambridge Energy Research Associates Report, June 1987; Philip L. Zweig, *Belly Up: The Collapse of the Penn Square Bank*(New York: Fawcett Columbine, 1986), pp. 198-99(Gucci loafers); William Greider, *Secrets of the Temple: How the Federal Reserve Runs the Country*(New York: Touchstone, 1989), pp. 518-25("bank to beat"), 628-31; Mark Singer, *Funny Money*(New York: Knopf, 1985).

8. *Wall Street Journal*, September 15, 1983, p. 1; December 5, 1983, p. 60; April 19, 1984, p. 1; Interviews with Richard Bray and P. I. Walters.

9. Thomas Petzinger, Jr., *Oil & Honor: The Texaco-Pennzoil Wars*(New York: Putnam, 1987); Steve Coll, *The Taking of Getty Oil*(London: Unwin Hyman, 1988); Lenzer, *Getty*, pp. 331-38; Miller, *House of Getty*, pp. 331-46.

10. Interviews with James Lee, George Keller, Robert O. Anderson, Philippe Michelon and M. S. Robinson; Pickens, *Boone*, pp. 182-83("need a touchdown"), 216; *Wall Street Journal*, March 7, 1984, p. 1; John J. McCloy, Nathan W. Pearson and Beverley Matthews, *The Great Oil Spill: The Inside Report-Gulf Oil's Bribery and Political Chicanery*(New York: Chelsea House, 1976).

11. *Time*, June 3, 1985, p. 58(Armand Hammer); Interviews with Robert O. Anderson and Clifton Garvin; *Time*, March 17, 1985, p. 46 and *Business Week*, May 6, 1985, p. 82.

12. On the Soviet gas pipeline, Interview with William F. Martin; Angela Stent, *Soviet Energy and Western Europe*, Washington paper 90(New York: Praeger, 1982); Bruce Jentleson, *Pipeline Politics: The Complex Political Economy of East-West Trade*(Ithaca: Cornell University Press, 1986), chap. 6; Anthony Blinken, *Ally Versus Ally: America, Europe, and the Siberian Pipeline Crisis*(New York: Praeger, 1987).

36

1. Richard Reid, "Standing the Test of Time," Speech at University of Surrey, March 23, 1984("chief variable"); *PIW*, March 18, 1985, p. 8("very painful"); Arthur Andersen & Company and Cambridge Energy Research Associates, *Future of Oil Prices*, p. iii; Joseph Stanislaw and Daniel Yergin, "OPEC's Deepening Dilemma: The World Oil Market Through 1987," Cambridge Energy Research Associates Report, October 1984; I. C. Bupp, Joseph Stanislaw and Daniel Yergin, "How Low Can It Go? The Dynamics of Oil Prices," Cambridge Energy Research Associates Report, May 1985; *MEES*, June 2, 1985, p. A6("draw a line").

2. "OPEC Ministers, Taif, June 2-3, 1985"(King's letter); Skeet, *OPEC*, p. 195; Interviews with Alfred DeCrane, Jr. and George Keller; *PIW*, December 16, 1985, p. 8(communiqué).

3. PIW, September 29, 1986; August 11, 1986(Iraqi official); Interview with Alfred DeCrane, Jr.; Arie de Geus, "Planning as Learning," *Harvard Business Review* 66(March-April, 1988), pp. 70-74; *Washington Post*, April 4, 1986, p. 3(Billy Jack Mason).

4. *New York Times*, January 13, 1989, p. D16("They got a President"); February 21, 1980, p. B10(Reagan on Alaska); George Bush, with Victor Gold, *Looking Forward: An Autobiography*(New York: Bantam, 1988), pp. 46, 55(partner), 64-66, 72("rubbed both ways"), 78; Seymour Freedgood, "Life in Midland," *Fortune*, April 1962; Bush to Kennedy, November 12, 1969, White House Special Files, Confidential Files, Nixon archives; Fadhil J. al-Chalabi, "The World Oil Price Collapse of 1986: Causes and Implications for the Future of OPEC," Energy Paper no. 15, International Energy Program, School of Advanced International Studies, Johns Hopkins University, p. 6("Absolute competition").

5. *New York Times*, April 2, 1986, pp. Al, D5("selling very hard" and "Our answer"); April 3, 1986, p. D6("way to address"); April 7, 1986, pp. A1, D12("stability" and "bum rap"); *Washington Post*, April 10, 1986, p. A 26("I'm correct"); April 9, 1986("Poor George" and "couldn't care less"); April 8, 1986(editorial); *Wall Street Journal*, April 7, 1986, p. 3("national security interest"); Interviews with Richard Murphy, Walter Cutler and Frederick Khedouri.

6. Interviews with Alirio Parra and Robert Mabro; Ise, *United States Oil Policy*, pp. 123, 109, 113; "Meeting of Group of Five Oil Ministers," May 24-25, 1986(Taif meeting); *PIW*, September 22, 1986, p. 3("reasonable prices"); July 28, 1986, p. 4; Briefing to Press Editors, Brioni, July 1, 1986("Not on your life"); "The Impact of the U.S. $17-19/Barrel Price Range on OPEC Oil," July 24, 1986(OPEC paper); Discussions in Moscow, May 1986("bananas").

7. Ahmed Zaki Yamani, "Oil Markets: Past, Present, and Future," Energy and Environmental Policy Center, Kennedy School, Harvard University, September 1986, pp. 3, 5, 11, 20; *MEES*, May 25, 1987, p. A2; Interviews.

8. Interview with Richard Murphy; Thomas McNaugher, "Walking Tightropes in the Gulf," in Efraim Karsh, ed., *The Iran-Iraq War: Impact and Implications*(London: Macmillan, 1989), pp. 171-99;

Anthony H. Cordesman, The Gulf and the West: Strategic Relations and Military Realities(Boulder, Colo.: Westview Press, 1988), chaps. 10-11; *New York Times*, July 21, 1988, p. Al("poison"); *MEES*, May 23, 1988, p. A3; *MEES*, May 30, 1988, p. C1; *MEES*, July 25, 1988, p. Cl("God willing"); *MEES*, August 22, 1988, p. Al; *MEES*, August 29, 1988, pp. A3, C1.

37

1. Interview of Saddam Hussein by Diane Sawyer, *Foreign Broadcast Information Services*, July 2, 1990, p. 8.
2. Karen Elliott House, "Iraqi President Sees New Mideast War Unless America Acts," *Wall Street Journal*, June 28, 1990, p. AI0("Weakness"); Marr, *Modern History of Iraq*, chap. 8; Samir al-Khall, *Republic of Fear: The Politics of Modern Iraq*(Berkeley and Los Angeles: University of California Press, 1989).
3. H. R. P. Dickson, *Kuwait and Her Neighbors*(Kuwait borders); Thomas B. Allen, F. Clifton Berry, and Norman Polmar, *CNN: War in the Gulf*(Atlanta: Turner Publishing Co., 1991)(Bush on aggression): *New York Times*, August 16, 1990, p. A14(Bush on freedom).
4. Michael L. Sifry and Christopher Cerf, *The Gulf War Reader: History, Documents, Opinions*(Times Books, New York: 1991), p. 229("millitaty option"), p. 125("10,000 deaths"), p. 173("tragic miscalculation").
5. Schwarzkopf quoted in Allen, Berry, and Polmar, *CNN: War in the Gulf*, p.211.

에필로그

1. World Bank, *The East Asian Economic Miracle: Economic Growth and Public policy.* New York: Oxford University Press, 1993.
2. Brent Scowcroft, "Don't Attack Saddam." *Wall Street Journal* August 15,2002.
3. Michael R. Gordon and Bernard Trainor, *Cobra* Ⅱ : *The Inside Story of the Invasion and Occupation of Iraq.* New York: Pantheon, 2006, Chapters 8-9, epilogue("lightning victory," p.506).
4. Daniel Yergin and Joseph Stanislaw, *The Commanding Heights: The Battle for the World Economy.* New York: Touchstone, 2002.
5. *New York Times,* October 30, 2005.
6. CERA Special Report, *Capital Costs Analysis Forum-Upstream: Market Review,* 2008.
7. On the dollar, see Stephen P. A. Brown, Raghav Virmani, and Richard Alm, *Economic Letter-Insights from the Federal Reserve Bank of Dallas,* May 2008, p.6.
8. J. S. Herold, Financial and Operational Data Base.
9. www.cnn.com/2008/POLITICS/10/07/video.transcript/index.html.

참고문헌

인터뷰

Many people generously made themselves available for interviews, which were essential to the writing of this book. I would like to express my great appreciation to all of them for their graciousness and consideration. None of them are responsible for the interpretation and judgments in this book. Most of the interviews were expressly conducted for this book. A few of them were originally for projects that preceded the hook.

In some cases, the identification of interviewees may not be the one most familiar to readers. However, in the interests of clarity, I have generally indicated the position that seems most apposite.

Frank Alcock, Vice-President, Petréleos de Venezuela, SA Robert O. Anderson, Chairman, ARCO

Alicia Castillo de Pérez Alfonzo

James Akins, U.S. Ambassador to Saudi Arabia

Naohiro Amaya, Vice-Minister, Ministry of International Trade and Industry, Japan Nikolai Baibakov, Minister of Oil, Chairman, Gosplan USSR

Lord Balogh, Minister of State, United Kingdom Department of Energy

Robert Belgrave, Oil and Middle East Desk, U.K. Foreign Office; Policy Adviser to the Board of British Petroleum

André Bénard Managing Director, Royal Dutch/Shell

Jean Blancard, General Delegate for Energy, French Ministry of Industry; President, Gaz de France

Steven Bosworth, U.S. Deputy Assistant Secretary of State for Energy, Resources, and Food Policy

Robert R. Bowie, Director, Policy Planning Staff, U.S. Department of State; Deputy Director, U.S. Central Intelligence Agency

Richard Bray, President, Standard Oil Production Company

Juan Pablo Pérez Castillo

Oscar Pérez Castillo

Fadhil al-Chalabi, Deputy Secretary General, OPEC

William Colby, Director, U.S. Central Intelligence Agency Marcello Colitti, Vice-Chairman, ENI

Patrick Connolly, Vice-President and Head of Energy Group, Bank of Boston

Richard Cooper, U.S. Undersecretary of State

Walter Cutler, U.S. Ambassador to Saudi Arabia

Alfred DeCrane, Jr., Chairman, Texaco

Charles DiBona, Deputy Director, White House Energy Policy Office; President, American Petroleum Institute

Yahaya Dikko, Minister of Petroleum Resources, Nigeria

Robert Dolph, President, Exxon International

Sir Eric Drake, Chairman, British Petroleum

Charles Duncan, U.S. Secretary of Energy

Robert Dunlop, Chairman, Sun Oil

Stuart Eizenstat, Director, Domestic Policy Staff, White House

Chief M. O. Feyide, Secretary General, OPEC

Clifton Garvin, Chairman, Exxon

Jeremy Gilbert, Manager, Capital Planning Oil Services Company of Iran

Herbert Goodman, President, Gulf Oil and Trading

Pierre Guillaumat, Chairman, Société Nationale Elf Aquitaine

Armand Hammer, Chairman, Occidental Petroleum

Victor Hammer

Sir Peter Holmes, Chairman, Shell Transport and Trading

J. Wallace Hopkins, Deputy Executive Director, International Energy Agency
Wanda Jablonski, Editor and Publisher, Petroleum Intelligence Weekly
Henry Jackson, U.S. Senator
Yoshio Karita, Director, Resources Division, Ministry of Foreign Affairs, Japan
George Keller, Chairman, Chevron Corporation
Frederick Khedouri, Deputy Chief of Staff to the U.S. Vice-President
William King, Vice-President, Gulf Oil
Ulf Lantzke, Executive Director, International Energy Agency
James Lee, Chairman, Gulf Oil
Walter Levy, oil consultant
John Loudon, Senior Managing Director, Royal Dutch/Shell
Robert Mabro, Director, Oxford Institute for Energy Studies
William Martin, U.S. Deputy Secretary of Energy
Charles Mateudi
Lord McFadzean of Kelvinsidc, Chairman, Shell Transport and Trading
George McGhee, U.S. Assistant Secretary of State for Near East, South Asia and Africa
Philippe Michelon, Director, Strategic Planning, Gulf Oil
Edward Morse, U.S. Deputy Assistant Secretary of State; Publisher, Petroleum Intelligence Weekly
Richard Murphy, U.S. Assistant Secretary of State for Near East and South Asia
George N. Nelson, President, BP Exploration Alaska
John Norton, Partner, Arthur Andersen & Company
Tadahiko Ohashi, Director, Corporate Planning Department, Tokyo Gas Co., Ltd.
Rene Ortiz, Secretary General, OPEC
Alirio Parra, President, Petróleos de Venezuela, S A
T. Boone Pickens, Chairman, Mesa Petroleum
James Placke, U.S. Deputy Assistant Secretary of State
William Quandt, Director, Middle East Office, U.S. National Security Council
Alberto Quiros, President, Maraven, Lagoven, Venezuela
Sir Peter Ramsbotham, British Ambassador to Iran
M. S. Robinson, President, Shell International Trading Company
Gilbert Rutman, Vice Chairman, Société Nationale Elf Aquitaine
Harold Saunders, U.S. Assistant Secretary of State for Near East and South Asia
James Schlesinger, U.S. Secretary of Defense; U.S. Secretary of Energy
Ian Seymour, Editor, Middle East Economic Survey
Jesús Silva Herzog, Minister of Finance, Mexico
Sir David Steel, Chairman, British Petroleum
Jack Sunderland, Chairman, Aminoil
Jean Syrota, Director, Agency for Energy Conservation, France
Sir Peter Walters, Chairman, British Petroleum
Paul Walton, geologist, Pacific Western
Harold Wilson, Prime Minister, Great Britain
Taylor Yoakam, Mesa Petroleum
Eugene Zuckert

공문서

Amoco archives, Chicago
Chevron archives, San Francisco
Gulf archives, Houston
Shell International archives, London
Public Records Office, Kew Gardens, London (PRO)

Foreign Office	Air Ministry
Cabinet Office	Colonial Office
War Cabinet	MiMinistry of Power (including Petroleum
Cabinet Committees	Department)

Prime Minister's Office

Treasury

Admiralty

India Office, London

National Archives, Washington, D.C. (NA)

RG 59 State Department

RG 218 Joint Chiefs of Staff

Franklin D. Roosevelt Library, Hyde Park, New York

Official File

President's Secretary's File

Harry Hopkins papers

Dwight D. Eisenhower Library, Abilene, Kansas

Eisenhower Presidential Papers (Ann Whitman File)

John Foster Dulles papers

Harry S. Truman Library, Independence, Missouri

President's Secretary's File

John F. Kennedy Library, Boston, Massachusetts

White House Staff Files

Lyndon B. Johnson Library, Austin, Texas

White House Central Files

Subject Files

Confidential File

Name File

Joseph Califano papers

Robson-Ross papers

Richard M. Nixon papers, National Archives

White House Central Files

White House Special Files

Confidential Files

President's Office Files

Gerald Ford Library, Ann Arbor, Michigan

White House Central Files

Presidential Handwriting File

White House Staff Files

Energy Resources Council papers

International Energy Agency, Paris

United Kingdom Department of Energy

Senate Multinational Subcommittee Interviews

U.S. State Department papers (1970-80) (Freedom of Information)

National War College, Washington, D.C.

Board of Trade

War Office

RG 234 Reconstruction Finance
Corporation

Henry Morgenthau Diary

Henry Morgenthau Presidential Diary

Christian Herter papers

Ralph K. Davies papers

National Security Files

Drew Pearson papers

Cabinet Task Force on Oil Import Controls

Council of Economic Advisors papers

Arthur F. Burns papers

Frank G. Zarb papers

기타 문서 모음

Juan Pablo Perez Alfonzo papers, Caracas

Aramco papers, Middle East Center, Oxford

BBC Written Archives Centre, Reading

George Bissell collection, Dartmouth College

Sir John Cadman papers. University of Wyoming

Churchill Archives Centre, Cambridge, England

Continental Oil Collection, University of Wyoming

Charles R. Crane papers, Middle East Center, Oxford

Ralph K. Davies papers, University of Wyoming

Everette Lee DeGolyer papers, Southern Methodist University

Henry L. Doherty papers, University of Wyoming

Colonel Drake manuscript, Drake Well Museum, Titusville, Penn.

James Terry Duce papers, University of Wyoming
Herbert Goodman papers
Joseph Grew papers, Harvard University
Harold L. Ickes papers, Library of Congress
Wanda Jablonski papers
Joiner v. Hunt case records, Rusk County District Court, Henderson, Texas
R. S. McBeth papers, University of Texas at Austin
Philip C. McConnell papers, Hoover Institution
A. J. Meyer papers, Harvard University
Oil Companies papers (Justice Department antitrust case), Baker Library, Harvard Business School
Pearson Collection, Imperial College, London
H. St. J. B. Philby papers, Middle East Center, Oxford
Mark L. Requa papers, University of Wyoming
Rockefeller Archives, Tarry town, New York
Collection Banque Rothschild, Archives Nationales, Paris
Rusk County Historical Commission, Henderson, Texas
W. B. Sharp papers, University of Texas at Austin
Slade-Barker papers, Middle East Center, Oxford
George Otis Smith papers, University of Wyoming
Stimson Diary, Yale University
Ida Tarbell papers, Drake Well Museum, Titusville, Penn.
James M. Townsend papers, Drake Well Museum, Titusville, Penn.
Private archives

구술 기록

Winthrop Aldrich, Baker Library, Harvard Business School
James Doolittle, Columbia University
Alan W. Hamill, University of Texas at Austin
Curt G. Hamill, University of Texas at Austin
Fatillo Higgins, University of Texas at Austin
James William Kinnear, University of Texas at Austin
E. C. Laster, University of Texas at Austin
Torkild Rieber, University of Texas at Austin

기타

Middle East Economic Survey (MEES)
Petroleum Intelligence Weekly (PIW)
Grampian Television, Oil. 8-part television series, 1986.

정부 문서

Declassified Documents Reference System. Washington, D.C.: Carrollton, 1977-81, and Woodbridge, conn.: Research Publications, 1982-90.
Documents from the US. Espionage Den. Tehran: Center for the Publication of the U.S. Espionage Den's Document, [1986].
International Energy Agency. Energy Policies and Programmes of IEA Countries. Paris: IEA/OECD.
————. World Energy Outlook. Paris: IEA/OECD.
Japan. Allied Occupation. Reports of General MacArthur: Japanese Operations in the Southwest Pacific Area. 4 vols. Washington, D.C.: U.S. Army, 1966.
Mexico. Secrctaria de Progamacíon y Presupuesto. Antología de la Planeación en Mexico (1917-1985). Vol. 1, Primeros Intcntos de Planeación en México (1917-1946). Mexico City: Ministry of Budget and Planning. 1985.
Nuremberg Military Tribunals. Trials of War Criminals. Vols. 7-8. Washington, D.C.: GPO, 1952-53.
Pogue, Joseph E., and Isador Lubin. Prices of Petroleums and Products. Washington, D.C.: GPO, 1919.

Requa, Mark L. "Report of the Oil Division, 1917-1919." H. A. Garfield. Final Report of the U.S. Fuel Administrator. 1917-1919. Washington, D.C.: GPO, 1921.

United Kingdom. Ministry of Fuel and Power. Report on the Petroleum and Synthetic Oil Industry of Germany. London: HMSO, 1947.

United Kingdom. Admiralty. Geographical Section of the Naval Intelligence Division. Geology of Mesopotamia and Its Borderlands. London: HMSO, 1920.

U.S. Army. Far East Command. Military Intelligence Section. Intelligence Series and Documentary Appendices. Washington, D.C.: Library of Congress, 1981. Microfilm.

U.S. Cabinet Task Force on Oil Import Control. The Oil Import Question: A Report on the Relationship of OH Imports to the National Security. Washington, D.C.: GPO, 1970.

U.S. Central Intelligence Agency. CIA Research Reports: Middle East, 1946-1976. Ed. Paul Kesaris. Frederick, Md.: University Publications of America, 1983. Microfilm.

U.S. Congress. House of Representatives. Permanent Select Committee on Intelligence. Subcommittee on Evaluation. Iran: Evaluation of U.S. Intelligence Performance Prior to November 1978. Staff Report. Washington, D.C.: GPO, 1979.

U.S. Congress. Joint Committee on the Investigation of the Pearl Harbor Attack. Pearl Harbor: Intercepted Messages Sent by the Japanese Government Between July 1 and December 8, 1941. 79lh Cong. 1st sess. Washington, D.C.: GPO, 1945.

————. Pearl Harbor Attack. 79th Cong. 2d sess. Washington, D.C.: GPO, 1946.

U.S. Congress. Senate. Committee on Foreign Relations. Subcommittee on Multinational Corporations. A Documentary History of the Petroleum Reserves Corporation. 93d Cong. 2d sess. Washington, D.C.: GPO, 1974.

————. The International Petroleum Cartel, the Iranian Consortium and U.S. National Security. 93d Cong. 2d sess. Washington, D.C.: GPO, 1974.

————. Multinational Corporations and United States Foreign Policy. 93rd Cong. 1st sess. Washington, D.C.: GPO, 1975 (Multinational Hearings).

————. Multinational Oil Corporations and U.S. Foreign Policy. 93rd Cong. 2d sess. Washington, D.C.: GPO, 1975.

————. U.S. Oil Companies and the Arab Oil Embargo: The International Allocation of Constricted Supply. Committee Print. Washington, D.C.: GPO, 1975.

U.S. Congress. Senate. Committee on Government Operations. Permanent Subcommittee on Investigations. Current Energy Shortages Oversight Series. 93rd Cong. 1st Session. Washington, D.C.: GPO, 1974.

U.S. Congress. Senate. Committee on the Judiciary. Subcommittee on Antitrust and Monopoly. Petroleum, the Antitrust Laws and Government Policies. 85th Cong. 1st sess. Washington, D.C.: GPO, 1957.

U.S. Congress. Senate. Select Committee on Small Business. Subcommittee on Monopoly. The International Petroleum Cartel: Staff Report to the Federal Trade Commission. 82d Cong. 2d sess. Washington, D.C.: GPO, 1952 (FTC, International Petroleum Cartel).

U.S. Congress. Senate. Special Committee Investigating Petroleum Resources. Investigation of Petroleum Resources. 79th Cong. 1st and 2d sess. Washington, D.C.: GPO, 1946.

U.S. Congress. Senate. Special Committee Investigating the National Defense Program. Investigation of the National Defense Program. Part 11, Rubber. 77th Cong. 1st sess. Part 41, Petroleum Arrangements with Saudi Arabia. 80th Cong. 1st sess. Washington, D.C: GPO, 1948.

U.S. Congress. Senate. Subcommittees of the Committee on the Judiciary and Committee on Interior and Insular Affairs. Emergency Oil Lift Program and Related Oil Problems. 85th Cong. 1st sess. Washington, D.C.: GPO, 1957.

U.S. Congress, Senate. Subcommittee of the Committee on Manufactures. High Cost of Gasoline and Other Petroleum Products. 67th Cong. 2d and 4th sess. Washington, D.C.: GPO, 1923.

U.S. Department of the Interior. An Analysis of the Economic and Security Aspects of the Trans-Alaskan Pipeline. Washington, D.C.: GPO, 1971.

U.S. Department of Justice. Anti-Trust Division. Report of the Department of Justice to the President Concerning the Gasoline Shortage of 1979. Washington, D.C.: GPO, 1980.

U.S. Department of State. Foreign Relations of the United States. Washington, D.C.: GPO 1948-90 (FRUS).

U.S. Economic Cooperation Administration. European Recovery Program. Petroleum and Petroleum Equipment Commodity Study. Washington, D.C: GPO, 1949.

U.S. Federal Trade Commission. Foreign Ownership in the Petroleum Industry. Washington, D.C.: GPO, 1923.

—————. Prices, Profits, and Competition in the Petroleum Industry. Washington, D.C.: GPO, 1928.

U.S. National Response Team. The Exxon Valdez Oil Spill: A Report to the President from Samuel K. Skinner and William K. Reilly. May 1989.

U.S. National Security Council. Documents of the NSC, 1947-77. Ed. Paul Kesaris. Washington, D.C. and Frederick, Md.: University Publications of America, 1980-87. Microfilm.

—————. Minutes of Meetings of the NSC, with Special Advisory Reports. Ed. Paul Kesaris. Frederick, Md.: University Publications of America, 1982. Microfilm.

U.S. Office of Strategic Services and Department of State. O.S.S./State Department Intelligence and Research Reports. Ed. Paul Kesaris. Washington, D.C: University Publications of America, 1979. Microfilm.

U.S. Petroleum Administration for War. Petroleum in War and Peace. Washington, D.C: PAW, 1945.

U.S. President. Public Papers of the Presidents of the United States: Jimmy Carter, 1977. Washington, D.C: GPO, 1978.

U.S. Strategic Bombing Survey. Oil and Chemical Division. Oil in Japan's War. Washington, D.C: USSBS, 1946.

—————. Oil Division. Final Report. 2d ed. Washington, D.C: USSBS, 1947.

—————. Overall Economic Effects Division. The Effects of Strategic Bombing on Japan's War Economy. Washington, D.C: GPO, 1946.

—————. Overall Economic Effects Division. The Effects of Strategic Bombing on the German War Economy. Washington, D.C: USSBS, 1945.

U.S. Strategic Bombing Survey (Pacific). Naval Analysis Division. Interrogations of Japanese Officials. 2 vols. Washington, D.C: USSBS, [1945].

U.S. Tariff Commission. War Changes in Industry. Report 17, Petroleum. Washington, D.C: GPO, 1946.

U.S. War Production Board. Industrial Mobilization for War: History of the War Production Board and Predecessor Agencies, 1940-1945. Vol. 1, Program and Administration. Washington, D.C: GPO, 1947.

Woodward, E. L., and Rohan Butler. Documents on British Foreign Policy, 1919-1939. 3 series. London: HMSO, 1946-86.

도서, 논문, 기사

Abir, Mordechai. Saudi Arabia in the Oil Era: Regime and Elites; Conflict and Collaboration. London: Croom Helm, 1988.

Abrahamian, Ervand. Iran Between Two Revolutions. Princeton: Princeton University Press, 1982.

Acheson, Dean. Present at the Creation: My Years in the State Department. New York: New American Library, 1970.

Adelman, M. A. "Is the Oil Shortage Real? Oil Companies as OPEC Tax Collectors." Foreign Policy (Winter 1972-73): 69-108.

—————. The World Petroleum Market. Baltimore: Johns Hopkins University Press, 1972.

Agawa, Hiroyuki. The Reluctant Admiral: Yamamoto and the Imperial Navy. Trans. John Bester. Tokyo: Kodansha International, 1979.

Ajami, Fouad. The Arab Predicament: Arab Political Thought and Practice Since 1967. Cambridge: Cambridge University Press, 1981.

Akin, Edward N. Flagler: Rockefeller Partner and Florida Baron. Kent, Ohio: Kent State University Press, 1988.

Akins, James E. "The Oil Crisis: This Time the Wolf Is Here." Foreign Affairs 51 (April 1973): 462-490.

Alexander, Yonah, and Allan Nanes, eds. The United States and Iran: A Documentary History. Frederick, Md.: University Publications of America, 1980.

Alfonzo, Juan Pablo Pérez. Hundiéndos en el Excremento del Diablo. Caracas: Collección Venezuela Contemporánea, 1976.

—————. El Pentágono Petrolero. Caracas: Ediciones Revista Politica, 1967.

Almana, Mohammed. Arabia Unified: A Portrait of Ibn Saud. London: Hutchinson Benham, 1980.

Ambrose, Stephen E. Eisenhower. 2 vols. New York: Simon and Schuster, 1983-84.

—————. The Supreme Commander: The War Years of General Dwight D. Eisenhower. Garden City, N.Y.: Doubleday, 1970.

American Bar Association, Section of Mineral Law. Legal History of Conservation of Oil and Gas: A Symposium. Chicago: American Bar Association, 1939.

Anderson, Irvine H. Aramco, the United States, and Saudi Arabia: A Study of the Dynamics of Foreign Oil Policy, 1933-1950. Princeton: Princeton University Press, 1981.

———. The Standard-Vacuum Oil Company and United States East Asian Policy, 1933-1941. Princeton: Princeton University Press, 1975.

Anderson, Robert O. Fundamentals of the Petroleum Industry. Norman: University of Oklahoma Press, 1984.

Arnold, Ralph, George A. Macrady, and Thomas W. Barrington. The First Big Oil Hunt: Venezuela, 1911-1916. New York: Vantage Press, 1960.

Arthur Andersen & Co. and Cambridge Energy Research Associates. The Future of Oil Prices: The Perils of Prophecy. Houston: 1984.

Asbury, Herbert. The Golden Flood: An Informal History of America's First Oil Field. New York: Alfred A. Knopf, 1942.

Ashworth, William. The History of the British Coal Industry. Vol. 5, 1946-1982: The Nationalized Industry. Oxford: Clarendon Press, 1986.

Asprey, Robert B. The First Battle of the Marne. 1962. Reprint. Westport, Conn.: Greenwood Press, 1979.

Assiri, Abdul-Reda. Kuwait's Foreign Policy: City-State in World Politics. Boulder, Colo.: Westview Press, 1990.

Bacon, R. H. The Life of Lord Fisher of Kilverstone. 2 vols. Garden City, N.Y.: Doubleday, Doran, 1929.

Badger, Daniel, and Robert Belgrave. Oil Supply and Price: What Went Right in 1980? London: Policy Studies Institute, 1982.

Bain, Joe S. The Economics of the Pacific Coast Petroleum Industry. 3 parts. Berkeley: University of California Press, 1944-47.

Bakhash, Shaul. The Reign of the Ayatollahs: Iran and the Islamic Revolution. New York: Basic Books, 1984.

Bardou, Jean-Pierre, Jean-Jacques Chanaron, Patrick Fridenson, and James M. Laux. The Automobile Revolution: The Impact of an Industry. Trans. James M. Laux. Chapel Hill: University of North Carolina Press, 1982.

Barnhart, Michael A. Japan Prepares for Total War: The Search for Economic Security, 1919-1941. Ithaca, N.Y.: Cornell University Press, 1987.

———. "Japan's Economic Security and the Origins of the Pacific War." Journal of Strategic Studies 4 (June 1981): 105-24.

Bates, J. Leonard. The Origins of Teapot Dome: Progressives, Parties, and Petroleum, 1909-1921. Urbana: University of Illinois Press, 1963.

———. "The Teapot Dome Scandal and the Election of 1924." American Historical Review 55 (January 1955): 303-22.

Beaton, Kendall. "Dr. Gesner's Kerosene: The Start of American Oil Refining." Business History Review 29 (March 1955): 28-53.

———. Enterprise in Oil: A History of Shell in the United States. New York: Appleton-Century-Crofts, 1957.

Beck, Peter J. "The Anglo-Persian Oil Dispute of 1932—33." Journal of Contemporary History 9 (October 1974): 123-51.

Beeby-Thompson, A. Oil Field Development and Petroleum Mining. London: Crosby Lockwood, 1916

———. The Oil Fields of Russia and the Russian Petroleum Industry. 2d ed. London: Crosby Lockwood, 1908.

———. Oil Pioneer. London: Sidgwick and Jackson, 1961.

Belasco, Warren James. Americans on the Road: From Autocamp to Motel, 1910-1945. Cambridge: MIT Press, 1979.

Benn, Anthony. Against the Tide: Diaries, 1973-76. London: Hutchinson, 1989.

Bentley, Jerome Thomas. "The Effects of Standard Oil's Vertical Integration into Transportation on the Structure and Performance of the American Petroleum Industry, 1872-1884." Ph.D. dissertation, University of Pittsburgh, 1976.

Bérenger, Henry. Le Pétiole et la France. Paris: Flammarion, 1920.

Bergengren, Erik. Alfred Nobel: The Man and His Work. Trans. Alan Blair. London: Thomas Nelson, 1960.

Betancourt, Romulo. Venezuela: Oil and Politics. Trans. Everett Bauman. Boston: Houghton Mifflin, 1979.

———. Venezuela's Oil, Trans. Donald Peck. London: George Allen & Unwin, 1978.

Betts, Richard K. Nuclear Blackmail and Nuclear Balance. Washington, D.C.: Brookings Institution, 1987.

Bill, James A. The Eagle and the Lion: The Tragedy of American-Iranian Relations. New Haven: Yale University Press, 1988.

Bill, James A., and William Roger Louis, eds. Mossadiq, Iranian Nationalism, and Oil. London: I. B. Tauris, 1988.

Blair, Clay, Jr. Silent Victory: The US Submarine War Against Japan. Philadelphia: J. B. Lippincott, 1975.

Blair, John M. The Control of Oil. New York: Pantheon, 1976.

Blum, John Morton. From the Morgenthau Diaries. 3 vols. Boston: Houghton Mifflin, 1959-67.

Blumenson, Martin. Patton: The Man Behind the Legend, 1885-1945. New York: William Morrow, 1985.

————. ed. The Patton Papers. 2 vols. Boston: Houghton Mifflin, 1972-74.

Boatwright, Mody C, and William A. Owen. Tales from the Derrick Floor. Garden City, N.Y.: Doubleday, 1970.

Bonine, Michael E., and Nikkie R. Keddie, eds. Continuity and Change in Modern Iran. Albany, N.Y.: State University of New York Press, 1981.

Borkin, Joseph. The Crime and Punishment of I. G. Farben. New York: Free Press, 1978.

Bowie, Robert R. Suez 1956. London: Oxford University Press, 1974.

Bradley, Omar N. A Soldiers Story. New York: Henry Holt, 1951.

Brady, Kathleen. Ida Tarbell: Portrait of a Muckraker. New York: Seaview/Putnam, 1984.

Brands, H. W. "The Cairo-Tehran Connection in Anglo-American Rivalry in the Middle East, 1951-1953." International History Review 11 (August 1989): 434-56.

————. Inside the Cold War: Loy Henderson and the Rise of the American Empire, 1918-1961. Oxford: Oxford University Press, 2001.

Brenner, Anita. The Wind That Swept Mexico: The History of the Mexican Revolution, 1910-1942. 1943. Reprint. Austin: University of Texas Press, 1971.

Brewster, Kingman, Jr. Antitrust and American Business Abroad. New York: McGraw-Hill, 1958.

Bright, Arthur A., Jr. The Electric Lamp Industry: Technological Change and Economic Development from 1800 to 1947. New York: Macmillan, 1949.

Bringhurst, Bruce. Antitrust and the Oil Monopoly: The Standard Oil Cases, 1890-1911. Westport, Conn.: Greenwood Press, 1979.

Brodie, Bernard. "American Security and Foreign Oil." Foreign Policy Reports 23 (1948): 297-312.

Brown, Benjamin, and Daniel Yergin. "Synfuels 1979." Draft case, Kennedy School of Government, Harvard University, 1981.

Brown, Jonathan C. "Domestic Politics and Foreign Investment: British Development of Mexican Petroleum, 1889-1911." Business History Review 61 (Autumn 1987): 387-416.

————. "Jersey Standard and the Politics of Latin American Oil Production, 1911-1930." Latin American Oil Companies and the Politics of Energy, ed. John D. Wirth. Lincoln: University of Nebraska Press, 1985.

————. "Why Foreign Oil Companies Shifted Their Production from Mexico to Venezuela during the 1920s." American Historical Review 90 (April 1985): 362-385.

Bryant, Arthur. The Turn of the Tide: A History of the War Years Based on the Diaries of Field-Marshall Lord Alanbrooke. Garden City, N.Y.: Doubleday, 1957.

Brzezinski, Zbigniew. Power and Principle: Memoirs of the National Security Adviser, 1977-1981. Rev. ed. New York: Farrar Straus Giroux, 1985.

Bullock, Alan. Ernest Bevin: Foreign Secretary, 1945-1951. London: Heinemann, 1984.

————. Hitler: A Study in Tyranny. Rev. ed. New York: Harper & Row, 1964.

Bupp, I. C, Joseph Stanislaw, and Daniel Yergin. "How Low Can It Go? The Dynamics of Oil Prices." Cambridge Energy Research Associates Report, May 1985.

Busch, Briton Cooper. Britain and the Persian Gulf. Berkeley: University of California Press, 1967.

————. Britain, India, and the Arabs, 1914-1921. Berkeley: University of California Press, 1971.

Bush, George, with Victor Gold. Looking Forward: An Autobiography. New York: Bantam, 1988.

Business History Review, ed. Oil's First Century. Boston: Harvard Business School, 1960.

Butow, Robert J. C. Japan's Decision to Surrender. Stanford: Stanford University Press, 1954.

————. Tojo and the Coming of the War. Stanford: Stanford University Press, 1961.

Caldwell, Martha Ann. "Petroleum Politics in Japan: State and Industry in a Changing Policy Context." Ph.D. dissertation, University of Wisconsin at Madison, 1981.

Cambridge Energy Research Associates. Energy and the Environment: The New Landscape of Public Opinion. Cambridge: Cambridge Energy Research Associates, 1990.

Carell, Paul. Hitler Moves East, 1941-1943. Trans. Ewald Osers. Boston: Little, Brown, 1965.

Carré, Henri. La Veritable Histoire des Taxis de La Mame. Paris: Libraire Chapelot, 1921.

Caro, Robert. The Years of Lyndon Johnson: The Path to Power. New York: Alfred A. Knopf, 1982.

Carter, Jimmy. Keeping Faith: Memoirs of a President. London: Collins, 1982.

de Chair, Somerset. Getty on Getty: A Man in a Billion. London: Cassell, 1989.

al-Chalabi, Fadhil J. OPEC and the International Oil Industry: A Changing Structure. Oxford: Oxford University Press, 1980.

————. OPEC at the Crossroads. Oxford: Pergamon, 1989.

Chandler, Alfred D., Jr., Strategy and Structure: Chapters in the History of the American Industrial Enterprise.

Cambridge: MIT Press, 1962.

———. The Visible Hand: The Managerial Revolution in American Business. Cambridge: Harvard University Press, 1977.

Chandler, Alfred D., JR., and Stephen E. Ambrose, eds. The Papers of Dwight David Eisenhower. Vol. 4, The War Years. Baltimore: Johns Hopkins University Press, 1970.

Chandler, Geoffrey. "The Innocence of Oil Companies." Foreign Policy (Summer 1977): 52-70.

de Chazeau, Melvin G., and Alfred E. Kahn. Integration and Competition in the Petroleum Industry. New Haven: Yale University Press, 1959.

Chester, Edward W. United States Oil Policy and Diplomacy: A Twentieth-Century Overview. Westport. Conn.: Greenwood Press, 1983.

Chisholm, Archibald H. I. The First Kuwait Oil Concession Agreement: A Record of the Negotiations, 1911-1934. London: Frank Cass, 1975.

Christopher, Warren, Harold H. Saunders, et al. American Hostages in Iran: The Conduct of a Crisis. New Haven: Yale University Press, 1985.

Churchill, Randolph S. Winston S. Churchill. Vols. 1-2. 1966-67.

Churchill, Winston S. The World Crisis. 4 vols. New York: Charles Scribner's Sons, 1923-29.

Cicchetti, Charles J. Alaskan Oil: Alternative Routes and Markets. Baltimore: Resources for the Future, 1972.

Clark, Alan. Barbarossa: The Russian-German Conflict, 1941-1945. 1965. Reprint. London: Macmillan, 1985.

Clark, James A., and Michael T. Halbouty. Spindletop. New York: Random House, 1952.

———. The Last Boom. Fredericksburg, Tex.: Shearer Publishing, 1984.

Clark, John G. Energy and the Federal Government: Fossil Fuel Policies, 1900-1946. Urbana: University of Illinois Press, 1987.

Cohen, Jerome B. Japan's Economy in War and Reconstruction. Minneapolis: University of Minnesota Press, 1949.

Cohen, Stuart A. "A Still Stranger Aspect of Suez: British Operational Plans to Attack Israel, 1955-56." International History Review 10 (May 1988): 261-81.

Cole, Hugh M. The Ardennes: Buttle of the Bulge. Washington, D.C.: Department of the Army, 1965.

Colitti, Marcello. Energia e Sviluppo in Italia: La Vicenda de Enrico Mattel. Bari: De Donata, 1979.

Coll, Steve. The Taking of Getty Oil. New York: Atheneum, 1987.

Collier, Peter, and David Horowitz. The Rockefellers: An American Dynasty. New York: Holt, Rinehart and Winston, 1976.

Cone, Andrew, and Walter R. Johns. Petrolia: A Brief History of the Pennsylvania Petroleum Region. New York: D. Appleton, 1870.

Continental Oil Company. Conoco: The First One Hundred Years. New York: Dell, 1975.

Cooper, Chester L. The Lions Last Roar: Suez, 1956. New York: Harper & Row, 1978.

Cordesman, Anthony H. The Guff and the West: Strategic Relations and Military Realities. Boulder, Colo.: Westview Press, 1988.

Corley, T. A. B. A History of the Burmah Oil Company Vol. 1, 1886-1924. Vol. 2, 1924-1966. London: Heinemann, 1983-88.

Coronel, Gustavo. The Nationalization of the Venezuelan Oil Industry: From Technocratic Success to Political Failure. Lexington, Mass.: Lexington Books, 1983.

Costello, John. The Pacific War. New York: Quill, 1982.

Cotner, Robert C. James Stephen Hogg. Austin: University of Texas Press, 1959.

Cottam, Richard W. Iran and the United States: A Cold War Case Study. Pittsburgh: University of Pittsburgh Press, 1988.

———. Nationalism in Iran. 2d ed. Pittsburgh: University of Pittsburgh Press, 1979.

Cowhey, Peter F. The Problems of Plenty: Energy Policy and International Politics. Berkeley: University of California Press, 1985.

Craven, Wesley Frank, and James Lea Cate. The Army Air Forces in World War II. 7 vols. Chicago: University of Chicago Press, 1948-58.

Crowley, James B. Japan's Quest for Autonomy: National Security and Foreign Policy, 1930-1938. Princeton: Princeton University Press, 1966.

Cusamano, Michael A. The Japanese Automobile Industry: Technology and Management at Nissan and Toyota. Cambridge: Harvard University Press, 1985.

Dallek, Robert. Franklin D. Roosevelt and American Foreign Policy, 1932-1945. Oxford: Oxford University Press, 1981.

Dann, Uriel, ed. The Great Powers in the Middle East, 1919-1939. New York and London: Holmes & Meier, 1988.

Darrah, William C. Pithole: The Vanished City. Gettysburg, Pa., 1972.

Dawiclowicz, Lucy S. The War Against the Jews, 1933-1945. New York: Bantam, 1976.

Dedmon, Emmett. Challenge and Response: A Modem History of Standard Oil Company (Indiana). Chicago: Mobium Press, 1984.

Delaisi, Francis. Oil: Its Influence on Politics. Trans. C. Leonard Leese. London: Labour Publishing and George Allen & Unwin, 1922.

Denny, Ludwell. We Fight for Oil. 1928. Reprint. Westport, Conn.: Hyperion, 1976.

DeNovo, John. American Interests and Policies in the Middle East, 1900-1939. Minneapolis: University of Minnesota Press, 1963.

———. "The Movement for an Aggressive American Oil Policy Abroad, 1918-1920." American Historical Review 61 (July 1956): 854-76.

———. "Petroleum and the United States Navy Before World War I." Mississippi Valley Historical Review 41 (March 1955): 641-56.

Destler, Chester McArthur. Roger Sherman and the Independent Oil Men. Ithaca: Cornell University Press, 1967.

Deterding, Henri. An International Oilman (as told to Stanley Naylor). London and New York: Harper and Brothers, 1934.

Deutscher, Isaac. Stalin: A Political Biography. 2d ed. New York: Oxford University Press, 1966.

Dickson, H. R. P. Kuwait and Her Neighbors. London: George Allen & Unwin, 1956.

Dixon, D. F. "Gasoline Marketing in the United States—The First Fifty Years." Journal of Industrial Ecoeomics 13 (November 1964): 23-42.

———. "The Growth of Competition Among the Standard Oil Companies in the United States, 1911-1961." Business History 9 (January 1967): 1-29.

Dower, John W. War Without Mercy: Race and Power in the Pacific War. New York: Pantheon, 1986.

Earle, Edward Mead. "The Turkish Petroleum Company—A Study in Oleaginous Diplomacy." Political Science Quarterly 39 (June 1924): 265-79.

Eaton, S. J. M. Petroleum: A History of the Oil Region of Venango County, Pennsylvania. Philadelphia: J. P. Skelly & Co., 1866.

Eddy, William A. F.D.R. Meets Ibn Saud. New York: American Friends of the Middle East, 1954.

Eden, Anthony. Memoirs. 3 vols. London: Cassell, 1960-65.

Eden, Richard, Michael Posner, Richard Bending, Edmund Crouch, and Joseph Stanislaw. Energy Economics: Growth, Resources, and Policies. Cambridge: Cambridge University Press, 1981.

Eisenhower, David. Eisenhower at War, 1943-1945. New York: Random House, 1986.

Eisenhower, Dwight D. At Ease: Stories I Tell to Friends. Garden City, N.Y.: Doubleday, 1967.

———. The White House Years. 2 vols. Garden City, N.Y.: Doubleday, 1963-65.

———. Crusade in Europe. Garden City, N.Y.: Doubleday, 1948.

Eisenhower, John S. D. The Bitter Woods. New York: G. P. Putnam's Sons, 1969.

Eizenstat, Stuart E. "The 1977 Energy Plan: M.E.O.W." Case note for the Kennedy School of Government, Harvard University.

Elwell-Sutton, L. P. Persian Oil: A Study in Power Politics. London: Laurence and Wishart, 1955.

Engler, Robert. The Brotherhood of Oil: Energy Policy and the Public Interest. Chicago: University of Chicago Press, 1977.

———. The Politics of Oil: A Study of Private Power and Democratic Directions. New York: Macmillan, 1961.

Erickson, John. The Road to Stalingrad. London: Panther, 1985.

Esser, Robert. "The Capacity Race: The Future of World Oil Supply." Cambridge Energy Research Associates Report, 1990.

Eveland, Wilbur Crane. Ropes of Sand: Americas Failure in the Middle East. New York: W. W. Norton, 1980.

Ezell, John S. Innovations in Energy: The Story of Kerr-McGee. Norman: University of Oklahoma Press, 1979.

Fabricus, Johan. East Indies Episode. London: Shell Petroleum Company, 1949.

Fanning, Leonard M. American Oil Operations Abroad. New York: McGraw-Hill, 1947.

———. The Story of the American Petroleum Institute. New York: World Petroleum Policies, [1960].

Faure, Edgar. La Potitique Franaiçse du Pétrole. Paris: Nouvelle Revue Critique, 1938.

Fayle, C. Ernest. Seaborne Trade. 4 vols. London: John Murray, 1924.

Feis, Herbert. Petroleum and American Foreign Policy. Stanford: Food Research Institute, 1944.

———. The Road to Pearl Harbor: The Coming of War Beteen the United States and Japan. Princeton: Princeton

University Press, 1950.

————. Seen from E.A.: Three International Episodes. New York: Alfred A. Knopf, 1947.

Ferrier, R. W. The History of the British Petroleum Company. Vol. 1, The Developing Years, 1901-1932. Cambridge: Cambridge University Press, 1982.

Finer, Herman. Dulles over Suez: The Theory and Practice of His Diplomacy. Chicago: Quadrangle Books, 1964.

First, Ruth. Libya: The Elusive Revolution. London: Penguin Books, 1974.

Fischer, Louis. OH Imperialism: The International Struggle for Petroleum. New York: International Pub lishers, 1926.

Fisher, John Arbuthnot. Fear God and Dread Nought: The Correspondence of Admiral of the Fleet Lord Fisher of Kilverstone. 2 vols. Ed. Arthur J. Marder. Cambridge: Harvard University Press, 1952.

————. Memories. London: Hodder and Stoughton, 1919.

————. Records. London: Hodder and Stoughton, 1919.

Fishman, Robert. Bourgeois Utopias: The Rise and Fall of Suburbia. New York: Basic Books, 1987.

Flink, James J. America Adopts the Automobile 1895-1910. Cambridge: MIT Press, 1970.

————. The Automobile Age. Cambridge: MIT Press, 1988.

Flynn, John T. God's Gold: The Story of Rockefeller and His Times. New York: Harcourt, Brace, 1932.

Foley, Paul. "Petroleum Problems of the World War: Study in Practical Logistics." United States Naval Institute Proceedings 50 (November 1924): 1802-32.

Forbes, R. J. Bitumen and Petroleum in Antiquity. Leiden: E. J. Brill, 1936.

————. More Studies in Early Petroleum History, 1860-1880. Leiden: E. J. Brill, 1959.

————. Studies in Early Petroleum History. Leiden: E. J. Brill, 1958.

Forbes, R. J. and D. R. O'Beirne. The Technical Development of the Royal Dutch/Shell, 1890-1940. Leiden: E. J. Brill, 1957.

Frankel, Paul. Common Carrier of Common Sense: A Selection of His Writings, 1946-1980. Ed. Ian Skeet. Oxford: Oxford University Press, 1989.

————. The Essentials of Petroleum: A Key to Oil Economics. New ed. London: Frank Cass, 1969.

————. Mattei: Oil and Power Politics. New York and Washington: Praeger, 1966.

————. "Oil Supplies During the Suez Crisis: On Meeting a Political Emergency." Journal of Industrial Economics 6 (February 1958): 85-100.

Frey, John W., and H. Chandler Ide. A History of the Petroleum Administration for War, 1941-1945. Washington, D.C.: GPO, 1946.

Friedman, Thomas L. From Beirut to Jerusalem. New York: Farrar Straus Giroux, 1989.

Fromkin, David. A Peace to End All Peace: Creating the Modern Middle East, 1914-1922. New York: Henry Holt & Co" 1989.

Fuller, J. F. C. Tanks in the Great War, 1914-1918. London: John Murray, 1920.

Fursenko, A. A. Neftianye Tresty i Mirovaia Politika: 1880-e gody-1918 god. Moscow: Nauka, 1965. Galbraith, John Kenneth. A Life in Our Times: Memoirs. Boston: Houghton Mifflin, 1981.

Garthoff, Raymond. Detente and Confrontation: American-Soviet Relations From Nixon to Reagan. Washington, D.C.: Brookings Institution, 1985.

Gasiorowski, Mark T. "The 1953 Coup d'Etat in Iran." International Journal of Middle Eastern Studies 19 (1987): 261-86.

Georges-Picot, Jacques. The Real Suez Crisis: The End of a Great Nineteenth Century Work. Trans. W. G. Rogers. New York: Harcourt Brace Jovanovich, 1978.

Gerretson, F. C. History of the Royal Dutch. 4 vols. Leiden: E. J. Brill, 1953-57.

Gesner, Abraham. A Practical Treatise on Coal, Petroleum, and Other Distilled Oils. 2d ed. Ed. George W. Gesner. New York: Bailliére Bros., 1865.

de Geus, Arie P. "Planning as Learning." Harvard Business Review 66 (March-April 1988): 70-74.

Gibb, George Sweet, and Evelyn H. Knowlton. History of Standard Oil Company (New Jersey). Vol. 2, The Resurgent Years 1911-1927. New York: Harper & Brothers, 1956.

Giddens, Paul H. The Beginnings of the Petroleum Industry: Sources and Bibliography. Harrisburg, Pa.: Pennsylvania Historical Commission, 1941.

————. The Birth of the Oil Industry. New York: Macmillan, 1938.

————. Early Days of Oil: A Pictorial History of the Beginnings of the Industry in Pennsylvania. Princeton: Princeton University Press, 1948.

————. Pennsylvania Petroleum, 1750-1872: A Documentary History. Titusville, Pa.: Pennsylvania Historical and Museum Commission, 1947.

————. Standard Oil Company (Indiana): Oil Pioneer in the Middle West. New York: Appleton-Century-Crofts, 1955.

Giebelhaus, August W. Business and Government in the Oil Industry: A Case Study of Sun Oil, 1876-1945. Greenwich, Conn.: JAI Press, 1980.

Gilbert, Martin. Winston S. Churchill. Vols. 5-8. Boston: Houghton Mifflin, 1977-88.

Gille, Betrand. "Capitaux français et pétioles russes (1884-1894)." Histoire des Entreprises 12 (November 1963): 9-94.

Gillespie, Angus Kress, and Michael Aaron Rockland. Looking for America on the New Jersey Turnpike. New Brunswick: Rutgers University Press, 1989.

Gillingham, John R. Industry and Politics in the Third Reich: Ruhr Coal, Hitler and Europe. London: Methuen, 1985.

Goldberg, Jacob. The Foreign Policy of Saudi Arabia: The Formative Years, 1902-1918. Cambridge: Harvard University Press, 1986.

Goodwin, Craufurd D., ed. Energy Policy in Perspective: Today's Problems, Yesterday's Solutions. Washington, D.C.: Brookings Institution, 1981.

Goralski, Robert, and Russell W. Freeburg. Oil & War: How the Deadly Struggle for Fuel in WWII Meant Victory or Defeat. New York: William Morrow, 1987.

Gould, Lewis L. Reform and Regulation: American Politics, 1900-1916. New York: John Wiley, 1978.

Goulder, Grace. John D. Rockefeller: The Cleveland Years. Cleveland: Western Reserve Historical Society, 1972.

Graham, Robert. Iran: The Illusion of Power. New York: St. Martin's Press, 1979.

Grayson, George W. The Politics of Mexican Oil. Pittsburgh: University of Pittsburgh Press, 1980.

Greene, William N. Strategies of the Major Oil Companies. Ann Arbor Mich.: UMI Research, 1982.

Greider, William. Secrets of the Temple: How the Federal Reserve Runs the Country. New York: Touchstone, 1989.

Gulbenkian, Nubar. Portrait in Oil. New York: Simon and Schuster, 1965.

Gulliford, Andrew. Boomtown Blues: Colorado Oil Shale, 1885-1985. Niwot, Colo.: University Press of Colorado, 1989.

Gustafson, Thane. Crisis amid Plenty: The Politics of Soviet Energy Under Brezhnev and Gorbachev. Princeton: Princeton University Press, 1989.

Halasz, Nicholas. Nobel: A Biography of Alfred Nobel. New York: Orion Press, 1959.

Halberstam, David. The Reckoning. New York: William Morrow, 1986.

Haider, Franz. The Halder Diaries. 2 vols. Boulder, Colo.: Westview Press, 1976.

Halliday, W. Trevor. John D. Rockefeller, 1839-1937: Industrial Pioneer and Man. New York: Newcomen Society, 1948.

Hamilton, Adrian. Oil: The Price of Power. London: Michael Joseph/Rainbird, 1986.

Hamilton, Nigel. Monty. 3 vols. London: Sceptre, 1984-1987.

Hammer, Armand, with Neil Lyndon. Hammer. New York: G. P. Putnam's Sons, 1987.

Hannah, Leslie. Electricity Before Nationalization. London: Macmillan, 1979.

————. The Rise of the Corporate Economy. 2d ed. London: Methuen, 1976.

Hardinge, Arthur H. A Diplomatist in the East. London: Jonathan Cape, 1928.

Hardwicke, Robert E. Antitrust Laws, et al. v. Unit Operation of Oil or Gas Pools. New York: American Institute of Mining and Metallurgical Engineers, 1948.

————. "Market Demand as a Factor in the Conservation of Oil." Southwestern Law Foundation. First Annual Institute on Oil and Gas Law. New York: Matthew Bender, 1949.

————. The Oil Man's Barrel. Norman: University of Oklahoma Press, 1958.

Hare, Richard. Portraits of Russian Personalities Between Reform and Revolution. London: Oxford University Press, 1959.

Harris, Kenneth. The Wildcatter: A Portrait of Robert O. Anderson. New York: Weidenfeld and Nicolson, 1987.

Hartshorn, J. E. Oil Companies and Governments: An Account of the International Oil Industry in Its Political Environment. London: Faber and Faber, 1962.

Havens, Thomas R. H. Valley of Darkness: The Japanese People and World War II. New York: W. W. Norton, 1978.

Hawke, David Freeman. John D.: The Founding Father of the Rockefellers. New York: Harper & Row, 1980.

————. comp. John D. Rockefeller Interview, 1917-1920: Conducted by William O. Inglis. Westport, Conn.:

Meckler Publishing, 1984.

Hayes, Peter. Industry and Ideology: I. G. Farben in the Nazi Era. Cambridge: Cambridge University Press, 1987.

Heikal, Mohamed. The Cairo Documents. Garden City, N.Y.: Doubleday, 1973.

————. Cutting the Lion's Tale: Suez Through Egyptian Eyes. London: Andre Deutsch, 1986.

————. Iran, the Untold Story: An Insider's Account of America's Iranian Adventure and Its Conse-quences for the Future. New York: Pantheon, 1982.

————. The Return of the Ayatollah: The Iranian Revolution from Mossadeq to Khomeini. London: Andre Deutsch, 1981.

————. The Road to Ramadan. London: Collins, 1975.

Heilbroner, Robert L. The Worldly Philosophers: The Lives, Times, and Ideas of the Great Economic Thinkers. 6th ed. New York: Simon and Schuster, 1986.

Hein, Laura E. Fueling Growth: The Energy Revolution and Economic Policy in Postwar Japan. Cam-bridge: Harvard University Press, 1990.

Heinrichs, Waldo. Threshold of War: Franklin D. Roosevelt and America's Entry into World War II. Oxford: Oxford University Press, 1988.

Helms, Christine Moss. The Cohesion of Saudi Arabia: Evolution of Political Identity. Baltimore: Johns Hopkins University Press, 1981.

————. Iraq: Eastern Flank of the Arab World. Washington, D.C.: Brookings Institution, 1984.

Henriques, Robert. Marcus Samuel: First Viscount Bearsted and Founder of the 'Shell' Transport and Trading Company, 1853-1927. London: Barrie and Rockliff, 1960.

————. Sir Robert Waley Cohen, 1877-1952. London: Secker & Warburg, 1966.

Henry, J. D. Baku: An Eventful History. London: Archibald Constable & Co., 1905.

————. Thirty-five Years of Oil Transport: The Evolution of the Tank Steamer. London: Bradbury, Agnew&Co., 1907.

Henry, J. T. The Early and Later History of Petroleum. Philadelphia: Jas. B. Rodgers Co., 1873.

Hewins, Ralph. Mr. Five Percent: The Story of Calouste Gulbenkian. New York: Rinehart and Company, 1958.

————. The Richest American: J. Paul Getty. New York: E. P. Dutton, 1960.

Hidy, Ralph W., and Muriel E. Hidy. History of Standard Oil Company (New Jersey). Vol. 1, Pioneering in Big Business, 1882-1911. New York: Harper and Brothers, 1955.

Hinsley, F. H., E. E. Thomas, C. F. G. Ranson, and L. C. Knight. British Intelligence in the Second World War. Vol. 2. London: HMSO, 1981.

Hiroharu, Seki. "The Manchurian Incident, 1931." Trans. Marius B. Jansen. Japan Erupts: The London Naval Conference and the Manchurian Incident, 1928-1932, ed. James William Morley. New York: Columbia University Press, 1984.

Hofstadter, Richard. The Age of Reform: From Bryan to FDR. New York: Vintage, 1955.

Hogan, Michael. Informal Entente: The Private Structure of Cooperation in Anglo-American Economic Diplomacy, 1918-1928. Columbia, Mo.: University of Missouri Press, 1977.

————. The Marshall Plan: America, Britain, and the Reconstruction of Europe. Cambridge: Cambridge University Press, 1987.

Hogarty, Thomas F. "The Origin and Evolution of Gasoline Marketing." Research Study No. 022. American Petroleum Institute. October 1, 1981.

Holden, David, and Richard Johns. The House of Saud. London: Pan Books, 1982.

Hope, Stanton. Tanker Fleet: The War Story of the Shell Tankers and the Men Who Manned Them. London: Anglo-Saxon Petroleum, 1948.

Horne, Alistair. Harold Macmillan. 2 vols. New York: Viking, 1988-1989.

————. A Savage War of Peace: Algeria, 1954-1962. London: Penguin Books, 1979.

Hough, Richard. The Great War at Sea, 1914-1918. Oxford: Oxford University Press, 1983.

Howard, Frank A. Buna Rubber: The Birth of an Industry. New York: D. Van Nostrand, 1947.

Howard, Michael. Grand Strategy. Vol. 4, August 1942-September 1943. London: HMSO, 1972.

Hughes, Thomas P. Networks of Power: Electrification in Western Society, 1880-1930. Baltimore: Johns Hopkins University Press, 1983.

————. "Technological Momentum in History: Hydrogenation in Germany, 1898-1933." Past and Present 44 (August 1969): 106-32.

Hull, Cordell. The Memoirs of Cordell Hull. 2 vols. New York: Macmillan, 1948.

Hurt, Harry, III. Texas Rich: The Hunt Dynasty from the Early Oil Days through the Silver Crash. New York: W. W. Norton, 1981.

Huston, James A. The Sinews of War: Army Logistics, 1775-1953. Washington, D.C.: U.S. Army, 1966.

Ickes, Harold L. Fightin' Oil. New York: Allred A. Knopf, 1943.

————. The Secret Diary of Harold L. Ickes. 3 vols. New York: Simon and Schuster, 1953-54.

Ienaga, Saburo. The Pacific War, 1931-1945: A Critical Perspective on Japan's Role in World War II. New York: Pantheon, 1978.

Ike, Nobutaka, ed. and trans. Japan's Decision for War: Records of the 1941 Policy Conferences. Stanford: Stanford University Press, 1967.

Inoguchi, Rikihei, and Tadashi Nakajima, with Roger Pineau. The Divine Wind: Japan" Kamikaze Force in World War II. Westport, Conn.: Greenwood Press, 1978.

Iraq Petroleum Company. The Construction of the Iraq-Mediterranean Pipe-Line: A Tribute to the Men Who Built It. London: St. Clements Press, 1934.

Iriye, Akira. After Imperialism: The Search for a New Order in the Far East, 1921-1931. Cambridge: Harvard University Press, 1965.

————. The Origins of the Second World War in Asia and the Pacific. London: Longman, 1987.

————. Power and Culture: The Japanese-American War, 1941-1945. Cambridge: Harvard University Press, 1981.

Ise, John. The United States Oil Policy. New Haven: Yale University Press, 1926.

Ismael, Jacqueline S. Kuwait: Social Change in Historical Perspective. Syracuse: Syracuse University Press, 1982.

Issawi, Charles, ed. The Economic History of Iran, 1800-1914. Chicago: University of Chicago Press, 1971.

Issawi, Charles, and Mohammed Yeganeh. The Economics of Middle Eastern Oil. London: Faber and Faber, 1962.

Jackson, Kenneth T. Crabgrass Frontier: The Suburbanization of the United States. Oxford: Oxford University Press, 1987.

Jacoby, Neil H. Multinational Oil: A Study in Industrial Dynamics. New York: Macmillan, 1974.

James, D. Clayton. The Years of MacArthur. Vol. 2, 1941-1945. Boston: Houghton Mifflin, 1975.

James, Marquis. The Texaco Story: The First Fifty Years, 1902-1952. New York: Texas Company, 1953.

James, Robert Rhodes. Anthony Eden. New York: McGraw-Hill, 1987.

Jensen, Robert G., Theodore Shabad, and Arthur W. Wright, eds. Soviet Natural Resources in the World Economy. Chicago: University of Chicago Press, 1983.

Jensen, W. G. Energy in Europe, 1945-1980. London: G. T. Foulis, 1967.

————. "The Importance of Energy in the First and Second World Wars." Historical Journal 11 (1968): 538-54.

Jentleson, Bruce. Pipeline Politics: The Complex Political Economy of East-West Energy Trade. Ithaca: Cornell University Press, 1986.

Johnson, Arthur M. The Challenge of Change: The Sun Oil Company, 1945-1977. Columbus: Ohio State University Press, 1983.

————. The Development of American Petroleum Pipelines: A Study in Private Enterprise and Public Policy, 1862-1906. Ithaca: Cornell University Press, 1956.

————. Petroleum Pipelines and Public Policy, 1906-1959. Cambridge: Harvard University Press, 1967.

Johnson, Chalmers. MITI and the Japanese Miracle: The Growth of Industrial Policy, 1925-1975. Stanford: Stanford University Press, 1982.

Johnson, William Weber. Heroic Mexico: The Violent Emergence of a Modern Nation. Garden City, N.Y.: Doubleday, 1968.

Jones, Charles S. From the Rio Grande to the Arctic: The Story of the Richfield Oil Corporation. Norman: University of Oklahoma Press, 1972.

Jones, Geoffrey. "The British Government and the Oil Companies, 1912-24: The Search for an Oil Policy." Historical Journal 20 (1977): 647-72.

————. The State and the Emergence of the British Oil Industry. London: Macmillan, 1981.

Jones, Geoffrey, and Clive Trebilcock. "Russian Industry and British Business, 1910-1930: Oil and Ar maments." Journal of European Economic History 11 (Spring 1982): 61-104.

Jordan, Hamilton. Crisis: The Last Year of the Carter Presidency. New York: G. P. Putnam's Sons, 1982.

Kahn, David. The Codebreakers: The Story of Secret Writing. New York: Macmillan, 1967.

Kane, N. Stephen. "Corporate Power and Foreign Policy: Efforts of American Oil Companies to Influence United States Relations with Mexico, 1921-28." Diplomatic History 1 (Spring 1977): 170-98.

Kaplan, Justin. Mr. Clemens and Mark Twain. New York: Simon and Schuster, 1966.

Kapstein, Ethan B. The Insecure Alliance: Energy Crises and Western Politics Since 1944. Oxford: Oxford University Press, 1990.

Kase, Toshikaze. Journey to the Missouri. Ed. David N. Rowe. New Haven: Yale University Press, 1950.

Kaufman, Burton I. "Oil and Antitrust: The Oil Cartel Case and the Cold War." Business History Review 51 (Spring 1977): 35-56.

————. The Oil Cartel Case: A Documentary Study of Antitrust Activity in the Cold War Era. Westport, Conn.: Greenwood Press, 1978.

Kazemzadeh, Firuz. Russia and Britain in Persia, 1864-1914. New Haven: Yale University Press, 1968.

————. The Struggle for Transcaucasia, 1917-1921. New York: Philosophical Library, 1951.

Keddie, Nikki R., ed. Scholars, Saints, and Sufis: Muslim Religious Institutions Since 1500. Berkeley: University of California Press, 1972.

Kedourie, Elie. England and the Middle East: The Destruction of the Ottoman Empire, 1914-1921. London: Bowes and Bowes, 1956.

Keegan, John. The Price of Admiralty: The Evolution of Naval Warfare. New York: Viking Press, 1989.

Kelly, J. B. Arabia, the Gulf and the West. New York: Basic Books, 1980.

Kelly, W. J., and Tsureo Kano. "Crude Oil Production in the Russian Empire, 1818-1919." Journal of European Economic History 6 (Fall 1977): 307-38.

Kemp, Norman. Abadan: A First-Hand Account of the Persian Oil Crisis. London: Allan Wingate, 1953.

Kennedy, K. H. Mining Tsar: The Life and Times of Leslie Urquhart. Boston: George Allen&Unwin, 1986.

Kennedy, Paul M. The Rise of the Anglo-German Antagonism, 1860-1914. London: George Allen&Unwin, 1982.

————. Rise and Fall of the Great Powers: Economic Change and Military Conflict from 1500 to 2000. New York: Random House, 1987.

Kent, Marian. Oil and Empire: British Policy and Mesopotamian Oil, 1900-1920. London: Macmillan, 1976.

Kent, Marian, ed. The Great Powers and the End of the Ottoman Empire. London: George Allen & Unwin, 1984.

Keohane, Robert O. After Hegemony: Cooperation and Discord in the World Political Economy. Princeton: Princeton University Press, 1984.

Kerr, George P. Time's Forelock: A Record of Shell's Contribution to Aviation in the Second World War. London: Shell Petroleum Company, 1948.

King, John O. Joseph Stephen Cullinan: A Study of Leadership in the Texas Petroleum Industry, 1897-1937. Nashville: Vanderbilt University Press, 1970.

Kirby, S. Woodburn. The War Against Japan. 4 vols. London: HMSO, 1957-1965.

Kirk, Geoffrey, ed. Schumacher on Energy. London: Sphere Books, 1983.

Kissinger, Henry A. White House Years. Boston: Little, Brown, 1979.

————. Years of Upheaval. Boston: Little, Brown, 1982.

Klein, Herbert S. "American Oil Companies in Latin America: The Bolivian Experience." Inter-American Economic Affairs 18 (Autumn 1964): 47-72.

Knowles, Ruth Sheldon. The Greatest Gamblers: The Epic of America's Oil Exploration. 2d ed. Norman: University of Oklahoma Press, 1978.

Koppes, Clayton R. "The Good Neighbor Policy and the Nationalization of Mexican Oil: A Reinterpretation." Journal of American History 69 (June 1982): 62-81.

Koskoff, David E. The Mellons: The Chronicle of America's Richest Family. New York: Thomas Y. Crowell, 1978.

Krammer, Arnold. "Fueling the Third Reich." Technology and Culture 19 (July 1978): 394-422.

Kuisel, Richard. Ernest Mercier: French Technocrat. Berkeley: University of California Press, 1967.

Kuniholm, Bruce R. The Origins of the Cold War in the Near East: Great Power Conflict and Diplomacy in Iran, Turkey, and Greece. Princeton: Princeton University Press, 1980.

Kvendseth, Stig S. Giant Discovery: A History of Ekofisk Through the First 20 Years. Tanager: Phillips Petroleum Norway, 1988.

Lamb, David. The Arabs: Journeys Beyond the Mirage. New York: Vintage, 1988.

Landau, Christopher T. "The Rise and Fall of Petro-Liberalism: United States Relations with Socialist Venezuela, 1945-1948." Senior Thesis, Harvard University, 1985.

Landes, David. The Unbound Prometheus: Technological Change and Industrial Development in Western Europe from 1750 to the Present. Cambridge: Cambridge University Press, 1969.

Lapping, Brian. End of Empire. London: Granada, 1985.

Larson, Henrietta M., Evelyn H. Knowlton, and Charles S. Popple. History of Standard Oil Company (New Jersey). Vol. 3, New Horizons, 1927-1950. New York: Harper & Row, 1971.

Larson, Henrietta M., and Kenneth Wiggins Porter. History of Humble Oil and Refining Company: A Study in Industrial Growth. New York: Harper & Brothers, 1959.

Leach, Barry A. German Strategy Against Russia, 1939-1941. London: Clarendon Press, 1973.

Lear, Linda J. "Harold L. Ickes and the Oil Crisis of the First Hundred Days." Mid-America 63 (January 1981): 3-17.

Leatherdale, Clive. Britain and Saudi Arabia, 1925-1939: The Imperial Oasis. London: Frank Cass, 1983.

Lebkicher, Roy. Aramco and World Oil. New York: Russell F. Moore, [1953].

Lenzner, Robert. Getty: The Richest Man in the World. London: Grafton Books, 1985.

L'Espagnol de la Tramerye, Pierre. The World Struggle for Oil. Trans. C. Leonard Leese. London: George Allen& Unwin, 1924.

Levi, Primo. Survival in Auschwitz and the Reawakening: Two Memoirs. Trans. Stuart Woolf. New York: Summit Books, 1985.

Levy, Walter J. Oil Strategy and Politics, 1941-1981. Ed. Melvin A. Conant. Boulder, Colo.: Westview Press, 1982.

Lewin, Ronald. The American Magic: Codes, Ciphers and the Defeat of Japan. New York: Farrar Straus Giroux, 1982.

————. Hitler's Mistakes. New York: William Morrow, 1984.

Liddell Hart, B. H., ed. History of the Second World War. New York: G. P. Putnam's Sons, 1970.

————. A History of the World War, 1914-1918. London: Faber and Faber, 1934.

————. The Other Side of the Hill: Germany's Generals; Their Rise and Fall, with Their Own Account of Military Events, 1939-1945. 2d ed. London: Cassell, 1973.

————. The Rommel Papers. Trans. Paul Findlay. 1953. Reprint. New York: Da Capo Press, 1985.

Lieber, Robert J. Oil and the Middle East War: Europe in the Energy Crisis. Cambridge: Harvard Center for International Affairs, 1976.

————. The Oil Decade: Conflict and Cooperation in the West. New York: Praeger, 1983.

Lieuwen, Edwin. Petroleum in Venezuela: A History. Berkeley: University of California Press, 1954.

Littlefield, Douglas R., and Tanis C. Thorne. The Spirit of Enterprise: The History of Pacific Enterprises from 1886 to 1989. Los Angeles: Pacific Enterprises, 1990.

Lloyd, Selwyn. Suez 1956: A Personal Account. London: Jonathan Cape, 1978.

Longhurst, Henry. Adventure in Oil: The Story of British Petroleum. London: Sidgwick and Jackson, 1959.

Longrigg, Stephen H. Oil in the Middle East: Its Discovery and Development. 3d ed. London: Oxford University Press, 1968.

Louis, William Roger. The British Empire in the Middle East 1945-1951: Arab Nationalism, the United States, and Postwar Imperialism. Oxford: Clarendon Press, 1985.

Louis, William Roger. And Roger Owen, eds. Suez 1956: The Crisis and its Consequences. Oxford: Clarendon Press, 1989.

Love, Kenneth. Suez: The Twice-Fought War. New York: McGraw-Hill, 1969.

Lowe, Peter. Great Britain and the Origins of the Pacific War: A Study of British Policy in East Asia, 1937-1941. Oxford: Clarendon Press, 1977.

Loewenheim, Francis L., Harold D. Langley, and Manfred Jonas, eds. Roosevelt and Churchill: Their Secret Wartime Correspondence. New York: E. P. Dutton, 1975.

Lubell, Harold. Middle East Oil Crises and Western Europe's Energy Supplies. Baltimore: Johns Hopkins University Press, 1963.

————. "World Petroleum Production and Shipping: A Post-Mortem on Suez." P-1274. Rand Corporation, January 2, 1958.

Lucas, James. War in the Desert: The Eighth Army at El Alamein. New York: Beaufort Books, 1982.

Ludendorff, Erich. My War Memories, 1914-1918. London: Hutchinson, [1945].

————. The Nation at War. Trans. A. S. Rappaport. London: Hutchinson, 1936.

Mackay, Ruddock F. Fisher of Kilverstone. Oxford: Clarendon Press, 1973.

MacMahon, Arthur W., and W. R. Dittman. "The Mexican Oil Industry Since Expropriation." Political Science Quarterly 57 (March 1942): 28—50, (June 1942): 161-88.

Macmillan, Harold. Riding the Storm, 1956-59. London: Macmillan, 1971.

Manchester, William. A Rockefeller Family Portrait, From John D. to Nelson. Boston: Little, Brown, 1959.

von Manstein, Erich. Lost Victories. Trans. Anthony G. Powell. London: Methuen, 1958.

Mantoux, Paul. Paris Peace Conference, 1919: Proceedings of the Council of Four (March 24-April 18). Trans. John Boardman Whitton. Geneva: Droz, 1964.

Ma'oz, Moshe. Asad: The Sphinx of Damascus. New York: Grove Weidenfeld, 1988.

Marder, Arthur J. From the Dreadnought to Scapa Flow: The Royal Navy in the Fisher Era, 1904-1919. Vol. 1, The Road to War, 1904-1914. London: Oxford University Press, 1961.

Marr, Phebe. The Modern History of Iraq. Boulder, Colo.: Westview Press, 1985.

Marvin, Charles. The Region of Eternal Fire: An Account of a Journey to the Petroleum Region of the Caspian in 1883. New ed. London: W. H. Allen, 1891.

Maurer, John H. "Fuel and the Battle Fleet: Coal, Oil, and American Naval Strategy, 1898-1925." Naval War College Review 34 (November-December 1981): 60-77.

May, George S. A Most Unique Machine: The Michigan Origins of the American Automobile Industry. Grand Rapids, Mich.: Eerdmans Publishing, 1975.

McBeth, B. S. British Oil Policy, 1919-1939. London: Frank Cass, 1985.

————. Juan Vicente Gomez and the Oil Companies in Venezuela, 1908-1935. Cambridge: Cambridge University Press, 1983.

McCloy, John J., Nathan W. Pearson, and Beverly Matthews. The Great Oil Spill: The Inside Report-Gulf Oil's Bribery and Political Chicanery. New York: Chelsea House, 1976.

McFadzean, Frank. The Practice of Moral Sentiment. London: Shell, n.d.

McGhee, George. Envoy to the Middle World: Adventures in Diplomacy. New York: Harper&Row, 1983.

McKay, John P. "Entrepreneurship and the Emergence of the Russian Petroleum Industry, 1813-1883." Research in Economic History 8 (1982): 47-91.

McLaurin, John J. Sketches in Crude Oil. 3d ed. Franklin, Pa., 1902.

McLean, John G., and Robert Haigh. The Growth of Integrated Oil Companies. Boston: Harvard Business School, 1954.

McNaugher, Thomas L. Arms and Oil: U.S. Military Strategy and the Persian Gulf. Washington, D.C.: Brookings Institution, 1985.

————. "Walking Tightropes in the Gulf." The Iran-Iraq War: Impact and Implications, ed. Efraim Karsh. London: Macmillan, 1989.

McNeill, William H. The Pursuit of Power: Technology, Armed Force, and Society Since A.D. 1000 . Chicago: University of Chicago Press, 1982.

Meadows, Donella, Dennis Meadows, Jorgen Randers, and William Behrens, III. The Limits to Growth: A Report for the Club of Rome's Project on the Predicament of Mankind. 2d ed. New York: Signet Books, 1974.

Mejcher, Helmut. Imperial Quest for Oil: Iraq, 1910-1928. London: Ithaca Press, 1976.

Melby, Eric D. K. Oil and the International System: The Case of France, 1918-1969. New York: Arno Press, 1981.

Mellon, W. L., and Boyden Sparkes. Judge Mellon's Sons. Pittsburgh, 1948.

Meyer, Lorenzo. Mexico and the United States in the Oil Controversy, 1917-1942. 2d ed. Trans. Muriel Vasconcellos. Austin: University of Texas Press, 1977.

Middlemas, R. K. The Master-Builders. London: Hutchinson, 1963.

Mierzejewski, Alfred C. The Collapse of the German War Economy, 1944-1945: Allied Air Power and the German National Railway. Chapel Hill: University of North Carolina Press, 1988.

Mikdashi, Zuhayr M., Sherrill Cleland, and Ian Seymour. Continuity and Change in the World Oil Industry. Beirut: Middle East Research and Publishing Center, 1970.

Miller, Aaron David. Search for Security: Saudi Arabian Oil and American Foreign Policy, 1939-1949. Chapel Hill: University of North Carolina Press, 1980.

Miller, Russell. The House of Getty. London: Michael Joseph, 1985.

Moberly, F. J. The Campaign in Mesopotamia 1914-1918. 4 vols. London: HMSO, 1923-1927.

Moncrieff, Anthony, ed. Suez: Ten Years After. New York: Pantheon, 1966.

Monroe, Elizabeth. Britain's Moment in the Middle East, 1914-1971. 2d ed. London: Chatto and Windus, 1981.

————. Philby of Arabia. London: Faber and Faber, 1973.

Montagu, Gilbert. The Rise and Progress of the Standard Oil Company. New York: Harper & Row, 1903.

Montgomery, Bernard. The Memoirs of Field-Marshal the Viscount Montgomery of Alamein. 1958. Reprint. New York: Da Capo Press, 1982.

Moore, Austin Leigh. John D. Archbold and the Early Development of Standard Oil. New York: Macmillan, [1930].

Moore, Frederick Lee, Jr. "Origin of American Oil Concessions in Bahrein, Kuwait, and Saudi Arabia." Senior Thesis, Princeton University, 1948.

Moran, Theodore H. "Managing an Oligopoly of Would-Be Sovereigns: The Dynamics of Joint Control and Self-

Control in the International Oil Industry Past, Present, and Future." International Organization 41 (Autumn 1987): 576-607.

Morison, Samuel Eliot. History of United States Naval Operations in World War II. 8 vols. Boston: Little, Brown, 1947-1953.

Morley, James William, ed. Japan's Road to the Pacific War. 4 vols. New York: Columbia University Press, 1976-84.

Mosley, Leonard. Power Play: Oil in the Middle East. New York: Random House, 1973.

Mottahedeh, Roy. The Mantle of the Prophet: Religion and Politics in Iran. London: Penguin Books, 1987.

Nash, Gerald D. United States Oil Policy, 1890-1964. Pittsburgh: University of Pittsburgh Press, 1968.

Nasser, Gamal Abdel. The Philosophy of the Revolution. Buffalo, N.Y.: Smith, Keynes, and Marshall, 1959.

Neff, Donald. Warriors at Suez: Eisenhower Takes the United States into the Middle East. New York: Simon and Schuster, 1981.

Nevakivi, Jukka. Britain, France and the Arab Middle East, 1914-1920. London: Athlone Press, 1969.

Nevins, Allan. John D. Rockefeller: The Heroic Age of American Enterprise. 2 vols. New York: Charles Scribner's Sons, 1940.

————. Study in Power: John D. Rockefeller, Industrialist and Philanthropist. 2 vols. New York: Charles Scribner' Sons, 1953.

Nevins, Allan, with Frank Ernest Hill. Ford: The Times, the Man, the Company. 2 vols. New York: Charles Scribner's Sons, 1954.

New York Mercantile Exchange. A History of Commerce at the New York Mercantile Exchange: The Evolution of an International Marketplace, 1872-1988. New York: NYMEX, 1988.

Nicolson, Harold. Portrait of a Diplomatist. Boston: Houghton Mifflin, 1930.

Nitze, Paul, with Ann M. Smith and Steven L. Reardon. From Hiroshima to Glasnost: At the Center of Decision-A Memoir. New York: Grove Weidenfeld, 1989.

Nivola, Pietro S. The Politics of Energy Conservation. Washington, D.C.: Brookings Institution, 1986.

Nixon, Richard M. RN: The Memoirs of Richard Nixon. New York: Grosset & Dunlap, 1978.

Noakes, J., and G. Pridham, eds. Nazism: A History in Documents and Eyewitness Accounts, 1919-1945. 2 vols. New York: Schocken Books, 1989.

Noggle, Burl. Teapot Dome: Oil and Politics in the 1920s. Baton Rouge: Louisiana State University Press, 1962.

Nomura, Kichisaburo. "Stepping Stones to War." United States Naval Institute Proceedings 77 (September 1951): 927-31.

Nordhauser, Norman. The Quest for Stability: Domestic Oil Regulation, 1917-1935. New York: Garland, 1979.

Nowell, Gregory Patrick. "Realpolitik vs. Transnational Rent-seeking: French Mercantilism and the Development of the World Oil Cartel, 1860-1939." Ph.D. dissertation, Massachusetts Institute of Technology, 1988.

Nutting, Anthony. Nasser. New York: E. P. Dutton, 1972.

————. No End of a Lesson: The Story of Suez. London: Constable, 1967.

O'Brien, Dennis J. "The Oil Crisis and the Foreign Policy of the Wilson Administration, 1917-1921." Ph.D. dissertation, University of Missouri, 1974.

Odell, Peter R. Oil and World Power: Background of the Oil Crisis. 8th ed. New York: Viking Penguin, 1986.

Ogata, Sadako N. Defiance in Manchuria: The Making of Japanese Foreign Policy, 1931-32. Berkeley: University of California Press, 1964.

Ohashi, A. Tadahiko. Enerugi No Seiji Keizai Gaku (The Political Economy of Energy). Tokyo: Dia mond, 1988.

Olien, Roger M., and Diana Davids Olien. Wildcatters: Texas Independent Oilmen. Austin: Texas Monthly Press, 1984.

Owen, Edgar Wesley. Trek of the Oil Finders: A History of Exploration for Oil. Tulsa: American Association of Petroleum Geologists, 1975.

Pahlavi, Mohammed Reza. Mission for My Country. New York: McGraw-Hill, 1961.

————. The Shah's Story. Trans. Teresa Waugh. London: Michael Joseph, 1980.

Painter, David S. Oil and the American Century: The Political Economy of US. Foreign Oil Policy, 1941-1954. Baltimore: Johns Hopkins University Press, 1986.

————. "Oil and the Marshall Plan." Business History Review 58 (Autumn 1984): 359-83.

Parsons, Anthony. The Pride and the Fall: Iran, 1974-1979. London: Jonathan Cape, 1984.

Passer, Harold G. The Electrical Manufacturers. 1875-1900. Cambridge: Harvard University Press, 1953.

Payton-Smith, D. T. Oil: A Study of War-time Policy and Administration. London: HMSO, 1971.

Pearce, Joan, ed. The Third Oil Shock: The Effects of Lower Oil Prices. London: Royal Institute of International Affairs, 1983.

Pearton, Maurice. Oil and the Romanian State. Oxford: Clarendon Press, 1971.

Penrose, Edith T. The Large International Firm in Developing Countries: The International Petroleum Industry. London: George Allen & Unwin, 1968.

Penrose, Edith, and E. F. Penrose. Iraq: International Relations and National Development. London: Ernest Benn, 1978.

Philby, H. St. J. B. Arabian Days: An Autobiography. London: Robert Hale, 1948.

———. Arabian Jubilee. London: Robert Hale, 1952.

———. Arabian Oil Ventures. Washington, D.C.: Middle East Institute, 1964.

———. Saudi Arabia. London: Ernest Benn, 1955.

Philip, George. Oil and Politics in Latin America: Nationalist Movements and State Companies. Cambridge: Cambridge University Press, 1982.

Phillips Petroleum Company. Phillips: The First 66 Years. Bartlesville, Okla.: Phillips Petroleum, 1983.

Pickens, T. Boone, Jr. Boone. Boston: Houghton Mifflin, 1987.

Pogue, Forrest C. George C. Marshall. 4 vols. New York: Viking Press, 1963-87.

Polster, Deborah. "The Need for Oil Shapes the American Diplomatic Response to the Invasion of Suez." Ph.D. dissertation, Case Western Reserve University, 1985.

Popple, Charles Sterling. Standard Oil Company (New Jersey) in World War II. New York: Standard Oil, 1952.

Potter, E. B. Nimitz. Annapolis, Md.: Naval Institute Press, 1976.

Prange, Gordon W., with Donald M. Goldstein and Katherine V. Dillon. At Dawn We Slept: The Untold Story of Pearl Harbor. New York: McGraw-Hill, 1981.

———. Pearl Harbor: The Verdict of History. New York: McGraw-Hill, 1986.

Pratt, Joseph A. "The Petroleum Industry in Transition: Anti-Trust and the Decline of Monopoly Control in Oil." Journal of Economic History 40 (December 1980): 815-37.

Prindle, David F. Petroleum Politics and the Texas Railroad Commission. Austin: University of Texas Press, 1981.

Quandt, William B. Camp David: Peacemaking and Politics. Washington, D.C.: Brookings Institution, 1986.

———. Decade of Decisions: American Policy Towards the Arab-Israeli Conflict, 1967-1976. Berkeley: University of California Press, 1977.

———. "Soviet Policy in the October Middle East War." International Affairs 53 (July 1977): 377-389, (October 1977): 587-603.

Rabe, Stephen G. The Road to OPEC: United States Relations with Venezuela, 1919-1976. Austin: University of Texas Press, 1982.

Rae, John B. American Automobile Manufacturers: The First Forty Years. Philadelphia: Chilton Company, 1959.

———. The American Automobile: A Brief History. Chicago: University of Chicago Press, 1965.

———. The Road and Car in American Life. Cambridge: MIT Pres, 1971.

Ramazani, Rouhallah K. Iran's Foreign Policy, 1941-1973: A Study of Foreign Policy in Modernizing Nations. Charlottesville: University of Virginia Press, 1975.

———. Revolutionary Iran: Challenge and Response in the Middle East. Baltimore: Johns Hopkins University Press, 1986.

Rand, Christopher. Making Democracy Safe for Oil: Oil Men and the Islamic Middle East. Boston: Lit-tle, Brown, 1975.

Randall, Stephen J. United States Foreign Oil Policy, 1919-1948: For Profits and Security. Kingston: McGill-Queen's University Press, 1985.

Redwood, Boverton. Petroleum: A Treatise. 4th ed. 3 vols. London: Charles Griffin & Co., 1922.

Rhodes, Richard. The Making of the Atomic Bomb. New York: Touchstone, 1988.

Rintoul, William. Drilling Ahead: Tapping California's Richest Oil Fields. Santa Cruz, Calif.: Valley Publishers, 1981.

———. Spudding In: Recollections of Pioneer Days in the California Oil Fields. Fresno: California Historical Society, 1976.

Risch, Erna. Fuels for Global Conflict. Washington, D.C.: Office of Quartermaster General, 1945.

Rister, Carl Coke. Oil! Titan of the Southwest. Norman: University of Oklahoma Press, 1949.

Ristow, Walter. "A Half Century of Oil-Company Road Maps." Surveying and Mapping 34 (December 1964):617-37.

Roberts, Glyn. The Most Powerful Man in the World: The Life of Sir Henri Deterding. New York: Covici Friede, 1938.

Robinson, Jeffrey. Yamani: The Inside Story. London: Simon and Schuster, 1988.

Robinson, M. S. "The Crude Oil Price Spiral of 1978-80." Shell, 1982.

————. "The Great Bear Market in Oil 1980-1983." Shell, 1983.

Rockefeller, John D. Random Reminiscences of Men and Events. New York: Doubleday, Page & Co., 1909.

Rondot, Jean. La Compagnie Française des Pétroles. Paris: Plon, 1962.

Roosevelt, Kermit. Countercoup: The Struggle for the Control of Iran. New York: McGraw-Hill, 1979.

Rosenberg, David A. "The U.S. Navy and the Problem of Oil in a Future War: The Outline of a Strategic Dilemma, 1945-1950." Naval War College Review 29 (Summer 1976): 53-61.

Roskill, S. W. The War at Sea, 1939-1945. 3 vols. London: HMSO, 1954-61.

Rostow, Eugene V. A National Policy for the Oil Industry. New Haven: Yale University Press, 1948.

Rothwell, V. H. "Mesopotamia in British War Aims" Historical Journal 13 (1970): 273-94.

Rouliani, Fuad. A History of O.P.E.C. New York: Praeger, 1971.

Rourke, Thomas. Gomez: Tyrant of the Andes. Garden City, N.Y.: Halcyon House, 1936.

Roux, Georges. Ancient Iraq. 2nd ed. London: Penguin Books, 1985.

Rowland, John, and Basil Cadman. Ambassador for Oil: The Life of John, First Baron Cadman. London: Herbert Jenkins, 1960.

Rubin, Barry. The Great Powers in the Middle East, 1941-1947: The Road to the Cold War. London: Frank Cass, 1980.

————. Paved with Good Intentions: The American Experience and Iran. New York: Penguin Books, 1984.

Ruppenthal, Roland G. Logistical Support of the Armies. 2 vols. Washington, D.C.: Department of the Army, 1953-58.

Rustow, Dankwart A. Oil and Turmoil: America Faces OPEC and the Middle East. New York: W. W. Norton, 1982.

el-Sadat, Anwar. In Search of Identity: An Autobiography. New York: Harper & Row, 1978.

Safran, Nadav. Israel: The Embattled Ally. Cambridge: Harvard University Press, 1978.

————. From War to War: The Arab-Israeli Confrontation, 1948-1967. New York: Pegasus, 1969.

————. Saudi Arabia: The Ceaseless Quest for Security. Cambridge: Harvard University Press, 1985.

Sampson, Anthony. The Seven Sisters: The Great Oil Companies and the World They Created. Rev. ed. London: Coronet, 1988.

Samuels, Richard J. The Business of the Japanese State: Energy Markets in Comparative Historical Perspective. Ithaca: Cornell University Press, 1987.

Schlesinger, James R. The Political Economy of National Security: A Study of the Economic Aspects of the Contemporary Power Struggle. New York: Praeger, 1960.

Schmitt, Bernadotte E., and Harold C. Vedeler. The World in the Crucible, 1914-1919. New York: Harper & Row, 1984.

Schneider, Steven A. The Oil Price Revolution. Baltimore: Johns Hopkins University Press, 1983.

Schumacher, E. F. Small Is Beautiful: A Study of Economics As If People Mattered. London: Blond and Briggs, 1973.

Seaton, Albert. The Russo-German War, 1941-1945. London: Arthur Barker, 1971.

Seymour, Ian. OPEC: Instrument of Change. London: Macmillan, 1980.

Shawcross, William. The Shah's Last Ride: The Fate of an Ally. New York: Simon and Schuster, 1988.

Sherrill, Robert. The Oil Follies of 1970-1980: How the Petroleum Industry Stole the Show (and Much More Besides). Garden City, N.Y.: Anchor Press/Doubleday, 1983.

Sherwood, Elizabeth D. Allies in Crises: Meeting Global Challenges to Western Security. New Haven: Yale University Press, 1990.

Shlaim, Avi. "Failures in National Intelligence Estimates: The Case of the Yom Kippur War." World Politics 28 (April 1976): 348-80.

Shuckburgh, Evelyn. Descent to Suez: Diaries, 1951-1956. Ed. John Charmley. London: Weidenfeld and Nicolson, 1986.

Shwadian, Benjamin. The Middle East, Oil and the Great Powers. 3d rev. ed. New York: John Wiley, 1973.

Sick, Gary. All Fall Down: America's Tragic Encounter with Iran. New York: Viking Penguin, 1986.

Silliman, Jr., B. Report on the Rock Oil, or Petroleum, from Venango Co., Pennsylvania. New Haven: J. H. Benham's, 1855.

Simon, William E. A Time for Truth. New York: Berkley, 1978.

Sinclair Oil. A Great Name in Oil: Sinclair Through 50 Years. New York: F. W. Dodge/McGraw-Hill, 1966.

Singer, Mark. Funny Money. New York: Alfred A. Knopf, 1985.

Skeet, Ian. OPEC-Twenty-five Years of Prices and Politics. Cambridge: Cambridge University Press, 1988.

Sluglett, Peter. Britain in Iraq, 1914-1932. London: Ithaca Press, 1976.

Smith, Adam. Paper Money. New York: Summit Books, 1981.

———. The Roaring '80s. New York: Summit Books, 1988.

Smith, George Otis, ed. The Strategy of Minerals: A Study of the Mineral Factor in the World Position of America in War and in Peace. New York: D. Appleton, 1919.

Smith, P. G. A. The Shell That Hit Germany Hardest. London: Shell Marketing Co., [1921].

Smith, Robert Freeman. The United States and Revolutionary Nationalism in Mexico, 1916-1932. Chicago: The University of Chicago Press, 1972.

Solberg, Carl E. Oil and Nationalism in Argentina: A History. Stanford: Stanford University Press, 1979.

Spector, Ronald H. Eagle Against the Sun: The American War with Japan. New York: Vintage, 1985.

Speer, Albert. Inside the Third Reich. Trans. Richard and Clara Winston. New York: Macmillan, 1970.

Spence, Hartzell. Portrait in Oil: How the Ohio Oil Company Grew to Become Marathon. New York: McGraw-Hill, 1962.

Spender, J. A. Weetman Pearson: First Viscount Cowdray, 1856-1927. London: Cassell, 1930.

Standard Oil Company (New Jersey). Ships of the Esso Fleet in World War II. New York: Standard Oil, 1946.

Stegner, Wallace. Discovery: The Search for Arabian Oil. Beirut: Middle East Export Press, 1974.

Steiner, Zara S. Britain and the Origins of the First World War. New York: St. Martin's Press, 1977.

Stent, Angela. From Embargo to Ostpolitik: The Political Economy of Soviet-West German Relations 1955-1980. Cambridge: Cambridge University Press, 1981.

———. Soviet Energy and Western Europe. Washington paper 90. New York: Praeger, 1982.

Stivers, William. Supremacy and Oil: Iraq, Turkey, and the Anglo-American World Order, 1918-1930. Ithaca: Cornell University Press, 1982.

Stobaugh, Robert. "The Evolution of Iranian Oil Policy, 1925-1975." Iran Under the Pahlavis, ed. George Lenczowski. Stanford, Calif.: Hoover Institution Press, 1978.

Stobaugh, Robert, and Daniel Yergin, eds. Energy Future: Report of the Energy Project at the Harvard Business School. 3d ed. New York: Vintage, 1983.

Stocking, George. Middle East Oil: A Study in Political and Economic Controversy. Knoxville, Tenn.: Vanderbilt University Press, 1970.

Stoff, Michael B. Oil, War, and American Security: The Search for a National Policy on Foreign Oil, 1941-47. New Haven: Yale University Press, 1980.

Stokes, Raymond G. "The Oil Industry in Nazi Germany." Business History Review 59 (Summer 1985): 254-77.

Stone, Norman. Hitler. Boston: Little, Brown, 1980.

Storry, G. R. "The Mukden Incident of September 18-19, 1931." St. Antony's Papers: Far Eastern Affairs 2 (1957): 1-12.

Sullivan, William H. Mission to Iran. New York: W. W. Norton, 1981.

Suny, Ronald G. The Baku Commune, 1917-1918. Princeton: Princeton University Press, 1972.

———. "A Journeyman for the Revolution: Stalin and the Labour Movement in Baku, June 1907-May 1908." Soviet Studies 23 (January 1972): 373-94.

Tait, Samuel W., Jr. The Wildcatters: An Informal History of Oil-Hunting in America. Princeton: Princeton University Press, 1946.

Tarbell, Ida M. All in the Day's Work: An Autobiography. New York: Macmillan, 1939.

———. The History of the Standard Oil Company. 2 vols. New York: McClure, Phillips&Co., 1904.

Taylor, Frank J., and Earl M. Welty. Black Bonanza: How an Oil Hunt Grew into the Union Oil Company of California. New York: Whittlesley House, McGraw-Hill, 1950.

Terzian, Philip. OPEC: The Inside Story. Trans. Michael Pallis. London: Zed Books, 1985.

Thompson, Craig. Since Spindletop: A Human Story of Gulfs First Half-Century. Pittsburgh: Gulf Oil, 1951.

Thynne, John F. "British Policy on Oil Resources, 1936-1951, with Particular Reference to the Defense of British Controlled Oil in Mexico, Venezuela and Persia." Ph.D. dissertation, London School of Eco-nomics, 1987.

Tinkle, Lon. Mr. De: A Biography of Everette Lee DeGolyer. Boston: Little, Brown, 1970.

Tolf, Robert W. The Russian Rockefellers: The Saga of the Nobel Family and the Russian Oil Industry. Stanford, Calif.: Hoover Institution Press, 1976.

Tompkins, Walker A. Little Giant of Signal Hill: An Adventure in American Enterprise. Englewood Cliffs, N.J.: Prentice-Hall, 1964.

Tooley, Terry Hunt. "The German Plan for Synthetic Fuel Self-Sufficiency, 1933-1942." Master's thesis, Texas A &

M University, 1978.

Townsend, Henry H. New Haven and the First Oil Well. New Haven, 1934.

Trevor-Roper, H. R. Hitler's War Directives, 1939-1945. London: Sidgwick and Jackson, 1964.

Truman, Harry S. Memoirs. 2 vols. Garden City, N.Y.: Doubleday, 1955-56.

Tugendhat, Christopher. Oil: The Bigger Business. New York: G. P. Putnam's Sons, 1968.

Tugwell, Franklin. The Politics of Oil in Venezuela. Stanford: Stanford University Press, 1975.

Turner, Henry Ashby, Jr. German Big Business and the Rise of Hitler. New York: Oxford University Press, 1987.

Turner, Louis. Oil Companies in the International System. London: George Allen & Unwin, 1978.

Twitchell, Karl S. Saudi Arabia: With an Account of the Development of Its Natural Resources. 3d ed. Princeton: Princeton University Press, 1958.

Ulam, Adam B. Stalin: The Man and His Era. New York: Viking Press, 1973.

Ullman, Richard H. Anglo-Soviet Relations, 1917-1921. 3 vols. Princeton: Princeton University Press, 1961 -72.

Utley, Jonathan G. Going to War with Japan, 1937-1941. Knoxville: University of Tennessee Press, 1985.

Vance, Cyrus. Hard Choices: Critical Years in America's Foreign Policy. New York: Simon and Schuster, 1983.

van Creveld, Martin. Supplying War: Logistics from Wallenstein to Patton. Cambridge: Cambridge University Press, 1977.

Vernon, Raymond, ed. The Oil Crisis in Perspective. New York: W. W. Norton, 1976.

—————. Two Hungry Giants: The United States and Japan in the Quest for Oil and Ores. Cambridge: Harvard University Press, 1983.

Vietor, Richard H. K. Energy Policy in America Since 1945: A Study of Business-Government Relations. Cambridge: Cambridge University Press, 1984.

Von Laue, Theodore. Sergei Witte and the Industrialization of Russia. New York: Columbia University Press, 1963.

Wack, Pierre. "Scenarios: Uncharted Waters Ahead." Harvard Business Review 63 (September-October 1985): 72-89.

Waley Cohen, Robert. "Economics of the Oil Industry." Proceedings of the Empire Mining and Metallurgical Congress, 1924.

Wall, Bennett H. Growth in a Changing Environment: A History of Standard Oil Company (New Jersey), 1950-1972, and Exxon Corporation, 1972-1975. New York: McGraw-Hill, 1988.

Wall, Bennett H. and George S. Gibb. Teagle of Jersey Standard. New Orleans: Tulane University, 1974. Walters, Vernon A. Silent Missions. Garden City, N.Y.: Doubleday, 1978.

Ward, Thomas E. Negotiations for Oil Concessions in Bahrein, El Hasa (Saudi Arabia), the Neutral Zone, Qatar and Kuwait. New York: 1965.

Warlimont, Walter. Inside Hitler's Headquarters, 1939-45. Trans. R. H. Barry. London: Weidenfeld and Nicolson, 1964.

Watkins, T. H. Righteous Pilgrim: The Life and Times of Harold L. Ickes, 1874-1952. New York: Henry Holt, 1990.

Weaver, Jacqueline Lang. Unitization of Oil and Gas Fields in Texas: A Study of Legislative, Administrative, and Judicial Politics. Washington, D.C.: Resources for the Future, 1986.

Weinberg, Steve. Armand Hammer: The Untold Story. Boston: Little, Brown, 1989.

Wells, Tim. 444 Days: The Hostages Remember. San Diego: Harcourt Brace Jovanovich, 1985.

Werner, M. R., and John Star. The Teapot Dome Scandal. New York: Viking Press, 1959.

Whaley, Barton. Codeword Barbarossa. Cambridge: MIT Press, 1973.

White, Gerald T. Formative Years in the Far West: A History of Standard Oil Company of California and Predecessors Through 1919. New York: Appleton-Century-Crofts, 1962.

—————. Scientists in Conflict: The Beginnings of the Oil Industry in California. San Marino, Calif.: Huntington Library, 1968.

White, Graham, and John Maze. Harold Ickes of the New Deal: His Private Life and Public Career. Cambridge: Harvard University Press, 1985.

Wilber, Donald N. Adventures in the Middle East: Excursions and Incursions. Princeton, N.J.: Darwin, 1986.

Wildavsky, Aaron, and Ellen Tenenbaum. The Politics of Mistrust: Estimating American Oil and Gas Resources. Beverly Hills: Sage, 1981.

Wilkins, Mira. The Emergence of Multinational Enterprise: American Business Abroad from the Colonial Era to 1914. Cambridge: Harvard University Press, 1970.

—————. The Maturing of Multinational Enterprise: American Business Abroad from 1914 to 1970. Cambridge:

Harvard University Press, 1974.

———. "The Role of U.S. Business." Pearl Harbor as History: Japanese-American Relations, 1931-1941, ed. Dorothy Borg and Shumpei Okamoto. New York: Columbia University Press, 1973.

Williams, Louis, ed. Military Aspects of the Arab-Israeli Conflict. Tel Aviv: Tel Aviv University Publishing Project, 1975.

Williamson, Harold F., Ralph L. Andreano, Arnold R. Daum, and Gilbert C. Klose. The American Petroleum Industry. Vol. 2, The Age of Energy, 1899-1959. Evanston: Northwestern University Press, 1963.

Williamson, Harold F., and Arnold R. Daum. The American Petroleum Industry. Vol. 1, The Age of Illumination, 1859-1899. Evanston: Northwestern University Press, 1959.

Williamson, J. W. In a Persian Oil Field: A Study in Scientific and Industrial Development. London: Ernest Benn, 1927.

Williamson, Samuel. The Politics of Grand Strategy: Britain and France Prepare for War, 1904-1914. Cambridge: Harvard University Press, 1969.

Willmott, H. P. Empires in the Balance: Japanese and Allied Pacific Strategies to April 1942. Annapolis, Md.: Naval Institute Press, 1982.

Wilson, Arnold. S. W. Persia: Letters and Diary of a Young Political Officer, 1907-1914. London: Oxford University Press, 1941.

Wilson, Joan Hoff. American Business and Foreign Policy, 1920-1933. Boston: Beacon Press, 1971.

Winkler, John K. John D.: A Portrait in Oils. New York: Vanguard, 1929.

Wirth, John D., ed. Latin American Oil Companies and the Politics of Energy. Lincoln: University of Nebraska Press, 1985.

Witte, Serge. The Memoirs of Count Witte. Trans. and ed. Abraham Yarmolinsky. Garden City, N.Y.: Doubleday, Page, 1921.

Wohlstetter, Roberta. Pearl Harbor: Warning and Decision. Stanford: Stanford University Press, 1962.

Wood, Barbara. E. F. Schumacher: His Life and Thought. New York: Harper&Row, 1984.

Woodhouse, C. M. Something Ventured. London: Granada, 1982.

Woodward, Sir Llewellyn. British Foreign Policy in the Second World War. 5 vols. London: HMSO, 1970-1975.

Woolf, Henry Drummond. Rambling Recollections. 2 vols. London: Macmillan, 1908.

Wright, John. Libya: A Modern History. Baltimore: Johns Hopkins University Press, 1982.

Yamani, Ahmed Zaki. "Oil Markets: Past, Present, and Future." Energy and Environmental Policy Center, Kennedy School of Government, Harvard University, September 1986.

Yergin, Daniel. Shattered Peace: The Origins of the Cold War. Rev. ed. New York: Penguin Books, 1990.

Yergin, Daniel, and Martin Hillenbrand, eds. Global Insecurity: A Strategy for Energy and Economic Renewal. New York: Penguin Books, 1983.

Yergin, Daniel, and Barbara Kates-Garnick, eds. The Reshaping of the Oil Industry: Just Another Commodity? Cambridge, Mass.: Cambridge Energy Research Associates, 1985.

Yergin, Daniel, Joseph Stanislaw, and Dennis Eklof. "The U.S. Strategic Petroleum Reserve: Margin of Security." Council on Foreign Relations Paper/Cambridge Energy Research Associates Report, 1990.

Yoshihashi, Takehiko. Conspiracy at Mukden: The Rise of the Japanese Military. New Haven: Yale University Press, 1963.

Yoshitsu, Michael M. Caught in the Middle East: Japan's Diplomacy in Transition. Lexington, Mass.: D.C. Heath, 1984.

Young, Desmond. Member for Mexico: A Biography of Weetman Pearson, First Viscount Cowdray. London: Cassell, 1966.

Zabih, Sepehr. The Mossadegh Era: Roots of the Iranian Revolution. Chicago: Lake View Press, 1982.

Ziemke, Earl F. Stalingrad to Berlin: The German Defeat in the East. Washington, D.C.: U.S. Army, Center of Military History, 1968.

Zimmermann, Erich W. Conservation in the Production of Petroleum: A Study in Industrial Control. New Haven: Yale University Press, 1957.

Zweig, Philip L. Belly Up: The Collapse of the Penn Square Bank. New York: Fawcett Columbine, 1985.

자료 출처

American Petroleum Institute. Basic Petroleum Data Book.

————. Petroleum Facts and Figures: Centennial Edition, 1959. New York; API 1959.

Arthur Andersen & Co. and Cambridge Energy Research Associates. World Oil Trends.

————. Natural Gas Trends.

————. Electric Power Trends.

British Petroleum. Statistical Review of the World Oil Industry. 1955-80.

————. Statistical Review of World Energy. 1981-89.

Chase Manhattan Bank. Annual Financial Analysis of a Group of Petroleum Companies. 1955-79.

Darmstadter, Joel, with Perry D. Teitelbaum and Jaroslav G. Paloch. Energy in the World Economy: A Statistical Review of Trends in Output, Trade, and Consumption since 1925. Baltimore: Resources for the Future, 1971.

DeGolyer & MacNaughton. Twentieth Century Petroleum Statistics.

Eurostat (Statistical Office of the European Communities). Monthly Energy Statistics.

International Energy Agency. Energy Balances of OECD Countries.

International Monetary Fund. International Financial Statistics Yearbook.

McGraw-Hill. Platt's Oil Price Handbook and Oilmanac.

Motor Vehicle Manufacturers Association of the U.S. MVMA Motor Vehicle Facts & Figures.

Organization of Petroleum Exporting Countries. Annual Statistical Bulletin.

————. Petroleum Product Prices and Their Components in Selected Countries: Statistical Time Series, 1960-1983. OPEC, [1984].

Organization for Economic Co-Operation and Development. OECD Economic Outlook.

United Nations. International Trade Statistics Yearbook.

U.S. Department of Commerce. Bureau of the Census. Historical Statistics of the United States, 1789-1945. Washington, D.C.: GPO, 1949.

U.S. Department of Commerce. Bureau of Mines. Mineral Resources of the United States. 1882-1931. U.S. Department of Energy. Energy Information Administration. Annual Energy Review.

————. Annual Report to Congress.

————. International Petroleum Annual.

————. Monthly Energy Review.

U.S. Department of Interior. Bureau of Mines. Minerals Yearbook. 1932/33-87.

U.S. Department of Treasury. Statistical Abstract of the United States.

World Bank. World Development Report.

✧ 당신은 언제나 옳습니다. 그대의 삶을 응원합니다. — 라의눈 출판그룹

황금의 샘 2

초판 1쇄 2017년 8월 1일
  6쇄 2023년 6월 1일

지은이 대니얼 예긴   **옮긴이** 김태유 · 허은녕
펴낸이 설응도   **편집주간** 안은주   **영업책임** 민경업

펴낸곳 라의눈

출판등록 2014년 1월 13일 (제 2019−000228호)
주소 서울시 강남구 테헤란로 78 길 14−12(대치동) 동영빌딩 4 층
전화 02−466−1283   팩스 02−466−1301

문의 (e-mail)
편집 editor@eyeofra.co.kr
마케팅 marketing@eyeofra.co.kr
경영지원 management@eyeofra.co.kr

ISBN : 979-11-86039-82-3 04320
     979-11-86039-80-9 04320(세트)